上海

私立粵東中學

檔案彙編

上海市虹口區檔案館
上海市虹口區地方志辦公室 編

上海人民出版社　學林出版社

本書獲

"國家重點檔案保護與開發"

項目資助

編者説明

1. 上海市虹口區檔案館 87 號全宗爲上海市四川中學歷史檔案,該批檔案時間從 1913—1968 年。我們遴選其中 1913—1952 年涉及上海市私立粵東中學的内容,彙編成《上海私立粵東中學檔案彙編》(以下稱《彙編》)。

2. 《彙編》由序言、大事記、校務會議録、校董會議録、口述等幾部分組成。爲保持檔案原貌,一般采用檔案原文(繁體字＋簡化字)横排轉録。爲便於閲讀理解,根據上下文對原文適當句逗。入選的檔案,如原文疑似錯、别、衍字,在文字後加〔〕標明更正;如原文疑似漏字,加【 】標明增補;如原文字迹模糊難以辨認,以□代之;對需要説明的問題,以注釋①②……標明。《彙編》以檔案時間先後編排,民國紀年括注公元紀年。《彙編》中的插圖,除標注説明外,均選自檔案。爲補充檔案,我們對粵東中學校友作了口述采訪,整理内容以口述者簽字確認爲準。爲全面瞭解學校發展過程,編寫粵東中學概況附後。爲方便檢索,采用關鍵詞編制索引。

3. 本《彙編》爲國家檔案局"國家重點檔案保護與開發"的結項成果。

目　錄

序　言

上海私立
粵東中學
檔案彙編

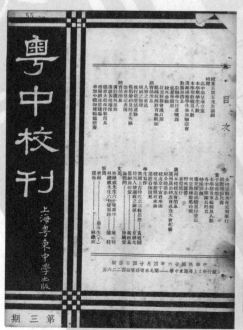

序　一

陳祖恩

《上海私立粤東中學檔案彙編》（以下簡稱《彙編》）是圍遶社會關切重點專題開發的國家級任務。虹口曾是廣東人在上海的集聚地，廣東人在政治、社會、經濟、教育等方面爲上海作出了很大貢獻，是領風氣之先的主要海派移民群體。《彙編》通過對上海市虹口區檔案館所藏粤東中學檔案的全面梳理、修復、整理、研究，以點帶面，挖掘出廣東人在教育與社會等方面被淹没的歷史，爲探尋上海文化創新活力的源泉、弘揚海派特色文化、推動社會創新提供了有力的依據。

一、廣東人的上海事業與教育

廣東人是上海最早的移民群體之一。早在鴉片戰争以前，廣東移民已在上海經商、居住，並建立起會館與公所，如南市的廣安會館是廣州話群體；嘉應會館是客家話群體；潮州、揭普豐和潮惠會館是相應潮州府下屬的亞群體。

開埠後，廣東人最初是隨着洋商進入上海的。姚公鶴在《上海閒話》（1917 年）中指出："洋人由廣東北來上海，故廣東人最佔勢力。"洋商利用虹口地理上的有利條件，在黄浦江北岸佔地建造碼頭、船廠。1845 年，英商東印度公司在徐家灘（今東大名路、高陽路一帶）建造簡陋的駁船碼頭。1851 年，美商杜那普（J. Dewsnap）在虹口設立新船塢。1860 年，英商寶順洋行建造寶順碼頭。1861 年，美商旗昌洋行建造旗昌碼頭。1865 年，英商耶鬆船廠設立。洋商進入上海的同時，帶來一批粤籍員工，大部分在船廠和倉棧工作。此時的廣東人，大部分生活在虹口。1876 年，葛元煦在《滬游雜記》亦寫道："美（租界）衹沿江數里，皆船廠、貨棧、輪船碼頭、洋商住宅，粤東、寧波在此計工度日者甚衆。"

1862 年，作爲中國近代化起點的洋務運動興起，開始在政治、實業方面探索救國之道。上海是洋務運動的主要據點，其中廣東人發揮了重要作用，其代表人物是香山人鄭觀應（1842—1922）。鄭觀應 16 歲就來上海學習經商，並學習英文。18 歲成爲英商寶順洋行買辦。1880 年受直隸總督李鴻章之託出任上海機器織布局及上海電報局總辦。在上海電報局總辦任期内，主持建設津滬電綫，並組織翻譯出版《萬國電報通例》和《測量淺説》《四碼電報新編》等。1883 年陞任輪船招商局總辦。鄭觀應既是實業家，也是中國近代最早具有完整維新思想體系的理論家。

與此同時，以廣東人爲代表的民族資本活動也開始在虹口活躍，百老匯路（今東大名路）、外虹口一帶已有廣東人的機器工廠多家，如 1875 年前後，香山人林文在外白渡橋北堍開設建昌銅鐵機器廠，1895 年已有廠房 20 餘間。1880 年，李姓廣東人在大名路百福里設立遠昌機器廠，以鍛造外輪的修配零件爲主。東熙華德路（今東長治路）師善里的同文書局由廣東二徐（徐鴻甫、徐潤）於 1881 年創辦，爲中國人在上海創辦的第一家石版印刷圖書出版機構，曾出版過《康熙字典》《古今圖書集成》《二十四史》《資治通鑒》《快雪堂法書》等書籍。此後，蘇州河上橋樑的架設，北四川路兩側店肆櫛比，商業繁盛。南洋煙草公司工廠、上海南京路四大百貨公司等廣東人經

營的企業,帶來更多的粵籍員工,虹口的廣東人街逐漸形成。

在辛亥革命前後的浪潮中,也不乏廣東人的身影。鼎力支持辛亥革命的大金主是廣東文昌人宋耀如(1861—1918),1894年,宋耀如結識孫中山、陸皓東等人,傾家捐輸鉅萬,幾次瀕臨破產的地步。虹口宋宅是孫中山在滬的秘密活動據點。宋耀如也是民國著名的宋氏家族的家祖,子女有宋靄齡、宋慶齡、宋子文、宋美齡、宋子良、宋子安。

1935年,《粵風》月刊在創刊詞裏寫道:"旅滬粵僑二十萬,以事業言,可以說是無所不有,盛大的百貨公司如先施、永安、新新,偉大的工廠如南洋、永安,高尚娛樂的體育花園,聳立雲端的新亞酒店,分店如林的冠生園,規模宏大的粵東中學,信用久著的廣東銀行,此舉舉其大者。以團體言,則有廣肇公所,粵僑商業聯合會,潮州會館,與最近徵求的廣東旅滬同鄉會。"由此可見,廣東人在上海的事業,主要是創設百貨公司、開辦工廠、銀行、設立出版社、戲院,興辦學校。而用以聯繫廣東人同鄉情結的則是粵人社團,這些事業與社團活動是廣東文化在上海的典型代表,也是海派文化的重要組成部分。

廣東人在上海,以南京路四大百貨公司爲主業。百貨業是近代都市的主導商業,也是上海都市型的多機能文化設施。從20世紀10年代至30年代,廣東商人陸續在南京路開設四大著名的百貨公司:先施(1917)、永安(1918)、新新(1926)、大新(1936)。四大公司在南京路相互鼎立,激烈競爭,造就了以南京路爲中心的"摩登上海",映現出中國第一商業街的繁華。

廣東人創辦的百貨公司,具有消費和娛樂的雙重功能,永安公司是其中最完備者,除了商場外,附有永安溜冰場、永安攝影室、天韻樓遊藝場、大東旅社、酒樓、茶室、飲冰室、大東跳舞廳、永安粵劇團等文化娛樂設施。其實,所謂上海"十里洋場",不是從靜安寺到外灘的十里長街,而是以四大百貨公司爲中心的"周匝十里"的商業圈。就此而言,廣東人對上海商業與文化的貢獻,以及對近代都市形成的貢獻,以"引領""創造"來形容而絕不爲過。

南京路四大百貨公司之一的新新公司,在設立的第二年,進行無綫電廣播。這是上海第一家中國人創辦的電臺,也是中國最早的民間廣播電臺。由於是在商場裏用玻璃隔成的房間,俗稱"新新玻璃電臺",也因其透明開放,成爲上海文化的重要象徵。電臺的播音設備均由中山人鄺贊設計裝配。新新電臺日均播音六小時,播放蘇灘、粵曲以及商品廣告。1941年,新新電臺舉辦"兒童國語演講廣播比賽",高級組第一名盧粹持(女,13歲)、第三名黎達(女,13歲)均爲當時廣肇公學的學生。

上海是中國最大的都市,爲中西文化匯合之地,同時又是各國萬商雲集之區,旅館業爲上海重要的行業之一。但是,在具有全球視野的廣東商人眼裏,上海原有的旅館,雖然星羅棋佈,但是建築形式多半陳舊,内部陳設亦落伍於時代,一些所謂的旅業改良刷新者,祇不過是做些外表的油漆裝修而已。因此,廣東商人不滿足於南京路百貨公司的產業,而是將目光投入建造"組織形式以萬國旅館公例爲標準,各程序以歐美旅業爲模範"的新型大飯店。"上海爲亞東唯一的商埠。文化則雜兼乎中西,商務則溝通於華洋,在社會進化不斷的進步中,而經營旅業者,非有廣大深遠的目光,殊不能開拓光榮的前途。"1933年11月,在市中心開業的揚子飯店,便是他們共同投資而培育的"揚子之花"。揚子飯店樓高八層,不是摩天大樓,但位於市中心地段,亦是登高可觀周邊風景的宏大建築,"環鄰房屋等於模型,河中船舶等於螞蟻",可見廣東商人在上海創建一流旅館的自豪感。

　　1934 年元旦開幕的新亞大酒店，以廣東新亞大酒店創始者鍾標爲總經理，"自建十層大廈，規模宏偉，爲滬上異軍突起之大旅邸"。鍾標經營旅館的目的，旨在矯正社會惡習，店內不備鴉片煙，不許嫖妓和賭錢，其信念爲："新亞若失敗，不是新亞的失敗，是表示了中國的社會無法改良，新亞若成功，也不是新亞的成功，是證明了中國的社會，尚可救藥。"新亞以高尚旅館爲目標，矯正社會惡習，也在北四川路開創了廣東人上海事業的新時代。

　　廣東人在上海的產業，著名的是南洋兄弟煙草公司與永安紡織印染公司。南洋兄弟煙草公司於 1905 年由南海人簡照南和簡玉階兄弟在香港創立，1916 年在上海設廠，1918 年將總部設在上海。主要產品是"白鶴""紅雙喜"香煙。並設立錫紙廠、印刷廠、製罐廠、烤煙廠等，銷售機構遍佈全國及東南亞各地。永安紡織印染公司是永安百貨的又一產業，1922 年 9 月正式投產，至 1934 年，擁有五家紡織廠，一家印染廠，職工人數達 1.2 萬人，成爲規模僅次於榮氏兄弟創辦的申新紡織公司的華商第二大紡織企業。

　　在出版事業方面，1926 年由廣東人創辦的《良友》畫報是大型綜合性攝影畫報，注重圖畫材料、采登中西著名藝術科學古物風景照片，刊載國內外時事及社會聞人照片，兼載文藝學術的文字，爲當時中國最有影響力的畫報。商務印書館是我國第一家現代出版機構，香山人王雲五到商務任職後，開創商務的輝煌時代。1925 年 3 月，商務印書館分店落戶虹口北四川路。此時，附近已有伊文思圖書館、協和書局、大成書店等，從塘沽路至海寧路之間的北四川路形成上海文化出版的新天地。

　　看電影，聽大戲，開旅館，叫花局，上舞廳，既是上海人的娛樂，也是廣東人的主要娛樂。廣東人開設的電影院、戲院主要在廣東人聚集的虹口。如 1932 年開業的融光大戲院（今國際劇場），位於海寧路乍浦路口，"建築尤極富麗堂皇之致，大門之內，有一廣廳、以備觀衆坐息散步，佈置精雅而新穎，爲任何影戲院所未有，更進即爲客座，計有二千座之多"。廣東戲的舞臺主要有 1931 年開幕的廣東大戲院（今群衆影劇場）。

　　廣東藝術家給上海帶來嶺南的文化、南國開放的風氣，開拓出海派文化的新氣象，其代表人物如下：胡蝶（1908—1989），祖籍廣東鶴山，在上海出生長大，著名電影女演員，是當時充滿傳奇色彩的上海女性；阮玲玉（1910—1935），祖籍廣東香山，生於上海，20 世紀 30 年代影壇最突出的明星之一，其優秀的演技與自殺一事成爲中國電影的一個時代象徵；蔡楚生（1906—1968），廣東潮陽人，22 歲進入電影界，1934 年拍攝中國第一部獲得國際電影獎的故事片《漁光曲》，使中國電影開始走向世界；鄭君里（1911—1969），原籍廣東香山，生於上海。1932 年進入聯華影業公司，在《大路》《新女性》等近 20 部電影中擔任主要角色或重要角色，並演出易卜生的《娜拉》等劇，以形體瀟脫，善於把握角色情緒，富有藝術魅力而成名；曾煥堂（？—1949），廣東順德人，1917 年開設上海大戲院，爲華商開辦的第一家電影院，1924 年創辦中國第一所電影演員訓練學校——中華電影學校，被譽爲"中國電影事業領袖"；關紫蘭（1903—1986），祖籍廣東南海，生於上海，留日歸國的油畫家，被譽爲"中國閨秀畫家"；蕭友梅（1884—1940），廣東中山人，中國音樂教育家及作曲家，有"中國近代音樂教育之父"之稱。

　　廣東人以好食聞名，粵菜是中國八大菜系之一。南京路有"杏花樓""新雅"等大酒家，虹口廣東人街的粵菜館，因價廉精緻、有故鄉味亦受到歡迎。上海人喜歡到廣東館子去喝茶吃酒，一方面是廣東酒菜的味道好，另一方面是廣東人會做生意，迎合食客喜新厭舊的心理。上海的廣

東館子,一般早晨七八時到十一時,賣茶賣點心,中午供應酒飯,下午再賣茶賣點心,晚上再賣酒飯。同時,夏天賣冷飲,秋天賣月餅,冬天賣年糕。每個館子門口,還帶賣燒鴨、燒豬以及各種鹵味,花頭比上海本地館子多。廣東館子和點心茶室原來是分開的,後來茶室賣酒,酒館賣茶,相互競争,就慢慢地合而爲一了。

廣東人自稱在上海的事業是"無所不能",並非虛言。以小商業爲例,佛山人冼冠生原在九畝地新舞臺戲院門口擺攤銷售蜜餞,後來自製"香港上海冠生園"商標紙,生意很快就做開了。1918年創設冠生園,産品涵蓋糖果、蜂製品、面製品、味精、調味料、酒類、飲料等。1923年註册"生"字商標,又陸續在南京、漢口、杭州、天津、重慶、成都、貴陽、昆明等地創設分店。1933年去日本參觀訪問後,生産杏華軟糖、魚皮花生、果醬夾心糖等産品,均爲國内首創産品。1934年,冠生園在"大世界"舉辦月餅展覽會,特邀影后胡蝶出演,並藉此製成著名的宣傳廣告"唯中國有此明星,唯冠生園有此月餅",轟動上海。

在上海的外省移民群體中,廣東人的同鄉情結特别濃厚,其社團組織在進行社會公益事業、慈善救濟活動中,具有較强的社會影響力。廣東人的同鄉社團主要有廣肇公所、粵僑商業聯合會、潮州會館以及廣東旅滬同鄉會等。

廣肇公所是廣州與肇慶旅滬商人的同鄉組織,曾毁於小刀會起事,1872年重建,地點雖然設立在英租界的寧波路,但在虹口廣東人集中居住區域設立公益組織,如海寧路的廣肇醫院與武昌路的廣肇義學。該會既是廣東富商集中的地方,也是政府官員較多的團體之一,具有官商合作的財力與權力,成爲粵商社團中最具代表性的組織。先後擔任廣肇公所董事的買辦先後有唐廷樞、徐潤、陳可良、陳炳謙、勞敬修、潘澄波、潘明訓、楊梅南、胡耀廷等人,巨商有譚干臣、陳輔臣等人。

廣肇公所的公益設施爲廣肇山莊,除安葬部分永久棺柩外,大部分將運回家鄉。在教育方面設廣肇義學八所、廣肇女學,後來接管培德學校,並改名廣肇公學,在廣東人的教育事業上作出巨大貢獻。此種情形,正如廣肇公所董事陳炳謙先生所説的那樣:"我粵人自來富於向外發展之性格,以其作客經商於異鄉者之衆也,乃謀所以便利同鄉而有同鄉團體之組織,故凡粵人所聚之地,輒有同鄉團體之産生。""此種同鄉團體之作用,其初期僅爲消極之工作,如資助流落之同鄉,送返故里,或爲貧病醫藥之救濟,或爲同鄉死亡之埋葬等。迨乎近日,始漸有由消極而進於積極之趨勢,如舉辦同鄉教育事業是其一例也。教育之事,原不必有省界之分,然萬事之成,無不自小而及大,同鄉教育,範圍之較小者也,亦整個教育起點之一單位也,集各單位而成大單位,此必然之過程也。"

據1935年統計,廣東人在上海創辦的學校,除了補習學校及附設幼稚園外,小學一共有38所,其中男校27所,女校7所,男生總數3 971人,女生總數2 105人。但是,這些小學,大都屬於弄堂小學,辦學條件比較差,得到教育局立案的祇有7所,有圖書館的僅18所,其他均因經濟等原因,無從發展。廣東人的中等學校共4所,粵東、崇德、廣東、嶺南,其中得到教育局立案的3所,而且多數是普通科,學生總數896人。幼稚園均附屬於中小學,共8所,學生391人。補習學校,如業餘商業英文夜校、廣東工業傳習所等,共6所。

廣東人辦的中學,除了粵東中學以外,其餘3所的情況如下:

崇德女校,建於1905年,是基督教廣東浸信會湯杰卿牧師與萬應運博士籌資建立的私立教

會女中。最初是小學，設在武昌路仁德里，稱明德小學，1910 年改爲崇德女校，1911 年遷往海寧路積壽里。1914 年開始設立中學部。1919 年遷往北四川路白保羅路，並建造校舍，從幼稚園至高中，學級次等完備。1932 年一·二八事變後，中學部遷往東體育會路新校址。1937 年淞滬抗戰爆發後，白保羅路小學部與東體育會路中學部均被砲火擊中，後得到各方捐款，在西摩路（今陝西北路）購入新校舍。教職員工和學生基本上是廣東人。該校以文商見長，尤以英文爲其特色，永安公司的郭家女孩、著名影星阮玲玉等都曾在那裏讀書。

廣東中小學，1912 年由新會人陳鴻壁等人創辦，初名廣東幼稚園，1917 年發展成小學並附設幼稚園，學生、職員達百餘人，改名旅滬廣東小學。1920 年在寶源路建成新校舍。1925 年更名爲廣東公學。1929 年定名爲私立廣東中小學，至 1931 年學生達 700 人。1932 年一·二八事變中，校舍被日軍炸毀，學校一面租房辦學，一面在廢墟上重建新校舍，至 1934 年學生達 600 人。1937 年淞滬抗戰中，校舍再度被毀，在愛文義路（今北京西路）租房辦學。後將學校交由廣東旅滬同鄉會管理。

嶺南大學上海分校，初爲小學，後增設初中部。1927 年由嶺南大學校長鍾榮光組織董事會積極籌劃，於 1928 年春季開學，最初僅有學生 26 人，教員 6 人。至 1935 年學生增至 200 餘人，教員增至 28 人。校址原在楊樹浦荆州路，因不敷應用，乃在江灣（今殷高路）購地 70 畝，另建校舍，由滬名建築師李錦沛、李揚安設計，堂皇美奐，堪稱全國小學之冠，也可與租界學校媲美。1934 年冬全部落成，1935 年春遷入。《良友》畫報 104 期（1935 年 4 月）曾刊出"上海一小學（廣州嶺南大學上海分校之參觀）"的專題報導，指出："該校除課程比普通學校略高，教員皆爲專任，學生皆一律寄宿校內，俾得收教學之效外，尤重學生品行之修養。"圖片則介紹學校建築及校內情形之一斑：學校建築群有教學大樓、宿舍、體育館，還有高高聳立的水塔，氣象雄偉。校內清幽絕俗，宜於修身養性。學校課堂離宿舍不遠，中間隔有草坪，設計新穎，景色宜人。教室窗飾有博覽畫，教室大樓轉角有壁畫，爲名畫家黃潮寬所作。每晨皆有早會，由教員輪值演講，訓以修身學問之道。圖片還介紹學生課外生活的情形：集體參與植樹活動，不僅爲學校服務，還可鍛煉身體，有益身心；下午放學後，學生結隊入體育館，館內有寬大的球場，風雨無阻；宿舍長廊，課餘閒步，樂趣橫生；圖書館內，則是課餘學習的好去處。

廣東人認爲，粵僑教育是旅滬同鄉的命脈，舉凡將來之發展，實所維係。《粵風》雜誌在題爲"上海的粵僑教育"的文章裏呼吁："同鄉們，我們將來開天闢地的十八般武藝言盡於此了。20 萬人將來的命運如何便全靠在這一點身上的了。我們承受各父老數十年來遺下給我們'無所不能'的事業，能夠保存了嗎？我們的創造力足够了嗎？你對一切都滿意了嗎？倘若不滿足，那麼，你應該怎樣？"

廣東人明白，他們將來的開天闢地事業，其武器不是刀槍劍戟，而是粵僑教育。因此，瞭解了廣東人的上海事業與粵僑教育的理念，就不難解讀虹口區檔案館編輯的《彙編》。檔案史料可以證明，廣肇公學及其後來的粵東中學，無愧爲上海粵僑教育中的佼佼者。

二、廣肇公學：粵僑培育的木棉花

粵東中學的前身是位於北四川路的廣肇公學，這是此路上可與西童公學男校、日本小學（北

部小學)媲美的中外三大名校之一,亦是粵僑以自己的力量培育的木棉花。

北四川路,南起四川路橋北堍的北蘇州路,中經橫浜橋,北至山陰路,西折至原淞滬鐵路東側與東江灣路相連,近似"S"形。上海開埠前,這裏原是上海、寶山兩縣交界處的鄉野無名小河與農田。隨着租界在虹口的設立及蘇州河橋樑的架設、鐵路的開築,居民日增,漸成道路,但1892年僅限在川虹浜的南面。1896年,公共租界在虹口購地建造租界義勇隊的靶子場,後又在1905年闢造虹口公園,北四川路也隨之延伸到今魯迅公園處。其因與蘇州河南岸的四川路相連,故名北四川路,1946年改名四川北路。

沿街的幾所學校、背着書包上下學的學生,組成北四川路的特殊文化風情,也在某種程度上爲虹口的文化教育水平奠定了基礎。

1914年,工部局經營的西童男校從西童公學分出,成爲一所獨立的學校,當時校址在蓬路(今塘沽路)28號,次年移至北四川路200號。1925年學生的國籍達到24國,學生數310名。學校注重英語及英國文學課程,以使學生在書面、口語等方面獲得充分的訓練。歷史學課程包括英國史、中國史和歐洲史。數學與自然科學課程包括算術、幾何、代數、三角、微積分、物理和化學。學生在低年級時學習幾何,到了高級班開始學習代數。自然歷史課程包括植物、動物及園藝方面,並注重野外實習。此外設美術課,對學生進行美學繪畫方面訓練。校舍建於1913年,法國文藝復興風格,很有氣派。

日僑在上海的小學教育,始於1888年的開導學校,此爲日本北部小學的前身。他們十分重視子弟的教育問題。開導學校最初開設在東本願寺內,第一批學生僅10人。1907年,上海日本居留民團成立後,接管開導學校,改名日本尋常高等小學(後改名北部小學、第一國民學校),在其精心經營下,北部小學與此後陸續設立的十餘所日本學校一樣,與日本國內的國民教育同步,同樣享受近代教育進程中的改革成果。早期的日本小學教育,分兩個階段,即尋常科(初小)和高等科(高小)。孩子一般在6歲入學。上海的日本學校采用根據日本政府《小學校令》編寫的教科書,除了國語閱讀、寫字、作文、算術等課程外,還要在高等科中進行英語教育。尋常科每周國語閱讀時間爲一、二年級5小時,三、四年級4小時,此外還有寫字4小時,作文2小時,算術6小時。高等科每周國語閱讀4小時,寫字3小時,作文2小時,算術4小時,英語2小時。

1917年,北部小學在北四川路(今1844號、虹口教育學院實驗中學)建成新校舍,由挪威建築設計師摩拉(E.J. MURA)設計,采用先進的防火鋼筋水泥構築,西洋風格,高4層,建築費用爲12萬兩銀。運動場面積達5 735坪。其中普通教室41間,特別教室8間,其他教室15間,並在4樓設有大講堂。當時日本國內小學校舍大多是舊式木造結構,如此氣派的北部小學建築在日本國內和上海都是一流的。這是日僑在上海重視教育的大手筆。

位於上海的日本小學校,爲了啓發學生有關中國知識的智慧,編寫小學教材。高年級學生在學習英語的同時,開設上海話的學習課程。同時,日本小學獨特的慣例活動,如各種各樣的校典、運動會、修學旅行、遠足,特別是隆重的入學典禮和畢業典禮,給同城的中國學校一定的啓示。

面對工部局的男童學校與日本政府、上海居留民團精心打造的日本小學,廣肇公學藉助旅滬廣東人的同鄉之力,也在北四川路上隆重登場,其教育規模與水平究竟如何?《彙編》將會提供歷史的證言。

　　廣肇公學的創設人盧頌虔(1891—1983),廣東中山人。1911年從廣東到湖南山區,擔任過一年半的家庭教師。1912年秋來上海,因立志從事教育工作,留在上海辦學。

　　1913年1月,盧頌虔與盧樹屏先生經過幾個月籌備,得到同鄉盧著卿、盧煒昌兩先生贊助,租北四川路清雲里兩幢民房爲校舍,設立培德小學。2月19日開學,最初的男女學生僅27人,皆爲初小程度,都是廣東人子弟,由兩名教師分擔各科課程。同年底添聘教員,擴充學額,增設高小年級。清雲里位於北四川路天潼路西北側,爲英國人哈同的地皮,也是廣東人集中居住的里弄。1932年被拆除,新亞大酒店、大橋大樓等均建在清雲里舊址上。

　　當時的學校條件,如上海一般的里弄小學,"屋宇既陋,設施亦簡;既無運動之場,亦無專科之室;即體操遊戲,亦祇舉行於方丈天井之中;且以地近市廛,遠離郊野,空氣環境,均極不宜"。

　　1914年1月,公推盧頌虔先生爲校長。1915年4月,組織校友俱樂部。

　　1917年2月,學生增至120餘人,校舍陸續增租至七幢。同年增設國技部,請精武體育會派員擔任教員。7月,舉行第一屆高小畢業式與遊藝會,來賓達400餘人。8月,分別獲上海縣署、滬海道批准備案。10月,師生百餘人至蘇州旅行。第二年春季開學,學生數達到200餘人。次年,高小第二次畢業考試,上海縣署派人來校監考。同年春天,參加滬海道所屬學校的高小成績展,獲獎憑四枚:二年級算術獲甲等獎憑,三年級算術獲乙等獎憑,三年級國文或丙等獎憑。6月舉行的畢業典禮及遊藝會,來賓達千餘人。清雲里這所弄堂小學的情形,當時已令滬上教育界刮目相看了。

　　鑒於學校的迅速發展,原來租用的普通房屋早已不敷使用。1919年1月,盧頌虔携教員張孝先赴南洋考察教育近兩個月,開始商議籌款建校舍。1920年2月,改名培德公學。

　　1921年11月29日,因經費支絀,也爲謀久遠及易於發展起見,上書廣東人同鄉組織上海廣肇公所,請求改歸廣肇公所設立。12月4日,廣肇公所董事會通過決議,將培德小學改歸公所設立。1922年1月31日,登報通告改歸上海廣肇公所設立,並改稱上海廣肇公學,校長仍由創設人盧頌虔先生擔任,廣肇公所則負維持及監理之責。

　　改名廣肇公學以後,建築新校舍被提上議事日程。1923年2月,舉定譚蓉圃、黃鴻鈞、吳耀庭、連炎川、駱乾伯、楊尊三、陳公哲等人爲校舍建築委員會委員。3月確定新校舍由發記營造公司承建,限在四個半月內竣工,建築費爲37 790兩。5月6日舉行新校舍奠基禮,由廣肇公所副主席羅芹三博士奠基並致吉詞。6月,定木棉花爲校徽。9月20日,在新落成的校舍舉行秋季開學禮。

　　廣肇公學新校舍位於北四川路橫浜橋塊的福德里,佔地五畝餘,距1917年建成的日本北部小學校舍不遠。這所作爲上海廣東人子弟學校的三層新式建築,成爲一顆冉冉上升的粵僑教育之明星。

　　學校的辦學宗旨是:發展學生本能,順應社會需要,施以適當之陶冶,使德、智、體、群、美五育均發達。

　　校徽呈方形,紫緣,旗中爲赤色英雄花三朵,同蒂分生,成正三角形,罩以綠環,上書"上海",下書"廣肇公學",均右行橫書紫色。"英雄花,即木棉花,爲吾粵特產。其樹,本木,高數丈。植之林中必高出他木之上,有超然特立之概。每歲春夏之際則開花,堅厚碩大,色深赤如火,照耀林表,數里外望之,有挺然獨出者,咸知其爲英雄花也。取此爲校徽,一則以其爲吾粵之特產,二

則希望造就人才爲社會指導之意,三花者,以表德智體三育,連綴則表群育,花爲美好之表示,美育之意亦即寓意其中,赤花所以表熱忱。綠環者,其形表完全人格,其色則表和平博愛。綠色及字色之紫,則所以表努力也。"

近代學校教育,無不力求設備完善。"工欲善其事,必先利其器",廣肇公學自然不甘落後。他們在新校舍建造之初,便經若干建築家、教育家之計劃與鑒定,對於各種設備,進行悉心研究,力求適用,因此在新校舍設備上顯示了一定的優勢與特色:

紀念室:留歷年捐費者之像。

辦事室:設校長室、事務室、教務室等。校長室門背設信箱,以便學生投函言事者。事務室仿郵局銀行式,有圓桌1張,作半月形,中置辦公桌1張。教務室中列長桌3張、短桌6張,木椅24個,圓凳五六個,足容20餘人同時作業。時鐘高掛東墙,爲全校標準時。門口掛1個寒暑表,墙周滿懸掛圖百餘幅,皆教學必需之具。

講堂(附音樂室):講堂約佔二層樓的1/4,前端爲廣臺,臺前懸大布幕。臺上設活動桌1張,有鋼琴1架,室中設長椅百餘張,每椅可坐3人,共可容納300餘人。但當時學生已有460餘人,全體開會時,年長者均站立墙周,殊以爲憾。

普通教室:共8間。大教室設學生桌22張,小教室10張,中教室則十五六張不等,每桌2人合坐。書桌排列3行,各有出路。墙上設2塊黑板,2塊公布牌、1個日曆、1張時間表,1張學生姓名表。

理化實驗室:理科包括物理、化學、動物、植物、礦物,可分理化、動植礦等兩類。

博物室:標本分動物、植物、礦物3部。模型分3種,即人體解剖模型(男性)、骨骼模型、男生生殖器模型。還備有儲藏器、各類教具等。

美術室:爲校内最大之教室之一,室之西北、各有3扇窗,光綫充足,窗均施以黑布之簾,可以製取光綫。有特製繪畫桌40張,桌面爲櫸木製,紋理堅細而能受畫釘,可容納40餘人作業。室内有兩大玻璃櫃,一具儲靜物模型,一具儲繪具及學生作品。

書藝室:西南各有3扇窗,窗外懸竹簾,窗内垂白布,以節制陰晴,而便於教學。室内設有4盞電燈,一以便教學之需,一以救天時陰晦之弊。此外,有專爲書藝作業而設之枱凳各20張,每枱附墨硯兩方,免學生往來携帶之。枱之後沿接兩塊小板,板後各連1塊小方木,以支板使竪,而置碑帖。教室四周皆吳昌碩(1844—1927,清末民初的篆刻家,亦工書法、繪畫)之篆文、沈寐叟(1850—1922,即沈曾植,書法家、史學家)之草書、張廉卿(1823—1894,即張裕釗,書法家)之楷作、金冬心(1687—1764,清代書畫家,揚州八怪之首)之隸書,以及本校學生各級之優良習作。

操場:操場在校舍之北,有籃球場、網球場等,還設有跳高沙坑、跳遠沙坑、跳高欄、跳欄架等。風雨操場設在校旁西隅,蓋棚爲之,雖寒暑雨雪,亦可適用。

宿舍:學生宿舍5所,最大可容23人,最小可容4人。高年級學生之宿舍,每人附設書桌1張。教員宿舍7所,每居室1—2人。

膳室:位居地下層,可容15桌,每桌8人,後因搭膳人數激增,則於風雨操場内添置數桌。

洗浴室:共5所。三樓有4所,其中3所爲新式浴池,冷熱水,供教職員與年長學生用;一所池淺而低,供幼年生洗浴之用。另一所設在二樓,供女教員與幼稚生之用。厠所分3處,皆爲新式水厠。

此外，還有圖書室、史地室與童子軍室等。這些學校設備，與工部局西童男校、日本小學相比，毫不遜色。

學校在夏季備制帽、制服。帽用白斜布爲之，上繡校徽校名，其形類似棒球隊運動員所戴者；制服西式，用紫花布，衣之腰部有帶，短褲。冬季則僅備制帽，無制服。冬季制帽以青蓮色光絨制成，亦繡校徽校帽。制服於集合或必要時穿着，制帽則爲每日必需之品。蓋非制帽，不准戴入校內。

學校的編制是初級中學、高級小學、初級小學、幼稚園。修業年限爲初級小學四年，高級小學兩年，初中三年。學齡：男生滿 4 周歲至 20 周歲。女生滿 4 周歲至 12 周歲。凡品端體健，年齡符號與試驗及格者，均得入學，但入學時，須覓保人填具保證書。

學科設置如下：

初級中學科目：公民、國文、英文、代數、幾何、史地、理科、書藝、美術、音樂、體育。

高級小學科目：公民、國文、英文、算術、書藝、歷史、地理、理科、美術、衛生、音樂、體育。

初級小學：公民、國文、寫字、算術、美術、衛生、音樂、體育、常識。（四年級加授英語）

幼稚園：談話、游技、唱歌、認字、計數、寫字、工藝。

教學（每周）：初中：公民 1 小時。國文初一 9 小時，初二、初三 8 小時。英文 7 小時。數學 5 小時。歷史 2 小時。地理 1 小時。理化 1 小時。博學 1 小時。美術 1 小時，但課外學習可隨時酌加。書藝 1 小時，每晚另有自習。音樂 1 小時。體育 2 小時。國語（國語字母使用、會話、詞彙及語句研究，聽寫、演講）1 小時。

高級小學：公民 1 小時。國文 9 小時。算術 5 小時。英文 6 小時。歷史 2 小時。地理 1 小時。理化 1 小時。博物 1 小時。美術 1 小時，酌時加課外時間。書藝 1 小時，每晚另有自習。音樂 1 小時。體育 2 小時。國語 1 小時。

初級小學：國文一至三年級 11 小時，四年級 10 小時。寫字一至三年級 3 小時，四年級 2 小時。算術 5 小時。國語一至三年級 2 小時，四年級 1 小時。公民一至三年級 2 小時，四年級 1 小時。體育 2 小時。圖畫 1 小時。音樂 1 小時。歷史四年級 1 小時。地理四年級 1 小時。英語自四年級開始學習。童子軍四年級 1 小時。

國文、英文、算學，爲最重要的三門科目，新生錄取、畢業、升級，皆以此三科之程度爲準。

廣肇公學側重教學、訓育、管理等三方面。學識之灌輸，技能之習練，屬於教學者："教授法：學校之設備，猶工人之工具。而教法則猶運用工具之技術也。技術不良，則工具雖備且精，製品亦必粗劣，教育亦然。"

訓育之責在於學生性情之陶冶、身體之鍛煉。然如何使教學順利，訓育不困難，斯則視管理方法之若何。"管理無方，喧囂如市。學子之心志不凝，其影響於學業甚大，良莠雜處，無以隔別，體質荏弱，漫不加意，望其勇毅耐苦，不化於人，豈不綦難。"基於上述理念，廣肇公學在學校管理方面，采取以下措施：

設監護員，負學校監護之責，由全體職教員輪流擔負，周而復始，不專推一人任其事。監護員於下課時，巡行校內，處理臨時發生之一切事情。

設學級理事，每學級設理事一人，以國文教員擔當，處理關於學級事務及訓育責任。

設糾察，其作用是助教員或學校維持教室及下課後全校各處之秩序。當授課時，堂上有不

守規則的學生妨礙公衆作業時,若教員未及時處理,則糾察可爲教員之助,起而干涉。每學級多則六人,少則三人,由學生中選舉。

建立教室值日制度,教室中一切雜務,苟爲學生能力足以助理者,則設值日以管理之。除理事、糾察外,學生一律分擔任務,不許虚閑。職務之分擔,不由學生自認或公舉,而由學校指派,貼表於教室,由理事監督使之實行。如抹黑板、開關門窗、收發課卷、收拾廢物、抹桌椅等。

除此以外,廣肇公學在實施教學前的課程設置、實施教學時的各項設施以及在成績考查及升學指導方面,亦下了一定的功夫。例如在初中一年級的國文教學中,有精讀、泛讀、文法、文體、作文、學級新聞、口語練習等課程,並在學級新聞及泛讀文中隨時進行討論。在教學方法上,講究"運用"與"多術"。"對於各種教學方法,但知廣爲研究,實事求是、惟施行無礙、效益較高者是從,初不僅以一格爲限,尤不妄以標新立异爲高,守舊非所敢承,虚名亦不敢慕。"

對學生的讀書指導方面,注重課外閱讀,增進學生的知識拓展力,養成自動求學之習慣。指導目的在於補充課本材料之不足,以期學識之速進;適應學生各別之個性,以期天才之發展;養成自動學習之習慣,以期印象之深刻。讀書指導通則如下:閱讀時環境、狀況,如光綫之强弱,椅桌之高矮,均要適宜;養成閱書時在一定位置的習慣;養成按時閱書之習慣;非至萬不得已,勿求助他人;閱書宜認定需要,勿以爲僅爲教師所迫,或爲積分起見,不能不勉强閱讀;閱書要中止時,亦須在適當可止之處,並加以記號,俾下次易於翻閱。

如何讓學生在讀書時易於領會,指導意見,應做到以下幾點:先看書中叙例,俾先明其大意;閱書宜專心静慮,細意披覽,不稍旁騖;著作者未必全是文章家,閱讀時不宜以辭害意;用想象以探討書意或補充書意;標記要點,以清眉目而便省覽;遇有看不明白處,宜查考他書,以求解決;或向人研問清楚,不宜含糊了事;能先查明作者之略史,則先查爲佳。

如何讓學生在讀書時便於記憶,也有具體指導意見:閱讀時要存心記憶;閱讀一章後,宜先默憶其崖略,以摘取其主要思想;提要鈎元,用簡短標語制成綱目表,俾易記憶;觸類引申,與已知事項聯想,以資記憶;對於缺乏有理性的顯明聯想之材料,不妨想出一種特別矯作的方術,一邊牢記;欲印象較深,宜分多次閱熟,不宜於一時急求强記。

如何讓學生在讀書後能獲得實益,學校的指導意見是:宜先審慎選擇而後閱讀;宜認清目的,先知讀此書所應解決者何在;對於普通原則,宜思索以求具體實例;對於重要事項,須默記甚熟,不當僅以暫時强記爲已足;書中資料,有能補助己之欠缺,或與己有密切關係者,宜特加注意;閱書時要注意到將來之應用;閱讀時要能懷疑,閱讀要能判斷,所謂慎思明辨也;要取書中所言,驗之行事。

對於學生的課外閱讀,廣肇公學制定如此細緻而有效的指導方法,在上海的學校裏是非常罕見的。

對於學生成績的評定,廣肇公學亦有一些不尋常的方法,例如,要求學生在每學期中,都要做一篇"學業報告",由學生將本學期學業情況及所抱意見,爲文自陳。除小學一、二年級未實行外,其餘凡學會作文之各學級學生,皆一律施行。學業報告於每學期末施行,但不限在課堂完成,可在家裏從容詳述。各班的學業報告分別裝訂成册,存校備考。學業報告也是學校對學生成績的一種認定。

下文是一篇名爲馬挺中的初中二年級學生的學業報告(1925 年 7 月 23 日),該生的學識、視

野、文字功夫如何？讀者自會評判。

"歲月如流，光陰易逝。余肄業於廣肇公學，又將半載矣。茲特將此學期中之概況及鄙見錄出，藉以自省兼供學校之采納，或有裨益於學校之進行也。

"上學之第三日，時值美術教授張亦菴先生授課。張先生對於吾儕，極能諒解，余至感之也。彼意吾儕之程度有參差，教授或不免有隔膜之處，詢吾輩對於美術科有無改良之辦法。課畢，余等遂集會商議，主席爲張新康君。會議之結果，暫停設美術科，以充足之理由，向校長盧先生及張先生陳説，必達目的而後止。余初不意邀二先生之俯允也。

"停授美術，誠有充足之理由耶？其他姑勿論，祇就本校五卅後援會之圖畫宣傳視之，當時已立見美術之功效矣。所謂美術無用，是絕對不可也。若以美術不易學習而取消之，是豈能出諸吾儕求學青年之口乎？余爲本年新來之學生，舉皆未識。對於美術，祇抱愛美之觀念，而未嘗從事於實習，故余倉卒會議之間，不敢有所表示。然悟已往之不諫，知來者之可追。故余敢請本校於下學期重設美術科也。

"余等所讀英文通史問答，乃十數年前之出版物，其不適用於今日，無待論矣。吳衡之先生意謂中文本之歷史，淺顯明白，可自閲而不須教授也。若讀英文本之歷史，既知史事，而又可兼識生字，一舉兩得，豈非善歟。然善則善矣，其不善者，此機械問答式之歷史，既陳腐且多不適用之生字耳。生字既多，故吳先生每星期祇能授書一篇，顧於一小時中，雖欲多授，有所不能也。余等此學期中所得之史事，因此極少。以後請另擇一適用之史書以爲課本，則幸甚矣。

"若論國文，余等皆有相當之進步，但所讀之課本，關於常識方面，未免缺乏。應擇一二善本，以作補充讀物，庶將來升學他校時，不致臨渴掘井也。

"至於英文，是爲余等此學期中最有進步之學科。余等有如是成績，不得不歸功黃訪書先生及鄧演達先生之教法得體，取材合適，使余等能洞識書中精奧之處，樂而不倦。他如數理化教授鄧昊民先生、地理教授譚之良先生、書法教授黎伯伊先生、音樂教授裘夢痕先生，均能循循善誘，誨人不倦，至可感也。余之觀察眼光，尚極幼稚，書此篇者，蓋示余一片愛護學校之真誠，俾達至善之境，未嘗稍含他意也。至若見解倘有謬誤，敬請諸先生各賜教，則幸甚焉。"

廣肇公學的學生水平不斷提高，除了大量的課外閱讀外，還得益於許多著名教育家與學者的來校講演，這是學校的課外研究之一。自五四運動以來，提倡言論自由，推崇科學與民主，演講是很好的宣傳手段。廣肇公學能請那麼多著名人士赴校演講，在當時還祇是小學與初中建制的學校裏，並不多見。當然，這與董事會的人脈與廣東人的社會能量有很大的關係。

以 1923 年爲例，在廣肇公學進行講演的著名人物如下：

5 月，文學家許地山作了以《近代的小學生生活》爲題的講演。許地山（1893—1941），作家、學者。20 世紀華人在大學開梵文課的第一人，當代華人研究印度學的先行者。其時正在美國研究宗教，中途回國探友時在上海被邀請演講。

10 月，商務印書館編輯楊賢江作了以《怎樣做人》爲題的講演。楊賢江（1895—1931），中共早期黨員，理論家、教育家。時任商務印書館《學生雜誌》主編。

10 月，惲代英作了以《中國的希望》爲題的講演。惲代英（1895—1931），中共早期領導人。時任上海大學教員，並任《青年雜誌》主編。

11 月，中華書局總編輯左舜生作了以《廣東在近代中國之地位》爲題的講演。左舜生

（1893—1969），近代政治活動家、文學家。時任中華書局總編輯以外，兼任新書部主任。

11月，中華書局編輯田漢作了以《近代劇運動概況》爲題的講演。田漢（1898—1968），作家、戲曲作家、電影劇本作家、小說家、詩人。《義勇軍進行曲》詞作者。時任編輯以外，還創辦《南國月刊》。

12月，歐陽予倩作了以《看小說之研究》爲題的講演。歐陽予倩（1889—1962），劇作家、戲劇家、導演、演員。時任戲劇協會會員，參與演出《少奶奶的扇子》等話劇。

12月，中國公學教務長陳兼善作了以《我們的本來面目》爲題的講演。陳兼善（1898—1988），著名生物學家。

除了邀請名人來校講演外，廣肇公學還設有"紀念日講演"與"特種機會講演"兩項。在紀念日講演中，孔子誕辰講演《孔子之學術》，"國慶日"講演《民國成立歷史》。如1924年"五九"國恥紀念日，請本校教師盧煒昌講演《根本雪恥之方法》；1925年"五九"國恥紀念日，請商務印書館編譯所所長王雲五講演《雪恥方法及爲學之道》。

特種機會講演，一般不是特意邀請，而是當名人訪問上海時，邀請其作一次特別講演。如1922年元旦，廣東高等師範學校校長金曾澄（1879—1957，廣島高等師範學校畢業、兼任廣東教育學會會長）來滬，請其來校講演。廣東各種考察團來滬時，廣肇公學舉行歡迎會，也會邀請其講演，如1922年6月劉芙初（1888—1965，高等數學教師）、李樸生（1896—1986，時任廣州女子師範學校國語教員）兩先生自日本考察教育歸國，請他們講演《日本的小學生》等。如有校外講演，當時間和地點合適時，則率領學生前往聽講，如1924年4月，赴對門中央大會堂聽上海精武會會長梁樹棠講演孔道。

民國以來，學校大多會以舉辦成績展覽會的形式，展示教育之成果，獲取社會認可與扶助。上海圖畫美術學校（上海美專前身）第一屆成績展覽會於1918年7月舉行，得到教育界好評。廣肇公學自然不會例外，其首屆成績展覽會於1918年2月舉行，吸引500餘人參觀。1919年1月舉行的成績展覽會，來賓達800餘人。1925年利用元旦假期（三天）的成績展覽會，開始有所創新，即由學校展出各項紀念物品、各種統計表冊，各種教具，各種設備等成績，而學生成績分"陳列"與"非陳列"兩種，陳列的是平時之課卷、畫卷、書卷，以及學生自編的英文法、自製的博物標本、歷史、地理、算術、國語、美術等學科之各種圖表等。非陳列的，即由各年級選出之學生隨時對來賓表演學科成績，如童子軍演唱、音樂合奏、寫字、繪畫等，還有來賓向學生考問，如中英文作文、講解、算學演習、理化實驗等，學生均在現場展示，非陳列成績亦稱"活動成績"。那次展覽原定三天，第一天來賓達1200人，第二天600人，第三天因風雪交加，天氣惡劣，來者僅百餘人，爲此學校臨時延期一天，第四天則有200餘人參觀。當時在上海，一所學校的成績展覽會，有總數2100多人來賓參觀，亦算成績不凡。在成績展覽會的第一天，《時報》推出新年特刊，滿載廣肇公學各科成績及照片。《時報》記者戈公振寫道："學生一面讀書，一面練習服務，得充分發展其本能，而自知策勵。"

新校舍在北四川路橫浜橋堍誕生以後，引起社會關注。同年11月10日，《時報》攝取校舍圖及記錄內容，登諸報上。11月28日，《大陸報》登載各科作業照片6張，譽該校"爲上海華人自辦中小學校之不可多得者"。同一天，《申報》登載校舍攝影並記錄內容，《新聞報》《時事新報》登載校舍、圖書館、禮堂等攝影並記錄校況內容。

　　廣肇公學因其不凡,來參觀的各地與本地學校絡繹不絶,如廣東高等師範學校、上海日本小學、中華公學、西童公學、浙江省立女子中學、江西第二師範、浙江省立第一中學、福建第二師範學校、湖南長沙縣立師範等。廣肇公學也常常派員到外校去學習取經,如上海市立萬竹小學、上海日本小學、上海美國學校等。

　　來賓參觀以後,均對廣肇公學作出很高評價:

　　　　福建省福安教育局局長陳駿基:"優點甚多不勝紀述,參觀之餘殊深佩服。"

　　　　南京東南大學教授陳鶴琴:"教法優良,成績斐然,誠滬上不可多覯者。"

　　　　暨南大學師範部:"教法優良,精神飽滿。"

　　　　東亞體育專門學校:"設備完善,教法優良。"

　　　　國立廣東大學高師部教育考察團:"教授優良,設備完善,廣州市立各小學多不能及,足爲吾粵小學。"

　　　　吉林寧安女子中學校長寧琨璞、吉林寧安縣視學顏公權:"設備完美,教室清潔,可與南開媲美。"

　　　　雲南高等師範參觀團:"校舍清潔,設備完善,教授切實,學生活潑,注重體育,實爲强國之本。"

　　　　蔡公時(1881—1928,時任上海工統委員會委員,1928年任外交部山東交涉員,在濟南慘案中被日軍殘忍殺害):"古人云:十年樹木百年樹人,盧先生其始以數十學生艱苦耐勞創辦斯校,今見滿門桃李,真所謂善因善果也。"

　　開埠以來,由於租界的特殊情形,外僑創辦的學校開現代教育的風氣,所佔比例也比較大。但是進入民國以後,隨着社會經濟的發展,社會對人才的需求十分迫切,興學的資金也呈現多樣化,因此華人辦學發展迅速,私立學校所佔比超過一大半。創立於民國初期的廣肇公學,隨着民國教育的步伐而發展,成爲一朵盛開在北四川路上的木棉花,其不僅是上海粵僑的榮光,亦是那個時代華人辦學的驕傲。

三、粵東中學:與"大上海計劃"同步

　　1929年8月1日,廣肇公學遵上海特別市教育局令,改稱上海特別市私立廣肇中小學(簡稱仍用)。1930年3月15日,又改稱上海市私立廣肇初級中學,而將小學部改爲附屬小學,即廣肇公學第一小學。雖然辦學成績斐然,但由於學生人數激增,原校舍與編制已經不能滿足日益增長的入學者需求。

　　這一時期,正值國民政府的上海都市現代化"大上海計劃"在籌備與進行中。該計劃的核心是在作爲上海國際都市租界的外圍,重建華界的新都市,與外國列强的勢力抗衡,適應日益高漲的民族主義需求,推動中國自身的現代化進程。而中國民族經濟的復蘇與新一代海歸建築師的誕生,爲"大上海計劃"的規劃與實施提供了有力的基礎。關注學校教育,不僅推行新學制,還要求改良私立小學,這也是"大上海計劃"的重要內容。1932年冬,吳鐵城市長給廣肇公學的題辭

中指出:"健全之民族,基於健全之教育。中國古之治理,教養兼施,而於國家危急存亡之秋,尤以生聚教訓爲興國要綱。教育與民族興衰關係之切,自昔已然。今日中國以民氣消沉、國力衰微,造成此空前之國難,極宜振興教育,改造教育,以振發民族之精神,健全民族之生命。"

雖然廣肇公學的校舍在華人學校裏已有不錯的聲譽,"精神形式,俱臻上乘"。但是原有校舍,本預定容納五六百人,迄今容納 1 000 餘人,但還不能滿足入學者需求,而原有校舍無法再事擴充,混合初中、小學、幼稚園於一堂,對於管教訓練,均有不便。祇辦初中,實未完成中等教育之階段,初中畢業生於升學時,每感不便。面對如此情形,建造一所更現代化的校舍,設立高級中學,成爲廣肇初級中學在新形勢下的新課題。

特別是近年來因政治、經濟、商業、企業等之進展,旅滬粵僑人數,益見激增,估計約在 20 萬以上,而照教育家所定人口總數,與學齡前兒童之比率爲 15%,則此 20 萬同鄉之子弟,其入學年齡者,應爲 3 萬餘人。廣肇公學受此委託,擔負此任務一部分。因此,該校計劃是在可能範圍內,儘量擴充學額;依照歷屆初中畢業生升學之統計,添辦高中普通科;以目下國內生產落後,失業激增的現實,逐步舉辦生產教育、職業教育。

出於教育家的責任,盧頌虔校長指出:廣肇中學不僅是旅滬粵僑的教育機關,也承擔着大時代所賦予的歷史使命。復興廣肇,不僅是復興旅滬粵僑的教育,亦是爲國家民族預培若干復興的種子。"教育事業,爲一切事業之礎石,亦即國家民族求生圖存之基本要著。國家民族之環境愈艱苦,則教育事業所負之使命愈重大,而有賴於'刻苦自強'以爲改善環境、克服難關之利器者,亦愈迫切。此固吾人素所同具之信心,亦殆萬古不易之鐵則也。"

正是懷着這樣的信念,在"大上海計劃"藍圖指引下,廣肇中學開始邁向更高級的粵東中學之路。

擴充廣肇中學之議,倡於 1930 年春,祇是因爲 1932 年一·二八事變爆發而暫停。事變爆發時,學生家長多遷移滬西,學校爲免礙學生學業起見,即於西摩路(今陝西北路)新閘路口賃屋開學,事件平息後返回原校上課。同時因近年學生激增,小學部尤爲擁擠,爰將西摩路臨時校舍,增設爲第二小學(即廣公第二小學)。1932 年 7 月,重新組織募捐委員會主持其事。最初由校董陳炳謙在水電路捐助 18 畝,悉購 32 畝,共 50 畝地,後增購 50 畝,最終決定 200 畝,並得到國民政府內政部批准。校舍建築原則是工廠式,即樸實、堅固、適用。設計者爲華人建築師李錦沛、范文照、關頌聲。

李錦沛(1900—1968),廣東臺山人,出生在美國,曾負責南京中山陵、廣州孫中山紀念堂工程,上海八仙橋青年會、清心女中等也都是他的作品。范文照(1893—1979),廣東順德人,曾任中國建築師學會會長,成立中國營造學會,早期作品有南京大戲院等。關頌聲(1892—1960),原籍廣東番禺,出生於山東威海,著名的結構總工程師,民國建築界的前輩。三位建築設計師均有廣東血緣、留美背景,能爲一所中學的校舍進行精心設計,在民國建築史上並不多見。

1934 年 6 月 20 日,新校舍第一期工程開標,募捐委員會、建築委員會成員均到場監督,投標者共 20 家,最高 189 000 元,最低 121 450 元。22 日,決定交於光華營造廠承辦,造價 125 000 千元,另由該廠認捐本校建築費 4 000 元,實際上是選了最低的標價。

第一期工程:禮堂與辦公樓一幢(照南堂),禮堂可容 1 000 餘人,辦公樓下層爲各部辦公室。教室樓一幢(伯昭樓),計有普通教室 10 間,專科教室 5 間,廁所及清潔室若干,可容學生 400 餘

人。宿舍一幢(永安樓),有住房 37 間,可容寄宿生 144 人。體育館一幢(許母體育館),大運動場一所(炳炎運動場),東西操場各一所,紀念亭、紀念碑各一座,此外還有飯廳、廚房各一幢。後期的一座圖書館已開工。尚在計劃中的還有宿舍樓三幢、教室樓三幢、工廠建築兩個、游泳池一所、運動場看臺兩個等。

1934 年 9 月 9 日上午 10 時,舉行新校舍奠基典禮,吳鐵城市長、文鴻恩局長、陳炳謙、郭樂、郭順、李大超、唐寶書、勞敬修、楊潤之等及同鄉各界來賓 3 000 餘人。由吳鐵城市長奠基並致吉詞:"唯茲廣中,素望昌隆。培材立德,梓里所宗。莘莘學子,風響景從。不有廣廈,何有兼容。乃告鄉人,嘉猷共舉。經之營之,規模乃具。爰立之基,百祿斯聚。垂萬千年,英才永萃。"

上午的奠基禮十分隆重,市公安局軍樂隊到場奏樂,廣東兄弟樹膠公司贈送小橡皮球 130打,上海畜植公司贈送鮮牛奶,泰豐、冠生園、利民等公司贈送餅乾、糖果,以饗來賓。是晚,全體教職員舉行聚餐會,以示慶祝。同年 12 月呈准教育局添辦高級中學。

1935 年 1 月,經建築校舍募捐委員會決議,改名上海粵東中學。同年 11 月 26 日,舉行新校舍落成禮,同時展覽中學及兩附小學生成績。上午 9 時,舉行學生軍、童子軍檢閱,10 時舉行落成典禮。吳鐵成市長、張發奎將軍、市教育局代表陳公素、校董、各界來賓、學生家長等 2 000 餘人出席,吳市長、張將軍及各代表相繼致辭。晚間由永安公司永安樂社同人贈演粵劇。次日上午舉行圖書館奠基典禮,吳鐵成市長及校董等 1 000 餘人出席,吳鐵城親奠基石,並有新勝和體育會舞獅,精武體育會表演國術。晚間舉行音樂大會,邀請滬上著名音樂團體參加演奏。

在新校舍落成典禮的一個月前,即 10 月 26 日,《申報》以整版篇幅刊登《粵東中學新校舍落成紀念刊》,主政廣東的"南天王"陳濟棠題詞"鴻都偉觀"。

粵東全體學生爲慶祝新校舍落成,贈送禮堂絲絨帳幕,全體教員贈送木聯一副,上書:"一瓦一磚皆父老血汗易來,深冀諸生立德立功立言";"知己達人是教師職責所在,惟願同仁竭心竭力竭智"等語。

同年,上海市教育局傳令嘉獎:"該校校舍新建,寬敞合用,設備良好,行政有條不紊,教學合法,訓導有方。學生活潑秩序,成績斐然。"

粵東中學的校訓是"刻苦自強"。校徽依然是赤色英雄花,但根據學校的發展而有所變化:花開三朵,罩以綠環,花外飾有三角形,象徵着學校的中小三校一體(即廣公一小、廣公二小及粵東中學),白色兩橫綫象徵本校之高中、初中兩級,其色白,表光明坦白。底色藍,表示發奮努力。

校歌由本校音樂教員張亦菴創作:"東亞之東,南國之雄。北來萬里,飲水吳淞。莘莘神州,狂流汹涌。誰爲砥柱,首扼其沖? 欲成喬木,根株培壅。將降大任,磨折其躬。唯我學校,如熙春風。肇始培德,廣爲粵東。育我成材,爲仁爲勇。德群體智,四育兼攻。珠江之流,滔滔不息。紅棉之花,吐艷熊熊。"

依照國民政府頒佈的中學法,上海市私立粵東中學用三三編制,分高、初兩級,修業期限各三年。設校董會,代表設立者負經營本校之責。設校長一人,綜理全校一切事宜。訓育主任一人,教務主任一人,事務主任一人,體育主任一人、圖書館主任一人。設校務會議,由校長及全體教職員組織之,議決並執行全校重要事宜,除學期初、中、末各舉行全體會議一次外,平日以常務會議代之。常務會議議員爲校長、各部主任、教務主任及訓育部各股股長,及各科首席教員。校務會議主要審查下列事項:擬定學校具體方針、審議預算決算、審議校舍建築、審查學校經濟、審

核各部各委員會議決重要事項、審議擴充設備事項、審議學生獎勵事項,以及其他一切事項。《彙編》的校務會議記録,詳細地表達了校務委員對於上述審查事項的意見,也是校方教育方針及其實施狀況的真實反映。

粤東中學以總理遺教、中華民國教育宗旨及其實施方針爲綱領,尤注重國民道德之陶冶、民族精神之發揚、自立能力之培成及健全人格之鍛煉。其有七大原則:(1)實行分工合作,破除教學與訓導分離之積習,規定全體教職員均須負訓導之責任,以期通力合作。(2)厲行共同生活,教職員與學生之間,實行共同生活,教授尤須隨時以身作則,以期潛移默化。(3)注重精神訓練,以積極訓練爲主,以消極管理爲輔,注重精神訓練,以培成健全人格。(4)實現精誠親愛,遇事開誠佈公,並施行愛的教育,養成和樂之校風。(5)增强民族意識,隨時提示國難之經過及國家、民族現在所處之情狀,徹底瞭解國民所負之責任,增强愛國愛民族之觀念。(6)趨重實際生活,以實際生活爲出發點。(7)聯絡學生家庭,遇事與學生家庭密切聯絡。

對於培養學生的目標,也非常明確:養成有强健剛毅之身心、養成有勇敢奮發之精神、養成有刻苦耐勞之習慣、養成有審辨明敏之思考、養成有優美高尚之情緒、養成有精誠團結之意志、養成有忠誠純正之思想、養成有符合規則之行爲、養成有整齊樸素之生活、養成有遵守規律之態度、養成有服務社會之熱誠、養成有自主生存之知識、養成有好學愛美之興趣、養成有雪恥圖强之決心、養成有自治自律之能力、養成有愛國愛群之觀念。

在教學上,以合於時代潮流、適於人生實用作爲選擇教材的標準。以國文爲例,教材是葉楚傖主編的高級中學國文,正中書局出版。初中國文分爲:精讀(每周四小時),略讀(課外),文學及國學常識或略讀指導(每兩周一小時),作法指導或速寫練習(每兩周一小時),作文(每兩周一次,每次二小時)。高中國文分爲:精讀(每周三小時),略讀(每周一小時),作法(每周一小時),參考(課外)。

閱讀文,第一年以體制爲綱,講授時注意其特徵及作法,第二年以文學淵源爲綱,講授時注意其派別及流變,第三年以學術思想爲綱,講授時注意時代背景及影響。所謂"精讀",先將本題之大旨,全篇之要義,作者之事略,逐一說明,然後令學生分節朗誦,依次解釋,再詳細推闡其意義,辨析其文法。篇中有說理精警,文辭美妙者,更特別指出,養成欣賞古今名著之能力。英文教學,每周六小時,儘量采用直接法,用圖畫、實物及動作表示,朗讀全篇課文兩三次。語法部分,除講解句子構造外,多舉例子,使學生仿作。教學時,多設問答,使學生有多講英文之機會。

除了規定的課程以外,粤東中學還在初中三年級及高中各年級中,設選修科目:英語會話、簿記、應用化學、應用文、無綫電、應用美術、用器畫、文學概論(衹限高中選修)等。

粤東中學的體育爲其辦學特色之一。他們認爲,體育爲教育之一種,不僅可以强健身體,輔助身體之發育,而且可以左右吾人思想行爲發展的途徑,實爲整個生活訓練不可少之科目,如社會道德、基本生活技能、善用閑暇之方法,公民必具之態度與能力等教育上的重要目標,均可藉各種身體活動之訓練而培養之。因此,設立體育教學的目標能夠鍛煉體格,使身心發育健全,以振興民族之準備;從團體運動中培養服從、耐勞、自治、忠勇、合作,守紀律及其他公民道德;養成生活上所需之運動技能,優美、準確之姿勢,及以運動爲娛樂之習慣。

學校的體育設施也相對完備,如炳炎運動場佔地 20 餘畝,半圓式,中央爲足球場,南北兩端爲田徑比賽設備,圍以 400 公尺跑道。許母體育館内有健身房、籃球場,四邊裝有平梯、吊繩、吊

環、行走環、手拉健身器、拳球、木馬、雙杠等器材。西操場內設兩個籃球場、早操場。東操場有 1 個排球場，3 個小排球場，3 個網球場。

體育課程及實施辦法：每周上課 3 小時，但每日下午 3 時以後，爲體育專用時間。課外運動：學生每周必須參加課外運動 2 小時，在田徑、籃球、排球、足球、小球、西洋拳、壘球、醫療改正操等 8 項中任選 2 種，田徑爲必選之一。每半學期改選一次，以增其趣。運動比賽，主要是班際球類錦標比賽。田徑運動會，每年舉行一次。1935 年 10 月 9 日，第六屆全國運動會在上海開幕，學校連續放假 3 天，以便師生前往觀看。校外比賽，主要參加上海市中國青年會籃球、排球錦標比賽、上海市中等學校聯合運動會及與各中等學校各社團等球類友誼比賽，並取得較好成績，如 1934 年 5 月，參加中學春季運動會，獲乙組田徑賽亞軍，10 月與精武會排球比賽，3：1 獲勝。與英華排球比賽，亦以 3：1 取勝。1935 年 1 月，參加中國青年會主辦的籃球聯賽，十隊循環賽，成績爲 8 勝 1 負。4 月，與新力隊比賽，以 48：13 獲勝。1936 年 10 月，第四屆上海中學運動會，初中學生成績獲亞軍。1937 年 1 月，參加上海市第二屆鐵城杯籃球比賽，獲乙組冠軍。

粵東中學比廣肇公學時代更加重視師資質量，雖然仍以廣東籍教師爲主（佔 82.98％），但不乏北大、復旦、中山、暨南、聖約翰、滬江等名校畢業生，還有一些留學美國、日本、歐洲等歸國人才，甚至聘用大學教授、高級編輯擔任本校教員。據 1936 年 10 月資料，該校教員學歷，國外大學畢業兩人，佔比 4.26％。國外大學肄業兩人，佔比 4.26％。國內大學畢業 15 人，佔比 31.91％。國內大學肄業 4 人，佔比 8.51％。專科學校畢業 8 人，佔比 17.02％。中等學校畢業 5 人，佔比 10.64％。其他 11 人，佔比 23.40％。其主要人員名單如下：

姓　名	籍　貫	學歷、經歷	專　任
盧頌虔	廣東中山	上海市教育委員會討論委員會委員	校長
戴玉衡	江西大庾	北京大學	訓導部主任、算學教師
張亦菴	廣東新會	中國公學肄業，原《文華月刊》編輯	國文、音樂教師
吳佩韋	廣東中山	香港皇仁書院畢業	事務部主任，算學、英語教師
譚天沛	廣東惠陽	上海東華體育學校畢業	體育部主任
黎維嶽	廣東南海	曾任復旦大學、大夏大學教授、東亞同文書院講師	圖書館主任，衛生、生物教師
張訓方	廣東東莞	南洋米加立中學畢業，上海市童子軍理事會理事	童子軍教官
劉偉山	廣東中山	上海市檢定中學黨義教師	公民、國文教師
何瑞雲	廣東中山	國民黨童子軍司令部童子教練暑期訓練班畢業	童子軍教官
黃彝弼	廣東中山	聖約翰大學文學士	英語教師
薛沛韶	廣東番禺	天津新學書院畢業	物理、化學教師
郭大同	廣東南海	復旦大學商學士	英語教師
曹彝環	福建閩侯	日本弘文書院肄業	生物教師
郭星白	廣東南海	滬江大學肄業	英語教師
陳起予	廣西北流	無錫國學專門學校畢業	國文、歷史教師
郭琴舫	廣東中山	上海美術專科學校畢業	美術教師
孔懷	廣東南海	廣州培英中學高中教育科畢業	體育教師
孫誠生	江蘇崑山	蘇州中山體育專科學校畢業	體育教師

续表

姓　名	籍　貫	學歷、經歷	專　任
賴陽光	廣東臺山	光華大學理學士	算學教師
林嶽威	廣東吳川	清廩貢生，曾任大夏大學教授、正風文學院教授	國文教師
陳鼎咏	廣東恩平	上海迎合書館畢業，聖約翰大學肄業	英語、算學教師
鄭志遠	廣東中山	復旦大學畢業	算學教師
馬文甫	廣東開平	上海中國體育學校童子軍教練員訓練班畢業	童子軍教師
吳　烈	廣東梅縣	國立暨南大學文學士	國文、地理教師
陳醒民	廣東清遠	國立浙江大學教育學士	地理教師
李濯清	廣東中山	國立暨南大學畢業	英語、國文教師
張　石	廣東清遠	大夏大學法學士	公民、動物教師
袁松年	廣東番禺	上海聖約翰大學、美國林肯法學院肄業，曾任中山大學教授	歷史、地理教師
何霖生	廣西藤縣	國立暨南大學理學士	算學、化學教師
何樂清	廣東中山	美國加利福尼亞大學畢業	英語、算學教師
譚秉文	廣東南海	國立上海商學院商學士	英語、簿記教師
鄧嶺達	廣東東莞	國立暨南大學歷史地理系學士	地理教師
陳作梅	廣東臺山	國立暨南大學文學士	國文、地理教師
鄧兆鏗	廣東中山	國立中山大學經濟學學士	公民、國文、倫理教師
譚振源	湖南耒陽	中央軍校五期步兵科畢業	軍事教官
李銘慈	廣東新會	國立同濟大學醫科畢業，曾任寶隆醫院內外科主任	兼任校醫
簡以仁	廣東番禺	中山大學醫學院畢業、奧國維也納大學醫學博士，曾任市政府特約醫官	兼任校醫

　　此外，粵東中學還實施優待教職員子女入學的辦法，根據任職年限，給予不同的優惠。如專任教職員任職滿四年至六年，其子女一人可免收全部學費，另一人免收學費 1/2，兼任者得一人免收全部學費。凡教職員任期八年至十年者，其子女二人免收全部學費，另一人免收 1/2。兼任者得一人免收學費，另一人免收 2/3。除教職員子女外，凡爲直屬、親屬，如胞弟胞姪等，而須教職員負教養責任者，得以照上述各條折半辦理。這一優惠方法的實施，使教師子弟的免費入學率大大提高，父子、父女、兄弟姐妹同校的現象遠遠多於其他學校。《彙編》附錄裏有不少親歷者的生動講述，這也是有益於粵僑子弟教育的良策。

　　據 1936 年第一學期統計，粵東中學初中部學生 341 名，高中部學生 105 名，共有 446 名。初中畢業會考成績：第一屆（1933 年 6 月），該校初中學生參加畢業會考，全部及格。第二屆（1934 年 1 月），參加畢業會考之全市各中學，得獎者祇有三校，本校居其一。全市初中學生得獎凡 13 位，本校學生居 4 位。國文科作文第一名，爲本校學生趙士明所得。1934 年 6 月，粵東中學初中部應屆畢業生，參加上海市教育局主辦的全市中學生會考，全體合格，總成績列甲等。個人成績甲等者，佔 70%，餘列乙等。

　　雄心勃勃的"大上海計劃"，因 1937 年淞滬抗戰而中斷，與此同步的粵東中學校舍，亦在戰爭之初被毀。雖然此後有多次復興之機遇，但是粵東中學在水電路時期的那段歷史，成爲上海粵僑難以磨滅的記憶。

四、同鄉情懷　義捐興學

　　無論是廣肇公學，還是後來的粵東中學，其辦學經費的主要來源，不外乎以下幾方面：(1)廣肇公所補助：廣肇公所歷年收入，用於教育及慈善事業，幾達 100%。(2)學費收入：學校之設立，原爲教育同鄉子弟，規定學費，自宜斟酌鄉人之經濟情況，以爲準繩。(3)募集年捐：粵僑爲桑梓力謀公益，爲教育踴躍輸將，素爲海內外人士所稱許。旅滬同鄉，尤爲見義勇爲，當仁不讓，粵僑的捐費是最重要的興學來源。

　　學校兩度建設新校舍，都是在粵僑要求擴充的呼聲下進行的。廣東人認爲教育是刻不容緩的事："子弟的就學年齡一過而不能入學的話，該生受教育的機會就要消失。眼前學校不能滿足子弟的入學需求，就是眼前子弟們教育上的損失。無論哪個人的子弟在教育上受到損失，間接直接都會影響到我們同鄉的全體，甚至是社會的全體。"

　　受惠於粵僑捐款建成的廣肇公學，不忘同鄉的恩情，在校內設立紀念室，將主要捐助者留像紀念，作爲學校的盛事。紀念室設在一樓的西北隅，西北兩牆掛滿捐助者之像，南牆則設有兩塊銅牌，鑄有歷屆捐助人臺銜及數目。捐助數目在 300 元以上，或代募 600 元以上者，則留像紀念，相片分 4 種：8 寸者，自捐 300 餘元或代募 600 元；12 寸，自捐 500 元或代募 1 000 元以上者；18 寸，自捐 1 000 元或代募 2 000 元以上者；24 寸，自捐 3 000 元或代募 6 000 元以上者。不及此數者則留名於銅牌。

　　24 寸相片：關紫田、譚幹臣。

　　18 寸相片：簡照南、歐陽星南、唐仲良、胡耀廷、梁卓軒。

　　12 寸相片：甘燻初、陳立卿、周洛軒、陳濟棠、陳翊周、杜梅叔、梁樹棠、陳焕之、羅季昭。

　　8 寸相片：關蕙荃、郭瑞祥、盧樹屏。

　　除南洋煙草公司、永安公司、先施公司等粵籍大公司外，同益號、同記花園、茂和興號、廣順成號、義源誠號、永益號、有隆號、廣同昌、光昌號等百多家粵籍小企業、小商店也常年對廣肇公學進行捐助，體現了粵商、粵人對於子弟教育的熱情。廣肇公學每年都將捐款者及數目進行公佈。

　　廣肇公學紀念室又作會客室，佈置得富麗堂皇，"遠道來賓，車塵勞頓，一旦駐足其間，莫不心曠神怡。景仰諸賢，亦皆肅然起敬。而游斯息斯者，苟一屈指縷述本室陳列之物數，而吾校之前途，增高繼長之度，亦得以測量之矣"。

　　當位於北四川路的廣肇公學不能容納更多粵籍學生的時候，校方收到 100 多封同鄉來信，既對學校提出擴充學額、興辦高中等要求，也進一步表達了捐助的意願：

　　關於擴充學額與興辦高中，信中提出："滬上粵僑不下數十萬，而欲尋一正式中小學爲子弟求學者而不可得，貴校實爲碩果僅存矣。故希望貴校能擴充學額，俾同鄉子弟均有入學之機會。""上海商業發達，同鄉來者甚多，子弟求學日繁，似宜擴充校舍添設班數以期普及。""初中，未能竟其全程，而初中畢業者，又須轉學他校，以求深造，手續既繁，轉折又大，設再興辦高中，則學生可免此煩，又無歧路彷徨之患。"

　　關於募捐興學，信中提出："至於建校舍時，如恐困於經濟，則可以募捐，對於蓬蓬勃勃藹然

有生氣如貴校者，社會人士必能盡力援助也。""完成整個中學校，額設 1 500 名。如校舍不敷，經濟不足，可公推吾粵中有力者數十人，竭力提倡，發簿捐簽，或撥公款，滬上粵人學校，成績卓著，均以廣肇公學爲最，湊集此款，何難之有。"

關於建設新校舍，信中提出："希望在短期内，在江灣附近另覓廣大場所，建築新校舍及多種樹木，使學生脱離市廛不良之引誘，而多受天然美之感化。""其式樣之美觀一如本埠兩日本學校。一在施高塔路，一在北四川路。"

在這些訴求中，可以看到廣東人義捐興學之熱情，同時他們希望新校舍應與鄰近的兩所日本小學同樣美觀。來函中提到的兩所日本學校，即位於施高塔路（今山陰路）的上海最早的日本女學校，位於北四川路上的則是上海最早的日本小學。

1932 年 7 月 11 日，廣肇公所函請粵籍的上海市長吳鐵城擔任建設校舍募捐委員會委員長，"公所鑒於旅滬同鄉日多，兒童教育不容忽視。故歷年辦有廣肇公學、廣肇義學、廣肇女學等，所以謀同鄉子女教育之普及，仰亦輔翼本市教育設施於一萬也"。次日，立即得到吳鐵城回應"諸鄉臺熱心教育之至意，欽感無似，弟同屬粵人，義不容辭"。

吳鐵城（1888—1953），原籍廣東香山縣（今中山市）三鄉鎮平湖村，出生在江西九江。1911 年 10 月，武昌起義爆發的消息傳到江西，吳鐵城參加當地革命派起義，江西軍政府成立時，任總參議，負責和軍事有關的民政事務。同年 12 月 29 日，孫中山當選中華民國臨時大總統，吳鐵城在南京見到孫中山，因爲祖籍同爲香山，吳鐵城便來到孫中山身邊工作。1921 年，在香山的競選中當選縣長，成爲中國歷史上首位民選縣長。1932 年 1 月 6 日，吳鐵城任上海市市長兼淞滬警備司令。在一·二八淞滬抗戰以後，繼任上海市市長。

1932 年 7 月 27 日，在吳鐵城主持下，廣肇公學校舍募捐委員會舉行第一次會議，募捐額爲 50 萬元。募捐不限於金錢，圖書、儀器等均可。校地除陳炳謙捐助 18 畝以外，添購 32 畝，共 50 畝。8 月 20 日，決定增購 50 畝，共 100 畝。後來又增購至 200 畝。

自 1932 年至 1935 年，水電路校舍陸續建成，"同鄉人士贊助極形踴躍，或輸資財，或盡心力，其中尤以吳鐵城、陳炳謙、郭樂、郭順、林炳炎等先生最爲熱心。本校感佩之際，爲永留紀念以供後人瞻仰起見，於校園中建碑立石，並爲文紀之"。

1933 年 12 月，爲謀學生通學便利，學校呈請市政府在虹口公園游泳池斜對面的派克牛奶場門口起，開闢馬路直通水電路新校址。1934 年 1 月，上海市府准予照辦，學校願承擔建築通利路工程費 6 700 元。同年 6 月，學校又致函市府，將原名通利路改稱廣中路，即廣肇中學路，以資紀念。7 月 16 日，吳鐵城市長回復准予照辦，並由工部局知照土地、公安兩局查照。8 月 26 日，廣中路竣工。爲一所私立中學學生通學便利而建築一條馬路，又以一個私立中學名字命名一條道路，這在上海是罕見的事。吳鐵城作爲粵籍上海市長，無疑發揮了巨大的能量。

粵東中學將大運動場命名爲炳炎運動場，在場前建築亭樓一座，紀念林炳炎先生；大禮堂及辦公樓命名照南堂，紀念簡照南先生；南洋兄弟煙草公司曾有五萬元爲簡照南先生立銅像之議，簡夫人認爲立銅像不如利用此款做更值得紀念之事，決定捐助廣肇中學作建築費；教室樓命名伯昭樓，紀念鄭伯昭先生；體育館命名許母體育館，紀念許文亮先生之太夫人；宿舍命名永安樓，紀念永安百貨與永安紡織；一個紀念座，計分四面，一面爲吳鐵城委員長紀念碑，一面爲陳炳謙先生紀念碑，一面爲郭樂、郭順兩位先生紀念碑，一面爲林炳炎先生紀念碑。其餘校内各處林蔭

道分別以紀念唐少川、孫哲生、唐寶書、李大超、馮炳南、崔聘西、黃煥南、蔡昌、楊潤之、黎照寰諸先生而命名,各間教室則分別紀念黃耀庭、勞敬修、楊梅南、林毅伯、老燕林、周清泉、俞鴻鈞、譚蓉圃、司徒尚桑、鄧以誠、徐峙崧諸先生而命名,"蓋皆贊助捐建有殊勳也"。

吳鐵城的紀念碑文寫道:"上海爲華夏東方最大都市,吾粵民僑斯土者,士也,工也,商也,仕也,爲數逾二十萬,蓄家室,長子孫,聞聲而合,列宅而居,幾視歇浦爲珠江矣。""上海粵東中學初名廣肇中學,籌建校舍之議,始於民國十九年,世故變遷,人事牽率,遲遲而莫就。及吳公鐵成任市長,鄉人以此爲請,公慨然引爲己任,登高一呼,遐邇咸應,遂觀厥成,至今大廈巍然。"

林炳炎(1891—1947),廣東清遠人,恒生銀行創辦人之一,恒生銀行首任主席,著名慈善家。家鄉多次遭受水災時,向災民施粥分米、贈醫施藥。抗日戰爭時,資助在港的清遠同鄉疏散回內地。清遠師範、清遠中學、清遠方便醫院、香港東華醫院、澳門鏡湖醫院等院校的興建或擴建,都得到他的巨款捐贈。粵東中學新校舍建設時,其資助六萬元。粵東的校名,也是林炳炎先生提議更易的。紀念碑文指出:"本校之設立,本以栽培同鄉子弟,一視同仁,惟原廣肇中學,未免因地方名義,而畛域微分,爰提議更易校名,以期名副其實,旋經本會第十次全體大會議決,定名爲粵東中學,由此莘莘學子,全粵一家,敬業樂群,咏仁蹈德,先生之識可謂卓矣。"

陳炳謙(1860—1938),廣東香山縣先下恭都黃茅斜村人,近代上海著名的買辦、富商。少年時代到上海謀生,爲英商祥茂洋行買辦,致富後涉足地產投資,爲上海英國地產商業廣告公司董事。1920年創辦中國公立醫院,1923年設立粵商醫院。其擔任上海廣肇公所董事多年,發起創辦粵僑商業聯合會,擔任會長,對於旅滬廣東同鄉的慈善救助不遺餘力。現威海路771號的上海第二工業大學,爲陳炳謙舊居。陳炳謙紀念碑文指出:"上海粵僑商業聯合會、廣東醫院、中國公立醫院、閘北慈善團、惠兒院、棲留所,自創始經營,以及維持永久,先生靡不盡心殫力,任其艱難。廣肇公所籌建新山莊,公舉先生董其事,寒暑奔走,不敢告勞,更與輔臣先生捐金建地藏廟、敦梓堂、男女賓招待室,共費九萬餘元。由是粵商得以團結,窮苦無告者得以養,病者得以治,死者得以葬,此先生之義也。""先生識見高遠,深知救國大本,在乎興學培才,獨具熱誠,引爲己任。"

郭樂(1874—1956),廣東香山人,中國近代著名華僑實業家,香港永安公司、上海永安公司、永安銀行創設者,早年在經濟上支持孫中山的革命事業。郭順(1884—1976),郭樂之弟,上海永安紡織有限公司經營者,歷任華商紗廠聯合會會長及全國中華工業總會會長。在1932年一·二八之役資助十九路軍抗戰,並爲前方送上物資、救護傷兵、收容難民。在粵東中學新校舍建設中,郭樂爲建築委員會主席,郭順爲募捐委員會副委員長,永安公司與永安紡織分別捐款兩萬元。

1935年春,粵東中學在新校舍舉行開學典禮,吳鐵城市長親自出席,並發表講話,特別强調粵人的同鄉情結、義捐興學:

"上海旅滬廣東同鄉有25萬—30萬,廣東人在上海經商有近百年的歷史。上海得以近日繁榮以及上海將來的繁榮,與廣東同鄉均有關係。將來的上海繁榮,廣東人負有一定的責任,也是義不容辭的。"

"廣東人在上海的教育事業:社會是日日進步的,在進步社會的競爭生存,不能不有技

術與知識,這些技術與知識不是先天帶來的,是由訓練得來的,爲進步與生存,若拿先輩的知識和能力是不够的。因爲時代不同,過去有一技之長即可,遇到計劃就會發財,但是現在競爭激烈,所謂'世界艱難'所指即在此,需要不斷學習新知識,才能得以競爭與生存。"

"近日粤東中學能穩固,我們廣東人將來在上海的事業就能發展。務使組織嚴密,制度完善,教授方法與教材完美,學風良善,紀律嚴明,使我們的子弟都能够得到真實的學問。"

對於捐款者的子弟入學,粤東中學實行優惠政策:自捐十萬元或代募二十萬以上者,免費學額七名;自捐五萬元或代募十萬以上者,免費學額六名;自捐三萬元或代募六萬以上者,免費學額五名;自捐一萬元或代募二萬以上者,免費學額四名;自捐五千元或代募一萬以上者,免費學額三名;自捐三千元或代募六千以上者,免費學額二名;自捐一千元或代募二千以上者,免費學額一名;凡獲得第一至第七條免費學額之學生,如在本校高中畢業或中途退學。得由捐款者照額另送學生入學,永遠有效;本校奉贈之免費學額,祇限於捐款者之子孫受用,不得自行轉給別人。

在上海的廣東人社會,隨時可以聽到這樣的話:"廣東人是富有革命性的""廣東人是富有進取精神的""廣東人是富有團結力的""廣東人在上海的經濟力很不弱"。廣東人中的有識之士不認爲這些話都很確當,但是,他們常常以這些話來自勉。義捐興學,真是他們藉以自勉的同鄉情懷。

五、別樣的校園風景

作爲廣東人子弟學校的粤東中學,以粤籍學生爲主體是理所當然的。在廣肇公學時代的1925年下半學期,廣東籍學生458人,外省籍祇有4人。學生462人來自327户家庭,家長自營職業的96家,其中商業78家;供職的231家中,華商79家、洋行53家。據1936年第一學期資料統計,廣東籍學生有437人,佔97.89%。其中中山籍最多,141人,佔32.26%,其次是番禺(66人,15.10%)、南海(54人,12.36%)、新會(43人,9.84%)、順德(22人,5.03%)、三水(19人,4.35%)等。家長的職業構成:商業298人,佔66.89%;工業34人,7.62%;政治26人,5.83%;交通25人,5.60%;教育16人,3.59%。學生家長的職業,體現了廣東人在上海的就業特點。

粤東中學校訓是"刻苦自强",與廣東人頑强工作與生活態度一致。處於民族危機的艱難時期,負荷艱巨,特別需要"刻苦耐勞"的習慣。粤東中學一方面注重學生强健體魄的養成,一方面在開放的環境中,努力培養學生刻苦學習、刻苦自强的精神。

學校創立於1913年1月下旬,至1921年12月4日改爲上海廣肇公所設立。立校紀念日原定1月下旬,但此時適在寒假期内,爲方便舉行紀念會起見,特改定12月4日爲立校紀念日。立校紀念日,舉行慶祝會與運動會,許多校友會回校參加,一般都有幾千人參加,校園裏貼滿各種勵志的標語:"發揚立校精神""紀念立校是振發新舊校友的愛校感情""有培德真實的因,才有廣公繁榮的果""舉行立校紀念會是要光大本校前途"等。而在圖書館裏,"開着暖烘烘的爐子,供着鮮毓毓的花兒,有懸着平日不常見的紀念旗幟。一踏進門就覺得耳目一新,有异樣感觸了。

桌子上擺着歷年紀念照片和各種印刷品,一經翻閱,懷舊的情思便油然而生。老校友來參觀的並肩談故舊,無不津津有味呢"。

　　每天早上參加升旗式,全體師生集合在照南堂前,對着上升的國旗行致敬禮。學校在立校紀念日、開學或畢業典禮,都會請校董來作一次演講,激勵學生的自強意志。其中以1937年1月18日十八屆初中畢業典禮的王雲五講演最爲震撼。王雲五,沒有受過學校教育,完全是自學成才。他主持商務印書館期間,出版多種詞典、百科全書及叢書,以"教育普及"和"學術獨立"爲方針,對中國的知識傳播具有重要的作用,四角號碼檢字法亦是他的發明。作爲粵東中學的校董,王雲五曾在學校講演十多次,但這次在國難當頭形勢下的講演,格外引起關注。

　　王雲五以大數據闡明學生在國家所佔地位之重要:1932年據教育部統計,全國之高初中及示範職業學生約有51萬人,若除去師範與職業學校,中學生數量爲41萬人,以全國4億5千萬人口相比,萬人中受中學教育的祇有9人。同年度,中學畢業生7萬二、三千,高中佔12 000,初中6萬餘人。高中舉辦時間較短,大約僅及十年,從以每年畢業生12 000計之,十年來也祇有12萬,即全國人口每4 000人祇有一名高中畢業生。初中設立時間較久,照1932年初中畢業生6萬人計算,20倍於此數,則爲120萬人,即全國人口中,則每400人中僅得初中畢業生一人。爲此,成爲一名中學生,在當時的社會實屬不易,更應珍惜,更應刻苦自強:

　　"我之幸運,乃受社會之厚惠,社會之期待於我者如此殷切,我當如何盡一點力量以圖酬答社會之深恩厚澤。""則諸生當首以汝等之校長爲模範:有毅力,有恒心,始終如一,終身以之。辦教育如是,辦其他事業亦當如是。"

　　同時,王雲五提出"文明頭腦,野蠻身體"的口號,野蠻的身體,如不輔以文明的頭腦,則人類永爲蠻族;文明的頭腦,如不輔以野蠻的身體,結果祇成爲文弱的書生,能坐言而不能起行。所謂"野蠻的身體",即爲健康的體魄。在被污衊爲"東亞病夫"的國土,青年學生的強壯身體自然是民族新生的基礎。

　　從廣肇公學時代開始,學校對於好學生就定有七方面的標準:安靜、整潔、衛生、修學、立德、待人、治事。自初小至初中三年,分四期訓練。學校將品學兼優、服務盡職的好學生照片懸於禮堂,作爲紀念,一方面是鼓勵大家,同時也令人"見賢思齊"。學生上學時,多數是夾着書包,步行抵校的。通常穿布長衫,在學校守規則,行路靠左走,很少爭鬧,見有棄物,便拾住往棄物箱。"視學生緊急集合,一聲鐘響,400餘小學生迅即依次集合於操場,行動敏捷,秩序井然,足瞻平日受過嚴謹之訓練。此種動作,乃養成學生臨事鎮靜之精神,殊足取也。"

　　老師常常對學生説:上海的廣東人是相當有地位的,尤其是在教育界。廣東人素有活潑的精神和勇氣,無論在行爲上和思想上都能有充分的表現。廣肇、粵東的校園生活也呈現出別樣的風景。

　　舉行徵文比賽:爲了鼓勵同學課餘作業的興趣,學校經常舉行徵文比賽,鼓勵學生在激盪的時代,發表心中的感想。如1936年12月舉行徵文、徵書(法)、征畫的比賽,入選名單如下:高中第一名:佘偉鏵《民族復興》;第二名:陳卓聲《改良學校教育獻議》;第三名:黃祖頤《廿六年國際改進的展望》。初中的三名入選者均表達對於1937年的展望,祈禱中華民族在災難深重時代的重生。

　　舉行學術活動,進行各種比賽:如1937年5月31日,舉行國語講演競賽,初中學生每人五

分鐘,高中學生每人八分鐘,評分標準中,材料結構佔 40%,語言音調 30%,姿態 30%。高中第一名演講題目《怎樣利用假期》,指出假期既不能過度地學習,也不能過度地玩,要好好地把用功和休閒的時間分配好,古人說:"弛而不張,文武不能也;張而不弛,文武不爲也。"初中第一名演講題目是《訓練自己準備爲國家服務》,要養成一種爲國家服務的精神,要有牛一樣的身體,要有豐富的學問。初中第二名題目是《有恒爲成功之本》,第三名題目是《現代青年的煩惱》。5 月舉行的書法藝術比賽,字體以行書爲限,題材爲岳飛的《滿江紅》全首。6 月舉行英語背誦比賽,由各級英語教師選定每級一人,高中學生每人五分鐘,初中學生每人三分鐘,評分標準中,語音佔 30%,聲調佔 30%,正確佔 20%,姿態佔 20%。國語、英語比賽成績由本校教師評定,書法藝術成績,則聘請著名書法篆刻家簡琴石先生評定。簡琴石,祖籍廣東番禺,20 世紀 30 年代在上海與滬上名家易大廠、葉恭綽、吳湖帆、張大千、馬公愚、鄧散木等交往,他將甲骨文字移用至印章創作之中,爲甲骨文入印第一人。舉行公民意識的時事講演:1937 年 5 月,爲了讓學生對時事形勢有進一步的瞭解,對學生進行時事測驗,6 月 8 日,爲增進學生的民族意識,舉辦公民講演比賽,並擬定講演題目:高中生:(1)中日交涉之前景。(2)最近國際形勢與中國。(3)我們目前對於國家應負的責任。初中生:(1)綏遠戰爭與我國前途。(2)復興民族之我見。(3)我們對於國家應作如何之準備。學生自認一題作準備,由各級公民課教師會同班主任選定代表參加,在大禮堂舉行。

學生的課外活動豐富多彩,有各種研究會,如書法研究會、拳術研究會、圖畫研究會、西樂研究組、算術研究會、絲竹研究會等。其中書法研究會還有三個分會,如(1)課餘書法研究會,起於 1921 年,先由高小三年級學生組織,定於周三、四、五下午六時舉行,以後各班均有加入,1923 年 1 月,曾請陳宗敏先生講演《中國文字之淵源及變遷》,復先後敦請書家鄭孝胥、吳昌碩先生評學生成績,皆極蒙贊許。1923 年 4 月 29 日,復承鄭先生邀赴海藏樓,同賞櫻花並面賜演講。自是學生對於書法之研究,興味更濃。(2)寒假書法研究會,起於 1921 年寒假,乃合初小四年級以上各級組織之,當時天冷手僵,墨已成冰,學生火焙口呵,仍不畏寒而濡毫不輟。(3)課前評改會,起於 1921 年上學期,教育取學生在家夜習之字,於每日課前評改。學校的老師也經常參加學生的研究活動,如對書法深有研究的張亦菴老師經常與學生談有關書法的問題,他說:"現在一般學習書法的人,大都從楷書入手,這個初步的方法是不錯的,因爲楷書有它被當作學書第一階段的理由:第一,楷書是我們最老見的;第二,楷書是最容易認識的;第三楷書的筆畫最清楚;第四,楷書的現狀結構最整齊。有了以上幾個特點,楷書便取得了最初學者的模範的資格。楷書的'楷'字的意思就是'模也,式也,法也';楷書者,就是足以當作書法的模範的一種書法。"學生從老師的講話中得到啓發,書法研究活動也很有起色。

學校除了培養學生的學問以外,還注重學生互相之間的友誼,從廣肇公學時代就開始組織學級聯誼會,例如 1929 年 10 月 1 日的聯誼會,有講演,有表演節目,還有抽取食品(每人事先預備一個食物,寫上姓名,放在一個大袋裏,摸到的同學即可與提供者聊天)等活動。同學們感到,雖然校內同樂、交流的機會不少,但是"像標明注重交誼的會集,却是不多見的",由此更加深了對木棉花的情感。聯誼會後,陳玉屏同學在校刊上發表了題爲"木棉"的詩:

　　木棉啊!

我崇拜你莊嚴的體魄，

我羡慕你純美的鮮花！

但是你啊，怎樣廣袤完滿的收成，

才不辜負你青春時代，人們給你的栽培？

木棉，

你有宏偉高聳的身軀，

才能擎載着無數壯美的英雄花！

我們的頭上也頂着英雄花。

我們的身體要比你宏偉十倍啊！

　　校友會是聯絡學生感情的重要紐帶。"校友諸君啊，數載同窗，一朝分手，追懷舊況，是何等情景？誰不願意將我們的真摯，純潔的感情維繫永久？""校友諸君，我們都是同一個娘胎產生出來的姐妹弟兄，彼此都懷念得很啊！"

　　校園裏樹木多、草地多，可供學生休閑和學習。"校中花木葱倩，水石清幽，良足悦性怡情，消煩遣悶；課餘有暇，以息以游，信步閑行，無窒無礙。"學生將運動看作是第二生命，炳炎運動場隨時擠滿了健兒，柔軟體操也十分流行，還有練胸肌、練大腿的，無論早起睡前，都有人在那裏鍛煉。"諸生作種種遊戲，或競走，或跳高，或蹴足球，或賽籃球，或拋竹槍，或擲鐵餅，活活潑潑，皆有尚武精神。"作爲永安樓的學生宿舍，天綫密密麻麻，無綫電在宿舍裏流行，每個房間都有。學校設有無綫電選修課，舉辦無綫電研究班，學生對電學知識有濃厚興趣，經常利用無綫電進行對話、聽音樂等。興來時，一人一座，經濟時，四人合一座。

　　學校經常組織學生到校外參觀，增益常識之見聞，引發學生對學業的興趣，參觀由教師帶隊，負監督指導及解釋之責。事後各作筆記記述心得，或討論所見所聞，作進一步的研究，每年級一學期舉行一二次。1937 年第一學期各級參觀，大都集中在大上海計劃中誕生的市立博物館，被稱爲是知識的迷宮，學生對此最感興趣。此外，也有參觀馬寶山工廠、明星製片廠、玉器預展會等。

　　粵東中學的校園風景，學校的粵人風情，一位高中一年級同學在題爲《我們的生活》的文章裏，曾有如下生動的描述：

　　"我們雖然人多，但是我們的行動却像一個人似的。動作的敏捷，精神的飽滿，你看罷！在喫飯時，肅清的依次入了飯堂後，祇待值星官下了一句；'開動'的口號，一個個都像虎狼似的同時大嚼起來，在這時，就算是蔬菜淡飯，也够你食得津津有味，何况我們還有魚有肉呢，所以你三碗，我四碗的食得不亦樂乎。好了，十五分鐘到了，個個都不約而同的剛剛喫完。不遲不早，不先不後。等到值星官下了'解散'後，便又依次的退出食堂。在早操時，預備鈴響後，不到三兩分鐘，各人都已站在固定的位置上了，動作的整齊，直叫人見了當作是機械人似的，在早起的時候，各人不到十數分鐘便把一切盥洗、梳理的事情辦好了，敏捷的像行軍的時候一樣，絕對沒有一個感覺到時間不够，尤其在晚上，搖過睡覺預備鈴後不到十分鐘，各個人都已睡在床上了。等到睡覺鈴一搖，整個宿舍便静得像空屋一樣，鴉雀無聲。"

　　"廣東人的子孫不是隨便可以嚇縮的,你看這次上海水兵血案(注:1936 年 9 月 23 日晚,日本水兵田港在虹口被刺,日本海軍陸戰隊在周邊地區進行嚴密布防和大搜查)發生後,一時滿城風雨,我們附近的學校都不是停課而稍避風頭嗎?""尤其是我校首當其衝,但我們並不停課。雖然直接間接都免不了他們的騷擾,但是每天仍有極大部分同學照常上課,最低限度也到了全體的 3/5 以上。至於寄宿生方面雖然有一部分的新同學由住讀暫時改爲通學,但仍有大部分同學留在校內,甚至最緊急的兩晚,他們仍不離校,家裏的人喚他們回去,他們也不理會。師長問他們爲什麼,甚至說到真的戰爭發生時,校舍尚且難保,學生也不能說是有絕對保障的,他們仍不肯離校,不顧一切,甘與學校共存亡。雖然後來沒有什麼事情發生,但是他們愛校的精神,真是值得敬愛啊! 由這裏我們可以表現出我們堅定的意志,愛國愛校的精神,和廣東人的民族性。"

　　請記住,這是中日戰爭已經開始,形勢日趨緊張的時期。翻着那些泛黃的紙張,讀着這些真實的文字,不能不爲粵東學生的廣東性格,以及堅定的愛校、愛國精神所感動。在巨大的民族危機面前,他們不正是我們的國家所需要的熱血青年嗎?

　　"國弱民貧不足慮,時荒世亂不足悲,惟民智之低落,民德之不修,斯爲大可慮之事。"在民國教育逐步發展、完善的艱難歷史上,粵東是上海的私立民校,亦是華人名校,其辦學理念、教學方法和管理,不僅是粵僑教育的成果,也是民國教育史的重要篇章。同時,廣東人的義捐興學,既是他們的同鄉情懷,亦是在國難面前,廣東移民在上海振興民族精神的壯舉。就此意義而言,虹口區檔案館編輯的《上海私立粵東中學檔案彙編》,完成了一項非常好的圍繞社會關切重點專題開發的任務。

序　二

陸其國

上海市虹口區檔案館的檔案工作者們,在經歷數年孜孜矻矻、爬梳剔抉的艱辛努力後,今天終於將館藏中保存完整,且蔚爲大觀的巨量珍貴上海市私立粤東中學檔案,彙編成了眼前這部《上海私立粤東中學檔案彙編》(以下簡稱《彙編》)。

回想看完這本厚重的《彙編》書稿的最後一頁、最後一個字,我當時就覺得,形成《彙編》一書的"大事記""校務會議録""校董會議録"這三大檔案實體内容的重要板塊,恰似從三個維度,將昔日上海市私立粤東中學的全部歷史,立體地呈現在我們面前。或許更確切地説,那些隱藏在檔案深處的往事,瞬間更像電影"蒙太奇"畫面,極富動感地呈現在我們眼前。於是,我便清晰地看到了在過往歲月中,上海市私立粤東中學從建校伊始,一路艱辛曲折前行的那些過程和情景,尤其是其間所發生的諸多細節……這些豐富、靈動的畫面,足以讓今天的人們領略到,檔案堪稱是見証社會發展的一種利器:人們所做的一切並不完善,但是檔案讓人理解了什麽是嚴謹和條理;人們難免會在歲月流逝中有所遺忘,但是檔案讓人的記憶得以保存;我們終將衰老,但是檔案可以維持和擴展人們的大腦思維。

這不,在由《彙編》這本書所推出和映現的歷史畫面中,我們知道粤東中學的前身是廣肇公學和培德小學;而創辦於 1913 年的培德小學即是後來的私立粤東中學的最早雛形。《彙編》一書"大事記"中民國二年(1913 年)一月下旬的第一條檔案記載:

"盧頌虔先生與盧樹屏先生籌辦本校各事均已就緒,定校名曰培德小學校。"①

整整七十年過去後,1983 年 4 月,粤東中學首任、也是任期最長的校長、當時已是 92 歲耄耋老人的盧頌虔先生回憶道,他於 1911 年先從家鄉廣東到湖南山區做家教;翌年秋到上海。那年他才 21 歲,正當進入風華正茂的年紀。"因爲我立志從事教育工作,就決定留在上海辦學。得到幾位熱心教育人士的贊助後,經過幾個月的籌備,就把一所小學——培德小學辦起來了,當時租用了崇明路清雲里的兩間民房爲校舍。1913 年春季開學,學生二十餘人,都是廣東孩子。開兩個教室,由兩個教師分任各科課程。經過一年的努力工作,教學上有了一些成績,第二年學生就增加到六十餘人了。以後學生逐年增多,跟着添聘教師,增辟教室,以應需要。"(引自《彙編·我做校長 51 年》)

我在這裏引用粤東中學創辦人及校長盧頌虔先生的這段話,一方面想以此揭幕盧校長和他的同仁最初篳路藍縷、以啓山林的艱辛里程;另一方面也是想以此揭示盧校長和他的同仁,在努力想把莘莘學子培養成社會有用之材的道路上,是如何的克勤克儉,殫精竭慮。而正是通過解讀這本《彙編》,恰可以讓我們瞭解到其中諸多具體細節,以及發生的一些故事,即便是今天讀來,依然可以讓後人有所借鑒,仍然能感動我們。所以本文叙事,皆圍繞這些檔案内容切入。

不言而喻,辦學校也就是做教育。而教育的目的,就是培養學生——培養有知識,有學問,

---

① 作者注:爲便於行文及讀者閱讀,本文在後面的叙事中,有時或會將私立粤東中學校名沿革時出現過的其他校名,統稱爲"粤東中學"。

有思想,有道德的年輕人。由此所及,我在這裏首先想提及的,就是《彙編·大事記》記載的如下一則檔案:

民國六年(1917年)一月"控告滋擾本校之何某等四人。盧頌虔、王克綏、盧孟熹等先生及學生吳厚因等同到公廨,證明何某等之不法行爲";二月"增設拳術科,請精武體育會派員(李蓮村先生)擔任教授";四月"發《學生修養録》"。

雖然這則檔案中的第一項内容,没有列出涉事者何某等四人"不法行爲"的具體細節,但通過該校1929年9月24日的校務會議記録,可以讓我們見微知著,想到該校對學生一以貫之的要求。那次校務會議議決,本校學生必須遵守如下十條要求:

(1)身體健全;(2)勤學;(3)守紀律;(4)熱心服務;(5)誠實;(6)整潔;(7)廉潔;(8)愛國;(9)博愛;(10)勇敢。[《彙編·校務會議録》民國十八年(1929年)九月廿四日]

倡導内容如上,勸戒内容則有:

"禁止學生講穢語"[《彙編·校務會議録》民國廿年(1931年)四月十三日];

"學生勿著(穿)奢華之服装"[《彙編·校務會議録》民國廿一年(1932年)四月十六日];

"禁止學生留長頭髮"[《彙編·校務會議録》民國廿二年(1933年)三月三日];並"由負責檢查清潔之教師於檢查清潔時,發現有留長頭髮而又不整潔者,得令其於一定時期内將頭髮剪短"[《彙編·校務會議録》民國廿二年(1933年)三月三十一日]。

還有讓我們今天讀來多少有點目瞪口呆的是,該校爲嚴禁學生爆粗口,竟然"由各級級任及科任先生分別切實告誡學生。罰則,犯者向(孫中山)總理(像)懺悔並自己打嘴巴(自責)"。可以説,爲了讓學生們摒棄不良現象,學校也堪稱使上"洪荒之力"了。

值得一提的是,一月"控告滋擾本校之何某等四人"之事,居然還有後續——"會審公廨各押西牢二年以儆"。用今天的話説,就是判刑二年。

不言而喻,任何一所學校,再怎麼樣管理嚴格,也不可能做到滴水不漏,出現"真空"效果,其間總難免會有個别人惹事,生出事端。這裏的關鍵是,後來的私立粵東中學,當時還是廣肇公學的校方,毫無霸凌之勢。今天我們看到的是,他們很早就接受了西方文明中的法律意識,一旦有人惹事或生出事端,尤其涉及違法,事態嚴重者,便訴諸外國人在上海租界設立的像會審公廨這樣的司法機構,由法官依據法律審訊、判決。就像上述"何某等四人"因"滋事罪"被判刑兩年入獄那樣。

且不論判決結果,就説如此一來,學校即使不刻意對學生進行普法教育,也已不經意間在學生腦際植入了法律這根弦,讓他們有了法律意識,知道做事必須有底綫,不能違法,否則就要承擔法律後果。

如1930年12月,學校就飭令如下幾名同學退學及退學原因:

李蘇生,資質太鈍且奇懶;李振銘,太頑劣屢戒不改;唐英強、羅仕明、伍齊相,太頑劣屢戒不改。[《彙編·校務會議録》民國十九年(1930年)]説是退學,其實就是開除。

即使十年過去,粵東中學的管理早已日臻完善,但仍有極個别學生在數學考試時強奪他人試卷,企圖作弊;有極個别學生侮辱老師及調戲女生,也都得到嚴肅處理,如前者即取消該科成績,記大過二次。

　　事實上,綜觀《彙編》全部檔案内容,這所學校確實没見學生之間有惡性或極端事件發生的記載,也許真與盡早讓學生們明白這點不無關係。

　　與此同時,學校也漸漸確立並完善起考評制度。大致從稟性、思想、修學、言動、公德、儀表六項内容上對學生進行考查;另設"特點"一項。由老師對學生考查後對每一項填寫分數,"最高分數爲五分,最少爲一分。……如有特别情形,須用評語報告者,就在'特點'這項内填寫"。[《彙編·校務會議録》民國廿二年(1933年)十二月八日]

　　1934年9月,學校還議决設立一種獎學金,"以備輔助貧苦學生……以後如遇有貧苦學生堪以造就者,得隨時提出,斟酌情形輔助之"。[《彙編·校務會議録》民國廿三年(1934年)九月廿七日]

　　更突出的激勵機制是,1935年7月對高中一年級學生楊永寧的獎勵,評語曰:"高中一年級學生楊永寧敦品勤學,成績特優,准免繳納學費一學期,以昭激勵。"[《彙編·大事記》民國廿四年(1935年)七月十六日]

　　有獎有罰,這很公平。

　　還有公平的是,學校事務並非皆由盧頌虔校長一人説了算,許多重大問題都須提交學校校務常務會議進行討論。這也充分昭示了粤東中學治校的民主作風。尤須一提的是,每次討論内容都予記録,最後形成檔案。既爲備案,也是記録一頁歷史。

　　如1937年1月,在第三次校務常務會議上,盧校長報告:

　　"本學期各級學生學業或操行不及格者頗多,照章應予留級。惟迭據各學生或其家長紛紛請求,對於留級辦法酌予變通(見來函一束),應如何辦理,尚待公决。"

　　接下來,經過與會者一番熱烈討論後,以下三項内容通過了議决:

　　"1. 所有學業成績不及格而總平均分數滿六十分者,其學籍一律定爲特别生,暫准隨級試讀。俟下學期期考時,各該生須先重考上學期之不及格各科,及格後方得參加本學期期考,但以一學期爲限。如重考之科目仍不及格或下學期期考不及格者,得令其退學。

　　"2. 所有操行列入丁等之學生亦暫准隨級試讀,由各教師隨時觀察。倘操行仍不改善,隨時得降入原級肄讀,以示警戒。

　　"3. 下學期各級點名簿上,須將此次品學不及格之學生姓名用紅筆書寫,加蓋'品'或'學'二字,以便各教師隨時督促。"[《彙編·校務會議録》民國廿六年(1937年)一月廿六日]

　　上述第三項中想表達的,就是對提昇學生"品格"的涵蓋之意。

　　這不由讓我想起著名社會學家、優生學家、教育家和翻譯家潘光旦,曾在1940年8月出版的《今日評論》第4卷第6期上發表《論品格教育》一文中,即開宗明義寫下的那句話:"只有可以陶冶品格的教育才是真正完全的教育。"然後他進一步闡述道:"品格的概念從品性的事實産生出來。……格就是典型、規範,就是標準,不達此標準的人,就是不及格的人。"①

　　粤東中學從辦校伊始,寄希望於學生的,就是想讓他們擁有這樣的品格。

　　這一點,從學校後來的周會輪值演講和各級作文題目上,能够以一斑而窺全豹。當然,圍繞這些内容和所取的那些題目,也是要經校務常務會議討論才能最後决定。如1937年3月就曾討論過如下十二個題目:

---

① 《論品格教育》,《尋求中國人位育之道:潘光旦文選》(下),國際文化出版公司1997年版,第506頁。

"(1)忠勇爲愛國之本;(2)孝順爲齊家之本;(3)仁愛爲接物之本;(4)信義爲立業之本;(5)和平爲處世之本;(6)禮節爲治世之本;(7)服從爲負責之本;(8)勤儉爲服務之本;(9)整齊爲強身之本;(10)助人爲快樂之本;(11)學問爲濟世之本;(12)有恒爲成功之本。"[《彙編·校務會議録》民國廿六年(1937年)三月廿二日]

這些題目即使放在今天,應該説也仍不失中國傳統文化價值觀、人生觀要求,且富有積極意義。

辦學校的目的,除了要教育學生成爲一個講文明、有知識、對社會、對國家有用的人,還要讓他們成爲一個身體強健的人。這就是開設體育課的目的。

培德學校建校伊始,除了開設體育課,還將"增設拳術科"單獨列科(課),並請精武體育會派專家來任教,由此可見校方重視學生身體素質之一斑。當時清亡不遠,民國初立,清亡前國人遭西方列強譏嘲的"東亞病夫"一詞,一定會讓懷有報國之志的盧校長和他的同仁們刻骨銘心。於是痛定思痛,學生必須強身健體,便與接受啓蒙知識一起,開始同步啓程。可喜的是,這樣的努力,第二年就取得了效果。

《彙編·大事記》民國七年(1918年)四月記載:

該校"參與上海縣屬高小學校聯合運動會,黃清濂四百四十碼賽跑第一,又二百二十碼賽跑第三,得獎章二枚"。同年五月、六月、九月、十月、十二月記載:學校拳術選手五次"赴精武體育會會操"。尤其是第五次大會操,"獲獎銀盾一座,題曰'勇猛精進'"。

在我看來,亮眼的與其説是這座銀盾,不如説更是刻在它上面的"勇猛精進"這四個字。不言而喻,得以"勇猛精進"的莘莘學子,顯然早已將"東亞病夫"的惡謚,遠遠甩到爪哇國去了。這應該也正是盧校長和他的同仁自始至終一直冀望的。

到了學校最後易名爲粵東中學的1935年,更是在校務會議上作出決定:

"中學生體育不及格者,不得昇級或畢業。"[《彙編·大事記》民國廿五年(1936年)一月十日]

培德小學對學生"勇猛精進"的冀望,和1918年4月"發《學生修養録》"之舉,可謂殊途同歸,異曲同工。因爲二者皆着力於將學生打造成於國家於社會有用之材。

從注重"學生修養"言,似乎也可看到培德小學對中國傳統文化接納和傳承的用意;也可見該校在傳授學生知識、強健學生體魄的同時,同樣注重於教育學生,勿忘自身品行修養的重要。

《彙編·大事記》民國十五年(1926年)四月二十八日記載:

學校還"利用學生日記簿,隨時登記其優缺點,令其回(家)呈家長查閱"。可見該校對學生教育的多方面重視。

至爲重要的是,培德小學要求學生的,由書面始,最後都落實到實際行動中。

如《彙編·大事記》民國七年(1918年)八月記載:

"創辦童子軍。"童子軍的創辦,就進一步提升了學生融入社會、服務社會的意識。果然,下一年,即民國八年(1919年),當轟轟烈烈的五四運動在北京爆發後,培德學校即於兩天後"遵照各校議決停課",以響應這場愛國運動。這一年,該校已增開中學一年級及幼稚園。至此或可以説,已初露日後私立粵東中學的雛形。

接下來我們又讀到,《彙編·大事記》民國十年(1921年)三月記載:

"童子軍參與上海急賑遊行大會。""童子軍全體爲北省災民四出募捐。"上海童子軍聯合會對此還有獎勵機制,該會於這年五月公布的"籌募春季賑災之得獎童子軍姓名",當時培德小學已於 1920 年 2 月易名爲培德公學,學校十八名童子軍中,有十五人得獎。

另外,爲訓練童子軍應對突發情況的能力,除了"避災練習"[《彙編·大事記》民國十一年(1922 年)十一月廿三日]外,還時有老師組織和帶領他們,從虹口步行至南翔等郊外露營,並進行"劫營"演練,以增强學生"防守經驗"。[《彙編·大事記》民國十年(1921 年)五月廿一日]

下一年,先是安排"童子軍組織消防隊赴閘北三段救火會實習";接着又請來梁寬聯醫生,爲童子軍傳授"救傷包扎"知識。[《彙編·大事記》民國十二年(1923 年)四月十五日、五月廿三日]

不誇張地説,訓練童子軍,也體現了該校的遠見卓識。魯迅曾在《南腔北調集·論"赴難和逃難"》這篇雜文中鞭闢入裏地指出,對兒童"施以獅虎式的教育,他們就能用爪牙;施以牛羊式的教育,他們到萬分危急時還會用一對可憐的角。然而我們所施的是什麽式的教育呢?連小小的角也不能有,則大難臨頭,惟有兔子似的逃跑而已"。可以説,培德公學的主政者對此是持有充分警惕的。

民國十一年(1922 年)一月,培德公學再易校名爲上海廣肇公學。後來的事實證明,該校確實不乏前瞻性,十多年過去,當震驚世人的"一·二八""八一三"事變在上海爆發後,其時已易名私立粵東中學的學生就充分凸顯出了他們在突發情況下,不尋常的應變能力和素質。當然,這是後話,容後再叙。

這裏繼續説還有難能可貴的是,廣肇公學的教育實施,絲毫没有忽略培養學生的社會擔當和責任感。尤其當同樣震驚世人的上海"五卅慘案"發生後,學校全體師生員工當即積極響應全上海罷市、罷課活動,並於這年 6 月 1 日開會決定做如下四件事:

"(一)組織後援會;(二)節省糜費及減少膳費以助所需;(三)向各界宣傳慘案真相;(四)推派代表赴各醫院慰問受傷者及唁慰死者家屬。"[《彙編·大事記》民國十四年(1925 年)六月一日]

不知爲什麽,我總覺得學校主政者也許很明白,要讓學生在道義上有責任關心周圍的環境,有責任關心他們所處的時代,有責任關心社會上重大的政治(包括文化)問題。因爲惟有這樣,才有可能培養學生們日後從知識分子的立場上爲解決他們所處社會的重大問題,作出自己的正確判斷乃至貢獻。

現在人們嘴裏不時會蹦出一個詞:借用外腦。其實粵東中學早就在進行這樣的教學實踐了。這也充分凸顯出了它的辦學理念和"前瞻性"眼光。

前面提到,培德小學從建校伊始,就重視提升學生的各項基礎教育和人文素養。而要做到這一點,僅僅依靠學校有限的幾十位老師顯然是不夠的。所以他們就想到了非常智慧的一招:藉助外腦。具體操作就是不定期請專家或名士或來校給學生作演講,或給學生們以專門指導,以幫助學生拓寬視野、增長知識、掌握技藝,乃至提高他們的思維方式。要知道,該校請來的人士,不少人聞其名即如雷貫耳。從《彙編·大事記》記載看,粗略數一下即有如下多位:

民國十一年(1922 年)五月十九日"請許地山先生來校演講,題爲《近代的小學生》"。

民國十二年(1923 年)一月廿八日"書法研究會請陳宗敏先生演講,題爲《中國文字源流及

變遷》"。

同年四月十八日"校友會文學研究組開始上課,指導者葉紹鈞先生"。

同年十月十九日,還請來著名共產黨人"惲代英先生到校演講,題爲《中國之希望》"。

當月二十五日,"商務印書館編輯楊賢江先生演講《怎樣做人》"。

同年十一月一日,"中華書局總編輯左舜生先生來校演講《廣東在近代中國之地位》"。

當月二十四日,"中華書局編輯田漢先生到校演講《近代劇運動概説》"。

同年十二月七日,"歐陽予倩先生到校參觀並演講《學生看小説之研究》"。

當月八日,"湯穆士先生(英人)偕其夫人到校參觀並演講《心之作用》"。

當月十五日,"東京大學學生鄭伯奇先生到校參觀,並演講《新國家主義與中學生之覺悟》"。

民國十四年(1925年)五月九日,"開會紀念國恥,請商務印書館編譯所所長王雲五先生演説"。

……

如此密集的各界精英、名人來校演講,於學生(包括老師)言,不啻是一道道饕餮的精神大餐,絕對受益匪淺。像這樣的"外腦"資源,學校自然不具備,所以能想到"借用",這就是校方的智慧。尤其像作家、教育家葉聖陶先生還任該校校友會文學研究組指導,這對愛好文學和寫作的學生來説,更是喜出望外,感到獲益良多。

該校既有"文學研究會",也有"書法研究會"。從學生們與"外腦"大咖的交集,也可看到這裏的學生愛好和文化素質之一斑。就以"書法研究會"來説,民國十二年(1923年)初,不僅舉行寒假書法展覽會,還"送學生書法成績請鄭孝胥先生批評,鄭先生稱贊不置"。〔《彙編·大事記》民國十二年(1923年)三月一日〕

撇開政治影響不論,但就書法論,鄭孝胥絕對是大家。而他的稱贊也決非客氣和搪塞。這不,在接下來舉行的書法展上,我們就知道了,那天不僅參觀者衆,有五百多人,"《民國日報》記者葉楚傖、《時事新報》記者梁紹文等均有良好批評,陳承輝、梁鎮鐸、梁杏珍等之出品均有被購去者"。〔《彙編·大事記》民國十二年(1923年)三月二日—四日〕當然,學生們用自己的書法作品換來的錢,也被學生們用於賑災等公益事業。

還能看出鄭孝胥對待學生們誠心的,是這年四月廿九日,他主動邀請該校書法研究會學生,到他的書齋"海藏樓"賞櫻花。如僅只是出於客氣和敷衍,他似乎根本没有必要這樣做。

同樣,人所皆知,吳昌碩先生是中國近現代書畫巨擘,但該校也可以由"校友會臨池組送作品,請書(畫)家吳昌碩先生批評,以嚴光所得之評語爲最佳"。〔《彙編·大事記》民國十三年(1924年)三月八日〕一個學生的作品能得到吳昌碩先生的好評,嚴光同學應該可以感到自豪和榮幸。

我留意到,《彙編·大事記》民國十二年(1923年)十二月二十八日有這樣一條記載:

"制定校内各道路及亭臺等名稱,計有勇爲路、猛醒路、精勤路、進取路、廉正路、忠信路、真理路、美滿路、仁愛路、公平橋、恒心亭、青雲臺。"

這些路名、亭臺名,是不是一聽就令人覺得血脈賁張,身上陡然涌上滿身正氣! 然而顧名思義,應該説,這正是該校一以貫之的信奉、秉持乃至實踐。正因爲如此,所以才有《彙編·大事記》民國十五年(1926年)六月二十五日如下記載:

"南京東南大學教授陳鶴琴到校參觀,評語'教法優良,成績斐然',誠滬上不可多觀者。"

要知道,陳鶴琴可是現代著名教育家,他在教育上的眼光不可謂不挑剔,可見得到他如此好評,殊爲不易。

還有不易的是,這年十二月一日,繼陳鶴琴後,該校又迎來老同盟會員、曾任國民革命軍外交處主任、有"中國外交第一人"之譽的"蔡公時先生到校參觀,評語'古人云:十年樹木,百年樹人。盧先生其始以數十學生,艱苦耐勞,創辦斯校,今見滿門桃李,真所謂善因善果也'"。

真可謂桃李不言,下自成蹊;有好的老師,好的教育,才會有好的學校、好的學生。

《彙編·大事記》民國十三年(1924年)一月十日記載:

"議定'品學兼優、服務盡職'爲好學生標準入選者,懸照片於禮堂以資各生觀感,懸掛以一學期爲限。"

"品學兼優、服務盡職"——短短八個字,却言簡意賅地道出了既有修爲,又關注社會的"好學生"形象。

不僅如此,《彙編·大事記》民國十七年(1928年)二月十三日記載:

"上海特別市教育局爲購置市校用桌椅,派員到校調查本校所用者,以資參考。"

不難想象,連市教育局規定全市相關學校究竟讓學生們用上什麽樣的桌椅,也派人到廣肇公學考察,參考廣肇公學給學生所用的桌椅,可見該校在諸多設施上的規範性,在外界也是深有影響。

很有可能正是鑒於這樣的影響度,1929年8月1日,廣肇公學遵照上海特別市教育局令,改校名爲私立上海廣肇中小學(簡稱仍用廣肇公學)。[《彙編·大事記》民國十八年(1929年)八月一日]

接下來,準備迎接新的開學季。廣肇公學報名學生名額很快就報滿,最後只能"介紹因額滿見遺之學生轉入知行中小學"。[《彙編·大事記》民國十八年(1929年)八月三十日]

由此可見,廣肇公學在學生家長們心目中的受歡迎程度。

1932年,上海爆發了震驚中外的一·二八淞滬抗戰。

戰爭爆發伊始,一則可歌可泣的故事就在該校發生了。

《彙編·大事記》民國廿一年(1932年)一月廿八日記載:

"是夜滬變突起,二時許,便衣隊十數人持械冲入本校四處搜查,時校中有寄宿生十餘人,由舍監黎伯伊先生會同住校教職員妥爲照料,示以沉着應變方法。黎先生本人因趨避不及,手臂中彈受傷,血流過多,不能行動。翌晨,舁出送入同仁醫院療治,其他在校寄宿之員生幸皆安然脫險。"

我們知道,一·二八事變突發於深夜11時30分。當時寄宿在學校的師生都在睡夢中。未幾,便有持械者突如其來非法闖入學校宿舍。當時既是住校老師、又是"校監"的黎伯伊先生雖然感到十分驚訝,但他並沒有驚慌。隨即他就和其他教職工一起,邊照應學生不要驚慌,邊告訴他們怎麽應對,最後以最快時間安排這些在校寄宿的學生轉移到安全的地方,脫離了險境。

然而當危險驟然降臨時,始終把學生的生命安全放在第一位的"校監"黎伯伊先生却"因趨避不及,手臂中彈受傷,血流過多,不能行動",最後被送進醫院。

令人扼腕的是,兩個月後的3月13日,噩耗傳來:黎伯伊先生終因流血過多,傷重不治,不

幸犧牲。

從《彙編·大事記》民國廿一年（1932年）四月廿二日記載，盧頌虔校長請廣肇公所撫恤黎伯伊先生家屬函中，我們不僅可以瞭解到黎伯伊先生視學生生命高於自己生命，尤其是他犧牲前後的更多感人細節，也看到了黎伯伊先生犧牲以後，通過許多人對他家屬的關心，所彰顯出的極具人性的一面。

下面即是盧頌虔校長請廣肇公所撫恤黎伯伊先生家屬函全文。

上海廣肇公所執行委員會列位先生鈞鑒：

敬啓者。本校前因閘北事變（即一·二八事變——引者），校舍於一月廿九日午前二時半左右爲便衣隊攻入，除門窗、墙壁及校具等爲機關槍毀壞外，並有舍務主任黎伯伊君當場受傷倒地，辰刻救護出校舁往同仁醫院求〔救〕治，住院數日，卒以流血過多傷重身死，至堪痛惜，遺柩暫厝嶺南山莊。查黎君自民國九年來校服務，任職凡十二年，不特學識優良，品性純厚，爲全校員生所敬仰，即其熱心校務，勇於負責，尤爲難得。在遇難前一日，黎君曾親向吳淞路及虹口公園一帶察看，見礮隊機關槍已編列號數，米麵、煤炭已充分預備，即知禍變必作，而獨不肯離校暫避者，以身居舍務主任之職，有盡力保護寄宿學生之責，毅然決定誓死不去，及至（敵人）攻入時，從容照料各寄宿學生，分別藏匿，俾免兇危。事後，寄宿各生均得安全無恙者，實賴黎君維護之力也。惟黎君以盡瘁職責，忘懷身居險地，卒爲所害。其忠烈有足多者，黎君老父不幸於前年去世，現時番禺原籍所遺孤兒寡婦養育無人，身後蕭條，聞之酸鼻。校長等誼本同舟，情非陌路，爲勉勵他時急公者計，爲崇報殉校忠義者計，爲憐憫孤孀計，均有提請鈞會賜予撫恤之義。用敢不揣冒昧，將黎故舍務主任被難經過瀝情陳明，敬乞即將撫恤辦法早賜決定執行，或將恤金全部數目早日撥下，俾便匯寄黎君家屬，以恤孤孀而彰忠烈，實深感荷，專肅。

祇頌公祺。

上海廣肇公學校長盧頌虔謹上
廿一年四月廿二日

五月十二日，上海廣肇公學收到廣肇公所復函：

逕啓者：前接來函爲黎教員伯伊撫恤事，經董事會議決，黎君於該校服務有年，情殊可憫，給予一年薪金以資撫恤在案，兹將議決案抄録，即希查照爲荷。此致盧頌虔校長

上海廣肇公所啓　五月十二日

通過上述致函和復函可知，黎伯伊先生犧牲前一天，他還曾去吳淞路及虹口公園一帶考察。當他發現戰事正在一步步逼近時，他便趕緊回到學校，爲學生們準備好戰時所需米麵、煤炭等生活物資；同時他也在心裏作好了準備，要盡全力保護在校學生，哪怕獻出自己的生命，他覺得這是他作爲一名"舍務主任"（校監）的神聖職責。

還有什麼比這樣默默奉獻的老師更令人難忘、更值得讓人欽敬！而此時此刻對黎先生家人

的撫恤和關照，就是大家能够做且最想做的事。

除了上海廣肇公所給予黎先生家屬撫恤金外，下一年，上海廣肇公學又作出決定：

"全體教職員每人抽月薪百分之一，以一年爲限，捐助已故教員黎伯伊先生子女教養基金。"
［《彙編‧大事記》民國廿二年（1933 年）九月十六日］

好人不應該被遺忘。這樣的行動，也表達了大家發自内心的對黎伯伊先生的尊崇、敬意和緬懷。

當然，關心和支持廣肇公學的不僅只是該校教職工，更不乏有影響的諸多社會人士，尤其是廣東籍企業家和他們的家人。比如在上海人所皆知的南洋兄弟煙草公司。

南洋兄弟煙草公司創辦人簡氏兄弟中的簡照南，因積勞成疾，不幸於 1922 年 10 月在上海病逝。1935 年 1 月，南洋兄弟煙草公司曾打算花五萬元，爲簡照南立一座銅像，以作紀念。

此時廣肇公學已易名粵東中學，正爲想建新校舍却缺資金而發愁。知曉南洋兄弟煙草公司想爲簡照南立銅像一事後，校董陳炳謙先生便專程拜訪簡照南夫人，希望她能將這五萬元"捐助廣肇中學爲建築費"。

結果簡夫人欣然同意，這不能不說是一個佳話。［《彙編‧大事記》民國廿四年（1935 年）一月十日］試想，如果不是粵東中學在人們心目中有良好的聲譽和口碑，簡夫人決不會答應得如此慷慨。

這一年新校落成後，於十月一日舉行落成紀念。中小學全體教職員合贈新校一副木聯，上書："一瓦一磚皆父老血汗易來，深冀諸生立德立功立言"；"達己達人是教師職責所在，惟願同仁竭心竭力竭智"等語。［《彙編‧大事記》民國廿四年（1935 年）十月一日］

粵東中學老師們將"造福鄉邦"視爲自己職責所在，且付諸實際行動。1937 年夏天，當中國全民抗戰日到來之際，蔣介石委員長在盧山作抗戰動員時，粵東中學"盧（頌虔）校長偕訓育主任戴玉衡起程赴盧山受訓……"［《彙編‧大事記》民國廿六年（1937 年）六月廿八日］可見粵東中學在當時，也已爲政府所重視，一所學校能獲得這樣的殊榮，應該不多。

就在盧校長從盧山回滬後不幾天，八一三事變爆發，戰區難民拖家帶口、扶老携幼，紛紛逃向租界。此時，粵東中學童子軍首先站出來，爲廣東旅滬同鄉會難民收容所通宵服務，繼而正式受中國童子軍戰時服務團領導。接着該校部分高中生也加入爲難民收容所工作的隊伍，校長暨部分教職員也出任廣東旅滬同鄉救濟難民委員會工作。可以說，粵東中學全校師生一起投入了這場轟轟烈烈的抗戰洪流之中。［《彙編‧大事記》民國廿六年（1937 年）八月十三日］

八一三事變爆發後，粵東中學不僅校舍被毀，學校要繼續運作，經費也遇到大困難，甚至教師每月薪水也無奈縮至四成。不久雖然增加一成，變爲五成，但米珠薪桂，教職工生活艱難，苦不堪言。無奈之下，學校最後以信函形式向廣肇公所請求補助。

請求補助理由中，特別提到"該校爲吾粵培植人材之苗圃，歷年以來，吾粵人材輩出，未始非教育之功，吾粵人士僑居滬上者爲數實繁，若無一培植同鄉子弟之學校，實非吾粵人之福。至於貴公所經濟拮據，逋負甚多，此亦人所皆知之事實。然而所爲公所者，原爲同鄉謀福利之機構。夫福利之最要最巨者，莫過於作育人材，此而不維持其他，更何足置念"。［《彙編‧大事記》民國廿八年（1939 年）十二月廿八日］

令人欣慰的是，廣肇公所知情後，在自身也遇到資金困難的情況下，還是及時伸出援手，下

撥錢款。

而更值得一説的是，粵東中學拿到這筆錢後，即用於"補發全體教職員本學期未發足之薪金（恢復發給全薪）"。[《彙編·大事記》民國廿九年（1940年）一月十一日]

通過這件事，足以説明，粵東中學一旦有了經費，首先想到的就是教職工，所謂再窮不能窮教師，就是這個理。

與此相映襯，《彙編·校董會議録》民國卅一年（1942年）十月十八日記載的圍繞"關於教職員薪津問題"的討論，也很令人矚目。因爲當時預算表出來，該校教職員每人每月薪津數目，已相當於政府高級人員的薪額，於是大家討論，這是不是有點過高了？

董事葉雪松覺得，即使這樣，"現時亦不宜減少"。

董事陳李勵莊夫人同意葉雪松的意見，並表示，我們"不必將此項薪津數目與政府人員薪額相比。本校之教職員既係多數在校服務甚久者，其酬勞費自應較多。現在本會對於此項薪津預算，只宜增加，不宜減少，縱經費不敷，亦應從開源着想，另行設法籌足……"

董事伍朝柱説得更直接：他指出，如果教職員收入過少，"不特不能使教職員安心服務，足以減低教育之效率，且事實上亦必不能聘得優良師資，其影響於學生受益方面，實非淺鮮……"

爲此，董事李勵文提議，（除了教職員薪津預算）本校其他各項支出，在預算上盡量緊縮……

最後，這一決議得以通過。

試想，有這樣的校董，有這樣的校領導，哪個教職員會在教學上不竭盡全力。這裏除了爲師的職責性外，更有知恩圖報的感恩之情。

説起校領導，提及感恩，不能不讓人油然想到盧頌虔校長。

就在上述討論會開始前，會議主席、也是董事長的温親堯在致詞中提到，"本人素注重教育事業，主持廣肇公所多年，對於所用職員之人選，不甚過問，惟廣肇義學之師資，則必須慎重考選，此即因本人重視教育事業之故。本人提挈本校亦已十有餘年，深知本校盧校長辦理妥善。盧校長爲本校服務數十年，不啻與本校結了婚一樣，深信其必將全部心力貢獻於本校"。盧校長對學校很多事情都不過問，惟對考選師資則念兹在兹，他奉行的其實就是校長治校，教育至上。

還有就是上述檔案內容披露的，不僅不能虧待，而且必須善待老師。

兩年以後，盧校長又在一次全體董事會上提出，"對於教職員薪津數目，未能追隨物價作適度之調整，兹爲謀維持教職員最低限度之生活起見，擬自五月份起，酌再增加津貼，以資彌補……"最後，這一學期教職員薪津，從上半學期（二、三、四月）最高4000元，最低1300元，平均2400元，下半學期（五、六、七月）調整爲最高6000元，最低1950元，平均3600元。[《彙編·校董會議録》民國卅三年（1944年）五月十二日]

正因爲有這份執念和堅持，盧頌虔校長和他的團隊才能從辦校後，在不長的時間裏，相繼請到各行專家、一眾社會名士蒞校演講；而在專業上，學校請來英籍老師教高中三年級英文；請到日後著名的報刊"補白大王"鄭逸梅教高中二、三年級國文，而且兩位老師皆"品端學邃，堪稱優良教師"。[《彙編·校董會議録》民國卅七年（1948年）二月十五日]

另外，在學校硬件建設上，粵東中學也是一絲不苟。如在校舍建築設計上，學校所請設計師，也是曾在中山陵設計徵稿中榮獲二等獎、并且設計過上海南京大戲院（今上海音樂廳）、在上海設計事務所深孚聲望的范文照這樣的一流設計師。

除此以外,我們還能通過這部《彙編》,讀到另外一些故事。比如該校在運動會上獲得優勝後,上海家喻户曉的王開照相館即贈送一幀放大至三十寸的優勝運動員照片(1931 年 1 月);還有令人欽佩的是,當王開照相館知道粵東中學抗戰前所拍攝照片,"因戰事散失殆盡"後,即"代爲檢出底片,重印全套見贈"(1946 年 5 月);現當代著名書法家葉恭綽先生在粵東中學建校書畫展上,贈送自己的作品供義賣(1948 年 1 月)……

……

這樣的故事還有不少,這篇文章當然無法盡述。好在《彙編》一書即將付梓,届時讀者通過這部《彙編》,定會從中讀到比我饒舌精綵得多的内容。

但有一點必須肯定,我們今天能够瞭解到上海市私立粵東中學一路走來的過程,以及其間發生的諸多故事,首先得歸功於該校從建校伊始及發展過程中所建立起來的這些珍貴檔案。而能够有這樣的檔案,自然少不了建立這些檔案的人所擁有的檔案意識。如 1926 年 1 月出版的《上海廣肇公學概況》一書、該校編印的《廣肇中學成績一斑》一書,還有歷年來刊印的校刊等等,無形中即彙集了該校許多珍貴的檔案内容。

盧頌虔校長曾提到,比利時舉行建國 100 年博覽會,徵集世界各國展品時,上海市私立粵東中學應徵送去學生書法作品展出後獲獎,其實這也是受益於此類綜合檔案的建立。

就以上這些内容言,可以不誇張地説,《彙編》一書仍不失其歷史價值和借鑒意義。

粵中校刊

上海粵東中學出版

創刊號

發刊詞

本刊原名「木棉」爲本校（粵東中學）與廣肇公學第一第二兩小學聯合出版之刊物。茲以本校與南小學行政上既有區分，而刊物之性質亦自各有其獨特之處，且出版時間，亦各有所宜，是以由本期起分別刊行。藉謀便利。刊名既經各立，號次自屬從新，是本期爲本刊之創刊號。此後出版，不盡期限，惟值瓜熟即行蒂落也。

刊中紀載所及者：一爲本校各部分最近狀況，一爲間人等對於教學上或學術上之意見，一爲學生之課藝成績。一體知謂顧，未敢自私。倘蒙吾道。高明，時加匡正。

本期要目

校董林炳炎先生演說詞
林嶽威先生訓詞
參加本市第四屆運動大會之經過
參加本市第七屆童子軍大會之經過
教育部市政府殮發捐資興學獎狀
體育部消息
訓育部消息
教務部消息
學生寫作

編輯兼發行人　盧頌慶
發行所　上海粵東中學
　　　　閘北水電路
　　　　電話四二三六五

中華民國廿五年十二月一日出版

本校體育部爲須參加此……前已着手各項準備工作，蓋欲藉此特……更所以課本校體育之推進，非徒斤斤於勝負之角逐，完……之短長也。茲將諸部事前之工作，及參加大會之經過情形，探驪於後。

一、舉行預選：本校體育部素主體育大眾化，故平日着重普遍訓練，且校內各種體育設備，極感缺趣，故平生之對於各項運動，倘稱完善，因之學……乃決於九月廿九日起每日下午……定章，每種運動項目每校只限四人參加比賽，故認爲非經預選，無以完善各項運動代表。直至十月六日，高中組十三人，乃能選……三十分起，分高初中二組舉行各項運動預選，此次參加生之競爭尤爲劇烈。

崔偉球	三級跳	標槍	二百公尺
周嘉乾		鉛球	
李瑞華	餅跳	高欄	
盧宏廑			
彭英麟		四百公尺	五千公尺
李作鈞		百公尺	中欄
郤顯堯	八百公尺	二百公尺	中欄
張兆舜	千五百公尺		
羅維良	中		

初中組　加項目

姓名	參加	
隔錦常	高三級跳	
謝天保	高跳	二百公尺低欄
黃朝立	高跳	遠標
郤瑞洪	跳	
……基梓	竿跳	槍
羅……森		……公尺低欄
姚會……	二百公尺	遠標
郭惠棠	二百公尺	千五百公尺
劉鴛傑	八百公尺	千五百公尺
陸鶴年	千五百公尺	
謝天申	千五百公尺	

二、選手練習：代表隊選出後，由體育部負指導之責。故每日上午下……午上課前，或下課後，均見若輩在炳炎運動場分頭加緊練習，間規定，爲代表隊練習，由體育部要考查代表隊之成績起見，每於相……午上課前……每次總練習後，檢閱各項成績，每於相……此代表隊練習之大概……選手乃益加奮勉。

……參加會操學生並完期依大會教材訓練，經數次訓……純熟，動作亦一致。……十月廿二日大會開幕。是日上午八……

三、……訓練：大會於第一日定有會操一項，蓋製……育局指令本校派學生一百名參加。體育部奉令……

上海私立粵東中學檔案彙編

大 事 記

（1913—1948 年）

上海私立
粵東中學
檔案彙編

民國二年

一月□間盧頌虔先生與盧樹屏先生
籌辦本校各事均已就緒定校
名曰培德學校

二月十九行始業式盧頌虔先生致勉
詞並報告本校之成多藉靈署
卿靈幃昌西先生之力是日學
生到者二十七人皆初等小學
程度

三月六日添辦英文夜學由靈孟壽同

同月　梁志衡先生任英文教務教授
共計四閱月

同月　梁公一先生任圖畫教務教授
計八閱月

十月　全體拍照

一月廿四寒假

民國四年

同月　盧樹屏先生因往營商業
辭本校教職務

三月一日於春季始業式學生到者七□人

民國二年（1913 年）

1	月	下	旬	盧頌虔先生與盧樹屏先生籌辦本校各事均已就緒，定校名曰培德小學校。
2	月	19	日	行始業式，盧頌虔先生致勉詞，並報告本校之成多藉盧著卿、盧煒昌兩先生之力。是日，學生到者二十七人，皆初等小學程度。
3	月	6	日	添辦英文夜學，由盧孟燾先生主任。
5	月			全體拍照。
7	月	4	日	英文夜學停辦。
		13	日	暑假。
8	月	10	日	秋季始業，學生到者三十七人。
10	月	1	日	鄺伯鐄先生任義務教授唱歌計三星期。
12	月			決定明年擴充學額，增設高等小學科，請王克綏先生相助爲理。
同	月			登報招生。

民國三年（1914 年）

1	月	5	日	寒假。
2	月	10	日	行春季始業式，學生到者六十餘人。
		25	日	王克綏先生到校任事。
同	月			盧孟燾先生任英文義務教授計三閱月。
7	月	23	日	暑假。
9	月	1	日	秋季始業。
同	月			梁志衡先生任英文義務教授計四閱月。
同	月			梁公一先生任圖畫義務教授計八閱月。
10	月			全體拍照。

民國四年（1915 年）

1	月	24	日	寒假。
同	月			盧樹屏先生因經營商業辭本校職務。
3	月	1	日	行春季始業式，學生到者七十餘人。
同	月			聘譚捷三、魏德容等先生擔任教務。
4	月	16	日	組織校友俱樂部。
5	月	3	日	校友俱樂部正式成立，公推梁公一先生爲部長。
6	月	1	日	盧頌虔先生病假三星期。
7	月	18	日	暑假。

8	月	25	日	行秋季始業式，余文厚先生演説。
9	月			添租鄰屋一幢。
10	月			全體拍照。
12	月			余文厚先生允爲本校服務。

民國五年（1916 年）

1	月	14	日	寒假。
2	月	18	日	行春季始業式，學生到者八十餘人。
同	月			余文厚先生到校視事。
7	月	9	日	暑假。
8	月	19	日	秋季始業。
同	月			請鄧昊民先生擔任教務。
9	月	28	日	慶祝孔聖誕，晚間開家屬懇親會。
10	月			全體拍照。
同	月			員生旅行吳淞砲台灣。

民國六年（1917 年）

1	月	5	日	控告滋擾本校之何某等四人。①
		8	日	盧頌虔、王克綏、盧孟燾等先生及學生吳厚因等同到公廨，證明何某等之不法行爲。
		12	日	寒假。
2	月	7	日	行春季始業式，學生到者一百二十餘人。
同	月			增設拳術科，請精武體育會派員（李蓮村先生）擔任教授。
同	月			聘杜幹戎先生教授唱歌。
3	月			聘杜階平先生教授高小科國文。
4	月	23	日	員生百餘人參觀南洋公學廿週紀念會。
同	月			發學生修養錄。
6	月	10	日	全體參觀精武體育會。
		14	日	呈請備案。
同	月			上海縣知事派賈叔香先生調查本校設置情形。
7	月	15	日	舉行高小第一次畢業式並遊藝會，來賓四百餘人，崔通約、周錫三、盧煒昌、魏德容諸先生均有演説。畢業者張國熹、唐玉仙、唐瓊仙、盧慧娥、陳瑩姝五人。
		25	日	設暑假補習科。
8	月	14	日	上海縣署批准備案。
		21	日	滬海道署批准備案。

---

① 編者注：之後有判："會審公廨判各押西牢二年二做"。

		25	日	行秋季始業式。
同	月			請袁松年、盧倩予等先生擔任教務。
同	月			盧偉①昌先生擔任拳術義務教授。
10	月	10	日	②教職員率全體學生手執國旗遊行慶祝。
		11	日	員生百餘人旅行蘇州。
		12	日	全體拍照。
		27	日	徵求陳翊周、胡耀廷、勞敬修、許奏雲、歐陽星南、關紫田、關仁山、唐仲良諸先生爲本校校董。

民國七年（1918年）

1	月	22	—	舉行高小第二次畢業考試，上海縣公署派員到校監試。
		23	日	
2	月	2	日	假青年會行畢業禮及開歡迎校董會，盧煒昌先生主席，學務委員賈叔香先生、校董陳翊周先生均有演說，校董歐陽星南先生給獎，學生表演學藝，來賓八百餘人。畢業者盧耀民、譚關賜、陳孝存、鄧曰義、盧國安、鄭耀淦六人。
3	—	4	日	展覽各科成績，參觀者五百餘人。
		5	日	寒假。
		23	日	添闢教室一間。
		26	日	上海縣署發還呈請蓋印之畢業文憑。
		29	日	舉行春季始業式，盧煒昌先生蒞臨致詞，學生到者二百餘人。
同	月			請張孝友、黎維嶽、葉鼎臣諸先生任教務。
3	月	1	日	添闢教室一間。
同	月			王克綏先生事假一月，請陳榮樞先生代課。
同	月			陳維淞、楊仲綽兩先生任田徑賽運動義務教員一月。
4	月	3	日	參與上海道屬高小學校成績展覽會。
19	—	20	日	參與上海縣屬高小學校聯合運動會，黃清濂四百四十碼賽跑第一，又二百二十碼賽跑第三，得獎章二枚。
		20	日	晚宴田徑賽運動員。
5	月	26	日	拳術選手第一次赴精武體育會會操。
6	月	12	—	舉行高小畢業試驗，上海縣署派賈叔香先生到校監視。
		13	日	
		20	日	假青年會行畢業禮及學藝會，校

				董勞敬修先生致勉詞，許奏雲先生及陳翊周先生演說，關仁山先生給獎。來賓千餘人。畢業者唐文環、盧頌球。
		30	日	拳術選手第二次赴精武體育會會操。
7	月	30	日	開學董成立會。
8	月			創辦童子軍。
		29	日	行秋季始業式，胡耀廷先生致勉詞，學生到者二百餘人。
同	月			請霍東閣、刁約翰、盧雲平、廖詠楚等先生擔任教務。
9	月			全體拍照。
		29	日	拳術選手第三次赴精武體育會會操。
10	月	1	日	員生旅行崑山。
		27	日	發徵求學生家屬意見書。拳術選手第四次赴精武體育會會操。
11	月	2	日	登報聲明崔通約先生辭去本校每星期一小時之義務教授。
同	月			杜階平先生病假，請何家吉先生代課。
		15	日	募捐經常費。
		27	日	參與慶祝戰勝國提燈大會。
12	月			拳術選手赴精武體育會大會操，獲獎銀盾一座，題曰"勇猛精進"。
同	月			王克綏先生事假一月半，請陳榮樞先生代課。
同	月			舉行高小第四次畢業試驗，畢業者陳兆熊、梁文佳、盧練生、鄭兆豪、潘榮熹、郭廷顯、盧步雲、鄧葆鎏、劉景濬、區灼瓊、梁群棣、劉淑穎十二人。
		25	日	杜階平先生病故。

民國八年（1919年）

1	月			歐陽星南、關紫田、許奏雲等先生辭校董。
18	—	19		開成績展覽會，來賓八百餘人。
		20	日	盧頌虔先生與張孝友先生赴南洋考察教育，並商議籌款建校舍。
2	月	15	日	添租樓屋二幢，加辦中學一年級及幼稚園。

---

① 編者注："偉"，此處疑爲"煒"。

② 編者注：原文"國慶日"，現改爲"10 月 10 日"。

月	日	事項
	19日	行春季始業式,羅善卿先生及盧煒昌先生演說,學生到者二百五十餘人。
同月		請羅善卿、鄭嘉瑞、黃希純等先生擔任教務。
3月	15日	盧頌虔先生與張孝友先生自南洋抵校。
	20日	請林蒝先生任校醫。
同月		照海關鐘撥早一小時。
	30日	拳術選手第六次赴精武體育會會操。
4月	15日	裝置電話。
5月		鄧昊民先生病假二月。
	5日	上海縣視學朱伯華先生到校視察。因全國中學一致罷課救國,本埠商界亦崛起響應,一律罷市。廣東旅滬各學校齊集本校,商議對付時局辦法。
	6日	遵照各校議決停課。
	7日	上海縣署發還請蓋印之畢業文憑。
	16日	時局漸靜,照常上課。
7月	3日	舉行高小第五次畢業試驗,上海縣署派朱伯華先生監試,畢業者陳少平、鄭秀蘭、招蒼明。
	7日	行暑假休業禮。
8月	5日	通告女生家屬,聲明各女生所幹不得本校同意之事,本校不負責任。
	7日	登報聲明有用本校學生名義開會籌款者,本校不負責任。
	8日	鄧昊民先生辭職。
	21日	秋季始業。
同月		請麥嘯蒼、譚子欣、陳兆廷等先生擔任教務。
9月	4日	高級學生創設義務學校。
	8日	接辦惠廉英文夜校,由余文厚先生主任。
	15日	請余萍客先生任教務。
同月		鄭摯夫先生任女子部唱歌義務教授一月。
	17日	滬海道屬高小學校成績展覽會給獎憑四張。
10月	8日	員生九十餘人旅行無錫。
	9日	託童子軍總司令魯濱孫先生委人充本校童子軍團長。
	13日	童子軍總司令委翁秩曹先生任本校童子軍團長。
	18日	全體拍照。
	22日	舉行家屬懇親會。
11月		編印學生國文、英文成績一冊,又將各科成績及各種照片製印明信片十六種,用以分贈各界。
12月	17日	假上海大戲院開會籌款,朱廑石先生演說,馬玉山公司捐送糖果餅干在場發售,得洋七十三元四角,甘燼初、陳維淞兩先生各購五十元之座券一紙,連一元、二元之座券,共售得洋八百九十二元。
同月		贈馬玉山公司及陳、甘兩先生紀念畫各一幅。
20—21日		技擊部赴精武游藝會表演技擊。

民國九年(1920年)

月	日	事項
1月	30日	舉行第六次高小畢業試驗,畢業者張鼎新、陳鑑成、游家富、李晉翔、盧步青、劉申愷、鄧民安、孫理傑等八人。
2月	2日	寒假。
同月		改稱培德公學。
同月		增加校董。
	27日	關仁山先生辭校董。
3月	5—6日	試驗新生。
	8日	行春季始業式,校董盧煒昌先生致訓詞,學生到者二百三十餘人。
同月		梁庚長先生允任義務校醫一學期。
同月		請張毅漢、黎伯伊、梁觀榴、林觀錦、余淑嫻、承鑫培等先生擔任教務。
同月		葉鼎臣先生專理事務,不任教授。
	12日	張毅漢先生率領中一及高三學生參觀馬玉山公司工廠。
	21日	附設之注音字母研究會開始研究,主任者黎維嶽先生。
	22日	報告改稱培德公學之緣由於上海縣勸學所。
	24日	中一及高三兩級學生組織自治會。
4月	6日	請梁頑石先生代課英文一月。
	7日	男子部開辦圖書館。
	13日	王克綏先生率領高一學生參觀商務印書館工廠。
	15日	黎伯伊、黎維嶽兩先生率領初三、四兩級學生郊外旅行。
	17日	童子軍赴上海童子軍聯合大會。
	20日	通告組織高小一年級學生自治會於該級家屬。

月	日	事項
	24日	翁秋曹先生辭童子軍團長，薦盧恩明、張訓芳兩先生繼任。
	26日	因學潮影響停課二日。
	28日	請盧衍明先生教授英文。
5月	1日	世界勞工紀念放假一日，學生釀資買麵包分給工人。
	2日	高小一年級學生自治會開成立會。
	9日	開國恥紀念會，張毅漢、王克綏、黎維嶽及來賓鄧少銘等先生任化裝演講。下午女子部圖書館行開幕禮，來賓黃詠台先生演説。
	12日	麥嘯蒼先生率領高二學生郊外旅行。
	15日	童子軍全體贈翁秋曹先生感謝徽章。中一及高三兩級學生組織新聞社，每星期出報二次，名曰"公報"。高小二年級學生自治會開成立會。
	31日	張毅漢先生率領女子部學生參觀中華職業學校及美術學校。
6月	4日	張毅漢先生率領中一及高三學生參觀中華職業學校及美術學校。
	8日	王懷琪先生代課兩星期。
	9日	教授木印圖案畫。
	10日	林子穆先生贈大銅號鐘一枚。
	25日	高小一年級自治會全體拍照。
	26日	上海縣視學朱伯華先生來校視察。
7月	3日	盧恩明先生辭童子軍團長職。高小二年級學生自治會全體拍照。
	14日	參與江蘇省教育會圖畫手工成績展覽會。
	17日	停止授課（本學期注重臨時試驗，免去學期考試）。
	20日	請陳棟臣先生教童子軍軍樂。
	22日	舉行暑假休業式。
	23日	江蘇全省小學圖畫手工成績展覽會，對於本校出品評爲最佳之作。
9月	1日	行秋季始業式。
同月		余文厚先生預備出洋經營商業，停止本校職務。
同月		請黎潮舒、石穎、劉致祥、劉占武等先生擔任教務。
同月		關學生休息室。
	13日	宴會各職教員。
	18日	童子軍副總教練視察本校童子軍。
	19日	高小一年級自治會開歡迎新會員會。
	26日	員生九十八人旅行蘇州，是晚，童子軍露宿於虎邱山下。
10月	5日	請黃威文先生代課英文一月。
	10日	開慶祝國慶會。
同月		童子軍赴公共體育場大操並加入提燈慶祝。
	16日	女子部自治會成立。
同月		高小一年級甘潤庭等，鑒於北省災情重大發起籌賑團，除將該級儲蓄所得之款悉數捐入外，並向各界盡力勸募，結果計得三百念四元餘，托華洋義賑會代解災區助賑。
	21日	高小一年級旅行。
	23日	初小四年級旅行。
	27日	黎伯伊先生因事回粵，請胡根天先生代課一月。
同月		高小二年級發起組織學生貿易部。
	29日	中一、高三及女子部旅行。
	30日	童子軍聯合會任張訓芳先生爲本校童子軍團長，黎潮舒先生爲團長。
同月		拳術選手赴精武體育會十週紀念大會表演拳術。
11月	1日	中一、高三兩級開木印圖案展覽會。
	6日	學生貿易部開幕，各級自治會均有物致賀。
	7日	拳術選手赴精武十週紀念會拳術大會操。童子軍全體應精武會之請，赴會塲維持秩序。
	12日	中一、高三參觀商務印書館工廠。
	17日	高二旅行。
	20日	童子軍假座青年會開游藝會籌款，所演《頑石點頭》一劇情節甚佳，廣肇義學童子軍音樂隊到場奏樂，是日售票得洋一百五十餘元，售物得二十五元餘。
	26日	中一、高三參觀盲童學校。
	27日	請林廷暄先生擔任教務。
12月	1日	全體拍照。
	13日	中一、高三足球隊成立。
	20日	請羅季昭先生擔任教務。
	21日	高一全體參觀博物院。
同月		清雲里房屋加租，屋主沙遜洋行允本校之求，每月減收租金四元。

民國十年（1921 年）

月	日	事項
1月	1日	放假三日，第一日童子軍半數往楊樹浦露宿，半數在校內舉行聚

				餐會。
		5	日	天氣奇冷,放寒假二日。
		同	日	聘譚之良先生擔任教務。
		9	日	黎潮舒先生召集高小二年級,於星期日及寒假內來校補習算術。
		同	日	高小二年級自治會全體暨貿易部職員拍照。
		10	日	盧頌虔、余文厚、羅季昭等先生赴南京參觀各優良小學。
		15	日	童子軍赴南翔露宿。
		16	日	童子軍舉行各隊比賽,馬隊鄧民安等第一,鷹隊盧步雲等次之。
		22	日	初小二、三年級赴青年會國音推行會表演國語誦讀。
		24	日	高一自治會開寒假褒榮會。
		26	日	舉行寒假休業禮並游藝會。
		同	月	畢業生鄧曰義、盧國安等發起組織校友會。
2	月	23	日	校友會開成立會。
		25	日	春季始業。
		同	月	將童子軍功課編入正課,初小三、四年級以上每週皆有一小時。
		同	月	添辦幼童軍。
		同	月	請陸磊生先生任高二英文教授。
		同	月	中學部本學期因人少暫停開班。
3	月	4	日	①羅季昭先生病假,請杜清貽先生代課一月。
		8	日	請陳奉亞先生任女子部圖畫教授。
		11	日	各級自治會開聯合籌備會。
		12	日	宴會各教職員。
		13	日	童子軍參與上海急賑游行大會。
		14	日	上海童子軍急賑會借本校爲東區機關部。
		19	日	高一自治會開成立會。
		同	日	童子軍全體爲北省災民四出募捐。
		24	日	黎潮舒先生組織高小算術研究會,時間在上午未上課之前。
		26	日	初小三、四年級自治會開成立會。
		27	日	自治聯合會開成立會。
4	月	1	日	舉行第一次褒榮會,校董盧煒昌先生致訓詞,並捐助獎品費五元,黎潮舒、黎伯伊、譚之良諸先生演劇助慶。
		2	日	改定學生制服採用童子軍服式。
		8	日	東區童子軍教練員借本校開常會議。
		13	日	高二自治會開聯歡會。
		同	月	黎潮舒先生捐助童子軍經費一百元。

		17	日	童子軍開懇親會及幼童軍行成立禮、盧煒昌、梁詩南兩先生演說,童子軍演劇。
		同	月	全體童子軍贈團長張訓芳、黎潮舒感謝章。
5	月	1	日	舉行第二次褒榮會。
		2	日	特別班暨高三自動組織拳術研究會,於每日清晨舉行。
		同	月	規定全體學生須穿制服上課。
		8	日	女子部圖書館開一週紀念會,館員演劇助慶(本校女生演劇,此爲第一次)。
		9	日	開國恥紀念會,員生合演《亡國恨》一劇,悲慘動人,舉座爲之泣下。
		10	日	開會歡迎廣東高等師範參觀團五十四人,學生表演各種學藝。
		13	日	廣東高等師範參觀團推張祖鏗、潘永龍二君來校參觀教授。
		15	日	上海童子軍聯合會發表籌募春季賑災之得獎童子軍姓名,本校十八人中,計得獎者十五人。
		21	日	張訓芳、黎潮舒兩團長率領童子軍及幼童軍共四十餘人往郊外露宿,盧頌虔、黎伯伊、譚之良等先生於深夜前往劫營,蓋欲增彼等防守經驗也。
		24	日	盧頌虔先生率領初一、二年級旅行陳氏園。
		28	日	童子軍往青年會運動塲紮營。
		30	日	第五屆遠東運動會開幕,本校自是日起,每日下午放假半天,計一星期。
6	月	1	日	開第三次褒榮會,侯曜、黎潮舒、譚之良等先生演劇。
		2	日	童子軍赴遠東運動會表演國旗操及拳術。
3	—	4	日	童子軍赴遠東運動會服務。
		7	日	初小三、四年級自治會全體拍照。
		同	月	陸磊生先生病假,黎世良先生代課一月。
		19	日	自治聯合會開會,選舉下屆職員。
		22	日	縣視學朱伯華先生來校視察。
7	月	2	日	童子軍全體及自治聯合會職員拍照。
		3	日	自治聯合會暨童子軍全體合開交誼會,並舉行職員交代禮。
		6	日	本學期停止授課。

————————

① 編者注:原文"同月4日",改爲"3月4日"。

月	日	紀事
	9 日	假青年會開褒榮會結束大會。
同月		贈童子軍團長張訓芳、黎潮舒及技擊教員劉占武勳章各一面。
	12 日	童子軍鄧民安、朱南英隨黎潮舒先生赴潮安縣,襄辦童子軍領袖班。
8 月	22 日	秋季始業。聘李德駒、朱冕子、許敦谷、盧鐵民等先生任教務。
	31 日	黎潮舒先生因事未到,請侯曜先生代課一月。
9 月	16 日	(中秋節)員生七十餘人旅行蘇州。
	17 日	職教員赴江蘇省立第一師範附屬小學參觀。
	22 日	職教員赴上海市立萬竹小學參觀。
	24 日	全體拍照。
	同日	宴會全體職教員。
10 月	2 日	童子軍往野外紮營。
	8 日	童子軍全體爲團中籌款發售紀念小國旗,三日所得共洋一百廿餘元。
	9 日	舉行本學期第一次褒榮會,湯節之先生捐助獎品費十元。
	10 日	召集全體學生向國旗行禮。童子軍赴公共體育塲行升旗禮並游行。
11 月	7—8 日	童子軍應上海總商會之請,赴商品陳列所服務。
	12 日	童子軍赴江灣露宿。
	13 日	高小各級旅行郊行。
	29 日	本校爲謀久遠及易於發展起見,上書於廣肇公所請求改歸公所設立。
12 月	1 日	海寧醫院爲本校全體員生種痘,純盡義務。
	4 日	校友會月報第一期出版。
同月		上海廣肇公所董事會通過本校改爲公所設立案。
同月		高小各級組織書法研究會,請黎伯伊先生爲主任。
同月		編印歷年各科成績,將以分贈各界。

民國十一年(1922 年)

月	日	紀事
1 月	1 日	學生自治聯合會舉行圖書館捐書大會紀念會,廣東高等師範校長金湘帆先生到會演說。
	11 日	初小三、四年級全體贈陳榮樞先生紀念品一枚,題曰"循循善誘"。
	15 日	舉行高小第七次畢業式,畢業者嚴德明、黃寶蓮、吳國民、梁慕蘭、杜式桓、周滬生、盧竹根等七人。
	16 日	書法研究會寒假內仍繼續研究。
	29 日	校友會開茶話會,討論徵求會員辦法。
	31 日	登報通告本校改歸上海廣肇公所設立並改稱上海廣肇公學,校長仍由創辦人盧頌虔先生擔任。
2 月	10 日	考試新生。
	14 日	行開學禮,學生到者二百四十人,校董湯節之先生致訓詞。又:請陶然先生教初小一、二年級國文。
	20 日	鄧昊民先生復任本校教務。
	25 日	校友會徵求會結束,被徵求入會者計有四百餘人,每隊成績以校字隊與會字隊爲最優,友字隊次之,個人成績以梁杏如爲最優,陳應琛與李禮興次之。
	26 日	校友會開大會籌備會。
3 月	3 日	登報請唱歌教員。
	5 日	天雨。校友會大會改期。
同月		聘定黃鏡寰先生教唱歌。
	7 日	各級糾察生開始服務。
	12 日	校友會假陳氏園開大會並拍照。又:高小各級設圖畫研究會,請張毅漢先生爲主任。
	13 日	聘梁寶傑先生教幼稚生唱歌。
	16 日	陳公哲先生捐送本校化學儀器兩櫥。又:學生貿易部停辦。
	22 日	校友會選舉評議員。
	26 日	校友會評議員互選各項職員。
	28 日	宴各職教員於嶺南樓並會議校務,黎潮舒先生提議組織學校市。
4 月	1 日	褒榮會開會,馮少山先生到會致勉詞。
	3 日	放春假三日。羅季昭先生率領高二甲班遊覽龍華,張毅漢、黎伯伊等先生率領補習及高三兩級往南翔寫生。
	10 日	學校市成立。
同月		李禮興當選第一任市長。
	15 日	童子軍參與俄災賑濟會大游行。
	16 日	校友會執行部暨評議部各職員開聯席會議。
	17 日	職教員爲廓清本校歷年積欠事,會商向各生家屬募捐辦法。
同月		王克綏先生設世界語研究社,聽學生自由加入。
	23 日	校友會開會,致謝舊職員及歡迎

			新職員。
		24 日	廣州市特派考察教育團劉芙初先生等來校參觀。
		29 日	高小學生二十餘人參與俄災賑濟會街巷募捐。
5	月	1 日	成績一斑出版。
		5 日	步行全世界之美國人開立士君來校演講並售照片。
		6 日	開第十次褒榮會及學校市成立紀念會。
		7 日	圖畫研究會赴江灣寫生。
		13 日	童子軍赴東區會操。
		14 日	圖畫研究會赴江灣寫生。
		15 日	初小三年級以上加授手工。
		19 日	請許地山先生來校演講,題爲《近代的小學生》。
		21 日	承俄國災荒賑濟會上海部贈紀念狀一張。
		22 日	陶然先生病假,馮佩芳先生代課一月半。
		26 日	請嚴既澄先生來校演講,題爲《小學生的精神生命》。
		29 日	高二乙級組織清晨讀書會。
		31 日	職教員赴日本小學參觀。
6	月	2 日	童子軍五十餘人參與中國衛生會游行大會。
		5 日	朱冕子先生事假,請陳納遜先生代課一月。
	同 月		承中國衛生會贈紀念狀一架,題曰"造福群衆"。
		10 日	開第十一次褒榮會。
		同 日	結束爲償還舊債而募之捐款,計得二千八百八十餘元。晚宴職教員。
		15 日	請劉芙初、李樸生兩先生來校演講,題爲《日本的小學生》。
		16 日	廣東高等師範修學旅行團來校參觀。
7	月	2 一	開圖畫展覽會,來賓二百餘人。
		3 日	
		7 日	補習高三兩級組織暑期通信會報。
		8 日	停止授課。
		10 日	開第一次學生演說競進會,題爲《演說之益》,朱南英第一。
		12 日	舉行暑假休業式,並高小第八次畢業禮,馮少山先生給獎,畢業者陳承輝、葉淑顔、梁杏珍、簡卓鑣、陳應琛、梁澤基等六人。
		13 日	開家屬懇親會並表演遊藝,到會者二百餘人,馮少山先生演說。

		15 日	校友會開常會。
同	月		黎潮舒先生於暑假期內召集童子軍照常來校學習。
		30 日	校友會俱樂部委員會開會。
8	月	1 日	請簡世鏗先生教童子軍國語的旗語。
		3 日	校友會評議部通過俱樂部細則。
		25 日	考試新生。
9	月	1 日	行秋季始業式,學生到者二百四十人。本學期請朱宗漢、何敏莊、唐瓊仙(唐君本校高小第一次畢業生)等先生任教務,杜式桓君(本校第七次高小畢業生)助理庶務,鄧民安君(本校第六次高小畢業生)助教拳術及童子軍。
		4 日	開始授課。
		15 日	宴會全體職教員並會議校務。
		28 日	職教員會議。
同	月		區玉瓊當選第二任市長。
同	月		組織教育參觀團。
10	月	2 日	《公報》改名爲"廣公"。
		3 日	校友會俱樂部請錢伯齡先生爲篆刻組指導員。
		5 日	員生一百廿餘人旅行吳淞,承中國公學任招待。
		6 日	往陳氏園影全體相。
		9 日	再往陳氏園影全體相。
		10 日	上午童子軍赴公共體育場參與行升旗禮,下午參加廣東旅滬學校聯合運動會成立大會並表演遊藝。
		11 日	職教員十一人赴南京參觀國立南京高等師範附屬小學、江蘇省立等〔第〕一女師範附屬小學及東南大學附屬中學。停課四日,囑學生回家溫習。
		15 日	參觀團返校。
17	一	18 日	停課考試。
		19 日	調查學生在家狀況並徵求家長意見。
		21 日	職教員會議。
		同 日	童子軍赴江灣露宿。又:校友會俱樂部請許敦谷、關良兩先生爲西樂組指導員。
		22 日	職教員會議。
		28 日	童子軍赴南翔露宿。
		29 日	校友會赴南翔舉行第一次活動式之交誼會,赴會者一百廿餘人。
11	月	1 日	參觀團甲組參觀交通部立南洋大

		5	日	學附屬小學及上海市立旦華小學。開第十二次褒榮會及同樂會。
		6	日	創設週會。
		8	日	參觀團乙組參觀上海商務印書館立尚公學校。
		12	日	校友會開常會。
		13	日	定級名。
		16	日	童子軍擬開游藝會籌款,請各職教員聯合會議進行辦法。又:舉行飛鷹展覽會。
		19	日	校友會赴蘇州舉行第二次流動式之交誼會,赴會者三十二人。
		20	日	職教員赴蘇州參觀江蘇省立第一師範、第二女師範等附屬小學及蘇州景海女師範附屬幼稚園。
		22	日	職教員會議。
		23	日	避災練習開始舉行。
		28	日	尚公學校職教員周勖成先生等前來參觀。
		30	日	參觀團丙組參觀上海市北萬竹小學。
12	月	1	日	職教員赴本埠中華公學參觀。
		3	日	東北兩區童子軍教練員假本校開會議。
		10	日	東北兩區童子軍聯合野戰,本校童子軍爲守隊獲勝利。
		12	日	參觀團甲組赴上海愛國女學及江蘇省立第二師範附屬小學參觀。
		13	日	工部局衛生處派醫生來本校爲學生種牛痘。
		14	日	編印本年各科教授之經過情形及主張,將以分贈各界。
		19	日	教務會議。
		23	日	校友會粵樂組請尹自重君爲指導員。
		27	日	加入試驗教育協進社。
		28	日	前南京高等師範國樂教員沈肇洲先生應本校之請,來校演奏琵琶。
		29	日	教授概況出版。

民國十二年(1923 年)

1	月	1	一	展覽各科成績,來賓一千六百餘人,以書法、圖畫兩科最博觀者贊許。
		2	日	
		7	日	書法研究會議決組織寒假書法展覽會。
		13	日	晚七時,童子軍假座青年會籌款,

				入座券分:普通券每張六角、贊助券每張一元、優待學生券每張二角,三種共售得大洋三百二十一元四角另八角。來賓八百餘人,馮少山先生演說,許敦谷、關良、張亦菴等先生奏西樂,沈少洲先生奏琵琶,呂文成、何仿文等先生奏粵樂,本校師生合演新劇《完全人》,助以商務印書館自攝之影戲,十二時散會。
		18	日	職教員赴吳淞中學參觀。
		19	日	職教員赴工部局立西童公學參觀。
同	月			鄧民安考錄童子軍副教練。
		21	日	童子軍允廣智乙種商業學校之請,爲浙災籌賑游藝會服務。
		25	日	聘定鄭浩泉先生爲本校英文科教員。
		26	日	添租清雲里 136 號樓底爲教室。
		27	日	決定於下學期採用新學制並添辦初級中學。
		28	日	書法研究會請陳宗敏先生演講,題爲《中國文字源流及變遷》。
		29	日	學校市開市民大會表決,於休業日之夜舉行同樂大會,所需經費除移撥餘剩之市稅外,另舉行隨意捐。
2	月	1	日	本學期停止授課。
		3	日	舉行寒假休業及高小第九次畢業等儀式,霍守華、馮少山兩先生致訓詞。畢業者區玉瓊、朱南英、李禮興、簡桂濤、莫家駿、周慧珍、趙英榮、李佐添、吳雄基、林義魂等十人。是晚,開同樂大會,有音樂、新劇、影戲、茶會等節目。
		4	日	廣肇公所學務監理馮少山、霍守華、盧煒昌等先生提議爲本校建築校舍。
		6	日	書法研究會議決,舉行寒假書法展覽會。
		10	日	童子軍赴廣東人民自決會服務。
		11	日	廣肇公所董事會通過本校建築校舍案,並舉定譚蓉圃、黃鴻鈞、連炎川、吳耀庭、駱乾伯、陳公哲、楊尊三諸先生爲建築委員。
		同	日	建築委員會開第一次會議。
		同	日	校友會開常會。
		18	日	圖畫研究會請許敦谷先生演講。
		23	日	建築委員會開第二次會議。又:新校舍圖樣決定取用東南建築公

月	日	事記
		司所繪者。
	24日	送學生書法成績請鄭孝胥先生批評,鄭先生稱贊不置。
3月	1日	考試新生。
	2—4	開書法展覽會,來賓五百餘人,《民國日報》記者葉楚傖、《時事新報》記者梁紹文等均有良好批評,陳承輝、梁鎮鐸、梁杏珍等之出品均有被購去者。
	5日	行開學禮,學生到者二百七十人,霍守華先生致訓詞。
	6日	聘請梁紹文先生擔任教授。
	11日	宴全體職教員暨書法研究會全體會員於青年會會食堂。又:陳應琛當選第三任市長。
	15日	新教校舍圖樣及建築説明已由東南建築公司完全擬就。
	17日	建築委員會開第三次會議。
	21日	登報招工投標建築校舍。
	24日	童子軍赴上海市民對日外交大會服務。又:校友會第二次徵求會結束,各隊分數堅忍隊第一,箇人分數朱南英第一。
	26日	女生葉淑顏逝世,校友爲之執紼者五十餘人。
	28日	建築委員會開第四次會議。
	31日	建築工程決定由發記營造公司承辦。
4月	1日	女生星期集合團成立。
	3日	建築委員會開第五次會議。
	4日	建築委員會開第六次會議。
	5日	廣肇公所與發記公司簽立建築本校合同,自是日起興工建築,限四個半月工竣。
	8日	校友會爲葉淑顏開追悼會。
	9日	開國恥紀念會。
	15日	建築委員會開第七次會議。又:童子軍組織消防隊赴閘北三段救火會實習。
	18日	校友會文學研究組開始上課,指導者葉紹鈞先生。
	29日	校友會假陳氏園開第二次大會。書法研究會會員應鄭孝胥先生之約赴海藏樓(鄭君之齋)賞櫻花。
5月	6日	新校舍行奠基禮,由羅芹三博士奠基並致吉詞。
	同	校友會開常會,議決會名改稱廣肇公學校友會。
	7日	食飯改用分箸法。
	10日	童子軍教練部准張訓芳先生辭去本校童子軍正教練,升任黎潮舒先生爲正教練。
	11日	校友會臨池組陳鑑成君返粵任事,相與攝影紀念,翌日復醵資爲之餞行。
	14日	童子軍出外露宿並練習搭橋。
	19日	童子軍出外露宿。
	20日	舉行第一次辯論會。
	23日	建築委員會開第九次會議。
	同	童子軍請梁寬聯醫生教授救傷包紮。
	25日	童子軍赴瀏河參與上海童子軍會大露宿並比賽其他各科功課。
6月	1日	本校學生爲校董霍守華之夫人執紼。
	12日	聘定張訓芳先生任英語教員。
	18日	參與廣東旅滬學校聯合運動會。
	19日	改定校徽式爲方形紫緣中爲赤色英雄花三朵,同蒂分生成正三角形罩以綠環字紫色(説明另錄)。
	22日	縣視學朱伯華先生到校視察。
	23日	童子軍參與分團比賽,獲獎獎二張,又造橋、露宿等獎章各若干枚。
	24日	拳術選手參與精武體育會拳術大會操。
	26日	童子軍消防隊爲指導員何英廷君(閘北三段救火會職員)執紼。
7月	7日	建築委員會開第十次會議。
	15日	女子星期集合團實習烹飪,請全體職教員聚餐。
	17日	廣州市教育局調查員趙九疇君到校參觀。
	19日	本學期自是日起停止授課。
	20日	童子軍全體實習烹飪,請全體職教員聚餐。
	21日	進公兩級學生隨羅季昭、譚之良兩先生旅行吳淞。
	22日	行休業禮,晚開同樂大會。
8月	13日	舉行第一次新生試驗。
	20日	書法研究會請胡天貽先生演講。規定本校組織系統表及組織大綱。
9月	2日	與承包本校膳食者李芬簽立合約。
	6日	舉行第二次新生試驗。
	10日	退還舊校舍於房東,住校之員生遷入新校舍。
	16日	學生納費託華商銀行虹口分行代收。
	20日	上午在新校舍行秋季始業式,霍

月		日		事項
				守華、盧煒昌、馮少山等先生致訓詞，學生到者二百六十人。下午舉行第三次新生試驗。
		25	日	寄宿生搬行李入校。
		26	日	開始上課，全部工程未完竣，可用者爲二層及三層各室。本學期新聘各職教員，有陳謨（校醫）、鄧演存（英文教員）、徐志和（幼稚教員）、陳瑩珠（英文教員）、陳慧存（助教員）、盧文展（庶務員）、梁瑞芳（女生體操教員）、梁淑華（幼稚助教員）等先生。
10	月	3	日	第九屆全國教聯會湖北代表彭紹夑君到校參觀。
		6	日	啓用天台。
		7	日	童子軍全體赴東北區會操。
		10	日	童子軍全體上午赴童子軍聯合會行升旗禮並遊行，全體員生在校內舉行慶祝式。贈上海粵商醫院匾額一方，題曰"心宏力偉"。
		12	日	上海粵商醫院行落成禮，本校童子軍前往服務。
		14	日	中央精武派定劉金全先生爲本校國技教員，鄭灼臣、楊琛倫兩先生爲監操。
		16	日	啓用第一層各室。
		17	日	啓用大操場，改朝會爲早操。
		19	日	惲代英先生到校演講，題爲《中國之希望》。
		20	日	廣肇公所學務股囑送教科書及課程表用以查考。
		21	日	校友會開常會，議決月報繼續出版，舉定黃慎之君任編輯。
		22	日	啓用水廁。
		25	日	商務印書館編輯楊賢江先生到校演講《怎樣做人》。
		29	日	施用課室秩序調查表，分動作、聲音、注意、姿勢四項，每星期結束一次，於週會時發表。
11	月	1	日	中華書局總編輯左舜生先生來校演講《廣東在近代中國之地位》。上海音樂俱樂部借用本校音樂室每週三晚。
		2	日	《時報》主筆戈公振先生來校參觀。
		3	日	第五週課室秩序總合比較，勇猛級初中（一、二年）第一。
		4	日	宴會全體職教員。
		5	日	製就課室秩序比賽優勝旗。
		9	日	第六週課室秩序總合比較，勇猛級（初中一、二年）與精級（初中一乙組）同屬第一。
		10	日	時報館攝取本校校舍圖及紀錄本校內容登諸報上。
		12	日	東區童子軍衛生、美術兩科功課，由本校教員黎潮舒、張亦庵兩先生擔任教授，地點亦在本校。
		14	日	童子軍東區教練徐子成先生擔任本校童子軍旗語教授。
		15	日	撥第五號室爲廣肇義學童子軍事務所。
		17	日	第七週課室秩序總合比較，忠級（初小四年）第一。
		20	日	旅滬廣東女學職教員到校參觀。
		21	日	加入上海小學研究會，推定梁紹文先生爲出席代表。
		22	日	廣肇女學暨神州女學教員到校參觀。
		23	日	日本小學幼稚教員到校參觀。
		24	日	第八週課室秩序總合比較，忠級（初小四年）第一。
		同		中華書局編輯田漢先生到校演講《近代劇運動概說》。
		25	日	旅滬廣東小學職教員到校參觀。
		28	日	製定校內各道路及亭臺等名稱，計有勇爲路、猛醒路、精勤路、進取路、廉正路、忠信路、真理路、美滿路、仁愛路、公平橋、恒心亭、青雲臺。
12	月	1	日	第九週課室秩序總合比較，進級（高小二年）第一。
		同	日	黃鏡寰、鄧昊民兩先生率化妝品選習科學生念餘人參觀香亞公司製造廠。
		6	日	課室秩序調查表增加"整潔"一項。
		7	日	歐陽予倩先生到校參觀並演講《學生看小說之研究》。
		8	日	湯穆士先生（英人）偕其夫人到校參觀並演講《心之作用》。
		同		第十週課室秩序總合比較，忠級第一。
		9	日	少年中國學會假本校開常會。
		12	日	校醫陳典謨先生爲全體學生種痘。
		15	日	第十一週課室秩序總合比較，勇猛級第一。尚公學校職員到校參觀。東京大學學生鄭伯奇先生到校參觀，並演講《新國家主義與中學生之覺悟》。

		16 日	廣東省長廖仲愷、國會議員張秋白等到校參觀。
		22 日	第十二週課室秩序總合比較,忠級第一。中國公學教務長陳兼善先生到校演講《我們底本來面目》。
		25 日	上海童子軍假新舞臺開遊藝會籌款,本校童子軍加入表演《影子》喜劇。
		26 日	南京平民教育會侯曜先生到校參觀並演講《平民教育》。梁紹文先生病假,初中一、二年國文暫請黃慎之先生代課。
		29 日	第十三週課室秩序總合比較,忠級第一。校友會開職員聯席會議,改定月報名稱《春風》。女生家長熊長卿先生等因廣肇公所議決"本校自下學期起不收十二歲以上女生"事,特聯合各家長假中央大會堂開會討論,衆意主張請廣肇公所取消前議。
		31 日	籌備學生家屬懇親會並招待參觀新校舍,停課一日。

民國十三年(1924年)

1 月	1 日		①開學生家屬懇親會並招待參觀新校舍,廣肇公所學務股董事羅芹三、馮少山兩先生演說,學生家長熊長卿先生講《男女同學無礙於事》,學生表演學藝,殿以熊長卿先生之催眠術,學生家屬之赴會者異常踴躍,童子軍消防隊贈指導員鄧育田先生感謝章一枚。晚,全體童子軍開聚餐會,東區教練徐子成、消防隊指導鄧育田及本校各職教員等均被邀請列席。
	3 日		天氣嚴寒,暫停早操。
	5 日		第十四週課室秩序總合比較,進級第一。熊長卿先生到校演講催眠術學理並實驗。
	6 日		上海童子軍總教練沈同一等到校參觀。
	8 日		本校幼稚園各教師赴日本幼稚園參觀。
	9 日		尚公學校職教員到校參觀。
	10 日		上海童子軍協會承認張訓芳先生爲本校童子軍團名譽教練。議定"品學兼優、服務盡職"爲好學生標

			準,入選者懸照片於禮堂以資各生觀感,懸掛時期以一學期爲限。
		12 日	童子軍開始分隊比賽。第十五週課室秩序總合比較,勇猛級第一。
		16 日	勇級周慧珍、陳應琛、鍾錦濤,猛級張啓燊,精級霍慕蘭、陳志慶,進級陳濟,忠級梁璧如,真級馮顯信、陳六旺,恒級徐瑞群等入選爲好學生。
		19 日	第十六週課室秩序總合比較,忠級第一。各科考試完竣。請郭慕蘭先生向各級女生演講創辦季華女學之經過。
		21 日	復請郭慕蘭先生向各級男生演講。
		22 日	停止授課。
		24 日	職教員與寄宿生開同樂會並聚餐。
		27 日	與同爲廣肇公所設立之八校義學、女學、夜學等在中央大會堂行休業禮,羅芹三、霍守華、馮少山諸先生致訓詞,晚間在校內開師生同樂大會並開演影戲。霍守華先生到校視察。勇、猛、精各級舉行聚餐會。
2 月	2 日		廣肇公所通過本校十三年上學期經費支出預算表。
	4 日		廣肇公所致送各教職員聘任書。
	14 日		舉行第一次試驗新生。
	20 日		舉行第二次試驗新生。
	22 日		行開學禮,學生到者三百廿餘人,馮少山先生致訓詞。自本學期起不收十二歲以上女生。添聘黎耀唐、黃慎之兩先生爲國文科教員。學生納費以後由廣肇公所經收。增加各級國文教授鍾點,各科課本均用文言文。爲整齊及提高各級程度起見,本學期各級一律不升級。
	23 日		學生宿舍患人滿,後至者無法容納。
	28 日		搭蓋會食堂西首空地爲幼稚生操場。
3 月	1 日		宴會全體職教員。
	3 日		杜式桓先生兼任初小二年級乙組國文教員。
	4 日		聘定王逢春先生爲國技教員。
	7 日		中學二年級鍾錦濤等聯合中、小各級同學所組織之英語研究會行開會式。
	8 日		校友會臨池組送作品請書家吳昌

月	日		事項
			碩先生批評，以嚴光所得之評語爲最佳。
	9	日	馮少山先生到校視察。
	10	日	勇、猛、精三級本學期因人數不多，而三級之國文程度又相若，故暫同一級授課（英文科另分級），定級名爲猛（讀如宏）。
	11	日	猛級鍾錦濤被選連任廣公市第五任市長。
	14	日	搭蓋接領學生等候處。
	15	日	校友會開會，議決第三屆徵求會辦法，並舉定黃慎之、杜式桓等君二十三人爲徵求會職員。
	16	日	霍守華先生到校視察，並與國文科各教員討論教學法。
	19	日	尚公學校校長吳研因先生到校參觀。
	20	日	校友會徵求會委員開第一次會議。
	23	日	廣肇公所董事會訂廣肇操場規程，委本校代爲執行。
	25	日	羅芹三先生等到校視察。廣肇公所工程股黃鴻鈞、李技湛兩先生到校察驗操場，並着手招工從事整理。
	26	日	中華聖教總會會長梁樹棠先生到校參觀。崇德女學校長麗先生（美國人）到校參觀。
	28	日	東南大學體育科陶少甫先生到校參觀，並指導各生練習籃球。
	31	日	頒發學生須知第一種。
4 月	2	日	定訓條三則：（一）遵守校規；（二）勤修學業；（三）鍛練身心，命各生於每日早操時宣誓。
	3	日	給放春假三日。
	4	日	黎伯伊先生等旅行蘇州。張亦庵先生等率中學級各生旅行杭州。黎潮舒先生等率童子軍旅行吳淞。
	7	日	調查學生在家狀況並徵求家長意見。
	8	日	拳術模範班成立，請精武師範生任指導。
	9	日	校友會徵求會委員開第二次會議。
	12	日	東區童子軍教練員及隊長假本校舉行交誼會。學生推舉代表參加上寶平民教育促進會會議。
	14	日	加入印度詩人太戈爾歡迎會。
	16	日	以後於每堂上課前五分鐘另搖預備鈴一次。
	18	日	職教員赴太戈爾歡迎會，午後停課二時。
	19	日	週會以後分兩部舉行，初四至中二爲第一部，幼稚至初三爲第二部。初三以上各級學生赴中央大會堂聽梁樹棠先生演講孔道。
	22	日	規定夏天用制帽式樣。
	23	日	直隸第一女子師範參觀團到校參觀。
	29	日	童子軍赴公共體育場參加上海童子軍烹飪大比賽。上海童子軍會贈遊藝會紀念銅鼓一面。
	30	日	聯合中央大會堂及精武體育會等團體，函請上海郵務局設立郵政筒於福德里。
5 月	1	日	盧煒昌先生到校視察。
	3	日	梁樹棠先生到校演講《籌設國民選科大學》並分贈書報。童子軍赴聖約翰大學參與急救大比賽。
	4	日	童子軍赴格致公學參與測量大比賽，又赴靜安寺附近參與自由車大比賽。下午，赴江灣參與繪圖大比賽，各團均在本校集合出發。
	9	日	開國恥紀念會，請盧煒昌先生演講《雪恥之根本方法》，中學一二年演新劇《無忘此日》。童子軍爲衛生會出外散發《衛生星期》傳單。
	14	日	開會歡送童子軍赴南京參與江蘇全省童子軍大比賽。
	15	日	童子軍部十六人出發赴南京。
	19	日	赴寧比賽之童子軍，本日返校。
	20	日	進級聯合全校同學開會，慰勞赴寧比賽之童子軍並聚餐。
	22	日	浙江體育師範學校參觀團到校參觀。
	23	日	鄞縣教育參觀團到校參觀。
	24	日	童子軍參預造橋大比賽。
	25	日	葉鼎臣先生病假，職務請劉庚蓀先生代理。
6 月	1	日	東北區童子軍假本校舉行團體比賽。童子軍赴江灣比賽訊號。幼童軍赴西門比賽各科功課，成績甚佳。
	3	日	北京女子高等師範參觀團到校參觀。
	5	日	童子軍爲準備動員令事，全體出外訪查各團地址及各大機關所在地。
	6	日	端午節，校友會在本校舉行交誼大會，到會者三百餘人，並於晚間

開演長城公司借來之影片。

7日 童子軍動員令開始，高級隊長及教練員均突被召集，總副教練復於午夜親臨本團，觀察準備實況，是夜全體均在校寄宿。

8日 童子軍於清晨五時半奉命集合四川路中國公園聽候調遣，至十二時半始回校繼續在校守候命令，至十二時半始止，是夜全體仍在校寄宿。選派高小及初小學生各二人，參加上海小學第一次國語演說競進會，盧步熹於初級組考列第二，初級組團體比賽本校亦考列第二。

9日 童子軍動員令休止。福建斗南師範參觀團到校參觀。

11日 潮陽銅盂中學校長郭豫育、上海縣立第三小學校長王砥平到校參觀。

14日 上海童子軍大比賽結束，總分數本校列第三，幼童軍評判員欠公平，本校幼童軍之真實成績無由表現。

16日 廣東高師一九二四年級教育考察團到校參觀，本校開會歡迎，學生表演學藝。

18日 上海縣視學朱伯華、前江西心遠中學教務長戴玉衡到校參觀。

19日 南洋兄弟煙草公司所設立之南洋小學員生三十餘人到校參觀。全國教育展覽會徵集本校童子軍實習成績。

22日 廣肇義學童子軍開優勝慶祝會，本校全體童子軍赴會襄助一切。加入上海圖書館協會，託鄧演存先生為出席代表。

23日 攝影各科作業狀況及各室設備情形。

25日 與郇光學校比賽隊球，結果為二與一，本校勝。

27日 函請警察五區一分署飭令麕集校門前之小食販遷移。

28日 彙送各科作業狀況及各室設備等照片，赴全國教育展覽會陳列。與昌世中學友誼隊比賽籃球，結果為十六與十五，本校勝。廣東小學及廣東女學在中央大會堂開游藝會，假本校為學生休息處。廣義童子軍在本校歡送赴丹麥參與萬國童子軍大會之該團兩代表，本校童子軍全體被邀列席。晚間宴會廣義各童子軍教練會，並商議兩團協力進行計畫，本校童子軍教練及各隊長均參與。上海圖書館協會開成立會，本校代表鄧演存先生被舉為庶務部主任。

29日 本校童子軍到北站歡送赴丹麥出席大會之中國童子軍代表。與嶺南體育會比賽隊球，結果為二與一，嶺南勝。

7月1日 與精武體育會比賽隊球，結果為二與一，精武勝。

4日 東吳第二中學副校長孫聞遠等到校參觀。

5日 與白氏中學比賽乒乓，結果為十與七，本校勝。盧頌虔、張亦庵、鄧昊民、譚之良等先生赴寧參觀全國教育展覽會。

6日 童子軍應天壽里自治會之請，赴該里之消防隊成立會服務。

7日 結束本學期教務。

10日 登報招考中學部插班生。

11日 廣州教育視察團到校參觀。

13日 假中央大會堂與廣肇公所所立各學校行休業禮，晚復假該會堂開同樂大會，長城公司助演影戲，中央管絃隊奏樂，司徒夢嚴、呂文成兩君合奏中西音樂，本校學生演新劇《一個銀包》，來賓極多，座無隙地。

17日 鄧昊民、鄧演存、張亦庵等先生設國、英、算暑期補習班。

21日 黎伯伊、譚之良、黃慎之等先生應各該級學生之請，亦設暑期補習班，不收學費。廣西旅滬同鄉會諸君到校參觀。

29日 廣東瓊州中學校長王伯善、第六師範校長李開定、海南書局總理廉品三等到校參觀。

8月5日 舉行第一次試驗新生。

9日 本校童子軍與廣義童子軍赴郊外舉行夜戰。

15日 舉行第二次試驗新生。

16日 本校童子軍與廣義童子軍赴郊外作第二次混合夜戰。

17日 登報通告開學日期及納費辦法。

18日 廣肇公所設粵省賑災事務所於

				本校。
		23	日	舉行第三次試驗新生。
		24	日	童子軍爲粵省賑災會出外售物，又赴中華國民拒毒會服務。
		25	日	行秋季開學禮，學生到者三百四十餘人，本學期新聘教員有戴玉衡、俞啓文、唐冰玉、崔藻芬諸先生。葉鼎臣先生病愈照常任事，添聘劉庚蓀先生爲助理員。
9	月	1	日	開始上課。
		3	日	廣肇公所通過本校本學期經費支出預算表。
		4	日	江蘇浙江發生戰爭，學生因時局不靖，缺課者頗多。
		5	日	增設操場運動玩具四種。
		12	日	陳鐵生先生介紹南洋華僑到校參觀。
		13	日	開初小部級務談話會。
		15	日	閘北市立飛虹學校職員姚文達到校參觀。
		20	日	因江浙戰事影響，停課半天。
		24	日	孔聖誕辰放假一天。舉行校務會議並宴會全體職教員。校務會議公決全體教員均須列席，每兩星期舉行一次。
		26	日	選各級學生之品學無差、身體健全者，一律勸入童子軍並通函徵求其家長同意。
		30	日	劉占武先生復就本校國技教員。
10	月	6	日	張亦庵先生事假，請潘蘭史先生代授中二、三國文，裘紹先生代授中小各級音樂。
		9	日	麥倫書院青年會開同樂大會，請本校學生赴會表演國技。
		10	日	全體學生暨廣義童子軍聯合在操場舉行國慶紀念式，禮畢兩團童子軍舉行交誼會。
		13	日	時局異常嚴重，恐學生往來不便，停課一星期。
		17	日	童子軍赴碼頭歡迎赴丹代表回滬。晚聯合廣義、華童各團設宴於大東酒樓，爲代表團經乾林、駱秀榮、吳達元、林文奎諸君洗塵。
		18	日	與廣義團聯合開會歡迎吳、林兩赴丹代表。
		20	日	廣東小學校長陳鴻璧到校參觀。
		21	日	長城畫片公司借本校前門攝取影片。下午鄺富灼先生到校參觀。
		22	日	鄺富灼先生再到校參觀。

11	月	1	日	上海童子軍會赴丹代表假本校開會，報告經過情形。
		8	日	上海圖書館協會各委員假本校開會，會畢參觀本校各部。
		10	日	梁紹文先生辭職赴南洋。請韋伯興先生任英文教務。
		11	日	商科大學借本校操場比賽籃球。
		12	日	張亦庵先生銷假視事。潘蘭史、裘夢痕兩先生續任教務。童子軍爲廣肇公所散發籌建新山莊傳單。
		13	日	全體職教員及中學部學生爲梁紹文先生設宴餞行。
		17	日	全體照相。
		18	日	籃球隊與東吳二中比賽，廿四與八之比，東吳勝。
		21	日	童子軍爲學生救濟戰區會散發傳單，議決於新曆元旦開大規模的展覽會三日。
		22	日	新童子軍行入團禮。招待廣肇女學全體職教員茶話會。
		24	日	爲各地難民募集棉衣。
		28	日	會計葉鼎臣先生病故。
12	月	5	日	商科大學教授顧岱毓碩士到校演講。
		13	日	與青年會日校一九二四年級比賽籃球，九與五之比，本校勝。
		28	日	《申報》登載本校校舍攝影並紀錄本校內容。
		同	日	《大陸報》登載本校各科作業照片六張，並譽本校爲上海華人自辦中小學之不可多得者。
		29	日	籌備展覽會開幕，停止授課三日。
		31	日	《新聞報》及《時事新報》登載本校校舍、圖書館、禮堂等攝影並紀錄本校內容。

民國十四年（1925 年）

1	月	1	日	第六次成績展覽會開幕，時報館爲出新年特刊。第一日來賓約一千人。
		2	日	展覽會第二日來賓到者約五百餘人，尚公小學、南洋小學、廣東女學、廣肇女學等校職教員率領學生列隊前來參觀。
		3	日	展覽會第三日雨雪，停止參觀，午後三時招待新聞記者，《時報》戈

		公振君、《申報》馬崇淦君等皆冒雪而至。全體議決定明日繼續開會一日。
	4日	繼續開會一日，來賓到者三百餘人。
	7日	與青年會日校比籃球，本校勝。
	9日	爲展覽會事設宴慰勞全體職教員。
	10日	因展覽會得良好結果，特開會慰勉全體學生。
	11日	與同爲廣肇公所立之八校義學及女學等假中央大會堂行休業禮。
	17日	發寄學生品學報告單。
	19日	校長盧先生因事回粤，校務交託鄧昊民先生等代理。
	27日	真茹暨南學校因避兵禍，寄存員生行李五百餘件於本校。
2月	2日	舉行第一次新生入學試驗。
	7日	舉行第二次新生入學試驗。
	8日	校長盧先生由粤返校。
	9日	增設第五學生宿舍。
	10日	行開學禮，學生到者四百餘人。
	11日	定下星期一上課。
	20日	郇光學校前任校長歐譚惠然及現任校長馬尹惠真到校參觀。
	27日	編製寄宿生服務表。
	28日	編定中二、三學生課外理化自行輪流實驗表及應守規則。
3月	5日	徵求各級學生入童子軍並致函各生家長。
	23日	檢查學生身體。
	28日	廣報館鄭道實來校參觀。
	29日	送校醫陳典謨鏡屏一幅，題曰“嘉惠士林”。
	30日	操場四周種樹。議決爲圖書館募捐經費，舉出鄧演存先生等八人爲募捐委員。
4月	2日	爲全體學生種痘。
	6日	春假四日，員生十餘人結隊旅行杭州，童子軍七十餘人旅行崑山。
	8日	童子軍七十餘人旅行南翔。
	10日	照常上課。
	12日	童子軍赴上海各公團追悼孫先生大會服務。
	14日	泰興縣立師範講習科及海門縣立師範學校兩參觀團到校參觀。
	15日	曹元春先生事假兩月，請陳瑪琍先生代課。
	16日	各級學生舉出代表五人加入圖書館募捐委員會。
	18日	童子軍部歡迎由英回國之前教練翁秩曹君閱操，晚並設筵歡宴。
	20日	爲圖書館募捐事呈報廣肇公所學務股。
	22日	尚公學校職教員五人到校參觀。
	25日	籌辦全國圖書館協會之各省代表四十餘人假本校開會議，當即通過組織大綱，中華圖書館協會遂宣告成立，會議畢，全體代表參觀本校。童子軍開始分隊比賽。
	27日	參與上海各團體歡迎美國圖書館協會遣派來華提倡圖書館事業之鮑士偉博士於青年會，晚公讌於大東旅社。
	30日	奉天第一師範學校參觀團到校參觀。
5月	4日	浙江省立第十中學師範部參觀團到校參觀，由王亦文先生率領。
	8日	初小四年至初中一年各級所組織之美術品展覽會開幕，招待全校員生參觀及品評。
	9日	開會紀念國恥，請商務印書館編譯所所長王雲五先生演説。
	10日	圖書館募捐開始進行。
	14日	閘北市立飛虹小學教職員到校參觀。
	15日	閘北市立飛虹小學教職員再來校參觀。
	17日	上海童子軍協會假本校操場檢閱東北區各團童子軍，事畢，本校招待各團教練茶會。
	19日	浙江省立女子中學附小教職員四人到校參觀，由何英娟先生率領。
	20日	閘北市立飛虹小學教職員到校參觀。
	22日	恢復避災練習。江西省立第二師範及河南省立第二師範參觀團共六十餘人到校參觀，由劉颺言先生率領。
	24日	童子軍部各教練及各隊長赴南洋大學參與歡迎丹麥教育代表鮑特君。
	26日	浙江省立女子中學參觀團四十餘人到校參觀。
	28日	陳瑩珠、鄧演存兩先生招待爲圖書館募捐之出力者茶會，藉以鼓勵進行。浙江省立第一中學師範部廿餘人到校參觀，由羅迪先先生率領。參與中日運動會之我國

月	日	記事
		隊球各選手假本校操場比賽，以定出席代表。
	29日	美術品展覽會給發出品優良者優勝旗。
	30日	福建省立第二師範參觀團廿餘人到校參觀。
6月	1日	全體員生以五卅慘案激動全埠罷市、中等以上各校罷課，本校應有表示，當即全體開會議決：（一）組織後援會；（二）節省糜費及減少膳費以助所需；（三）向各界宣傳慘案真相；（四）推派代表赴各醫院慰問受傷者及唁慰死者家屬。
	2日	自今日起暫停上課，高級學生每日仍到校幹後援會工作。
	3日	教會立守真中學學生會因該校校長禁止在校辦理援助五卅慘案事件，暫假本校爲臨時事務所。
	7日	本校五卅後援會公舉各科職員分工合作。
	同日	贈送年前捐助本校建築費在五十元以上者紀念品。
	8日	楊君啟壯到校演講《應付五卅事件之方法》。法國人所立之聖方濟學校學生會因該校禁止在校辦理五卅後援會事件，暫假本校爲臨時事務所。
	12日	通函各生家屬請捐助後援會經費。
	13日	本學期入團之童子軍行入團宣誓禮。
	16日	英華書館（外人設立）學生會因該校禁止在校內辦理援助五卅事項，暫假本校爲臨時事務所。
	18日	東北陸軍軍士教導隊步兵第四連假中央大會堂駐防，本校操場、禮堂、飯堂等亦被借用。
	19日	閘北學生五卅後援會暫假本校爲臨時事務所。
	23日	請黃珮珍先生到校演講《廣州市近年之狀況》。
	26日	商界開市，本校議決下星期一起復課。
	27日	前借本校爲臨時事務所之各校學生會一律遷出。
	28日	參與上海小學教育會自然科標本比賽會，出品爲昆蟲及浸製兩種。
	29日	開始復課，但以天熱關係，每日提早一時上課，午前共上四課，午後仍停。
7月	3日	童子軍赴閘北學生五卅後援會籌款遊藝會服務。
	8日	議決暑期設補習班，不另收學費，除幼稚生外各級學生均須加入。
	12日	登報提早招考及免費補習。
	13日	上海小學自然科標本比賽會評判結果，本校獲獎憑一張、憑章四枚。
	16日	童子軍赴粵僑工界聯合會籌款援助工人遊藝會服務，一連二晚。
	20日	廣州學生聯合會代表藍辛堂、畢安石、何覺甫等，由盧煒昌先生介紹暫寓本校。
	25日	結束圖書館募捐事務，計得洋二千四百餘元、書數十種。
	27日	廣州學生會代表爲宣傳及援助六月廿三慘案事件，借本校紀念室召集各團體會議。
8月	2日	舉行初中第一次畢業禮。校長盧先生因事旋粵，校務公推鄧昊民、張亦菴、王志淒、譚之良、黎伯伊五先生分別代理。開會歡送鄧演存先生赴美留學。
	4日	暑期補習班開始。
9月	2日	校長盧先生由粵回校視事。
	4日	暑假補習班停課。
	5日	考試小學部新生。
	6日	考試中學部新生。
	15日	秋季始業，學生到者四百六十餘人。
	26日	宴會全體教職員。
	28日	初中二年級學生所辦之《進報》出版，每週一冊。
10月	2日	童子軍赴江灣露宿。
	3日	童子軍參觀模範工廠。
	9日	與招商公學比賽籃球，本校勝。
	10日	開會慶祝國慶，晚間開演長城公司影戲。
	11日	拳術選手赴精武運動大會表演。
	13日	奉天第一師範參觀團到校參觀。
	14日	舉行孔子誕辰祝典，并校閱童子軍大操。
	19日	廣東公學幼稚教員三人到校參觀幼稚園。
	21日	尚公學校舍務科職員到校參觀宿舍。
	22日	廣州市市立教職員聯合會教育考察團彭超齡等六人到校參觀。
	29日	全體照相。

		31	日	童子軍參與上海童子軍大會操。
				音樂教員及各級學生參與尚公學校音樂會。
11	月	2	日	初中一年級所辦之《公報》旬刊出版。
		8	日	童子軍各隊舉行烹飪大比賽。
		19	日	發徵求家長意見書。
		21	日	童子軍加入公祭爲國犧牲之南洋童子軍總隊長陳虞欽。
12	月	16	日	湖北省立商科高級中學參觀團廿餘人到校參觀,由康壽千先生率領。
		19	日	童子軍比賽娛樂,請全校參觀及評判。赴尚公學校參加上海幼稚園聯合會發起人會議。
		21	日	開始編輯本校概況。
		28	日	裝置華界電話。
		30	日	韋伯興先生事假,由乃兄伯勝代課。

民國十五年(1926 年)

1	月	1	日	開新年同樂會,學生家長司徒夢巖、黃詠台兩先生到會演奏音樂。
		4	日	與浦東中學比賽籃球,本校勝。
		5	日	童子軍開會,展覽各人所製之各種模型。
		9	日	上海幼稚教育研究會假本校開成立會。童子軍舉行野戰。
		11	日	與浦東中學童子籃球隊比賽,本校勝。
		12	日	教職員合贈童子軍大銀盾一座,爲每年分隊比賽紀念之用。
		13	日	全體員生種痘。
		17	日	童子軍應上寶國語運動大會之請,赴會表演《歡呼》。
		24	日	加入中西童子軍聯合會攝製影片。
		27	日	本校所編之概況一厚册出版。
		29	日	租用青年會操場,爲寒假期內校外運動之用。
		31	日	行休業禮。午後開同樂會,請李君夢幼演幻術。
2	月	25	日	晚,童子軍應上海西童子軍遊藝會之請,到會表演舞獅及拳術。
3	月	2	日	行開學禮,學生到者五百六十餘人。
		5	日	開始上課。
		10	日	登報通告學額已滿,不再收學生。
		12	日	上海市民開追悼孫中山先生大

				會,本校童子軍被邀往服務。
		13	日	全體童子軍、幼童軍參觀商務印書館工廠。
		18	日	繼續租用青年會操場,爲星期日校外運動之用。
		20	日	宴會全體職教員。
		25	日	鹽城私立亭湖初級中學教職員六人到校參觀。
		28	日	圍築校園。
4	月	2	日	外蒙古學術院職員蘇由勒漆到校參觀。
		5	日	本日起放春假四日。①
		10	日	本校附近紗廠失火,童子軍全體前往襄助施救。
		12	日	檢查學生體格。
		19	日	兩江女子體育師範學校廿餘人到校參觀,由吳天倪先生率領。
		26	日	黃文建先生事假,請譚天沛先生代理。上海縣視學朱春生到校視察。
		28	日	以上海縣區聯合運動會及上海童子軍比賽會將次舉行,特開會鼓勵各生努力預備參加。利用學生日記簿隨時登記其優點缺點,令其回呈家長查閱。
5	月	1	日	童子軍赴青年會操場露宿。
		2	日	假青年會操場開運動會預選大會。
		8	日	丹陽縣立師範學校參觀團卅餘人到校參觀。
		9	日	開會紀念國恥。
		10	日	潘蘊山先生辭理化科教職,由鄧昊民先生兼攝。
		13	日	參加縣區聯合運動會,停課三日,每日訂顧電車二輛,以供學生赴會及回校之用。
		15	日	縣區聯合運動會完結,本校得國技運動錦標,上海市公所董事會、教育局局長、縣視學教育局委員會等均各有獎品致贈。又田徑賽總分列第四,個人得獎牌者十餘人。
		16	日	童子軍赴龍華大操場參與上海童子軍大比賽。上海幼稚教育研究會假廣東公學開展覽會,本校幼稚園選送作品參加。
		18	日	江蘇省立第一師範員生三十餘人到校參觀,由張聖瑜先生率領。

---

① 編者注:原文爲"五日起放春假四日"。

				江蘇省立第七師範員生卅餘人到校參觀，由董雪山先生率領。南匯縣二團鄉教育會十餘人到校參觀。閘北市立飛虹小學教職員三人到校參觀。
		19	日	江蘇省立第四師範南京分校卅餘人到校參觀，由顧克彬先生率領。閘北市立飛虹小學教職員二人到校參觀。
		20	日	教職員八人赴本埠美國學校參觀。
		22	日	童子軍參與上海童子軍自由車選手比賽及昏夜尋路選手比賽。又為上海各學校聯合遊藝會服務。
		23	日	童子軍、幼童軍參加上海童子軍初級功課比賽。選派童子軍為廣肇公所調查租界內有納稅選舉權之粵人。安徽省立第一女子師範十餘人到校參觀，由張熙伯先生率領。
		24	日	浙江省立第二中學師範部廿餘人到校參觀，由李哲成先生率領。
		27	日	開會獎勵參加縣區運動會之得勝利者。江蘇省立第一中學師範部廿六人到校參觀，由羅迪先生率領。
		28	日	童子軍參與上海童子軍小隊旅行露宿比賽，路程約五十里，定二日畢事。
6	月	1	日	今日起，上海童子軍舉行動員令比賽，本校童子軍全體在校膳宿候令。呈請江蘇教育廳為中學畢業證書蓋印。
		3	日	成都高師第五次教育參觀團廿八人到校參觀，由張心如先生率領，評語"設備頗周，學子天機活潑，具見教養有方，參觀一遍，欽佩之至"。本校童子軍為上海童子軍游藝會售券籌款。
		4	日	童子軍接動員令，全體隊員開始工作。
		5	日	童子軍動員令休止。下午，童子軍參與個人廿四小時徒步旅行比賽，二時出發，至嘉定宿營，翌日再往羅店。
		6	日	下午四時，參與廿四小時徒步旅行比賽之童子軍回校。
		7	日	河南省立第二師範參觀團十七人到校參觀，由張榕若、梅遠謀二先生率領。

		8	日	湖南長沙縣立師範第十班教育參觀團十四人到校參觀。
		9	日	浙江省立第一中學高中師範講習科參觀團卅餘人到校參觀，由陶仲高、陳蟄山二先生率領。安徽省立第二師範參觀團卅餘人到校參觀，由黃仙舟先生導領。
		11	日	國立女子大學參觀團五人到校參觀，由曹治文先生率領。
		12	日	上海童子軍分團比賽結束，本校幼童軍各項功課比賽列第一，童子軍本級功課比賽及露宿比賽各列第二，優級功課比賽及團體比賽各列第三，得大小銀盾獎品共四座。上海童子軍開遊藝會籌款，本校童子軍出席表演短劇及拳術，幼童軍表演遊戲。浙江省立第七中學師範部三十五人到校參觀。
		15	日	郭慕蘭先生事假一月，請古遂珍先生代理。
		18	日	河南省立第一師範參觀團十八人到校參觀，由胡家健先生率領。
		20	日	全體童子軍旅行林家花園。
		24	日	福建省福安教育局局長陳駿基到校參觀，評語"優點甚多，不勝紀述，參觀之餘，殊深佩服"。
		25	日	南京東南大學教授陳鶴琴到校參觀，評語"教法優良，成績斐然，誠滬上不可多覯者"。暨南大學師範部十二人到校參觀，評語"教法優良，精神飽滿，大足供吾輩學教育者之研究"。
		29	日	東亞體育專門學校二十人到校參觀，評語"設備完善，教法優良"。
7	月	3	日	國立廣東大學高師部十五年班教育考察團張冕南君等七人到校參觀，評語"教授優良，設備完善，廣州市立各小學多不能及，足為吾粵小學模範"。
		13	日	奉到江蘇教育廳四七一號批示，本校中學畢業證書准予送廳蓋印。
		17	日	童子軍、幼童軍舉行烹飪比賽。晚開娛樂大會。
		18	日	行休業禮。
		19	日	馬隊童子軍全體往南翔露宿。
		22	日	教員鄧昊民先生等借用本校開設暑期補習班。
9	月	1	日	行開學禮，學生到者六百餘人。

月	日	記事
		請譚之良先生兼任監學。
	4 日	登報通告學額已滿,不再收學生。
	10 日	商務印書館編譯所所長王雲五到校測驗所著《四角號碼檢字法》。
	17 日	宴會全體職教員。
	22 日	請招素暉先生代授音樂二星期。
	23 日	全體童子軍、幼童軍在本校操場舉行大露宿比賽二天。晚開娛樂大會,營地布置各有特長,各生家長及同學前來參觀者甚衆。
	26 日	加入上海中小學球類運動競賽會。
	27 日	世界旅行家馮讓到校演講,並售照片以充旅費。
	29 日	設教職員出席膳堂輪席表。
10 月	2 日	吉林甯安女子中學校長甯琨璞及吉林甯安縣視學顏公權到校參觀,評語"設備完美,教室清潔,學生活潑,可與南開媲美"。
	3 日	開會慶祝孔子誕辰。
	5 日	許地山先生到校演講。
	9 日	全體童子軍赴南洋大學參與上海童子軍大露宿。
	10 日	開會慶祝國慶,童子軍赴南洋大學操場參與慶祝升旗檢閱等典禮。
	11 日	童子軍參與上海童子軍泅泳、拔河比賽,泅泳列第三,拔河乙組列第一。
	18 日	全體照相。
	20 日	上書廣肇公所董事會,請准予自行籌款添建校舍。
	21 日	奉天省立第一師範十三人到校參觀,由王育黎先生率領,評語"布置井井,設備完善,於衛生清潔方面尤特別注意,實他校所不及。雖因適值考試未得參觀教學,但觀學生揭示之成績及幼稚生活潑之精神,亦可想見一般"。
	23 日	上海幼稚園聯合會游藝會假本校開籌備會。
	24 日	廣肇公所董事會通過本校籌款添建校舍案。本校幼稚園參與上海幼稚園聯合遊藝會。
	26 日	參與全國教育聯合會雲南代表陳彝德、劉潤卿、胡毅菴、張賢齋諸先生到校參觀,評語"校舍整潔,設備完美,誠公立學校中之不可多得者。學生作文、書法成績均較優良,足見辦學諸君平日教導得法。校具輕便適用,尤爲他校所無"。
	30 日	假青年會運動場開秋季運動會,長城畫片公司應本校之請,到場爲本校攝取活動影片,純盡義務。
11 月	4 日	補行田賽運動比賽,並請長城畫片公司爲攝各項作業影片。參與全國教育聯合會廣西代表盤璧、劉君著兩先生到校參觀,評語"校舍宏壯,設備完善,惜適值放假,未獲領益教授方法,悵悵。惟觀諸生精神奕奕,禮儀周到,足見訓育有方"。丹陽縣立第三小學教職員到校參觀。
	8 日	廣州市立第四十二國民學校校長林淑春到校參觀。
	9 日	雲南高等師範參觀團到校參觀,由徐繼祖先生率領,評語"校舍清潔,設備完善,教授切實,學生活潑,注重體育,實爲強國之本"。
	10 日	童子軍參與上海西童子軍廿四小時旅行比賽。
	20 日	暨南學校師範科十餘人到校參觀,由鄧只淳主任率領,評語"設備完善,管理切實,校舍之整潔尤爲難得"。
	27 日	添建校舍開始募捐。
	28 日	童子軍參與中西童子軍大野戰,本團任甲區攻守之責,結果甲區獲勝利,本團教練張訓芳任甲區前敵總指揮,黎潮舒任全軍副司令。
12 月	1 日	蔡公時先生到校參觀,評語"古人云:十年樹木,百年樹人。盧先生其始以數十學生,艱苦耐勞,創辦斯校,今見滿門桃李,真所謂善因善果也"。
	4 日	廣肇義學童子軍新機關部開幕,請本校童子軍正副隊長前往助興。
	12 日	童子軍全體爲提倡國貨同志會游藝服務。
	14 日	日華學會服部升子及東京朝日新聞社竹中繁子到校參觀。
	17 日	上海中小學球類運動競賽會籃球組比賽結束,本校獲第二。
	21 日	黃慎之先生辭職,請陳杜卿先生

		25	日

代課一月。

上海中小學球類運動競賽會小橡皮球組比賽結束,共輪流比賽九次,本校戰無不勝,獲全滬小橡皮球比賽錦標。

		26	日

初中三年英文科教員黃漢生先生因事辭職赴粤,該級全體學生聯合以前各屆畢業同學舉行公餞,以誌不忘。

民國十六年(1927 年)

1	月	3	日

信級學生及童子軍應國語運動紀念會之請,赴該會演劇及表演歡呼。

		4	日

信級學生開會慶祝本級運動優勝。

		5	日

宴會得小橡皮球錦標之各運動員。

		15	日

結束本學期教務。因時局戒嚴,停止舉行休業禮。

		25	日

發寄學生品學報告單。

		27	日

通函各級考試成績最優之學生及畢業生來校領取獎品及畢業證書。

		30	日

關閉由操場通過精武分會之後門,以杜絕閒雜人等藉口隨便出入。

2	月	15	日

考試新生。

		19	日

行開學禮,學生到者七百十餘人。本學期初中、高小、初小三部各設教務主任一人,初中部由鄧昊民先生擔任,高小部由張亦菴先生擔任,初小部由王志滂先生擔任。

3	月	9	日

張亦菴先生因事告假回粤,高小教務主任由歐濟川先生代理。

		11	日

長城畫片公司將以前爲本校攝製之影片三大本贈與本校。

		15	日

南京鼓樓幼稚園及杭州幼稚園教員到校參觀。

		18	日

借中央大會堂開映長城畫片公司攝贈之影片三大本。

		21	日

國民革命軍克復上海,因秩序未定,本校暫停上課。午後三時,行升新國旗禮並高呼口號。

		30	日

召集全體職教員會議,革新校務,改組校務會議。

4	月	2	日

登報通告下星期一復課,並聲明以後爲適應需要實行黨化教育。

		4	日

全體員生釀資備辦物品慰勞北伐軍。童子軍教練部提議革新上海童子軍教育(原文見各日報教育欄)。

		5	日

舉行孫中山先生紀念週。加授三民主義科。

		6	日

本日起放春假四日。①

		12	日

寄宿生組織自治會。各級學生會議重組學生會。

		19	日

派俞啓文先生代表本校參加各界慶祝國民政府建都南京大會。

		同	日

議定校務代表會議章程。

		20	日

學生會派代表參加上海學生代表大會。

		30	日

學生會開成立大會。於校內當眼處懸掛標語牌。

5	月	1	日

開世界勞働節紀念會。

		4	日

開五四運動紀念會。童子軍赴公共體育場,爲全滬學生五四紀念會服務。

		5	日

開孫中山先生就任非常總統紀念會。

		9	日

開國恥紀念會。

		10	日

糾察事務試由學生會辦理。

		16	日

東南女子體育師範學校教職員到校參觀,評語"校舍整潔,設備完善,教授優良,學生活潑"。

		17	日

學生會糾察科舉行靜肅週。

		18	日

舉行陳英士烈士殉難十一週年紀念會。

		19	日

浙江省立第二中學師範科參觀團到校參觀,由何時慧先生率領,評語"校舍整理清潔,理化設備亦佳,最欽佩者浴室之完備可甲江浙諸校矣,他如教授之優良,學生之活潑,尤其餘事"。

		21	日

中華夏令兒童學校協會假本校召集各團體代表會議進行,本校學生會亦派代表出席。

		22	日

上海童子軍會假本校召集大會,討論改組事宜。

		23	日

上海特別市童子軍協會借本校爲臨時會所。

		24	日

浙江省立第二中學師範部參觀團到校參觀。

		30	日

開五卅慘案紀念會。

6	月	1	日

學生會募捐北伐軍軍費,得洋四百七十餘元,送交學生聯合會彙轉總司令軍需科。

---

① 編者注:原文爲"六日起放春假四日"。

月	日	記事
	2 日	愛國女學體育科到校參觀。與英華書館比賽排球,本校勝。
	7 日	江蘇省立第二師範參觀團到校參觀,由楊聘漁先生率領。
	10 日	松奉上南川青金七縣共立師範參觀團到校參觀。
	11 日	童子軍、幼童軍往陳氏耕讀園露宿,特請駐防該園附近廿六軍二師四團五連派兵到場保護。
	12 日	旅滬廣東教育界假本校開會,討論組織學校聯合會,本校亦推派代表出席,並借定本校爲臨時籌備處。
	14 日	與浦東中學比賽排球,本校負。
	15 日	厦門大學教育參觀團莊澤宣先生等六人到校參觀。
	16 日	開孫中山先生蒙難紀念會。籌備慶祝北伐勝利大會。
	17 日	慶祝北伐勝利會午後二時開始,是晚舉行游藝會,來賓陸續到會參觀者二千餘人。童子軍部派救護隊到公共體育場爲民衆慶祝大會服務。
	18 日	宴會全體教職員。童子軍分赴總商會及儉德儲蓄會,爲慶祝北伐勝利遊藝大會服務。
	19 日	校友會重組就緒,在母校開成立會並選舉職員。童子軍、學生會分別加入閘北、南市兩處慶祝北伐勝利提燈大會。
	20 日	童子軍全體往斜橋參與閱兵大會。
	22 日	決定下學期起,高小及初中各級實行童子軍制。
	24 日	浙江省立女子中學參觀團卅九人到校參觀,由葉木青先生率領。
7 月	3 日	旅滬廣東學校聯合會正式成立,暫假本校爲會所。
	5 日	童子軍、幼童軍卅餘人由黎、張二教練率往杭州旅行,露宿於公共體育場,期間定一星期。
	6 日	行休業禮。爲對於高小及初中各級下學期一律施以童子軍教育事通告各生家長。
	10 日	行畢業禮。
	12 日	童子軍杭州旅行團返校。
	15 日	參加閘北民衆北伐勝利一週紀念提燈會。參與第八屆遠東運動會廣州選手卅餘人借寓本校。童子軍協會借本校開辦教練養成所。
	17 日	選派童子軍隊長十餘人加入童子軍協會所設之隊長訓練班肄業。
	18 日	童子軍全體往南洋大學婦女慰勞北伐前敵兵士游藝大會服務。
	20 日	旅滬廣東學校聯合會假本校開廣東教育界聚餐會。
	23 日	廣州市立女子職業學校參觀團八人到校參觀,評語"設備完善,甚洽新式教育制度"。訓練一部分新童子軍,預備爲遠東運動會服務用。
	24 日	校友會在母校開交誼大會。
8 月	18 日	考試新生。
	20 日	參加上海特別市童子軍在本校操場行校閱禮。
	25 日	行秋季始業式,學生到者七百餘人,因額滿見遺者不少。暑假訓練及格的新童子軍舉行宣誓禮。本學期請黎伯伊先生任初中部訓導主任,歐濟川先生任高小部訓導主任兼教務主任,王志滃先生任初小部訓導主任兼教務主任,張亦菴先生任幼稚園主任,俞啟文、張訓芳兩先生任監護,劃一英文、算術兩科程度,取消以前之特別編制。
	27 日	全體童子軍、幼童軍參與第八屆遠東運動會開幕禮,並自是日起,日夜到場服務,至九月三日晚止,本校童子軍教練黎潮舒、張訓芳兩先生被舉爲正副總司令(總理全場童子軍服務事)。
	28 日	印發各級課外讀物表,並由圖書館每種購備兩份,任學生借閱。幼童軍赴遠東運動會表演國旗操。
	31 日	因童子軍全體爲遠東運動會服務未完,及廣州運動員借寓本校未遷出,通告各生展期下星期一上課。
9 月	1 日	晚間全國國語教育促進會借本校禮堂開一週紀念會。
	3 日	借寓本校之廣州運動員遷出。
	4 日	全國國語促進會附設第一國語模範學校星期國語專科借用本校教室一間爲講堂。
	5 日	開始上課。印發學生修省錄。
	11 日	全國體育協進會宴請爲遠東運動會服務之各童子軍團,本校童子

		18	日	軍全體均參與。
				國立第四中山大學農學院附設水產學校借用本校招考新生。
		19	日	上海日本小學爲開廿週紀念會展覽成績,來函徵求本校書畫兩科出品。
		25	日	開全體教職員大會,討論本學期校務進行並選舉校務代表會議議員。宴會全體職教員。
		26	日	初小部會議通過級務會議章程及研究會章程。
		27	日	加製大木牌,繕寫各項標語及格言編,懸校內當眼之處。廣州七十二行商報總理羅嘯敖到校參觀,評語"設備完善,管理精細,童子軍尤見精神"。
		30	日	規定各級自治會組織大綱。
10	月	4	日	童子軍、幼童軍旅行林氏花園。
		8	日	童子軍爲拒毒運動會服務。
		9	日	童子軍全體加入閘北民衆慶祝國慶提燈大會。製學生操行調查表分發全體教員,隨時填注報告。
		10	日	旅滬廣東學校聯合會假本校操場開會慶祝國慶,本校全體均參與。上午童子軍、幼童軍全體赴公共體育場舉行慶祝升旗禮;下午爲旅滬廣東學校聯合會慶祝大會服務及表演,晚間赴更新舞臺民衆慶祝大會服務,又赴崇德女學慶祝會表演。
		同	日	校友會舉行聚餐會。
		12	日	初小部開始每週調查學生品性。
		17	日	應日本小學之請,送書畫兩科成績爲該校廿週紀念會陳列之用。與暨南大學附中童子籃球隊比賽,本校勝。
		20	日	廣肇公所爲本校呈請上海特別市政府教育局立案。鼓勵學生繳交閱書報告。
		22	日	舉行第一次糾察就職宣誓典禮。童子軍赴盲童學校紀念會服務。
		25	日	與南洋大學排球隊比賽,二對一,本校負。赴真茹與暨南附中比賽籃球,本校負。
		26	日	上海特別市教育局派員到校調查。全體照相。
		27	日	
		29	日	旅滬廣東學校聯合會舉行遊藝會籌款,本校童子軍到會服務及表演。

		30	日	與澄衷中學附小比賽小球,本校勝。
		31	日	開始季考,限一星期内完竣。
11	月	4	日	分級赴日本小學參觀成績展覽會。
		5	日	童子軍全體赴日本小學參觀運動會。
		6	日	南市保衛團團員蔣君、救火會會員朱君均因公殉命,本校童子軍參與執紼。與市立梅溪學校比賽小球,本校勝。
		7	日	爲小學部改授國語文事通告各生家長。
		9	日	高小二年甲級舉行悔過會,請高小以上各級同學及先生到會證誓。各級開始比賽課室清潔及肅靜。
		11	日	初中、高小兩部預開孫中山先生誕辰紀念會。全體童子軍、幼童軍參加上海特別市童子軍大露宿三日,地點在江灣。
		12	日	初小部及幼稚園開孫中山先生誕辰紀念會。
		13	日	與市立時化小學比賽小球,本校勝。童子軍救護隊三人赴萬國競走會中華隊預選服務。
		18	日	與新民中學比賽籃球,本校勝。
		19	日	初小部開勉勵會褒獎好學生。將初小各級學生之品性擇尤報告其家長。
		20	日	校友假江灣葉氏花園開園遊會。
		同	日	與昌世中學附小比賽小球,本校勝。高小部各級任教員赴江蘇省立上海中學實驗小學參觀。
		22	日	與復旦實驗中學第二隊比賽籃球,本校勝。
		27	日	與南洋模範中學比賽足球,一與一和局。
		28	日	舉行第二次糾察就職宣誓典禮。
		30	日	校友會組織各科研究會。
		同	日	與市立暉橋小學比賽小球,本校勝。
12	月	3	日	開全體教職員大會,討論十七年元旦舉行懇親大會事,議決展覽成績、表演學藝分兩日舉行,並印發特刊。初小部各級任教員赴市立和安小學參觀。
		4	日	與市立農壇小學比賽小球,本校勝。
		8	日	初小部開會,報告參觀和安小學

的見聞。

9日 與昌世中學作第二次籃球比賽，本校勝。

11日 與市立萬竹小學比賽小球，本校勝。

12日 與惠靈中學比賽籃球，本校勝。

14日 各級清道隊開始執行職務。翁元春先生病假，請伊兄翁德備先生代課。

13日 上海特別市政府教育局准予本校立案。

17日 各省商會聯合會舉行開幕禮，本校童子軍應該會之請到會場服務。

19日 與儉德會比賽籃球，本校勝。

20日 借中央大會堂試演各級學藝，以備懇親會表演用。

24日 與慈三學校比賽小球，本校勝。

25日 與縣立一高比賽小球，本校勝。上海縣立公共體育場第二屆小橡皮球競賽會比賽結束，本校續獲第二屆錦標，加入比賽者有澄衷、梅溪、昌世、萬竹、一高、慈三、暉橋、農壇、連本校共十校，輪流比賽計九次，本校戰無不勝，與第一屆同。訂定小學部級任教員規程。

29日 童子軍應外國童子軍遊藝會之請到會表演國技，翌日《大陸報》記載其事，對於本校童子軍表演國技一項稱譽備至。

民國十七年（1928年）

1月1日 開懇親會並展覽成績，來賓約一千人，時報館派員到會攝取各項照片。

2日 繼續開會，借中央大會堂表演學藝，來賓千餘人。

同日 校友會會刊《友誼》第一期出版。《公級元旦特刊》出版。

5日 開始舉行學期試驗及第十七屆高小畢業試驗。

8日 舉行寒假休業式並發高小畢業證書，本校膳食改由海珠樓接辦。

9日 《時報·新光》揭載本校懇親會之照片九張。

10日 信級設寒假自修會。

13日 日本小學教職員介紹彼邦渡邊女史到校參觀。

19日 發寄學生品學報告單。

2月12日 陝西教育廳特派調查教育專員羅端先到校參觀。浙江省立第十中學職員王庚到校參觀。

13日 上海特別市教育局為購置市校用桌椅，派員到校調查本校所用者，以資參考。

16日 規定各層樓之各班學生下課時，依指定之樓梯及門口行往。

19日 舉行春季始業式，學生到者八百餘人。本學期初小一年至三年各級改稱小學，第二組初小四年及高小各級改稱小學第一組。

21日 製定幼稚生圍裙式制服，規定幼稚生到園後須換著薄底輕軟的鞋子。

25日 舉行小學部級任教員會議，通過小學部級任教員規程。

3月1日 施用教室日記。

同日 開校務會議，通過重訂本校行政組織系統表及組織大綱。

3日 開全體教職員會議，通過科任教員服務規程及排隊上課各案，並選舉校務會議代表。

同日 訂定本學期校曆。

5日 日本小學訓導員田畑憲二到校參觀。小學第二組各級教室內施用學生日記。

9日 開校務會，通過本學期學曆等案。

13日 校醫陳典謨先生為各級學生種痘。

14日 童子軍組織首都參觀團。

16日 初中教務部主任鄧昊民先生辭職，由戴玉衡先生接任。

18日 上海特別市童子軍協會檢閱全市童子軍，本校童子軍得精神充足、服裝完善之獎章者三人。

22日 市立時化小學教職員三人到校參觀。與持志大學曉星隊比賽籃球，本校勝。

25日 訂定級任教員規程。校友會旅行南翔。

26日 排球隊加入江南中學排球聯賽會，加入者有英華、暨南、復旦、浦東及本校五隊。

27日 訂定教室秩序計分辦法。

30日 教職員十二人參加廣肇公所學務股談話會。

同日 上海特別市政府宣傳科派朱維瑤到校演講《特別市政府意義及

			組織》。
		31 日	陝西教育參觀團到校參觀。
4	月	4 日	由是日起放春假五日。
		同 日	初中各級學生舉行春假生活比賽。童子軍教練部率領童子軍六十二人旅行首都,爲期一星期。
		10 日	尚公小學教職員到校參觀。上海特別市教育局派員到校調查圖書館。
		11 日	中國國民黨中央黨部訓練部張忠仁先生到校調查童子軍教育。
		12 日	開校務會議,通過小學部第一組教務部會議規程、各股辦事細則及訓育目標等案。
		14 日	本校幼稚園各教師於本週内分隊參觀羣學會、養真、廣東等幼稚園。本校排球隊與暨南排球隊作錦標比賽,本校勝。
		16 日	愛國女學體育科畢業生到校參觀。
		17 日	本校排球隊與浦東排球隊作錦標比賽,本校勝。
		18 日	《學生修養録》出版,每生發給一册應用。
		23 日	各級舉行春季考試。
		24 日	松江七縣立女子師範參觀團到校參觀。江蘇大學、南通中學參觀團到校參觀。
		26 日	江陰縣公立學校參觀團到校參觀。
		27 日	高年級童子軍及音樂隊參加衛生局所主辦之衛生運動遊行。
		28 日	各級春季考試完竣。
		30 日	參加首都旅行之各童子軍開會,展覽旅行所得之各種成績。上海縣立敬業小學校教職員到校參觀。
5	月	1 日	製發教學狀況報告表及關於學生課業徵詢表。議定參加全國國語促進會所主辦之小學國語演説競賽會之準備辦法。
		3 日	開校務會議,通過:(1)初中組訓育部規程及辦事細則;(2)修學旅行計劃及報告表等案。上海縣立敬業小學校教職員到校參觀。
		4 日	開學生運動紀念會,請李樸生先生演講。本校添建校舍事已得廣肇公所核準,定本年暑假前開工,並請定李錦沛建築師繪畫圖樣。童子軍隊長十餘人徒步旅行崑山,翌日回校。
		6 日	公佈修學旅行報告表及執行手續。

		7 日	中學部停課三日,做反日宣傳工作。小學部七、八、九三日所授課程依照大學院令文所開示各項——民族主義、日本的研究、中日交涉史——辦理。
		8 日	舉行小學第一組國語演説競賽會初賽。
		9 日	開國恥紀念會,請盧煒昌先生演講。
		10 日	舉行小學第一組國語演説競賽會決賽。浙江省立第九中學參觀團到校參觀。
		11 日	初中三年級(公級)組織内地宣傳隊赴蘇州演講反日運動。
		12 日	小學部選派學生九人參加全國國語促進會所主辦之國語演説競賽會,蔡文法、鄭桂生兩生預賽入選。
		13 日	童子軍參加童子軍協會所舉行之反日宣誓。
		16 日	國立中央大學教育參觀團到校參觀。福建集美師範參觀團到校參觀。南匯縣立女子中學師範科參觀團到校參觀。
		17 日	中學部學生十人加入上海學生會宣傳隊,爲五三慘案赴南翔宣傳及募捐。
		18 日	中學部學生爲協助北伐軍費事出發華界募捐。
		20 日	派員參加國術館上海分館籌備會議。小學第二組甲團員生假陳氏耕讀園開園遊會。
		22 日	與復旦排球隊作錦標比賽,本校勝。上海中學鄉村師範部三年級學生全體到校參觀。
		23 日	小學部教職員六人赴萬竹小學參觀。
		24 日	參加上海各界慰勞北伐將士運動會田徑賽及排球比賽。與南洋高商排球隊作錦標比賽,本校勝。浙江省立第十一中學參觀團、浙江遂昌教育參觀團、浙江省立第一中學第二部參觀團到校參觀。
		25 日	與浦東中學排球隊作錦標比賽,本校勝,遂得慰勞北伐將士運動會中學組排球錦標。陳賓球得擲鉛球第一名及跳高第二名,應炯堂得四百米第三名。通惠小學教職員到校參觀。

	26	日	童子軍音樂隊應閘北三段救火會籌款遊藝會之請到會演奏。
	28	日	破獲小學四年級生翁某本月內連偷同學皮書包十個一案。
	29	日	小學第二組按週調查整潔。
	31	日	假青年會操場舉行第二屆運動會預賽。國術研究館上海分館開成立會,本校國術班到會表演國術,會場秩序亦由本校童子軍擔任維持。
6月	1	日	第二屆運動會開幕,楊少菴先生到場贈攝各種照片。童子軍卅餘人參加童子軍協會所舉行之廿四小時旅行比賽,以寶山縣為目的地,翌日返校。
	2	日	繼續舉行田賽運動。
	3	日	小學第二組乙團及幼稚園合假怡園開園遊會。
	6	日	呈報上海特別市教育局辦理本屆初中及高小畢業考試,附送畢業生一覽表。河南中山大學參觀團到校參觀。
	7	日	開校務會議,通過:(1)畢業或升級之標準;(2)出版物委員會規程;(3)初中組教務部各股辦事細則;(4)參觀須知等案。
	同	日	訂定畢業或升級之標準。訂定出版物委員會規程。
	8	日	清華大學研究院司庸帆先生到校參觀。
	9	日	江南各中學排球錦標最後決賽,本校以二與一勝浦東中學,得本屆江南各中學排球聯賽錦標。
	10	日	全體童子軍參加全市學生軍檢閱禮,遊行時公推本校音樂隊為前導。
	11	日	開會歡迎廣州市立師範教育考察團及江門市政廳特派教育考察團男女團員等卅七人。
	12	日	音樂隊赴上海電影界北代①慰勞會服務及表演。
	16	日	向上海特別市教育局領取立案證書。
	同	日	與聯生建築公司簽訂添建校舍合同,即日興工建築。參與青年會所主辦之四中學田徑賽運動會,總分本校列第二。
	17	日	童子軍參加全市童子軍大野戰,地點在真茹。
	19	日	呈報上海特別市教育局舉行第四屆初中、第十八屆高小畢業試驗日期並呈送考驗程序表。
	20	日	福建省立第一高中師範科畢業生到校參觀。
	21	日	開會歡迎上海特別市教育局局長韋愨及該局粵籍職員。
	22	日	韋應時到校演講速記學。
	25	日	保送圖書館管理員盧展雲入東方圖書館暑期講習所肄業。
	同	日	開會獎勵參加第二屆運動會成績優良之學生。譚之良先生等提議設立暑期學校,以所收入之學費撥充添建校舍之用,全體教職員贊成。
	同	日	開全體教職員會議,通過設立暑期學校,以所收入之學費撥充添建校舍之用及結束本學期教務等案。
	27	日	各組放學時間分別先後,以免擁擠。
7月	5	日	開校務會議,通過:(1)學期考試以不提前為原則;(2)已經提前考試者之補救;(3)重定各科考試計分等案。
	6	日	通告加收各級學費,中學級每人加收四元,小學及幼稚各級每人加收貳元。
	7	日	甘肅教育廳長馬鶴洲先生到校參觀。童子軍廿餘人赴總商會為農工商局國貨運動大會開幕服務。又羅浮隊為南市國貨運動會遊行服務。
	15	日	童子軍赴總商會為北伐出師紀念會服務。
	18	日	校友會舉行十七年度全體會員大會。
	20	日	全體童子軍赴法國公園為中華義勇團遊藝會服務。童子軍教練黎潮舒先生被上海特別市黨部派赴中央黨部童子軍司令部所辦之童子軍教練員短期訓練學校,研習黨童軍教育,旋應司令部之聘兼任該校教授。保送何瑞雲、吳戊生二君赴黨童子軍教練員短期訓練學校肄業。
	22	日	暑假開始。
	27	日	暑期學校開課。保送幼稚園教師

---

① 編者注:"北代"應為"北伐"。

曹元春、區玉瓊入南京中央大學暑期學校幼稚教育訓練學校,研習幼稚教育。

8月2日 暑校全體教職員會議商定校務進行。

12日 呈送本校第四屆初中畢業生及第十八屆高小畢業生成績一覽表及志願表各一份於上海特別市教育局。

19日 校友會舉行交誼大會。

30日 暑校全體教職員會議商定結束暑校事宜並舉行聚餐。

31日 暑校休課。暑校收入學費共一千五百元,悉數撥充添建校舍之用。劉偉山、梁冰如兩先生考取黨義教師。

9月3日 中小學第二次試驗新生。

5日 中小學行開學禮,學生到者八百人。本學期請戴玉衡先生任教務部主任,黎潮舒先生任訓育部主任,譚天沛先生任體育部主任,劉偉山先生任小學第一組訓育主任,梁冰如先生任小學第二組訓育主任。

8日 中小學臨時上課一律授以學生須知摘要。設體育部辦事處。設國術館。

9日 新校舍工程完竣。

10日 幼稚園秋季始業。初小一年乙級教室設於幼稚園內,便於聯絡教授。請沈百英先生任幼稚園指導。

12日 與精武體育會比賽排球,本校勝。陝西省立第一師範學校參觀團到校參觀。童子軍為上海特別市黨部宣傳遊藝會服務。

17日 開校務會議,通過:(1)對於品行優良、熱心服務之學生給予操行分數及服務分數;(2)採用教室服務一覽表等案。

同日 重訂教務部規程及各股辦事細則。

22日 規定同事間普遍的送禮款額為大洋四角。

同日 開全體教職員會議,選舉校務會議代表,並通過本校教職員服務細則及籌款補助建築費等案。

25日 校友會舉行校友狀況大調查。

27日 開校務會議,通過:1.本學期校曆;2.慶祝雙十節辦法;3.制定糾察團

規程及監護股辦事細則等案。

29日 晚八時至十時校友會在本校操場舉行聯歡會。

10月1日 校友會舉行徵求會《友誼》第二期出版。

2日 童子軍教練黎潮舒、何瑞雲、吳戊生等由南京黨童軍司令部特設教練員短期訓練學校畢業回校。

5日 王志湝先生率領小學三年甲級學生旅行吳淞砲臺灣。

9日 童子軍參加慶祝國慶提燈大會。

10日 開會慶祝國慶,童子軍全體加入全市童子軍國慶升旗禮並遊行。

12日 童子軍到總商會為全國商會臨時代表大會開幕服務。

15日 選出青年健兒兩組小球隊,參加上海公共體育場主辦之小球聯賽會。

20日 侯曜先生到校演講。

21日 校友會旅行蘇州。

22日 選出田徑賽運動員,預備參加本市小學第一次聯合運動會。

24日 全體員生拍照。

同日 廈門集美女師教育參觀團到校參觀。

25日 全體員生拍照。

26日 派代表赴公共體育場會議小球競賽辦法。

27日 國術模範班赴上海特別市國術運動大會表演國術。

28日 加入童子軍協會聯歡大會,表演音樂及國術。

29日 開校務會議,通過:1.訓育部進行計劃大綱;2.修正各級自治會組織大綱;3.參加總理誕辰民眾黨義演說競賽;4.開會鼓勵參加市小聯合運動會各選手等案。中國國民黨童子軍司令張忠仁到校演講。

30日 與中國公學預科籃球比賽,本校勝。教職員公推代表四人向參加市校聯合運動會各選手致勉詞。

31日 市立萬竹小學教職員到校參觀。

11月1日 當值糾察上課下課,規定打大鐘二下為號。

同日 楊少菴先生為本校幼稚園贈攝各種活動影片。市立萬竹小學教職員到校參觀。中央大學教育科及南通實業團到校參觀。校友會

《友誼》第三期出版。

2日 開會鼓勵參加市小第一次聯合運動會全體選手,中學部各級均派代表致勉詞,校內各處懸掛關於提倡體育及勉勵參加運動會各選手之標語。

4日 童子軍爲精武體育會運動會服務。小足球隊開始比賽。

同日 青年組小球隊與童益隊作錦標比賽,本校負。健兒組與時化隊作錦標比賽,本校勝。

5日 訂定關於參與上海特別市小學第一次聯合運動會各部辦事細則。

同日 請黃文建先生到校演講運動須知。請沈百英先生參加小學第二組教務會議。市立萬竹小學教職員六人到校參觀。

8日 市小運動會因雨改期——本校運動員、童子軍及教職員到場後因雨折回。

11日 青年組小球隊與中法乙隊作錦標比賽,本校負。又健兒組與兒童隊作錦標比賽,本校勝。童子軍到總商會爲上海特別市黨部舉行慶祝總理誕辰遊藝會服務。

12日 市小運動會又因雨改期——本校各員生到場後因雨折回。童子軍部聯合暨南大學、愛國女學及工商童子軍各團體假中央大會堂開慶祝總理誕辰大會。

13日 暨南大學師範科到校參觀。

16日 上海特別市第一次小學聯合運動會開幕,大會操時由本校軍樂隊及童子軍前導,會場秩序亦由本校童子軍擔任維持。

17日 參加市校運動會之第二日。

18日 參加市校運動會之第三日,上午各項比賽告終,本校得男校田徑賽總分第一,八百米接力賽跑第一,國術表演第一,共得三種錦標。

21日 小學第二組開作文圖畫成績展覽會兩日,供校內各級員生參觀及批評。童子軍及各級學生赴國貨展覽會廣東日服務並表演各種學藝,初小三年甲級以上各級均由教師率領到會參觀。

22日 上海特別市教育局以本校童子軍爲此次運動會服務頗著勞績,特來函嘉勉並道謝。國術模範班應

上海特別市國術分館之請到國貨展覽會表演。

12月1日 校友會《友誼》第四期出版,公佈校友會分會章程。

2日 青年組小球隊與青年隊作錦標比賽,和局。又:健兒組小球隊與通惠隊作錦標比賽,本校勝。軍樂隊與國術模範班應純一女學懇親會之請到會表演。編日本研究材料供各級閱讀,準備參加反日常識測驗。

3日 與南洋高商比賽籃球,本校勝。

同日 開校務會議,通過開會慶祝運動勝利,及向本校對面之日本工廠交涉將該廠煙囪遷移等案。

4日 市立萬竹小學教職員到校參觀。市立敬業小學教職員到校參觀。

5日 開會獎勵小學第二組各級作文圖畫成績優良的學生。

6日 體育部全體教員請本屆參加市校運動會之全體選手茶會,藉資鼓勵。

7日 奉市教育局通知,本屆市校國語演說競賽會參加學校暫以市立學校爲限,分團舉行學生國語演說競賽會決賽。

9日 青年組小球隊與市一乙隊作錦標比賽,本校負。又健兒隊與中法丙隊作錦標比賽,本校勝。

11日 與吳淞同濟補習科比賽籃球,本校勝。

12日 福建省立小學校長參觀團到校參觀。閩侯縣政府教育科科員到校參觀。福建省立第三蒙養園園長到校參觀。

14日 上海特別市衛生局派員到校爲學生種痘。

16日 選出足球隊代表廿人參加青年會足球聯賽會。青年組小球隊與健華隊作錦標比賽,本校勝。又:健兒組與三義隊作錦標比賽,本校勝。

17日 召集各級代表商議級際籃球比賽辦法。

18日 童子籃球隊與南洋高商童子隊作友誼比賽,本校負。

19日 童子籃球隊與同濟童子隊作友誼比賽,本校勝。級際籃球比賽開始,甲組有忠、真、恒、誠四隊,

乙組有信、真、恒、誠、仁、智、善七隊。

20日 上海特別市教育局函請本校童子軍樂隊參加市小音樂會奏樂。

23日 健兒組小球隊與萬竹隊作錦標比賽,本校勝。又:青年組與淞公隊作錦標比賽,本校勝。

同日 本校童子軍團向中央司令部登記。

同日 呈請特別市教育局津貼本校此次參加市校運動會因雨改期二次所損失之費用一百餘元。

25日 青年組小球隊與南星隊作錦標比賽,本校勝。又:健兒小球隊與童益丙隊作錦標比賽,本校勝。

26日 開始秋季考試。童子軍赴國貨展覽會服務並表演音樂拳術。

28日 議定積分簿表式。籃球隊甲組及童子籃球隊赴吳淞與同濟籃球隊作友誼比賽,因風大未畢賽。

29日 學生自治聯合會為提倡新曆年起見,致函各家長宣傳陽曆新年之優點。

30日 足球隊與精武足球隊作錦標比賽,本校勝,得複賽權。健兒組小球隊與市一丙隊作錦標比賽,本校負。

同日 議定參加市教育局所舉辦之國語演說競賽會之準備辦法。校內各處懸掛關於提倡國語演講之標語。

民國十八年(1929年)

1月1日 小學六年級生歐陽慈參加上海特別市黨部所主持之反日常識測驗,結果得第一名。分級舉行反日研究測驗。健兒組小球隊與平民及精華隊作錦標比賽,本校均獲勝。停課舉行新年同樂會,二、三兩日放假。

3日 開校務會議,討論舉行玩具展覽會等案。

7日 級際籃球甲組比賽結束,真級得錦標。

9日 呈報辦理第十九屆高小畢業。

11日 奉上海特別市教育局指令,本校辦理第十九屆高小畢業准予備案。

12日 上海特別市教育局因舉行市立小學音樂會,借用本校禮堂為閘北各市立學校練習樂歌之用。

同日 廣西省立第三師範學校參觀團由校長張辰率領來校參觀。

13日 足球隊與嶺東隊複賽錦標,本校負。

17日 呈報本屆高小畢業試驗程序及日期。

19日 舉行高小畢業試驗及各級學期考試。

21日 開全體教職員會議,討論本學期結束各事項,議決計算學生總成績:學業分數占七成,品行和服務分數占三成。

25日 高小畢業試驗及各級學期考試完竣。

26日 本校軍樂隊應上海特別市教育局之召赴市立小學音樂會奏樂。寒假開始。

28日 借中央大會堂開慶祝運動勝利大會。

2月1日 聘定沈百英先生為小學部研究會主任兼幼稚園指導。

3日 健兒組小球隊與慈三作錦標比賽,本校勝。

16日 開校務會議,討論:(1)成績考查標準;(2)學業成績考查辦法;(3)操行成績考查辦法;(4)製定操行紀錄簿積分冊及教室日記。

23日 考試新生。

25日 通告錄取新生。

27日 行春季開學禮,學生到者八百五十六人。新聘教職員有楊壽宜、郭尚民、劉勵群、趙子平、唐文伍、梁一鶚等。本學期離校教職員有趙邦鑠、劉致祥等。

28日 奉上海特別市教育局訓令,本校去年參加第一次小學聯合運動因雨延期損失津貼費一百三十元准予核發。

3月2日 上臨時課。

3日 小學五下學生由黎伯伊先生率往崑山旅行。

4日 上正式課。

5日 小學六上(一)學生由蔣君玉先生率往崑山旅行。

8日 童子軍部主任出席全市童子軍團長會議。

11日 小學四年以上各級教室設置要交

			功課一覽牌。
	12	日	舉行總理逝世紀念會。
	同	日	高小學生葉寶興參加第四區黨部黨義測驗競賽,結果列第二名。
	同	日	印發學生須知。
	16	日	開全體教職員會議,討論本學期校務進行計畫大綱並選舉校務會議出席代表。
	18	日	擬定幼稚園本學期作業週曆,每週設計先期詳細編定。
	22	日	童子軍部準備春假內活動事項。
	23	日	童子軍全體會操。
	25	日	開校務會議,討論記分法及修訂訓育標準等事項。
	26	日	童子軍部籌備春假旅行各事項。
	27	日	小學四年級學生黃某連偷同學衣服至十八件之多,至是日始破獲。
	29	日	開黃花岡烈士殉難紀念會。小學五下學生由黎伯伊先生率往葉氏花園旅行。童子軍部集合參加春假旅行各童子軍訓話及分配職務。
4 月	1	日	函請上海特別市衛生局派員到校注射傳染病疫苗。小學部各級舉辦級報。
	2	日	小學五上學生由劉偉山先生率往南翔旅行。小學六上(二)學生由歐廣瀚先生率往兆豐花園旅行。函杭州公共體育場,商借場地為本校童子軍春假旅行露營之用。
	3	日	春假開始。
	4	日	童子軍杭州旅行隊出發。
	8	日	童子軍杭州旅行隊返校。春假期滿復課。
	10	日	開校務會議,討論學生過堂受課應守的規則等案。
	14	日	贈廣義童子軍十週紀念物品一件。
	19	日	呈送第十九屆高小畢業證書請上海特別市教育局驗印。中國童子軍司令部派秘書處主任徐觀餘到校視察童子軍。本校童子軍舉行檢閱式,請徐觀餘先生檢閱並訓話。
	20	日	國術模範班應廣義童子軍十週紀念會之請,到會表演國術並派童子軍為之服務。初中各級及小六學生由教師率領參觀全國美術展覽會。
	22	日	奉上海特別市教育局指令,本校

			高小畢業證書准予驗印發還。上海特別市衛生局派員來校注射預防腦膜炎疫苗。
	25	日	訓育、教務兩部舉行聯席會議,討論好學生標準的實施方法。
	26	日	函覆三水縣立中學,錄送李炳暉、李鄄暉兩生在校學業成績。
	27	日	小學四上(三)學生由譚之良先生率往江灣路一帶旅行。
	29	日	開校務會議,討論好學生標準實施辦法等案。
	30	日	函請上海特別市財政局准免本校房捐。
5 月	1	日	開世界勞動節紀念會。
	2	日	第一國語模範學校師範科學員裴惟森等到校參觀。
	3	日	開國恥紀念會。
	4	日	開學生運動紀念會。
	5	日	開革命政府紀念會。
	6	日	本週舉行春季試驗。幼稚園製作各種研究的成績。函索各處幼稚園成績。
	8	日	兒童玩具展覽委員會開會討論展覽辦法。
	9	日	開國恥紀念會。
	11	日	童子軍第一大隊會議並舉行露營。小學五上學生假陳氏園開預備運動會。
	13	日	福建涵江中學參觀團到校參觀。
	14	日	廈門大學參觀團由薛天漢君率領來校參觀。四川資中縣立女子中學校長楊柳舒來校參觀。童子軍全體隊長會議。童子軍全體教練會議。遵上海特別市教育局令,呈報中小學各級日課表。四川資中縣教育局長游澤培來校參觀。
	17	日	山西省立第一師範附小教職員參觀團來校參觀。本校教職員參觀上海特別市市立小學行政成績展覽會。
	18	日	小學五下學生假陳氏園開預備運動會。奉上海特別市教育局訓令,學校校名須根據學校性質加以改正。
	21	日	開校務會議,討論舉行第三屆運動會及遵令更改校名等案。
	23	日	童子軍六小隊(七十人)到青年會操場露宿。

月	日	事項
	24日	假青年會操場開第三屆運動會（徑賽）。河南省立第一女子師範參觀團到校參觀。
	25日	在本校操場繼續開運動會（田賽）。廣東童子軍全國步行團抵滬，暫寓本校。遵上海特別市教育局令，呈報四月份文件處理報告表。上海特別市童子軍協會停止借用本校爲會所。
	26日	由本日起至六月一日止，總理奉安紀念，遵令下半旗及全體員生臂纏黑紗七日，以誌哀悼。上海特別市黨童子軍促進會借本校會議室舉行會議。聯合各童子軍團開會歡迎廣東童子軍全國步行團。
	27日	赴美考察之日本童子軍領袖廿七人抵滬。本校童子軍受上海黨童子軍促進會之託，代表到新關碼頭迎接。上海黨童子軍促進會假本校開會，歡迎過滬赴美之日本童子軍領袖。江蘇省立蘇州中學師範科參觀團由張貢粟君率領來校參觀。
	30日	開五卅慘案紀念會。
	31日	開兒童玩具展覽會。
6月	1日	總理安葬，遵令停課一日，以資紀念。童子軍廿四小時旅行隊出發，翌日返校。
	3日	開校務會議，議決舉辦暑期學校，將所收入之學費半數撥還本校培德時代之校債，半數爲教職員酬勞等案。
	5日	廣州執信學校教育參觀團由陳道根君率領來校參觀。
	6日	東省特別區第三中學教育參觀團由趙鈞石君率領來校參觀。
	7日	遵上海特別市教育局令，呈報五月份文件處理報告表。呈報辦理第五屆初中及第二十屆高小畢業。
	8日	廣州市市立師範高中第三屆畢業教育參觀團由方香光君率領來校參觀。小學六下學生由蔣君玉先生率往吳淞砲臺灣旅行。
	9日	應尚賢中小學之請，選派童子軍四小隊爲該校遊藝會服務，軍樂隊參加表演。童子軍二小隊往浦東露營，翌日返校。
	10日	評定玩具展覽會出品，擇優給以獎品。
	14日	小學六下學生由黃霜華先生率往南翔旅行。舉行歡送廣東童子軍全國步行團北上茶話會。
	15日	童子軍三小隊歡送廣東童子軍全國步行團出發北上，步行送至南翔，始告別返校。
	17日	童子軍部開全體教練會議。
	19日	福建省立福州小學教育參觀團到校參觀。
	20日	上海特別市衛生局派員到校注射預防傷寒針，共二日。尚公小學校長周勗成陪同南洋華僑教育會議代表莊信羣、戚修祺、郭美丞等君來校參觀。
	21日	廣東省立女子師範江浙教育參觀團由朱明光君率領來校參觀。廣州市立第六十小學校長駱逸芳到校參觀。
	22日	遵上海特別市教育局令，呈報本校附近尚未立案之私校及私塾調查表。童子軍三小隊作廿四小時旅行，在吳淞露宿，翌日返校。
	23日	童子軍、幼童軍參觀吳淞各工廠。
	24日	中小學各級自治會聯合會假中央大會堂開同樂會。
	27日	呈報初中及高小畢業試驗日期及程序。
	29日	上海特別市黨部訓練部派員來校調查童子軍教育，以便彙送中央黨部參考。開全體教職員大會，討論關於本學期結束事項。宴請全體教職員。
	30日	應中國平民醫院籌備會之請，派童子軍三小隊爲該會遊藝會服務。遵照上海特別市黨部訓練部之通告，函送本校黨義課程表。
7月	1日	本週舉行初中及高小畢業試。
	3日	平民醫院籌備會函謝本校童子軍爲該會遊藝會服務。
	8日	本週舉行各級學期考試。
	13日	童子軍教練會議討論暑期工作進行計畫。
	14日	暑假開始。開幼稚生成績展覽會。
	15日	呈報中小學兩班畢業成績及呈請畢業證書驗印。遵上海特別市教育局令，呈報六月份文件處理報告表。廈門大學教育科函謝招待參觀。
	18日	暑期學校開學。

	20	日	奉上海特別市教育局指令,畢業證書准予蓋印發還。應牖民小學之請,派童子軍二小隊爲該校遊藝會服務,軍樂隊亦參加表演。
	21	日	應廣肇女學校友會之請,派童子軍三小隊爲該會成立大會服務。
	27	日	童子軍暑期工作開始。
8 月	1	日	由十八年度起,遵上海特別市教育局令,本校校名改稱私立上海廣肇中小學(簡稱仍用廣肇公學)。
	19	日	童子軍三小隊往陳氏園露宿,爲期三日。
	23	日	準備考試新生及通告上學期考試不及格的舊生來校補考。
	27	日	暑期學校結束。寰球中國學生會日校教職員來校參觀。
	28	日	考試新生及舊生補考。國民銀行暨廣東銀行開始代收學費。
	30	日	介紹因額滿見遺之學生轉入知行中小學。
	31	日	登報通告錄取新生。編造上學期決算表,連同報銷總冊呈送上海廣肇公所備核。
9 月	1	日	校舍校具修理完竣。開校務會議,議決遵用部頒中小學課程暫行標準及設立衛生部等案。
	3	日	修訂訓育主旨方針及實施方法。
	4	日	舉行秋季始業式,學生到者八百六十八人。本學期新聘教職員有李樸生、盧秉鈞、梁汝芬、梁萬里、張汝洄五位先生。本學期離校教職員有黎潮舒、譚綺霞、黃奇光、劉焯純、沈百英五位先生。薛沛韶、梁冰如兩位先生考取初中黨義教師。
	5	日	童子軍部開會歡送教練黎潮舒先生回粵。
	7	日	上臨時課,印發新生須知。
	8	日	編造本學期預算表,呈送上海廣肇公所備核。
	9	日	上正式課。遵教育部令,轉飭中學部學生自本學期起須穿着制服上課。製定中學生帽章及鈕子式樣。廣州知用中學旅滬同學會借本校禮堂開成立會。修正小學部學生自治會組織大綱。訂定小學部學生自治會職員服務細則。印發敬告學生家長書——關於學校與家庭合作事項。

	13	日	應公安局第五區第一所之請,選派童子軍十人協助收調查戶口票。
	16	日	訂定朝會及訓育週辦法。
	21	日	開全體教職員會議,討論本學期校務進行計畫大綱,並選舉校務會議代表。宴請全體教職員。
	23	日	編訂各部每週行事曆。
	24	日	印發升降級調查表。開校務會議,議決(一)十二月四日爲本校立校紀念日;(二)訂定學生十大信條;(三)訂定懲獎條例等案。
	25	日	編製全校學生排隊位置表。童子軍各大隊於每日下午下課後,到江灣路一帶練習野戰,一連三日。
	27	日	排球隊開始練習。遵上海特別市教育局令,呈報本校最近狀況簡表。呈請上海特別市教育局刊發本校鈐記。初中三下學生由張亦菴先生率領參觀盲啞學校。
	28	日	初中三上學生由戴玉衡先生率領參觀盲啞學校。小學六上學生由李樸生先生率領往遊陳氏園。
	30	日	編造八月份報銷清冊,呈送上海廣肇公所備核。
10 月	1	日	贈黎潮舒先生紀念品一座,以表去思。籃球隊開始練習。
	4	日	小學五下學生由蔣君玉先生率往南翔旅行。
	7	日	開校務會議,議決創辦校刊(《木棉》)及恭祝國慶辦法等案。四川江津縣私立聚奎學校校長戴坤垣來校參觀。上海特別市國貨運動大會開幕,本校童子軍應該會之請前往服務。上海特別市黨部訓練部派張庸君來校視察黨義教育。
	8	日	本校童子軍繼續爲國貨運動大會服務。
	9	日	全體童子軍參加閘北區慶祝國慶提燈大會。童子軍參加本市童子軍大露宿兩宵於江灣持志操場。
	10	日	舉行雙十節慶祝大會。全體童子軍參加本市童子軍大檢閱。
	11	日	遵上海特別市教育局令,呈報本校訓育大綱。
	17	日	崑山縣教育局函請本校體育教師擔任該縣中小學聯合運動會評判員。陝西教育參觀團來校參觀。函請廣肇公所租務股飭令福德里口之食物攤立即遷移,免礙

交通。

19日 廣肇女學新校舍行開幕禮,本校童子軍樂隊暨幼稚生應該校之請,前往奏樂及表演遊藝。

20日 《木棉》第一期出版。

21日 選定小學部參加全市運動大會各選手。製發校工徽章。

22日 菲律賓中國童子軍赴京參觀,道經上海借寓本校。

23日 小學五上學生由劉偉山先生率領旅行南翔。

24日 廣東省黨部特派員馬任遠來校考察童子軍教育。

25日 小學第一組舉行教室裝飾比賽。

26日 中央黨部訓練部贈給本校童子軍銀屏一座。因米價飛漲,通告加收學生膳費,搭全膳者每月加收二元,搭午膳者每月加收一元。衛生部施行晨間檢查。小學四上兩班學生由李希三、梁汝芬兩位先生率領往遊陳氏園。

27日 童子軍兩大隊赴真茹練習野戰並參觀暨南大學。

28日 小學部舉行各級清潔比賽。

31日 召集參加全市小學運動大會各選手茶話會。

同日 編造九月份報銷清冊,送呈上海廣肇公所備核。

11月1日 工商部主辦之中華國貨展覽會以本校對於該會曾加贊助,特給謝狀一張,用資紀念。修建去年添建之新屋,暫將禮堂一大部份改爲教室,幼稚園舍亦因修建不敷應用,幼稚生分上午、下午兩部輪流上課。小學部第一組假怡園舉行學級交誼會。

2日 小學六下學生由歐廣瀚先生率領旅行南翔。

3日 童子軍第二大隊往江灣練習功課。破獲初小四年級學生関某偷竊借寓本校之菲律賓華僑童子軍價值百餘元之衣物。

4日 開校務會議,議決修正本校組織大綱及參加本市第二次小學聯合運動會等案。

5日 呈請上海特別市衛生局取締本校對面日本工廠之煙囱。選舉模範學生。遵上海特別市教育局令,呈報七、八、九三個月文件處理報告表。製發教職員勞績報告表。初中二上學生由黃慎之先生率領參觀盲啞學校。

6日 開會鼓勵參加全市小學運動大會各選手。

8日 關於幼稚生讀書識字問題,函告各幼稚生家長。奉上海特別市教育局令,領用新鈐記。

9日 上海特別市衛生局派第二科管理員王維馨君來校回報,略謂本校對面之日本工廠已接受衛生局之取締、允將煙囱加高云。

10日 童子軍特別隊往江灣練習功課。

11日 爲便於參加本市第二次小學聯合運動會起見,特派童子軍特別隊先往會場擇地露營佈置,以利辦事。

12日 本市第二次小學聯合運動會開幕,本校小學部參與比賽。幼稚園教師分別訪問幼稚生家庭。

14日 本市第二次小學聯合運動會閉幕,本校小學部再獲男校田徑賽錦標。小學一、二年級學生由各該級教師率領往遊怡園。

16日 初中三下學生由戴玉衡先生率領假江灣葉園開交誼會。

18日 上海特別市黨部訓練部贈給本校童子軍紀念品一件。

同日 西安黨部特派童子軍考察員來校考察童子軍教育。

19日 全體幼稚生由教師率領往遊虹口公園。

20日 遵上海特別市教育局令,呈報十月份文件處理報告表;呈報啓用新鈐記,舊鈐記截角繳銷。

22日 初中一下學生由盧秉鈞先生率領往遊林家花園。

23日 奉上海特別市教育局指令,本校啓用新鈐記,准予備案。小學四下(二)學生由薛沛韶先生率領往遊江灣葉園。小學四下(三)學生由黎伯伊先生率領往遊陳氏園。應上海藝社之請,派童子軍四小隊到青年會爲該社遊藝會服務。

24日 童子軍特別隊往野外練習功課。應中國女子體育學校之請,派童子軍三小隊到中央大會堂爲該校遊藝會服務。

| | | 25 | 日 | 上海特別市立和安小學教職員來校參觀。 |

26 日 開校務會議,議決舉行立校紀念會辦法及選送學生成績參與比國博覽會等案。

27 日 上海特別市立西成小學教職員來校參觀。

28 日 上海特別市立務本女中附小教職員來校參觀。通告小學中低年組各生家長,須一律爲兒童各備書包一個,禁止小學中低年組各生用紙或布包裹書物。

29 日 小學中年組各級級任教員參觀尚公小學教具成績展覽會。

30 日 編造十月份報銷清冊,呈送上海廣肇公所備核。上海特別市和安小學教職員到校參觀。《木棉》第二期出版。

12月 1日 童子軍特別隊往野外實習功課。

2 日 小學第一組本週舉行速算比賽。

4 日 舉行立校紀念會,圖展覽本校歷年各種紀念照片及各種出版物,全體教職員及寄宿生是晚開聚餐會,以伸慶祝。中國女子體育學校贈送本校童子軍"智勇兼備"鏡架一個。

7 日 中華慈幼協會在青年會開會,本校幼稚園應該會之請,以幼稚生活動的照片及自編之歌曲送往陳列。

9 日 湖北省立女子師範教育參觀團來校參觀。開校務會議,議決全校清潔辦法及徵求家長意見等案。上海特別市立隆德小學教職員來校參觀。上海特別市黨部派員來校調查童子軍教育。

15 日 小學第二組分班舉行成績展覽會。

16 日 向上海市教育局①呈報辦理第六屆初中及第廿一屆高小畢業。

18 日 吉林自強中學校長楊世禎來校參觀。

19 日 舉行衛生展覽會兩日。本校對面之日本工廠遵上海特別市衛生局之命,將煙囱加高,本校始免受該工廠煤煙之害。

20 日 奉上海特別市教育局指令,本校本屆辦理畢業准予備案。

23 日 廣州特別市黨部童子軍教練員養成所赴日考察團由日本返滬暫寓本校,抵步〔埠〕時,本校童子軍到碼頭照料藉表歡迎。開校務會議,議決十九年元旦舉行師生同樂會辦法及歡迎廣州童子軍領袖班赴日考察團等案。初中三年級學生赴甯波同鄉會參觀馬企周美術展覽會。去年添建之校舍修葺工竣,各部地方恢復原狀,幼稚園照舊全日上課。

24 日 本校全體教職員公宴廣州童子軍領袖班赴日考察團。

25 日 開雲南起義紀念會,請廣州童子軍考察團領隊黎潮舒、李震兩君出席演講。

30 日 編造十一月份報銷清冊,呈送上海廣肇公所備核。呈報本屆中小學兩班畢業試驗日期及程序。《木棉》第三期出版。應崇德女學之請,派童子軍爲該校遊藝會服務。

31 日 應啓英女學之請,派童子軍爲該校遊藝會服務。

民國十九年(1930 年)

1月 1日 借上海大戲院開懇親會。

4 日 函謝上海大戲院免費借用會場及供給電影。印發教學狀況報告表。舉行全體教職員會議,討論學期末結束事項,並舉行全體聚餐會。應美社之請,派童子軍爲該社遊藝會服務。

6 日 畢業考試開始。

9 日 學期考試開始。奉上海市教育局指令,本校呈報初中高小畢業試驗日期及程序已悉。廣州童子軍領袖班赴日考察團由滬返粵,本校童子軍到江干送別。

12 日 畢業考試完竣。

14 日 學期考試完竣。遵上海市教育局令,呈報本校中學部並無盧叔良、李舄先其人,該生等所持之轉學證書係屬偽造。遵上海市

---

① 編者注:"上海市教育局",即爲"上海特別市教育局",下同。

月	日		記事
			教育局令,呈報本校十八年度教育調查表。
	15	日	寒假開始。
	16	日	遵上海市教育局令,呈報第六屆初中及第廿一屆高小兩班畢業成績,並將畢業證書呈請驗印。上海特別市黨部訓練部以本校本學期黨義教育實施尚能奮勉將事,來函嘉勉。爲初中畢業生戴應良遺失畢業證書請求補發事呈請教育局指示辦法。
	17	日	應中華拒毒會之請,遣派童子軍爲該會遊藝會服務。
	18	日	奉上海市教育局指令,初中、高小兩班畢業證書准予驗印發還。奉上海市教育局令,初中畢業生戴應良證書遺失,應由校備具畢業證明書送局驗印後再發。
	19	日	舉行全體軍樂隊茶話同樂會。
	20	日	建築工作科教室。
	25	日	借中央大會堂開會慶祝運動勝利。
	27	日	奉上海市教育局指令,初級小學修業證書准予驗印發還。奉上海市教育局指令,初中畢業生戴應良畢業證明書准予驗印發還。
	29	日	選送書藝成績參加比國博覽會。
2 月	2	日	開校務會議,討論(一)本學期應令退學之學生;(二)考驗新生辦法;(三)參加國語流動展覽會。
	5	日	廣州市立第三小學圖函索本校刊物。
	7		考試新生。
	8	日	應民德學校之請,遣派童子軍爲該校遊藝會服務。童子軍特別隊舉行昏夜尋路比賽。
	9	日	登報錄取新生。參加全國國語促進會主辦之國語流動展覽會。
	10	日	校舍校具修理完竣。
	11	日	工作科教室落成。
	13	日	行春季開學禮。本學期學生共有九百三十一人,新聘教職員有郭大同、龍榮憲、張樹青、蔡天戈、張建沛、盧夢痕、譚家彥等七位。離校教職員有歐廣瀚、潘蘭史、譚天沛、盧秉鈞、唐文伍、趙子平等六位。小學教務部變更組織,一、二年級爲低年級組,請陳志文先生爲主任;三、四年級爲中年級組,請王志滂先生爲主任;五、六年級爲高年級組,請黃霜華先生爲主任。贈歐廣瀚先生紀念品一座,以表去思。
	14	日	遵上海市教育局令,呈報十八年度第二學期本校初中部所招收之新生又插班生一覽表。
	15	日	上臨時課。遵上海市教育局令,呈報辦理狀況調查表。
	16	日	訂定考查秩序辦法。續租青年會運動場,爲學生課外運動之用。借用中央大會堂上國術課。印發新生須知。印發敬告學生家長書——關於學校與家庭合作事項。
	17	日	修訂教室日記。上正式課。編造本學期預算表,呈送上海廣肇公所備核。
	18	日	添製通告箱,集中各部通告處。
	19	日	徵集各部本學期進行計畫大綱。
	20	日	開設國、英、算三科補習班。
	21	日	童子軍全體教練開會討論本學期進行事項。
	28	日	編製上學期決算表,連同報銷總冊呈送上海廣肇公所備核。
3 月	1	日	開全體教職員會議,通過本學期校務進行大綱,並選舉校務會議代表。宴請全體教職員。
	2	日	童子軍特別隊往野外實習功課。順德縣政府特派江浙鄉村教育考察團歐廣瀚先生等來校參觀。
	3	日	訂定各部行事曆。製定教職員徽章。訂定幼稚園工作單元。刊佈民國十七年添建校舍捐款及支出一覽。幼稚園教師參觀北區小學幼稚園。
	8	日	童子軍軍樂隊應精武體育會之請,爲該會宣傳國術大會奏樂。小學五上(二)學生由黎伯伊先生率領旅行吳淞。
	9	日	上海廣肇公所開懇親大會,盧校長出席,報告校務狀況。
	10	日	幼稚園教師參觀西成、務本、滬南第一等校幼稚園。
	12	日	舉行孫中山先生逝世紀念會。
	13	日	遵上海市教育局令,填報中學部教職員調查表。
	14	日	初中一下學生由鄭惠僑先生率領旅行南翔。小學部教職員參觀時化小學及上中實小。

		15	日	奉上海市教育局令,再將本校名稱改爲私立上海廣肇初級中學暨附屬小學(簡稱仍用原名)。小五上(一)學生由杜式桓先生率領旅行陳氏園。小六下學生由黃霜華先生率領旅行陳氏園。
		17	日	開校務會議,議決:(一)修訂校務組織系統表;(二)衛生部組織大綱;(三)緊急集合練習辦法等案。
		18	日	小學部教職員參觀嶺南小學、聖芳濟學校、華童公學及北區小學等校。尚公小學函索本校訓育方針及兒童自治組織等刊物。
		19	日	中學部請徒步旅行全國之童子軍鄧錦輝君演講。
		同	日	補習班開始上課。
		20	日	上海工部局華人教育處雷震清君來校參觀。
		21	日	編印中學部概況。小學五上(一)學生由杜式桓先生率領旅行南翔。小學五上(二)學生由張建沛先生率領旅行真茹。
		22	日	盧校長出席上海市教育局所召集之私立中等學校校長談話會。小六上學生由蔣君玉先生率領旅行崑山。
		23	日	全體教職員假江灣葉園開園遊會。
		24	日	規定全體學生集合操場之位置。
		26	日	小五下學生由劉偉山先生率領旅行南翔。
		27	日	小四下(一)(二)兩班學生由李希三先生等率領旅行南翔。
		28	日	小四上學生由王志滂先生率領參觀江灣養雞場。江蘇省立徐州女子中學參觀團由羅志英君率領來校參觀。
		29	日	開黃花岡烈士殉難紀念會。
		31	日	開校務會議,討論(一)春假旅行計劃;(二)修學旅行辦法;(三)組織級友會;(四)鼓勵參加全國童子軍總檢閱之本校童子軍等案。編造二月份報銷清冊,呈送上海廣肇公所備核。
4	月	1	日	《木棉》第四、五兩期合刊出版。
		2	日	寄宿生舉行聚餐會及娛樂會。補足童子軍登記手續。
		3	日	由本日起放春假三日。童子軍八小隊往青年會運動場露宿,六日回校。設小學低年級組用小便池。
		5	日	選定童子軍六十人,準備參加全國童子軍第一次總檢閱及大露宿。
		6	日	召集參加全國童子軍第一次總檢閱及大露宿之童子軍訓話。
		同	日	調查頑劣學生,施以特別教導。
		7	日	開會勉勵參加全國童子軍總檢閱及大露宿之童子軍。
		9	日	盧校長出席市黨部及教育局共同召集之中等以上學校校長談話會。
		10	日	爲選派本校童子軍參加全國童子軍總檢閱事,去函徵求該生等家長同意。
		11	日	廣東兩陽教育參觀團陳壽眉君等來校參觀。函請上海市衛生局派員到校種痘及檢驗牙齒。小學低年級組學生由該組級任教師率領遊覽怡園。
		12	日	開校務會議,議決開會歡迎全國運動會粵港全體選手凱旋。
		13	日	福建省立廈門初中童子軍廿五人道經上海,借寓本校二日。
		14	日	參加全國童子軍總檢閱及大露宿之童子軍由張團長等率領乘晚車晉京。
		同	日	與奧迪安大戲院聯合在該戲院開會歡迎全國運動大會粵港全體選手凱旋。
		15	日	參加全國總檢閱童子軍安抵南京,暫寓金陵大學體育館內。盧校長暨戴玉衡、張亦菴兩先生赴南京參加童子軍大檢閱及考察教育。
		同	日	中小學各組舉辦週報。
		16	日	童子軍向大檢閱籌備處報到。廣州市黨部訓練部函請本校招待該部所派往參加全國童子軍總檢閱之童子軍服務員。張團長參加司令部所召集之第一次全體團長會議。
		17	日	張團長參加司令部所召集之第二次全體團長會議。旅京之童子軍由金陵大學遷往小營場。
		同	日	小學五上(三)由黎伯伊先生率領往遊林園。設意見箱徵求學生意見。上海市衛生局派員來校種痘。光華大學小學教育班函約來校參觀。尚公小學函請填寄升學及就業調查表。
		18	日	全國童子軍總檢閱開始,晚間舉

行營火。

同日　四川國立成都大學體育考察團由王餘膏君率領來校參觀。

19日　昨夜大雨,營地盡成澤國,全體童子軍奉命遷往軍官研究班營房駐紮。蔣主席慰問各團童子軍並頒發食物兩大箱。蔣主席在勵志社召宴全體教練及隊長。

20日　上午參加黨義演講筆記比賽,下午參加各種功課表演。蔣主席夫婦在勵志社款待全體童子軍。

21日　上海市立第一實驗小學校長盛振聲君來校參觀。增設學生飲茶處。

22日　全體童子軍公祭總理及謁陵。在總理陵前舉行各團聯歡會。中央軍官學校召宴全體教練及隊長。全體童子軍赴中央軍校參加閉幕禮並領獎,本團所得獎品及紀念品大小共六件。江蘇省政府童子軍指導委員會招待全體教練暨隊長舉行茶話會。

23日　本團童子軍遊覽南京各名勝。上午繼續遊覽名勝,下午收拾行裝,搭夜車回滬。

24日　參加總檢閱之全體童子軍安抵本校。

同日　小學四下(一)學生由李希三先生率領往遊兆豐花園。

25日　參加總檢閱之全體童子軍休息一日,翌日照常上課。

同日　小學四下(二)學生由梁汝芬先生率領往遊江灣葉園。

26日　小學三下由高葆英先生率領作江灣一帶郊外旅行。小學高年級組舉行國語演講競賽會。

28日　開校務會議,討論開會慰勞參加全國童子軍總檢閱之童子軍及舉行第四屆運動會等事項。馮平山先生偕陳照薇先生等來校參觀。

30日　編造三月份報銷清冊,呈送上海廣肇公所備核。

5月1日　組織第四屆運動會獎品委員會。

2日　開會慰勞參加全國總檢閱之童子軍。湖南教育廳廳長黃士衡來校參觀。

3日　開五三慘案紀念會。

5日　革命政府紀念日放假。梅縣啓化團函索刊物。南京特別市市

立職業指導所函索刊物。上海市教育局升學就業指導委員會函索刊物。

7日　杭州市師資訓練所參觀團十餘人由指導員黃競白君率領來校參觀。參加全國總檢閱之全體童子軍攝影紀念。函復江大體育協會,證明陳寶球前爲本校初中部學生。中學部舉行排隊比賽。

9日　開國恥紀念會。徵求學生家長捐助本校運動會獎品。上海特別市立吳淞中學函索本校刊物。

10日　全體童子軍赴江灣舉行大野戰。應勤宣學校之請,派童子軍爲該校遊藝會奏樂並服務。

12日　開校務會議,議決編印本校擴充計畫特刊及設立注音符號研究會等案。小學中年組舉行音樂會。

13日　盧校長與鄧蘭筠君到江灣物色新校舍地址。

15日　童子軍孔雀隊赴青年會操場露宿。

16日　舉行第四屆運動會,借青年會操場爲會場,時報館特派記者到場攝影。哈爾濱第二中學教育參觀團由王向宸君率領來校參觀。

17日　繼續開運動會。

19日　徵求學生家長意見。

20日　上海特別市民眾藝術展覽會來函徵求出品。廣州國民大學團函索本校刊物。

21日　福建三民中學團函索本校刊物。小學高年級組舉行國語演說競賽會預賽。關韞霞牙醫生開始爲本校全體學生檢驗牙齒,純盡義務。

22日　中華基督教育會函索本校刊物。

23日　開辦教職員注音符號研究會,請黎維嶽、彭家農兩先生爲指導。

24日　小學中年級組開級際成績展覽會。選舉模範學生。

25日　廚房失去米六擔。

26日　函請公安局五區一分所查緝失米。安徽省立第三中學教育參觀團由谷延寯君率領到校參觀。開校務會議討論黨義研究會簡章。

27日　小學中年級組舉行演講競賽會。

28日　舉行學生自省會。

29日　老燕林先生自動捐助本校擴充費用一千元並親自送到。廣州執信學校教育參觀團由梁汝文君率領

				來校參觀。小學高年級組舉行演講競賽會決賽。
	30	日		開五卅慘案紀念會。上海市教育局派員來校商借地方，爲初中畢業會考之用。登《申報》鳴謝老燕林先生捐款。
	31	日		上海市教育局爲辦理初中畢業會考函請本校推派監試及閱卷委員三人。童子軍舉行廿四小時旅行，以南川沙爲目的地，翌日返校。小學中、低年級兩組開各科成績展覽會。遵上海市教育局令，呈報本校訓育實施方案。遵上海市教育局令，呈報本校本屆高小畢業生一覽表及黨義等五科用書一覽表。呈報上海市教育局辦理本屆初中畢業。上海永安紡織公司第一廠圖函索本校刊物。上海市教育局召集已立案各私立小學校長或主任談話會，盧校長託黃霜華先生代表出席。編造四月份報銷清册，呈送上海廣肇公所備核。
6	月	1	日	上海市教育局來函商借本校爲初中畢業會考第一試場。童子軍一小隊參加全市童子軍廿四小時旅行比賽。
	2	日		舉行模範學生獎勵會。
	3	日		舉行拒毒紀念會，團展覽有關拒毒各圖書。廣東省立第一女子師範學校高師第二屆畢業教育考察團六十餘人由朱明光君率領來校參觀。上海特別市黨部訓練部派林克聰君來校視察黨義教育。
	4	日		上海市教育局馬崇淦督學到校視察，備蒙嘉許。
	5	日		函復上海市教育局允借本校爲初中畢業會考場所。函復上海市教育局，推派戴玉衡、吳佩韋、薛沛韶三位先生爲初中畢業會考監試及閱卷委員。
	7	日		童子軍全體大會操。開全體教職員大會，討論本學期結束各事項，並舉行全體聚餐會。
	9	日		遵上海市教育局令，呈報本屆初中、高小兩班修業期滿之學生平日學業成績及操行成績一覽表。廣州市立師範學校教育考察團由

陳延炘、方學芬兩君率領來校參觀。廣肇公所董事兼學務監理溫欽甫先生到校視察。修訂並印發教學狀況報告表。

10	日		上海市衛生局派員到校注射預防霍亂疫苗。上海市教育局派姚賡爕君來校接洽借用本校爲初中畢業會考試場事。小學中年級組開演講比賽會。
11	日		曉莊師範參觀團由夏德芬君率領來校參觀。
12	日		戴玉衡、吳佩韋、薛沛韶三位先生出席市教育局初中畢業會考監試及閱卷委員會議。
15	日		童子軍團部會議討論結束事宜及暑期工作。上海市教育局倪文亞科長來校視察初中畢業會考場所。
16	日		由是日起至十九日止，上海市教育局借用本校爲本屆初中畢業會考第一試場，本校初中修業期滿學生廿六人參與畢業會考，其餘各級學生於此四日内依指定之作業項目在家自修。舉行總理廣州蒙難紀念會，並展覽有關係圖書。
18	日		童子軍爲初中畢業會考第一試場服務。
20	日		由是日起至廿二日止，小學本屆修業期滿之學生卅一人參與全市小學畢業會考。
23	日		上海市教育局發表初中畢業會考成績，本校參與初中畢業會考學生廿六人全體及格，皆得畢業。舉行沙基慘案紀念會。各級學期考試開始。開校務會議，討論下學期要飭令退學的學生等案。
25	日		初中畢業生參與上海市教育局主持之中學聯合畢業典禮。
26	日		上海市教育局發表小學畢業會考成績，本校參與小學畢業會考學生卅一人，及格者廿九人，其餘二人須經過補考始准予畢業。
27	日		中、小兩班畢業生攝影。各級模範學生攝影。
28	日		各級學期考試完竣。呈送本屆中、小兩班學生畢業證書請上海市教育局驗印。
29	日		保送初中畢業生佘元鑑、徐健德、

陳寶璋、曾成發等入商務印書館四角檢字編製索引實習所爲實習員。暑假開始。各教職員參觀市立小學校國、算兩科成績展覽會。

30日 小學畢業生參與小學聯合畢業典禮。

31日 編造五月份報銷清冊，呈送上海廣肇公所備核。

7月5日 奉上海市教育局指令，本校初中畢業證書准予蓋印發還。分發學生成績報告單。與廣肇公所所立各校在中央大會堂聯合舉行休業禮。

6日 校友鄭家駒等創辦之長城儲蓄投資會借用本校禮堂開會員大會。四川內江縣平民圖函索本校刊物。

7日 暑期學校開學。

12日 上海特別市黨部訓練部評定本校黨義教育設施，認爲成績優良，來函嘉獎。

19日 童子軍教練部開會討論暑期內各項工作，議決案如下：（一）軍樂隊每星期練習三次；（二）特別隊隨時召集訓練；（三）舉辦初級課程訓練班，由各隊長擔任。

31日 精武體育會借用本校操場爲該會暑期籃球隊練習。編造六月份報銷清冊，呈送上海廣肇公所備核。

8月1日 小學畢業補考。

9日 暑期學校休業。

10日 舉行新生入學試驗及舊生補考。自本學期起，中、小學分立兩教務部，中學教務部主任由戴玉衡先生擔任，小學教務部主任由王志滂先生擔任。

11日 函知國民、廣東兩銀行代收本校學費之日期。

12日 童子軍暑期初級訓練班往楊樹浦露營，十五日返校。

13日 登報通告錄取新生。

15日 軍樂隊全體往楊樹浦露營，十七日返校。

18日 校舍校具修理完竣。

20日 舉行秋季開學禮，本學期學生共九百四十五人，新聘教職員有杜蕭、韋輔、汪春、陳哲明、湯慕蘭、羅淑賢等六位，離校者有杜式桓、李樸生、張樹青、蔡天戈、譚家彥等五位。譚天沛先生復任本校職務。

23日 上臨時課。印發新生須知摘要。

25日 編造本學期預算表，呈送上海廣肇公所備核。暑熱未退，本週暫上課半日，下午停課。製發各級課外讀物一覽表及調查表。編定幼稚園本學期工作單元（每週一個）。

28日 遵上海市教育局令，呈送小學畢業補考及格者之畢業證書驗印，志願表及照片備查。遵上海市教育局令，呈送初小修業證書驗印，志願表及成績表備查。函送本校最近五年概況調查表於上海市教育局統計股。

29日 梅縣啓化圖函索本校刊物。

30日 奉上海市教育局指令，補考畢業證書二張准予驗印發還。奉上海市教育局指令，初小修業證書准予驗印發還。編造上學期決算表，連同報銷總冊呈送上海廣肇公所備核。修訂小學部朝會辦法。

9月1日 《木棉》第六期——擴充計畫特刊出版。編製各科用書一覽表。

2日 印發敬告學生家長書——關於學校與家庭合作事項。福建建治小學圖函索本校刊物。

3日 函請馮平山先生贊助本校擴充。

8日 印發各級升降調查表。

12日 教育部調查國內較爲完善之公私立中等學校現時設備情形，以資參考，訓令本校造冊呈報。

13日 開全體教職員大會，討論本學期校務進行計畫大綱並選舉校務會議代表。宴請全體教職員。幼稚園教師羅淑賢因事辭職。

15日 開設國、英、算三科補習班。修訂小學各級上課秩序的考查法。

16日 上海特別市黨部訓練部徵集本校關於課外活動的各種方案。

19日 童子軍軍樂隊赴上海特別市黨部爲本市童子軍選舉理事開會奏樂。本校童子軍團長張訓方①先生被選爲本市第一屆童子軍理事會理事。

22日 開校務會議，議決修訂本校組織

---

① 編者注："張訓方"疑爲"張訓芳"，後同。

				大綱及組織籌備本校擴充委員會等案。田徑賽隊開始每朝到虹口公園練習。
		24	日	中一上學生由張亦菴先生率往吳淞砲台灣旅行。函請寶山縣公安局釋放因出言不慎冒犯吳淞軍隊劉排長致干拘留之本校學生馮潤滇回校。
		25	日	嚴厲取締學生沿街買食。
		26	日	修訂小學部各股辦事細則。
		27	日	杭州市立清波小學函索本校最近的兒童訓育具體標准以資參考。
		29	日	規定體育測驗種類及成績標準。遵上海特別市黨部訓練部之通告,填具本校教職員研究黨義成績報告表。之江文理學院函請填寫升學該校之本校學生調查表。小學五年級級任教員湯慕蘭先生因事辭職,聘黃英瑋先生繼任。編造八月份報銷清冊,呈送上海廣肇公所備核。
10	月	4	日	小學部舉行排隊比賽。
		6	日	舉行衛生比賽。開校務會議,討論慶祝雙十節等案。上海工商子弟學校函索本校各科研究報告。
		8	日	本校教職員到日本小學參觀。
		9	日	中國童子軍司令部特派員羅球來校視察童子軍。童子軍參加國慶提燈大會。
		10	日	開會慶祝國慶。全體童子軍參加雙十節大檢閱及遊行。
		11	日	拒毒宣傳。
		13	日	修訂緊急集合練習細則。
		14	日	中學組舉行文藝比賽。
		15	日	小學部高年級組舉行國語演講競賽會。廣州市市立第四十一小學校長范俊良、廿九小學校長何侶雪來校參觀。
		17	日	全體員生一千人攝影。
		18	日	初中三年級學生由吳戊生先生率領徒步旅行淞江,翌日返校。
		19	日	童子軍獅、虎兩隊隊員卅餘人徒步旅行淞江。
		20	日	修正緊急集合之號鐘。開校務會議,討論自二十年度第一學期起,各科教讀一律改用國音及準備參加本市第三屆小學聯合運動會等案。中學部舉行英語閱讀比賽。
		21	日	小學低年組舉行故事演講比賽會。惠陽縣政府特派教育考察員戴叔明等來校參觀。
		22	日	舉行第二屆教職員注音符號研究會,仍請黎維嶽、彭家農兩位先生任指導。上海市衛生局派員來校種痘。小學高年級組聯合旅行南翔。調查上學期性行不良的學生最近有無改善。
		24	日	初中二下學生由杜蕭先生率領旅行崑山。
		27	日	調查各級懶惰學生,施以特別教導。小學三年級三班由王志滂先生等率領旅行兆豐花園。小學中低年級舉行簿籍整潔比賽。舉行中小學各級衛生演講比賽。開會鼓勵參加本市小學聯合運動會各選手。
		28	日	籌備擴充委員會開會,邀請徐崎崧、林毅伯兩位先生列席與議。
		29	日	溫欽甫先生函請馮平山先生贊助本校擴充。小學四年級三班由李希三先生等率領旅行兆豐花園。中華職業學校函索本校章程以資參考。
		31	日	江蘇省立上海中學實驗小學教職員五人來校參觀。編造九月份報銷清冊,呈送上海廣肇公所備核。
11	月	2	日	廣西旅滬同鄉借本校開賑濟廣西籌備會。
		3	日	開校務會議,討論本校全體教職員遵令補行宣誓典禮等案。舉行頑劣學生改善比賽。小學部舉行學業優良的學生獎勵會。調查本學期各級學生退學原因。江蘇省立上海中學實驗小學教職員來校參觀。小學高年級組學生一百四十八人由教師率領旅行南翔。
		4	日	初中一下學生由張訓方先生率領旅行南翔。福建泉州私立西隅師範學校參觀團由尤國偉君率領來校參觀。
		5	日	盧校長參與上海市教育局召集之私立學校校長補行宣誓典禮。國民革命軍陸軍第九師第廿五旅旅長甘麗初來校參觀。小學高年級組學生一百廿四人由各該級任教

月	日	記事
		師率領旅行南翔。
	6 日	初中二上學生由鄭惠僑先生率領旅行半淞園。
	9 日	上海特別市黨部舉行擴大訓練會議，徵求本校繕具提案。
	10 日	全體教職員補行宣誓典禮，盧校長奉令監督，禮畢舉行聚餐會，以資紀念。重新調查小學部各級實足年齡。選舉模範學生。
	11 日	爲便於參加本市第三次小學聯合運動會起見，特派童子軍特別隊先往會場擇地露營，佈置營地，以利辦事。
	12 日	參加本市第三次小學聯合運動會——全體運動員入場時，由本校童子軍樂隊領導。
	13 日	繼續參加小學聯合運動會，本校幼稚生加入表演。
	14 日	小學聯合運動會閉幕，本校連得三屆男校田徑賽總錦標，本屆乙、丙兩組個人錦標亦爲本校應炯標、雷樹苹兩生所得，幼稚生加入表演亦得獎狀一面。遵上海市教育局令，呈送填答中學經常費分配問卷。小學低年級組舉行交誼會。
	17 日	開校務會議，討論舉行立校紀念會連帶舉行祝捷會及懇親會等案。韓國維新社第一支部部長金何然來校籌用費，並應中學部學生之請演講韓國復國運動之經過。
	18 日	國立勞動大學社會科學院教育系教育原理班十餘人由教授陳科美率領來校參觀。
	19 日	遵上海市教育局令，呈送填答中小學訓練資料問卷。遵上海市教育局令，呈送全校教職員簽名蓋章之誓詞。
	21 日	初中二下學生由鄭惠僑先生率領參觀省立上海中學初中部學生自治會成績。通告全體教員整齊上課落課程序及一切應一致執行的手續。
	22 日	小學高年級組舉行國語演講比賽會。上海市立隆德小學教職員來校參觀。
	23 日	盧校長參與上海市教育局徐局長主請之本市私立中學校長宴會。
	24 日	小球級際比賽開始。
	25 日	《木棉》第七期出版。中學部舉行國語演講比賽會。上海市教育局督學李鶴書到校視察。上海市教育局派員到校測驗小學高年級及中年級學生各科成績。
	26 日	小學部開全體教職員會議，討論舉行成績展覽會事項。校醫陳典謨爲全體學生檢驗體格。初中三上學生由戴玉衡先生率領參觀江蘇省立上海中學初中部學生自治會成績。
	29 日	小學高年組展覽國語科成績。
	30 日	盧校長參與全市中學校長公宴上海市教育局徐局長。編造十月份報銷清冊，呈送上海廣肇公所備核。
12 月	1 日	開校務會議，討論舉行立校紀念會等案。調查小學部已改過的學生在家狀況。
	3 日	呈請上海市教育局轉公安局准予本校假百星大戲院開紀念會。
	4 日	本校立校紀念日，全體教職員合贈紀念茶杯二百套。上午，假座百星大戲院開紀念會及祝捷會，上海市教育局督學李鶴書、第四科科長李大超蒞會演説。下午，在校內舉行小學部各科成績展覽會，團展覽本校歷年紀念照片及各種出版物。晚間，假座冠珍酒家舉行聚餐會，加入者本校全體職教員及校友。上海特別市黨部訓練部舉辦全市小學黨義演說競賽會，函邀本校選派學生參加。
	6 日	登報鳴謝百星大戲院免費借給本校開會。
	7 日	遵上海市教育局令，填報中等學校調查統計表。遵上海市教育局令，呈復十九年度第一學期本校初中不辦理畢業。
	8 日	獎勵小學部確已改過的學生。籃球級際賽開始。
	12 日	江蘇省立民衆教育館函索本校刊物。調查各級特別頑劣屢戒不改或資質過鈍無法施教之學生，下學期飭令退學。
	14 日	廣西旅滬同鄉假本校開廣西賑濟成立大會。上海特別市黨部訓練

				部贈給本校參加小學生黨義演說競賽紀念狀一張。
		15	日	開校務會議,討論二十年元旦舉行藝術科成績展覽會等案。
		16	日	徵求攝影成績,加入元旦藝術展覽會。滬江大學教育學院函請填送兒童讀物調查表。四川梓縣特派教育考察員王大鈞到校參觀。
		20	日	開全體教職員會議,討論本學期結束各事項並舉行聚餐會。指導學生年假期內關於身心上之修養法。
		21	日	印發教學狀況報告表及學生自省表。徵求各科教師對實施部頒課程標準後之意見。
		26	日	指定學生年假內之自修功課。
		27	日	召集藝術科各教師暨各部主任討論藝術展覽會事項,並派定職務,分頭負責辦理。
		30	日	國民政府參加比國博覽會代表褚民誼先生來函報告本校出品(書藝)獲有金牌獎。編造十一月份報銷清冊,呈送上海廣肇公所備核。

民國廿年(1931年)

1	月	1	日	舉行第一屆藝術(書藝、美術、手工)展覽會,一連三日,來賓共約二千餘人。
		2	日	上海廣肇公所董事溫欽甫先生蒞校商榷本校擴充計畫。
		3	日	溫欽甫先生蒞校參觀藝術展覽會。藝術展覽會閉會,因唐少川先生(廣肇公所主席)與陳炳謙先生(廣肇公所董事)約定容日蒞校參觀,故將所有出品仍舊陳列,暫緩收拾。
		4	日	溫欽甫先生爲本校擴充事再蒞校接洽。
		5	日	盧校長訪唐少川先生,請示蒞校參觀日期及本校發展計畫。
		7	日	遵上海市教育局令,呈報辦理第廿三屆高小畢業。
		12	日	呈報本屆高小畢業試驗日期及程序。
		18	日	徐崎嵩先生陪同唐少川、陳炳謙、

				溫欽甫三位先生蒞校參觀,張亦菴先生爲之攝影紀念,參觀後少川先生等俱表示滿意,炳謙先生並約盧校長容日同往江灣區選擇新校舍地基。
		19	日	盧校長爲本校擴充事訪陳炳謙先生。
		23	日	準備考試新生及舊生補考各事項。
		25	日	盧校長應陳炳謙先生之約,同往江灣區水電路選擇新校舍地基。
		26	日	考試新生及舊生補考。
		27	日	上海商業儲蓄銀行函索本校章程,以應各界索閱。
		29	日	登報通告錄取新生並開設特別班。
		30	日	東三樓教員寢室改爲學生宿舍,學生宿舍改爲教室。吉安縣教育局函索本校各種表冊以資參考。男廁所改建工竣。校舍校具修理工竣。編造本學期決算表,連同報銷總冊呈送上海廣肇公所備核。舍務股股長譚之良先生辭職,聘梁汝芬先生繼任。
2	月	1	日	舉行春季始業式,學生到者一千零四十餘人。本學期教職員因事辭職者有譚之良、郭大同、劉榮芳、黃慎之、杜肅等五位。新聘教職員有潘素文、吳博文、余敦、唐伯堯、董柳顏、盧金瑤、鍾淑瑗、陳寶璋等八位。王志溁先生本學期專任小學教務部主任職務,不另兼課。黃霜華先生本學期辭去小學教務部高年級組主任兼職。陳炳謙先生爲購置本校新校舍地基事蒞校商榷。
		2	日	與廣東中小學合贈上海市教育局徐局長就職紀念物品。
		4	日	盧校長參與上海市教育局徐局長就職典禮。修訂積分冊,附加操行登記欄。
		5	日	遵上海市教育局令,呈送第廿三屆高小畢業生畢業證書請爲驗印。修訂新生須知。
		6	日	編配上臨時課時間表。
		7	日	上臨時課。印發新生須知並訓練新生。初中三上與三下合班授課。編配各級日課表。召集新教員及級任教員會議上課伊始應注意的事項。編造本學期預算表,

月	日	記事
		呈送上海廣肇公所備核。
	9 日	上正式課。本週舉行全體學生第一次體格檢查。續租青年會運動場，爲學生練習田徑賽及足球之用。童子軍部改訂設計委員會及評判委員組織條例及會議細則。
	10 日	奉上海市教育局指令，本校第廿三屆高小畢業證書准予驗印發還。籃球隊加入中青籃球會聯合比賽。製定小學部秩序比賽的永久錦標。
	11 日	發表小學部上學期各教員教學狀況的比較。
	12 日	函謝王開照相館贈送本校優勝運動員三十寸放大照相一幀。改訂童子軍部組織大綱及會議細則。
	13 日	印發敬告新生家長書——關於彼此合作事項。
	14 日	上海特別市立和安小學函索本校好學生標準。
	16 日	體育部本週講授運動技術標準與學習法。上海市教育局函送識字運動遊藝會入場券，囑分送就近民衆。表彰小學部崔廷芳、江禎和拾金不昧。
	17 日	上海市教育局派許之本君來校調查廢曆元旦有無照常上課。
	18 日	通告各教師注意試讀生程度。各級下課改用鳴電鈴爲號。
	19 日	體育部選定籃球隊員十人爲本校對外比賽代表。
	21 日	舉行全體教職員大會，通過本學期校務進行大綱並選舉校務會議代表。宴請全體教職員。小學低年級組開假期作業成績展覽會。初中二下學生由戴玉衡先生率領旅行林家花園。體育部教師率領籃球隊隊員到青年會健身房練習。
	23 日	修訂小學部週報辦法及投稿規則。指導小學中年級組組織自治會。改善童子軍隊伍編制。
	24 日	日本醫生中野確來校參觀。支配各級體育課應用場地。通告運動技術測驗種類與方法。
	25 日	訓練小學部新生晨操。擴充童子軍軍樂隊。
	26 日	初中二學生由張訓方先生率領旅行崑山。
	27 日	美國某教授夫婦 Mr. & Mrs. Joseph Balch Wheel Wright 來校參觀。
	28 日	召集全體軍樂隊隊員舉行茶話會。盧校長偕李錦沛建築師及各教職員察看新校舍地址並參觀本埠中外各學校之新建築。
	30 日	公佈業經全體教職員會議通過之整齊上課下課程序，請全體教職員一致執行。
3 月	1 日	本埠《民國日報》發表本校擴充計畫。整理升級降級調查表，並決定各班學生之升降。
	2 日	加定日報揭貼新聞。開校務會議，議決列下各案：(一)本校教職員加入本市四區教育會；(二)組織新校舍設計委員會；(三)訂定學生排隊上課辦法。選任童子軍部各股幹事暨總幹事。國術模範班開始訓練。
	3 日	開童子軍全體幹事會議，討論辦事細則。本校籃球隊與友隊作中青錦標比賽，本校以四十八對廿一勝。上海市衛生局派員來校種痘。
	4 日	《申報》發表本校擴充計畫。中華國民拒毒會來函徵求本校學生拒毒論文。
	5 日	調查上學期性行不良的學生，特別加以訓導。
	6 日	選定排球隊員十人爲本校對外比賽代表。
	7 日	童子軍全體隊長舉行茶話會，討論本學期進行計畫。
	8 日	童子軍部預選參加全市童子軍黨義演講比賽的代表。
	9 日	植樹宣傳。
	10 日	本市各界追悼討逆陣亡將士，本校遵令停課一日。遵上海市教育局令，購用該局出版之總理逝世紀念教材(小學低年級組用)。編發小學高年級組暨中年級組總理逝世紀念教材。本校籃球隊與愛倫隊作中青錦標比賽，本校以卅三對卅四負。召集初中組全體教職員會議討論訓育問題。
	12 日	舉行總理逝世紀念會。上海童子軍理事會借用本校禮堂舉行全市

童子軍黨義演講比賽會，結果乙組、丙組團體第一俱屬本校。該兩組個人第一亦爲本校童子軍周宗綿、黃志明所得。

14 日 應精武體育會國術運動大會之請，選派學生赴會表演國術，並派童子軍二小隊到會服務。

15 日 童子軍消防隊開始練習。國民政府參加比國博覽會代表處發回本校出品。

16 日 開校務會議，議決下列各案：（一）改善排隊上課辦法；（二）組織本校第五屆運動會籌備委員會；（三）舉辦教職員第三屆注音符號研究會。規定中小學各組（體格分組）體育測驗成績標準。浙江省立第四中學教育參觀團由李乃城君率領來校參觀。

17 日 遼甯馮庸大學徒步團來校參觀。

18 日 開小學部算術科會議，議定各級算術科的基本標準。本校籃球隊與南方中學作友誼比賽，本校以卅四對四十三負。

19 日 開小學部社會、自然兩科會議，決定參加上海市教育局主辦的社、自兩科成績展覽會。初中一下與一上兩班學生由張亦菴、黃霜華兩先生率領旅行崑山。

21 日 本校籃球隊與濟強隊作中青錦標比賽，本校以卅二對廿九勝。小學低年級組選舉整潔學生。童子軍全體大會操。

23 日 之江文理學院本校初中畢業生林壽南等十三人組織廣肇公學同學會。

25 日 本校籃球甲、乙兩隊加入精武杯聯合比賽。體育部召集級際籃球比賽各隊代表會議，討論比賽辦法。圖本週展覽關於黃花崗事件圖書。

26 日 龍榮憲先生辭職，聘陳玉文先生繼任。

27 日 初中三學生由戴玉衡先生率領參觀吳淞水產暨商船兩校。級際籃球比賽開始，計初中隊加入者五隊，小學隊加入者七隊。

29 日 開黃花岡①七十二烈士殉難紀念會。

30 日 開校務會議，討論本校全體教員

參加本市四區教育會事項。開始每早派員到虹口公園指導本校學生練習田徑賽運動。圖本週展覽關於旅行的書籍暨圖表。

31 日 召集全體教員報告參加本市四區教育會事。下午停課，以便各教員參加四區教育會成立大會。本市四區教育會借用本校禮堂開成立大會，本校教職員戴玉衡、劉偉山當選爲該會幹事。應四區教育會之請，選派童子軍爲該會成立大會服務。本校籃球隊與南菁隊作中青錦標比賽，本校以四十一對卅七勝。編造二月份報銷清册，呈送上海廣肇公所備核。

4 月 1 日 本校童子軍團長參加本市童子軍理事會旅行杭州各團長會議。本校籃球甲隊與紅黑隊精武杯錦標比賽，本校以卅八對十五勝，又：乙隊與翼隊比賽，本校以五對廿二負。

2 日 初中地理教員兼小學五下國語教員黃英瑋先生因事辭職。復旦實驗中學函索本校章程用資參考。

3 日 由本日起放春假三日。童子軍四十餘人由教練員率領旅行杭州，七日返校。上海市教育局奉教育部令，向本校徵集學生成績，送往美國司特盤雷鎮鎮立圖展覽。

6 日 完成初中應用書目。

9 日 本校籃球隊與國華隊作中青錦標比賽，本校以五十四對十九勝。上海市公安局函請本校准許閘北三段救火會因公殉命之常務委員劉榮泰之遺孤免費入學，以示優恤。

10 日 函復公安局允許劉榮泰之遺孤免費入學。浙江省立第一中學童子軍教員陳于茲君來校考察童子軍教育。本市第四區教育會借用本校禮堂開會員大會。

13 日 開校務會議，議決下列各案：（一）鼓勵初中學生參加本市中學聯合運動會；（二）訂定赴運動會辦法；（三）組織獎品委員會；（四）組織本校運動會販賣部。小學低年級組開音樂會。聘定汪樹棠先生繼

---

① 編者注：岡，應爲崗。

任小學五下（一）國語科教員。公佈初中書目並介紹新書。假青年會運動場預選參加本市中學聯合運動會各選手。本校籃球隊與桂峯隊作精武杯錦標比賽，本校以廿九對廿一勝。

14 日 遵上海市教育局轉教育部令，填送中學部呈請教育部立案表冊。梁汝芬先生調教初中地理所遺小學六上國語科教職，聘元桂彬先生繼任。本校教職員第三屆注音符號研究會開始研究，仍由黎維嶽、彭家農兩先生擔任指導。上海工部局北區小學函請填報升學指導調查表。

15 日 本市四區教育會假本校禮堂開會員大會。雲南省立大學考察團孟立人君等十人來校參觀。級際籃球比賽，小學組勇級以六戰六勝奪得本屆錦標。

16 日 開會鼓勵參加中學聯合運動會各選手，小學高年級組暨教職員代表相繼致鼓勵詞。本校童子軍全體軍樂隊受理事會之託，代表本市童子軍出席本埠西童子軍遊藝大會表演音樂。

17 日 本校小學算術教員暨監護股職員參觀萬竹、時化兩小學，考察算術科成績及糾察團狀況。小學三年級三班學生由各教師率領旅行龍華。

18 日 上海市教育局聘任盧校長爲該局教育討論委員會委員。上海特別市黨部民訓部調查本校團狀況。鍾淑媛先生因事辭職，所遺教務由在校同事兼任。童子軍八小隊往怡園露營，翌日返校。小學低年級組舉行音樂會。

19 日 國民會議代表選舉上海事務所借本校爲本市四區教育會選舉場所。

20 日 召集參加中學聯合運動會各選手舉行茶話會。童子軍全體教練及全體幹事舉行聯席會議，討論團部應辦事項。國立中山大學教育考察團函知來校參觀日期。

21 日 向工部局索取兆豐花園團體入園證。本校童子軍團長參加本市童子軍團長會議。

22 日 本校籃球甲隊與翼隊作精武杯錦標比賽，本校以卅六對廿四勝。又乙隊與獅魂隊比賽，以二對零勝。填送上海特別市黨部訓練部團實施黨義教育調查表。

23 日 盧校長出席上海市教育局教育討論委員會第一次會議。小學低年級組全體學生由全體級任教師率領遊覽兆豐花園。本校籃球隊與新合星隊作中青錦標比賽，本校以七十九對十三勝。

24 日 中學部參加上海市教育局主辦之第一次中學聯合運動會，一連三日。中一下（和級）組織運動會新聞採訪股，隨時在校內公佈。廣州執信學校教育參觀團由朱如濡君率領來校參觀。

25 日 本校童子軍應中學聯合運動會之請到會場服務。小學高年級組舉行國語演說競賽會。

26 日 中學聯合運動會閉幕，本校共得四分，團體成績列第五，甲組一千六百米接力賽跑列第三，八百米接力賽跑列第二，乙組四百米接力賽跑列第四。

27 日 體育科本週舉行臨時測驗。小學中年級組舉行國語演說競賽會。中學部因連日參加運動會頗爲勞頓，給假一日，以資休息。開校務會議，議決籌撥參加本市第三次童子軍大檢閱及大露宿用費，及參加市立小學社會、自然兩科成績展覽會等案。本校籃球乙隊與建國隊作精武杯錦標比賽，本校以十四對十八負。

28 日 童子軍舉行團部會議，討論參加大檢閱、大露宿各事項。上海市教育局以本校派遣童子軍爲中學聯運會服務來函道謝。

29 日 選取初中學生余衍基等六人書藝成績，呈送上海市教育局轉教育部，送往美國麻省司特盤雷鎮鎮立圖展覽。通告各教師指導學生搜集社會科特殊材料。本校籃球甲隊與獅魂隊作精武杯錦標比賽，本校以二對零勝。江蘇省立徐州中學師範科參觀團由朱凌斗君率領來校參觀。

30 日 函送初中三學生鄭祖成拒毒論文

於中華國民拒毒會。編造三月份報銷清冊,呈送上海廣肇公所備核。

5月1日 檢閱小學各班國語科課卷,並與各該班教師討論該科教學方法。印發五一勞動節臨時教材。本校籃球甲隊與建國隊作精武杯錦標比賽,本校以廿六對廿九負。又乙隊與精武隊比賽,本校以二十對四十二負。

3日 參加上海市第三次童子軍大檢閱及大露營,一連四日。

4日 圕本週展覽關於五四、五九的書籍。廣東省立第一女子師範教育考察團五十餘人由校長李雪英率領來校參觀。利生中小學教職員率領學生卅餘人來校參觀。印發臨時教材《日本印象》,令初中及高小各級學生閱讀。

5日 上海市童子軍大檢閱及大露營閉幕,本校童子軍所參加之各項比賽結果如下:露營比賽列第一,檢閱比賽列第二。本校籃球乙隊與紅黑隊作精武杯錦標比賽,本校以十九對卅三負。

7日 盧校長出席上海市教育局教育討論委員會第一次常會。開始逐週發表小學高年級組各科的代表作品。組織小學部社會、自然兩科成績審查委員會審查出品。

8日 湖北省立女子師範學校教育參觀團由王益昶君率領來校參觀。奉上海市教育局指令,本校呈送教育部備案之表冊業經彙案轉呈。本校籃球甲隊與乙隊作精武杯錦標比賽,甲隊以卅一對二十勝。

9日 奉上海市教育局指令,本校呈送美國麻省司特盤雷鎮鎮立圕展覽之學生成績品已彙呈教育部。測驗高小各級閱讀《日本印象》後的印象。遼寧省小學教育研究班參觀團二十人由導師宏哲光君率領來校參觀。新童子軍舉行宣誓禮。

11日 開校務會議,討論關於本校第五屆運動會各事項。童子軍募捐總理紀念亭開始。向上海市教育局呈報本校舉行第五屆運動會。小

學六上(一)舉行英語科臨時試驗,成績極優,每人各得一百分。本校籃球甲隊與精武隊作精武杯錦標比賽,本校以廿一對廿八負。圕本週展覽關於體育運動的書籍。

12日 上海市教育局視察員王淑英女士來校視察音樂科教學。

13日 奉上海市教育局指令,本校第五屆運動會准予舉行,並已函公安局飭屬知照。贈送廣東中小學廿週年紀念祝辭一幀。

14日 假青年會運動場舉行第五屆運動會,一連兩日。廣肇女學學生到場表演團體操,時報館特派記者到場攝影。派員押送本校社會、自然兩科出品赴展覽會場(萬竹小學)陳列。

15日 上海市教育局主辦社會、自然兩科成績展覽會開幕,本校出品陳列第廿四號室,會期共三日。

16日 運動會節目未完,今日一面上課,一面在本校操場繼續比賽。通告各教師參觀社、自成績展覽會。

17日 應中華競走會之請,派童子軍一百人為全滬華人十二哩競走服務。

18日 小學低年級組舉行交誼會。舉行陳英士先生殉難紀念會。組織中學部自然研究班,薛沛韶先生任指導。

19日 浙江省立高級中學師範科參觀團由主任蔡紹牧率領來校參觀。吳縣教育參觀團孫補勤君等來校參觀。

21日 通告注射預防霍亂針。

22日 上海市衛生局派員來校注射預防霍亂針。小學低年組舉行算術比賽。

24日 審查初中三上各生程度與初中畢業標準大致尚合,准予參加畢業試驗。

25日 發給第五屆運動會獎品。開校務會議,議決案如下:(一)發表本校試行部頒課程結果;(二)續辦暑期學校;(三)注意寫字姿勢;(四)檢查清潔。

27日 小學部各組週報聯合展覽。開始逐週發表小學中年級組各班各科的代表作品。

28日 級際乒乓比賽各隊代表會議。舉

		行小學部各班作文測驗。奉上海市教育局令,準備參加幼稚園成績展覽及遊藝會。級際乒乓比賽開始。遵上海市教育局令,填送學校概況調查表及現行簡章。漢口市教育參觀團姚承舜君等八人來校參觀。吉林省永吉縣小學教育參觀團楊永傅等六人來校參觀。編發五卅慘案紀念臨時教材。
29	日	向上海市教育局呈報舉辦初中第八屆及小學第廿四屆畢業。
30	日	童子軍特別隊舉行五卅慘案紀念演講會。
31	日	童子軍團長出席全市童子軍團長會議。編造四月份報銷清冊,呈送上海廣肇公所備核。
6 月 1	日	本日爲總理奉安紀念及公佈約法之日,奉令停課一天,以資紀念。
2	日	天氣炎熱,開始減少排隊上課次數。印發各級學業自省表。小學部各級舉行交誼會。廣州市立師範第五屆畢業教育考察團來校參觀。印發小學部學業優良與能改進的學生調查表。印發訓練寫字時的良好姿勢舉隅。本週舉行全體學生第二次體格檢查。
4	日	開小學部國、算、英三科成績展覽會籌備會議。遼寧省岫巖縣教育參觀團由中華書局總廠印刷所事務部主任趙子藝君陪同來校參觀。盧校長出席上海市教育局教育討論委員會第二次常會。奉上海市教育局指令,本校畢業生名單准予備案。初中二上學生由吳博文先生率領作修學旅行。調查特別訓導後改過的學生。各級選舉模範學生。
6	日	幼稚園曹元春、劉勵群兩先生出席上海市教育局幼稚組教育討論會。收集各級學業自省表。
7	日	全體童子軍參加國際衛生運動大遊行。
8	日	呈報畢業試驗日期及程序。印發教學狀況報告表。小學中年級組自本週起逐週舉行學藝競賽。開會獎勵模範學生及改過的學生。
9	日	初中部舉行演講比賽。印發遵行部頒課程暫行標準的紀錄報告表。

10	日	東亞體育專科學校童子軍團教練班三十人由團長瞿越率領來校參觀。上海特別市黨部派林克聰君來校視察黨義教育。小學五上(二)學生由劉偉山先生率領遊覽兆豐花園。
11	日	准初中三年級學生之請停課溫習三日,以便受畢業試驗。
12	日	小學部開國、英、算三科成績展覽會二日。國立北平師範大學第二部參觀團五人由董魯菴君率領來校參觀。
13	日	新會三民小學校董龍元亨君來校參觀。開全體教職員會議,討論本學期結束各事項,並議決徵求畢業班級贈送物品留校紀念,會畢舉行聚餐會。
15	日	本週舉行中、小學兩班畢業試驗。公佈小學各級各科學業優良及能改進的學生。召集軍樂隊全體舉行茶話會。級際乒乓比賽舉行決賽,勇級以六戰六勝獲得本屆錦標。
16	日	上海市教育局視察員陳瑀奉派來校監考初中畢業試。舉行總理蒙難紀念會。
18	日	上海市教育局督學李鶴書先生蒞校視察。上海市教育局第三科函請本校選派童子軍爲幼稚園成績展覽會服務,又請派軍樂隊爲幼稚園遊藝大會奏樂。國民政府教育部批准本校備案,訓令上海市教育局轉令本校知照。遵上海市教育局令,呈送本校幼稚園成績登記表及遊藝節目。
21	日	寄宿生開聚餐會。
22	日	學期考試開始。收集教學狀況報告表。本屆全體小學畢業生公宴各教師。
24	日	揭示畢業考試結果,並宣佈不及格的學生補考日期。
26	日	學期考試完竣。初中畢業考試不及格的學生補考。上海市教育局幼稚園指導王淑英女士來校接洽借用教室爲幼稚園成績展覽會第一陳列場。
27	日	遵上海市教育局令,派員率領初中畢業生參加中學聯合畢業典禮。爲初中畢業生攝影紀念。本

				屆初中全體畢業生公宴各教師。檢送幼稚園圖畫手工成績赴展覽會場陳列。本校童子軍服務員參加全市童子軍服務員聯歡大會。
	28	日		上海市教育局主辦之幼稚園手工圖畫成績展覽會開幕，本校出品在第一陳列處第一室陳列。本校幼稚生赴上海市教育局主辦之幼稚園聯合遊藝大會表演遊藝。本校應上海市教育局第三科之請，遣派童子軍爲幼稚園成績展覽會服務，復派軍樂隊爲遊藝會奏樂。小學畢業考試不及格的學生補考。
	30	日		遵上海市教育局令，派員率領小學畢業生參加聯合畢業典禮。爲小學畢業生攝影紀念。應上海市教育局之命，派遣童子軍爲小學聯合畢業典禮及第四屆兒童音樂會服務。爲參加幼稚園遊藝會的幼稚生攝影紀念。餞別畢業離校之熱心服務的童子軍隊長梁健榮、陳紹棠等。編造五月份報銷清冊，呈送上海廣肇公所備核。
7月	5	日		校友鄭家駒等發起組織之長城儲蓄投資會假本校禮堂開股東大會。
	6	日		暑期學校開學。
	7	日		遵上海市教育局令，呈送畢業生成績及畢業證書驗印。選派童子軍四小隊爲廣肇女子小學懇親會服務。
	8	日		上海市教育局頒給本校幼稚園麵粉工出品第一名之獎狀一張。
	10	日		遵上海市教育局令，填送本屆初中畢業生調查表。
	13	日		奉上海市教育局指令，本校本屆中小學畢業證書准予驗印發還。
	16	日		上海童子軍理事會結束各團經募總理紀念亭捐款。本校童子軍團共募得六百二十八元八角，爲全市童子軍團之冠，個人募捐成績亦以本校張團長爲最優。
	20	日		初中自然科研究班由薛沛韶先生率領參觀中央造幣廠。破獲曾在本校肄業之鄭某在童子軍室行竊。
	21	日		中國童子軍漢口旅行隊胡嗣春君等五人來參觀。
	27	日		上海特別市黨部視察本校黨義教育，認爲成績優良，列甲等第一

				級，來函嘉獎。
	29	日		暑校委員暨各主任會議暑校結束事項。
	31	日		暑校全體教職員舉行同樂會並聚餐。教職員十六人參觀大夏大學。
8月	20	日		秋季始業，學生到者中小學生一千零六十四人，本學期新聘教職員有劉兆熊、譚騰芳、梁鑑舜、蔣宗文、曹彝環、元桂彬等六位，離校者有高葆英、黃英瑋、余敦、潘素文、鍾淑媛、汪春等六位。聘任吳佩韋先生爲中學教務部副主任。
	31	日		奉市教育局令知本市私立中小學校校長轉飭各教職員注意常識，遵令辦理。
9月	3	日		奉市教育局指令，令將所募水災賑款銀行收據呈局，以便彙呈市府。
	5	日		開全體教職員會議，討論本學期校務進行計畫大綱，並選舉校務會議出席代表。
	9	日		填報十九年度本校初中暨附小概況調查表各一份。
	10	日		遵令在總理紀念週時演講賑災問題。
	16	日		分發牙醫師闞韞霞優待本校學生治牙辦法通告於家長。全體員生勸募賑濟各省水災捐款，共得國幣壹仟零卅元，送交本市華洋義賑會收轉。
	18	日		初中部學生繼續舉行排隊上課。
	19	日		上海市教育局舉行衛生行政常識演講，盧校長遵令偕同訓育主任劉偉山出席聽講。
	21	日		施行全體學生肅靜鎮定的訓練。
	23	日		組織委員會指導學生救國會工作。
	24	日		奉令切實指導學生愛國運動。
	26	日		盧校長赴上海市教育局出席各中等學校校長談話會。
	28	日		開校務臨時緊急會議，討論全體教職員集中意志應付環境，指導學生避免意外凶危辦法。初中部學生試行軍事訓練。製定全體教職員校服一致改穿國貨黑嗶嘰企領服裝，女教職員穿國貨布旗袍。
	30	日		續送華洋義賑會本校學生水災捐款五元四角。
10月	5	日		遵令呈送上海市教育局華洋義賑

				會本校員生水災捐募衣款收據共三紙備查。
		7	日	初中部自然科研究會學生由導師曹彝環先生率領前往南洋煙草公司參觀。奉上海市教育局指令,爲據呈水災捐款收據彙案公佈並呈市府備案。
		10	日	全體員生一千餘人集合操場,舉行國慶日升旗禮及大會操、童軍檢閲式等以伸慶祝。
		14	日	遵令分發中學部各生《中央告全國學生書》。
		24	日	初中自然科研究會學生由教師薛沛韶先生率領前往永安第一紗廠參觀。
		26	日	施行學生禮貌訓練。修訂本校學生信條。
		27	日	本校小學部運動選手參加本市第四屆小學聯合運動會。
		28	日	初中部排隊上課改爲每日排隊一次,時間在上午第一堂,藉資施行秩序訓練。
		30	日	初中部自然科研究會學生由教師薛沛韶先生率領前往光明熱水瓶廠參觀。上海市第四區教育會借用本校禮堂開會員大會。
11	月	2	日	開校務臨時會議,討論招待國際聯盟會教育參觀團辦法。(附註)教育局原定介紹該團到校參觀,嗣因時間關係未果來。
		4	日	盧校長出席市教育局中小學雪恥救國中心活動成績競賽籌備會議。是日,本校中小學全體教師會議改爲談話會,託由戴玉衡、王志澄兩先生代爲主持。
		13	日	呈報初中部本學期新生插班生學籍。填報十九年度初中及小學教職員人數調查表。
		16	日	舉行本學期第四次校務會議,討論準備參加本市中小學愛國活動成績競賽會辦法。
		21	日	初中部自然科研究會學生由教師薛沛韶先生率領前往江南造紙公司參觀。
		27	日	購備"中華民國成立紀念"補充教材,分發小學部各級學生閲讀。
12	月	2	日	初中部開始軍事訓練,聘任高偉材先生爲軍事教官。
		4	日	假座中央大會堂舉行立校第十八

				週紀念會。因時值國難,祝典簡單。到會者爲全體師生及校友一千四百餘人。首由盧校長報告本校歷年史略及今後擴充計畫,次由教職員及校友代表黎維嶽、王志澄、鄭家駒諸君演説,並印發紀念品。是晚全體教職員舉例聚餐以申慶祝。
		5	日	本校員生合力捐助韓光第將軍紀念塔建築費叁拾元,送交時事新報館轉該紀念塔建築募捐籌備處。
		8	日	本校全體師生合力捐助黑龍江省馬占山將軍及全體將士一千元,滙交哈爾濱花旗銀行轉撥該前方將士。
		15	日	決定指導中學部學生因參加愛國工作而罷課的活動辦法。現有學生擁擠已極,決定下學期(春季)暫停止招考一次,惟遇各級有缺額時,得酌收新生補充,隨到隨考,不另定招考日期。
		24	日	勸導中學部學生復課,以符救國不忘讀書之旨。

民國廿一年(1932年)

1	月	1	日	放年假三日。
		4	日	舉行全體教職員會議,討論本學期結束各事項。本校擴充計畫因受國難影響暫告停頓。
		11	日	中小學各級畢業及學期考試開始。
		15	日	各級考試完畢。
		18	日	收集各科成績分數。
		21	日	寄發各家長學生報告單。
		28	日	是夜滬變突起,二時許,便衣隊十數人持械衝入本校四處搜查。時校中有寄宿生十餘人,由舍監黎伯伊先生會同住校教職員妥爲照料,示以沉着應變方法。黎先生本人因趨避不及,手臂中彈受傷,血流過多,不能行動,翌晨,异出送入同仁醫院療治。其他在校寄宿之員生幸皆安然脱險。
		30	日	登報通告全體教職員假座廣肇公所商談應付事變辦法。
2	月	10	日	暫設本校臨時辦事處於寧波路47號長城投資會內。

		13	日	本校教職員黎伯伊先生因傷重醫治無效，不幸逝世，由本校負責爲之收殮，靈柩暫厝嶺南山莊。

13 日 本校教職員黎伯伊先生因傷重醫治無效，不幸逝世，由本校負責爲之收殮，靈柩暫厝嶺南山莊。

3 月 8 日 時局未平，原有校舍一時尚難應用，爰租定西摩路175及177號三層西式樓房兩座爲臨時校舍，並登報通告籌備開學。

17 日 填報上海市教育局本市被災學校及文化團體損害調查表。

18 日 中小學開學，到校學生共三百餘人，在滬教職員回校復職者廿九人。吳佩韋先生辭中學教務部副主任兼職。舉行本學期第一次校務會議決定進行計畫。

26 日 本學期因受滬戰影響，經費支絀。所有本學期先後回校服務之教職員，其薪金由到校服務之日起算，並斟酌任務繁簡分別致送。

31 日 函述本校繼續開課情形及原有校舍狀況，通告因一·二八事變離滬之各教職員。

4 月 12 日 奉上海市教育局令，爲本校參加本市中小學校愛國活動成績競賽會國語科"馬占山"一課出品發給甲等獎狀一紙。

22 日 函請廣肇公所撫恤黎伯伊先生，附錄原函於後。

請求廣肇公所撫恤伯伊先生家屬函：

上海廣肇公所執行委員會列位先生鈞鑒：敬啟者。本校前因閘北事變，校舍於一月廿九日午前二時半左右爲便衣隊攻入，除門窗、牆壁及校具等爲機關槍毀壞外，並有舍務主任黎伯伊君當場受傷倒地，辰刻救護出校舁往同仁醫院求〔救〕治，住院數日，卒以流血過多傷重身死，至堪痛惜，遺柩暫厝嶺南山莊。查黎君自民國九年來校服務，任職凡十二年，不特學識優良，品性純厚，爲全校員生所敬仰，即其熱心校務，勇於負責，尤爲難得。在遇難前一日，黎君曾親向吳淞路及虹口公園一帶察看，見敵隊機關槍已編列號數，米麵、煤炭已充分預備，即知禍變必作，而獨不肯離校暫避者，以身居舍務主任之職，有盡力保護寄宿學生之責，毅然決定誓死不去。

及至攻入時，從容照料各寄宿學生，分別藏匿，俾免凶危。事後，寄宿各生均得安全無恙者，實賴黎君維護之力也。惟黎君以盡瘁職責，忘懷身居險地，卒爲所害。其忠烈有足多者，黎君老父不幸於前年去世，現時番禺原籍所遺孤兒寡婦養育無人，身後蕭條，聞之酸鼻。校長等誼本同舟，情非陌路，爲勉勵他時急公者計，爲崇報殉校忠義者計，爲憐憫孤孀計，均有提請鈞會賜予撫恤之義。用敢不揣冒昧，將黎故舍務主任被難經過瀝情陳明，敬乞即將撫恤辦法早賜決定執行，或將恤金全部數目早日撥下，俾便滙寄黎君家屬，以恤孤孀而彰忠烈，實深感荷。專肅。祗頌公祺。上海廣肇公學校長盧頌虔謹上。廿一年四月廿二日。

廣肇公所復函：

逕啟者：前接來函爲黎教員伯伊撫恤事，經董事會議決，黎君於該校服務有年，情殊可憫，給予一年薪金以資撫恤在案，茲將議決案抄錄，即希查照爲荷。此致盧頌虔校長

上海廣肇公所啟。五月十二日。

民國廿一年四月廿二日會議，公推溫欽甫先生爲臨時主席。

議案

廣肇公學盧頌虔校長函稱，該校教員兼舍務主任黎伯伊君品學俱優，辦事勤奮，爲各學生愛敬。此次戰事發生之次日，即一月廿九日，本校被便衣隊攻入，牆壁、門窗、校具等均爲機關槍所毀，黎君當場受傷，旋救護出校，在同仁醫院身故。現靈柩暫厝嶺南山莊，身後蕭條，一家數口撫養無人。可否俯念黎君在校服務十二年，因公隕命，其情可憫，酌予撫恤而慰英魂事，公議給予一年薪金，以資撫恤。(附註)伯伊先生最後月俸爲一百十五元，全年薪俸共壹仟三百八十元。

24 日 填送上海市中等學校調查表。本校教員彭家農先生病故，其家屬遠在湘、粵兩地，身後各事均由本校代爲料理。

5	月	6	日	填報本學期新生、插班生學籍。
		12	日	廣肇公所發給黎伯伊先生一年薪金以資撫恤,計國幣一千三百八十元。
		13	日	奉上海市教育局指令,本校小學部本屆畢業證書准予驗印發還。
		14	日	上海市衛生局派員到校爲學生注射霍亂預防針。組織黎伯伊先生殉難善後委員會,公推教職員盧頌虔、王志滂、張亦菴、戴玉衡、吳佩韋、梁汝芬及校友鄭家駒、鐘錦濤、陳承輝等九位爲委員。
		16	日	修正本校學生信條。
				(附註)由民國廿一年六月一日起中小學三校大事記分別記録。①②
6	月	1	日	時局漸告平靖,公共租界北區一帶交通業已恢復,特在北四川路橫浜橋本校原址開設補習班,以便因戰事失學之學生來校補習。
		4	日	補習班在本校原址開學。舉行黎伯伊先生殉難委員會第一次會議。
		14	日	遷回北四川路原有校舍,開始照常辦公。
		15	日	奉上海市教育局令,爲准童子軍司令部函知轉飭所屬開始童子軍三項登記,本校遵照辦理。
		18	日	規畫本校會計股改用新式簿記,及訂定本校經濟公開辦法。遵照部頒"今後中學訓育方面應特別注意事項"規程,辦理本校訓育事宜,由全體教師一致切實執行。組織補習班訓育委員會。
		24	日	奉上海廣肇公所函知,略謂:本月廿四日董事會議由唐寶書先生提議,於救濟難民餘款項下撥款四萬元,爲本校建築中學部新校舍之用,當經通過在案。
				附録廣肇公所董事會議議決案如下:
				上海廣肇公所董事會議,公推郭順先生爲臨時主席。唐寶書先生提議建築廣肇中學新校舍,前由盧頌虔校長籌辦,承陳炳謙先生捐助地基約十八畝,許文亮先生認捐二萬元(唐寶書先生經募),曾經備案,以便進行,後因一·二八滬變發生,此事暫爲擱置,現擬請公所撥助四萬元,俾

得早日觀成。温欽甫先生和議,衆贊成。

| 7 | 月 | 11 | 日 | 上海廣肇公所董事温欽甫先生等函請吳市長鐵城擔任本校建築校舍募捐委員會委員長,原函如下: |

鐵城市長鄉先生勛鑑:敬啓者,敝公所鑑於旅滬同鄉日多,兒童教育不容忽視,故歷年辦有廣肇公學、廣肇義學、廣肇女學等,所以謀同鄉子女教育之普及,抑亦輔翼本市教育設施於萬一也。查廣肇公學一校,規模較大,歷史亦垂二十年,現有學生千餘人,辦理成績,倖蒙本市教育當局、教育界及同鄉父老稱許。至其學校程度,則自幼稚以迄初中,均皆完備。歷年初中畢業者,大多數均升入各處著名大學之附中或著名中學之高中部,頗有相當之信譽。第因限於校舍之容積,未能即時添辦高中,以致各屆初中畢業學生,其準備升學至大學者,必須先轉他校之高中;其不準備升學大學者,又每感學力未充,不足以應付社會,故學生家長紛紛以添辦高中爲請。不特此也,頻年市內同鄉生聚日繁,及年兒童須入校讀書者,亦日益激增,原有校舍,以容積關係,每期以額滿見遺者輒數百人。敝公所再四籌維,深覺該校既有已往之成績,若添建校舍,則一方面既可添辦高中,一方面亦可以疏通校舍,增加學額。升學高中以上者,既免轉折之煩,入小學者,亦可免額滿見遺之嘆。敝公所董事陳君炳謙甫閒斯議,即自動認捐江灣水電路地皮十八畝,以爲新校舍之地基。董事唐君寶書又向許君募得二萬元,老君燕林復自動慨助一千元,敝公所則於救濟餘款項下,撥出四萬元,作爲建築之用。惟是工程浩大,所缺尚多;且陳君炳謙爲促成此事起見,並且聲明認捐之基地,限期半年興工建築,否則撤

銷原議。故敝公所更感急不容緩,免失良機,現擬組織募捐委員會,早日開始向同鄉或本市各界募集捐款,以期早觀厥成。惟茲事體大,非有眾望所歸者號召其間,難期有效。伏維我公碩望閎德,謀國匡時,主政滬浜,萬流景仰,登高一呼,眾山響應。故敢以募捐委員長一席為請。我公提倡教育,愛護同鄉,特具熱忱,金諾之頒,定如下願。專此奉懇。並頌勛祺!

13日 吳市長函復廣肇公所,慨然允任本校建築校舍募捐委員會委員長。原函如下:

迳啟者:頃准台函,以添建高中,組織募捐委員會,並以委員長見委各節,具徵諸鄉台熱心教育之至意,欽感無似。弟同屬粵人,義不容辭,當盡棉薄,以期早日觀成也。相應函復,希為查照。此致
上海廣肇公所
　　　　　吳鐵城拜啟
　　　　　廿一、七、十三

14日 呈報本校初中畢業考試程序表。

20日 奉令遵照招收新生、插班生辦法辦理。

26日 廣肇公所聘請陳炳謙先生等為本校建築校舍募捐委員會委員。

27日 本校建築校舍募捐委員會組織成立。

同日 募捐委員會開第一次大會,到委員長吳鐵城暨委員關仁山、張篆初、溫應星、溫欽甫、郭順、唐寶書、譚蓉圃、崔聘西、李敏周、吳耀庭、楊潤之、陳炳謙、周清泉、馮炳南、譚海秋、黃煥南、李大超、郭樂、蔡昌、唐海安(黃楚煒代)、黎照寰、勞敬修、梁子貞、何權生(崔聘西代)。
列席者:盧頌虔
主席:吳鐵城委員長
議決案如下:
1.募捐額為五十萬元,募捐不限於金錢,如圖書、儀器、校具或其他物品均可。
2.校地除由陳炳謙先生捐助十八畝外,添購三十二畝,共成五十畝。

3.為辦事便利起見,組織教育設計委員會、建築委員會及財政委員會。
A.教育設計委員會委員為:溫欽甫(召集人)、黎照寰、李大超、盧頌虔、陳鴻璧、王雲五、馮炳南、司徒衛、唐寶書。
B.建築設計委員會委員為:郭樂(召集人)、關頌聲、譚蓉圃、黃檀甫、吳耀庭、范文照、李錦沛、黎照寰、盧頌虔。
C.財政委員會委員為:陳炳謙、郭順(召集人)、蔡昌、黃煥南、鄭伯昭、張榮溥、李敏周、馮炳南、唐寶書、林毅伯、潘澄波、趙灼臣、楊梅南、勞敬修。
4.增加募捐委員名額至一百名以上,委員人選由財政委員會選定,提出第二次會議決定之。
5.本會定名為上海廣肇中學募捐委員會。
6.推定盧頌虔、李大超起草募捐委員會緣起及章程。
7.募足十萬元後即開始建築。
8.定下星期三下午四時開第二次會議。

30日 募捐委員會開第一次教育設計委員會議,到主席委員溫欽甫,委員黎照寰、唐寶書(照寰代)、李大超、馮炳南、盧頌虔、陳鴻璧。
主席:溫欽甫先生
議決案如下:
1.本校以養成中等建設人材為目的。
2.設普通科與職業科,側重職業科。
3.預定十二年計劃,分四期進行,每三年為一期,第一為試辦期,第二為進展期,第三、四兩期為擴充期。
4.具體計劃由盧頌虔、李大超兩先生擬訂,下星期三(八月三日)先經本會審查,再提交大會討論。

同日 募捐委員會開第一次財政委員會議,到主席委員郭順,委員勞敬修、馮炳南、蔡昌、唐寶書(郭順代)。
列席者:盧頌虔
主席:郭順先生
議決案如下:

1. 加推募捐委員若干名。（名單另錄）

2. 新委員名單提交第二次大會審查。

3. 學校名稱問題留交大會討論。

同日　《申報》等發表本校募捐委員會成立消息及第一次大會會議錄。

8月3日　募捐委員會開第二次大會，到委員長吳市長，暨委員李大超、溫欽甫、蔡增基（袁良驥代）、吳耀庭、唐寶書、郭順、溫應星、唐海安（黃楚煒代）、崔聘西、梁子貞（聘西代）、楊潤之、李敏周、郭樂、蔡昌、周清泉、譚蓉圃、黎照寰、馮炳南。

列席者：陳鴻璧、盧頌虔

主席：吳鐵城委員長

議決案如下：

1. 教育設計第一、二兩期計畫原則通過，仍交教育設計委員會審查。

2. 本會章程修正通過，關於第廿二以下各條文字方面交原起草人整理。

3. 募捐緣起交馮炳南、李大超、盧頌虔三位先生負責修正。

4. 新委員名單照案通過。

5. 推舉唐少川、孫哲生兩先生為本會名譽委員長。

6. 推舉郭順（召集人）、俞鴻鈞、溫應星、蔡增基、楊潤之五位先生為購地委員會委員。

7. 推舉盧頌虔校長為本會總幹事，幹事員由盧校長就本校教職員中推定若干人擔任。

8. 陳炳謙先生辭財政委員，推舉郭順、馮炳南、蔡昌、楊潤之四位先生代表本會到陳先生處面致懇切之挽留。

9. 補助崇德女子中學新校建築費，俟本會募足五十萬元捐款時再行酌辦。

5日　《申報》等發表本校募捐委員會第二次大會會議錄。

6日　募捐委員會開第一次建築委員會議，到主席委員郭樂暨委員黎照寰、李錦沛、范文照、關頌聲（朱彬代）、盧頌虔。

主席：郭樂先生

議決案如下：

1. 全部建築計畫，須先行擬定，斟酌經濟情形，分期建築，捐款募集至一部份時，即可動工。

2. 初步圖樣由李錦沛、范文照、關頌聲三位建築師分頭設計，交本會審核，俟實行建築時，再酌量由三位建築師合作，本會各委員同往新校基地察看，並由工程師實地測量，俾便繪製圖樣。

（附）

同日　到新校地址視察者：有郭樂、李錦沛、盧頌虔三位先生，其餘各委員因事未克同往。

16日　募捐委員會開第一次購地委員會議，到主席委員郭順暨委員楊潤之、蔡增基（袁良驥代）。

列席者：盧頌虔

主席：郭順先生

議決案如下：

1. 校地原擬呈請市政府准予徵收五十畝，但為便於將來擴充計，宜趁此機會，增加徵收五十畝。

2. 增購校地五十畝呈報委員長，提交大會討論。

3. 再託李錦沛建築師派員到新校地測量面積，以一百畝為度。

20日　募捐委員會開第二次建築委員會議，到主席委員郭樂暨委員李錦沛、范文照、關頌聲（羅裕鼎代）、黎照寰、盧頌虔。

列席者：李安楊

主席：郭樂先生

議決案如下：

1. 校地擬加購五十畝，共成一百畝，提交大會決定。

2. 校舍圖樣提交大會取決。

3. 擬分期建築計劃，俾款項募集至一部分時，即可依第一期計劃建築，如實力充足時，得連同第二期計劃同時進行。

4. 第一期計劃範圍，先造必需部分：如辦公室、教室、宿舍、飯堂等，請各建築師將圖樣加以說明，並估計建築費約數，以便辦理。

26日　奉上海市教育局指令，本校初中第九屆畢業證書准予驗印。

舉行秋季始業式。①

---

① 編者注：原文如此。不能確定是26日。

9月1日	募捐委員會假大東旅社開第三次大會，到委員長吳鐵城市長，暨委員郭順、嚴德輝、楊仲綽、程炳輝、李敏周（程代）、郭樂、譚蓉圃、黎照寰、林煒南、崔聘西、梁子貞（崔代）、李大超、温欽甫、陳伯權、林毅伯、蘇佩珰、黃檀甫、盧家茂、馮炳南（郭順代）、陳焕之、司徒俠海、鄭毓秀（朱庸壽代）、袁良驥、蔡增基（袁代）、勞敬修、甘翰臣、趙序東、關仁山、羅君雄、何權生（關代）、温應星、王開、冼冠生（王長源代）、程聯、鄭洪年、楊梅南、司徒尚樂、張篆初、葉少泉（崔代）、楊輝庭。 列席者：李錦沛、范文照、關頌聲、盧頌虔。 主席：吳鐵城委員長 議決案如下： （甲）關於建築方面者： （一）校舍建築須依照下列原則： 1.工廠式　2.樸實　3.堅固　4.適用 （二）第一期建築費預算二十萬元，設備費預算十萬元。 （三）李錦沛、范文照、關頌聲三建築師分別說明所擬校舍草圖，再由三位建築師聯合繪一更適宜之圖樣，交建築設計委員會及教育設計委員會商定。 （乙）關於購地方面者： （一）購地費用預算二十萬元。 （二）加購校地一百五十畝共成二百畝，呈請政府准予依法徵收。 （丙）關於募捐方面者： （一）由財政委員會彙集各委員所發表之意見，研究一切實有效之勸捐方法。 （二）趕速印發捐冊，並印入李、范、關三建築師已繪就之校舍圖樣，藉以徵集各方面之意見。
4日	《新聞報》等發表本校募捐委員會第三次大會會議錄。
7日	廣肇公所為本校建築校舍徵收土地一案，遵照二十年十二月十八日上海市政府秘書處公函第一七二五號所訊各節，呈復市政府，並聲明本校因擴大規模，於原擬購置地基五十畝外，加購一百五十畝共成二百畝，以資應用，附具計畫書，請予核轉。
8日	本校為組織募捐委員會事，呈報上海市教育局備案。
14日	上海市教育局批復廣肇公所，略謂本校新校舍原僅請用地五十畝，現計畫書所列增至二百畝，核與原案不符，應仍叙述理由，呈由土地局會同主管局核轉，再行察辦。
17日	上海市教育局指令本校以所擬募捐章程尚有未合處，囑即派員來局，聽候指導。
20日	函請國民、廣東、東亞各銀行及永安、先施、新新、大新各公司代收本會捐款。
23日	本校建築校舍募捐委員會遵照上海市經募興學捐款暫行辦法修正本校募捐委員會章程，呈送上海市教育局備核。
24日	廣肇公所叙述本校建築校舍徵收民地擬增至二百畝之理由，並附具計畫書及各項圖說，呈送土地、教育兩局核轉。 函請唐少川、孫哲生兩先生擔任本校募捐委員會名譽委員長。 遵令分發各級學生"九一八"紀念日告全國學生書。
26日	本校建築校舍募捐委員會總幹事辦事處邀請全體教職員擔任幹事。 繼續組織特種委員會，辦理預防或應付臨時發生之事變。
27日	孫哲生先生函復廣肇公所，允任本校募委會名譽委員長。
10月10日	募捐委員會開第四次大會，到委員張篆初、趙序東、黃滌箴、馮炳南、黎照寰、郭順、李大超、司徒尚樂、郭樂、盧頌虔，委員長吳鐵城市長因事缺席，改開談話會。
同日	上海市教育局指令廣肇公所，略謂所請增加徵收土地一節，仰候土地局主稿會同本局（教育局）呈請市政府核示。
11日	開始向學生家長募捐新校舍建築費。訂定本校經濟審查委員會規程。
12日	上海市教育局訓令廣肇公所，略謂所請徵收土地增至二百畝，事實上是否有此需要，仰即切實核減至最少限度，並遵照土地局函

年	月	日	事項
			開各節,詳細具復。
		同日	郭順先生假座大東旅社歡宴本校募捐委員溫欽甫先生等卅二人,商榷募捐進行。
		17日	募捐委員會開第五次大會,到委員長吳市長,暨委員李大超、郭樂、唐寶書、楊梅南、李敏周、溫欽甫、蔡昌、冼冠生、王開、郭順、馮炳南、黎照寰、張篆初。 議決案如下: 1. 圈購民地二百畝,事實上有此需要,查照前次議決案,呈復教育局核轉。 2. 會銜去電廣東省政府,請求撥助本校建築費五萬元,由吳委員長領銜發出。 3. 公推吳委員長會同馮炳南、郭順兩先生親到鄭伯昭先生處勸募捐款。
		18日	廣肇公所呈復教育局,略謂所請徵收民地增至二百畝,事實上確有此需要,購地建築各款,業經妥實準備,仰祈迅予核轉,以利進行。
		20日	吳市長約同馮炳南、郭順兩先生親到鄭伯昭先生處勸募捐款,當蒙鄭伯昭先生認捐國幣五萬元。
		22日	募捐委員會函謝鄭伯昭先生慨捐鉅款。
		25日	上海市教育局指令本校校董會,略謂奉市政府令,本校募捐建築校舍,准予備案,仰即知照。
		31日	上海市教育局批復廣肇公所,略謂所請徵收民地增至二百畝一節,業已據函咨請土地局核辦。
	11月	7日	編輯中學部概況,送交本市中等學校協進會彙集刊行。為擴充建築校舍事,發信徵求學生家長意見。訂定鼓勵捐款辦法。募捐委員會送登募集捐款啓事於申、新各大報。
		10日	編印《廣肇中學成績一斑》,分贈各同鄉,冀為勸募捐款之助。吳市長為《廣肇中學成績一斑》作序。
		16日	發現外界有假冒本校捐款情事,馮炳南先生介紹同仁法律事務所律師吳麟坤、王仲桓兩律師代擬啓事,登報聲明,以杜假冒。
		19日	登申、新各大報廣告,通告各界注意假冒募捐,勿為所騙。
		21日	召集歷年校友會商募捐進行辦法。訂定本校員生援助東北義勇軍捐款辦法。訂定訓育部獎懲辦法。
		30日	商定舉行立校二十週年紀念會辦法。
	12月	4日	假座融光大戲院舉行立校二十週年紀念會,到來賓及學生家長、歷屆校友約二千餘人。首由盧校長報告辦理本校二十年來之經過及今後發展計畫,次由吳市長代表李大超、校董郭順、學生家長李鶴雲及校友代表鄭家駒相繼演說,並放映本校自攝影片及融光有聲電影,至正午散會。晚間,全體教職員假陶陶酒家舉行叙餐會。中小學全體員生攝影。奉令本校校名改稱"私立廣肇初級中學"。學期考試改為各級混合考試辦法。
		9日	蘇浙皖區統稅局借用本校課室考驗該局現任職員,時間每晚七時至九時,一星期為限。
		10日	應市黨部徵文委員會之請,選送初中應徵國文卷二名。
		15日	填報本校概況一覽表。上海市教育局頒發本校新鈐記一方。
		16日	選派初中學生周宗縣、黃志明參加市教育局健康演說競賽。
		19日	呈報本校審定合格之訓育主任及黨義教師姓名。
		25日	選派初中學生張鎮邦、柳螢、麥繼成、鄧顯昭四名參加市教育局主辦社會科演說比賽。
		29日	請託香港國民銀行及廣東銀行於寄發各存戶月結單時,附入本校募捐委員會致各同鄉勸捐啓。
		30日	上海市教育局訓令廣肇公所,略謂呈請添建校舍徵收土地一案,仰即遵照內政部令飭調查各點先行詳細具復,以憑調查核轉。

民國廿二年(1933年)

年	月	日	事項
	1月	9日	舉行全體教職員會議,討論本學期各部結束事宜。
		12日	填送本校初中本學期課程表及教

科用書表一份。

14日 廣東省政府爲補助本校建築費事，電復吳市長文曰"上海吳市長勛鑑：上年十一月佳電誦悉。撥助上海廣肇公學一案，經飭據財、教兩廳復稱該公學辦理頗具成績，似應酌予補助，惟五萬元之數過鉅，庫力實有未逮等語，復經本府第六屆委員第一五三次會議議決，一次補助一萬元，紀錄在案。除令復財廳外，特電查照，轉行查照。廣東省政府灰印"。

17日 舉行校務臨時會議，討論本學期各級學生性行成績。

同日 上海市教育、土地兩局奉市政府轉內政部令，爲本校圈地事會同派員到校調查捐款實情。

2月1日 舉行春季始業式。

2日 呈報本校立案前歷屆畢業生一覽表。函請五區一分所轉請工部局巡捕房在福德里馬路口（本校出入總口）裝設"車馬慢行"警牌。函知國民、國華兩銀行，由本日起本校往來款單除蓋用校印外，另加簽字爲憑。

7日 上海廣肇公所商請吳市長定期召集募捐委員會議。

14日 函知國民銀行將已代收本學期學費轉撥入廣肇公所賬內。

18日 舉行全體教職員會議，討論本學期校務進行大綱，並選舉校務會議出席代表。全體教職員加入航空協會爲會員。

21日 本校全體員生援助東北義勇軍捐款，連同小學部全體員生所捐者共得貳百六十元，解交上海國民銀行義勇軍後援會捐款經收處。

25日 遵令印發部頒中學生閱讀參考圖書目錄。

3月1日 奉市教育局指令，本校初中第十屆畢業證書准予驗印發還。

2日 補報本校初中上學期新生、插班生學籍。

3日 填送上海通志館本校沿革及概況一份。

5日 黎伯伊先生之靈柩由嶺南山莊殯房遷葬廣肇新山莊。開始募集黎伯伊先生子女教養基金。

6日 初中各級自治聯合會舉行成立典禮。

11日 上海公安局五區一分所每早借用本校操場訓練該局長警。

17日 上海市衛生局派員到校爲本學期學生施種牛痘。第一小學巡察團事務，由本校初中各級學生自治聯合會負責試辦。各級學生（連小學部在內）加入航空協會爲會員者共計三三九人。照章改選本校經濟審查委員會委員。

30日 本校經濟審查委員會審查二月份賬目。中小學各級學生加入航空協會爲會員者，截至今日止，共計六三九人，收到會費共一三一〇元。訂定禁止全體學生留長頭髮執行之步驟。

4月3日 呈報本校初中本學期各級在校學生學籍，附送學籍片一六四張。舉行教職員會議，商定照料關於小學部兒童節學生赴會辦法各事項。開會鼓勵參加全市中學運動會本校運動選手。

5日 春假開始，至十一日終了，十二日照常上課。

19日 本校員生加入中國航空協會者，（連廣公一、二小員生在內）計普通會員六九八人，特別會員六人，贊助會員一人，共收得會費一五〇六元，連同入會書等送交航空協會收存。

21日 舉行中小學三校聯席會議。

25日 本校爲促進國語教學起見，繼續舉辦第五屆注音符號研究會，各教職員自由加入研究，請黎維嶽先生擔任指導。

27日 本校中學部運動選手參加本市第二屆中等學校運動會。

5月1日 填報初中畢業年級學生參加本市中學畢業會考名冊。

6日 開會商定辦理本校第六屆運動會各事項。

10日 上海市教育、土地兩局爲本校呈請圈地事，再會同派員到校查訊捐款實情。

12日 本校假青年會操場舉行第六屆運動會，一連兩日，全體教職員及各學生家長捐贈獎品費百餘元。

16日 廣肇公所爲本校圈地事，遵照內政部令開各節詳細列表，呈復教

月	日	記事
		育局核轉。
	20日	上海公共租界工部局巡捕房及本市公安局五區一分所分別特派中外巡警，按照本校學生上學、放學時間，逐日前來福德里口馬路附近照料，以策安全。
	同日	本校童子軍參加上海中等學校協進會主辦本市童軍大檢閱及大會操。
	26日	與復旦實驗中學商洽本校初中畢業生升學該校高中事宜。
	31日	上海市衛生局派員到校爲全體學生注射霍亂預防針。上海市教育局指令廣肇公所，略謂據呈建築校舍捐款報告，候查核轉。
6月	1日	本校檢送健康教育成績出品，參加上海市衛生、教育兩局主辦健康教育展覽會。
	2日	舉行中小學三校校務聯席會議。教育局致函代收本校建築捐款之各銀行各公司，查詢經收本校捐款之實在情形。
	3日	全校停課半日，以便各教職員前往參觀健康教育展覽會。
	6日	教師節放假一日，以資紀念，是晚宴請全體教職員。
	9日	盧校長出席市教育局召集會議，籌商舉行本市中等學校畢業會考進行事宜。
	15日	本屆初中畢業學級參加本市教育局中等學校畢業會考，一連三日。
	17日	舉行全體教職員會議，討論本學期各部結束事宜。本校歷年學期末各級所填之學業自省表，自本學期起，改用學業調查表。委託戴玉衡先生代表出席市教育局召集畢業會考各中學校長會議。
	21日	填送本校初中二十年度統計表。各級學期考試開始，一連五日。
	24日	本市中等學校畢業會考委員會聘請盧校長爲會考監試員。
	29日	收集各科學業分數。
7月	2日	公佈本學期各級學業成績。
	6日	上海市教育、土地兩局將調查本校捐款之實情呈復市政府。
	同日	暑期學校開學。
	8日	公安局五區一分所每早借用本校操場訓練長警。
8月	17日	暑期學校結束，計學費收入總數爲三千二百五十八元五角（連小學部收入在內），當經暑校全體教職員會議議決，全部收入除劃出二千五百元用作本校償還舊債外，餘款爲致送暑校教職員車費（每人十元）及其他雜費之用。
	18日	內政部批准本校圈購民地，并發公告飭張貼征收地點。
	24日	舉行中學新生入學試驗。
	25日	複議處置考試作弊學生辦法。委託國民、國華兩銀行代收下學期本校學生繳費事宜。
	26日	奉市教育局指令本校初中第十一屆畢業證書准予驗印發還。
	30日	奉令呈送本校自編音樂教材，彙轉教育部參考。
9月	1日	舉行秋季始業式。舉行舊生須補考及重考之科目。
	5日	上海市土地局奉市政府令爲內政部批准本校圈地事，通知廣肇公所。
	16日	舉行全體教職員會議，討論本學期進行計畫及選舉校務會議議員。
	同日	全體教職員每人抽月薪百分之一，以一年爲限，捐助已故教員黎伯伊先生子女教養基金。
	25日	本學期呈報新生及插班生之學籍，遵照市教育局審查開示各點辦理。
	29日	規定校工制服。
10月	3日	本校教職員戴玉衡、韋輔、吳佩韋、譚天沛、黎維嶽等五人率領一部份學生赴京參觀全國運動會。募捐委員會開第六次大會，到委員楊梅南、盧家茂、嚴德輝、溫欽甫（盧頌虔代）、蔡增基（袁良驥代）、袁良驥、司徒尚燊、楊潤之、黃煥南、冼冠生（鄭杏圃代）、陳炳謙、郭順、郭樂（郭順代）、張篆初、馮少山、唐寶書、鄭洪年、李大超、吳鐵城（李大超代）、黎照寰，列席者盧頌虔，委員長吳市長臨時因病缺席，公推郭順先生爲主席。議決案如下：

1. 公推吳市長、陳炳謙先生、郭順先生、唐寶書先生、馮炳南先生、鄭洪年先生、黎照寰先生、文鴻恩先生、楊梅南先生等九位共同負責向各方面勸募捐款，以期早日

達到目的。

2. 圈購民地先從原有十八畝之附近地段着手，如合得五六十畝相連之地，即行興工建築。

3. 公舉陳炳謙、郭順兩位先生為本會副委員長，協同正委員長主持會務。

4. 酬贈捐款人免費學額，改為自捐二千五百元起，即贈送免費學額一名，原則通過，惟酬贈學額，須有限制，尤應注意將來經常費方面，免有妨礙，公推盧頌虔先生擬具詳細辦法，交下次會議討論。

5. 加推陳炳謙、李大超兩先生為購地委員，並推定陳炳謙先生負責向各地主接洽，秋節後即可着手辦理。

6. 本會支取款項，須由三位正副委員長中得兩位簽字方為有效。

5	日	陳炳謙先生受募捐委員會大會委託，負責辦理購地事項，由是日起，向被徵收各地主接洽收買。《申報》等發表募委會第六次大會會議錄。
12	日	圈地已得批准，決定趕日着手進行建築，登報通告各同鄉繳交捐款，以資應用。
13	日	訂定特別生入學試行辦法。
14	日	陳炳謙先生約同溫欽甫、郭順、馮少山、唐寶書、蔡昌、李大超、崔聘西、盧頌虔諸先生到水電路視察新校地基。遵照市教育局頒佈公民訓練中心計畫實施方案，及健康教育實施辦法，向全校各級作實施有效之推進。
17	日	呈報本學期初中新生及插班生學籍。
21	日	教育部普通教育司司長顧樹森偕同市教育局督學謝恩皋到本校視察，對於本校學生之活潑精神甚為贊許。
11月	3日	聘請國醫謝利恒先生為本校校醫。
7	日	第一小學開會鼓勵參加市小運動會全體選手，本校選派學生代表出席致詞，以資鼓勵。
8	日	郭順先生邀約陳炳謙、李大超、唐寶書、黎照寰、溫欽甫、馮炳南、崔聘西、馮少山、楊潤之、盧頌虔諸

先生在大東旅社午膳，商談校事，並預備提案，送交下次開募捐委員大會討論。

10	日	填報市教育局督學視察調查表暨中等教育概況表各一份。
13	日	陳炳謙先生約同李錦沛、盧頌虔兩先生到新校地址，商議建築方向及開闢馬路等事。
17	日	募捐委員會開第七次大會，到副委員長陳炳謙、郭順，暨委員馮炳南（郭順代）、楊梅南、楊潤之、蔡增基（袁良駿代）、馮少山、冼冠生（鄭杏圃代）、黃煥南、崔聘西、唐寶書、吳鐵城（李大超代）、李大超、黎照寰，列席者盧頌虔。

吳委員長因事未蒞會，公推陳炳謙先生主席。

討論事項：

1. 酬贈捐款人免費學額，擬改為自捐一千元者即贈送學額一名案（提議人陳炳謙、溫欽甫、郭順等八人）。

（理由）酬贈捐款人以免費學額較為實用，但本會前定自捐五千元者，始贈與免費學額一名之辦法，頗覺過於嚴格，為普及計，為便於鼓勵同鄉踴躍捐款計，似有改低數目，另定酬贈辦法之必要。查現在各方面認捐之款，總數雖有三十萬元，但截至最近數日止，自捐一千元者祇有五位，自捐二千元以上者只有三位（各公司各團體捐款在一千元以上者及個人捐贈地皮者不在內），亟宜設法鼓勵，以期達到原定目的。

（議決）提案理由充足，惟須訂定詳細辦法，始便施行，除將提案人及鄭洪年、楊梅南、黃煥南、唐寶書諸先生之意見歸納外，再廣徵各方意見，以期集思廣益，俟擬就具體辦法，再召集會議決定。

2. 本會進出款項，須聘請會計師擔任稽核，以昭慎重案。

（議決）通過。本會所有支款，先由會計師查核無訛，再由負責人簽發支票。

（註）現已徵得陳日平會計師同意，為本會擔任斯職並盡義務，俟新校舍落成後，再酌送伕馬費。

3. 設法催交捐款以應開支案。

（議決）同鄉認捐之款,大部份尚未繳交,或因意存觀望所致,本會亟應切實負責向認捐者聲明,於最近期間即着手進行建築,如經過兩年後,建築不成,則所收到之捐款如數發還,並酌給利息,由本會正副委員長吳市長、陳炳謙先生、郭順先生三位負責辦理。

4. 請定建築師繪畫圖樣,以便着手進行建築案。

（議決）俟送交建築委員後,再提出下次會議討論。

18日 本屆初中畢業班學生由教師率領前往申報館參觀。

20日 函催各委員繳交捐款。陳日平會計師允任本校募捐委員會義務查賬員。

24日 廣東省政府委員金湘帆先生道經上海,溫欽甫先生等請彼設法將省府補助本校建築費一萬元早日發給,以資應用。

26日 上海特別市黨部委派黃惕人君到校視察。本校廿二年度第一學期初中一年級新生四十名之學籍,已奉令准予備案。遵令於本市舉行第十二屆衛生運動週時實行校內大掃除。

12月4日 假座中央大會堂舉行本校立校廿一週年紀念會,是晚全體教職員舉行校慶聚餐會。

5日 辦理初中第十二屆畢業。

13日 選派初中學生鄧顯昭、趙士顯、林兆瑞三名參加上海市中等學校協進會主辦自然科常識測驗。

14日 陳炳謙、溫欽甫、郭順三位先生為謀學生通學便利起見,呈請市政府在虹口公園游泳池斜對面開築馬路(即閘北道路系統內之通利路),直達水電路本校新校址。

15日 募捐委員會開第三次建築委員會議,到主席委員郭樂及委員譚蓉圃、黎照寰、李錦沛、范文照、關頌聲(朱彬代)、盧頌虔等七位。

議決案如下:

1. 通過校舍平面地盤圖。
2. 決定第一期應建築之校舍為禮堂及辦公室一座,教室兩座,宿舍兩座,圖書館兼科學館一座,體育館一座,及飯廳、厨房、門房等,建築費共約二十萬元,如款項不足,得先建築一部份。
3. 繪圖監工費照全部建築費百分之三計算。
4. 地面填泥工程,俟測量平水後再議。

21日 為圈地事,遵照土地局之通知,送交該局代理登報之廣告費及佈告石印等費五百元。

28日 呈送本校初中參加畢業會考學生各科畢業成績。

民國廿三年（1934年）

1月10日 各級開始學期試驗。

12日 上海市土地局為本校添建校舍征收民地事,除依照土地征收法第十二條之規定,通知被征收土地之所有人及關係人外,再開列清單,登報公告。

13日 吳市長為本校請求展築通利路事,函復陳炳謙、溫欽甫、郭順三先生,准予照辦。

18日 寒假開始。

25日 上海市教育局頒佈本市暫行中等學校學生成績考查辦法。本校奉令遵照辦理。

28日 請定薛少泉先生為本校義務查賬員。

2月 舉行新生及插班生入學試驗。

5日 工務局來函略謂本校請求興建之通利路,業經計畫就緒,請派負責代表來局接洽。

7日 舉行春季始業式。

10日 工務局來函略謂展築通利路估計工程費約六千七百元,收用土地費約七千元,如本校能擔任全部費用,當再呈市政府核示。

13日 函請國民銀行將代收本校本學期學費轉入廣肇公所賬內。

14日 (廢曆元旦)教育局派員到校調查有無上課。(註)本校是日照常上課。

17日 舉行全體教職員會議,討論籌備開成績展覽會事宜。

20日 呈報本學期招生報告表及入學試驗經過。

3月1日 訂定本學期校務進行計畫大綱。

		6日	奉教育局令,初中第十二屆畢業證書准予驗印發還。
		同日	陳炳謙先生約同盧校長視察新校址。
		7日	函送市黨部黨義教育股本校教職員調查表。
		8日	函復上海市工務局,聲敘本校願擔任展築通利路工程費六千七百元。
		同日	教育局督學杜剛先生到校視察。
		13日	廣東省立女子師範學生六十人到校參觀,由馮秉綱先生率領。
		15日	審定本學期開支預算表。
		同日	推定籌備展覽會各部職員。
			訂定整齊上課、下課程序,交由全體教師執行。
		23日	大夏中學高中師範科學生卅人到校參觀。呈報廣肇公所本校校舍因受一·二八戰事損壞所需修理費用,請照撥給。
		27日	募捐委員會開第八次大會,到吳委員長代表李大超,副委員長郭順,暨委員溫欽甫、楊梅南、馮炳南(郭順代)、譚蓉圃、李樸生、李大超、司徒尚樂、黃煥南、郭樂、唐寶書、黎照寰(寶書代)。 列席者:陳日平會計師、李錦沛建築師、范文照(伍代)建築師,盧校長。 主席:吳鐵城委員長(李大超代) 議決案如下: 1.通過修訂紀念捐款者辦法。(全文另錄) 2.繼續酌量征收民地,並呈請政府准予延長征收期間。 3.校舍圖樣原則通過,正式圖樣交由建築委員會審定。 4.收集捐款,準備興工建築,請由正副委員長設法催繳,已認捐者請即繳交,未捐者請慷慨輸將。動工日期定在六月一日。 5.刊印廿一年十月至廿三年三月廿六日收支賬略,分發各捐款人及經募人查閱。並摘要送登各報廣告,俾眾週知。 6.支取款項現由二位副委員長簽字,加推黃煥南先生以備代簽,連原有共三位,支取款單得兩位簽字,即為有效。

4	月	2日	遵令參照本市新生活運動會辦法,推行新生活運動。
		5日	填報中等教育概況表各一紙。
		同日	登報公佈新校舍已定期開工建築,催請各同鄉繳交捐款應用。
		6日	《申報》等發表本校募委會第八次大會會議錄。
		同日	檢送本校賬目託薛少泉先生查核。
		16日	上海市工務局來函,謂:展築通利路所需收用土地費,業經呈奉市政府准由市庫支付,本校所擔任之全部工程費,望即繳局,以便興築。
		17日	選派初中三上學生何耀年、黃祖頤兩名,參加上海中等學校協進會主辦國文比賽。
		18日	委託戴玉衡先生代表參加上海市第四區教育會成立大會。
		19日	教育局督學馬崇淦先生到校視察。
		同日	調查各級學生每日自修功課情形,勿使有勞逸不均之弊。
		23日	填送上海市教育局督學調查表一份。
		28日	呈報本學期新生及插班生學籍。
5	月	1日	呈送在校學生學籍總表。
		3日	繳交工務局展築通利路工程費六千七百元。
		同日	全體教職員每人月捐二角,實行儲金救國,定名為"廣公救國儲金"。盧校長偕同劉偉山先生赴上海市教育局出席中等學校校長、訓育主任聯席會議。
		11日	奉上海市教育局令,介紹本校教職員戴玉衡、張亦菴、黃彞弼、薛沛韶、曹彞環、陳千鈞、梁汝芬等,以備聘任編訂中學各科教學進度表委員會委員。
		14日	本學期初中新生、插班生學籍奉市教育局審查開示,遵照辦理。
		16日	函催上海市工務局從速開築通利路。
		17日	本校運動選手參加本市中學教職員聯合會舉辦中學春季運動會,一連三日,本校獲乙組田賽亞軍。
		19日	奉令努力推進新生活運動。
		21日	本校中學自治聯合會衛生組舉行國語衛生演說比賽。
		27日	上海市公安局每晚借用本校課室

月	日	事項
		數間,爲該局長警演講新生活運動之用。
	31日	呈送本校學生制服調查表。
	同日	選派初中學生參加新生活運動演講競賽會。
	同日	訂定處罰犯規學生之權限及其辦法,請由各教職員查照執行。
	同日	決定舉辦全體教職員救國儲金,每月每人儲金貳角,以"廣公救國儲金"名義存於穩妥銀行備用。
6月	2日	選派初中部學生何漢雄參加上海市教育會主辦全市中小學新生活運動演講預賽。
	7日	新校舍募捐委員會開第四次建築委員會議,到主席委員郭樂暨委員譚蓉圃、黎照寰(頌代)、盧頌虔、朱彬、李錦沛(楊代)、范文照(伍代)。 議決案如下: 1. 決定校舍正式圖樣,照原樣略加修正通過。 2. 準備招標手續,由李錦沛建築師等負責辦理。
	12日	新校舍工程開始招人投標。
	20日	新校舍工程開標,吳委員長(李大超先生代)、副委員長陳炳謙、郭順先生,暨建築委員會郭樂、黎照寰、譚蓉圃、李錦沛、范文照、盧頌虔諸先生均到場監視,投標者共二十家,標價最高者十八萬九千〇廿四元,最低者十三萬一千四百五十元,交由何家承造,俟由建築委員會商定後,再行通知。呈報辦理中學參加畢業會考表冊。訂定《廣公暑校教職員儲金會章程》,凡本校教職員遇急時得照章向該會借款應用。
	22日	建築委員會決定本校新校舍第一期工程交與光華營造廠承辦,計造價十二萬五千元,另由該廠認捐本校建築費四千元。
	25日	上海市教育局中學畢業會考委員會借用本校爲會場,一連三日。呈請市政府將通利路路名改稱廣中路(即廣肇中學路)以資紀念。
	27日	吳市長復函略謂所請將原有通利路改稱廣中路,業經查照飭秘書處交工務局核辦。
	29日	與光華營造廠簽訂建築本校新校舍合同。上海市教育局轉教育部指令,爲交通大學、大同大學合辦上海市中等學校理科教員暑假講習班,本校應選派理科教員加入講習。
	30日	向工務局領取營造執照。
7月	2日	各級學期考試完試。
	3日	舉行畢業及休業式。
	4日	暑假開始。
	5日	各科考試成績總收集。
	9日	分發學生家長總報告。
	12日	暑期學校開學。
	14日	保送初中生物教員曹蕘環先生加入上海市中等等①學校理科教員暑期講習班。
	15日	本屆初中畢業級學生十人參加本市中學畢業會考全體及格。
	16日	本屆初中畢業生赴市政府參加畢業聯合典禮。
	19日	吳市長復函略謂:所請更改通利路路名爲廣中路,准予照辦,並由工務局知照土地、公安兩局查照。公安局第五區分所借用本校課室數間,每晚教授該所警士日語。
	22日	暑期學校終了。
	26日	上海市工務局核准本校新校舍圖樣,簽發營造執照,即日起正式興工建築。
	28日	新校舍募捐委員會開第五次建築委員會議,到主席委員郭樂暨委員李錦沛、范文照、朱彬、盧頌虔等,議決案如下: 1. 業主與建築師簽訂之合約,刪去第五條。 2. 聘定文學基先生爲監工。
8月	2日	盧校長到滬閔路吳家巷參觀省立上海中學新校舍工程。
	16日	商定九月九日上午十時舉行新校舍奠基典禮。
	18日	建築委員會主席郭樂先生視察新校舍工程。
	22日	通告上學期各級學生期考不及格之學生舉行重考日期。
	25日	考驗新生。
	26日	廣中路展築工程完竣。
	27日	錄取新生揭曉。
	29日	上學期各級舊生不及格之學科舉

---

① 編者注:疑爲多一"等"字。

				行重考。
		30	日	舉行秋季始業式。
9	月	1	日	遵令改用新制度量衡,此後關於測量身體及運動成績等俱以新制爲準則。
		3	日	建築校舍募捐委員會假新亞酒店開第九次全體會議,到吳市長、郭樂、郭順、黃煥南、楊梅南、李大超、勞敬修、楊潤之、司徒尚樂、盧頌虔等十五人,議決案大要如下:(1)設法催交捐款。(2)九月九日舉行新校舍奠基典禮,儀式須隆重熱鬧,並編印紀念特刊,分贈各界,以廣宣傳。(3)王俊君地皮須從速買入,以資應用,託文鴻恩局長負責代爲接洽。(4)略。
		5	日	開全體教職員會議,討論全校師生參加新校舍奠基典禮各事項。印發奠基禮請柬,並刊登各大報廣告,邀請各同鄉暨各界惠臨觀禮。
		6	日	豎立廣中路口校牌。
		8	日	通告全體學生參加奠基禮辦法。
		9	日	上午十時,舉行新校舍奠基典禮。到吳鐵城市長、文鴻恩局長、陳炳謙、郭樂、郭順、李大超、唐寶書、勞敬修、楊潤之諸先生,及各同鄉、各界來賓約三千餘人。由吳市長奠基並致吉詞,公安局軍樂隊到場奏樂,廣東兄弟樹膠公司贈送小橡皮球一百三十打,上海畜植公司贈送鮮牛奶,泰豐、冠生園、利民等公司贈送餅乾糖果,以饗來賓。是晚全體教職員舉行聚餐會,以示慶祝。
		13	日	盧校長參觀廣東中小學暨嶺南中小學新校舍工程。新校舍水電工程開標,到建築委員會主席郭樂,委員譚蓉圃、盧頌虔,建築師李錦沛,衛生工程決定由懋利衛生工程行承辦,定價八千三百九十五元。電氣工程決定由德泰號承辦,定價二千元正。
		15	日	舉行全體教職員會議,討論本學期校務進行計畫。
		18	日	舉行"九一八"國難三週年紀念會,各級加授"九一八"教材。
		22	日	登報招請數學教員。
		26	日	上海市衛生局派員到校爲學生及

				校工種痘。
		30	日	簽訂水電工程合同。
10	月	1	日	印送各教師上下課時之辦法及在室內上課時應注意之事項。
		2	日	續發本校建築新校舍捐冊於各學生家長請爲踴躍捐助,附送本校《成績一斑》及新校奠基特刊各一本。
		3	日	開校務臨時會議,討論慶祝雙十節辦法及審核本校暑校教職員儲金保管委員會議決事項。與本校校友隊作友誼籃球賽,結果三十二對七,本校獲勝。
		6	日	級際排球比賽開始,全校自初中一上至初中三下共七級比賽,采循環法,結果初中三上(健級)奪得錦標。
		8	日	與精武隊排球比賽,結果三比一,本校勝。
		10	日	集合附屬一小、二小及幼稚園全體師生共一千四百餘人,在北校大操場舉行慶祝雙十節大會。是晚,全體教職員舉行國慶聚餐會。
		11	日	盧校長晉京接洽購置新校地產。
		13	日	盧校長公畢返校。
		15	日	舉行新校舍募捐宣傳週,訂定鼓勵學生募捐辦法,並授捐資興學教材。
		18	日	填送市教育局廿三年度中等學校教職員調查兩份。
		同	日	呈報市教育局本學期錄取新生及插班生學籍,附送學籍片及證明文件。
		20	日	參加中國青年會主辦之排球聯賽,本校編入乙組,該組共七隊,用循環比賽制,比賽月餘,始告完畢,結果本校四勝二負。
		26	日	與英華作排球友誼賽,結果三對一,本校勝。
		29	日	爲促進建築新校舍募捐事,特開中學暨一小各部主任暨各級級任會議,討論向各家長勸募捐款辦法。
11	月	1	日	田徑隊拍照。
		2	日	建築校舍募捐委員會假座吳市長公館開第一次常務委員會議,到吳市長、陳炳謙、楊梅南、溫欽甫、郭樂、蔡昌、譚蓉圃、馮炳南、司徒尚樂、郭順、李大超、崔聘西、盧頌虔等十五人,議決案大要如下:

1. 不敷之款，應從速設法籌募，由正副委員【長】及各常委負責。
2. 組織女同鄉勸募團，請吳市長夫人任團長。
3. 向銀行透支借款六萬元，由吳市長、陳炳謙、郭樂、馮炳南、蔡昌、溫欽甫六位先生擔保。
4. 指定每座建築物之名，爲捐助巨款者留紀念。

6日　開會鼓勵參加市中運動會各選手。舉行參加本市中學第三屆運動會選手茶話會。

7日　通告各級級任教師收集捐款調查表。參加本市中學聯合運動會，停課三日。

9日　學生四十餘人利用本市中學運動會假期，由教師率領旅行蘇州。

12日　總理誕辰紀念日，遵令放假一日。

13日　參加本市第三屆中學運動會，參加競賽單位共有五十餘校，競賽結果，本校甲組獲得二分，名列第九。乙組得七分，名列第四。又八百公尺接力跑，名列第三。呈復市教育局並填送全國大中學校歷屆畢業生狀況總表兩份。上海市教育局發給本校理科教員戴玉衡、吳佩韋、薛沛韶、曹彝環、李希三等參加上海市中等學校理科教員暑期講習班及格證書各一紙。

15日　訓委會召集各級自治聯合會第七八屆職員會議，決定進行計畫。

17日　排球隊與 ABC 內衣公司友誼賽，結果二對三，本校負。

19日　小學各級學生分組舉行本校募捐建築新校演講比賽。

同日　圖接受神州國光社贈送該社出版圖書三十四冊。

20日　美國童子軍來滬，本校童子軍團奉理事會命令，選派童軍及樂隊代表本市童軍到碼頭歡迎。

23日　各級學生舉行募捐演講比賽。寄發最近兩學期退學學生調查表。

24日　聘請各級教師爲各級學生分隊募集新校捐款參謀。

同日　爲學生分隊募捐事，召集各隊參謀會議，討論進行各事項。

同日　上海市教育局發給廿二年度第一學期本校初中畢業生鄧顯昭、趙士明、李文雄、羅鑑知等會考甲等獎狀四紙。

26日　舉行學生分隊募捐開幕禮。

29日　新校舍第一期工程完成在即，擬於明年春季始業添辦高級中學，具文呈請教育局准予設立，並附呈用表三份。

12月3日　全體員生攝影。

同日　級際籃球賽開始，參加者全校自初中一上至初中三下共七級，用淘汰比法，經月餘完畢，結果初二下（明級）奪得錦標。

4日　上午九時，中小學全體員生一千三百餘人假座中央大會堂舉行立校廿二週年紀念會，表演學藝助興，第一、第二兩小學展覽各科成績。是晚宴請全體教職員及校友。召集各募捐隊參謀會議，商定指導學生勸捐方法。

8日　盧校長偕教職員八人參觀江蘇省立上海中學新校舍。全體教職員捐月薪百分之一助賑。

13日　舉行英文識字比賽。

19日　函請上海電話局將豎立本校新校舍大門口之電桿移植他處，免礙出入。

24日　舉行初中三下畢業預試。填送市教育局督學處第廿三年度第一學期中等教育概況表兩份。中小學生報告各分隊募捐成績。

教育局查明本校本屆初中應屆畢業生楊永甯等十五名學籍核案相符，准予參加畢業會考。

民國廿四年（1935 年）

1月1日　上午九時，中學部暨第一、第二小學六年級員生（即分隊勸募新校建築各隊員及參謀）在新校舍舉行新年同樂會。

3日　教育局對本校呈請添辦高中准予招生一級，先行試辦。

5日　開全體教職員會議，討論本學期結束及下學期開始各事項。

7日　本屆初中三年級修業期滿，學生參與畢業會考，一連三日。

同日　學生分隊募捐結束，計得捐款二千餘元。

10日　建築校舍募捐委員會假座廣肇公

所開第十次全體會議，出席者：吳市長、李大超、蔡昌、嚴德輝、冼冠生（鄭杏圃代）、梁維四、崔聘西、林毅伯、陳炳謙、馮炳南（炳謙代）、楊梅南、楊潤之、黃煥南、勞敬修、老燕林（頌虔代）、郭樂。列席者：陳日平會計師、李錦沛建築師、盧頌虔校長

主席：吳委員長

（甲）報告事項：

（一）崔聘西先生報告：茲有同鄉林炳炎先生對於本校添辦高中異常贊成，且承認興學育才爲國家根本大計，願助建築費六萬元，特將現款存放銀行，以備支取，並請郭樂先生、林毅伯先生暨本人代表貢獻意見：因林先生對於校名方面有所提議，其大意略謂本校既爲旅滬全體同鄉所經營，爲求名實相符起見，最好將校名廣肇二字易以能包括廣東全省之名稱，如廣東中學（本埠已有廣東中、小學，不能雷同）、粵東中學等，如此項提議能通過，則林先生認捐之款隨時可以繳交，林先生此舉純爲同鄉謀公益，並無其他用意。

（二）陳炳謙先生報告：本人因悉南洋兄弟煙草公司曾有以五萬元爲簡照南先生立銅像之議，特往見簡夫人，告以用五萬元立銅像，不如利用此款作一更值得紀念之事，倘能將全款捐助廣肇中學爲建築費，本人願將本會議決紀念先父之大禮堂移作紀念照南先生，現已得簡夫人之同意，該捐款五萬元即可繳交。至本人自請將大禮堂移作紀念照南先生一事，務請本會查照辦理云云。

（三）陳日平會計師報告本會收支賬略。

（四）李錦沛建築師報告工程狀況。

（五）盧頌虔先生報告準備春季始業遷入新校舍上課情形。

（乙）討論事項：

（一）改易本校名稱案。（議決）一致通過，改稱粵東中學。

（二）易名後，應如何向各同鄉及

各界公佈案。（議決）用本會正式公函通知廣肇公所，得同意後，再呈報教育局，並用廣肇中學募捐委員會名義登報公告週知。

（三）組織健全之校董會案。（議決）先擬定校董會章程，然後物色人選，除廣肇公所學務股董事爲當然校董外，各府人士均須聘請擔任。

（四）增加建築物案。（議決）先添建圖書館一座，並決定爲陳炳謙先生尊人留紀念，定名爲星朗圖書館。

（五）定期舉行新校舍落成典禮案。（議決）俟春季開學後，再行酌定。

		10	日	學期考試開始。
		15	日	學期考試完竣。
		16	日	舉行畢業及休業禮。
		同	日	參加中國青年會主辦籃球聯賽，編入學組一部，該組隊數共十隊，用循環比賽制，比賽三月餘，始告完畢，結果本校八勝一負。
		17	日	寒假開始。呈報上海市教育局本校校名"廣肇中學"改名"粵東中學"之緣由請予備案。爲本校改名粵東中學及添辦高中招考新生事，刊登本市各大報廣告。
		21	日	刊登廣州各大報，公告本校校名改稱粵東中學。本學期初中應屆畢業生十五人參加畢業會考，教育局核定本校成績合於獎勵辦法第一項，特給獎額，以資鼓勵。
		26	日	考試新生。
		27	日	呈報市教育局招生報告表一份。
		29	日	錄取新生揭曉。
2	月	9	日	在新校舍舉行全體教職員會議，討論舉行春季開學禮及準備上課各事項。
		14	日	召集本學期新舊生在新校舍大禮堂舉行談話會。
		15	日	上午九時半，在新校舍舉行開學禮，吳市長、溫欽甫、郭樂、郭順、李大超、崔聘西諸先生等蒞校致訓詞。舉行全體教員會議，商定本學期各級用書及考查成績辦法。
		17	日	參加十五團童軍四烈士衣冠墓落成禮。
		18	日	上臨時課。函請公安局北站分局

			增設派出所於本校附近,以資保護。
	19	日	上正式課。
	20	日	江灣保衛團應本校之請,委派團員一名駐校保衛。
	同	日	向永安保險公司投保本校房屋、校具、圖書、儀器及住校員生衣服、行李等物共十四萬五千元,按照所送之校舍全圖投保説明辦理。
	22	日	編定李銘慈、簡以仁兩位校醫輪值到校服務。
	23	日	上海市國民軍事訓練委員會派定何樹藩君兼任本校軍事教官。
	25	日	訂定本學期訓育大綱及製備學生性行檢查卡片。
	26	日	軍事教官何樹藩到校就職。
	27	日	呈復市教育局本校訓育主任兼公民教員劉偉山君已獲准市黨部補行登記,仍由該員擔任原職。市公安局八字橋警察分駐所巡官李金榮到校接洽設立崗位。
	28	日	自本日起,規定每日放午學時召集全體學生舉行短時間的訓話,並請全體教師出席輪流致訓。
3 月	1	日	奉市教育局二月廿八日指令第二九〇三三號內開奉教育部令本校更改校名自屬可行,惟添辦高中應補行立案手續,轉飭遵照。
	2	日	市公安局八字橋警察分駐所由今日起在本校門前設立警崗。
	3	日	本校暨附屬廣公第一、第二小學及幼稚園全體教員在新校舍舉行聯歡會,到九十餘人。
	7	日	組織新校舍落成典禮籌備委員會。
	12	日	上午舉行總理逝世十週紀念會,並請梁維四先生演講造林運動,會畢,全體員生在校內苗圃區各植樹一株。
	13	日	市教育局督學謝恩皋到校視察。
	14	日	函請閘北華商公共汽車公司增闢路綫行經水電路,以利交通。
	17	日	選派各級優秀學生十八人,由吳博文先生率領參加市黨部主辦優秀學生聯誼運動。
	18	日	林毅伯、簡英甫兩先生到校參觀。教育局發給第廿二年度第二學期本校初中第十三屆畢業生李木生、黄志明、陳啓耀、張錦璇、傅佳

			桂五人畢業會考甲等獎狀各一紙,又第二十三年度第一學期本校初中第十四屆畢業生楊永寧、張明正、何耀年等十四人參加會考合於獎勵辦法第一項,特給獎額一方,題曰"教導有方"。
	19	日	上海市衛生局江灣區事務所派員到校種痘。
	24	日	校董陳炳謙到校視察,並向全體學生訓話。
	25	日	建築校舍募捐委員會假座吳市長公館開第十一次全體會議,到吳市長、陳炳謙、郭順、唐寶書、李大超、楊梅南、黎照寰、崔聘西、老燕林、勞敬修、蔡昌、盧頌虔等十六人,議決案大要如下:(1)對於本校有特殊功績者,分別予以隆重之紀念(詳情見新校舍落成紀念册《建築新校舍之經過》第七頁)。(2)催交捐款。(3)審查校董會章程及推選校董。(4)審定星朗圖書館圖樣。(5)添建寄宿舍。(6)擬定舉行新校舍落成典禮日期。(7)審查紀念碑文字。(8)(9)(10)(11)略。
	同	日	接閘北華商公共汽車公司信,謂:對於本校所請增闢路綫行經水電路一節,已在着手籌辦云。
	29	日	聘定本校教職員戴玉衡、王志淓、蔡北泉、黎維嶽、譚天沛、梁汝芬、賴陽光、鄭志遠各位先生爲本校童子軍第十五團團務委員會委員。《民報》發表本校第一期建築工程完竣狀況及第二期進行計畫。
4 月	1	日	訓委會製定學生制服整潔檢查表,交由各級任教師於每週隨時施行檢查。舉行第三次訓育部常委會議,並召集各級任教師參加討論推行每週訓育宣傳綱要。
	3	日	爲初中二上學生陳啓輝等十六人旅行崑山函請京滬鐵路局予以優待減費售票。
	4	日	上午九時,本校附屬第一、第二兩小學暨幼稚園全體員生齊集本校大禮堂,舉行兒童節慶祝大會,並發給上學期各級品學優良學生及分隊勸募新校建築捐款成績最優良者獎品。

	7	日	廣東同鄉會徵求會員大會行開幕禮,本校選派童子軍四名前往服務。
	12	日	盧校長出席市教育局舉行本市中學師範教育研究會成立大會。
	13	日	與本市新力籃球隊作友誼比賽,結果四十八對十三,本校勝。
	14	日	校董陳炳謙先生到校視察。
	15	日	舉行春季考試。市政府召集中等以上學校校長出席市政府紀念週,報告本市強迫識字教育運動之意義與辦法,盧校長遵照出席。
	18	日	建築校舍募捐委員會假座廣肇公所舉行第二次常務委員會議,到楊梅南、吳鐵城(李大超代)、李大超、郭順、唐寶書、陳炳謙、楊潤之、蔡昌、崔聘西、郭樂、黎照寰、盧頌虔、范文照、李錦沛等十五人,議決案大要如下: (1)圖書館及第二座宿舍等工程陶記標價較廉,俟調查其營造成績,如認爲滿意,即決定由彼承造。 (2)舉定負責人員親到各同鄉處勸捐及收款。 (3)本校大運動場定名爲炳炎運動場,以紀念林炳先生,即於場前建築亭樓一座,上題"炳炎運動場"等字,永留紀念。 (4)組織本校落成典禮及星朗圖書館奠基典禮籌備委員會。 (5)(6)略。
	同	日	陳柱尊先生應本校之請到校演講。選派中學生十五人,代表參加服用國貨宣誓典禮,並在校內集合全體學生舉行宣誓儀式。
	26	日	盧校長出席中學師範教育研究會經費設備組會議。
5 月	1	日	盧校長出席上海推行識字教育宣傳週開幕禮及各區辦事處主任暨識字教育服務團團長宣誓就職典禮。
	4	日	填發各級學生春季考試成績單。上午三時許,宿舍被竊學生衣物多件,開具失單報告公安局北站分局查緝,當由該局派偵緝員胡道喜會同八字橋警察分駐所巡官李金榮到校查詢經過情形,分局長梁扶初亦親臨本校查看。
	7	日	蔡昌先生偕同廣東省政府考察專
			員陳宗海、曾國光、何仲純、黎葛天、杜湛津諸先生到校參觀。
	8	日	應上海市國產學生用品展覽會之請,選派童軍八名前往服務。
	9	日	是日上午第三時舉行國恥紀念會。
	12	日	選派中學部童軍兩小隊第一、第二兩小學各一小隊,參加本市童子軍第六次大檢閱大露營。
	15	日	再函請公安局北站分局飭屬加緊偵緝本校竊案。全校學生舉行健康檢查經月餘完竣。
	16	日	盧校長出席上海市教育局主辦中學師範教育研究會第二次大會。
	17	日	舉行本校第七屆運動會,結果初中三上(明級)得甲組錦標,初中一下(二)(強級)得乙組錦標。
	19	日	廣肇女子小學教職員率領學生數十人到校參觀。蟻社借用本校禮堂開交誼會。林毅伯先生到校參觀,並商量建築炳炎運動場紀念亭。
	20	日	校董溫欽甫先生蒞校視察。
	21	日	填報上海特別市黨部主辦之本市中等學校第二次優秀學生聯誼運動本校學生出席人數。
	同	日	填送上海市審查訓育主任公民教員資格委員會公民教育考查表一份。
	同	日	上柵鄉立小學校校董會主席梁介民、校長盧煒昌到校參觀。
	同	日	郇光小學校教職員率領學生數十人到校參觀。
	22	日	林炳炎、張榮溥、林毅伯、蘇佩珩諸先生到校參觀。
	同	日	本市第二區小學聯合運動會開幕,本校附設廣公一小選手獲得男校田徑賽總錦標,是日下午,中學部學生自治聯合會開會歡迎各選手凱旋。
	25	日	呈報本校辦理初中第十五屆應屆畢業生名冊。
	27	日	上海特別市黨部舉行第五次優秀學生聯誼運動,本校由劉偉山先生率領各級優秀學生十六人前往參加。
	29	日	與持志附中籃球隊友誼比賽,本校負,結果六十對廿七。
	30	日	上海市衛生局派員到校爲本校全

月	日	事項
		體學生注射霍亂預防疫苗。
	31日	自今日起舉行級際排球比賽,全校九級均參加,採用淘汰法比賽,至六月十三日結束,錦標爲高中一上(良級)獲得。
6月	2日	盧校長偕同本校教職員張亦菴、黎維嶽、吳佩韋、郭琴舫、鄭志遠、賴陽光、郭大同、梁勃、譚天沛等前往光華大學附屬中學參觀。
	4日	本校排球隊與復旦實中一九三六級隊比賽,結果三對一,本校獲勝。
	5日	初中三下畢業預試開始,各主要科目提前舉行。教師節之前夕,備筵歡讌中小學全體教職員。
	6日	教師節放假一日。
	10日	與義源隊作友誼排球賽,結果一對三,本校負。
	13日	修訂本校簡章。
	14日	衛生局第二次派員到校種痘。
	15日	教育局派員到校接洽借用本校體育館,爲本屆中學畢業會考閘北試場。
	17日	呈報本期初中第十五屆畢業成績及操行、體育等第。
	18日	分發各級教師填報學生性行成績調查表。
	19日	攝取各座建築物照片。
	20日	再與義源隊作排球賽,本校以三對一獲勝。
	21日	呈報本學期教職員履歷表。
	23日	領取中學畢業會考證。
	24日	本校初中第十五屆應屆畢業學生自今日起參加本市中學畢業會考三日。教育局借用本校體育館並全部教室桌椅爲本屆中學畢業會考閘北試場。本市中學畢業會考委員會聘請盧校長爲監試員。
	26日	呈報本校高、初中物理、化學、生物學設備表格三份。校醫謝利恒先生送到自著《夏秋衛生嘉言錄》一千二百本,分發中小學各級學生家長。
	27日	學期考試開始。
	30日	廣東旅滬同鄉會贈送本校"興學育才"匾額一方。
7月	1日	登報通告招考新生。學期考試完竣。
	2日	本校學生經募捐款貳拾三元三角七分,送交中國華洋義賑救災總會駐滬事務所收領。
	5日	周清泉先生贈送本校廿四史一部及書箱全座。
	6日	教育局派員到校接洽假本校宿舍爲廣東法科學院司法考察團寓所。
	7日	施德之先生贈送本校神功濟衆水五百瓶。
	8日	國立廣東法科學院第廿五年班司法考察團廿六人由何學驤博士率領到校暫寓。
	9日	填發本學期各級學生品學體格成績報告單。通告下學期全體舊生報名期限。
	10日	考試高、初中新生。
	11日	廣東法科學院司法考察團離校北上,留贈本校旗幟一方。
	12日	暑期學校開學。
	15日	工務局派員到校測量校地面積。
	同日	第一次錄取新生揭曉。
	16日	高中一年級學生楊永寧敦品勤學,成績特優,准免繳納學費一學期,以昭激勵。
	同日	填送教育局第二科二十三年度第二學期本校概況表兩份。
	18日	校董陳炳謙先生捐贈本校《古今圖書集成》一部。
	22日	本校初中第十五屆修業期滿,學生卅二人參加上海市中學畢業會考全體及格。
	26日	教育局第二科來函,據謂本校初中此次參加畢業會考成績總分數,原爲七十二分一厘二毫,列入乙等,前報誤列丙等,准於下期教育週報更正云。呈復本校高、初中物理、化學、生物學等科設備狀況並填表附送。
	27日	聘定國立浙江大學介紹該大學教育學系本屆畢業生陳醒民君爲本校教員。
	同日	聘定國立中央大學介紹該大學教育學院本屆畢業生李坤儀君爲本校教員。
	31日	建築林炳炎先生紀念亭圖樣已由上海市工務局核准,即日開工建築。

月	日	事件
8 月	11 日	許文亮先生到校參觀。
	12 日	舉行第二次高、初中新生入學試驗及檢查體格。
	13 日	贈送嶺南體育會主辦滬北兒童小球競賽會銀杯一只。
	17 日	刊登申、新兩報錄取新生通告。上海市教育局驗印發還本校初中畢業證書卅二張。
	18 日	張篆初先生到校參觀。
	19 日	盧校長邀約各部主任及附設一小、二小訓導主任開談話會,討論本期各部改進事宜。
	21 日	教務部製定各項應用表冊。
	22 日	編訂各級教員任課表。
	28 日	校董陳炳謙先生到校視察。為釐訂本學期高、初中各科學程綱要、學科進度及討論教學方法起見,自今日起至八月三十日,舉行分科會議。
	30 日	舉行秋季始業式。編定各級自修時間,由各教師輪值出席指導。
	同 日	奉上海市教育局訓令教字第三五五一號內開:"據本局二十三年度視察報告:'該校校舍新建,寬敞合用,設備良好,行政有條不紊,教學合法,訓導有方,學生活潑守秩序,成績斐然',成績列入甲等,應予傳令嘉獎,以資鼓勵。合行令仰知照,此令"。
	31 日	上海市國民軍事訓練委員會改派林聖詩充任本校本學期軍事教官。
9 月	1 日	訂定十月廿六日舉行新校舍落成典禮。
	2 日	上正式課。
	同 日	各級體育課由本學期起打破班級上課制,根據各生體弱運動技能,混合分組教授。
	7 日	遵教育局令,填報廿四年度第一學期本校初中各科最優秀教員表。
	9 日	訂定校醫到校服務時間。編訂學生課外運動規則並公佈施行。
	13 日	召集各部主任、訓育常委及軍事教官等會商試行軍事管理辦法。
	16 日	高、初中各級學生自治聯合會職員舉行就職禮。
	同 日	各級學生自治聯合會職員暨各級正副主席舉行茶話會,盧校長暨各訓育常委均出席訓勉。
	18 日	遵市教育局令,填送廿三年度本校概況表三份。
	21 日	訂定禮貌訓練實施提要。
	22 日	勸導學生撙節糜費,振濟水災。
	23 日	課外運動自本學期起開始選習,每生每週必須選習三次,項目如下:1. 田徑;2. 足球;3. 排球;4. 籃球;5. 壘球;6. 小球;7. 拳球;8. 醫療改正操等八項。
	24 日	通告全體學生家長切實告誡其子弟,不得有不廉潔行為,違者開除學籍。
	26 日	函復上海各團體歡迎南洋馬華僑胞選手籌備處,本校加入歡迎。
	28 日	與黑鷹隊作籃球友誼賽,結果本校勝,成績四十二對十九。
	29 日	精武白虹田徑隊借本校運動場與俄僑舉行田徑運動會。
	30 日	接廣東省參加第六屆全國運動大會委員會公函報告,選手團准十月四日抵滬,希望旅滬各同鄉團體屆時能歡敘一堂云。
	同 日	委託朱南英君代表本校出席本市各團體歡迎馬華僑胞選手籌備會議。刊發本校新校舍建築經過,請求各界為本校新校舍落成題詞。
	同 日	全體教職員議決:捐月薪百分之二助賑。
10 月	1 日	中小學全體學生合贈禮堂絲絨帳幕一堂,為新校落成紀念。中小學全體教職員合贈新校木聯一副,文為:"一瓦一磚皆父老血汗易來,深冀諸生立德立功立言,矢忠黨國;達己達人是教師職責所在,惟願同仁竭心竭力竭智,造福鄉邦。"
	同 日	蔡昌先生偕廣東省政府林君、廣州市立銀行行長陳仲璧、建設廳技正等到校參觀。
	同 日	紀念週演講我國目前水災慘狀,勸導學生撙節糜費,捐助賑災。
	2 日	發起徵求旅滬廣東各學校加入歡迎參加全運會粵選手團。
	7 日	本校軍樂隊同往碼頭歡迎馬華僑胞選手團抵滬。
	9 日	接第六屆全國運動會籌備委員來函,聘請本校體育教員譚天沛君為運動大會裁判員,請給公假十日。

月	日	事項
	10日	舉行慶祝國慶紀念會。全體童軍到市中心區參加全市童子軍升旗禮。軍樂隊全體號手為全國運動會開幕升旗禮吹號。第六屆全國運動會今日在滬開幕,本校連續放假三日,以便員生赴會參觀。
	11日	開新校舍落成典禮籌備委員會議。
	13日	校董勞敬修先生到校視察。
	15日	填送教育局第三科中學師範教育研究會研究問題提案徵集表一份。全體員生攝影。
	18日	南京安徽中學、鍾南中學員生來滬參觀第六屆全國運動會,借宿本校一宵。
	同日	廣公校友為慶祝母校新校舍落成,刊登各大報廣告,召集校友會議。
	19日	金湘帆先生偕丘紀祥先生到校參觀並演講。本校與旅滬廣東各學校共同歡宴參加第六屆全運會廣東省代表團總領隊及全體職員於同興樓。
	21日	函請張發奎將軍於本校舉行落成時到校演講。
	23日	函請上海市公安局北站分局於本校舉行新舍落成及星朗圖書館奠基典禮二日,派警到校照料。
	24日	舉行中小學全體教職員聯席會議,討論兩校小學生到校參加落成典禮辦法及招待來賓事宜。
	同日	刊登各報廣告,公佈本校新校舍落成及星朗圖書館奠基典禮日期,並請各界惠臨參觀,請柬另發。
	25日	向閘北華商公共汽車公司租定公共汽車二輛,於舉行新舍落成圖書館奠基典禮兩日,由北四川路寶興路口起,每隔十分鐘,來往本校,接送來賓。
	26日	本校舉行新舍落成禮,同時展覽中學及兩附屬小學學生成績,上午九時,舉行學生軍童子軍檢閱,十時舉行落成典禮,到吳市長、汪院長代表林柏生、張發奎將軍、市黨部代表喻仲標、市教育局代表陳公素、童軍界徐觀餘、校董溫欽甫、陳炳謙、郭樂、郭順、李大超、林炳炎等,及各界來賓,各生家長約二千餘人,吳市長、張將軍及各代表相繼致詞。晚間由永安公司永安樂社同人贈演粵劇,來賓異常擁擠。
	同日	本校新舍落成典禮特刊一大張,附加《申報》出版。
	27日	上午,舉行星朗圖書館奠基典禮。到吳市長及校董、各界來賓等約一千餘人,吳市長親奠基石,並有新勝和體育會舞獅,精武體育會表演國術,以助餘興。晚間,復舉行音樂大會,邀請滬上各著名音樂團體參加演奏。
	28日	宴請全體中小學教職員及校友。
	31日	建築校舍募捐委員會假座大東旅社茶室開第三次常務委員會議,到陳炳謙、郭順、郭樂、黎照寰、崔聘西、楊梅南、蔡昌、吳鐵城(李大超代)、李大超、譚蓉圃、李錦沛、盧頌虔等十二人,議決案大要如下:(1)圖書館既已舉行奠基典禮,亟宜籌足款項,興工建築,推定吳市長、陳炳謙、郭順、蔡昌、楊梅南、崔聘西、李大超七位先生負責勸募捐款,並由李大超先生擬定募捐計畫,以利進行。(2)此次建築圖書館以能延長付款期間為主,每期付款數目要少,分期次數要多,以便從容籌措,俟分別與各營造廠接洽後再行決定。
11月	1日	童子軍赴南市公共體育場參加慶祝童軍總會成立一週年紀念會,本團號手受大會委託掌理軍號。
	同日	時局嚴重,謠言蠭起。本校寄宿生由是日起暫宿西摩路第二小學,日間仍照常上課。
	4日	選送書藝圖畫成績共二十件,參加國際教育社主辦中西學童成績展覽會。
	8日	新校舍落成紀念冊印刷完竣,即日出版。
	9日	自今日起至十七日止,童子軍為賑濟水災募捐,分隊逐日出動,成績頗佳。童子軍樂隊應大夏中學之請為該校運動會奏樂。
	11日	遵教育局令填報本學期概況表兩份。
	14日	大夏中學曾昌燊先生到校參觀。
	15日	刊登本市各大報公佈本校新校舍建築捐款數目。奉贈新校舍落成

				紀念册,並請未交捐款者即予惠交
		16	日	教育局、社會局召集各校學生討論學校合作社組織辦法,本校選派學生代表一人出席
		17	日	鄭華枝先生贈送本校圖書館英文百科全書卅五册。
		19	日	閘北水電公司函知,准本月廿四日拆除本校現在所用之光華作場水表。
		20	日	懋利公司前承辦本校之衛生設備,所有未完之工程,改由光明水電工程行接辦,並設法趕緊辦竣,請求公用局核准正式裝置水表。
		21	日	請求公用局飭閘北水電公司暫緩拆除光華作場水表,以資應用。
		23	日	教育部科長吳研因先生到校視察,對於行政及教導等項垂詢甚詳。
		26	日	上海市衛生局派員到校爲全體學生佈種牛痘。崔聘西先生陪同林壽如先生等到校參觀,參觀後,與本校教職員及一部份優良學生合攝一影,以留紀念。
		27	日	盧校長出席本市教育局中學師範教育研究會經費設備組會議。與校友隊作排球及籃球友誼賽,結果籃球四十三對廿八,排球三對一,均本校負。
		28	日	本校建築校舍募捐委員施德之先生逝世,本校撰贈輓聯一副。
		29	日	公佈考試規則及考試作弊處置辦法。
		30	日	盧校長出席本市教育局召集中等以上學校校長談話會。
12	月	3	日	明日爲本校立校紀念日,今日下午提前舉行紀念會,儀式簡單隆重。會畢,教職員及學生自由表演游藝,以助餘興。
		4	日	立校紀念日停課一日,以資紀念。本學期因校款拮据,上月份各教職員薪金暫發七成,餘數稍緩數日補發。
		7	日	參加本市體育協進會主辦之鐵城杯籃球聯賽,編入乙組二部,該組隊凡九,循環比賽,經一月餘,比賽完畢,結果本校五勝三負。參加中國青年會主辦之標準杯排球聯賽,編入乙組三部,該組隊數凡

				五,循環比賽,結果本校三勝一負。
		9	日	呈報本學期高、初中新生及插班生學籍。
		13	日	改訂學期體育成績測驗辦法並公佈施行。
		14	日	遵令開始召集全體學生課後聽講教育播音。呈報第十六屆應屆畢業生名册及參加會考學生各科成績及操行、體育等第表。填送教育局第三科測驗股本學期初中畢業生人數。
		16	日	報名參加上海中等學校協進會主辦時事論文比賽,附送高一學生韋涵光、李家祥論文試卷兩本。
		18	日	盧校長出席市教育局中學師範教育研究會經費設備組第二次會議。
		19	日	與稅專排球友誼賽,結果五對三,本校負。委託戴玉衡先生代表本校出席上海中等學校協進會第五十二次大會。
		21	日	組織愛國運動指導委員會,負責指導學生一切愛國行動。
		22	日	童子軍參加全市童軍聯合宣誓典禮於市商會。選派初中三下學生卓景贊報名參加上海市教育局主辦中學科學演講競賽會。
		23	日	級際籃球比賽開始,參加者全校自初中一上至高中一下共八級,用淘汰比賽法,經兩旬而完結,初中二下(儀級)奪得錦標。
		24	日	舉行初中畢業預試。
		25	日	奉教育局令於今日起提前放年假,至廿五年一月四日止。本校於年假期內特在橫浜橋第一小學附設年假臨時辦事處,以便員生有事接洽。

民國廿五年(1936年)

1	月	6	日	分發書藝優良成績獎品。
		7	日	遵令呈報本校本屆寒假起訖日期,仍照定章,不提前放寒假。呈報舉行初中畢業考期,請派員蒞校監考。
		9	日	函請加入本市中學體育聯合會。
		10	日	修訂升級留級標準。吳市長代本校致函泰和興銀公司託代收本校春季學費,並商暫借款項應用,於

代收得之學費撥還。本學期第四次校務會議正式通過中學生體育不及格者,不得升級或畢業。

13 日 高、初中各級學期考試開始,集中體育館舉行。舉行初中畢業考試,爲便於教育局派員監考起見,仍在原教室舉行。

15 日 上海市教育局派監考委員陳瑀先生到校監考。

16 日 上海市教育局續派陳瑀先生到校監考。

17 日 初中畢業試驗完畢。高、初中各級期考完畢。舉行初中第十六屆畢業禮及第四十六屆休業禮,同時發給美術優良成績獎品,暨儀級(初中二下)級際籃球比賽錦標一幅。公佈高、初中各級舊生下學期報名截止日期(自一月十八日起至一月廿七日止)。

20 日 刊登各大報本校暨附設廣公第一、第二小學招考新生廣告。

21 日 童子軍教練張汝洵先生回粵,團部及全體教練爲之餞行。童軍三小隊及樂隊代表全市童軍歡送童軍總會秘書長邦泰出國考察童子軍教育。全體教練攝影。

23 日 寄發各家長本學期學生品學體格成績報告單。

27 日 訂定學生請求發給轉學證書辦法。

29 日 舉行新生入學試驗。續登各大報招生廣告三日,定於二月五日舉行第二次新生入學試驗。

31 日 聘定教務部下學期各股股長。通告錄取新生。

2 月 3 日 舉行春季始業式。

同 日 舉行臨時校務會議,議決於本校以前所訂各種規程或辦法之後,增訂一條,文爲"本規程或辦法執行時如感覺困難,得由校長斟酌實情,變通辦理"。

4 日 舉行各科教學會議。

5 日 上學期一、二科考試不及格及因事、因病告假未參加期考之學生舉行重考或補考。

14 日 盧校長偕同本校教務、訓育重要教職員五人前往市政府參加本市大中學校校長談話會。

18 日 舉行高、初中各級級任教員會議,議決各級取一致行動,施以嚴格

訓練。

20 日 函知南洋兄弟烟草公司,捐贈本校之大電鐘機件,已由本市德商時寶洋行向德國定製運滬,並請照價付款,以便日內裝設。添雇江灣區保衛團團員一名,常駐本校保衛。召集本學期寄宿生及午膳生訓話,説明宿舍及膳堂一切規則。

22 日 中法聯誼會董事翟俊千、吳樹閣、方乘到校參觀。教育局發還驗印初中第十六屆馮錫森等畢業證書廿九紙。

24 日 吳市長在私邸宴請熱心教育各同鄉籌款建築本校圖書館。

25 日 函送上海籌募各省水災義賑會本校暨廣公一小、二小教職員及學生捐款二百廿一元二角九分。

29 日 舉行本校暨廣公一小、二小全體教職員聯歡會,並報告三校近年收支情形,會畢舉行叙餐。籃球隊對黑鷹隊作友誼比賽於本校健身房,結果二十五對廿八,本校負。

3 月 1 日 本學期學校經費預算不敷頗鉅,自本月起,本校及兩附小教職員膳食暫停供給;但有因職務上須在校照料學生膳宿者,另行酌定辦法。

2 日 修訂膳堂規則。

6 日 呈送上海市教育局本校最近四年度(二十年度至廿三年度)概況表。

8 日 分發學生禮貌訓練實施綱要。

9 日 本學期課外運動開始,項目添加國術一項,由劉占五、鄭志遠兩位先生教授。

10 日 通告高中一下、二上學生家長,查照上海市國民軍事訓練委員會函開繳納參加集中軍訓學生入隊自行備辦物品費用,交校彙轉該會代辦,以資劃一。

11 日 童子軍號隊隊長雷晉鐸君出國求學,團部爲之餞行。

12 日 舉行總理逝世紀念會,並遵令放假一日,是日天雨,植樹改期。

13 日 訓育委員會議決:本校高中施行軍事管理,本學期爲預備期,下學期爲實行期,先整齊學生之服裝、禮貌、教室秩序,爲本學期致力之

點。委託戴玉衡先生代表本校出席上海市教育局中學師範教育研究會全體大會。

14日 本校正式加入本市中學體育聯合會。

15日 全體號手應市童子軍理事會之請，赴公共體育場為童子軍紀念節舉行升旂禮。童子軍三小隊赴公共體育場參加童子軍紀念節典禮。

16日 全體員生四百餘人於舉行週會後，在本校第二苗圃各植樹苗一株。

18日 本校溫董事長函請吳市長籌募圖書館建築費。

19日 本校高中一下、二上兩班學生由軍事教官率領參加本市第十區各校高中集訓學生會操演習，盧校長到場參加檢閱。召集全體教師舉行訓育委員全體會議。

21日 呈請教育局轉呈市政府、教育部，分別發給本校建築新校舍各捐款人褒獎狀。

22日 填送上海市教育局督學處第廿四年度第二學期中等教育概況表二份。

23日 大電鐘開始裝置。

25日 高中二上及一下兩班學生因須於四月初旬赴蘇州參加軍事訓練，自今日起，提前舉行季考三日。

26日 函送本市國民軍事訓委會參加集訓學生體格檢查表四十四份。函請寶山縣政府撥還周清泉先生捐贈本校之塘工債券本息。

27日 上海市衛生局派員到校為參加集訓學生注射防疫針。校董陳炳謙先生到校視察。

28日 發驗牙通告。召集兩附小慶祝兒童節籌備委員在本校舉行聯席會議。

31日 填送市教育局本校裝設無綫電收音機調查表二份。

4月1日 軍事教官林聖詩赴蘇州參加集中軍事訓練幹部訓練一星期。

2日 鄧以誠先生到校參觀。

3日 函請公安局北站分局於四月四日派警到校照料舉行兒童節慶祝會。童軍一小隊步行南翔、嘉定

等地，作春假旅行實習。照南堂鐘樓大電鐘裝置竣工。

4日 本校中小學全體員生及學生家長在本校舉行兒童節慶祝會。舉行參加第二屆集中軍訓學生歡送會，並各贈紀念牌一枚，題曰："為國干城"。校刊《木棉》復刊第一號出版。

6日 自今日起放春假一星期。填報市教育局本校教職員、學生、工役名冊各二份。

8日 童軍又一小隊步行南翔、嘉定等地，作春假旅行實習。

9日 呈請高中部立案及填送立案表冊，同時並補報高中部開辦情形及填送開辦表冊。呈請市教育局為本校校刊《木棉》月刊轉呈內政部聲請登記。新生活運動會視察團視察員侯永鑑先生到校視察。

10日 高中學生四十四名由軍事教官林聖詩率領赴蘇州參加第二屆集中軍事訓練，事務員梁勉儂同行照料。

13日 春假期滿，照常上課。舉行春假作業展覽會。

14日 呈報廿四年度中等學校調查表二份。下午停課半日，由全體教職員率領全體學生同往市中心區博物館參觀第一屆中國建築展覽會。

15日 函復市教育局第二科，追述本校向學生報告中央意旨之日期及要點。檢查各級學生制服整潔，並整飭風紀鈕扣。奉市教育局指令，分別核示本學期錄取初中新生及插班生學籍。

16日 林毅伯先生到校參觀。組織國畫研究班。

17日 填報上海市政府本校校刊《木棉》登記表及聲請書各二份，轉呈內政部登記。市教育局施景崧君奉派到校調查關於應付非常時期事件。

20日 小球級際比賽，全校十一級參加，比賽將近二月，結果高一上（明級）奪得錦標。

22日 開慰問集訓生籌備會議。

23日 舉行春季考試。校董會加聘吳鐵

月	日	記事
		城、李大超、林炳炎、郭樂、郭順、黃少巖、勞敬修、楊梅南八位先生爲本校董事,均承允諾。
	29日	持志、復旦兩大學作江大排球比賽,借用本校體育館舉行。
	30日	各級學生開始勞動服務。
5月	1日	上海市教育局謝恩皋督學到校視察。
	2日	盧校長偕同本校教職員代表吳佩韋、黎維嶽、張訓方、蔡北泉、劉兆熊各先生赴蘇州慰問本校參加集訓學生,並贈送物品。
	3日	本市閘北區公私立各小學借本校運動場舉行本市小學聯合運動會閘北區預選會。
	4日	校刊《木棉》復刊第二號出版。
	6日	選送中小學學生繪畫作品,參加全國兒童繪畫展覽會。
	8日	本校舉行第八屆運動會,結果高一上(明級)獲得甲組錦標,初二下(强級)獲得乙組錦標。
	9日	舉行國恥紀念會。
	10日	校董會舉行本年度第一次會議,出席校董:温欽甫、陳炳謙、楊梅南、郭樂、郭順、吳鐵城(李大超代)、李大超。議決案大要如下:(1)通過董事會章程。(2)籌畫經常費。(3)募捐圖書館建築費。(4)聘任陳日平會計師爲本校查賬員。
	11日	參加中學體育聯合會排球比賽,加入男子組者凡六校,分"中""體"兩組。"中"字組爲粵東、復實、復中,"體"字組爲滬江、光華、民立。結果"中"字組優勝者爲復實,"體"字組優勝者爲滬江。兩優勝者再行決賽,復實獲本屆錦標。茲將本隊參與"中"字組比賽成績列後: 五月十一日,粵東——復中,三——〇勝。 十五日,粵東——復實,二——三負。
	15日	函送本校學生參加全國兒童圖畫展覽會繪畫表演登記表及相片各十三張。
	17日	新華銀行借本校運動場舉行足球比賽。
	18日	開會鼓勵參加本市中學體育聯合
		運動會全體選手,由鄭惠僑、張亦菴兩先生代表致鼓勵辭。
	20日	奉上海市教育局第四三三五一號指令,本校高中部准予開辦,飭將學校基金呈候核驗。黎維嶽先生率領高一上級學生參觀同濟大學廿九週年紀念會。
	22日	本市中學體育聯合運動會借用本校運動場舉行第七屆田徑賽運動會,本校選派學生卅餘人參加。填報本學期應行呈報表冊:計呈報省市教育行政機關表冊六種,由省市教育行政機關報部表冊八種。
	23日	本市中體聯運動會閉幕,本校田徑賽成績均列第二,獲亞軍錦標。
	26日	田徑隊全體照相。
	27日	上海市各界公祭胡主席展堂先生大會,本校學生代表由劉偉山先生率領參加,並致送輓聯。舉行初中三下畢業學級各教員會議。攝取炳炎運動場全景。
	28日	江西大庾縣教育參觀團到校參觀。
6月	2日	遵令組織青年服務團以養成學生勞動服務精神,並協助推進新生活運動。
	同日	盧校長偕同戴玉衡、鄭惠僑兩先生代表本校參加購機祝壽籌委會會議。
	3日	檢查全體學生制服整潔。級際排球比賽開始,參加者全校十一級,用淘汰比賽法,一月許完畢,結果高一上(明級)奪得錦標。
	4日	《木棉》復刊第三期出版。舉行參加上海市第七次童子軍大會本校童軍選手鼓勵會。
	5日	盧校長參加吳市長召集本市中學以上學校校長茶話會。
	同日	本校童子軍參加全市第七次童軍大會。
	10日	呈報辦理初中第十六屆畢業並附呈應屆畢業學生名冊一份及相片各二張。
	13日	本校初中暨附小學生二十一人參加全國兒童繪畫展覽會表演繪畫,各生成績全部入選,計列超等者七人,列入優等及良等者各七人。呈報參加初中畢業會考學生明密號底冊。

15日	我國世運代表、本校校友陳寶球君應本校之請到校演講，并發給本校第八屆運動會田徑優勝運動員獎品。是晚，本校教職員十餘人假座味雅酒樓爲陳君餞行。
18日	上海市立吳淞初級中學教職員四人到校參觀。發給初中二上學生梁樹律品學優良獎狀一紙，呈報初中三下學生各科成績畢業分數及操行體育等第表。
19日	我國參加世界運動會田徑隊借用本校運動場練習。
22日	本校第十七屆初中畢業考試開始。是日下午，上海市教育局派主試委員陳沛銘攜帶試題到校抽考理化、史地兩科。潘教育局長並蒞校視察考場一週。本校參加集訓學生李作鈞因奉總隊部命令到滬募集購機祝壽捐款，來校參加紀念週，報告參加集中軍訓之生活。
23日	市教育局派會考監試委員鄒魯（字興賢）到校監考。
24日	初、高中各級學期考試開始。
26日	劉慶雲牙醫生報告本校學生檢驗牙齒統計及經手療治情形。
27日	初、高中各級期考完畢。
28日	上海市商會童子軍團借用本校運動場舉行運動專科考試。
7月2日	刊登《申報》招生廣告。
3日	刊登《廣東報》招生廣告。
5日	科學館助教葛興本君由本校派往參加本市中等學校暑期理科講習班，以資晉修。舉行初中第十七屆畢業及高、初中各級休業典禮，同時發給本學期各級學生品學優良、服務盡職獎狀及獎品。校董溫欽甫、勞敬修到校致訓詞，交通大學黎校長演說，勖勉備至，學生異常感動。
9日	委託本校職員梁勉儂、朱福勝兩君赴蘇州上海市學生集中訓練總隊部，接領本校學生出隊回滬。
10日	本校集訓學生由蘇回校。
11日	暑期學校舉行開學禮。
13日	招待本校參加集中訓練學生茶話會，並公佈集訓生暑期補習辦法。
16日	訂定暑校獎學金辦法，鼓勵算學科不及格者入校補習。

18日	資助本校暨廣公一小教職員薛沛韶、李希三、張培淞三君回粵考察教育。教育局公佈本校初中畢業學生理化、史地兩科抽考成績，除阮生自然科不及格外，其餘全數均及格。
19日	校董陳炳謙先生之夫人出殯，本校學生代表張兆舜等二十五人參加執紼。
8月4日	劉偉山先生辭訓育主任兼職，由戴玉衡先生調任訓育主任，張亦菴先生接任教務主任。
7日	呈報初中畢業生成績及畢業證書驗印。填送無綫電裝置調查表。
12日	奉上海市教育局轉上海市政府發給本校建築校舍捐款人捐資興學四等暨五等獎狀卅九紙。函請吳市長爲本校第一期校舍工程盡力募集捐款，完成圖書館之建築。
13日	舉行暑校結束考試。
15日	暑校結束。
17日	舉行暑校休業式及發給獎品與獎學金。
同日	分發暑校新舊生補習各科成績單。
21日	查照本校建築校舍紀念捐款者辦法，函知各捐款者與經募者贈送免費學額。舉行新生入學試驗兩日。
27日	校董黃煥南先生出殯，本校學生代表盧關佑等十三人參加執紼。奉市教育局轉教育部發給本校建築校舍捐款人林炳炎先生等一等暨三等捐資興學獎狀九張。
28日	刊登《申報》錄取新生名單。
9月1日	舉行秋季始業式。
同日	通告新舊生入學手續須於上課前一律辦妥。
同日	上學期一科或兩科不及格之學生開始舉行補考。
同日	召集新生，發給本校"禮貌訓練提要"及教室規則，加以説明。
2日	教育部及上海市政府發給本校建築校舍捐款人林炳炎、鄭伯昭、簡潘杏濃、陳炳謙、郭樂、郭順諸先生等捐資興學獎狀共四十七張，當即分別轉送。
3日	填報廿四年度畢業生人數表。
4日	訂定本學期高、初中各級級任

			事項
			教師。
		5 日	正式上課。
		同 日	訓育部開常務委員會議。
		8 日	上海市教育局派錢伯賢先生到校再度調查本校高中部立案事項。
		10 日	時局不靖，謠言繁興。是晚召集住校教職員會商訓練寄宿生於事變發生時趨避辦法，並由各教職員分任各區指導。
		12 日	學生自治聯合會第十三屆改選職員。
		同 日	午後舉行中、小學三校全體教職員聯歡會，會畢攝影。是晚，在中學膳堂宴請全體教職員。
		14 日	學生自聯會舉行第十三屆新職員宣誓就職典禮。
		同 日	由今日起，全體學生第一堂值課教師於每早八時半參加升旗典禮。
		15 日	盧校長出席上海市政府召集本市中等以上學校校長會議。
		16 日	本校列名參加各團體發起舉行黃煥南先生追悼會。
		17 日	送交本市募款購機呈獻政府爲蔣委員長五十壽辰紀念委員會本校中小學三校員生購機捐款共國幣貳百元。
		18 日	上午第一時舉行"九一八"國恥紀念會，第二時學生自治會舉行"九一八"事件作品展覽會，以資警惕。
		21 日	唐少川先生允任本校校董會名譽董事長。
		23 日	召集各部主任會商編輯本校一覽。
		27 日	盧校長代表本校參加黃煥南先生追悼會。
		30 日	舉行各部主任、各級級任聯席會議，討論積極訓練學生注意公德與廉潔。
10	月	1 日	上海市社會局令知本校，自本日起，教育局歸併於社會局。
		3 日	高中二下學生楊永寧等九人由何霖生先生率領赴閘北自來水廠參觀。
		6 日	本校童子軍赴京參加第二次全國童軍大檢閱大露營。
		8 日	呈報本學期招考新生概況及附送各科入學試題。
		同 日	呈報本學期教學時間表及教學科目時間總表。
		同 日	填報本學期全體教職員入黨人數。
		9 日	校董會假座廣肇公所舉行第二次會議，爲會商本校高中部立案呈驗基金及籌畫經常費等事項，出席校董有溫欽甫、陳炳謙、吳鐵城（李大超代）、李大超、楊梅南、黃少巖、馮少山七位。鄭啓平先生辭職回粵。
		10 日	國慶日開會慶祝，並放假一日，以資紀念。
		13 日	上海市國民軍事訓練委員會刊發本校學生訓練隊鈐記一方，又發給軍事教育圖解一輯及軍事模型十五種。
		同 日	軍事教官林聖詩君辭職。
		同 日	函請本市潮州會館補助本校常年經費。
		14 日	上海市國民軍事訓練委員會函知本校軍事教官林聖詩停職遺缺派譚振源接充。
		同 日	譚振源教官到校接任軍事訓練職務。
		17 日	黎潮舒先生到校演講。
		19 日	開會鼓勵本校運動員選手參加上海市第四屆全市中學運動會。
		21 日	增聘梅哲之先生爲本校校董。
		同 日	爲呈請高中立案呈驗本校基金事，遵照校董會第二次會議之議決，暫將本校土地執業證計地八十六畝五分〇八厘向上海農商銀行抵押六萬元，即以該款存入該行，由該行填發六萬元存單一紙，以便攝影呈驗。
		22 日	本市全市中學運動會開幕，本校遵令放假一日。
		同 日	本校學生參加全市中學運動會團體操及田徑賽各項節目。
		24 日	本市全市中學運動會閉幕，本校初中學生參加比賽，成績獲列亞軍。
		同 日	譚教官率領本校軍訓生代表五人參加上海市購機祝壽命名典禮。
		26 日	遵令呈驗本校基金，請求准予高中部立案。
		同 日	分贈吳市長、陳炳謙、林炳炎、郭樂、郭順諸先生紀念碑榻本，以資存念。
		28 日	全體員生攝影。
		29 日	攝取本校全景。
		30 日	呈報本學期初中新生、插班生

月	日	紀事
		學籍。
	31 日	舉行蔣委員長五十壽辰慶祝會，並舉行學生軍童子軍檢閱禮，校董林炳炎先生蒞校參加，並致訓詞。
	同日	舉行圖案畫成績展覽會。
11 月	2 日	遵令保送本校教員劉偉山君加入本市新生活運動講習會受訓。
	4 日	季考開始。
	7 日	季考完畢。
	10 日	上海市政府轉到廣東省政府財政廳補助本校建築費國幣貳仟元。
	12 日	總理誕辰紀念，遵令放假一日。
	13 日	奉上海市社會局海字第二九二號指令，爲補充廿四年度第一學期初中新生盧金熊等六人學籍，社會局准予備案。
		舉行訓育常委會議。
	14 日	初一下(一)級學生由教師李濯清率領至滬西旅行，參觀冠生園農場。
	同日	市社會局派張詠春先生到校調查高中立案情形。
	16 日	陳日平會計師受本校校董會之委託，派員到校查核賬目。
	同日	奉社會局令，呈報本學期高、初中各級優秀學生一覽表。
	17 日	前上海市教育局主辦第四屆全市中學運動會發給本校初中部亞軍錦標及獎品。
	18 日	李遠堂先生到校代課。賴陽光先生辭職回粵。
	19 日	奉上海市社會局令，填送教育部英語教學調查表。
	同日	舉行校務會議，報告上學期收支決算，及討論本學期各項收支預算。
	同日	登報招請數學教員。
	20 日	寄發各生家長季考成績報告單。
	22 日	初中二下(二)學生十七人由教師鄧嶺達君率領赴蘇州旅行。
	同日	閘北三段救火會會員自本日起，每星期日借用本校運動場比賽足球。
	23 日	施育群先生到校開始授課。
	同日	補送市社會局本學期初二上插班生畢承釐、鄧子京學籍証件各一份。
	24 日	劉始贊先生到校開始授課。
	25 日	函送江灣區保衛團派駐本校服務之團員趙得勝、陳文炳、李長發等三名冬季服裝費八十五元。
	27 日	自今日起一連三日，初中二下(二)、二上(一)、三上各級學生由教師率領分批旅行蘇州。
	30 日	奉市社會局指令，核示本學期初中新生插班學籍。初中二上(一)學生馮文光操行廉潔，拾遺不昧，除記大功一次外，并發給獎狀一紙，以示鼓勵。
12 月	1 日	舉行校務常務會議。
	同日	本校最近編輯之《上海粵東中學一覽》及《粵中校刊》創刊號同日出版。
	2 日	上海市軍訓學生第四互助區各學校假本校運動場舉行檢閱典禮，本校高中一年級軍訓學生四十餘人由譚振源教官率領參加受檢。
	同日	遵市社會局令，呈送本校請求高中立案表冊附件之本校一覽兩件。
	同日	遵令呈報教育播音推行委員會調查表及收聽播音月報表。
	3 日	初中二上(二)學生十七人由教師劉偉山、馬文甫等率領旅行蘇州，五日回滬。接奉上海市社會局訓令海字第五四○五號內開："案查接管卷內，據前教育局廿四年度私立中等學校視察報告：'該校地廣袤二百餘畝，校舍建築設計周詳，校務規畫極有條理，訓教實施亦著成績，堪資他校取法'，成績列入甲等，應予傳令嘉獎，以資鼓勵。合行令仰知照。此令。"
	4 日	本市各報登載市社會局傳令嘉獎本校消息。本校立校紀念日，放假一日，以誌紀念。
	5 日	全體寄宿學生決議以節省兩星期日在校膳費捐助綏遠將士。自本月份起，全體教職員繼續每月繳付救國儲金國幣貳角，查照前訂辦法辦理。
	同日	通告各級學生家長關於各生繳納捐款援助綏遠將士經過情形。
	同日	全體教職員各捐月薪百分之一作慰勞綏遠將士捐款。

7 日 呈報初中第十八屆應屆畢業生姓名一覽表及歷屆品學體格成績。

同 日 開始聽講教育播音。

10 日 本校暨廣公一、二小全體員生援助綏遠將士捐款共計五九三元九角四分，送交廣東同鄉會代爲轉匯。細目如下：

（第一次）

1. 本校暨廣公一、二小教職員
   共捐　60.63
2. 本校學生　共捐　130.54
3. 本校住宿生節食捐款
   共捐　52.00
4. 廣公一小學生　共捐　238.99
5. 廣公二小學生　共捐　82.33
6. 校工姜有慶　共捐　1.00

第二次續送初中三上級
　共捐　28.45

（十一日送去）

　合計國幣五九三元九角四分

11 日 暨南大學僑民教育師資訓練班廿餘人由彭勝天君率領到校參觀。

14 日 因收聽吳市長播音報告西安事變情勢，上午紀念週改在第二時舉行，盧校長並申述市社會局頒發《國人對於張學良叛變應有之認識》之報告綱要一份，俾全校師生得瞭解此事真相。

同 日 盧校長奉令出席市政府中等各校校長茶話會，聽取吳市長重要報告。

同 日 填寄廣西省政府本校桂籍員生調查表。

15 日 本校與本市各中學列名分電中央及張學良。

17 日 遵令呈報本學期本校應屆畢業生人數。

同 日 填報裝置收音機使用情形。

19 日 奉市社會局令知本學期初中三上插班生施兆瑜一名學籍准予備案。

24 日 高中二年上、下期兩班學生四十餘人由教師何霖生率領前往五洲大藥房第二製藥廠參觀。

同 日 呈報廿五年度第一學期中等教育概況表二份。奉市社會局令，初中二上插班生畢承釐、鄧子京二名學籍准予備案。

25 日 是日下午三時五十分，舉行級際越野賽跑，全程共長三千公尺。

同 日 是晚校內寄宿學生得知蔣委員長已由西安脫險抵洛陽消息，大放爆竹誌慶，並由譚教官率領出校，會同持志大學學生在校外附近遊行一週，以示歡忻。

26 日 是日上午第二、第三堂舉行慶祝蔣委員長回京大會。

28 日 舉行紀念週時，盧校長遵照社會局發下報告綱要，講述蔣委員長回京與青年學生應有之認識與努力。

同 日 午後遵令停課半日，選派高、初中各級年較長之學生，參加江灣區市民慶祝蔣委員長回京大會。

同 日 函送校董林炳炎先生本校進行計劃書一份，請爲指正。舉行本學期第二次校務會議，討論本學期結束事宜。

29 日 高一上學生四十餘人由何霖生先生率領赴南洋烟草公司及馬寶山餅乾公司參觀。

30 日 本校軍樂隊應國立上海商學院之請，爲舉行慶祝蔣委員長返京大會前往奏樂。本日起放年假三日（至廿六年一月四日照常上課）。

民國廿六年（1937 年）

1 月 1 日 中華民國成立紀念日，放假，懸旗慶祝。

4 日 年假期滿，復課。呈報初中參加畢業會考明密號底册。

6 日 向社會局領取初中畢業會考准考證。

7 日 本校初中第十八屆應屆畢業學生自今日起參加本市中學畢業會考三日。

同 日 高、初中學期考試開始，全體學生齊集體育館應考。

9 日 留粵廣公校友組織留粵廣公校友會，定於今日舉行成立大會，本校拍電致賀。

同 日 高、初中各級期考完畢。

11 日 本校參加上海市第二屆鐵城杯籃球隊比賽，獲該隊乙組三冠軍，今日由市運動場送到鐵城杯一只，以留紀念。

		14	日	呈報本屆初中應屆畢業生各科會考成績。
		同	日	舉行校務常務會議,審查各級學生本學期操行總成績。
		同	日	各科學業成績總收集。
		18	日	申、新各報登載本校招考下學期新生消息。
		同	日	規定舊生下學期入學報名期限。
		同	日	舉行初中第十八屆畢業及各級休業典禮,校董王雲五、林炳炎先生等均到校參加,並致訓詞。粵中校刊第二號出版。分發各級學生成績報告單。
		23	日	校董唐寶書先生之尊翁出殯,學生代表盧關佑、伍捷樣、余啓兆、余日堯等四人前往執紼。
		25	日	函託生大信託公司代收本校下學期學生繳費。
		26	日	馬崇淦先生到校參觀。
		同	日	舉行校務常務會議。
		同	日	黃彝弼先生因身體關係,另有別就,辭去本校教職。
		27	日	填報社會局中等學校訓育調查表。
		28	日	舉行第一次高、初中新生及插班生入學試驗,一連兩日。
		29	日	檢驗投考新生體格。
2	月	1	日	取錄新生揭曉。
		同	日	接准本市新生活運動促進會函告,本校前保送入該會主辦之新運講習會學員劉偉山,畢業成績共計八十六分,並知照該員取領畢業證書。
		同	日	聘定李炳郁先生為本校英文教員,范慨源先生為物理教員,孫定昌先生為生物教員。
		2	日	上海市社會局局務會議通過准予本校高中立案,並轉呈教育部備案。
		3	日	舉行春季始業式。
		4	日	舉行第二次新生入學試驗,及上學期一科或兩科(總平均七十分以上者)不及格之學生補考。支配高、初中各教師任課時數。重訂各級級主任教師。
		10	日	接奉上海市社會局訓令,本校第十八屆初中學生參加廿五年度第一學期畢業會考及格者,合計廿七人,又補考算學科學生唐國鴻、楊渭鴻、陳寶琨、謝漢鑫及格。(附

				註)本屆畢業會考理化科不及格者九人,英、算不及格者各一人。
		11	日	春節放假一日。
		12	日	公佈入學手續未辦妥者不得擅入教室上課。
		15	日	舉行各級級務會議,討論訂定級主任工作綱要及編配級務指導時間各事項。
		同	日	送交上海市蔣公壽辰獻機委員會本校上屆集訓生獻機捐款共貳拾元。舉行第三次新生入學試驗。
		19	日	委託劉偉山先生代表出席新生活運動三週年紀念大會。
		同	日	呈報本學期教學時間表及教學時數總表。
		22	日	開始送繳本校教職員所得稅。
		同	日	訂定取締學生任意曠課辦法。
		25	日	補繳上海市國民軍事教育協進會入會費,本校自本學期起正式加入該會為會員。
		26	日	高三上、高二下英文科教師李炳郁先生自今日起專教文法及作文,讀本則改由劉始贊先生教授。
		27	日	訓育部主任戴玉衡先生代表出席市社會局召集之全市中等學校訓育聯席會議。
3	月	1	日	高中三上及二上兩級學生由戴玉衡先生率領赴馬寶山餅乾食品公司參觀。
		同	日	盧校長參加旅滬廣東同鄉團體歡迎余綏靖主任暨粵籍中央執監各委員大會,本校童子軍崔衍明等十餘人前往服務。
		8	日	改編舉行朝會全體學生列隊次序。開始每早舉行升旗禮。
		9	日	函知寶山縣政府催請撥付塘工債券本息。
		同	日	函請生大信託公司自本日起結束本學期代收學費事項。
		同	日	收吳市長經募馬超俊先生捐助本校建築費國幣五百元。
		同	日	填寄上海公共租界本年春季校務概況表。開始實施強迫各級學生課外運動。
		10	日	高二上學生由戴玉衡先生率領赴明星影片公司參觀。上海市衛生局派員到校為各級學生種痘。
		12	日	總理逝世紀念日(植樹節)遵令放假一日。

		15 日	舉行本學期第一次校務會議,審核上學期決算及本學期預算。
		同 日	植樹節日因雨後地濕不便種樹,今日全體員生於舉行總理紀念週後在校內補植樹苗五百株。
		16 日	市社會局函介齊衡如先生到校演講《圓體字》。
		18 日	承梁積球先生贈送大石轆一個。
		20 日	選定高、初中各級優秀學生盧關佑、勞文顯、余日堯、王志華、梁友德五名參加上海市中等學校優秀學生聯誼會。
		22 日	接上海市教育局唐敬修先生電話通知,本校高中部已得教育部批准備案。
		同 日	奉市社會局令,上學期初中二年級插班生伍捷樣學籍證件行查屬實,准予備案。
		同 日	江灣保衛團派駐本校之校警李長發一名由該團調回訓練,爲期兩月。舉行本學期第一次校務常務會議。
		同 日	修訂各級值日生職權。
		同 日	訂定校外借用本校運動場辦法。函送上海市所得稅辦事處本校基金存款免稅申請書,送交上海農商銀行轉達。
		25 日	本校參加閘北各公、私立中等以上學校聯名函請商辦閘北水電公司減成收費。
		26 日	呈報本學期初中新生、插班生學籍。
		同 日	函請廣州市、青島市各社會局行查插班生譚學彬、黃松盛學籍證件。本校訓育主任戴玉衡、公民教員張汝礪填送上海市訓育主任、公民教員資格審查委員會上學期工作報告表各兩份,附送本校訓育概況兩冊。
		31 日	接奉市社會局訓令第 7758 號,本校呈請開辦高中立案已奉教育部令准予備案。
		同 日	上海市社會局頒發本校高中部立案證書。
		同 日	上海廣肇公所、廣東旅滬同鄉會等五團體公餞吳鐵城市長赴粵主政,本校委派童子軍崔衍明等七人到場服務。
4	月	4 日	廣公一、二兩小學假座本校大禮
			堂舉行兒童節慶祝會,並在炳炎運動場舉行第八屆運動會。
		5 日	開始放春假一星期。
		同 日	高中一上、一下,初中二下(一)、二上各級學生利用春假期內旅行蘇州、無錫等處。
		同 日	教員黎維嶽、鄭兆鏗等七人組織杭州教育參觀團童子軍十餘名,由團長張訓方率領赴杭州旅行。奉市社會局訓令,核示呈報本學期初中新生學籍。
		12 日	春假期滿,照常上課。
		14 日	江灣區各中等學校校長及教育行政各機關人員聚餐會,此次由本校輪值主持。
		17 日	填寄廣西省政府本校桂籍教職員、學生調查表。季考開始。
		20 日	委託戴玉衡先生代表出席江灣區中等學校聯合運動會籌備會議。
		同 日	陳日平會計師派員到校查賬。
		23 日	教育部特約編輯兼體育組副主任章輯五先生到校考察體育、衛生、軍訓、童軍教育。
		24 日	教育部督學顧兆麐與特約編輯何艾齡兩先生到校視察,表示滿意。
		同 日	奉上海市社會局令,爲本校捐資興學林炳炎、鄭伯昭、簡潘杏濃,上海廣肇公所陳燕燦等已由教育部呈請國民政府明令嘉獎令飭轉行知照。
		26 日	舉行本學期第二次校務常務會議。
		同 日	粵中校刊第三期出版。
		同 日	高二上、高一下兩級因須參加集中軍訓,特於今日起提前舉行學期試驗。
		27 日	上海市衛生局派員到校爲參加本屆集訓學生注射防疫針。盧校長出席上海市社會局召集本市中等學校校長談話會,由潘局長指示指導學生思想問題并介紹《讀書青年》半月刊轉飭各生訂閱。
		28 日	高、初中各級舉行時事測驗。
		30 日	函送上海市銀行本校參加第二屆集訓學生五十五名內務設備費。
5	月	1 日	舉行本校第九屆運動會。
		2 日	廣東同鄉會爲舉行會員大會事,本校應該會之請,選派童子軍八人前往服務。
		3 日	高中部全體學生由教職員戴玉

衡、譚天沛等各先生率領,至同濟高級職業學校參加江灣區各校擴大紀念週。

4日 開校董會第三次會議。

5日 送繳四月份本校教職員所得稅。

7日 徐卓呆先生到校演講。

8日 參加上海市江灣區中等學校聯運會一連兩日,高、初中兩組冠軍均爲本校獲得。

11日 梁扶初先生偕同日本兵庫縣武庫郡魚崎尋常高等小學校長前田菊治到校參觀。

同日 接奉市社會局指令第一一二九號,核示本學期高中部全體學生學籍准予備案。

12日 招待參加江灣區中學聯及全市中體聯運動會各選手茶會。

13日 上海市衛生局閘北區衛生事務所派員到校爲參加第二屆集訓生檢查身體。

15日 本校參加中體聯運會,田賽總成績獲列亞軍,徑賽總成績列入第四名。

16日 本校田賽標槍選手梁友聲、撐竿跳選手黃國興,以參加此次中體聯運會成績優良,被選參加本市國際運動會中華隊隊員。

17日 爲高中二上、一下學生參加本市第三屆集中軍訓,特舉行集訓生勉勵會,款以茶點,並攝影紀念。

20日 上海市衛生局派員到校爲學生施行防疫注射。

21日 公佈集中軍訓學生(高二上、高一下)期考成績。

同日 高三上、高二下、高一上,初三下、二下(一)、二上各級學生由各該級級任教師率領,前往同濟大學立校四十週年紀念成績展覽會參觀。

23日 檢查參加集訓生服裝。

24日 校友郭思敏比國留學生畢業回國,到校演講。

同日 集訓生五十二名由軍事教官譚振源率領赴本市華漕鎮中正營參加第三屆集中軍事訓練,事務員梁勉儂同行照料。

25日 舉行本學期第三次校務常務會議。修訂增加英、算、理化各科教學時數。

同日 上海市衛生局派員到校繼續爲學生施行防疫注射。

28日 舉行國語科演講比賽。

31日 本校參加江灣區中學聯運會高、初中冠軍,所得獎品計有銀鼎、銀盾、優勝旂等共十件。

6月1日 初中三下畢業班舉行最後學期考試。

同日 校友鄭兆麟(留學日本畢業回國)到校參觀。

3日 上海市社會局奉中央令,選派盧校長及訓育主任戴玉衡於七月一日前往盧山,參加全國中等學校校長、訓育主任集中訓練,爲期約三星期。

4日 舉行高、初中英語科演講比賽。

6日 教師節本校宴會全體教職員。

7日 昨日教師節適值星期例假,今日補假一日,以資紀念。

8日 舉行高、初中公民科演講比賽。

同日 依照社會局潘局長來函,介紹各級學生定閱《讀書青年》雜誌。

9日 高中三上、二下兩班學生由化學教師何霖生君率領前往建源公司酒精廠參觀。

同日 上海市社會局換發本校正式新鈐記一方,文曰"上海市私立粵東中學鈐記"。

15日 全體教職員各捐月薪百分之一爲賑災捐款。

28日 盧校長偕訓育主任戴玉衡先生起程赴盧山受訓,校長離滬後,校務交託吳佩韋、張亦菴、黎維嶽三位先生會同處理。廣東旅滬同鄉會送來《教與學》升學就業指導專號一千二百五十本,囑贈與全體員生閱讀。該書爲該同鄉會董事長林炳炎先生捐資印贈。訂定圖暑期內學生借書規則。

7月1日 舉行畢業暨休業式。

20日 盧校長受訓完畢,返抵上海,戴主任因事他往,稍緩回滬。

21日 盧校長照常到校辦公。

8月2日 時局緊張,召集一部份同仁在北校(廣公一小)開會討論應付辦法。

4日 收拾水電路校舍內重要物品,準備遷存西校(廣公二小)。

5日 高中受訓學生奉命提早出隊,本校派員備車接領回校。

同日 重要物品實行遷出。

年	月	日	事項
		9日	在西校召開校務會議，討論應付時局辦法。
		12日	局面極度緊張，童子軍準備爲同鄉難民收容所服務。
		13日	戰事爆發，戰區難民避入公共租界中區及法租界。本校童子軍數十人爲廣東旅滬同鄉會難民收容所通宵服務。校長暨一部份教職員出任廣東旅滬同鄉救濟難民委員會工作。
		14日	本校高中部學生加入爲難民收容所服務。
		同日	本校教員陳鼎詠先生在大世界附近爲流彈炸傷殉難。
		15日	童子軍訂定爲難民收容所分班輪值服務辦法。並向本市童子軍理事會報到，領取證件，正式受中國童子軍戰時服務團之統轄。
		26日	本校在西校設立臨時辦事處。
		28日	登報通告，遵照教育部令，定於九月二十日在安全地點開學，凡已報名之新舊生，自即日起，向本校臨時辦事處登記。
	9月		《申報》《大公報》刊載南京通訊："教育部據該部特約編輯章輯五呈送上海市中等學校體育視察報告，前日特將所陳意見及贊許各點摘要令飭上海市社會局遵照。茲分誌於後：……①㈢粵東中學體育設備，爲上海市內各中等學校冠，環境亦極佳。……②"
		8日	召開校務會議，決定暫借用西校一部份房屋爲臨時校舍，並奉社會局令，改定九月廿四日開學。
		10日	通告各級舊生開學日期，及非常時期變通升級辦法。
		23日	召開校務會議，決定戰時教學科目及教學分量表。
		24日	行開學禮，到高中學生五十人，初中學生百餘人。童子軍爲難民服務自八月十三日至本校開學，共計四十日。爲學業關係，不得不撤隊回校，除將服務經過呈報救濟委員會林委員長炳炎備核外，並向戰時服務團註銷證號。
		27日	正式上課。
	10月	1日	上書廣東旅滬同鄉會請求協助另覓臨時校舍，及補助經常費。
		2日	商定全體教職員本學期支薪暫行辦法，按照原薪支取百分之四十。
		4日	廣東旅滬同鄉會以致全力於救濟同鄉難民，無法接受本校之請求。
		5日	編錄校中近狀，報告離滬各同仁。
		7日	校友陳寶球君病故。
		9日	保送本校童子軍教練馬文甫、何瑞雲兩君加入社會局主辦防毒救護師資訓練班。
		11日	西校鄰屋（西摩路六二九弄十號）遷出，本校接續租用。
		13日	社會局派員到校調查水電路校舍被毀情形，囑攝影送局轉呈教育部轉國際調查團備查。並遵令填報開學調查表。
		18日	召開全體教職員會議，討論本學期校務進行計畫，並決議向中小學全體同人募集致送殉難同人陳鼎詠先生家屬唁慰金。
		21日	校董會假座廣肇公所舉行第四次會議，關於本學期經費，囑由校長自行設法籌畫。
		22日	國軍退出江灣及閘北，慰勉學生勿因此而失望。
	11月	5日	社會局派員到校視察。
		9日	國軍退出滬西及浦東，對諸生仍加以慰勉。
		同日	召開校務會議，討論勸銷救國公債辦法。
		11日	本市全部陷於敵手，社會局召集各校校長舉行緊急會議，討論鎮定人心及各校聯絡通訊辦法，並鼓勵教育界同人爲後方服務。
		23日	校董唐寶書先生逝世，校長率領學生代表前往殯儀館致奠。
	12月	11日	召開校務會議，討論訂定適應目前環境辦法。
		29日	《大美晚報》（英文版）刊出本校校舍被燬攝影。

民國廿七年（1938年）

年	月	日	事項
	1月	8日	召開全體教職員會議，討論本學期結束辦法。
		17日	舉行高中第一屆畢業考試。
		28日	召集高中第一屆畢業生攝影紀念。高中第一屆畢業生合贈母校

①② 編者注：原文如此。

月	日	事項
		銅質校牌一方，以留紀念。
2 月	7 日	春季始業。
	11 日	正式上課。
	19 日	補行始業式。
	22 日	託英籍友人到水電路攝影本校校舍被燬情形。
3 月	1 日	本市大中小學學校聯合會決議自本日起，每日靜默一分鐘，上午上課者，其時間為九時十八分（九一八），下午上課者，其時間為一時廿八分（一二八），晚間上課者，其時間為八時十三分（八一三）。本校定於每星期一上午九時十八分鐘，全體員生及工友起立默念一分鐘。
	3 日	教職員本學期薪津仍暫照原薪支取百分之四十。
	6 日	惠南商學院借用本校教室考試新生。
	14 日	保薦本校高中畢業生楊達明、黃祖頤、李瑞華領取惠南商學院獎學金，入滬江大學城中區商學院肄業。
	21 日	教務主任張亦菴先生事假一月，職務由陳醒民先生暫代。
	28 日	徵集兒童舊衣物，轉送貧苦兒童。
5 月	2 日	本校教員郭琴舫先生辭職，入內地為戰事服務。
	4 日	召開校務會議，修訂秋季招生簡章，並籌備開辦暑校。
	12 日	工部局衛生處派員到校為全體員生及校工注射防疫針。
6 月	20 日	本屆高、初中畢業班舉行畢業考試。
	21 日	工部局衛生處派員到校注射第二次防疫針。
7 月	7 日	舉行高、初中畢業式，並攝影紀念。
	9 日	暑校開學。
8 月	7 日	校董陳炳謙先生壽終澳門寓所，本校聞訊，致電悼唁。
	22 日	鑑於外界對本校常有謠言傳播，特登報闢之，文曰："本校高、初中均經先後立案，向遵國家教育宗旨切實辦理，為社會所共見。今後仍本初衷始終不渝，際茲環境複雜，誠恐涇渭不分，特此鄭重聲明，諸希公鑒。"
	同日	考試新生。
9 月	1 日	秋季始業。
	14 日	全體教職員決定每日每人至少節省國幣一分，彙集獻給國家。
	16 日	本學期教職員薪給，仍照上兩期致送辦法。
	26 日	召開全體教職員會議，決定本學期進行計畫。
10 月	4 日	接受本市徵募寒衣委員會之委託，為前方士兵及後方難民徵募寒衣，因運輸困難，暫以代金為限，每件一元。訂定"刻苦自強"為校訓。
	6 日	劉偉山先生為獎勵學生徵募寒衣起見，凡募得寒衣兩件者，贈以書法一幅，多募多贈（篆、隸、真、草可任意指定），以資紀念。
	14 日	徵募寒衣代金，共得國幣貳百五十元，即解送中央銀行，轉漢口徵募寒衣總會備用。
	21 日	刊佈本校水電路校舍被燬狀況，分贈各界察閱。
	25 日	工部局衛生處派員來校種痘。
	28 日	劉慶雲牙醫師到校為學生檢驗牙齒。
	同日	召開校務會議，討論編印本校概況及招生簡章。
12 月	2 日	呈報教育部由廿八年春季起，添辦高中商科。
	同日	聘請本市商界先進為本校商科顧問。
	4 日	舉行立校紀念會，並放假一日誌慶。
	7 日	加入各團體發起舉行陳炳謙先生追悼會，並分任籌備工作。
	21 日	高中部舉行國語演講競賽，講題為國訓之全部或任一德目。
	24 日	各團體假座湖社舉行陳炳謙先生追悼會，本校員生到會致祭。

民國廿八年（1939 年）

月	日	事項
1 月	9 日	本屆高、初中畢業班舉行畢業考試。
	15 日	高中畢業班舉行茶會，邀請教職員蒞臨參加致詞，並攝影紀念。
	18 日	初中畢業班舉行茶會，教職員應邀參加並致勉詞。
	23 日	舉行高、初中畢業暨各級休業式，校董韋捧丹先生蒞臨致詞。
	28 日	呈報本屆畢業生成績表及填報調

月	日	事項
		查表，由上海中等學校協進會彙呈教育部備核。
2月	8日	舉行春季始業式。
	13日	正式上課。
	22日	勸導全體學生募款賑濟兩廣難民。
	同日	接受廣東旅滬同鄉救濟兩廣難民募捐委員會之委託，代爲勸募捐款。
3月	2日	恢復學生早操。
	4日	中小學各級自治會聯合發起舉辦游藝會籌款，救濟兩廣難民。
	6日	大新公司允許免費借用場所，並願贊助一切。
	8日	召開全體教職員會議，商定輔導學生籌賑辦法，並推舉指導員七人組織指導委員會。
	15日	向工部局政治部接洽審查游藝會劇本。
	17日	劇本審查完竣，准許上演。
3月	18日	游藝會特刊出版。
	19日	上午假座大新公司遊樂場舉行籌賑兩廣難胞遊藝大會，蒙海燕劇社，路明女士，陳歌辛先生、陳俊英先生昆季，藝音口琴隊，朱家班武術團，天星魔術團等義務表演，結果圓滿。
	20日	登報鳴謝。
	21日	遊藝會收入券資一千九百十二元，義賣茶資廣告等收入共九十二元七角，合計貳千〇四元七角，除各項開支三百〇四元七角外，結餘一千七百元，經即如數送交廣東旅滬同鄉救濟兩廣難民募捐委員會收用。
	23日	收到國民精神總動員等刊物三種共二百餘冊，分發全體員生閱讀。
4月	3日	春假開始，假期共計四天。
	10日	盧校長出席上海市各界國民精神總動員協會會議，並宣誓就任該協會教育界理事。
	17日	全體學生舉行國民公約宣誓式。
	27日	教職員舉行國民公約宣誓式。
5月	1日	籌賑遊藝會全體職員及指導員攝影留念。
	8日	實施精神訓練。
	11日	應上海市私立學校協進會之囑，填送"八一三"上海市學校遭受損失一覽表二份，附校舍被燬狀況圖二冊，以供彙製統計表，呈請政府撥款救濟。
	22日	工部局取締政治活動，通告各級學生特加注意，免受干涉。
	23日	工部局衛生處派員到校注射防疫針。
	29日	舉行國語演講競賽會，講題以精神總動員綱領爲範圍。
6月	1日	本校奉教育部駐滬專員蔣建白先生之命，與各校密切聯繫，爲精神上之結合。
	2日	奉教育部駐滬專員辦事處通知，本校添辦商科，業蒙部令核准。
	5日	本屆高中畢業班設宴款待各教師。
	19日	本屆高、初中畢業班舉行畢業考試。
7月	1日	應上海街童教育會之約，合力在本校設立街童學校一所，招收鄰近失學兒童免費入學。
	6日	舉行畢業暨休業式。
	10日	暑期學校開學。校友聯誼會舉辦暑期講習會。
	27日	良健級級友會借用母校教室於每星期五晚練習音樂。
8月	5日	訂定招收半費生辦法。
	16日	本學期延聘蕭中醫生爲校醫。
	18日	上海中等學校協進會各會員學校聯名呈請教育部發給補助費。
	25日	考試新生。
	27日	校董郭順先生自動捐助本校經常費國幣壹仟元。
9月	1日	舉行秋季始業式。
	4日	正式上課。
	18日	本市特別戒嚴，交通不便，停課一日。
	同日	規定節省水電辦法，公佈執行。
	27日	檢驗學生體格。
	同日	召開全體教職員會議，并聚餐。
	30日	請託馮炳南先生爲本校籌畫經常費。
10月	4日	本校暨廣肇公學全體教職員以校款支絀，待遇菲薄，不能維持生活，聯名函請馮炳南先生設法援助，並向廣肇公所董事郭順、譚蓉圃兩先生作同樣之請求。
	5日	馮炳南先生接受全體教職員之請求，允爲盡力設法援助，並約盧校長前往馮府面談一切。
	7日	馮炳南先生開始代向廣肇公所洽商撥款補助。

11 日 郭順先生亦允設法相助。

12 日 國立院校上海區統一招生揭曉，本校高中畢業生盧關佑、韋涵光均被錄取，分發入交通大學、浙江大學肄業。

30 日 舉行國語演講競賽。

11月 14 日 遵馮炳南先生之囑，送呈本校收支預算表備查。

24 日 旅滇校友會來函報告成立經過。

12月 4 日 舉行立校紀念會，並放假一日誌慶。

14 日 馮炳南先生邀約廣肇公所董事商談墊借款項，以應本校需用。

16 日 盧校長應馮炳南之約，到馮府商談墊款事。

同 舉行書畫成績展覽會。

18 日 舉行全體教職員談話會，報告馮炳南先生為全體同仁籌發全薪之辦法與經過。

20 日 聯合各私立學校函請工部局設法抑平米價，購運洋米，舉行平糶。

22 日 馮炳南先生邀約廣肇公所董事暨本校董事共同籌畫本校經費，盧校長被邀列席，報告校務。

23 日 召開校務會議，報告馮炳南先生為本校籌墊經費之最近情形，並討論本學期辦理結束程序。評定書畫展覽會出品，擇優給獎。

28 日 馮炳南先生致函廣肇公所陳述疊次開會商籌本校經費之經過，請即予以援助，以利同鄉教育之維持。（原函曾刊登本校三十年一月出版《最近四年概況》，附貼於此，以備查考。）

逕啟者：炳南頻年抱病息影家居，前有廣肇公學暨粵東中學學生之家長數人來寓談及該校情形，大致謂：該校自八一三後校中教職員均四折領薪，近日雖已較增，實亦止有五成，各教員謀食不遑，致對於校務及教程諸多簡略，長此以往，勢將不克維持。其所以致此之由，則聞因貴公所經費窘迫，停發該校補助費之故，屬為主持公道，向貴公所聲請照發補助費云云。旋又有該校教職員張亦菴等二十餘人具函前來，略稱"自滬戰發生後，校款奇絀，八一三前廣肇公所年有八千元之經常補助費，八一三後暫照原數減半發給。而兩年半以來公所支撥之補助費半數，共計壹萬元，均由公所直接代還農商銀行債項。此外，又蒙公所預支二千元，故學校一切開支，除實收公所預支之二千元外，僅恃學費之收入，而同人等之薪給，自八一三以來亦僅照原薪四成支給。本學期因物價飛漲，學校擬增一成，現亦虛懸無着。際此萬方多難，國步維艱，同人等豈復以居安食飽為念，惟是米珠薪桂，物價高騰，硃粉不足以充飢，典籍不足以禦寒，況乎仰事俯畜責難旁貸，悽惶困頓，其情景蓋已鄰乎難民，懸心於彼而欲其致力於此，是亦人情之所甚難者也。本校盧校長業已將此中苦況具函廣肇公所籲請設法救濟，因念先生德尊望隆，眾流共仰，關懷教育，久播口碑，用攄下情，冒昧奉瀆，敢冀一言九鼎，俾本校所籲請於公所者為不虛，而使涸轍之魚稍蒙西江之潤，則雲天高誼，銘篆難忘矣"等語，炳南對此不無感動，因請該校校長盧頌虞君來寓，詳述該校辦理經過及前後種種困難情形。炳南深覺該校有維持之必要，為此以私人名義請郭順、譚蓉圃、張榮溥、楊梅南、黃鴻鈞等諸先生兩度會談籌商辦法（中略）。拙見以為，對於該校辦法應分治標、治本兩種。治標則自本學期起先行恢復教職員之全薪，以本學期與下學期兩期計，根據該校本學期開支帳略連同前欠約不敷一萬四千餘元，下學期約不敷八千餘元，兩共不敷二萬二千餘元。此數如全由貴公所負擔，似為數過鉅，故由炳南首先允認每學期借墊壹千元，郭順先生亦允每學期擔任壹千元，墊付各共兩學期。炳南又深知林炳炎先生平對於教育事業頗為熱心，擬由炳南去函向之商請，在此兩學期內，每學期借墊二千元，如此則每學期僅不敷七千元矣，則由貴公所借墊足之。治本則於即日由貴公所董事與該校校董及其他同鄉公推若干人，合組整理校務委

員會負責整理,並定百年大計以
宏造就,庶幾兩全。當經與會諸
君子商討之下,一二明達者認爲,
治標方法盡善而未盡美,蓋吾人
維持此校苦心,不僅求此校之保
存,且求此校之改善,若未加整
頓,輒予先施,萬一故態依然,無
異擲金虛牝。炳南認爲亦是一
理,但本學期之教職員斷難使其
枵腹從公,最後結論以前欠之數
暫作懸案,但本學期教職員之全
薪准予恢復,遂訂如下辦法:(一)
根據該校本學期開支實在不敷款
項,除宕借款項外,計國幣一萬
元。(二)由郭順先生借墊一千
元,炳南亦墊借一千元。(三)由
炳南函請林炳炎先生墊借二千
元。(四)林炳炎先生借墊之款未
經允諾以前,不敷之數共爲八千
元,由貴公所擔任,而由每年補助
該校款項下扣還。當經到場諸君
贊同,惟須由鄙人出面函達貴公
所,即煩迅即集會議決施行。竊
念該校爲吾粵培植人材之苗圃,
歷年以來,吾粵人材輩出,未始
非教育之功,吾粵人士僑居滬上
者爲數實繁,若無一培植同鄉子
弟之學校,實非吾粵人之福。至
於貴公所經濟拮据,逋負甚多,此
亦人所皆知之事實。然而所爲公
所者,原爲同鄉謀福利之機構,夫
福利之最要最巨者,莫過於作育
人材,此而不維持,其他更何足置
念。債務固急,然在此非常時期,
不妨婉轉通融,將其分期給付之
款延長,當不致無相商餘地,則可
節其餘力以維護此必不可少之機
構,爲同鄉留秦復之萌蘗,明達如
貴公所當能計及。炳南固粵人
也,然不必以敬恭桑梓之義責望
貴公所,即退爲秦越人,亦不敢不
作友誼之規勸。況炳南一病三
年,爲同鄉所共悉,尚不敢作漫無
責任之論調,而周旋其間,以備諮
詢之萬一乎。諸希鑒納,不既所
云,即希示復爲荷。此致
上海廣肇公所

馮炳南啓
廿八年十二月廿八日

| | 28 | 日 | 通告全體教職員聯合訂購洋米辦法。 |
| | 同 | 日 | 訂定本學期改發全薪辦法。 |

民國廿九年(1940 年)

1	月	5	日	訂定特種獎學金規程。
		6	日	廣肇公所召開董事會,對馮炳南先生建議借墊本校及廣肇公學本學期經費八千元一案決議通過。
		9	日	奉馮炳南先生通知,廣肇公所墊款八千元已送交馮府,即飭人轉送來校應用,並囑擬具校務改進計畫,以備討論。
		同	日	派員出席各私立學校聯合訂購洋米會議。
		11	日	補發全體教職員本學期未發足之薪金(恢復發給全薪)。
		22	日	舉行高、初中畢業及各級休業式。
		同	日	各教師出席初中畢業班茶會,並致詞勗勉。
2	月	2	日	校友鄭家駒君介紹與胡國樑先生接洽設置本校耀庭公獎學金學額。
		10	日	舉行春季始業式。
		同	日	因校舍不敷應用,本學期停辦商科。
		14	日	開始上課。
		16	日	組織風紀團,由訓育主任擔任團長,每級選任團員各二人,負維持全校秩序與風紀。
		21	日	召開全體教職員會議,討論本學期進行計畫。
		23	日	應馮炳南先生之約,偕張亦菴先生造訪,商談校務改進事項。
		24	日	蕭中校醫檢查學生體格。
3	月	1	日	張亦菴先生兼任馮炳南先生秘書,辭本校教務主任兼職。
		同	日	吳佩韋先生調任教務主任。
		9	日	發填學生自修狀況調查表,爲調整自修時間之參考。
		17	日	胡耀廷〔庭〕先生家屬假座湖社舉行胡耀庭先生追思會,本校以胡先生生前熱心教育,對於本校贊助良多,特由教職員率領學生赴會參加公祭。
4	月	3	日	春假開始,自本日起至六日止。

		26	日	盧校長應馮炳南先生之約,到馮府商談校務,郭順先生等亦在座。關於本學期補助費,仍由馮、郭兩先生負責分向公所及林炳炎先生商請借墊或捐助。馮先生並建議組織旅滬廣東同鄉教育改進委員會,由各同鄉團體推派人員參加。
5	月	3	日	胡國樑先生撥贈本校胡公耀庭獎學基金國幣七千元。
		4	日	盧校長受馮炳南先生委託,約同廣東中小學陳校長鴻璧、崇德女子中小學徐校長松石、嶺南中小學李校長任龍到馮府討論教育問題。
		24	日	函請廣肇公所、廣東同鄉會、粵僑商業聯合會三團體派員會同組織廣東旅滬同鄉教育改進委員會。
		25	日	廣肇公所推定何焜祖、郭琳天兩先生為廣東旅滬同鄉教育改進委員會委員。
		29	日	廣東旅滬同鄉會推定梁維四、姜和椿兩先生為廣東旅滬同鄉教育改進委員會委員。
6	月	5	日	工部局華人教育處召集各中學校長商議選派學生為安全運動服務,本校委託張訓方先生代表出席。盧校長應梁維四、姜和椿兩先生之約,偕同教務主任吳佩韋、訓育主任戴玉衡造訪,商談同鄉教育改進事項,並報告本校近況。
		11	日	召開校務會議,討論本學期辦理結束程序。
		14	日	工部局衛生處派員到校注射防疫針。
		17	日	本屆高、初中畢業班舉行畢業考試。
		18	日	本校選派曾受童子軍訓練之學生卅二人,分為八小隊,為安全運動服務,一連四日。
		29	日	馮炳南先生太夫人七秩壽辰,延聘專家假青年會禮堂分日演講儒、釋、道、耶、回五教之要義,本校特介紹各級學生前往聽講。
7	月	3	日	馮炳南先生暨郭順先生本學期各墊助本校及廣肇公學經費壹千元,該款由馮先生派員送到。
		4	日	舉行高、初中畢業暨各級休業式。
		5	日	本校為充實及提高英語程度起見,本屆暑期學校特設英語訓練班,聘美國密斯根大學碩士張禮達先生擔任指導,初中三及高中各級學生皆可免費入學。同時設德文班,由上海醫學自然科學會延聘師資協助進行,學生入學亦免收學費。
		6	日	校董蔡昌先生介紹張禮達先生擔任本校英文教席,應送薪金由蔡校董捐助致送。
		16	日	林炳炎先生本學期墊助本校暨廣肇公學經費貳千元,由馮炳南先生轉送到校。
		21	日	廣東旅滬同鄉教育改進委員會梁委員維四、姜委員和椿、何委員焜祖暨本校校長應廣東旅滬同鄉會代董事長馮炳南先生之約,到馮府會商同鄉教育改進事項。
		29	日	廣東旅滬同鄉教育改進委員會舉行首次會議,本校校長列席報告校務,並提供意見(會議紀錄刊載本校三十年一月出版《四年概況》第36頁至41頁)。
8	月	12	日	本學期第一次考試新生。
		13	日	抗戰紀念日放假一天。
		17	日	德文班結束。
		19	日	登報招考胡公耀庭獎學紀念金免費學額。
		21	日	暑校結束。廣東旅滬同鄉教育改進委員會舉行第二次會議,本校校長列席報告校務,並提交下學期收支預算表,請為審核。
		26	日	本學期第二次考試新生。
9	月	1	日	馮炳南先生邀約廣肇公所各董事及廣東旅滬同鄉教育改進委員會各委員茶會,籌商本校暨廣肇公學廿九年度經費。本校校長被邀參加,報告校務近況。
		2	日	舉行秋季始業式。
		7	日	益三兄弟公司經理陳其浩先生來函,略謂各親友為陳公炳謙募集獎學紀念金,共得法幣貳千一百四十五元,擬撥送本校為陳公獎學基金。本校接受該項紀念金後,以每年所得之息金充獎學之用,為陳公永留紀念。
		11	日	馮炳南先生為籌集本校暨廣肇公

學廿九年度經費事,再致函廣肇公所請爲撥款扶助,以資維持(該函曾刊載三十年一月本校出版《四年概況》,附貼於此,以備查考)。

逕啓者:近據同鄉教育改進委員會來函,並附第一次會議記事錄及廣肇公學、粵東中學改進計劃大綱等,披閱之下,鄙意以爲教育之改進爲一問題,而經濟之籌措又爲一問題,此兩問題相需並重,而經濟問題尤爲重要。經濟如不能支持,則弦誦且將中輟,雖有良好之改進計劃何從進行,故目前該校所亟待解決者實爲經濟問題,經濟問題又宜分治本、治標兩種。治本之法誠應如改進計劃大綱內所擬之籌集基金辦法,方足以維持永久,然欲籌募巨額之基金,必須假以時日,從容設計,斷非短時期內可以籌集,在基金尚未籌集之時期以內,必須先行採取治標辦法以爲過渡,否則校務即有停頓之虞。查粵東中學與廣肇公學兩校預算,每學期缺少之數爲八千元,姑定治標過渡時間以一年爲期(計兩學期),缺少之數爲一萬六千元。事關同鄉全體之教育問題,凡屬同鄉團體均有補助之責,炳南謹以個人之立場建議於貴公所及廣東同鄉會,在此過渡之一年期內,該兩校所短少之經費一萬六千元,由貴公所及同鄉會共同擔任,請貴公所任其七,而同鄉會任其三,即或有所不能,則貴公所任其六,而同鄉會任其四,萬一仍爲不可,則貴公所與同鄉會各任其半,俟先徵得貴公所同意後,再提請同鄉會董監會公決。炳南此種建議,具有種種理由,謹爲貴公所詳晰陳之。本問題之癥結,起於貴公所認爲所負之責任僅限於廣肇公學,而粵東中學不與焉。查廣肇公學原分中、小兩部,自中學部新校舍完成,規模擴大,爲欲多得同鄉團體之助力起見,始改今名。據調查所得,校牌及各種印刷品於粵東中學字樣之下,無不附以原名廣肇中學字樣,然則粵東中學實爲

廣肇中學所蛻化,雖二即一,未可分離。貴公所似未便因其更改名稱而即停止其補助。關於此項責任問題,今姑且暫置勿論,炳南更有進一步之意見爲貴公所陳述焉。夫同鄉所以貴有團結者,以其能合羣也。合羣以團結爲主要,故同鄉亦以團結爲先務,同鄉各公團財產雖不妨獨立,至於辦理同鄉公益事務,自宜通力合作,萬不可稍存門戶之見,何況教育事業尤非其他公益可比。蓋人才之消長,實關係國家盛衰之前途,所以教育爲整個問題,以全中國論,尚不宜分省界,奈何一省之中,更分府縣界乎?吾粵同鄉之團結力向爲全國所艷稱,今反以最重要之整個教育問題而轉分畛域,似與團結之義未符,炳南竊爲惜之。愚見以爲該兩校成績卓著,我同鄉固當首先加以維持,如將來行有餘力,則凡粵人所辦之其餘教育機關,亦均應加以改進而未容膜視。即如炳南個人對於該校並不負任何責任,上年兩學期尚且借墊二千元,又代向郭順、林炳炎二先生說項,郭先生借墊二千元,林先生借墊四千元,茲又不嫌詞費,曉曉然向貴公所作說客者,無他,誠以同鄉之團結與教育之重要爲吾人天職所應盡而責無旁貸也。至上文所擬三七、四六之支配,炳南並非厚於同鄉會而請爲少認,亦非薄於貴公所而請爲多認,蓋以同鄉團結之誼貴乎有無相通,多寡相劑,各視能力,不分彼此,方爲真正之團結。貴公所現時收入較同鄉會爲優,雖有新山莊欠款,然債權者半係吾粵富裕之家,其中尤多鄙人知好,倘因辦理同鄉教育公益之故,每期略減償還之數,稍延清欠之期,似必尚有磋商餘地,所以擬請貴公所對於補助兩校之經費稍稍多負責任,易地以觀,假使同鄉會之收入優於貴公所,則炳南亦必主張同鄉會多認而貴公所少認,也至如各半分擔,則正與貴公所以前每年補助八千元之原數相

符，擔負並未加多。

　　貴公所好義急公、當仁不讓，以公款而用之公益，欲立己而進以立人，吾料必能俯徇三七、四六分配之請，而決不以各半分擔自限也。聞貴公所有主張將補助廣肇公學之餘額撥充同鄉貧寒獎學金之議，按維持兩校之過渡時期辦法爲一事，同鄉貧寒獎學金又另爲一事。貴公所如果有意舉辦此項獎學金，炳南極表贊同，亦可建議於同鄉會與貴公所共同辦理，以貫澈同鄉公益事業通力合作之本旨，不諗高明以爲何如？以上所陳，本月一日曾邀請貴公所譚蓉圃、勞敬修、楊梅南、黃鴻鈞、梁海籌、胡國樑等諸位先生至舍下舉行茶話會，當將鄙意詳爲陳述，席上諸公對於鄙人所提咸蒙表示無異言。茲謹以肇慶同鄉一分子之資格，而非代表廣東同鄉會之立場，謹向貴公所建議如上。

　　貴公所譽望著於鄉邦，義聲滿於滬瀆，對於區區之請，倘亦以爲然乎，幸垂教焉，不勝企禱，並候環章。

此致
上海廣肇公所

　　　　　　馮炳南謹啓
　　　　　二十九年九月十一日

	9	月	19	日	訂定節省水電辦法，飭令全體校工遵行。
	10	月	2	日	繕具本學期教導概況三份，送呈廣東旅滬同鄉教育改進委員會察閱，並請轉送廣東旅滬同鄉會及廣肇公所備查。
			7	日	召開校務會議，討論徵求學生家長意見辦法。
			9	日	廣東旅滬同鄉教育改進委員會梁委員維四到校視察。視察報告刊載三十年一月本校出版《四年概況》，附貼於此，以備查考。

　　案准廣肇公學、粵東中學盧校長函開"……①敝校本學期中、小學兩部經於八月廿九日及九月五日先後開始上課，關於教學方面改進事項，自當遵照貴會第一次會議所議決者切實施行，以期增加教學效率。（中略）②茲繕具本學期教導計劃大綱，連同教職員一覽表、學生人數表、學生籍貫表共四種各三份，送呈察核，并請分轉廣肇公所、廣東旅滬同鄉會備查"等因，准此；查該校教學向極認真，八一三之後，物質上雖遭受極度之損失，而學校當局及各教師曾不少餒，其爲教育犧牲之精神，殊堪起人欽敬者也。（中略）③本月九日，維四特往該校視察，時適授高、初中國文、英文、地理、公民、生物及物理實驗諸課，其高中英文純以英語講授，其他各課則國語、粵語并用，尚無不合。惜以迫於環境，校具頗爲簡陋，校舍亦覺狹小，尚有待於改進。惟授課時學生之精神秩序均不因此而減其整肅，殊可嘉也。除將該校繕具之教導大綱等表各一份轉送備查外，相應將視察經過合併陳報，仰祈鑒核爲荷。此上
廣東旅滬同鄉會
上海廣肇公所
　　廣東旅滬同鄉教育改進委員會
　　　　梁維四
　　　　姜和椿　　謹啓
　　　　何焜祖
　　　　郭琳天
　　　　　廿九年十月十四日

			10	日	雙十節放假。
			23	日	本校爲請求學生家長賜予合作及爲集思廣益起見，特分函各生家長，附送本校現況概述及徵求意見表各一份，請爲察閱並詳賜填復。
			29	日	召開校務會議，決定編印最近四年概況，分贈各界人士察閱。
			31	日	馮炳南先生徇本校之請，撰文發表對於本校及一般教育上之意見，將刊入本校四年概況。
	11	月	8	日	教育部駐滬專員辦事處派員到校調查學籍。
			17	日	青年會舉辦全市初中學生名人故事演講競賽會，本校選派學生陳蘊秀、盧粹持等出席參加，結果陳生名列第三，盧生名列第五。

①②③　編者注：原文如此。

		27	日	舉行作文比賽。
12	月	3	日	廣肇公所交到借墊本校暨廣肇公學本學期經費四千元。
		同	日	全體教職員舉行校慶聚餐。
		4	日	校慶放假一天,以資紀念。
		8	日	梁海籌先生自動借墊本校暨廣肇公學經費貳千元。
		13	日	寄宿生手冊出版。

民國卅年(1941 年)

1	月	6	日	本屆高、初中畢業班舉行畢業考試。
		11	日	舉行各級學期考試。
		15	日	《粵東中學、廣肇公學四年概況》出版。
		21	日	舉行畢業暨休業式。
		24	日	向本市民食調節會接洽定購洋米,以應全體員工之需。
		25	日	廣東旅滬同鄉會補助本校經費四千元。
3	月	11	日	廣東旅滬同鄉教育改進委員會假馮公館舉行第三次會議,同鄉會代董事長馮炳南先生暨委員黎照寰先生相繼致詞,均謂欲改進粵東、廣公兩校校務,不可不急謀治本之道,並提供意見爲進行目標。當即推定梁海籌先生兼任該會主席,姜和椿先生兼任該會秘書,請求廣東旅滬同鄉會及廣肇公所加派代表二人爲該會委員。推定盧校長起草改進宣言。盧校長即席分送兩校本學期第一次校務報告,並加說明。
4	月	4	日	新新公司玻璃電臺主辦兒童國語廣播演講比賽,本校選派初中學生盧粹持、李寶琴參加,高級組比賽結果,盧生名列第一,李生名列第三。
		12	日	王開先生自動捐助本校經費五百元。
		18	日	決定由下學期起,高中部停開春季始業班。
		20	日	採用日光節約時間,上下課一律按照原鐘點提早半小時。
6	月	16	日	高、初中應屆畢業班開始舉行畢業考試。
		21	日	各級開始舉行學期考試。
8	月	10	日	登報招考胡公耀廷〔庭〕暨陳公炳

				謙獎學金免費學額。
9	月	8	日	規定督促學生修學辦法,通知全體教職員切實執行。
		12	日	爲促進學生健康起見,介紹各級學生加入中華健康協會爲會員。
		17	日	全體教職員每日一分儲金,改爲每學期一次收足。
		22	日	唐瑞瓊女士以本校經費困難,特於本年四月十九日、六月九日、九月廿二日送來國幣共九百元(每次惠助三百元),以資補助。
10	月	7	日	嚮應各界推行良心獻金。
		9	日	繕具本校廿九年度第二學期高、初中畢業生成績報告表二份,送呈教育部駐滬專員辦事處存轉。
		同	日	造具本校三十年度第一學期高、初中學生名冊四種各二份,送呈教育部駐滬專員辦事處存轉。
		10	日	慶祝國慶。
		29	日	良心獻金結束。中、小學全體員生共獻七百五十九元一角一分,送交中美日報館代收。
11	月	8	日	向立基洋行爲本校教職員訂購平米。
		26	日	由本月份起,全體員工薪津再加兩成。
12	月	4	日	舉行廿九週年立校紀念會,全體教職員於校慶前夕舉行校慶聚餐。
		8	日	日寇發動太平洋戰争,進佔上海租界,揚言檢查學校。本校爲安全計,今後抗日活動避免表面化。

民國卅一年(1942 年)

1	月	1	日	年假三日。
		6	日	初中畢業班開始舉行畢業考試。
		12	日	各級學期考試開始。
		20	日	舉行休業式。
2	月	1	日	考試新生。
		同	日	接受新新公司之委託,就本校初中三年以上各級學生,招考免全費、半費學生共十餘名,以資培植,應納學雜費由該公司支付。
		4	日	通告考取新新公司學額各生填送家庭狀況證明書。
		11	日	春季始業。
		15	日	正式上課。

3	月	10	日

校友鄭君家駒、胡君章釗自動募集國幣肆千另六十一元,呈獻母校爲全體教職員生活補助費。

		4	月

李勵莊女士爲本校籌集經費四萬九千五百元。葉雪松先生爲本校籌集經費三千元。

6	月	1	日

校董會添聘熱心同鄉多人爲董事。

6	月	10	日

印發員生及校工身份證以利出入。

		22	日

由本日起,至廿六日止,舉行畢業班考試與各級學期考試。

7	月	11	日

廣東旅滬同鄉會戈登路三三六號大廈購入時,以原日承租人惠靈中學尚在繼續租用,擬於本年八月十五日其原租約滿期時收回自用,特備函委託盧校長代爲設法收回。盧校長接受委託後,即通知承租人於期滿時交還該屋。嗣悉承租人非法將該屋輾轉租與新華中學等三校,及商店、教會、住宅等,共達九户之多,情形極爲複雜,經多方交涉,歷時兩月,始得無條件收回。(經過詳情另有紀錄)

		15	日

黃榮慶先生撥助本校中小學經費貳千元。

		20	日

開列考取新新公司獎學金各級學生成績一覽表,送交該公司察閱。

8	月	10	日

廣東旅滬同鄉會接受本校之請求,允於收回戈登路三三六號大廈時,除留一部份自用外,其餘租與本校爲校舍。

9	月	1	日

新租校舍開始修理。

		7	日

訂定導師制實施辦法大綱。

		29	日

訂定學生服務須知。

10	月	9	日

遷移校舍,停課三日。

		13	日

開始在新校舍(廣東旅滬同鄉會大廈)上課。

		18	日

校董會改組後,舉行第一次全體董事會議,盧校長報告校務近況。決議事項:(1)修訂本會章程,(2)通過本校本學期預算,(3)推定常務董事。各董事於散會後視察校舍設備情形。

11	月	7	日

校董會舉行第一次常務董事會議,決議事項:(1)本學期預算審查後再籌畫不敷之數。(2)籌畫本校基金,由盧校長擬具計畫後再議。(3)聘定黃培銖會計師審查本校賬目,並推定伍、李兩常務董事共同審查。(4)聘定歐濟先生爲本會秘書。

		20	日

校董會舉行第二次常務董事會議,決議事項:(1)本會籌得之款,應推定保管人選及確定提取撥支手續,於下次會議時行之。(2)本校基金籌募委員會章程及本校基金保管委員會章程兩草案審查後,下次會議再行討論。

		同	日

本校立校紀念日重加釐定如下:

(一)二月十九日爲立校紀念日。

註:是日爲培德學校(本校創立時之原名)于民國二年舉行首次開學式之日。

(二)十二月四日定爲廣肇公學易名紀念日。

註:是日爲民國十年十二月四日上海廣肇公所董事會會議通過本校改歸廣肇公所設立,並將校名改稱廣肇公學。

(三)一月十日定爲粵東中學易名紀念日。

註:是日爲民國廿四年十一月十日,廣肇中學建築校舍募捐委員會全體會議議決將校名改稱粵東中學之日。

12	月	12	日

校董會舉行第三次常務董事會議,伍常務董事報告:略謂審查本學期預算表屬於特別支出之部份,第一項至第六項均應追認。惟第七項撥還暫借廣肇公學一萬八千餘元一款,應待校款足以自給,然後償還該債,以期雙方兼顧等語。決議事項:(1)本學期預算照審查意見通過。(2)確定本會籌得款項之保管方法及提取撥支手續。(3)將業經審查修正之基金籌募委員會章程及基金保管委員會章程兩草案移交全體董事會討論。(4)籌募本校經常費之辦法。

		24	日

向南洋商業銀行上海分行透支貳萬元應用,校董梁海籌、王開兩先生爲保證人。

民國卅二年(1943年)

1	月	1	日

年假三日。

		8	日

黃培銖會計師受校董會之聘,到

月	日	事項
		校審查卅一年二月一日至七月卅一日之各項賬目。
	11日	舉行畢業考試暨學期考試，一連四日。
	20日	舉行畢業休業式。
2月	1日	考試新生。
	2日	與上海保健會訂立舉辦學校衛生合同。
	11日	春季始業。
	12日	徵集立校三十週年紀念圖文。
	15日	開始上課。
	19日	校慶放假一天，以資紀念。
	24日	本學期音樂暫改爲選習科，仍由張亦菴先生教授。
3月	8日	修正學生服務須知。
	10日	校董會舉行第四次常務董事會議，盧校長報告黃培銖會計師查核本校自民國卅一年二月一日起至同年七月卅一日止全學期之收支賬目，業於去月十二日出具查賬證明書、報告書暨附表多種，在各項賬目說明部份，經分別註明軋算無誤、核算相符等字樣。(傳觀該項書表)決議事項：(1)撥抵本校上學期決算不敷之數，俟將該項賬目交黃會計師審核後，提下次全體董事會議決定之。(2)按照本校上學期教職員薪津數目，多發一個月作爲上學期教職員生活救濟費。(3)本學期教職員薪津數額在收支預算未定之前，暫照上學期數額致送。(4)函請各董事加緊進行勸募校款。(5)將本校上學期收支決算賬目交黃會計師審核。

由卅一年十二月十五日起至卅二年三月八日止，南洋商業銀行上海分行代校董會經收捐款，計共叁萬一千一百元，其明細數如下：

陳孚木先生經募 八千九百元
鄭惠彪先生經募 五千八百元
黃榮慶先生經募 五千四百元
梁冠榴先生經募 叁千元
陳中先生經募 貳千元
王開先生經募 貳千元
梅嵩南先生經募 貳千元
勞敬修先生經募 貳千元

月	日	事項
4月	1日	決定由下學期起，初中各級春始班設法歸併秋始各班，本學期開設春始補習班，俾便升併秋始班。
	5日	春假三日。
	8日	校董會舉行第二次全體董事會議，報告事項：(1)本會賬目自民國卅一年五月開始籌募校款時起，截至卅二年四月八日止，計結存三萬一千四百三十元。(2)本校卅一年八月一日至卅二年一月卅一日之收支賬目業由黃培銖會計師查核完竣，並出具證明書。(證明書另詳)(3)本學期開源與節流之辦法。決議事項：(1)撥抵本校上學期不敷之款計一萬另四百七十四元。(2)本學期不敷之三萬九千三百十六元應於四、五、六各月月初各撥一萬元，七月初撥給九千三百十六元。(餘略)①。

由卅二年三月九日起至四月八日止南洋商業銀行上海分行續代校董會經收捐款壹萬元，其明細如下：

陳孚木先生經募 叁千元
(連前共經募一萬一千九百元)
王開先生經募 四千元
(連前共經募六千五百元)
梁海籌先生經募 貳千三百元
(連前共經募三千三百元)
馮介如先生經募 七百元

月	日	事項
	23日	孔聖學會舉辦書法競賽，本校選派學生吳榕芳等參加，得獎學生共十一名。
6月	14日	舉行畢業班考試與學期考試共五日。
	24日	舉行畢業暨休業式。
	28日	暑期學校開學。馮炳南先生將各親友致送其太夫人賻儀撥助本校中小學經費貳千元。
7月	15日	廣東旅滬同鄉會舉辦第一屆助學金，聘請本校校長爲該會助學金委員會委員。
	16日	校董王開先生將壽慶所受親友賀儀貳千貳百六十元撥助本校經費。
	21日	校董王開先生捐助本校經費三千元。
	26日	校董王開先生捐助本校清寒學生助學金貳千元。

---

① 編者注：原文如此。

8	月	9	日	本校受廣東旅滬同鄉會之委託，選派學生十人協同調查申請該會助學金學生家庭狀況。
		17	日	校友胡章釗君交來關奕林先生借墊四萬元，囑爲分發本校中小學全體教職員爲生活補助費。該款將於收到經募捐款時扣還。
		23	日	舉行全體同仁聯歡會并聚餐。
		27	日	考試新生。
9	月	2	日	秋季始業。
		6	日	開始上課。
10	月	1	日	本學期不敷之款決定發動向學生家長募捐，以資彌補。
11	月	9	日	捐募校款定十一月十五日結束，即通函各生家長，請爲加緊進行，將捐款如期交下，俾便結束。
12	月	13	日	本校募捐校款共得十一萬五千九百五十二元七角，全體教職員請增發薪津三個月，即據情轉請校董會核辦。
		14	日	廣東旅滬同鄉會與本校訂立租用該會房屋之合約，校董梁海籌先生爲承租者保證人。

民國卅三年(1944年)

1	月	1	日	年假三日。
		11	日	校董會舉行第三次全體董事會議，報告事項：(1)本會賬目截至卅二年十二月卅一日止計結存一萬另四百八十三元。(2)本校卅二年二月一日至七月卅一日收支賬目已由黃會計師審查完竣，並出具證明書。決議事項：(1)本校本學期預算俟審查後再議。(2)本校最近向學生家長募得款項，除彌補本學期預算不敷之款外，所有餘額撥作教職員及校工生活補助費，交由校長斟酌支配。(3)決定下學期學雜費數額高中一千二百元，初中一千元。南洋商業銀行上海分行續代校董會經收捐款，自卅二年四月九日起，至十二月卅一日止，計共二萬零二百元，其細數如下： 胡國樑先生經募　四千二百元 王開先生經募　　貳千元 　　(連前共經募八千五百元)

				潘志傑先生經募　　壹千元
				何焯賢先生經募　　壹千元
				李勵莊女士經募　　五百元
				(前後共經募五萬元)
				李若陶先生經募　　壹千元
				董幹文先生經募　六千五百元
				關玉庭先生經募　　貳千元
				(連前共經募五千二百元)
				陳其芬先生經募　　貳千元
		12	日	廣東旅滬同鄉會舉辦第二屆助學金，續聘本校校長爲該會助學金委員會委員。
		23	日	王開先生惠助本校中小學全體教職員生活補助費一萬元，並捐助三千七百元，爲中小學四名免費學額之用。
2	月	11	日	本市新聞報館在館內設立物理實驗室，聘請專家擔任指導。本校高三全級學生每星期同到該館參加實驗一次。
		19	日	校慶放假以資紀念。
3	月	29	日	自是日起至四月五日止春假一星期。
4	月	23	日	廣東旅滬同鄉會助學金委員會舉行第二屆受助學生勉勵會，同時并發給第一屆考試成績優良學生獎金獎狀。在本校肄業之該會受助學生除應邀到會參加外，並表演學藝助興。
5	月	12	日	校董會舉行第四次全體董事會議，報告事項：(1)本校卅二年八月一日至卅三年一月卅一日之收支賬目，已由黃會計師查核完竣，並出具證明書。(2)本會賬目截至卅三年二月十三日止，計結存：一萬二千四百八十三元。決議事項：(1)通過本校本學期經費收支預算。(2)本學期不敷之數，先向銀行洽商透支五萬元應用。
		15	日	向新大銀行透支五萬元應用，校董余釋敬先生爲保證人。
		21	日	校友謝天申、萬景光等邀約歷屆同學假座花園酒樓舉行座談會，討論重組同學會事宜，到會者四十餘人。
		22	日	本學期下半期(五、六、七月)教職員薪津再增加百分之五十。
		28	日	發起重組同學會各校友假座母

校召開發起人會議，決議事項：(1)同學會名稱以能包括培德、廣公、粵東三校者爲宜，爰決定以母校校徽"木棉"二字爲會名。(2)請母校師長介紹同學同爲發起人。(3)推定會章起草委員。(4)暫定粵東中學爲本會辦事處。(5)訂定下次會議日期。

6月8日 盧校長暨張亦菴、黎維嶽、戴玉衡、吳佩韋諸先生聯名函約歷屆同學參加重組同學會第二次發起人會議。

11日 木棉同學會在本校舉行第二次發起人會議，到會者七十餘人。當即擬定會章（草案），請由母校師長組織顧問委員會，並請由顧問會推薦成立大會籌備委員，當即推定鄭家駒、陳炎階、程漢星、謝天申、胡章劍、陳寶璋、萬景光、何耀年、唐子常九位同學爲成立大會籌備員。

16日 王開先生捐助本校經費一萬元。

22日 舉行畢業休業式。

23日 木棉同學會在本校舉行成立大會籌備委員會第一次會議，議決：(1) 成立大會日期及程序。(2) 編印會刊。(3) 訂定徵求會員辦法。

28日 暑期學校開學。

7月5日 楊少南先生爲紀念其先君梅南公，特贈本校初中部紀念學額一名。

6日 木棉同學會在本校舉行成立大會籌備委員會第二次會議，修正成立大會日期及程序。

14日 廣肇公所舉辦清寒學生補助金，聘本校校長爲審查委員。

19日 木棉同學會在本校舉行成立大會籌備委員會第三次會議，審核成立大會各項準備事項。

23日 木棉同學會假座新新公司綠寶劇場舉行成立大會，到師長及同學三百餘人，情況熱烈，結果圓滿。（詳情見大會紀錄）

同 木棉同學會會刊《木棉》創刊號出版。

8月1日 訓育主任戴玉衡先生辭職。張亦菴先生調任訓育主任。廣東旅滬同鄉會舉辦第三屆助學金，續聘本校校長爲該會助學金委員會委員。

1月2日 廣東旅滬同鄉會借用本校教室舉行助學金甄別考試，並請本校教員幫同監考。

3日 校董王開先生將壽慶所受親友賀儀一萬三千二百五十元撥助本校中小學經費。

4日 廣東旅滬同鄉會借用本校教室開辦義務補習夜校。

9日 木棉同學會聘盧校長暨張亦菴、戴玉衡、吳佩韋、黎維嶽、歐濟川、鄧昊民諸先生爲顧問。

23日 廣肇公所保送廣肇義學高小畢業生梁廣華等五人入本校初中一年級肄業。

24日 廣東旅滬同鄉會以會務擴展、房屋不敷應用爲由，特向本校收回第二、第二十一、第十九、第二十各室，本校以無法照辦，復函陳述實情，請爲免予收回。復函如下：

逕啓者：案准本月廿四日大函內開"查貴校租賃本會房屋……即希查照辦理爲荷"①等由，准此；查敝校自卅一年九月起，蒙貴會惠借餘宇以作校舍，俾學生藏修得所。此純係出於貴會特意扶助同鄉教育之賜，樂育盛心，不特敝校感謝莫名，即社會人士亦莫不同深佩仰。敝校年來因校務逐漸發展，原有地方正深不敷應用之感，近准上海女子藝術學院校董會葉董事長雪松函請，撥借校舍一部份充作該院院舍，敝校爲昭示彼此合作起見，於取得貴會書面同意之後，經在原無餘室可借之中答允該院，勉將敝校下學期上課時間儘量集中，俾下午留空一部份課室借給該院，敝校地方之實在不敷，於此亦可想見。倘貴會遽再收回第二、第十九、第二十、廿一號各室，則不特敝校將失去地方適當之教務處、圖書館，影響教育效率不淺，且對於現有學生亦將無法收容，一方固不足以慰莘莘學子喁喁之厚望，他方亦恐有失貴會發展同鄉教育、造福同

---

① 編者注：原文如此。

鄉子弟之原意，爲此應請貴會仍本扶助敝校之初衷，特別體諒敝校現時地方不敷及無法另覓校舍之處，對於上述各室免予收回，以利校務，敝校幸甚，同鄉教育前途幸甚。准函前由，相應函復，至希查照，俞允爲荷。（下略）①

9月1日 秋季始業。

4日 開始上課。本學期上課時間儘量集中，俾下午留空一部份教室借與上海女子藝術學院爲校舍。

17日 本校國文教師林嶽威先生逝世。

24日 木棉同學會假座皇后大戲院舉行敬師助學遊藝會，招待熱心贊助敬師助學之各界人士參觀，表示謝意。

同日 木棉同學會會刊第二期出版。

10月9日 木棉同學會致送母校中小學全體教職員生活補助費四十一萬一千元，又撥助母校本學期經費十八萬元。

20日 方公郁生家屬將所收各親友賻儀撥助本校經費一萬元。

11月14日 規定每星期上午第二課下課時舉行課間操。

19日 木棉同學會假座花園酒樓舉行第一次木棉茶敍，到歷屆同學數百人，母校全體教職員被邀參加。

22日 本校爲注意學生安全起見，對於空襲及警戒警報時間之管理特規定具體辦法，由全體教職員共同督促學生遵行。

民國卅四年（1945 年）

1月1日 年假三日。木棉同學會會刊第三期出版。

15日 校友張雅恩君協助母校籌畫經費。舉行休業式，由本日起，放寒假二星期。

20日 廣肇公所舉辦第三屆助學金，續聘本校校長爲審查委員。

23日 梁海籌先生德配羅夫人獎學紀念金承撥十五萬元爲本校獎學基金。

25日 考試新生。

29日 春季始業。

2月1日 開始上課。

12日 春節放假四日。

18日 木棉同學會假座杏花樓舉行第二次木棉茶敍，並預祝母校卅二週年校慶。

19日 校慶放假一日，以資紀念。

3月19日 木棉同學會本學期撥助母校中小學各級助學金三十萬元。

29日 由本日起，放春假一星期。

4月3日 高中一年級學生舉辦春假同學會。

5月1日 校董王開先生將作翁大慶所受親友賀儀撥充本校中小學助學金十七萬一千元。

6月15日 舉行初中第卅四屆、高中第十三屆畢業式及六十五屆休業式。

25日 暑期學校開學。

8月10日 本校全體員生聆悉抗戰勝利消息，歡躍不置。

18日 本校小學部橫浜橋校舍抗戰期間被日人佔用爲青年館，由本日起，積極向日方交涉，收回自用。

22日 本學期承廣東旅滬同鄉會予以經濟上之支持，學生學雜費照最低限度徵收。廣東旅滬同鄉會舉辦第五屆助學金，委託本校校長代爲計畫辦理。

9月22日 收回本校小學部橫浜橋校舍一部份，派譚冠曼先生進駐校內，禁止日人將校內各物遷出，並促令將校舍全部迅即交還。

23日 校長、教職員及校友一行十九人，同到水電路視察原日學部校舍被日寇燬壞改建情形。

同日 校長偕教職員吳佩韋、張亦菴、黎維嶽等，赴橫浜橋福德里視察被日人佔用之本校小學部校舍，見原有校具多已無存，當派代表向日方提示三點：

（一）限於中華民國卅四年九月內將全部屋宇交還。

（二）於交還之前，須將原有門房及鐵門恢復原狀，並同時將運動場整理，俾合立即使用。

（三）現在屋內所有裝置傢私器物一概不得移動，暫時作爲抵償本校損失之一部份，其不足部份，另行計算補償之。

———

① 編者注：原文如此。

月		日		紀事
		27	日	將辦理收回橫浜橋校舍經過情形具函報告上海廣肇公所備案。
		28	日	校友陳炎階君經募陳炳章君捐助本校清寒學生助學金貳百萬元。
10	月	1	日	本校中小學為統一校歌起見，取消小學部校歌，共用中學部最近訂正之校歌。
		3	日	請求第三方面軍日僑管理處飭令佔用橫浜橋本校小學部校舍之日人從速遷離，並將內部現有傢具等物全部交還。
		10	日	本市各界聯合舉行慶祝勝利大會，本校放假三天誌慶。
		15	日	遵教育局令，填報三十四年度第一學期本校概況調查表暨教職員一覽表。遵教育局令，填具前任暨現任校董一覽表各一份，送呈備查。
		18	日	徵收本學期第二期學費，高中學生每名除第一期已交偽幣十萬元合法幣五百元外，尚應續繳法幣貳千五百元；初中學生每名除第一期已交偽幣八萬元合法幣四百元外，尚應續繳法幣壹千六百元。
				(註)教育局規定第二期學費高中續收法幣三千元，初中續收法幣二千二百五十元，全學期合計高中學費應為法幣四千元，初中應為法幣三千元。本校本學期承廣東旅滬同鄉會補助經費，故所收學費較教育局所規定者，高、初中各減法幣一千元。
11	月	3	日	再請求第三方面軍日僑管理處催促佔用本校小學部校舍之日方青年館赶日遷離。如一時未能全部交還，則請飭其將現住正屋之日僑遷入副屋，而將正屋先行退還，容後交還副屋，俾本校得及時修理早日復學。
		14	日	遵令填報本校戰事損害調查表一式三紙，送呈教育局彙報市政府轉呈中央請予救濟。
		19	日	接第三方面軍日僑管理處復函，略謂：現暫借用本校小學部校舍之日僑，一部份係由內地遷來，一部份係前同文書院學生及福德會職員，又謂該處係在日僑集中區內，在未遣送該處日僑回國前，現無適當房屋可令遷讓，特請本校暫緩全部收回云。
		20	日	教育局召開座談會，盧校長奉命出席。
		25	日	木棉同學會會刊第四期出版。木棉同學會假座杏花樓舉行第二屆會員大會。
		29	日	再備函請求第三方面軍上海日僑管理處限令日僑赶日退出本校橫浜橋校舍，俾便收回應用。
12	月	8	日	盧校長訪晤上海日僑管理處王處長光漢，請飭令日僑儘速遷離本校小學部校舍，已蒙允為照辦。
		11	日	唐瑞瓊女士自動捐助本校中小學經費叁千元。
		11	日	校董會假座新新公司舉行勝利後第一次會議，出席董事李若陶、余稑敬、梁維四、梁海籌、關奕林、董幹文、盧頌虔、歐偉國(幹代)、崔聘西(陶代)、蔡昌(頌代)、胡國樑(維代)，主席李副董事長若陶，校長報告本校本學期校務狀況及進行收回水電路校舍之經過。決議案如下：(1)本校本學期經費不敷廿八萬八千元，由校董會負責籌足撥助。(2)請盧校長擬具復校計畫及經費概算，提交下次會議討論。(3)校董會章程暫照原案通過，如各董事再有修正意見，提出下次會議討論。
		17	日	接奉第三方面軍上海日僑管理處後函，略謂：關於本校橫浜橋校舍請飭令日僑遷讓或歸併一節，經查該處正屋現住日僑甚多，歸併副屋，勢難容納。他遷又無適當處所，擬俟日僑續遣回國後，再行設法騰讓等語。
		21	日	上海市教育局頒發本校清寒學生二十八名補習費貳萬五千元。

民國卅五年(1946年)

月		日		紀事
1	月	5	日	木棉同學會假座康樂大酒樓舉行新年聯歡聚餐會，母校全體教職員被邀參加。
		10	日	遵教育局令，填報校董一覽表及教職員一覽表。

	20	日	借用本校横浜橋校舍正屋之上海日僑業已撤離。
	23	日	在横浜橋校舍大禮堂舉行休業禮——校舍被敵佔用八年，收復後第一次使用。
	25	日	本校定於二月七日遷回横浜橋舊址辦理，所有原日借用廣東旅滬同鄉會地方，屆期全部交還，即日函知該會，並申謝意。
	28	日	向新大銀行透支國幣五十萬元，校董余穉敬先生爲保證人。
2 月	3	日	備用本校横浜橋校舍之日僑全部撤離。
	7	日	本校暫遷入横浜橋校舍，與廣公第一小學同舍辦理，俟原有水電路校舍收回後，再遷回該處復校。
	11	日	考試新生。
	13	日	爲遷校事，呈報上海市教育局備案。
	18	日	舉行春季始業式。
	19	日	木棉同學會假座横浜橋母校開全體理監事會議，並參觀母校校舍收復後情形。是晚舉行聚餐會，母校教職員被邀參加。
3 月	7	日	奉上海市教育局指令市教中(35)字第1639號內開："呈一件，呈報遷校請予備案由：呈悉。准予備案，仰即知照。此令。"
	13	日	遵照上海市教育局頒發私立學校經費稽核委員會規則，組織本校經費稽核委員會，本學期公推吳佩韋、董滌塵、梁路三位先生爲委員，並呈報教育局備案。
	同	日	訂定學業考查辦法。
	同	日	訂定級任導師制實施辦法大綱。
	同	日	訂定升級、留級標準。
	同	日	重訂五月六日爲本校立校紀念日。(註)十二年五月六日爲横浜橋校舍舉行奠基禮之日。
	16	日	舉行本校與廣公一、二小全體教職員聯席會議，討論三校本學期校務進行大綱，並舉行聚餐會。
	19	日	依照教育部頒發《上海市私立中等學校一覽表》填送上海市教育局核轉。
	25	日	呈復上海市教育局，本校歷任校長均爲創辦人盧頌虔先生擔任，迄未更動，請爲轉呈教育部備核。
4 月	9	日	遵教育局令，填報卅四年度第二學期本校概況調查表暨教職員一覽表。
	11	日	奉上海市教育局訓令市教中(35)字第(2580)號內開："案查前經令發私立中等學校概況調查表，業經該校填報到局，並經派員視察具報各在案。查該校前已立案，應予認可。證書、鈐記另候頒發，仰即知照。此令。"
	12	日	爲本學期增收學費事，舉行中、小學三校主任聯席會議，決定幼稚園及小學各增收一萬八千元，初中及高中各增收二萬元，家境貧苦者得申請減費，成績優良者得申請木棉同學會助學金。
	13	日	木棉同學會舉辦第二屆敬師助學捐款。
	14	日	開列本校全體員工名單，送呈教育局請爲配發善後救濟總署救濟物品。
	15	日	本學期開學時所收每學生學雜費初中一萬二千元，高中一萬六千元，嗣以物價轉瞬激增，全部收入不敷半學期之用，特徵收第二次學雜費，初中、高中每生各貳萬元，以資彌補。
	29	日	上海市教育局發給本校教職員補助費九萬元，本校即按照同人薪額比例分發應用。
5 月	1	日	木棉同學會贈母校禮堂區額一方，題校訓"刻苦自強"四字。又贈楹聯一副，文曰： 黌宇慶重光更展百年新計畫 春風欣廣被最懷卅載舊薰陶
	2	日	本校於抗戰前所攝各種照片因戰事散失殆盡，承王開照相館代爲檢出底片，重印全套見贈。
	5	日	木棉同學會會刊第五期出版。
	同	日	木棉同學會假座母校大禮堂舉行第二屆年會，並預祝母校卅三週年校慶。
5 — 6		日	本校舉行校史照片展覽會，所有自民國二年開辦至今之歷年員生各項生活照片，以及戰前、戰後之校舍攝影，概行陳列。
	6	日	舉行本校立校卅三週年紀念會，上午由第二小學全體及第一小學低年組學生參加，下午由中學全體及第一小學中高年組學生參加。

		7	日	補假一天,是晚三校全體同人舉行聚餐會。
		9	日	本校教職員領到教育局補助費每位貳萬元。
		15	日	教育局新頒本校鈐記即日啓用,並將印模三份呈報備查。
		16	日	遵教育局令,填報卅四年度第二學期本校徵收第一次暨第二次學雜費情形報告表。
		19	日	本校舉行籃球義賽,籌集體育設備費。本市籃球勁旅恩卡斯、仁餘及校友隊等應本校之邀到校比賽。售出參觀券及拍賣義球共得壹百四十餘萬元(義球爲校友李澤民律師出價三十萬元購得)。
		20	日	遵教育局令,造具本校抗戰期中(自民國廿七年一月至卅四年九月)歷屆畢業生名冊一份,送呈察核。
		25	日	應上海市尊師運動委員會之託,選派學生一百二十人參加勸募尊師金工作。
		29	日	恢復童子軍訓練,從新組織團務委員會策畫進行。
		30	日	本校與中正中學作籃球友誼賽,卅八對十,本校勝。
6	月			恢復童軍樂隊組織,校友夏榮光、鄭康伯擔任指導。
		15	日	應籌賑粵災美術義展會之託,代銷去入場券一千三百廿八張,計得款六十六萬四千元,即繳交該會收用。
		17	日	舉行國語演講比賽,甲組第一名高二張乃浩,乙組第一名初三李佩球。
		19	日	本校與友愛隊作籃球友誼賽,四十對廿六,本校勝。
		24	日	上海市尊師運動委員會撥贈本校全體教職員津貼費各一萬元。
		26	日	自本日起,至三十止,舉行高、初中畢業考試。
7	月	6	日	舉行初中卅五屆、高中十四屆畢業式及六十七屆休業式。
		12	日	本屆(第十四屆)高中畢業生拍照,存校留念,並贈校大電鈴一座備用。
		同	日	秋季第一次招考新生。
		31	日	教育局舉辦中等學校教師夏令講習會,爲期兩週,本校派張錦旋先
				生參加聽講。
8	月	1	日	訓育主任張亦菴先生因病由校給假回粵療養,訓育主任一職暫請黎維嶽先生兼代。
		5	日	教育局召開談話會,本校校長及教務主任遵命出席。
		22	日	秋季第二次招考新生。
9	月	5	日	奉教育局指令市教中(35)字第7337號內略開:"據呈送畢業考試成績表及畢業證書呈請驗印一案,驗訖隨令發還。"
		6	日	舉行秋季始業式。
		27	日	全體教職員會議,推定吳佩韋、黎維嶽、董滌塵、丁卓然、龔于一五位先生爲本學期經濟稽核委員會委員。
		同	日	修訂本校教職員服務簡則。
		同	日	修訂學業考查辦法。
		同	日	修訂本校優待教職員子女入學辦法。
10	月	1	日	製定本校學生徽章,即日起,全體學生遵照佩用。
		10	日	舉行慶祝國慶大會,全體員生及校工熱烈參加。
		14	日	遵教育局令,填報卅五年度第一學期本校收支預報表、教職員一覽表暨免費生名冊各一份。
		23	日	校董會舉行勝利後第二次會議,出席董事:林炳炎、歐偉國、崔聘西、關奕林、梁維四、王開、盧頌虔、郭順(偉代)、余穉敬(奕代)、梁海籌(維代)、黎照寰(頌代),公推林董事炳炎主席。校長報告:(1)本學期校務狀況。(2)繼續進行收回水電路校舍之經過。決議案如下:(1)通過本學期經費預算案。(2)推定歐偉國、崔聘西、關奕林、梁維四、王開五位爲常務董事。(3)請各有力同鄉協助交涉收回本校水電路校舍。(4)由校董會籌集款項,於可能時,酌派教員分往國內外各著名學校從事考察或進修。
		26	日	舉行國文作文競賽,甲組第一名高三朱文烈,乙組第一名高一馬國鋉,丙組第一名初一黃國輔。
11	月	7	日	聘定黃渭耕醫師爲本校校醫。
		16	日	在本校操場舉行田賽運動會。
		26	日	教育局視察蕭鑫鋼先生到校視察。

		28	日	通知各教師分別執行校務會議下列決議案: 1. 各科教學應酌量加速,以期達到進度;2.各科在可能範圍內,增加測驗次數;3.初中史地、動植物、衛生諸科,原有問題範圍過廣,學生不易準備,應設法使範圍縮小,問題增多,以利教學。
	12月	2	日	通告各級學生所有出版物應先將各稿送有關級任導師核閱。
		6	日	舉行國語演講競賽,甲組第一名高三韓偉,乙組第一名初三黎梅。
		18	日	奉教育局指令市教(35)字第11247號內略開:"據呈三十四年度第二學期插班生學籍,分別審核知照。"
		29	日	上海市教育局主辦全市中學國語競賽會,高中組決賽,本校高三學生韓偉名列第四,得獎品多種。

民國卅六年(1947 年)

1月		1	日	年假三日。
		3	日	本校派代表參與上海文化界新年聯歡大會。
		6	日	校董李大超先生出席本校紀念週並致詞(另有紀錄)。
		同	日	盧校長陪李校董赴水電路視察校舍原址。
		9	日	本校與同濟附中作籃球友誼賽,廿一對十七,本校勝。
		13	日	自本日起,至十六日止,舉行學期考試。
		20	日	舉行休業式,自是日起,放寒假三星期。
2月		1	日	黎維嶽先生辭代理訓育主任兼職。
		同	日	本學期聘歐廣瀚先生擔任訓育主任。
		18	日	校董鄭彥棻先生到校視察,並由盧校長陪赴水電路視察校舍原址。
3月		3	日	奉教育局指令市教中(36)字第1727號內略開:"畢業證書准予驗印發還"。
		6	日	奉教育局指令市教中(36)字第1901號內略開:"據呈報卅五年度第一學期學生學籍,分別審核,令仰知照"。

		11	日	本校與光華附中作籃球友誼賽,十八對十四,本校勝。
		13	日	本校與中正中學作籃球友誼賽,四十二對十五,本校勝。
		15	日	中央信託局蘇浙皖區敵偽產業清理處囑本校提示本校水電路產業證,並承囑請求地政局丈量校地,俾便估計地上敵人建築物之價值,通知本校備價收購。
		18	日	公推吳佩韋、龔于一、董滌塵、黎維嶽、梁乾泰五位先生爲本學期經濟稽核委員會委員。
		同	日	通知各教師執行校務會議下列決議案: 1. 分送《學生簡要守則》一份,請爲指導學生遵行;2.分送《操行成績紀錄表》,請隨時紀錄學生之操行;3.請畢業級各位科任教師隨時指導學生溫習各該科三學年課程,並加以考驗,俾便參加會考或畢業考試;4.學生寫作或測驗成績在八十分以上者,請任課教師將該項成績送交教務部,以便揭貼或保存;5.學生遲到或缺席,照本校定章均須扣分,請值課教師點名時特別注意,期無枉縱;6.學生學習狀況,請各該級級任導師隨時予以調查,如有特殊情形請通知教務部以便酌辦;7.教師請假,最好自請人代課,否則應於事前通知教務部,以便調整該日課程;8.教師對於學生操行如有認爲須特別施以訓導或獎勵者,請隨時通知訓育部或該級級任導師,俾資聯絡,期易收效。
		同	日	訂定訓育部組織綱要。
		26	日	本校與華陽甲作籃球友誼賽,廿八對廿八,和。
		27	日	本校與同濟附中作籃球友誼賽,十七對十四,本校勝。
		28	日	寄宿生五十六人由舍務部張訓方、游慈照、張錦旋三位先生率領赴無錫旅行,本日下午五時出發,三十日下午八時半返抵校。
		31	日	校董會假座粵商俱樂部舉行勝利後第一次常務董事會議,出席者:歐偉國、梁維四、王開、崔聘西(衍明代)、關奕林(頌庚代),主席歐常董偉國,廣泛交換意見後,決定下月

			三日（星期四）下午四時舉行第三次全體會議，各項議案到時再提出討論。
4	月	1 日	遵教育局令填送卅五年度第二學期本校概況調查表、全體教職員一覽表及減免費學生名冊。（減免費學生一百卅六人，佔總人數30%，減免費總額一六‧九六五‧〇〇〇元，佔總收入18%）
		2 日	舉行國文作文競賽，甲組第一名高二楊樹萱，乙組第一名初三梁廣華，丙組第一名初二麥豪初。
		同 日	陪同地政局測量員到水電路察勘校舍原址。
		3 日	應中央信託局地產組之約，到該局商談關於敵人改建本校房屋估價事。
		同 日	校董會假座粵商俱樂部舉行勝利後第三次會議，出席董事：梁維四、歐偉國（維代）、董幹文、王開、梁海籌、蔡昌（海代）、李大超（頌代）、盧頌虔、崔聘西（衍明代），公推梁常董維四為主席，校長報告：（1）本學期校務狀況。（2）最近進行收回水電路校舍之經過。決議案如下：（1）本學期經費不敷部份，於學期將結束時，查明實數，再報告校董會核辦。（2）編印本校呼籲發還水電路校舍特輯，分送各界垂察。（3）進行交涉水電路校舍，先依照手續呈請國防部發還，一面準備第二步，派人到京請願。
		6 日	本校與中基軍艦作籃球友誼賽，四十一對八，本校勝。
		10 日	本校呼籲發還水電路校舍特輯出版。
		18 日	為商討舉行三十四週年立校紀念事，召開中、小學三校各部主任及各級級任聯席會議，決定辦法如下：1.五月六日上午假座國際大戲院舉行三校聯合慶祝大會；2.五月四日（星期日）下午在北校大禮堂招待三校歷屆校友；3.五月五日晚在北校幼稚園舉行三校全體同仁聚餐會；4.五月五日下午及六日放假；5.出紀念特刊，附刊於《廣報》上；6.三校同人聯合致贈
	23 日	贛瓷杯碟壹百六十套，藉表賀意並留紀念。
	23 日	黃志堅先生為便利本校學生通學起見，曾代辦校車往來靜安寺路至四川北路，試行後，因故停止。
	27 日	本校參加上海市立體育館主辦毓秀杯籃球賽，戰交通中學，五十四對八，本校勝。
	28 日	本校參加上海市中等學校體育聯合會主辦籃球比賽，戰光華附中，十三對九，本校勝。
	同 日	奉教育局指令市教中（36）字第4327號內略開："據呈試讀生學期成績暨卅五年度第二學期學生學籍，分別審核，令仰知照。"
	30 日	本校參加上海市中等學校體育聯合會主辦籃球比賽，戰滬江附中，四十四對九，本校勝。
5	月	1 日	遵教育局令，填報本校教員服務獎勵調查表，請為鑒核。教育局中等教育處編輯《上海市中等教育概況》，本校遵照撰送稿件。
		2 日	為五月六日假座國際大戲院舉行校慶祝典事函知警察局虹口分局備查。
		4 日	初級畢業童軍一百十八名參加本市童軍理事會主辦集體宣誓典禮。
		同 日	木棉同學會假母校禮堂開第三屆年會，本校舉行茶會招待，報告校務近況。
		5 日	本校參加上海市中等學校體育聯合會主辦籃球比賽總決賽，本校以廿五對廿三戰勝復旦附中，榮獲冠軍，得銀盃一座。
		同 日	校慶前夕宴會全體教職員。
		6 日	假座國際大戲院舉行立校卅四週年紀念大會，三校全體員生一千七百餘人熱烈參加。木棉同學會代表李澤民君到會致祝詞。
		同 日	本校參加上海市立體育館主辦毓秀盃籃球賽，戰南洋中學，六十對四，本校勝。
		7 日	函謝國際大戲院免費借用會場。
		8 日	參加上海市中等學校體育聯合會主辦第十屆運動會，奪得初中男生組冠軍，女生組亞軍，高中男生組亞軍，女生組季軍。高、初中男女生共得一百二十九分，為全場

月	日	事件
		總分之冠。初中男生暨女生兩組個人冠軍亦均爲本校馬重光、馬申妹兩兄妹所得。
	同日	童軍到會場服務。
	10日	童軍四小隊爲小學部參加全市小學運動會服務，並在會場露營，一連三日。
	15日	校友甘煥庭、梁耀燊、林德洪、李洽祥到校擔任童軍義務教練。
	16日	奉教育局指令市教中（36）字第5126號內略開："學生唐培基等二十六名學籍，核示知照。"
	同日	奉教育局指令市教中（36）字第5133號內略開："據呈送試讀生學期成績核示知照。"
	17日	奉教育局指令市教中（36）字第5147號內略開："據呈送抗戰期間畢業生證書，准予驗印，令仰知照。"
	18日	選派童軍六小隊爲中華基督教青年會主辦公開運動會服務。
	同日	本校參加上海市立體育館主辦毓秀盃籃球賽，戰伯特利中學，七十對五，本校勝。
	21日	本校參加上海市立體育館主辦毓秀盃籃球賽，戰民光中學，二對〇，本校勝。
	22日	中華基督教青年會贈送本校童軍團服務紀念錦旗一面。
	27日	本校與征輪（國內有名之籃球隊遠征來滬）作友誼賽，四十一對八，本校負。
6月	7日	上海中等學校協進會復員後第一次全體大會，盧校長代表本校出席。
	同日	本校參加上海市立體育館主辦毓秀盃籃球賽，本校以四十二對十八戰勝中理中學，獲分組冠軍。
	9日	本校參加上海市立體育館主辦毓秀盃籃球總復賽，戰復興中學，二對〇，本校勝。
	10日	本校與滬江附中作友誼賽，二十對十五，本校勝。
	同日	教育局盧視察厚真到校視察。
	11日	本校參加上海市立體育館主辦毓秀盃籃球賽總決賽，本校以一分之差（三十對三十一）敗於聖約翰附中。
	21日	本校奉市教育局市教中（36）字第6658號訓令內開："查該校行政健全，教導嚴緊，應予嘉獎，合行令仰知照。此令。"
	同日	盧校長偕吳教務主任、歐訓育主任出席上海中等學校協進會座談會。
	25日	奉教育局指令市教中（36）字第6985號內略開："據呈試讀生學期成績，核示知照。"
	28日	奉教育局指令市教中（36）字第7209號內略開："學生雷蘭芳等二十名學籍，核示知照。"
	同日	初中三時、敏兩級畢業同學奉獻本校書櫥一具，以留紀念，並舉行聯歡茶會，邀請師長參加。
	同日	高中三謹威級舉行畢業茶會，邀請師長參加，並編印畢業刊物，存校誌念。
7月	1日	木棉同學會會刊第六期出版。
	2日	本校籃球隊王維才、鄺健靈、梁煥樵等由體育部主任吳華暨教練張錦旋等率領南征，行程共一月，在穗垣及中山比賽七場，獲勝五次。
	4日	舉行高中第十五屆初中第卅六屆畢業式及第六十九屆休業式，校董會常務董事歐偉國、梁維四兩先生蒞臨致訓詞。
	5日	木棉同學會假座一家春酒樓舉行聯歡聚餐會，母校教職員被邀參加。臨時發起義賣，賑濟廣東水災，得款一千七百萬元。
	6日	童軍團暑期訓練班舉行始業式。
	16日	校友梁耀燊、盧海生兩君合贈團部露營用警鐘一座，張順興木店贈露圍棍廿五根，盧海生君復贈棍端上下鐵套五十只。
	20日	童軍暑期訓練班全體徒步旅行真茹、大場，並參觀真茹國際無綫電臺，校友黎浩棠君服務該電臺，擔任招待。
	26日	童軍三小隊在本隊操場練習露營，各教練出席指導。
	29日	木棉同學會贈送母校課室桌椅十二套（可坐四十八人），費用四百四十四萬元，由李澤民同學捐助三百萬元，鄭家駒同學捐助八十四萬元，何耀年同學捐助六十萬元。
8月	1日	訓導主任歐廣瀚先生辭職，就任

				廣東省立越華中學校校長。
	同日		教務主任吳佩韋先生本學期兼負訓導責任,改稱教導主任,下設教務、訓育兩組,由賴陽光、譚冠翰兩先生分任組長。
	同日		木棉同學會會刊第七期出版。
	5日		奉教育局指令市教中(36)第9462號內略開:"據呈更正抗戰期間畢業生林綺緝等二名畢業證書,准予驗印發還。"
	15日		童軍團主辦《雄烽》壁報創刊號出版。
	22日		奉教育局指令市教中(36)字第1033號內略開:"據呈試讀生學期成績,核示知照。"
	27日		教師節上海吳市長國楨招待本市連續在一校服務十年以上之中小學教師茶會,贈以紀念章,本校盧校長暨服務十年以上之教師十餘人均被邀參加。
9	月	1日	國立高級水產職業學校借用本校教室為上海區新生考試及報名地點。(一日至三日報名,七日考試)
	同日		校友盧海生君擔任童軍團義務教練。
	同日		木棉同學會會刊第八期出版。
	9日		補行秋季始業式,校董會常務董事梁維四先生蒞臨致詞。
	同日		校董會致送盧校長鏡屏一幀,題"樂育為懷"四字,並加跋語:"頌虔校長主持本校,始由小學,漸次擴展,及於高中。其獎掖後進孜孜不倦之精神,與夫綜理校務堅貞不撓之毅力,歷卅五年如一日,洵難能而可貴者矣。謹綴數語,用彰賢勞,藉誌景仰。"
	18日		奉教育局指令市教中(36)字第11367號內略開:"驗印發還畢業證書,令仰知照。"
	19日		舉行全體教職員會議,決議案如下:(1)上學期收支決算表交經濟稽核委員審核。(2)本學期收支預算表照案通過。(3)推定賴陽光、吳華、老慕德、梁路、譚冠翰五位先生為本學期經濟稽核委員會委員。(4)訂定教導處組織規程,照案通過。(5)訂定學生學業考查辦法,照案通過。(6)修

			訂學生升級留級標準,照案通過。(7)訂定教室日記,照案通過。(8)訂定各級導師輪流主持週會辦法,交教導處擬定妥善辦法,再行討論。(9)訂定各級導師主持週會暨主講精神講話輪值表,照案通過。(10)訂定糾察輪值表,照案通過。(11)訂定防止失竊暫行辦法,照案通過。(12)酌收每生保健費貳萬元。
	25日		童軍團發給各義務教練證書。
	29日		木棉同學會假華園舉行園遊晚會,母校教職員被邀參加。
10	月	1日	木棉同學會會刊第九期出版。
	同月		遵教育局令,填報卅六年度第一學期本校概況調查表、全體教職員一覽表及減免費學生名冊。(減免費學生壹百名,佔總人數20%,減免費總額四五·七〇〇·〇〇〇元,佔總收入11%)
	10日		舉行慶祝國慶大會,全體師生及校工熱烈參加。
	同日		全體童軍暨樂隊參加上海市童軍大檢閱及巡行。
	12日		木棉同學會廣州分會正式成立。
	13日		前本校國文教師梁紹文先生自美歸國,應本校之請,向全體學生演講國人在美之情形。
	14日		參加上海市第五屆全市運動會,一連三日,比賽結果,得初中男生組季軍,初中女生組列第四名。
	同日		高三全體學生往交通大學參觀物理學會所辦物理儀器展覽會,由物理科教師簡玉麟先生率領。
	18日		童軍暑期訓練班舉行結業式。
	21日		義務童軍教練甘煥庭君贈團部露營用鐵爐架三副及砧板二方,盧海生君贈旗插一只,鄭康伯君贈文具用品。
	22日		通告各教師請加緊執行學業考查辦法,並請各級級任導師注意各該級學生廉潔、禮貌及衛生等事項。
	25日		童軍樂隊請張亦菴先生檢閱並致勉詞。
	同日		童軍三小隊在操場作露營實習。
	27日		全國防治肺結核宣傳組幹事杜樹人君到校演講預防肺病辦法。
	30日		校董會假座粵商俱樂部舉行勝利

後第四次會議,出席董事董幹文、梁維四、歐偉國、郭順(偉代)、胡國樑、蔡昌(維代)、李大超(頌代)、盧頌虔,公推董幹文董事爲臨時主席。校長報告:(1)本學期校務狀況。(2)爲籲請發還水電路校舍事,曾於七月九日及十月廿一日兩度晉京面懇孫哲生、吳鐵城、鄭彥棻各位鄉先生予以援助,已得合理解決辦法。決議案如下:(1)接受聯勤總部提出與本校交換房地之辦法。(2)聯勤總部貼補本校建築費拾億元,送交董幹文、崔聘西兩董事保管。(3)重建校舍捐款,俟繪就圖樣估計建築費後,再行發動募捐。(4)聘定范文照、朱彬、林壽南三位建築師爲新校舍共同設計。

		11	月	1	日	童軍團舉行野外活動,實習記號、尋踪及野戰等,目的地爲大華農場。
				4	日	吳佩韋先生出席上海中等學校協進會英語科教學研究會。
				7	日	童軍團粵童隊組織成立,推定鄭康伯先生擔任指導。
				11	日	召集教導處、體育部、童軍部及事務部人員商討辦理參加全市運動會事。
				12	日	參加上海市第五屆全市運動會,所得成績如下:高中男生組廿四分,高中女生組四分。初中男生組三十九分,列第三名;初中女生組二十八分,列第四名。
				同	日	由本日起至十四日止,童軍爲本校參加全市運動會服務,並在會場內(中正公園)舉行露營。
				15	日	童軍義務教練梁耀燊君贈團部童軍創始人貝登堡彩色大照片一幀,甘煥庭君贈警棍廿根。
				17	日	本學期開學後物價遞增數倍,特增收第二期學費,高中每名二十萬元,初中每名十萬元,全部收入悉充教職員生活補助費。

民国卅七年(1948年)

| | | 1 | 月 | 1 | 日 | 舉行各級學生成績展覽會,一連三日。 |

				同	日	木棉同學會會刊第十一期出版。
				3	日	各社團暨本校假座廣東旅滬同鄉會舉行余穉敬先生(本校校董)追悼會。
				5	日	建校書畫展覽會向各藏家、作家徵集出品,非賣品供欣賞,賣品提成或全部助捐建校經費。
				6	日	爲推銷建校書畫展覽會獎券事召集全體教職員會議,決定該項獎券(每張十萬元)由各級級任導師鼓勵各該級學生推銷,並由譚冠翰先生設計推動,全體同人協助之。
				同	日	奉教育局指令滬教中(37)字第96號核示:抗戰期間畢業生陳承亮等畢業證書,准予驗印發還。
				7	日	木棉同學會假新都萬象廳舉行聯歡聚餐會,母校教職員被邀參加。
				同	日	函請葉恭綽先生等惠賜作品,以供建校書畫展覽會義賣。
				8	日	大新公司當局蔡慧民、蔡迺誠等先生爲舉辦本校建校書畫展覽會事宴會勞敬修、陳樹人、黎照寰、陸丹林、陳顯初諸先生,商討進行事宜。
				10	日	本校中小學全體童子軍舉行新年聯歡大會,並舉行各隊歡呼比賽。
				12	日	假座大新公司五層樓酒家招待本市各書畫名家及收藏家,請贊助本校書畫義展,到陳樹人、許士騏、汪亞塵、陸丹林諸先生七十餘人,情況熱烈,均願參加出品。
				13	日	本校編印重建校舍特刊出版,分送各界察閱。
				14	日	董滌塵先生代表本校出席上海中等學校協進會算學科教學研究會。
				16	日	教育局視察陸爾強先生蒞校視察。
				19	日	函請上海市環球貨品商業同業公會轉請各大公司推銷本校建校書畫展覽會獎券。
				21	日	假座大新公司五層樓酒家招待各報記者,請爲贊助本校書畫義展宣傳事宜。到《申報》《新聞報》《大公報》《和平日報》《東南日報》等記者十餘人。
				22	日	假座大新公司五層樓大禮堂舉行建校書畫展覽會預展,招待各界人士參觀。同時舉行本校重建校舍募捐委員會全體會議,到委員

五十餘人，公推常務委員歐偉國先生爲臨時主席。顧問陳樹人、黎照寰等相繼致詞（另錄），蔡常務委員慧民報告籌辦書畫義展之經過，盧校長頌虔報告奉校董會命擬於下月赴港粵籌集建校捐款，請在席各位先生予以指導等情。決議案如下：（一）通過本會章程。（二）推定歐偉國、梁維四、黃佐寬等先生爲教育設計委員會委員。（三）推定崔聘西、董幹文、蔡慧民等先生爲財政委員會委員。（四）推定凌文禮、唐季珊、郭琳爽、陸丹林、蕭宗俊等先生爲建築委員會委員。

同日　童軍團義務教練員向童軍總會申請登記。

23日　建校書畫展覽會在大新公司畫廳正式開幕。

25日　新興、粵聲等廣播社爲本校建校書畫展覽會義務播送消息。

28日　張伉龍先生邀約潮州同鄉多人參觀本校書畫義展，購去出品多幅。

29日　舉行寒假休業式。

2月1日　木棉同學會定購母校書畫義展出品數十幅，共值法幣五千萬元。

同日　童軍團組織寒假訓練班。

2日　奉教育局訓令滬教中（37）字第1954號核示：學生關文洪等九名學籍。

3日　建校書畫展覽會售出之獎券舉行開彩式，承勞敬修先生蒞會主持。

同日　教育部撥助本市中等學校復員費貳億元，交上海市教育局配發，本校領到九百萬元，遵令用以添置理化儀器。

9日　以建校書畫展覽會已收入之款，並承大新公司借墊一部份，購入洋松壹萬五千方尺，共值法幣五億一千萬元，此項木材以備建築校舍時應用。

14日　函謝葉恭綽、陳樹人、梁寒操等先生暨各書畫名家惠贈作品義賣。

15日　校董會假座粵商俱樂部舉行勝利後第六次會議，並爲盧校長餞行。出席董事：歐偉國、郭順（偉代）、梁維四、王開、關奕林、崔聘西（衍明代）、董幹文（奕代）、蔡昌（慧民代）、蕭宗俊（維四代）、盧頌虔，公推歐常

董偉國爲主席，報告事項：（1）主席報告盧校長受本會委託，定於二月十八日赴港穗募集重建校舍捐款，本會同人特於今晚設筵餞別，以壯行色，並乘便舉行會議。（2）梁常董維四報告：蕭宗俊、董幹文、胡國樑、余愷湛四位董事今晚適因事未克參加公宴，託本人代向盧校長致意，並祝其成功。（3）校長報告：對各位校董盛意餞行表示謝意，並報告校務近況。決議案如下：（1）添聘蔡慧民先生爲校董。（2）本會在港募得之款，推定林炳炎、董仲偉、崔聘西三位先生負責保管。

17日　致贈各童軍義務教練員匾額各一方，藉表謝忱，而留紀念。

19日　建校書畫展覽會定於二月廿一日下午在大新畫廳競賣孫哲生、葉恭綽兩先生作品，函請各界屆時蒞臨競購。

21日　建校書畫展覽會舉行孫哲生、葉恭綽兩先生親筆書畫競賣，葉先生蘭竹三幅，由關奕林、李澤民、鄭家駒諸先生各以壹千萬元購去；孫先生書法二巨幅，其一以四千萬元爲粵商俱樂部同人所得，其一爲郭琳爽先生以永安同人名義八千萬元購去。

23日　函謝各廠商惠贈出品以充書畫義展贈獎之用。

24日　春季始業。

26日　奉教育局指令滬教中（37）字第2731號核示：本校募款重建水電路校舍，准予備案。

3月15日　校友李澤民律師應約到校演講中學生修養問題。

19日　童軍團廣童隊改組爲雄烽隊。

同日　本學期公推黎維嶽、譚曉城、游慈照、龔于一、梁乾泰五位先生爲經濟稽核委員會委員。

4月14日　童軍張團長出席友誼團團長會議討論參加第七屆全國運動大會服務事項。

16日　友誼團團長續開會議討論爲擔任全運會救護工作事，本團派林教練德洪代表出席。

21日　奉教育局指令滬教中（37）字第5505號核示卅六年度第二學期

插班生學籍。

| | | 同日 | 童軍團選派優秀團員十五名報考第七屆全運會救護隊服務員，結果正取六名，備取九名。 |

24日 校長從香港返抵上海。

25日 校長出席紀念週，報告此次南旋募捐經過並參觀港、穗、澳各地中小學之印象。

26日 校長召集中、小學三校全體同人會議，報告此次南旋募款之經過（詳見《木棉》第十二期），並商定舉行本校卅五週年立校紀念會辦法。

5月1日 木棉同學會會刊第十二期出版。

同日 童軍張團長受第七屆全國運動會籌備委員會之聘，擔任大會警衛組童軍救護隊副救護長。

2日 本校參加上海市立體育館主辦公展盃籃球賽女子組，戰坤範女中，卅一對十一，本校勝。

5日 校慶前夕，三校全體同人舉行慶祝聚餐會，同時為校長伉儷洗塵。（為建校募款南行兩月，上月廿四由港返滬。）

6日 卅五週年校慶假座永安戲院舉行祝典，中小學三校全體員生壹千七百餘人熱烈參加。同學會代表鄭家駒君到會致祝詞。

同日 校董會假座粵商俱樂部舉行勝利後第七次會議，出席者：歐偉國、郭順（偉代）、崔聘西、王開、黎照寰、梁維四、董幹文（維代）、盧頌虔，列席者陸丹林、戴玉衡，公推崔常董聘西為主席。報告事項：(1) 主席報告在香港協助盧校長募捐之經過。(2) 盧校長報告奉命南旋募捐之經過（詳見書面報告）及最近重建校舍進行情形。關於應如何發動在本市捐款一案，決議如下：暫緩在本市公開勸募，但與本校有密切關係或熱心教育者，得個別商請捐助。

附錄盧校長南旋募捐報告書：

頌虔奉校董會命，南旋籌款重建校舍，於本年二月二十日飛赴香港，再轉赴廣州、澳門，於任務告一段落後，即乘船於四月廿四日返抵上海。在港、穗、澳期間承各方面予以指導贊助，所得成績尚稱美滿。謹將經過情形報告如左：

頌虔於抵港之日，先拜訪崔校董聘西，請為指導一切，隨即用電話向各有關方面報到，承林校董炳炎約定翌晚（二月廿一晚）在藍塘道卅三號（恒生銀號之別墅）相見，見面後即代駐滬各校董致候，並報告重建校舍計畫，袖交馮炳南先生請為倡導捐款書，林校董表示欣慰，並願盡力相助，早觀厥成。是日午後，並承崔校董偕同拜訪郭董事長順暨香港華商總會董主席仲偉，於致候及報告後，郭董事長即有熱烈表示，並希望從速召開會議，商討進行募捐。董主席亦具同樣熱誠。惟鑑於李校董大超適因公赴穗，擬俟其回港，再行集議。頌虔接續拜訪蔡校董昌，及持蔡校董慧民介紹信，拜訪郭泉先生。各位對於本校重建校舍事，均允賜贊助，至深感幸。嗣悉李校董回港尚無確期，仲偉先生以本校募捐事未便久延，即約定二月廿八日齊集華商總會商議一切。是日到會者，有董仲偉先生、林炳炎先生、郭順先生、郭泉先生、蔡昌先生、崔聘西先生、李大超先生（陳鼎元代）、歐炳光先生（馬代）及頌虔共九位，公推董仲偉先生為主席，頌虔承主席命，報告本校校舍被燬經過，及急待復興等情，懇請各方面賜予鼎助。當經決定辦法兩項：(1) 先向與本校有關係者求助，不擬公開向各界募捐；(2) 即席認捐，以期迅速集事。即蒙林炳炎先生首先認捐港幣九萬元，又負責經募六萬元，共十五萬元。郭泉、郭順兩先生擔任重建永安樓全部建築費，董仲偉先生認捐貳萬元，蔡昌先生認捐壹萬元，崔聘西先生擔任經募壹萬元，以上捐款均為港幣。經遵校董會決定，上列各捐款託恒生、道亨、大有三銀號代收，並託林炳炎、董仲偉、崔聘西三位先生負責保管。本校在短期間獲致巨額捐款，捐款人之熱心教育，殊令本校感佩不置。頌虔以在港任務

暫告一段落，乃於三月四日轉赴廣州，冀再經一番之努力，續有所獲。三月九日承鄭參議員師偕同拜訪葉恭綽先生，請求贊助指導，即蒙親筆繕函介見宋主席，函云："子文先生大鑒：逕啟者，上海同鄉所辦粵東中學，規模成績，均甚優越，經亂備受摧殘，茲為重建校舍，各方募款，謹介其校長盧君頌虔晉謁，希特予鼎助為盼。盧君努力校務有年，一切詢之自悉。專布，即頌勛安。葉恭綽。三月九日"頌虔來穗最大希望，為欲獲得宋主席大力相助，為求如願以償起見，自須多得各方面之協助，始克有濟，來穗時，承林炳炎、阮達祖兩先生繕函介見陳康齊先生，託其為本校募捐事予以指導，又承郭順先生繕函介見宋主席，三月二十日晉謁歐陽駒市長，請為賜予助力，即蒙代向宋主席商定贊助本校辦法。宋主席除允任本校募捐委員會名譽委員長外，並與葉公恭綽、吳公鐵城親筆簽署勸捐函七件，分致港、澳、滬各富商，請為捐助巨資，此項函件發出後，預料必有相當效果，受信人：(1)胡文虎先生(2)霍寶材先生(3)鄭伯昭先生(4)張思雲先生(5)傅偉生先生(6)高可甯先生(7)榮鴻元先生。第一至第六函，業已送出，除傅先生即時認捐港幣壹萬元外，其餘均允為贊助，惟捐款數額，俟考慮後再行答覆，似應再託熟人代為疏通，始有大效。榮先生函現正相機託人致送。頌虔鑑於廣州市面不景氣，捐款極難，因此未在此間公開勸募，僅由駐穗校友各自量力捐助，總數約在國幣柒億元以上，亦不無少補也。頌虔在穗時除為募捐事致力外，並利用機會，隨時考察本省教育情形。三月十二日，穗市地政局李局長樓生特為頌虔邀約此間教育當局及教育名流、校長等，在市府迎賓館茶會，到教育廳姚廳長、張督學、陳科長、張科長，市教育局劉科長、許科長及公私立優良中小學校長等卅餘人，由主人

介紹一一相見，暢敘甚歡，並互相交換辦學意見，獲益良多。三月二十日，姚廳長復設筵相邀，承告以本省教育狀況頗為詳盡。此間各著名學校，多曾往參觀，可資借鏡者不少。此行一舉兩得，至足為校董諸公及愛護本校各界人士告慰者也。至港穗兩地之本校校友為數頗多，對於母校異常關切，各舊同人亦念舊情深，對於頌虔此行任務均多所臂助，由港赴澳，復多蒙岑博泉先生照應，殊足感謝。

7	日	函請永安戲院免費惠借會場為本校舉行祝典之用。
同	日	本校全體童軍教練員奉命擔任全運會救護隊領導員。
9	日	吳教導主任暨譚訓導組長出席本市私立中學訓育人員座談會。
同	日	由本日起至十二日止，本校童軍救護隊奉命擔任全運會救護工作，號手擔任傳令事宜。
12	日	奉教育局訓令滬教中(37)第6652號核示學生馬天樞等二名學籍。
13	日	全體童軍教練員奉命續為全運會服務。
同	日	聯勤總部上海供應局會同本校暨上海軍事教育區營務處在水電路交換基地內劃綫立界。
同	日	遵教育局令，填送卅六年度第二學期概況報告表、全體教職員一覽表及減免費生名冊(減免費生135人，占總人數30%，減免全額占總收入13%)。
14	日	本校職員錢存廉君於五月七日慘遭軍車撞倒，傷重逝世，身後蕭條，特發動為其遺孤籌集教養基金，通告各生家長請為捐助。
15	日	林壽南建築師受本校委託偕測量員赴本校新址繪製地形圖。
19	日	本校參加上海市立體育館主辦公展盃籃球賽男子組，戰中正中學，卅七對卅四，本校勝。
21	日	本校教職員賴陽光、簡玉麟、梁卓謀、顧秉彝四位先生赴市立市西中學參觀理化設備。
23	日	木棉同學會假座橫浜橋母校禮堂舉行第四屆年會，改選理監事。
24	日	校長為解決水電路校舍未了事

月	日	記事
		件，第四度晉京向各有關方面接洽辦理。
5 月	26 日	童軍團黑鷹隊組織成立。
	28 日	參加上海市中等學校體育聯合會主辦第十一屆運動會，奪得初中男子組冠軍，女子組亞軍，高中男女生二組各列第五名。本校各項成績破大會上屆紀錄者共達八項之多，初中男女生二組個人冠軍均爲本校陳裕邦、馬申妹所得。
	同日	童軍團救護隊應中體聯第十一屆運動會之請到場服務。
	同日	本校參加上海市立體育館主辦公展盃籃球賽男子組，戰京滬中學，五十一比二十，本校勝。
	30 日	選派學生楊樹萱等參加上海市中等學校協進會數學測驗。
	同日	童軍六十餘人由教練員率領徒步旅行江灣，參觀嶺南中小學，憑吊十九路軍抗戰英雄公墓及紀念碑。
	31 日	招待本校參加本屆中體聯運動會全體選手茶會，勗勉繼續努力。
6 月	2 日	本校參加上海市立體育館主辦公展盃籃球賽女子組，戰上海女中，廿五對廿六，本校負。
	3 日	盧校長偕范文照、林壽南兩建築師到新校址實地視察，準備鳩工建築。
	4 日	廣東省立廣州女子師範三年級學生龍寶賢等廿九人，由教員李文光、吳莞筠兩位率領前往江浙一帶參觀，在滬時借用本校禮堂爲寓所。
	5 日	西、北兩校童軍聯合在北校操場舉行露營。
	6 日	本校參加上海市立體育館主辦公展盃籃球賽男子組，戰滬江附中，卅九對二十，本校勝。
	7 日	童軍總會頒發本校各教練員服務證書。
	9 日	本市童軍理事會召開曾爲第七屆全國運動大會服務各團團長座談會，報告本團教練林德洪君於大會服務期間，曾在途中救出因覆車受傷之乘客數人，得免於難，深爲嘉許，特給獎品，以資紀念。
	同日	召開全體教職員會議，報告經濟近況及重建校舍最近進行情形。
	10 日	教育局舉辦高中畢業生升學指導演講會，地址在光華大學禮堂，由教導處吳主任率領應屆畢業生楊樹萱等廿八人前往聽講。
	12 日	本校參加上海市立體育館主辦公展盃籃球賽男子組，本校以四十六對廿九戰勝省立上海中學，獲分組冠軍。
	同日	淞滬警備部宣司令召集爲第七屆全運會服務之各團童軍在市商會舉行授章及檢閱典禮，本校童軍梁慶華等十八人應召出席，並接受獎章。
	18 日	廣東省立廣州女子師範參觀團參觀本校附小，並集合禮堂邀請本校校長暨附小主任舉行談話會。
	同日	本校參加上海市立體育館主辦公展盃籃球總決賽，本校以廿六對卅七敗於新建中學。
	21 日	借寓本校之廣東省立廣州女子師範參觀團離滬返粵。
	同日	承教育局配發本校英國文學名著一套共十二冊。
	26 日	校董會暨建築校舍委員會假座泰和興銀行舉行聯席會議，出席者：歐偉國、郭順（偉代）、崔聘西、凌文禮（聘代）、梁維四、郭琳爽（維代）、王開、蔡慧民（秉堅代）、陸丹林、盧頌虔，列席者：戴玉衡、林壽南。公推歐偉國先生主席。決議案如下：（1）本校總地盤圖及第一期建築物圖樣，照案通過。如有須修改之處，再交建築委員會核定。（2）推定凌文禮先生爲建築委員會召集人，加聘鍾標、蘇佩珼兩先生爲委員。（3）推定林壽南建築師會同范文照建築師擬定有關投標之各項章則，送請建築委員會審核後，交林建築師辦理投標事務。（4）本校在新址建築房屋，情形特殊，推定陸丹林先生與工務局接洽領取營造執照。
	28 日	教育局宋督學子敬蒞校視察。
7 月	2 日	盧校長爲治領新校址產權證事，第五次晉京公幹。
	5 日	全體教職員呈請教育局轉呈市府

月	日	記事
		請准予每人貸金五百萬元（此爲全市私立中小學教職員共同請求，一律獲准）。
	8 日	舉行高中第十六屆、初中第卅七屆畢業式暨第七十一屆休業式，校董梁維四先生蒞校致訓詞。
	12 日	木棉同學會假座一家春舉行聯歡聚餐會，母校教職員被邀參加。
	同 日	奉教育局訓令滬教中(37)第9333號核示學生陸啓模等三名學籍。
	同 日	暑期學校開學。
	15 日	上海廣肇公所停辦廣肇女子初級中學，決定將該校學生送入本校肄業。
	19 日	廣州市私立回邑華僑中學學業旅行團道經滬上，借寓本校宿舍。
	25 日	呈請教育局指示甄審廣肇女子初中學生轉學本校辦法。
	27 日	假東亞銀行舉行重建校舍建築委員會會議，出席委員：凌文禮、唐季珊、郭琳爽（鄭留代）、陸丹林，校董會代表梁維四、校長盧頌虔、建築師范文照、林壽南、朱彬（郭瑞麟代）。主席凌文禮提出修改校舍圖樣意見，經范建築師等解釋原繪總地盤圖之用意後，決定仍照原繪圖樣辦理。
	31 日	木棉同學會會刊第十三期出版。
8 月	1 日	本校第十六屆高中畢業生升學考試，以楊樹萱成績最優，投考北京、中央、復旦三國立大學均被錄取，且名列前茅。
	2 日	本校重建校舍第一期全部圖樣由建明工程司代送請工務局審核。
	5 日	工務局發還本校建築圖樣，囑依照指示各點修正後，再呈審核。
	13 日	工務局審核本校建築圖樣，業已通過，惟地政局批示須繳呈產權證，方可發給營造執照。
	16 日	奉教育局指令滬教中(37)字第11158號驗印發還卅六年度第二學期高、初中學生畢業證書。
	18 日	木棉同學會假座新都夜花園舉行消夏晚會，母校教職員被邀參加。
	19 日	本校中小學全體教職員七十餘人卅六年度第二學期所得教育局補助費共計壹仟壹百五拾四萬元，全數移助伯大尼孤兒院經費。
	同 日	本校以奉撥交換之基地，業經行政院核議徵收中，特備文呈請地政局，准予先行使用，發給營造執照，俾便趕日鳩工建築，以應急需。
	20 日	頃悉本校與聯勤總部交換之房地，因海軍倉庫不肯遷讓，須重行劃撥。阻礙本校建校進行，至爲遺憾。
9 月	3 日	舉行廣肇女子初級中學學生甄別試驗，教育局派沈樹屏先生蒞場監考。
	6 日	秋季開學。
	10 日	開始上課。
	11 日	譚天沛先生贈本校壘球等用具四十七件。
	16 日	中國童子軍上海市支會頒發本校團部"中國童子軍參加第七屆全國運動會大會服務成績優良獎證"一張。
	18 日	補行秋季始業式。
	23 日	由本學期起，校醫黃渭耕醫師每日規定駐校時間爲全體學生保健服務，並由校置備一般常用藥品，以應需用。通告全體學生，各繳納保健費金圓券壹元。
	25 日	召開全體教職員會議，決議案如下：（一）修訂學生升級留級及畢業標準；（二）全體教師共同負責訓導學生；（三）修訂優待現任及離校教職員子女入學辦法；（四）推定吳佩韋、郭星白、吳華三位先生爲本學期經濟稽核委員；（五）推定譚冠翰、賴陽光、梁乾泰、郭星白四位先生爲慶國慶籌備委員；（六）勸導各級女生翦短頭髮及勿熨髮。
	28 日	編造廣肇女子初中學生甄別試驗成績表，備文呈報教育局察核。
10 月	4 日	賴陽光先生辭教務組組長兼職，該組職務暫由教導主任吳佩韋先生兼攝。承吳主任將該項兼職酌金全數捐贈本校圖書館，並指定爲添購英文書之用。
	9 日	國慶前夕，宴會全體教職員，以資聯歡。
	10 日	舉行慶祝國慶大會，全體員生及校工熱烈參加。
	同 日	全體童軍出席本市童軍慶祝國慶大會並遊行。

月	日	事項
	13日	本校參加上海市立體育館主辦中學盃排球聯賽,戰上海法學院附中,二對〇,本校勝。
	16日	校長暨體育主任出席教育局召開之推進中等學校課外體育活動討論會。
	17日	童子軍團部召集新舊全體童子軍舉行茶會,商談本學期進行計畫。
	20日	奉教育局指令滬教中(37)字第14241號核示舉行廣肇女中初中學生甄別試驗成績,准予備案。
	23日	週會請張家駒先生演講《聯合國之組織及其目的》(十月□日①爲聯合國紀念日)。
	27日	上海市教育局中等教育處編印《上海中等學校概況》出版。本校概況及榮譽照片二幀均被刊入。
	同日	遵教育局令,填報校董會一覽表。
	30日	本校參與上海市中等學校體育聯合會主辦壘球比賽,戰滬江附中,十對六,本校負。
	同日	全體童子軍參加本市第十六區童軍大檢閱及遊行。
11月	6日	奉教育局指令滬教中(37)第15203號核示張瑞玉等二名行查證件。
	同日	本校參加上海市立體育館主辦中學盃排球聯賽,戰晉元中學,二對一,本校勝。
	同日	本校參加上海市中等學校體育聯合會主辦壘球比賽,戰省立上海中學,九對一,本校勝。
	同日	本校童軍張團長受本市童軍理事會之聘,爲該會訓練委會委員。
	7日	童軍團粵童隊舉行成立一週紀念會。
	8日	奉上海市民政局之命,選派高中學生八十名協助清查本市戶口,服務時間由是晚六時起,至翌晨六時止。本校教師譚冠翰、梁乾泰隨同出發照料。
	10日	爲物價暴漲,同人生活異常困苦,特召開三校全體同人會議,籌商解救辦法。
	14日	本校參加上海市中等學校體育聯合會主辦壘球比賽,本校以八對三戰勝大同附中,而獲亞軍。
	15日	遵教育局令,填送卅七年度第一學期本校概況報告表、全體教職員一覽表及減免費學生名冊(減免費人數對全校人數百分之廿一,減免金額對應收總額百分之十三)。
	17日	本校爲加收本學期第二次學費事通告學生家長。原文如下: 逕啟者:查自"八一九"限價開放後,物價漲勢瘋狂,學校教職員生活愈覺難於維持。經本市私立學校聯誼會具呈教育局請示補救辦法,奉諭:"私立學校經濟,應由各校斟酌實際需要,與校董及學生家長共謀解決。"茲經本校校務會議決議,依照一般私立學校解決目前經濟困難辦法,特向學生加收學雜費,以資維持。高中學生每名加收金圓券貳百四十元,初中學生每名加收金圓券貳百元。即請貴家長於本月十八日至二十五日將該費交下。事非得已,諸希見原爲禱。此致貴家長。
	19日	上海市私立中等學校教職員聯誼會以迩來物價高漲,同人生活難以維持,特召集臨時代表大會,共商決策。本校同人推派游慈照、梁乾泰、郭星白三位先生代表出席。
	24日	梁乾泰、譚冠曼兩位先生代表本校同人出席上海市私立中等學校教職員聯誼會第二次代表大會,決議爲謀取生活,爭取正義,自即日下午起總請假,靜候政府救濟。本校同人採取一致行動。
	26日	召開三校全體同人會議,討論總請假後各種善後問題。
	27日	本校參加上海市立體育館主辦中學盃排球聯賽,戰立信中學,二對〇,本校勝。
	同日	奉教育局指令滬教中(37)第16503號核示卅七年度第一學期新生、插班生學籍。
	同日	奉教育局指令滬教中(37)字第16500號核示蔡霹光等九名學籍。
	同日	盧校長出席吳市長召開私立中小學校長會議,商討徵收第二次學費數額及總銷假等事項,獲合理解決。
	28日	召集三校全體同人會議,討論變更徵收第二次學費數額及總銷假

----

① 編者注:日期處原文爲空缺。

		等提案。決議如下：（1）學費按照本學期第一次原收額增收三倍。（2）已交四倍者發還超交部份。（3）依照私中教聯會第三次代表大會決議，明日起總銷假。
	同日	本校壘球隊與交通大學壘球隊作友誼比賽，初戰十五對十五，續戰七對二，本校負。
	29日	為全體教師銷假上課事通告學生家長。原文如下： 本校全體教師業經銷假，由今日起照常上課。各教師因請假所缺之課，決定於本學期內分別補足，以重學生學業。茲遵照市長規定私立學校本學期增收學雜費之數額，本校照原額增收三倍。計高中一百八十元，初中一百五十元，小學暨幼稚園各九十元。請貴家長自即日起，至十二月二日止，查照繳納。家境確屬清寒者，可申

		請酌減一部份。（以不超過全部總數百分之二十為限）本校此次加收之費，全部給與教職員及校工為生活費，至於學校辦公費及其他各項不敷之數，概不移用。已照原額交過四倍之費者，可憑收據於十二月二日向本校事務室領回多付之款。此致貴家長。
12月	5日	本校參與上海市體育館主辦中學盃排球聯賽，本校以二對一戰勝光夏中學，獲分組冠軍。
	7日	奉教育局指令滬教中（37）字第11158號核示初中三年級第二學期試讀生衛紹長、鄭容珠等二名學期成績，畢業證書准予驗印發還。
	11日	本校參與上海市體育館主辦中學盃排球聯賽總決賽，以二對一敗於省立上海中學。
	14日	教育局視察員陳素蘭先生蒞校視察，備蒙嘉許。

21

卅七年大事記

一月一日 舉行各級學生成績展覽會一連三日。

同日 木棉同學會、刊第十一期出版。

三日 各社團暨本校假座廣東旅滬同鄉會舉行余釋敬先生（本校董⋯）悼會。

五日 建校書畫展覽會向各藏家徵集出品，非賣品供欣賞，賣品⋯

六日 為推銷建校書畫展覽會獎券事，召集全體教職員會議決定，該項獎券（每張十萬元）由各級、任導師鼓勵各該級學生推銷，並由譚冠翰先生設計推動，全體同人協助之。

六日 奉教育局指令滬教中（37）字第96号核示抗戰期間畢業生陳承亮等畢業證書准予驗印發送。

七日 木棉同學會假新都萬象廳舉行聯歡聚餐會，每校教職員被邀參加該項建校書畫展覽會義賣。

同日 函請葉恭綽先生等惠賜作品，以供建校書畫展覽會義賣。

八日 大新公司蔡慧民蔡迺誠等為舉辦本校建校書畫展覽會事，宴會勞敬修陳樹人黎照寰陸丹林陳顯初諸先生商討進行事宜。

十日 本校中小學全體童子軍舉行新年聯歡大會，并舉行各隊歡呼比賽。

十一日 假座大新公司五層樓酒家招待本市各書畫名家及收藏家請賞，助本校書畫義展，到陳樹人許士騏汪亞塵陸丹林諸先生七十餘人情況熱烈均頤參加出品。

上海私立粵東中學檔案彙編

校 務 會 議 錄

（1926—1949 年）

上海私立
粵東中學
檔案彙編

民國十三年四月二十七日　139

校務會議　出席者者

頌凌　之良　唐翰　玉衡
昊民　武桓　啟文　漢生
偉山　慎之　繼成　伯伊
志浮　奉昭　惠僑

　　共七十三人

甲　青年百五青年會採場開預備會選手報告
（一）鼓勵學生參與運動會選手報告：
代表學選赴其黨之代表赴會優勝步
重賞之其與當勢由學校職教員與

乙
（一）童子軍預備赴比賽
園長認為可共料酌帖刑鬬經
童子軍預備赴比賽會期與鼓勵選手努力錬習
備會一切體及鼓勵選手努力錬習

（丙）兩廿日上午第一時令全體車操場集合宣佈訖
　　令全體車操場集合宣佈訖

（丁）推政部率戴迓先生明日立操場訖
　　勵選勵選子

（戊）學生及季制帽照奉季武皆而用紫
　　旗布紮之項校嶺用紅線綿之
　　除通知以生代表出席外全偉

主席事項：
（一）賴陽先生此中說武崇佛加以証實
政教育實對於本校以改彫選組三臨的校務嵩
（二）聘定譚冠齡先生兼任事務部主任
（三）本學期唐牛數學及他學教員補聘謝海昌

討論事項：
（一）標物委員會功便抒祿理及排勳懇個標物起
　　見擬的教導事務部主任列入功標物委員
　　會當以委員案

決議：共標物委員會改育面表示同意推須禮案全體
教師員會議通過左實引

（二）定期芳集學生自治會如表育討收費標準事引

決議：學芳唐讀會定八月廿九日下午三時學引
除通知以生代表出席外全偉標物委員均次
　　參加

　　　　　主席　盧樹
　　記錄　盧項雲

主席　盧蜀良　譚曉琛　梁乾春
同　手辭

民國十五年（1926年）

4 月 27 日

校務會議

出席者：頌虔 之良 廣瀚 玉衡 昊民 式桓 啓文 漢生 偉山 慎之 維嶽 伯伊 志滂 季昭 惠僑

（一）鼓勵學生之參與運動會及童子【軍】比賽選手辦法：
（甲）五月一日上午，在青年會操場開預備會，選赴會代表，當選者賞之，代表赴會優勝者重賞之，其獎品費學校出三十一元，職教員出三十九元（每位捐一元），共湊七十元——童子軍比賽獲優勝者獎品費同在上數支用。
（乙）童子軍預備赴比賽，會期內應交各科功課。得團長認可者，斟酌情形變通辦理。
（丙）廿八日上午第一時，全體在操場集合，宣佈選手預備會一切辦法及鼓勵選手努力練習。
（丁）公推歐、鄭、黎、戴諸先生明日在操場演講鼓勵運動選手。
（二）小學夏季制帽照冬季式，而用紫花布爲之頂前，校徽用紅線繡之。
（三）學生日記簿請諸先生常將學生之優點、劣點隨時登記，並查驗有無携歸交家長核閱。

5 月 11 日

校務會議

出席者：頌虔 季昭 亦如 式桓 亦菴 昊民 惠僑 慎之 維嶽 剛常 之良 濟川 訓方 伯伊 偉山 漢生 達公 潮舒 志滂

一、標舉江蘇省教育會所定公民信條以訓練學生，其好學生具體標所有公民信條所無者，根據好學生標準訓練之。
二、公民信條標舉次序仍照原文。
三、赴上海小學運動會學生，須選體格精壯服裝整潔，姿勢品行均優者一百至一百四十人。
四、赴運動會時間第一日下午一時。
五、赴運動會兩日來回車費均由校出。
六、被選赴運動會學生每人出食品費大洋一角，由校代支，俟學期末與雜費併算。
七、選赴運動會學生自初四以上各級選出，選取手續分初選複選兩項。
八、每班初選赴運動會學生三分之二。
九、照料學生赴運動會各先生（由各先生自行認

定）頌、亦菴、志、左、嶽、歐、杜、莫、羅、偉等十位。
十、照料運動選手赴會，由各體育教員任之。

5 月 26 日

校務會議

出席者：頌虔 潮舒 偉山 達公 啓文 亦菴 昊民 玉衡 之良 濟川 伯伊 維嶽 志滂 季昭 漢生 剛常

議決各案
一、核發月考成績，照上月辦理。
二、來賓來校參觀可以自由參觀，有不便參觀者，由該教員婉謝之。

6 月 22 日

校務會議

出席者：頌虔 廣瀚 之良 惠僑 玉衡 昊民 達公 亦菴 維嶽 剛常 訓方 偉山 季昭 伯伊 潮舒 志滂

議決各案
一、期考。本學期所授功課，概須考驗。
二、溫習。各科教師斟酌該科情形，自定辦法。
三、徵集各科考試須多少時間，編表舉行期考。
四、平時積分計至七月三日爲止——如平時無記積分者，須速處辦，以時試驗。
五、考期。本學期期考由七月五日起。
六、本月廿三日起，着手調查各級好學生，限一星期辦竣——辦法備表發學生填齊，由級任整理，交校務會議審查通過。
七、職教員名牌掛在教務室，職教員之在校或出者須自將名牌移好。
八、過堂學生須加訓練，使之勿亂動該室學生書物。

9 月 29 日

校務會議

出席者：頌虔 志滂 潮舒 慎之 剛常 天沛 亦菴 維嶽 式桓 昊民 偉山 煜笙 訓方 之良 廣瀚 伯伊 玉衡 漢生

一、校務會議照前召集。
二、孔子聖誕慶祝辦法如下，禮拜一，補放孔誕假一日。
甲、推歐、張二先生編演孔子史劇。

乙、佈置會場，推鄧、戴、黎、譚、沛諸先生擔任。

三、擔任編劇佈置諸先生任務移留國慶日執行。

四、孔誕典禮改簡舉行。

五、十五年國慶日借影電影。

六、飭警察干涉東鄰糞夫在上課前倒糞。

七、添補各室鉛筆鑽。

八、校工守門站位改在接領學生處。

九、每餐輪選在校用膳同事數人到會食堂與學生會食，當值先生另表定之。

十、添造美術室教桌。

| 10 | 月 | 26 | 日 |

校務會議

出席者：頌虔 玉衡 偉山 式桓 昊民 亦菴 維嶽 慎之 啓文 天沛 剛常 廣瀚 伯伊 志滂 文建 潮舒

一、十月廿九在青年會操場開秋季運動會。

二、獎品分三種，第一名古銅質獎章，第二名鎳質獎章，第三名絲帶。

三、編運動員須知，分派各級先生作活頁教材。

四、赴會各生寄宿生及午膳生，午餐由校備辦，其餘須自備用。

五、請長城畫片公司報効活動攝影。

六、會場門口設簽名處。

七、會場備男女廁所。

八、開會時間定八時。

| 11 | 月 | 9 | 日 |

校務會議

出席者：頌虔 廣瀚 文建 亦谷 玉衡 偉山 式桓 訓方 亦菴 克宣 慎之 天沛 之良 志滂 伯伊 維嶽 潮舒 昊民 志明

十六年元旦開學生家屬懇親會。

| | | 30 | 日 |[①]

校務會議

出席者：頌虔 之良 廣瀚 漢生 玉衡 昊民 訓方 亦菴 維嶽 慎之 偉山 天沛 志滂 伯伊 潮舒

添建校舍鼓勵募捐辦法

一、搜集興學教材，分三部：（甲）高二至中三爲一部；（乙）初四至高一爲一部；（丙）幼稚至初

四爲一部。

二、各科在兩星期内，宜編與捐款興學有關之臨時教材。

三、標貼屬刺激性之標語及圖畫。

四、調查學生家長之熱心教育者，躬往接洽懇親會須備各物。

制警察制服二套。

民國十六年（1927年）

| 3 | 月 | 30 | 日 |

全體校務會議

出席者：頌虔 慕蘭 潮舒 昊民 榮芳 式孟 之良 玉衡 倩予 訓方 元春 琬馨 瑞芳 瑞雲 維嶽 式桓 夢殊 偉山 剛常 展雲 伯伊 蘭史 希三 天沛 爲雄 志滂 鐵夫 濟川 廣瀚 柏齡 彝弼

一、決定實行黨化教育。

二、發表宣言表示態度，推舉伯伊、爲雄、式桓、夢殊四先生起草。

三、推教職員十六人（校長在内）合組校務會議，當選者名字及票數如下：志滂25、昊民20、維嶽28、亦菴24、伯伊28、潮舒21、之良24、式桓24、玉衡25、濟川24、慕蘭15、夢殊19、爲雄20、訓芳14、偉山14。

四、每學期召集全體教職員會議二次，在每次季考前舉行。

五、由職教員學生捐資慰勞北伐軍。

六、定下星期一復課。

七、由學校購買《三民主義精義》《孫文主義【之】哲學的基礎》二書分送各教職員。

八、體察情形參加各種政治的社會的運動。

九、初級小學恢復語體文教學。

十、其餘各提案交校務會議解決。

| 3 | 月 | 31 | 日 |

校務會議

出席者：頌虔 之良 志滂 式桓 伯伊 夢殊 偉山 爲雄 訓方 維嶽 玉衡 昊民 潮舒 濟川

議決案

（一）本會議細則推舉爲雄、志滂、玉衡三先生起草。

---

① 編者注：此處疑爲11月30日。

（二）先於登報召集復課，啓事中表明本校以後宗旨宣言，因欲手續完滿起見，略緩數日發表。

（三）決定恢復男女同學制度。

（四）本校革新計劃以新聞體裁登報發表。

（五）關於規劃對學生灌輸三民主義工作，舉伯伊先生主任。

（六）下次會議定本星期日上午九時至十一時舉行。

4	月	3	日

校務會議

出席者：頌虔 玉衡 維嶽 之良 潮舒 偉山 訓方 式桓 伯伊 濟川

因出席人數未足，改爲談話會。

4	月	19	日

校務會議

出席者：頌虔 玉衡 昊民 潮舒 爲雄 維嶽 之良 式桓 偉山 訓方 伯伊 志滂 濟川

議決案

（1）訂定校務代表會議章程如下。

上海廣肇公學校務代表會議章程

第一章　總　綱

第一節　組織

本會議以校長及由全校教職員互選出三份之一代表出席。

第二節　職員

本會議設主席及書記各一人，主席由校長當之，書記則由本會議員中互相選出。主席或書記因事不克出席時，由出席議員以過半數推舉一臨時主席或書記以代行其職權。

第三節　任期

本會議員之任期，除校長外均以一學期爲限。由每學期開課後兩星期起至下屆議員産生之日止，每學期改選三分之二，再被選舉得連任一次。

第二章　職　權

凡校內除關於全校預算案及用人權限外，各種設施計劃與對外一切交涉事宜，均由本會議決定交由主管者執行之。但本會議認爲須全體教職員解決者，得召集全體教職員會議決之。

第三章　議事細則

第一節　會議日期

本會議定每月舉行一次，在每月之第一星期

舉行。

第二節　會議地點

本會議暫以本校之紀念室爲議場。

第三節　會議時間

每次會議以兩句鐘爲限，如因特別事故須延長時間者，得由出席議員表決通過之。

第四節　會議日期及地點之更改

本會議日期及地點如有更改，當由主席預先通知。

第五節　臨時會議

如遇有要事須開臨時會議者，得由主席通函召集。

第六節　請議及請願之規定

非本會議員中之教職員或學生或校工，如有請議或請願事項，得先交與主席列入議案討論取決之。

第七節　出席人數之規定

本會議非有三份二人①數出席不得表決議案。

第八節　表決議案之規定

本會議之議案須由出席議員過半數之贊成，方能通過。

第九節　表決方式

本會議表決方式，得由主席定之。

第四章　附　則

第一節　修改章程

本會議章程如欲修改，得由議員二人以上提出之。

（2）舉行孫先生紀念週時教員應踴躍出席。

其輪值表由校長編列揭布。

4	月	29	日

校務代表臨時會議

到會者：維嶽 昊民 頌虔 玉衡 之良 潮舒 偉山 式桓 訓方 伯伊 志滂 濟川

報告事件

報告學聯會關於五月各紀念日（五一，五四，五五，五九）之議決案。

議決事件

（1）紀念五一節案。

（議決）初中高小及初小分兩部開會，舉伯伊、濟川擔任初中高小部演講，舉維嶽、志滂擔任初小部演講。初小部並編發活頁教材，五二（即星期一）休息一天。

————————

① 編者注："三份二人"，疑爲"三分之二人"。

（2）紀念五四案。

（議決）在校開會紀念，舉沛珆、爲雄任初中高小部演講，舉之良、志文任初小部演講。

（3）紀念五五案。

（議決）停課開會，舉玉衡、潮舒任高小、初中部演講，舉偉山、式桓任初小部演講。

（4）紀念五九案。

（議決）開會，不停課，茹素，高小以上延校外名人演講請伯伊先生介紹，初小部舉維嶽、佩韋二先生演講。

（5）指導學生會案。

（議決）俟學生會將顧問職權開來，經本會核議後，再付託各顧問負責指導。

（6）提前上午上課時間案。

（議決）提前一刻即八時半起。

| 6 | 月 | 22 | 日 |

校務代表臨時會議

出席者：頌虔 潮舒 偉山 玉衡 式桓 昊民 亦菴 之良 伯伊 訓方 濟川 志滂

討論事項

（1）下學期高小以上各生一律要受童子軍教育案。

（議決）通過。並於暑假前發表宣傳大綱，說明此舉之必要。舉亦菴、玉衡、伯伊、濟川四先生起草。一面於暑假時，將原有童子軍隊長及優秀分子加功訓練，期養成助教人材，另選下期仍肄業本校之高材生，授以童軍功課養成隊長人材，以期將來實施此案進行便利。

| 6 | 月 | 30 | 日 |

校務代表臨時會議

出席者①：頌虔 昊民 玉衡 訓方 偉山 潮舒 志滂 伯伊 之良 濟川 維嶽 亦菴 式桓

議決案

（1）七月四日（星期一）收集各科考分積分及考卷。

（2）七月六日（星期三）行休業禮，地點在本校，分兩部舉行。

（3）七月十日（星期日）行畢業禮，地點在中央大會堂，與廣肇公所所立各校同時舉行。

| 8 | 月 | 15 | 日 |

校務代表臨時會議

出席者：頌虔 伯伊 式桓 之良 維嶽 訓方 亦菴 玉衡 昊民 潮舒 廣瀚 偉山

討論事項

（1）考試新生辦法案。

（議決）照上學期辦法。

（2）參觀遠東運動會辦法案。

（議決）由學校鼓勵學生自由前往參觀，至九月一日始上課。

（3）童子軍組織法案。

（議決）請童子軍教練部先擬草案然後討論。

（4）組織學校參觀團案。

（議決）通過。

（5）實施黨化教育方法案。

（議決）另召集會議討論。

| 9 | 月 | 21 | 日 |

校務代表臨時會議

出席者：頌虔 潮舒 亦菴 伯伊 昊民 之良 偉山 維嶽 志滂 濟川 玉衡 式桓

討論事項

（1）本期改選校務會議代表案。

（議決）原任代表照章應留五人，用抽籤方法決定之結果：亦菴、昊民、之良、維嶽、訓方五先生留任。

（2）決定本期學校曆案。

（議決）照教育局所公佈者辦理。

（3）更易厨師案。

（議決）通過。舉偉山、志滂、維嶽三先生負責物色此項人才。

（4）開大會及聚餐日期案。

（議決）本月廿五日（即本星期日）下午舉行。

| 9 | 月 | 30 | 日 |

校務代表會議

出席者：頌虔 亦菴 玉衡 昊民 彝弼 潮舒 維嶽 之良 廣瀚 志滂 式桓 偉山 訓方 志文

————————

① 編者注：此處"出席者"爲編者加。

討論事項

（1）校務代表常會日期案。

（議決）通過。每月之第一星期三下午四時三刻舉行（以二小時為限）。

（2）限制學生出入課室案。

（議決）學生上課後不得自由出入（有必要時須得教員許可）。

（3）本校應設一學生國語演講會案。

（議決）通過。舉黎維嶽先生負責辦理。

（4）預防教室失竊案。

（議決）由學校備一圖章加蓋學生新購書籍面上。

（5）學級自治會組織大綱草案。

（議決）通過（略加增删，原文另詳）。

（6）限制學生入教務室。

（議決）加派糾察站崗，嚴加限制。

（7）女學生體育應提倡案。

（議決）第一步先打破男女界限，以後如集會、體育等一律强迫參加，於體育方面，隨時與以適量之提倡。

報告事項

（1）訓育部報告訓育計劃。

| 10 | 月 | 24 | 日 |

校務代表臨時會議

出席者：頌虔 廣瀚 式桓 訓方 志文 玉衡 彝弼 維嶽 亦菴 昊民 志滂 潮舒 偉山

討論事項

1. 復議更易厨師案。

戴先生提議由學校提出條件交厨師李芬，如李芬答應得於本學期內不更換。

（議決）通過（附條件）。

（1）李芬須每日到校工作。

（2）出席先生如感覺飯菜不合衛生或質量稍差，得更換其他飯菜。

（3）李芬如繼續做下去，須過了寒假方得辭職。

2. 考試案。本學期舉行季考一次，至年假前舉行大考。

（議決）通過。定下星期一即（卅一號）舉行季考。

| 11 | 月 | 10 | 日 |

校務代表會議

出席者：頌虔 佩韋 濟川 式桓 志文 彝弼 維嶽 玉衡 亦菴 昊民 偉山 之良 潮舒 訓方

討論事項

（1）慶祝孫中山先生誕辰案。

（議決）分兩部舉行慶祝，高小至初中提前一日（即本星期五）下午舉行，初小部十二日上午舉行。

（2）學生會季刊案。

（議決）通過。舉出四位先生輔助學生會編輯季刊。當選者：張亦菴、黎伯伊、薛沛珆、歐濟川。

（3）學生送午飯來校案。

（議決）通過。午膳生食飯後，走讀生始得用膳。

（4）上午第一時上課時間更改案。

（議決）通過。改為上午八時三刻上課。

（5）請音樂先生慎選教材。

（議決）通過。

（6）酌量添置算學科教具案。

（議決）交算術科會議解決。

| 11 | 月 | 30 | 日 |

校務會議録

出席者：頌虔 偉山 佩韋 式桓 之良 彝弼 訓方 維嶽 玉衡 濟川 亦菴

討論事項

（1）修理自來水管案。

（議決）通過。由學校通知自來水公司修理。

（2）規定學生手提書箱案。

（議決）通過。舉出四人計劃書箱之式樣，採取最適用的，然後由學校代學生購辦。

負責計劃者：黎維嶽、杜式桓、張亦菴、訓導部一人。

（3）籌備舉行慶祝新曆元旦案。

（議決）陽曆元旦舉行懇親大會，同時展覽成績，表演學藝，又分設場所數處以招待來賓。先舉出委員五位，計劃一切，俟籌備就緒，然後提出大會，分科辦理。計劃委員：盧頌虔、黎維嶽、張亦菴、張訓方、歐濟川。全體職教員大會由計劃委員決定日期通告召集之。隨即由計劃委員會決定本星期六午後三時召集全體會議。

| 12 | 月 | 20 | 日 |

校務代表臨時會議

出席者：頌虔 潮舒 昊民 沛珆 訓方 亦菴 偉山 彝弼 佩韋 維嶽 滂 式桓 廣瀚

討論事項

（1）本學期大考案。

（議決）考試日期定於十七年一月五日起至八日止。如體育、書藝……①學生不須預備之科學，得於本星期或下星期提前考試。（通過）

（2）修改本學期學業自省表。

（議決）通過。交張亦菴先生負責修改之。

（3）元旦懇親會分配展覽成績，表演學藝時間案。

（議決）"一日"全日展覽成績。上午，童子軍在操場表演；下午，在本校禮堂開會。

"二日"上午，展覽成績；下午，在中央大會堂開會。

（4）贈送特刊辦法案。

（議決）1. 憑券（加蓋圖章）。

2. 指定一處俾未有贈券之來賓自往索取。

（5）限制學生參加中央大會堂游藝會案。

（議決）除加入表演及服務之學生外，一律不得參加。

| 12 | 月 | 27 | 日 |

代表臨時會議

出席者：頌虔 佩韋 玉衡 之良 伯伊 式桓 亦菴 維嶽 偉山 沛韶 訓方 潮舒 志湣 彝弼 濟川 昊民 志文 鐵夫

討論事項

（1）整頓學風案。

（議決）。先由盧先生報告，雲南起義適值星期，而教育局亦未正式通令放假，所以星期一本校未曾補假。但學生方面，要求放假，學校未曾允許，中學部竟有學生十人不依告假手續，便自行缺席。此種舉動，實屬不合校規，宜有適當辦法懲戒之，以維校譽。隨即將訓導部議定辦法提出：未依告假手續而曠課之學生，須誠意自具悔過書，向學校道歉，否則停止學籍。（通過）

（2）學生具悔過書辦法案。

（議決）立刻通知昨日曠課之學生到會，具悔過書，並通函其家長報告經過情形。（通過）

民國十七年（1928 年）

| 3 | 月 | 1 | 日 |

校務會議

出席者：頌虔 潮舒 之良 佩韋 亦菴 昊民 維嶽 彝弼 濟川 訓方 式桓

（1）修改校務代表會議章程所規定改選辦法案。

（議決）照原案辦理。本屆所改選代表三分之二用抽簽法決定之結果：玉衡、沛珺、維嶽、昊民、式桓五先生留任。

（2）製定本校內部組織大綱及行政組織系統表案。

（議決）照原案修正通過，條文及表如下。②

| 3 | 月 | 3 | 日 |

全體會議

出席者：慕蘭 玉衡 鐵夫 頌虔 偉山 伯伊 廣瀚 志湣 雷頌唐 之良 式桓 潮舒 佩韋 彝弼 瑞雲 天沛 維嶽 霜華 惠僑 安素 啓文 啓忠 張匡 亦菴 希三 展雲 昊民 志文 冰如 婉馨 瑩殊 榮芳 瑞芳 式孟 玉瓊 元春 訓方 沛韶 元春

討論事項

（1）科任教員任務規程案（草案印發）。

（通過）。

（2）學生排隊上課案。

（通過）。

（附錄）上午第一時及下午第一時須排隊上課。

推定制定排隊辦法委員七人：伯伊、志湣、濟川、惠僑、亦菴、慕蘭、天沛。

（3）選舉校務會議代表委員案。

當選者：彝弼 27、慕蘭 26、佩韋 21、志文 19、天沛 12。

當然須出席及留任者：頌虔、志湣、昊民、維嶽、亦菴、伯伊、訓方、潮舒、杜〔式〕桓、啓文、玉衡、濟川、惠僑、沛珺。

候補者：霜華 10、邦鑠 8、鐵夫 6、倩予 5、張匡 3。

（4）彝弼、維嶽先生提議凡學生有升級之資格，但有少數學科不及格者，須於下學期未開學前補考。有相當成績方得升級案（議決留待教務會議討論）。

（5）小學一二年級添設教室小黑板日記案——雷頌唐先生提議（原提案人主張留待教務會議討論）。

（6）歐濟川先生提議製定本校校曆案。

（通過）。

（7）春假——由四月四日起連放四日半。

（8）譚天沛先生提議舉行第二屆運動大會案。

（通過）。"開會日期及具體辦法交體育部辦理"。

（9）黎潮舒先生提議下學期舉行童子軍成立十週年紀念案。

———————

①② 編者注：原文如此。

(議決)交童子軍部籌備。

3 月 9 日

校務會議

出席者:頌虔 慕蘭 志文 潮舒 伯伊 彝弼 廣瀚 霜華 亦菴 惠僑 維嶽 昊民 佩韋 天沛 式桓 訓方 玉衡 志滂

議決案

(一) 校務會議日期仍定每月第一星期之星期四。

(二) 全校師生日常之飲料一律改用白開水。

(三) 民國十七年二月至九月學曆案照原案修正通過。

4 月 12 日

第二次校務會議

出席者:頌虔 志文 志滂 彝弼 潮舒 伯伊 惠僑 亦菴 佩韋 玉衡 維嶽 啓文 式桓 廣瀚 霜華 天沛 訓方

議決案

(一) 小學第一組教務部送來會議規程與各股辦事細則,及初中組教務部送來教務會議規程,請加核議案。

(議決)照原案核議通過。

(二) 初中組訓育部送來訓育目標,請加核議案。

(議決)照原文修正通過。

附原文:養成理智的生活、陶淑正當的感情、鍛鍊健全的體格、實現優美的人生。

(三) 教職員告假應自行請人代理職務案。

(議決)教職員告假應請人代理職務或監課。

(四) 教職員應出席之各種會議須按時出席案。

(議決)教職員應出席之各種會議須按時出席,倘因特別事故不能到會,務須先期請假。

(五) 養成學生聞預備鈴立即準備上課之習慣案。

(議決)分三種辦法。

A. 預備鈴響後,即不準各生在操場內遊戲,隨將北大門鎖開,由監護股人員在西邊門檢查逗留操場之學生,記名處罰。

B. 大鐘一鳴各先生即到教室上課,點名時學生未入教室即作遲到論。(爲欲使先生依時到教室起見,點名簿及粉筆等須設法使之便利取攜以經濟時間)

C. 遲到之學生除於學期末統計共遲到次數,以

三次遲到作一次缺席論外,並於當時酌量罰令立正,以資警惕。

(六) 歐廣瀚先生提議學生食飯亦須依預備鈴準備入座,以免臨時爭先恐後影響寧靜。

(議決)通過。

(七) 養成廉潔之校風案。

(議決)一方面限制學生購買雜食,取締本校茶房之食物攤,一方面訓育部多做積極工夫。

(八) 修訂校歌案。

(議決)待訂。

(九) 第一組訓育部提議揭示標語,除衝要地點懸示有關人格陶冶者外,並注意各科意趣之提示,材料由各科先生供給。

(議決)通過。

5 月 3 日

第三次校務會議

出席者:頌虔 志滂 彝弼 玉衡 亦菴 啓文 式桓 廣瀚 天沛 伯伊 惠僑 志文 霜華 潮舒 訓方、慕蘭(事假)[1] 佩韋(病假)

報告事項

(一) 第二次議決案執行經過。

(二) 添建校舍(已得廣肇公所核准,定於本年暑假前開工)。

(三) 各部工作摘要(由各部主任報告)。

討論事項

(一) 核議初中組訓育部規程及辦事細則案。

(議決)照原案通過。

(二) 小學第一組課務股辦事細則案。

(議決)修正通過。

(三) 修學旅行計劃報告表案。

(議決)修正通過(表的格式另行排列)。

(四) 運動會提前舉行案。

(議決)提前一星期(即廿五日)。

(五) 改定用膳號鐘案。

(議決)預備鈴響先生暨學生同入膳堂,大鐘響過後方起箸。

(六) 規定對於下列兩種學生之處罰辦法。

A. 平時功課作僞的。

B. 試驗或測驗時作弊的。

(議決)對於 A 種學生之處罰:除取銷該種課業之分數外,並罰令抄繕該作僞得來之課文若干遍(算術則抄繕定理定義等),抄繕過後再斟酌情形給予分數少許。

---

① 編者注:訓方、慕蘭(事假)爲訓方、慕蘭兩人事假。

對於 B 種學生之處罰：取銷該科之分數。

（七）算術科計分亦二倍計算（即作兩種論）案。

（議決）通過。

（八）填寫課室日記之一致辦法案。

（議決）

A. 專靜整潔之符號以後改用⊥○丅╳四種，⊥爲百分之代表，爲最圓滿之記號，必秩序無稍差缺者始用之，故凡遇有犯規學生便不宜記⊥，因個人行爲既不佳，團體秩序自難圓滿也。

B. 教授要目一項，以後務請避免籠統的填注，如作文課應記出作文題目教尺牘文法……①等，亦須將課目寫出，不宜但寫尺牘或文法二字，餘類推。

C. 不守規則的學生一項，以後務請將姓名及事項寫出以便查考。

（九）各組教務部每月發出之教學狀況報告表不限定每月製發一次案。

（議決）通過。

5 月 7 日

臨時會議

出席者：頌虔 霜華 志文 志滂 玉衡 伯伊 彝弼 佩韋 天沛 式桓 廣瀚 潮舒 亦菴 惠僑 啓文 慕蘭（事假）訓方（事假）維嶽（病假）

討論反日工作

（議決）（一）中學部亦照常上課，五七、五八、五九三日全校所授課程依照大學院令文所開示各項——民族主義，日本的研究，中日交涉史，如或一部分學生必須參加反日工作時，則該生可不作曠課論。

（二）各組除紀念週外並隨時酌量增加集會時間，由教員演講，俾學生充分明曉。

6 月 7 日

校務會議

出席者：頌虔 霜華 志文 廣瀚 潮舒 伯伊 亦菴 維嶽 彝弼 佩韋 訓方 惠僑 玉衡 志滂 式桓 慕蘭（事假）

報告事項

（一）上次議決案執行經過。

（二）各部工作摘要。

討論事項

（一）改訂校曆案。

（議決）通過。

七月二日星期一——開始舉行初中及高小畢業試驗。

九日星期一——開始舉行各級學期試驗。

十八日星期三——本學期教務結束暑假開始。

廿五日星期三——舊生註冊截止。

廿七日星期五——考試新生。

九月一日星期六——舉行秋季始業式。

五日星期三——開始上課。

（二）畢業或升級之標準案（初中及小學第一組教務部提出）。

（議決）修正通過。

（甲）國、英、算三科必須有兩科及格，其餘一科亦不能太差（六十分以下）。

（乙）其他各科不能有兩科不滿六十分。

（丙）總平均分數須足六十五分——及格分數。

（三）訂定出版物委員會規程案。

（議決）修正通過。

學生出版物指導委員會規程

第一章 總綱

第一條——本校爲便於指導及輔助學生撰述或繪畫（用刊物）發表之文字或圖畫起見，特組本出版物指導委員會。

第二條——本委員會（以後簡稱本會）由校務會議所推舉及由校長所委任之委員若干人共同組織之。

第三條——本會負有調查各級學生關於著述方面活動之責任。

第四條——本會應隨時鼓勵及指導學生撰述關於學術或其他有益之文字。

第五條——本會受學校之委託審查本校學生文字或圖畫之一般出版物。

第二章 細則

第六條——凡本校各組各級學生之出版物，無論用學生自治會或其他名義發行之文字或圖畫，均須交由本會審查之。

第七條——上述出版物之內容，應以研究或發表學藝爲原則，其有關於政治黨義或其他有益之事物者，亦得刊載之。

第八條——凡交審查之稿件，須於事前用學校所指定之稿紙謄寫清楚再交審查。

第九條——凡經審查合格者得享受學校之補助或津貼。

第十條——凡屬於左列之任一項得停止其出版或發還原撰稿人（或團體）修正之。

（a）違反三民主義者；（b）有礙時局者；（c）有違反時代之性質者；（d）影響於社會有惡影響者；（e）有妨治安者；（f）有礙風化者；（g）有煽惑嫌

---

① 編者注：原文如此。

疑者;(h) 有礙校內風紀者;(i) 有引起不良反應之危險者;(j) 跡近宣傳迷信者;(k) 有獎屬不良行為之性質者;(l) 發人陰私者;(m) 攻訐團體或個人者;(n) 出版機關不明瞭者;(o) 撰述人不署其姓名者。

第十一條——凡經本會審查認為有妨礙或未妥善之稿件,得令停止印行或發還原撰稿人(或團體)修正之。

第十二條——凡發還修正之稿件於修正後,仍須交會複審查。

第十三條——凡未經本會認可之出版物得停止其出版。

第十四條——凡經審定之出版物於出版時,應將該出版物之全部送交本會備查。

第十五條——凡出版物定有價格準備出售者,其價格須於交審查時聲明之。

第十六條——上項有價出版物之價格,得由本會斟酌情形商定增減之。

第十七條——其他手抄而有出版物性質者亦須交會審查。

第十八條——本規程如有未盡事宜,得提出校務會議修正之。

(四)開會歡迎廣州市立師範參觀團案。

(議決)通過並公舉黎維嶽、黎潮舒、杜式桓、歐廣瀚、黃霜華各先生籌備其事。

(五)開會歡迎市教育局韋局長及該局粵籍職員案。

(議決)通過。籌備員全上。

(六)暑期補習科之設置案。

(議決)由學校徵求有意設辦暑期補習科者,再行開會商定。

(七)本學期屢戒不悛之寄宿生,應於下學期停止其在校寄宿案(初中訓育部提出)。

(議決)通過。

(八)童子軍於平常原有功課一百分外,另加給二百分案。

(議決)照原案通過。

(九)審核初中組教務部各股辦事細則案。

(議決)照原案通過。

(十)添置各種比較需要的參考書籍案。

(議決)由各科先生自行列出交學校核議。

(十一)規定或劃一學生制服案。

(議決)小學五年級以上學生一律着童子軍裝,四年級以下着何種服裝及何時起穿着,待下次會議時再議。

(十二)於童子軍訓練下酌添合於軍事訓練的學科案。

(議決)交童子軍部商議執行。

(十三)天氣漸熱,請衛生股注意校內飲物食物及禁止學生沿路買食物案。

(議決)交衛生股執行,一方面由學校致函本市公安局取締附近本校之食物攤。

(十四)訂定參觀須知案。

(議決)修正通過。

7 月 5 日

校務會議

出席者:頌虔 志滂 廣瀚 玉衡 伯伊 亦菴 維嶽 訓方 天沛 潮舒 惠僑 霜華 佩韋 彝弼 志文 慕蘭(事假) 式桓(病假)

報告事項

(一)上次議決案執行經過。

(二)各部工作摘要。

(三)各班要淘汰的學生。

(四)發出學生家長緊要通告(關於提早截止報名及下學期加收學費事)。

(五)暑期學校簡章。

討論事項

(一)本屆暑期學校管理方法案。

(議決)管理方法由暑期學校委員會規劃之。

六月廿五日全體會議舉定之暑期學校委員係籌備性質,現已全體辭職。今茲之暑校委員會,當俟暑校加入之人數編定時,另組織之。

(二)考試以不提前為原則案。

(議決)通過。惟若遇有提前考試之必要時,須於事前通知校長或各該管教務部備查(後此並定以為例)。

(三)已經提前考試者之補救案。

(議決)其已經提前考試者,考試時該堂勢必落空,該科教者到時仍須出席監課,以免學生因無課業而嘈鬧致妨礙別班課業。

(四)重定各科考試計分案。

(議決)前議定各科考試計分法(係大考占百分之四十,季考占百分之三十,平日積分占百分之三十),現發覺有不適當之處,僉擬重定正確妥善之計分法,當議決大考分占百分之六十,季考分占百分之二十,積分占百分之二十。

9 月 17 日

校務會議

出席者:頌虔 惠僑 彝弼 廣瀚 訓方 天沛 玉衡 伯伊 亦菴 維嶽 霜華 佩韋 式桓 志滂

討論事項

（一）修改校務代表會議章程中第三節案。

（議決）在"本會議員之任期除校長"句下加多"及各部主任"一句，删去"每學期改選三分之二"一句。

（二）教室服務一覽表之採用案。

（議決）修正通過，至於室外服務如清潔事宜，則由衛生股負責辦理，糾察事宜則由監護股負責辦理。

（三）審核本校教務部會議章程案。

（議決）照原案通過。

（四）對於品行優良及熱心服務之學生，給與操行分數及服務分數案。

（議決）舉吳佩韋、歐廣瀚、張亦菴、戴玉衡、王志滂、鄭惠僑、張訓方七位先生擔任籌度，俟下次校務會議提出討論。

| 9 | 月 | 27 | 日 |

校務會議

出席者①：頌虔 玉衡 佩韋 志滂 慎之 廣瀚 亦菴 訓方 惠僑 維嶽 之良 天沛 偉山

討論事項

（一）本校本學期學校曆案。

（議決）照案通過。

（二）糾察團規程案。

（議決）照案通過。

（三）監護股辦事細則案。

（議決）照案通過。

（四）慶祝雙十節案。

（議決）舉出籌備委員四人負責籌備。

當選者：黎維嶽（主席）、王志滂、杜式桓、譚天沛。

（五）紀念週的下一課，請值課先生補查遲到缺課的學生案。

（議決）通過。由值課教員補點名，並由各級理事注意此事實行。

（六）學校開會時，念遺囑、唱校歌，職教員參加者亦須一同唱誦，以資倡率案。

（議決）遺囑凡參加開會者當然誦讀，校歌唱否聽便。

（七）校務會議日期案。

（議決）每月之第一星期一日舉行。

| 10 | 月 | 6 | 日 |

校務臨時會議

出席者：頌虔 偉山 霜華 志滂 廣瀚 亦菴 維嶽 玉衡 惠僑 慎之 潮舒

討論事項

（一）慶祝雙十節計劃案。

（議決）全體員生科銀小洋四毫約得大洋 $\frac{二三〇}{百}$ 元。佈置費壹百四拾元，提燈費壹百元，雜費叁拾元。

負責佈置者：維嶽（主席）、之良、彝弼、占五、啓文、霜華、式桓。提燈由童子軍部負責。

| 10 | 月 | 29 | 日 |

校務會議

出席者：頌虔 志滂 佩韋 廣瀚 天沛 惠僑 之良 霜華 玉衡 維嶽 偉山 訓方 亦菴

討論事項

（一）審核教務部規程及辦事細則案。

（議決）照案修正通過。

（二）審核訓育部進行計劃大綱案。

（議決）照案修正通過。

（三）修正各級自治會組織大綱案。

（議決）照案修正通過。

（四）組織學生出版物指導委員會案。

（議決）先成立中學部指導委員會，由各級級任擔任委員。

（五）審核自治會指導股辦事細則案。

（議決）照案通過。

（六）參加總理誕辰民衆黨義演說競賽會案。

（議決）通過。由黨義教師負責辦理。

（七）鼓勵參加上海特別市小學聯合運動會的出席代表案。

（議決）推舉譚之良、張亦菴、黎維嶽、鄭惠僑四位先生代表全體教職員，於明早舉行紀念週時，向各選手致勉詞，再定期開一鼓勵大會，推舉戴玉衡、歐濟川、黃霜華、吳佩韋四位先生負責籌備。

訓育部進行計劃大綱 黎潮舒起草

一、本部根據三民主義爲訓育的標準，以中國國民黨的主義、政綱、政策、黨史及黨的組織紀律、訓練原理等，借教育的能力訓練學生，一方面鼓勵學生努力求知，同時可以養成其有適應現在黨國所需要的公民常識和學問，換言之，就是養成實行三民主義的學生。

二、本部爲促進全校訓育上的發展和進行順利起見，組織下列各種設計委員會，以期共謀訓育上的建設。

A. 改造學校環境的設計。

1. 公共場所的佈置。

---

① 編者注：此處"出席者："爲編者加。

2. 教室的佈置。

B. 三民主義教育運動的設計。

1. 舉行各種集會。

a. 紀念週應有工作　　b. 各種紀念日的宣傳

c. 儀式的訓練　　d. 訓話會　　e. 朝會及晨操

f. 三民主義演講競賽會。

2. 舉行三民主義教育運動週。

3. 編演有革命性的劇本。

4. 舉行宣傳黨義的遊藝會。

5. 領導學生參與應參加的民衆運動。

6. 其他關於三民主義上的各種宣傳運動。

C. 改造學校訓育的設計。

1. 製定三民主義教育的訓育標準。

2. 詳訂三民主義教育的各種規程和設施。

3. 擴充兒童圖書館並添置黨化書籍。

4. 遵照三民主義教育的精神,舉辦學校的定期刊物或學級報。

5. 改進校內各種自治團體的組織,實行民權的訓練。

6. 整飭全校秩序,組織糾察團並指導服務。

7. 實行與黨部、社會、家庭有實際的聯絡。

D. 改進教學方法的設計。

1. 教學的三民主義化。

a. 選擇黨義的補充教材。　　b. 添置黨義的應用書籍及教具。

2. 把黨義融化於各科中。

3. 徵集學生黨義的論文。

4. 課外工作——園遊會、旅行、參觀、運動等。

三、本大綱經校務會議通過後施行。

11 月 6 日

校務臨時會議

出席者:頌虔 佩韋 亦菴 廣瀚 之良 惠僑 霜華 訓方 玉衡 維嶽 天沛 志滂 偉山 潮舒

討論事項

(一)關於參加市小運動會放假問題案。

(議決)星期四全日、星期五下半日放假,高小各級星期四至星期六全放。

(二)關於參觀問題案。

(議決)星期四日初小三年級以上各級生均須參加,由學校備車輸送,如不到者作曠課論,並由體育部酌量扣分,以爲不注重體育者戒。

(三)關於參與市小聯合運動各事項,分設各部辦理案。

(議決)照原案修正通過。

(四)季考改期案。

(議決)十一月十九號起。

12 月 3 日

校務會議

出席者:頌虔 佩韋 志滂 亦菴 霜華 天沛 訓方 之良 廣瀚 維嶽 偉山 潮舒 玉衡 惠僑

討論事項

(一)獎勵運動選手案。

(議決)凡參加運動會的選手均給予獎品,由各先生各捐助半元,彙交體育部代辦。

(二)開慶祝運動勝利會案。

(議決)借中央大會堂開會,日期俟收到教育局獎品時再定。舉出三位委員籌備慶祝會,當選者:譚之良、杜式桓、鄭惠僑。

(三)音樂教室另定地點案。

(議決)保留。

(四)天寒糾察團服務時的制服問題案。

(議決)變通辦法,准學生着便服服務。

(五)新曆元旦學校應有什麼活動案。

(議決)校內貼標語宣傳新曆的好處,印提倡新曆傳單分發學生家長。

(六)設法使對過東洋紗廠烟囪遷移案。

(議決)請公所設法交涉。

(七)精武音樂班晚間演習有礙寄宿學生自修,應設法防止案。

(議決)商請精武將音樂班練習地點遷移。

(八)禁止學校附近各種買賣呼叫聲音案。

(議決)設法請公安局禁止。

(九)請公所向交涉署轉向工部局,在橫浜橋(本校附近)馬路上裝設“各車慢行前面學校”字樣,並常派巡捕在該路旁照理一切,以免發生危險案。

(議決)通過。

(十)學生補考案。

(議決)由各先生斟酌情形辦理。

(十一)參加本市各校兒童成績展覽會案。

(議決)由本校研究會及請沈百英先生會合計劃,由校長召集會議。

民國十八年(1929 年)

1 月 3 日

校務會議

出席者:頌虔 維嶽 亦菴 訓方 佩韋 慎之 潮舒 惠僑 廣瀚 之良 志滂 霜華 偉山 玉衡

討論事項

(一)舉行兒童玩具展覽會案附張亦菴先生提出具體

計劃草稿。

(議決)下學期舉行中規模的招待外界參觀。

先舉委員七人負責籌備展覽會事宜,張亦菴先生爲當然委員並負責召集會議,其餘由張先生介紹——黎維嶽、黎伯伊、杜式桓、黃慎之、劉偉山、沈百英六位先生爲委員。

(二) 對於品行優良及熱心服務之學生給予"操行"分數及"服務"分數案。

(議決)仍由以前舉出各委員負責並加入體育部譚天沛先生共同討論此案,由戴玉衡先生召集會議。

(三) 各科積分簿表格案。

(議決)照案通過。

| 2 | 月 | 16 | 日 |

校務臨時會議

出席者:頌虔 佩韋 志滂 玉衡 之良 亦菴 慎之 霜華 偉山 惠僑 天沛 廣瀚

討論事項

(一) 成績考查標準案。

(議決)照案修正通過。

(二) 學業成績考查辦法案。

(議決)照案修正通過。

(三) 操行成績考查辦法案。

(議決)照案修正通過。

(四) 舉定歐濟川、戴玉衡、吳佩韋三位先生計劃製定操行紀錄簿積分冊及教室日記。

| 3 | 月 | 25 | 日 |

校務會議

出席者:頌虔 百英 潮舒 式桓 志文 冰如 之良 惠僑 天沛 玉衡 廣瀚 佩韋 亦菴 維嶽 慎之

討論事項

(一) 記分用十分法或百分法案。

(議決)照舊用百分法。

(二) 修訂訓育標準案。

(議決)舉定式桓、百英、維嶽、志文、志滂五先生擔任修訂,由志文先生負責召集。

(三) 編定答客問案。

(議決)照原文略修正,將來補充些圖表,改用鉛印。

(四) 設立設計委員會案。

(議決)保留。

(五) 編製課程綱要及教材大綱案。

(議決)待教育部制定頒佈後再定。

(六) 各項成績計分法及分類法有無變更必要案。

(議決)由教務部議定。

(七) 請各位先生於調教室上課時,囑各生注意保持該教室的秩序案。

(議決)除由值課先生注意外,請全體先生一致注意。

| 4 | 月 | 10 | 日 |

校務臨時會議

出席者:頌虔 廣瀚 佩韋 百英 志文 惠僑 式桓 之良 慎之 冰如 天沛 維嶽 偉山 訓方 潮舒

討論事項

(一) 修改各級秩序比賽辦法案。

(議決)保留。

(二) 學生過堂受課時應守的規則案。

(議決)照草案修正通過。

(三) 回復上午八時半上課(時間提早爲八時半開始上課)案。

(議決)從下星期一(四月十五)起實行。

(四) 時事委員會舉定主席案。

(議決)推定鄭惠僑先生爲主席。

(五) 校務會議候補代表一同出席案。

(議決)自下次會議起通知各候補代表一同出席。

| 4 | 月 | 29 | 日 |

校務會議

出席者:頌虔 式桓 志文 冰如 百英 志滂 亦菴 伯伊 佩韋 廣瀚 玉衡 惠僑 維嶽 慎之 偉山 霜華 訓方 君玉 潮舒

討論事項

(一) 實施好學生標準辦法案。

(議決)照草案修正通過。

(二) 時事教學委員會會議錄請加認案。

(議決)照原案通過。

(三) 考試時學生應守的規則案。

(議決)照修正案通過。

| 5 | 月 | 21 | 日 |

校務臨時會議

出席者:頌虔 偉山 冰如 天沛 志滂 亦菴 佩韋 君玉 霜華 玉衡 廣瀚 惠僑 志文 維嶽 慎之 式桓

討論事項

（一）關於本校運動會各事項案。

（議決）a. 全校學生均須到會，惟散會時得由各級任斟酌情形，先行將幼年生送回。

b. 午膳問題：寄宿生搭膳生由校分派麵包，其餘通學生由各人自理，惟通知書中得聲明場中已設有販賣部。

c. 教職員膳食問題照寄宿生辦法。

d. 教職員加入拔河比賽（負者合請勝者讌飲），譚天沛、俞啓文爲男先生隊長，陳志文、梁冰如爲女先生隊長，各編兩隊。

e. 徵求學生家長獎品。

f. 全體學生均穿着制服，惟運動員穿着運動衣服。

g. 拍照紀念由張亦菴先生商請攝影家到場拍照。

h. 教職員照向例每人捐助獎品費五角。

i. 預定精密時間表及支配職員由體育部辦理。

j. 預先製備獎品，以便引起運動員興趣。

k. 由本星期四下午至星期六上午放假足兩天。

（二）在奉安典禮期內執行教部通令案。

（議決）照原案通過。切實執行，黑紗由學校備辦，教職員、學生、工人一律纏帶一星期。

（三）市教育局令知更改校名案。

（議決）暫行改稱廣肇中小學（得仍用原名）。

（四）茶房請求准許在暑期內販售汽水案。

（議決）通過。

| 6 | 月 | 3 | 日 |

校務會議

出席者：頌虔 訓方 佩韋 志滂 亦菴 百英 廣瀚 冰如 玉衡 天沛 潮舒 惠僑 霜華 君玉 偉山 維嶽 慎之 志文（漏簽代補）式桓（漏簽代補）

討論事項

（一）學生違警罰法案。

（議決）照草案修正通過。

（二）舉辦暑期學校案。

（說明）本校在培德時代所欠之校債，除民國十一年募捐一次用以償還外，尚欠一千〇八十六元四角二分六厘，現擬舉辦暑期學校，將收入之學費提撥若干，成爲清除舊欠之用。

（議決）通過。以暑校學費收入全數之半提供還債之用，半數酬勞暑校教員，舉定戴玉衡、歐廣瀚、陳志文、王志滂、吳佩韋五位先生爲籌備委員，並推定戴玉衡負責召集。

（三）規定學生入學年齡（幼稚園四歲至六歲，初小六歲至十二歲，高小十歲至十六歲，初中十二歲至二十歲）案。

（議決）交教務部修正辦理。

（四）徵求學生家長意見案。

（議決）通過。並推定黃霜華、張亦菴、鄭惠僑三位先生擔任起草，並推定鄭惠僑先生負責召集會議。

（五）組織升學指導委員會案。

（六）怎樣指導學生升學與轉學併案討論。

（議決）組織下列兩委員會辦理。

A. 升學轉學指導委員會。

B. 擇業指導委員會。

舉定

A 項委員會由黎伯伊、吳佩韋、沈百英、張亦菴、杜式桓五位先生組織之，並推定沈百英先生爲召集人。

B 項委員會由蔣君玉、張訓方、黎維嶽先生組織之，並推定黎維嶽先生爲召集人。

（七）籌募助學金，以補助品學兼優之學生案。

（議決）保留。

（八）運動會獎品從速頒發案。

（議決）交體育部從速辦理。

（九）實施好學生標準辦法案。

（議決）暫由各位先生活用，俟學期終結時調查實施經過情形，擇最妥當者一律採用。

（十）聘請新聞界名人演講案。

（議決）通過。

| 9 | 月 | 1 | 日 |

校務會議

出席者：頌虔 佩韋 霜華 玉衡 君玉 慎之 伯伊 廣瀚 偉山 志滂 亦菴 訓方 惠僑 天沛 式桓 維嶽

報告事項

本學期招考新生經過情形，並介紹未取錄各生到知行學校肄業。

討論事項

（一）設立衛生行政委員會或衛生部案。

（議決）設立衛生部，並舉定部主任候選人黃霜華、譚之良、劉偉山、梁汝芬，由學校聘定一位擔任。

（二）上學期黨義不及格之學生補考日期案。

（議決）請黨義教師於正式上課日前辦理之。

（三）教育部頒發暫行小學課程標準，本校應如何遵用案。

（議決）照本校所定之方案辦理。

（四）對於現行的教室秩序比賽辦法應如何改善。

（議決）小學第二組仍繼續試用，並由該組先生聯絡進行，以期改善。

（五）怎樣指導學生使努力於自治工作案。

（議決）由訓育部計畫。

（六）要怎樣注重科學教育，使預備升學的可以得到良好的基礎，從事職業的可以有應用的學識案。

（議決）請教務部計畫。

（七）規定各級各科多舉行臨時試驗，使學生知所注意及努力案。

（議決）交教務部辦理。

（九）①每學期於試驗新生後，請調製投考人數及落第人數的統計表案。

（議決）保留。

（十）製定各級級旗案。

（議決）照原案通過。

（十一）從速取締福德里口水果攤及一切障礙物以利交通案。

（議決）通過。

| 9 | 月 | 24 | 日 |

校務會議

出席者：廣瀚 志滂 君玉 霜華 頌虔 天沛 之良 玉衡 佩韋 沛韶 偉山 冰如 維嶽 訓方

討論事項

（一）本校立校紀念日案。

（議決）定十二月四日爲本校立校紀念日（民國十年十二月四日爲本校改歸公所設立之日），是日放假，舉行紀念會。

（二）本校學生信條案。

（議決）製定十大項目：(1) 身體健全；(2) 勤學；(3) 守紀律；(4) 熱心服務；(5) 誠實；(6) 整潔；(7) 廉潔；(8) 愛國；(9) 博愛；(10) 勇敢。

（三）初中組學科學分及成績考查案。

（議決）交初中組教務部再議。

（四）擬請規定臨時試驗的辦法，以資劃一而增教育效率案。

（議決）修正通過。

（五）糾察團規程綱要案。

（議決）修正通過。

（六）室內糾察規章案。

（議決）交訓育部與自治指導股、監護股酌量修正。

| 10 | 月 | 7 | 日 |

校務會議

出席者：頌虔 天沛 玉衡 惠僑 志滂 廣瀚 佩韋 霜華 君玉 亦菴 偉山 沛韶 冰如 維嶽 之良

討論事項

（一）恭祝國慶案。

（議決）校外活動的三項。

1. 演講競賽。

2. 童子軍檢閱。

3. 參加提燈。

校內舉行的五項。

1. 發國慶紀念日臨時教材。

2. 慶祝費——全校教職員及學生每人出小洋四角，校工每人出小洋一角（十月九日下午放假）。

3. 預備遊藝——負責執行者三位先生：杜式桓、譚天沛、彭家農（召集者譚天沛）。

4. 佈置會場——負責執行者四位先生：蔣君玉、梁萬里、梁汝芬、劉占五（召集者蔣君玉），各級自治會再舉出一人協助辦理。

5. 教職員聚餐會——負責籌備者六位先生：戴玉衡、黃霜華、鄭惠僑、張亦菴、蔣君玉、薛沛韶（召集者戴玉衡），時間：國慶日下午。

（二）舉行臨時試驗制辦法案。

（議決）修正通過。

（三）創辦本校月刊之計劃案。

（議決）照案修正通過。

（四）本校月刊定名案。

（議決）定名爲"木棉"。

（五）選舉本校月刊出版委員。

（議決）票選七位當選人名如下：張亦菴十三票、歐濟川十一票、黃慎之十一票、鄭惠僑十票、黎維嶽九票、李樸生七票、黎伯伊七票。

（六）衛生部組織大綱案。

（議決）由下列三位審查再交學校核定公佈：黎維嶽、黃霜華、鄭惠僑。

| 11 | 月 | 4 | 日 |

校務會議

出席者：頌虔 沛韶 偉山 佩韋 霜華 訓方 維嶽 廣瀚 天沛 玉衡 冰如 之良 亦菴 惠僑 君玉

討論事項

（一）本校組織大綱案。

（議決）照原案修正通過（全文登第二期《木棉》）。

（二）本校參加上海特別市小學校第二次聯合運動會辦法案。

（議決）一、組織分四大部，每部設主任一人：

1. 運動員部主任——譚天沛先生。

2. 童子軍部主任——張訓方先生。

---

① 編者注：原文如此。

3. 總務部主任——戴玉衡先生。

4. 監護部主任——黎維嶽先生。

(召集人譚天沛先生)

二、事前開鼓勵會。

1. 時間——本星期三上午。

2. 演講——推舉四位教職員於開會時擔任向全體選手致詞鼓勵。

(1) 鄭惠僑先生。(2) 李樸生先生。(3) 郭慕蘭先生。(4) 譚之良先生。

三、教職員到會佩帶徽章。

徽章式樣——由蔣君玉、張亦菴兩位先生負責擬定。

| 11 | 月 | 26 | 日 |

校務會議

出席者:頌虔 沛韶 亦菴 玉衡 訓方 霜華 佩韋 之良 志滂 天沛 維嶽 冰如 廣瀚

討論事項

(一)立校紀念會案。

(議決)1. 十二月四日下午一時起借中央大會堂舉行,所有開會時之餘興及佈置等事,推舉下列七位先生籌備一切:式桓、慎之、秉鈞、瑞雲、玉瓊、冰如、志滂(召集人式桓)。

2. 是晚,全體教職員舉行聚餐會,歡迎校友參加。

3. 五日上午休息半天。

(二)運動勝利慶祝會案。

(議決)與立校紀念會同時舉行,全體教職員捐本月薪金百分之一備辦獎品。

(三)徵集赴比教育賽品案。

(議決)選送各種照片及書法成績等參加,選出後,再由校務會議審查決定。

| 12 | 月 | 9 | 日 |

校務會議

出席者:頌虔 佩韋 維嶽 志滂 天沛 君玉 訓方 之良 霜華 偉山 廣瀚 沛韶 亦菴(嶽代) 玉衡

討論事項

(一)全校清潔案。

(議決)室內清潔由各該級級任責成值日服務生負責,值課先生特別注意加以督促,室外清潔由監護股負責。辦法如下:

1. 通告禁止隨地拋擲棄物。

2. 茶房每日於一點半上課後,加多清潔走廊及操場一次。

3. 地上字紙及易於檢拾之棄物,概由值日糾察清潔,其餘應由茶房清潔。

4. 如糾察不負清潔職責及學生拋擲棄物,皆罰令於當日清潔一區以上之地,上如再不遵行,即送交學校嚴厲處罰。

5. 室內清潔器具在教桌內設櫃貯藏,並派專人管理之。

(二)校友會請求在校之中學生一律加入校友會,會費由本校代為徵收案。

(議決)保留。

(三)幼稚生以後分上下午上課,以便擴充幼稚園學額案。

(議決)保留。

(四)舉行家屬懇親會案。

(議決)現因無適當會場,不用開會,儀式改用書面徵求家長意見,再由本校用書面或口頭答復。

(五)舉行衛生展覽會案。

(議決)交衛生部辦理。

(六)恢復避災練習案。

(議決)分全校和宿舍兩方面計畫。

負責計畫的先生:張亦菴、譚之良、俞啟文、張訓方、劉占五,由張訓方先生負責召集。

(七)設法取締學生說粗口案。

(議決)先由各級級任及科任先生分別切實誥誡學生。罰則,犯者向總理懺悔並自己打嘴吧[1](自責)。

(八)擬定懲獎條例案。

(議決)照原案通過。

(九)注重團體操案。

(議決)通過。

(十)舉行全校團體智力測驗案。

(議決)通過。交教務部從速辦理。

| 12 | 月 | 23 | 日 |

校務會議

出席者:頌虔 廣瀚 玉衡 冰如 偉山 君玉 之良 天沛 亦菴 維嶽 佩韋 霜華 惠僑 志滂 訓方

討論事項

(一)慶祝新年案。

(議決)元旦上午舉行師生同樂會,地點商借中央大會堂,能租用上海大戲院為最好,先向該院接洽再定奪。

———————

[1] 編者注:"嘴吧"應為"嘴巴"。

舉出籌備委員七位：蔣君玉、杜式桓、鄭惠僑、譚之良、彭家農、梁汝芬、梁萬里（召集人蔣君玉）。
（二）開會歡迎廣州童子軍領袖班考察團案。
（議決）通過。會期定本月廿五日上午，廿四晚用全體教職員名義請該團全體聚餐。
（三）救濟圖書館擁擠案。
（議決）圕之火爐平常不開，常開之火爐設於國術館。
（四）規定制帽禮節案。
（議決）教室內不能戴帽，其他禮節，交訓育部擬定。
（五）規定鞋襪款式案。
（議決）交童子軍部與監護股擬定。

民國十九年（1930 年）

2 月 3 日

校務會議

出席者：頌虔 沛韶 冰如 亦菴 偉山 霜華 佩韋 志滂 之良 君玉 維嶽 訓方 玉衡 惠僑

討論事項
（一）考驗新生案。
（議決）由學校商請各科先生擔任監考，並請幾位先生評定去取。
（二）各級要淘汰之學生案。
（議決）中二上——蔡文法；
小六上——張錦璇、譚業安；
小五下——譚榮暉、區福成；
小五上——張沛滔；
小四上（一）——李紹洪；
小二下——陳步良、周祖承；
小一下——楊達星、黃祉嘉。
（三）本校參加國語流動展覽會案。
（議決）請黎維嶽先生負責徵集材料。

3 月 17 日

校務會議

出席者：頌虔 冰如 式桓 啓文 霜華 志文 之良 志滂 佩韋 玉衡 訓方 維嶽 沛韶 惠僑 君玉 偉山 亦菴

報告事項
（一）開設補習班。
（二）《木棉》第四、五兩期合刊。

（三）市教局規定完全中學始可稱中學，僅辦初中者應標明初級中學，中小學併設一處者，其小學應改稱附屬小學。
（四）市教育局令發中學課程暫行標準修改要點。
（五）市教育局徵集學生成績考查及計分法，令呈報候核。

討論事項
（一）修改校務組織系統表案。
（議決）照修改後通過。
（二）審核教職員娛樂會簡章案。
（議決）攔議。
（三）改定學校名稱案。
（議決）暫改稱廣肇初級中學附屬小學（簡稱廣肇公學）。
（四）初中及小學高年級組學生到書藝圖畫等教室上課者，往往不守過堂規則，應如何取締案。
（議決）請值課先生特別注意督促學生遵守。
（五）改建小便池（另加設低年級用的）案。
（議決）交總務部與衛生部辦理。
（六）審核衛生部組織大綱及晨間檢查法案。
（議決）將組織大綱改爲規程，內容再待改正。
（七）審核避災練習辦法案。
（議決）照草案略加修正通過。

3 月 31 日

校務會議

出席者：頌虔 冰如 沛韶 式桓 志文 霜華 君玉 玉衡 之良 偉山 志滂 亦菴 惠僑 樸生

報告事項
（一）改建小便池——定春假期內增設低年組用一所，附女廁所內，大者則在暑期內改建。
（二）《木棉》出版期延遲——因印刷所放假。
討論事項
（一）春假旅行計劃案。
（議決）事前須填寫旅行計劃報告表，與學校妥商後，由學校名義發通告與學生家長。
（二）本校學生以後旅行之辦法案。
（議決）由教務部議定一旅行辦法，公佈學生遵守。
（三）組織級友會案。
（議決）中學已畢業之六級，須在本學期內各級從速成立級友會，由各該級級任負責籌備。
（四）準備添攝作業活動影片案。
（議決）舉出委員五位，計劃一切事項。
當選者：張亦菴先生十一票、杜式桓先生八票、黃霜華先生八票、黎維嶽先生七票、黃慎之先生七票

（召集人張亦菴先生）。

（五）呈報成績考查及計分方法案。

（議決）交教務部辦理。

（六）鼓勵參加全國總檢閱之童子軍案。

（議決）定四月七日下午三時半，用全體教職員名義開勉勵會，茶點費由學校與教職員共同擔任，舉出三位委員籌備一切。

當選者：譚之良先生、蔣君玉先生、薛沛韶先生（召集人譚先生）。

另舉定六位先生擔任在開會時致勉勵辭，當選者：鄭惠僑先生、李樸生先生、張亦菴先生、黃霜華先生、陳志文先生、郭慕蘭先生。

全體教職員均須到會，高年級組及初中組各級派代表參加。

| 4 | 月 | 12 | 日 |

校務會議

出席者：頌虔 惠僑 沛韶 式桓 亦菴 啓文 志文 霜華 之良 維嶽 君玉 冰如 志滂 樸生 玉衡 佩韋

討論事項

（一）歡迎全國運動大會廣東選手案。

（議決）通過借用奧迪安大戲院或上海大戲院爲會場，並以影片爲餘興，舉行歡迎會之名義，或單用本校，或與該影戲聯合，俟接洽後再定。①

| 4 | 月 | 28 | 日 |

校務會議

出席者：頌虔 霜華 訓方 啓文 亦菴 君玉 玉衡 佩韋 沛韶 志滂 惠僑 式桓 維嶽 偉山 之良 志文

討論事項

（一）開會慰勞參加總檢閱之童子軍案。

（議決）通過。辦法如下：

1. 日期——五月二號下午第三時。

2. 地點——本校禮堂。

3. 參加者——全體教職員及全體童子軍。

4. 演說——推舉四位先生擔任。

當選者：維嶽、伯伊、慎之、之良。

（二）學生修學旅行辦法案。

（議決）照教務部所擬草案修正通過（全文另印發）。

（三）準備第四屆運動會案。

（議決）1. 舉出三位先生幫助體育部辦理一切事宜，當選者：譚之良、杜式桓、郭大同。

2. 組織獎品委員會辦理徵集及支配獎品等事務。當選委員：戴玉衡、張亦菴、蔣君玉、李樸

生、黎維嶽（召集人）、梁萬里。

（四）五一因恐局面不靖停止上課一日案。

（議決）通過。

（五）早上改上午八時半上課案。

（議決）運動會後實行。

| 5 | 月 | 12 | 日 |

校務會議

出席者：頌虔 維嶽 志滂 沛韶 玉衡 亦菴 偉山 樸生 訓方 之良 啓文 式桓 霜華 志文 惠僑

討論事項

（一）刊發《木棉》第六期——擴充校舍計畫專號案。

（議決）照盧校長所擬辦法略加修訂，交出版委員會辦理。

（二）《木棉》改爲無定期刊物案。

（議決）通過。

（三）設註音符號研究會案。

（議決）通過。

舉出三位先生負責辦理。

當選者：黎維嶽、戴玉衡、彭家農（召集人）。

（四）設黨義研究會案。

（議決）通過。由黨義教師負責辦理。

（五）分發教職員徽章案。

（議決）辦法如下：

1. 徽章號數以到校先後爲序。

2. 需用時分發，用完收回。

（六）運動會獎品收集案。

（議決）辦法如下：

1. 獎品捐款收齊後，由獎品委員會酌撥出一部分，預備獎勵下學期參加市運動會優勝者。

2. 請列位級任先生於明日努力向學生宣傳，使學生家長踴躍捐助獎品。

（七）真級全體學生請求自下學期起先辦高中一年級案。

（議決）暫緩設立。

| 5 | 月 | 26 | 日 |

校務會議

出席者：頌虔 冰如 沛韶 啓文 偉山 君玉 佩韋 訓方 之良 亦菴 式桓 維嶽 霜華 志滂 玉衡

---

① 編者注：原文如此，無（二）的內容。

討論事項

（一）黨義研究會組織大綱案。

（議決）照草案修改通過。

（二）整飭學生下課時之秩序案。

（議決）飭令當值糾察切實執行其職權，下學期起糾察由中學生及小學六下擔任。

| 6 | 月 | 23 | 日 |

校務會議

出席者：頌虔 惠僑 玉衡 啟文 君玉 佩韋 霜華 志滂 偉山 之良 訓方 樸生 亦菴 志文 沛韶

報告事項

（一）初中畢業會考之經過。

（二）小學畢業會考之經過。

討論事項

（一）各級要淘汰的學生案。

（議決）照各先生所提出者，詳加考慮修正通過（關於小學中年級的，交該組全體教師會同商決）。

（二）各科考試分數定期交出案。

（議決）七月三日以前須一律交齊（即至遲不得過七月三日）。

| 9 | 月 | 22 | 日 |

校務會議

出席者：頌虔 維嶽 訓方 佩韋 霜華 亦菴 志文 偉山 沛韶 冰如 志滂 君玉 天沛 玉衡 之良 惠僑

討論事項

（一）審查本學期修訂之本校組織大綱案。

（議決）修正通過。

（二）審查本學期修訂之小學教務部辦事細則案。

（議決）通過。

（三）審查訓育部辦事細則案。

（議決）通過。

（四）審查本學期修訂之校務組織系統表案。

（議決）通過。

（五）審查黨義研究會簡章案。

（議決）通過。

（六）審查衛生部組織大綱案。

（議決）通過。

（七）選舉籌備本校擴充委員會委員案。

（議決）除校長為當然主席外，另票選六位。

當選者：戴玉衡先生 11 票、張亦菴先生 7 票、黎維嶽先生 6 票、郭大同先生 6 票、杜蕭先生 5 票、鄭惠僑先生 5 票。

（八）選舉慶祝雙十節之籌備委員案。

（議決）推舉五位。

當選者：杜蕭先生、張建沛先生、梁萬里先生、劉占五先生、梁汝芬先生（召集人）。

| 10 | 月 | 6 | 日 |

校務會議

出席者：頌虔 維嶽 訓方 志滂 亦菴 偉山 志文 沛韶 君玉 冰如 汝芬（列席）之良 霜華 玉衡 惠僑

報告事項

慶祝雙十節籌備委員報告籌備經過（佈置方面已着手進行，其他事項請再討論）。

討論事項

（一）修訂籌備慶祝雙十節的辦法案。

（議決）前次舉定之委員只負責籌備佈置，關於游藝與聚餐兩方面，均另舉籌備委員三位，當選者如下：遊藝事項：陳志文（召集人）、譚天沛、汪春；聚餐事項：戴玉衡（召集人）、蔣君玉、薛沛韶。

（二）慶祝雙十節停課問題案。

（議決）九日下午起全體停課，十一日上午中低年組及幼稚園照常上課，童子軍多休息半天。

（三）慶祝雙十節經費問題案。

（議決）全校教職員與學生每人出小洋四角，校工每人出小洋一角。

（四）本校舉行童子軍檢閱案。

（議決）九日上午本校全體童子軍在校內舉行檢閱禮；全體教職員及小學中低年組學生與幼稚生均須到場參觀。

（五）繼續舉辦註音符號研究會案。

（議決）通過。推舉兩位先生負責辦理：黎維嶽先生、彭家農先生。

（六）每晨在上課前須保護學生安全案。

（議決）推舉三位先生輪值照料：何瑞雲先生、張汝洵先生、吳戊生先生。

| 10 | 月 | 20 | 日 |

校務會議

出席者：頌虔 冰如 亦菴 志文 志滂 佩韋 偉山 沛韶 玉衡 天沛 維嶽 霜華 君玉 訓方 之良 惠僑

討論事項

（一）審查本學期修訂之緊急集合練習細則案。

（議決）修正通過，緊急集合之警鐘另備。

（二）全校準備用國音教授案。

（議決）二十年秋季起,各科讀法一律改用國音,講解可暫用粵語。

（三）審查註音符號研究會簡章案。

（議決）通過。

（四）準備參加第三屆全市小學聯合運動會案。

（議決）甲、推舉委員五位,計劃關於獎品事項。

當選者:譚天沛先生、蔣君玉先生（召集人）、張亦菴先生、黎維嶽先生、杜肅先生。

乙、開會鼓勵選手。

（1）時間——下星期一上午八時二十分至九時三十五分

（2）地點——本校操場

（3）致勉勵辭——五位先生:鄭惠僑、薛沛韶、譚之良、汪春、陳哲明。

丙、全體學生赴會參觀辦法另訂。

| 11 | 月 | 3 | 日 |

校務會議

出席者:頌虔 冰如 亦菴 志文 玉衡 偉山 佩韋 沛韶 維嶽 霜華 志滂 之良 訓方 惠僑

報告事項

（一）主席報告籌備本校擴充情形,前途頗爲樂觀。

（二）主席報告教育局通令,已立案之私立中小學教職員,均須補行宣誓典禮。

（三）體育部報告本校小學部準備參加運動會之選手最近情形——比前進步,成績甚佳。

討論事項

（一）本校全體教職員遵令補行宣誓典禮案。

（議決）通過。宣誓日期在十一月十日下午第三時,禮畢,舉行茶會。

（二）本校參加全市小學第三次聯合運動會之辦法案。

（議決）照上屆辦法,組織分四大部:運動員部主任譚天沛先生、童子軍部主任張訓方先生、總務部主任戴玉衡先生、監護部主任薛沛韶先生。

各部各分若干股由各該部主任自定,並自行聘請股長及股員。

（三）各級學生赴運動會參觀之辦法案。

（議決）小學中年級組至中學各級學生均須赴會。每級赴會之時間另定。

| 11 | 月 | 17 | 日 |

校務會議

出席者:頌虔 玉衡 訓方 佩韋 志滂 天沛 霜華 志

文 亦菴 維嶽 偉山 之良 惠僑

討論事項

（一）十二月四日舉行立校紀念會時,連帶舉行祝捷會、懇親會及校友交誼會等案。

（議決）通過。

辦法——組織籌備委員會計畫一切。

籌備會委員如下:玉衡先生（召集人）、天沛先生、維嶽先生、杜肅先生、慎之先生。

（二）填寫中小學訓育資料問卷案。

（議決）由各教師分任填寫。

（三）立校紀念日教職員贈品紀念案。

（議決）釀資購茶杯二百套贈給學校,以留紀念。

（四）整齊上落課的秩序及手續案。

（議決）將草案再交王志滂先生整理後,由學校頒發全體先生執行。

| 12 | 月 | 1 | 日 |

校務會議

出席者:頌虔 冰如 偉山 霜華 志文 之良 志滂 玉衡 維嶽 佩韋 沛韶 亦菴 惠僑

討論事項

（一）討論本學期校曆的變通辦法案。

（議決）1. 十二月廿二日學期試驗開始。

2. 十二月廿九日年假開始。

3. 二十年一月卅一日本學期終了。

4. 二十年二月一日第二學期開始。

（二）立校紀念會學生赴會的辦法案。

（議決）除幼稚生由家長帶領赴會外,所有中、小全體學生須先齊集本校,由教師率領整隊赴會（會場在百星大戲院）。

| 12 | 月 | 15 | 日 |

校務常會

出席者:頌虔 志滂 沛韶 之良 亦菴 佩韋 霜華 偉山 天沛 君玉 訓方 維嶽 玉衡 冰如 志文 惠僑

討論事項

（一）下學期要飭令退學的學生案。

（議決）要飭令退學的共三名①:

五下（一） 李蘇生,資質太鈍且奇懶;

五上（二） 李振銘,太頑劣屢戒不改;

————————

① 編者注:實際羅列了五名學生。

二上　　唐英强　羅仕明　仝上；
一上　　伍齊相　太頑劣屢戒不改。
(二) 舉行藝術科成績展覽會之辦法案。
(議決)1. 日期——二十年元旦日起,展覽三日。
2. 會場——本校二樓。
3. 範圍——圖畫、手工、書藝、攝影。
4. 出品人——本校各級學生、教職員及校友。
5. 徵集出品——除學生各項成績由各科專任教員徵集外,攝影出品由張亦菴先生負責徵集,校友作品由黎伯伊先生負責徵集。
6. 宣傳——請柬、宣言與賀年片合印,分送學生家長、校友及各界。
(三) 重新宣佈學期考試不得指示範圍案。
(議決)通過。
(四) 全體教職員贈送學校立校紀念會之茶杯,代價應如何支配擔任案。
(議決)以薪水之多少爲比例。

民國廿年(1931 年)

3 月 2 日

校務常會

出席者:頌虔 冰如 沛韶 志文 偉山 亦菴 佩韋 霜華 惠僑 伯伊 彝弼 汝芬 維嶽 玉衡 志滂 博文 訓方 天沛

報告事項

一、本校新校舍地址決在江灣路附近。
二、本校新校舍之建築圖樣在進行中。
三、閘北區區教育會之進行組織。

討論事項

一、本校教職員參加閘北區區教育會案。
(議決)通過。
(該會之發起人會於三月三日下午七時開會,本校先由校務會議各議員全數參加,非校務會議議員亦可自由加入。將來該會成立時,本校教職員如何參加,辦法另議。)
二、選舉新校舍設計委員會之委員案。
(議決)除校長爲當然委員外,另票舉八位:
當選者:張亦菴 15 票、黎維嶽 14 票、薛沛韶 12 票、戴玉衡 12 票、鄭惠僑 11 票、譚天沛 10 票、吳佩韋 9 票、蔣君玉 8 票。
三、學生排隊上課之辦法案。
(議決)每堂上課均須排隊,辦法如下:
1. 發令——每次均由體育部先生用叫子發令。
第一聲——立正看齊。
第二聲——向左右轉。

第三聲——開步走。
2. 排列——三樓教室之學生在前排。二樓的次之,樓下的在後。分向西門或北門入室,兩排同行。惟新三樓學生係由幼稚園樓梯上去的,衹準一排行。
3. 入室次序——高者先行,教員最後。
4. 糾察——當值糾察照舊站崗,不須加入排隊。
四、處理教室日記簿所記載之優劣學生辦法案。
(議決)每週由學籍股整理,在週會時分別獎懲,並揭示之。

3 月 16 日

校務常會

出席者:頌虔 冰如 志文 玉衡 佩韋 偉山 亦菴 博文 彝弼 伯伊 志滂 維嶽 霜華 訓方 惠僑 天沛

報告事項

本校遵照教育局所頒學曆,本年春假仍放三日,四月三日(星期五)至六日(星期一),連星期日共四日。

討論事項

(一) 改善排隊上課辦法案。
(議決)照原擬辦法修正通過如次:
1. 預備鈴響時(不待大鐘響),值課教師即出操場分頭照顧。
2. 上午第一時提早十分鐘上課,每堂休息時間延長五分鐘,由十八日起。
3. 學生一歸隊(雖未至發令時)就要立刻靜肅。
4. 廊路各段——尤其是轉角處,由監護股及當值糾察嚴密監察。
5. 嚴行律令,全體教師取一致步調。
6. 由校長召集全體學生重申詰誡,使恪守排隊上課規則。
(二) 本校第五屆運動會應擴大規模並及早籌備案。
(議決)通過。除體育部、童子軍部當然負籌備責任外,再舉定籌備委員五位。
當選者:汪春、盧金瑶、唐伯堯、梁汝芬、彭家農。籌備會議由體育部召集。開會日期改在四月底。
(三) 舉辦第三屆註音符號研究會案。
(議決)通過。
(四) 組織"籌備新校舍落成後舉行大規模成績展覽會"委員會案。
(議決)委員會暫緩組織,先請各科先生對於各項成績加意準備。
(五) 恢復訓戒會案。

（議決）除尋常事故由該當事先生隨時直接訓戒，如案情重大則組織訓戒會執行訓戒。

臨時動議

重佈禁止學生入室戴帽案（亦菴題）。

（議決）通過。並請各先生隨時注意執行。

| 3 | 月 | 30 | 日 |

校務會議

出席者：頌虔 冰如 沛韶 志文 君玉 偉山 彝弼 博文 汝芬 志滂 訓方 霜華 維嶽 玉衡 佩韋 天沛 惠僑 伯伊

報告事項

（一）新校舍

（1）地皮已購得一部分。

（2）圖樣仍在計劃中。

（3）動工期間最快大約亦要在今年秋季開學時。

（二）運動會

本市將舉行中等學校聯合運動會，如本校初中部準備加入，則本校的運動會須改期。

（三）四區教育會明日開成立會，請本校全體教職員一致參加，會場借用本校禮堂，明日下午停課。

討論事項

參加四區教育會案。

（議決）本校全體教職員一致參加。

明日上午第三時全體教職員先舉行談話會。

| 4 | 月 | 13 | 日 |

校務會議

出席者：頌虔 冰如 沛韶 志文 志滂 君玉 亦菴 霜華 博文 彝弼 伯伊 汝芬 維嶽 訓方 天沛 惠僑 玉衡

討論事項

一、準備參加全市中學聯合運動會案。

（議決）事前開鼓勵會，鼓勵選手。

1. 時間定本星期四上午第一時。

2. 舉定三位先生致勉勵辭。當選者：汪春、盧金瑤、鄭惠僑。

3. 小學各組派代表致勉勵辭，由小學教務部負責。

二、組織運動獎品委員會案。

（議決）通過——本校運動會之獎品，及參加全

市中學運動會之獎品，均由該委員會徵集及支配，舉定委員五位，當選者：陳志文 14 票（召集人）、蔣君玉 13 票、張訓方 12 票、黎維嶽 10 票、吳博文 9 票。

三、本校赴全市中學運動會之辦法案。

（議決）組織分三大部——1. 總務部　2. 體育部　3. 童子軍部

舉定總務部主任兩位——正、吳佩韋 14 票，副、薛沛韶 12 票。

體育部、童子軍部，則由原主任負責。

四、組織本校運動會之會場販賣部案。

（議決）通過。舉定三位負責組織。當選者：黃霜華（召集人）、蔣君玉、張建沛。

五、禁止學生講穢語案。

（議決）交訓育部徵集各位先生意見，擬定辦法，切實禁止。

| 4 | 月 | 27 | 日 |

校務常會

出席者：頌虔 冰如 志滂 亦菴 佩韋 彝弼 博文 玉衡 君玉 天沛 霜華 維嶽 訓方 沛韶 志文 偉山 汝芬 惠僑

報告事項

一、本校初中部參加全市中等學校聯合運動會，共得四分，乙組列第五名。

二、五月內本校將參加的比賽：

1. 全市童子軍檢閱及露宿大比賽——童子軍部已着手準備。

2. 全市小學社會自然兩科成績展覽會——小學部已準備。

三、本校新校舍建築問題：

新校舍設計委員會將召集第二次開會。

討論事項

一、本校童子軍參加大檢閱及露宿的費用問題案。

（議決）被選參加之童子軍，所有費用，每人自出一半，一半由學校籌給，以資鼓勵——決定幫助五十元，該款由本年暑期學校收入之學費撥出。

二、準備參加小學社會自然兩科成績展覽會案。

（議決）五月八日先將所有出品在本校開會展覽，請各位先生批評，以定去取，並望各先生於開會前盡量向小學教務部發表意見，俾得集思廣益。

三、防止並偵查盜竊案。

（議決）交監護股負責辦理。

| 5 | 月 | 11 | 日 |

校務會議

出席者：頌虔 冰如 沛韶 志文 偉山 亦菴 佩韋 霜華 君玉 博文 汝芬 玉衡 維嶽 天沛 志滂 訓方 惠僑

報告事項

本校第五屆運動會定五月十四、十五兩日（星期四、五）在青年會操場舉行，十六日上午各級照常上課。

討論事項

（一）教職員捐助本屆運動會之紀念品案。

（議決）全體教職員合贈銅製大力士像一座，刻優勝運動員姓名於座上，費用由每人月薪抽百分之一支出之。（該項紀念品約值大洋卅六元左右）

（二）本屆運動會教職員參加運動案。

（議決）全體教職員均須加入拔河比賽，賽後舉行聚餐會。聚餐費用：勝者派一份，負者派二份，不加入者須派三份。比賽分男女兩隊，隊員由隊長挑選。

男隊長——王志滂、薛沛韶，女隊長——陳志文、梁冰如。

聚餐籌備員：蔣君玉、戴玉衡、薛沛韶、黃霜華。

（附）聚餐：日期——五月十五午後六時半，地點——崇明路舊陶陶。

| 5 | 月 | 25 | 日 |

校務會議

出席者：頌虔 志滂 偉山 亦菴 佩韋 博文 彝弼 訓方 霜華 天沛 維嶽 玉衡 冰如 沛韶 惠僑

討論事項

（一）徵集部頒課程標準試行結果，登載第八期《木棉》案。

（議決）請各科先生將試行結果詳細錄出，送交教務部，整理後，再彙交《木棉》編輯部發表，集稿期六月十三日。

（二）今年繼續辦暑期學校案。

（議決）通過。並舉定暑校委員五位。當選者：

中學部　戴玉衡先生（召集人）、吳佩韋先生，

小學部　王志滂先生（召集人）、陳志文先生、劉偉山先生。

（三）天氣炎熱改變排隊上課辦法案。

（議決）由六月一日起，排隊上課只在上午第一

時行之。

（四）注意學生寫字的姿勢案。

（議決）由教務部召集寫字科全體先生開會討論。

（五）檢查全體學生清潔案。

（議決）交衛生部負責執行。

| 9 | 月 | 14 | 日 |

校務會議

出席者：頌虔 冰如 志文 玉衡 佩韋 亦菴 霜華 志滂 惠僑 伯伊 汝芬 維嶽 天沛 訓方 鴻鼎 博文

報告事項

（一）本校員生賑災捐款，截至今日上午止，共收到八百九十二元（內教職員一百六十二元，學生七百三十元），尚有學生一百零六人未交，如果收齊應有九百四十五元，連同兩次教職員宴會費八十元，無人認領之銀幣十六元六角移作賑款，統共約有壹仟零四十一元六角。

（二）接到教育局訓令四件。

1. 八月三十一日上字第一○二五號：

為令知各市立私立各中小學校長轉知各教職員注意常識由。

2. 九月五日上字第一○六一號：

為令知派尤濟華為衛生視察員，並定期舉行衛生行政常識演講，飭準時出席由。

地點：養正小學大會堂。

出席聽講員：（1）校長　（2）訓育主任或體育教員。

日期：九月十九日下午一時半。

3. 九月十日上字一○七七號：

為準上海市黨部執行委員函請轉令各校於總理紀念週時演講賑災問題，仰遵照由。

4. 九月十日上字第一○七八號：

為檢發砂眼自行治療法仰各校教職員一體注意由（治療法另印發）。

討論事項

一、審查訓育部、體育部、幼稚園部本學期進行大綱案。

（議決）修正通過。

二、賑災捐款交何辦賑機關代收，要否向外發表案。

（議決）捐款交華洋義賑會，同時將此項消息送交報館發表，並呈報教育局。

三、本校員生之賑災捐款數目，應否詳細發表案。

（議決）每人所捐之數目，均在校內揭示公佈。

四、上課排隊要否繼續施行案。

(議決)上課排隊先由初中部學生訓練起。推舉黎維嶽、梁汝芬、曹彝環三位先生議定訓練辦法,交本星五①之臨時校務會議通過後,即請該三位先生負責執行。

五、肅靜鎮定的習慣應有特別訓練案。

(議決)推舉黎維嶽、梁汝芬、曹彝環三位先生商議辦法並負責執行。

六、本校童子軍制之得失問題,須詳細討論決定去取案。

(議決)保持本校原有之童子軍制,由童子軍部努力整頓內部。

七、防止失竊案。

(議決)辦法七項:

1. 積極訓練學生。

2. 設偵查隊。

3. 限制學生帶錢來校(以有相當用途為原則)。

4. 學校可以隨時檢查學生之衣袋或書包。

5. 隨時囑咐各學生慎藏自己之物件。

6. 放學後未即回家之學生,衣物書包須有安放之地點,並有人保管。

7. 將本校防止失竊之辦法報告學生家長,如有竊案者,學校從嚴處罰,或即飭令該生退學。

八、下課預備鈴和下課鈴應當改良案。

(議決)下課鈴照舊,下課預備鈴改作○○ ○○ ○○。②

九、如何節制用水案。

(議決)交由監護股及舍務股注意,於相當時期,將自來水龍頭一律改用彈簧式的。

9 月 18 日

校務臨時會錄

出席者:頌虔 惠僑 汝芬 偉山（芬代簽） 維嶽 伯伊 彝弼 霜華 佩韋 鴻鼎 韋輔 志澇 玉衡 冰如 訓方

討論事項

(一)審查肅靜鎮定的訓練方案。

(議決)照原案通過,辦法另定。

(二)下星期二起初中部開始舉行排隊上課案。

(議決)交由黎維嶽、梁汝芬、曹彝環三位先生負全責執行。下星期一中學部舉行週會時,出席報告及訓話,排隊上課時,當值監護股先生須協助辦理。值課先生於搖預備鈴時必須出操場督隊,每日上午每堂均須排隊,下午則只第一堂行之。

(三)審查中學部各級學生舉行聯合修學旅行的辦法案。

(議決)通過。

10 月 7 日

校務臨時會議

出席者:頌虔 玉衡 訓方 家農 天沛 維嶽 建沛 伯伊 彝弼 汝芬 霜華 君玉 佩韋 亦菴 鴻鼎 博文 韋輔 偉山 冰如 志文 志澇 惠僑

討論事項

(一)執行全體大會議決之教職員制服問題案。

(議決)男教職員的:

顏色——黑色。

材料——國貨絨質(嗶機)。

式樣——企領裝,衫袋小的一個,大的兩個(裏面另兩個),領用扣,袖口鈕兩粒,衫尾不開叉,褲摺腳。

女教職員的:

由全體女教職員開會議決,召集人陳志文先生。

(二)審查特種委員會擬定之臨時警備訓練方案。

(議決)彙集各方面所提出之意見,由特委會另行訂定一種比較更妥善的辦法,公佈施行。

(三)慶祝雙十節案。

(議決)國慶日全體員生集合操場行升旗禮。童子軍舉行檢閱式,慶祝費全體員生均照舊例繳交(教職員每人大洋四角,學生每人大洋二角),除開支外,有餘則作救國儲金,童子軍本年不參加校外之慶祝會。

11 月 2 日

臨時會議

出席者:頌虔 冰如 志文 志澇 韋輔 君玉 鴻鼎 亦菴 伯伊 汝芬 維嶽 訓方 彝弼 霜華 建沛 佩韋 玉衡

討論事項

(一)本校如何招待國際聯盟會教育參觀團案。

(議決)國聯教育考察團所負使命極其重大,本校自應妥為招待。為便於辦理起見,分下列各組準備,一切人選由學校酌定委任而以校長總其成。

計開:

招待組:玉衡(主任)、佩韋、彝弼、韋輔、維嶽。

整潔組:由本校總務部人員充任。

標語圖表組:維嶽(主任)、亦菴、伯伊、偉山、志澇。

---

① 編者注:本星五,即"本星期五"。

② 編者注:原文如此。

儀表組：由訓育委員會擔任。
糾察組：由監護股擔任。
總務組：玉衡、佩韋、志滂、霜華、庚蓀。
以上各組須即日起積極進行。
（二）如何使教職員不忘記撥進出牌案。
（議決）將該牌移掛第一教務室門口，比較容易
觸目，不致忘記。

| 11 | 月 | 16 | 日 |

校務會議

出席者：頌虔 冰如 偉山 博文 志文 鴻鼎 佩韋 彝
弼 汝芬 家農 惠僑 建沛 維嶽 伯伊 訓方 志滂
亦菴 君玉 玉衡 霜華

討論事項

一、本校如何準備參加本市中小學愛國活動成
績競賽會案。
（議決）甲、成績展覽會之部：
先由教務部用書面徵集各位先生對於該會的意
見與出品材料，再分頭着手製備。
乙、演說比賽之部：
先由各級舉行預賽，中學部及小學部各選出代
表二人出席參加比賽。——由教務部、訓育部
會同辦理之。（演說題以雪恥救國為範圍）
丙、徵文比賽之部：
雪恥救國徵文由小學三年級起，每班選出最優
者一篇，送往比賽。——由教務部、訓育部會同
辦理之。
二、慶祝立校紀念日案。
（議決）甲、借中央大會堂開會紀念，祝典以簡單
節儉為原則。
乙、學生贈送學校紀念品由學生自行決定。
丙、由學校印發紀念品分送教職員、學生及離校
校友。
丁、全體教職員聚餐（假座廣真酒家，餐費從廉，
每桌暫定六元至八元）。

| 11 | 月 | 30 | 日 |

校務會議

出席者：頌虔 冰如 偉山 博文 汝芬 鴻鼎 志滂 家
農 霜華 彝弼 韋輔 訓方 惠僑 君玉 建沛 維嶽
佩韋 亦菴 玉衡

報告事項

一、本校現已聘定高偉材先生為初中部軍事訓

練教師，十二月一日開始訓練。
二、本校準備參加愛國活動成績展覽會情形。
三、本年年假遵令放三日，寒假遵令放十四日
（一月十八日起至卅一日止）。

討論事項

一、立校紀念日全體師生合贈本校之紀念品案。
（議決）全體員生每人各出大洋一角至二角為合
贈紀念品之用。公推三位先生會同校長商定該
項紀念品。當選者：蔣君玉（召集人）、黎維嶽、張
亦菴。
二、立校紀念日學校贈送全體員生之紀念品案。
（議決）以本校參加比國獨立百年紀念博覽會所
得之獎憑，影印為明信片，分送全體員生。
三、推定立校紀念會演講人員案。
（議決）立校紀念會演講者：教職員方面，推定黎
維嶽、王志滂兩位先生擔任；校友方面，邀約鄭
家駒君擔任。[①]
五、男教職員之制服費分幾期付款案。
（議決）分三個月付清。
六、因天氣關係，每早上課時間應略變更案。
（議決）由本星期三起，每晨上課時間改為八時
四十五分。

| 12 | 月 | 15 | 日 |

校務會議

出席者：頌虔 維嶽 訓方 汝芬 建沛 惠僑 彝弼 鴻
鼎 霜華 君玉 家農 志文 博文 佩韋 偉山 亦菴
玉衡 志滂

報告事項

一、此次校務會議改遲開會的理由。
二、參加虞洽卿等談話會情形（今日各報亦有
登載）。
三、本校中學部罷課情形與復課問題。

討論事項

一、指導中學部學生罷課活動案。
（議決）交指導委員會負責辦理。
二、規定下學期始業日期案。
（議決）遵照市教育局所頒佈之學曆〔歷〕辦理——
二月一日春季始業。
三、招收新生案。
（議決）現有學生，擁擠已極，暫停止招考一次。
惟遇各級有缺額時，得酌收新生補充，隨到隨
考，不另定招考日期。

---

① 編者注：第四項討論案及其議決，原件此處空缺。

12 月 **24** 日

校務會議

出席者:頌虔 偉山 志滂 志文 博文 霜華 伯伊 鴻鼎 彝弼 建沛 汝芬 君玉 佩韋 家農 冰如 惠僑 韋輔 天沛 玉衡

討論事項

一、如何勸導本校初中部學生復課案。

(議決)明日由級任先生負責分級勸導復課,並由各級級任聯名通告召集,此爲最後一次之勸告,倘仍無效,再定制裁辦法,同時並宣佈初中部本學期不舉行期考,以平日積分及臨時試驗之分數結束成績,不及格者則在下學期補考之。

二、修訂學生操行報告表之格式案。

(議決)照上學期之格式,暫不更改。

民國廿一年（1932 年）

3 月 **18** 日

校務會議

出席者:頌虔 玉衡 佩韋 沛韶 希三 霜華 彝弼 韋輔 占五 展雲 汝洵 寶璋 鴻鼎 志滂 汝芬 惠僑 夢痕 勉儂 庚蓀 建沛

報告事項

一、本學期開學日期日前已有"籌備開學通告"登載報章普遍通知矣。

二、橫濱〔浜〕橋舊校址仍可復用,一俟時局平靜即擬恢復舊觀,將於本年五月一日開學。

三、西摩路新校舍盤讓經過。

討論事項

本學期遭遇禍變,一切反常,教職員任務薪俸支配爲難,應從長討論妥爲解決案。

(議決)以顧全全體教職員生活爲原則,應普遍邀請以免向隅,至執行時遇有困難,即由學校當局酌量變通辦理。

4 月 **16** 日

校務會議

出席者:頌虔 霜華 維嶽 志滂 勉儂 彝弼 展雲 寶璋 希三 啓文 沛韶 韋輔 玉衡 汝芬 宗文 柳顏 元春 倩予 勵羣 翁元春 玉瓊 庚蓀 建沛 惠僑

報告事項

一、目下到校學生有三百零六人,而教室僅能容三百十人,實離滿額之數不遠,但近日要求入校之學生,仍紛至沓來。

二、同事方面最近亦有數位來函報告首途返滬者,照此情形看來,在最近之將來本校學生與教員定有增加,應採取何種方法方可容納此巨額之學生與教員。

三、爲便於管理及壯觀瞻起見,已將校舍外竹籬加以修理。

四、現有之辦公室頗嫌狹小,不敷應用,擬將第六室之騎樓佈置爲第二辦公室。

討論事項

一、訓育問題。

1. 戴玉衡先生報告訓育委員會最近工作情形。

2. 修正本校學生信條案。

(議決)交訓育委員會辦理。

3. 對頑劣學生——尤其高級以上的——宜一致嚴行懲誡案。

(議決)由訓育委員會商定辦法後,通告全體教師一致執行。

4. 關於保持秩序之基本規律——如"先舉手後說話,靠左邊走"之類,及上落課程序,坐立的姿勢等應摘要重加訓練案。

(議決)同第三案。

5. 勸戒學生勿着奢華之服裝案。

(議決)交訓委會辦理。

二、教務問題。

1. 國音教學能否一致繼續執行案(王志滂提)。

(議決)應一致繼續執行。

2. 關於教學方面的重要問題,應否在本會提議減少其他議案(王志滂提)。

(議決)凡關中小學部之重要教學問題,均可提交校務會議討論。

3. 本學期各科教材量多而授課時間少,教學上容易變爲板滯的注入式,應設法變通盡量活用案(黎維嶽提)。

(議決)交教務部辦理。

4. 請繼續注意"臨時試驗"的執行案(戴玉衡提)。

(議決)請教務部通告各位教師執行。

5. 請介紹複式編制的完善教學方法案(王志滂提)。

(議決)請各位先生隨時發表其對於複式教學法之經驗,以供參考。

5 月 **14** 日

校務會議

出席者:頌虔 霜華 志滂 建沛 兆熊 展雲 彝弼 啓

文 勉儂 鴻鼎 寶璋 韋輔 沛韶 希三 玉衡 宗文 汝芬 冰如 翁元春 庚蓀 劉勵羣 盧倩予 曹元春 董柳顏 區玉瓊 佩韋 占五 張亦菴 惠僑 維嶽

缺席者：馮畹馨（病假）

報告事項

1. 校務近況。

2. 爲伯伊先生家屬向廣肇公所請求撫卹金之經過，及公所所定之撫卹辦法（另印發）。

討論事項

1. 定期在橫浜橋校舍繼續開學案。

（議決）暫定六月一日在橫浜橋舊校舍開設補習班，開學前一星期登報招生，其在西摩路臨時校舍上課之學生暫不遷動，有必須往舊校舍上課者，得斟酌情形辦理，事前印發調查表以覘各生家長之意見。

2. 定期舉行伯伊先生追悼會案。

（議決）（A）定於六月十九日在舊校舍舉行追悼會。

（B）組織“伯伊先生殉難善後委員會”，擔任籌辦追悼會，管理撫卹金及協助教養其子女等事宜。委員九人，除盧校長爲當然委員會主席外，在本校同事中與校友中共推舉八人，同事占五人，校友占三人。同事當選者：王志滂 23 票、張亦菴 23 票、戴玉衡 17 票、梁汝芬 15 票、吳佩韋 14 票。應由校友中選出之委員，則由已選出之上列委員商議決定，專函聘請之。

3. 審查新訂訓育標準條文案。

（議決）爲急於訓練學生起見，先將新訂訓育標準之關於“秩序的”與“禮儀的”兩部分着手施行。至於“信條”部分發還訓委會修正，於下次會議時再提出討論，然後公佈執行。

臨時提案

舉行彭家農先生追悼會案。

（議決）與國語教育促進會聯合辦理，開會日期俟其家屬返滬後再定。

| 6 | 月 | 18 | 日 |

校務會議

出席者：頌虔 宗文 展雲 寶璋 鴻鼎 弘毅 瑞雲 佩韋 希三 霜華 亦菴 陳起予 騰芳 彝弼 維嶽 建沛 冰如 玉瓊 瓊仙 勵羣 倩予 式孟 朵雲 安素 勉儂 志滂 占五 玉衡 曹元春 翁元春 劉兆熊 薛沛韶 汝芬 啓文 惠僑 庚蓀

報告事項

1. 全體起立靜默兩分鐘，爲黎伯伊、彭家農兩位先生誌哀。

2. 現已到校之教職員（另印發）。

3. 原校補習班現有學生數及臨時學校現有學生數（另印發）。

4. 伯伊先生殉難委員會第一次會議録（另印發）。

5. 辦理彭家農先生身後各事之經過。

6. 本校近年之經濟狀況——入不敷出。

7. 由下學期起，會計部改用新式簿記，並實行經濟公開辦法，組織經濟審查委員會負審查之責。

8. 王志滂先生因補習班開課伊始，教務甚忙，不便常到西摩路臨時學校辦公，所有臨時學校小學教務部職務，本學期暫由梁汝芬先生代理。

9. 西摩路臨時學校下學期改爲本校小學部分校。

10. 戴玉衡先生報告本學期中學部教務情形及臨時校舍方面訓育事項。

11. 王志滂先生報告兩校本學期小學部教務情形及訓育事項。

討論事項

1. 本校今後對於訓育方面，應遵照教育部所規定“今後中小學訓育方面應特別注重事項”辦理案 教育部令文（見《申報》21.6.10 教育消息欄）另印發。

（議決）遵照教育部所頒佈者，由全體教職員一致切實執行。

2. 本校今後應積極提倡國貨案。

另印發陳彬龢君所著“如何挽救中國經濟上之危機”（見 21.6.17《申報》時評），以資參考。

（議決）本校全校員生積極提倡國貨，先從一致服用國貨制服做起，每日到校均須穿着。教職員制服式樣，仍照 20.10.7 校務會議所規定的，夏季制服即須置備。小學生以前所做之紫花布制服，查係不是國貨，以後須改用完全國貨之布料。至其餘一切用品，除決不可少之教育用品外，應求之於國貨，師長以身作則，爲學生先，學生而不遵者，得斟酌情形予以懲戒。

3. 組織補習班訓育委員會案。

（議決）由專在橫浜橋原校任務之諸同事中，推舉五人爲委員組織之。當選者：王志滂、黃霜華、張建沛、劉偉山、譚弘毅。

| 7 | 月 | 3 | 日 |

校務臨時會議

出席者：頌虔 弘毅 展雲 寶璋 鴻鼎 勉儂　芬 亦菴 霜華 玉衡 安素 瑞雲　洵 彝弼 希三 建沛 瓊仙 朵雲 倩予 玉瓊 志滂 佩韋 維嶽 陳起予 兆熊 夢痕 庚蓀

報告事項

1. 廣肇公所因受戰事影響收入鋭減,本學期撥給本校之經常費衹及平時三分之一。

2. 廣肇公所董事會會議由唐寶書先生提議於救濟難民餘款項下,撥給四萬元爲本校建築中學校舍之用,温欽甫先生等和議通過。

討論事項

本校本學期不敷支出之數應如何籌畫案附本學期收支預算表。

(議決)由學校向長城投資會暫借,秋季開學時歸還,同時各項開支力求撙節,員工薪金一律減折發給,下學期酌加各級學費,以資彌補。

| 7 | 月 | 16 | 日 |

校務會議

出席者:頌虔 玉瓊 冰如 瓊仙 騰芳 玉衡 汝芬 兆熊 霜華 鴻鼎 翁元春 安素 佩韋 元春 亦菴 志滂 維嶽 寶璋 希三 惠僑 弘毅 夢痕 占五 汝洵 瑞雲 陳起予 建沛 勵羣 訓方 宗文 柳顏 韋輔

報告事項

一、本校籌備建築中學部校舍最近進行情形。

二、吳市長鐵城應廣肇公所之請,擔任本校建築中學校舍募捐委員會委員長。

三、展緩學期考試原因。

四、下星期一起,舉行中小學畢業考試。

五、西摩路分校放暑假後,除酌留一二位在分校辦事外,所有教職員均到橫浜橋本校服務,功課由全體教職員分任。

六、下學期起擬酌量增加學費。

(附)近十年來學生納費一覽表。

七、戴玉衡先生報告中學部最近狀況。

八、王志滂先生報告小學教務方面最近狀況。

九、黎維嶽先生報告本學期圖書館工作狀況。

討論事項

一、變更補習班上課時間案(自下星期起)。

(議決)因天氣炎熱關係,決定自下星期二起,每日只上課半天,下午停課,但須提早上課時間,每日自午前七時半起至十一時半放學,下午雖不上課,仍由任課教師指導學生自修;並爲補足補習班上課時間起見,決將補習班期展長至八月底結束。(多上一星期課)

二、規定下學期增加學費之數量案。

(議決)舊校每生加三元,分校每生加五元。

三、臨時動議。

戴玉衡先生提議,本校同人可向本校募捐委員會介紹廣東同鄉中之有聲望者爲委員,以利募

捐之進行。(通過)

| 9 | 月 | 26 | 日 |

校務會議

出席者:頌虔 冰如 博文 韋輔 佩韋 訓方 沛韶 維嶽 惠僑 宗文 希三 玉衡 亦菴 汝芬 彝弼 天沛

報告事項

一、西區分校成立未滿一年,照工部局定章不能請領補助費。

二、關於校醫服務細則,已徵得李銘慈校醫同意,現規定每星期____在舊校服務,星期____在分校服務,時間俱在上午九時至十時。並由李醫生代向北四川路靶子路公達藥房及南京路集成藥房約定:凡本校員生及校工等持李醫生藥方往該兩【藥】【房】配藥者,藥費照原價打九折,以示優待,陳謨校醫方面,一二日内亦可接洽妥當。

三、毗連圖之二號室,現劃歸圖用,俾資擴充。

四、診病處附設在新闢之圖内,療病室暫設在幼穉園北首四十六號室。

五、第三號室密接操場,異常嘈雜,不便講授,現改爲童子軍辦公室及第二教務室。

六、本校事務太忙,現添聘校友楊衍長君加入工作。

討論事項

一、臨時動議。

校務會議候補議員列席會議,其法律地位如何規定案(彝弼先生提)。

1. 候補校務會議代表得列席會議,有發言權、提案權,而無表決權及選舉權。

2. 因事不能出席之校務會議代表,得請本校任何教職員代表出席,其職權與本人出席相同,其責任由委託者負之。

3. 校務會議代表不能出席時,得請假,但請假人數不得超過三分之一。(已請人代表者當然作出席論)

二、向學生家長募捐建築新校舍經費案。

(議決)捐册發出時,須取回收據,在捐册封面須加蓋"捐款無論募得多寡或有無,均須於結束時繳回"之圖章,繳回捐册時亦須掣回收據,以資證實。募捐成績,每兩星期須向募捐委員會報告一次。

爲便於辦理關於募捐事項起見,設立募捐委員會總幹事辦事處,全體教職員均爲幹事,由總幹事分別派定工作。

三、審查優待同人子女入校辦法案。

(議決)推舉維嶽、亦菴、玉衡三位先生將原案加

以修理,交下次會議通過。

四、繼續組織特種委員會辦理預防或應付臨時發生之事變案。

(議決)通過。推舉五人組織之,住校教職員占三位,非住校教職員占二位。

住校教職員當選者:汝芬、訓方、天沛三位先生。

非住校教職員當選者:惠僑、彝弼兩位先生。

推定汝芬先生爲召集人。

五、籌備參加本年市小運動會案。

(議決)委託體育部計劃。

又參加運動會所用之校旗須重新製過,其式樣請亦菴先生設計。

| 10 | 月 | 11 | 日 |

校務會議

出席者:頌虔 玉衡 冰如 沛韶 志滂 佩韋 亦菴 希三 訓方 博文(訓方代) 天沛 韋輔 惠僑(宗文代) 建沛

列席者:汝芬

報告事項

一、第二次常會展緩一日開會之原因。

二、建築校舍募捐委員會最近情形:

(A) 昨日常會未開成之原因。

(B) 各募捐委員報告募捐情形(捐款截至上星期已達十萬元以上)。

(C) 圈地已很有把握。

(D) 分發學生家長捐册,本星期內可發出,請各位先生向學生作廣大之宣傳,以利募捐之進行。

討論事項

一、本校經濟審查委員會規程案。

(議決)照原案通過(全文另錄)。

二、優待教職員子女入學辦法案。

(議決)照原案通過(全文另錄)。

三、本校參加市小運動會案。

(議決)(A) 關於準備方面者:

1. 添製校旗及軍樂隊所用之器具。

2. 請童子軍部加緊訓練音樂隊。

3. 添製運動員所著之背心,請亦菴先生計劃其式樣,交中國內衣公司承製。

(B) 舉行運動選手鼓勵會,推戴玉衡、王志滂(召集人)、梁汝芬三位先【生】負責籌備,下星期一上午第一堂在操場開會。

(C) 舉行運動選手茶叙會,由體育部辦理。

四、舉行修學旅行案。

(議決)中學部定於本星期六舉行各級聯合修學旅行,關於旅行地址和指導事項,推舉戴玉衡、

韋輔、吳佩韋三位先生負責計劃執行。高小部定於本星期五舉行各級聯合修學旅行(地點定參觀南市國貨商場及民衆教育館),推舉王志滂(召集人)、薛沛韶、李希三三位先生負責計劃執行。

五、中等學校協進會舉行社會科比賽事項案。

(議決)請教務主任會同社會科教師,指導各級學生準備與搜集材料。

六、督促學生切實遵著制服案。

(議決)第一步督促中學生切實遵行,辦法如下:

(A) 每逢星期一,全體學生須著整齊之制服(如著黑衫者須著黑褲,著白衫者須穿白褲之類,不得著黑白參差之衣褲),其餘各日,得酌量稍爲變通:穿黑衫者得穿白褲,穿白衫者得穿黑褲。

(B) 由監護值日先生於上課時往課堂檢查,如發現有不著制服之學生,須將其喚出教室,予以懲罰或停止其上課。如有特別原因不能著制服時,事前須向級任先生申述理由,領取許可證,否則須一律受處罰。級任先生發許可證時,須備存根,以資查考。

七、校工請求准予出售食物案。

(議決)在校內販賣食物,管理方面,諸多不便,礙難照准。

八、將廚房烟囱加高案。

(議決)通過。

九、禮堂門外之鉛筆鉋移地裝置案。

(議決)通過。

| 10 | 月 | 23 | 日 |

校務會議

出席者:頌虔 冰如 沛韶 志滂 偉山 佩韋 建沛 維嶽 博文(宗文代) 韋輔 亦菴 天沛 希三 玉衡

報告事項

建築新校舍募捐委員會進行情形。

(A) 鄭伯昭先生自捐洋五萬元。

(B) 截至上星期止,所得捐款將及二十萬元,學生家長捐册一二日內即可發出,請各位先生設法廣爲宣傳。

(C) 呈請圈地一案大致已辦理完竣。

討論事項

一、制定小學部學生冬季制服案。

(議決)衫仍用襯衫式,褲束腳,用國貨駱駝絨做衫,章華呢做褲,俱用深灰色。

二、率領學生參觀運動會案。

(議決)開會之第一日(十月廿七日),由小學四

年級至初中各級由各該級任教師率領到會參觀。第二、三兩日,小學五、六年級及樂隊服務員等仍要到會。除運動選手及樂隊外,每人收大洋二角作爲來往車費及午餐之用,小學五、六年級因多到兩日加收二角共四角。三年級以下學生則鼓勵其隨家人前往參觀,不須由學校整隊前往。

三、開運動會時本校上課問題案。

(議決)第一日全校放假一日以表示提倡體育之意。

第二、三兩日初小各級及幼稚園照常上課。

高小及初中各級在開會期內俱不上課。

四、訂定參與第四次市小運動會各部辦法案。

(議決)照體育部所擬定之組織大綱通過,先推定各部主任,然後再由各部主任聘請各該部各股股長分別處理各項事務。

各部主任舉定如下:總務部王志滂先生,運動員部譚天沛先生,童子軍部張訓方先生。

五、徵集本校選手獎品案。

(議決)由本校全體教職員捐贈各選手運動背心各一件,該項費用在薪金內抽出百分之幾(以各人每月薪金多寡爲比例)支付之。

六、在優待教職員子女入學辦法未公佈以前,已享有超過新訂辦法規定之優待者,應繼續有效案。

(議決)原提案否決。如有特別情形,可依照《優待教職員子女入學辦法》第十一條辦理。

七、改組監護股案。

(議決)由訓育部會同教務部商定妥善辦法施行,訓育部須早日召集會議解決之。

八、加入中等學校協進會聚餐會案。

(議決)凡本校教職員出席參加者由學校補助餐費三分之一。

11	月	7	日

校務會議

出席者:頌虔 冰如 玉衡 亦菴 偉山 訓方 韋輔 博文 惠僑(博文代) 天沛 佩韋 志滂 希三 建沛(希三代) 汝芬 維嶽

報告事項

一、募捐委員會現正加緊工作,本月底當有優美之成績報告。

二、學生家長對於本校募捐一事多願竭力贊助,中有一小部份藉故將捐冊退還。——已退還者計有三十餘本。

三、編印本校《成績一斑》,爲募捐宣傳之助。

四、編輯中學部概況——遵照上海中等學校協進會議決案送會彙集發表。

五、某生家長以本校初小各級星期六下午不上課,及每日下午不到四時半放學,認爲不合,來信(匿名的)警告。擬設法向彼解釋,免滋誤會。

討論事項

一、鼓勵捐款案。

(議決)辦法如下:

1. 各教職員分頭訪問學生家長,請其竭力贊助。

2. 定期開茶會招待學生家長,討論進行方法。

3. 將本校募捐事項用無綫電播音作普遍之宣傳。

4. 通告全體學生,將募捐成績隨時向學校報告。

5. 上列各事項推定七位先生擔任計劃分別執行。

當選者:張亦菴(召集人) 戴玉衡 吳佩韋 梁萬里 黎維嶽 王志滂 梁冰如

二、徵求學生家長意見案。

(議決)通過。徵求意見書推定張亦菴先生擔任起草。

三、立校二十週年紀念會應如何舉行案。

(議決)爲顧及學校經濟問題起見,以力求節省費用爲原則,西區分校學生,均到原校參加,是日(十二月四日)適爲星期日,翌日(星期一)補假一天。

四、定期影全體相案。

(議決)定於立校紀念日舉行,西區分校學生均到原校參加,全體學生一律穿冬季制服。

11	月	21	日

第 262 次校務會議

出席者:頌虔 亦菴 維嶽 韋輔 訓方 沛韶 汝芬 博文(芬代) 冰如 惠僑(弼代) 偉山 志滂 建沛 家駒(列席) 佩韋(玉衡代) 玉衡 希三(列席)

報告事項

(一)本校舉行第一次校務會議時,係在民國七年五月二十日,迄今已開過二百六十一次。本次會議即爲二百六十二次,以後校務會議次數,即照總數排列。

(二)爲召集歷年校友會商募捐進行事,特請校友鄭家駒君列席發表意見。

(三)校友鄭家駒君報告,各校友對於母校非常關切,關於募捐方面,皆願竭力贊助。

討論事項

(一)召集歷年校友會商募捐進行案。

辦法:A. 登報召集使普遍周知。

B. 由校友會具名召集,同時由學校將歷屆有能力之校友名單交常與校友接近之在校教職員,分頭召集談話,如有需用經費者由學校供給,但以節儉爲原則。

(二)訓育部會議通過,改組監護股及改組辦法是否可行案。

(議決)原案通過。各委員由學校聘請擔任。

(三)嚴肅中學部紀律案。

(議決)原案懲獎辦法,由訓育部將學校以前所頒布之辦法整理完竣後,再由學校審核公佈執行。

| 11 | 月 | 30 | 日 |

第 263 次校務會議(臨時)

出席者:頌虔 佩韋 宗文 亦菴 維嶽 玉衡(嶽代)汝芬 韋輔 建沛 偉山 希三 天沛 沛韶 冰如 訓方 志滂 惠僑(弼代)

報告事項

接洽借用融光大戲院爲本校立校紀念會會場之經過。

討論事項

關於立校紀念會各事項:

議決:1. 開會地點:海寧路乍浦路融光大戲院。

2. 開會時間:上午八時三刻至十一時半。

3. 餘興:開演本校影片、東北事件影片及其他有意義之影片。

4. 招待學生家長及校友參加。

5. 印發學生家長請柬——憑柬入座,不限定人數。

6. 登報邀請校友參加——須先向本校事務處或長城投資會領取入座券,函索亦可。

7. 晚間舉行聚飡大會,邀請校友參加,在校學生如欲加入一律歡迎,聚飡費先收貳元——地點另定。

8. 請溫宗堯、王雲五兩位先生到會演講。

9. 推定下列各項職員辦理會務:

擬請柬格式——王志滂

擬登報稿——張亦菴

招待股——戴玉衡(召集人)、王志滂、黎維嶽及各位先生

糾察股——張訓方(召集人)、梁汝芬、陳寶璋及各位先生

事務股——吳佩韋(召集人)、譚天沛、張建沛及各位先生

餐務股——薛沛韶、梁汝芬、韋輔

10. 員生全體照相展期舉行。

11. 學生赴會由家長率領或自行赴會。

| 12 | 月 | 12 | 日 |

第 264 次校務會議

出席者:頌虔 維嶽 訓方 建沛 佩韋 志滂 偉山(宗文代)汝芬 玉衡 韋輔(玉衡代)博文 希三(列席)冰如 惠僑(維嶽代)亦菴 沛韶

報告事項

(一)募委會最近情形:(A)郭順先生代表募委會回粵向廣東省政府請求撥款補助。(B)吳市長謂"現因事忙,俟三中全會開過之後,再想辦法,無論如何,總要達到目的"云。(C)募捐期限須展緩結束。(D)圈地手續尚未辦妥。

(二)本校經濟狀況:(A)本學期每月經濟報告,未能按期送交經濟審查委員會審查之原因。(B)刻正趕造報告,不日可付審查。

(三)統稅局借用本校課室考試該局現任職員,時間在每晚七時至九時,約借用一星期。

(四)黎維嶽先生報告出席本埠各校捐款援助東北義勇軍監察人會議情形。

(五)本校最近失竊情形(三上學生歐惠林在教室內失去皮袍一件)。

討論事項

(一)規定寒假日期案。

(議決)廿二年一月十六(星期一)開始學期試驗
　　　　廿二(星期日)開始寒假
　　　　三十(星期一)考試新生
　　　　二月六日(星期一)春季始業
　　　　十日(星期五)開始上課

(附註)一月廿六日即陰曆元旦。

(二)審定懲獎辦法案。

(議決)由各位教師隨時注意學生行爲並斟酌當時情形,施以適當獎勵或懲戒,其不能立時決定懲戒或獎勵之事項,則交訓育委員會討論辦理,關於懲戒與獎勵之方法及程度,另推舉二人會同原起草人重新起草,交下次會議討論。當選者:劉偉山(原起草者)、王志滂、梁冰如。

| 12 | 月 | 26 | 日 |

第 265 次校務會議

出席者:頌虔 亦菴 偉山 訓方 汝芬 韋輔 博文(輔代)惠僑 維嶽(僑代)玉衡 佩韋 志滂 沛韶 冰如

（韶代）希三（列席）建沛

報告事項

（一）本校最近奉教育局令：本校所懸校牌或廣告所標校名，均不得再沿用"廣肇公學"名稱，原校校名，以後改稱"私立上海廣肇初級中學暨第一附屬小學"；分校校名，以後改稱"私立上海廣肇初級中學第二附屬小學"；但仍得附以"原名廣肇公學"字様。

（二）分校已遵令呈請立案。

（三）新校圈地方面，手續仍未辦妥，須明年方得着手進行。

討論事項

（一）所發學生家長之捐册，學期末是否一律結束案。

（議決）本學期末如有未能將捐册交回者，得展緩至明春結束。已募得之款須隨時繳交。即將此情通告各生家長知照。

（二）變更學期考試辦法案。

（議決）本學期高小及初中改行混合試驗，辦法由教務部計劃，交大會討論。

（三）分組計劃計分及升降辦法案。

（議決）分初中及小學兩組，每組除教務主任當然負責計畫外；另選二人協同計畫，所擬辦法，交大會討論。每組人選如下。中學組：惠僑、佩韋。小學組：沛韶、汝芬。

（四）學期末賞給校工酒資案。

（議決）住校教職員每人三元，非住校者元半，多給者聽。

民國廿二年（1933年）

1月9日

第266次校務會議（全體）

出席者：頌虔 韋輔 鴻鼎 博文 瑞珍 畹馨 柳顔 瓊仙 起予 騰芳 寶璋 汝芬 弘毅 宗坪 建沛 林澤 兆熊 衍長 瑞雲 汝洵 白鵬 易安 元春 倩予 勵羣 訓方 占五 萬里 沛韶 希三 啓文 佩韋 維嶽 玉衡 彜弼 亦菴 榮初 天沛 勉儂 志滂 慧融 玉瓊 式孟 慕蘭 宗文 柏齡 翁元春 冰如 安素 庚蓀 刁萍 偉山 北泉 展雲 萝痕 惠僑

報告事項

（一）本學期第五月份教職員酬金未能按期發給之原因：

（A）因廣肇公所負責人赴港未歸，津貼費無法領取。刻正另行設法，一俟有着，日内即可發給。

（B）六月份酬金廢曆元旦前擬設法發給。

（二）本學期本校經濟狀況：

（A）本學期經濟報告未能按月送交經濟審查委員會審查之原因。

（B）本學期經費收支情形。

（C）本學期經費收支兩抵，實差洋六千元，應設何法彌補此不敷之數。

討論事項

（一）本校捐款結束案。

（議決）本星期六結束，下星期一通告各級查照辦理。

（二）混合考試辦法案。

（議決）照原案通過。

（三）初中部學生升級留級標準案。

（議決）照草案修正通過。

（四）初中組各科考試成績計算法案。

（議決）查照舊案辦理。

（五）小學部改訂計分升降辦法案。

（議決）照草案修正通過。

（六）積分計算省略法案。

（議決）可由各位教師隨意採用。

1月17日

第267次校務會議（臨時召集）

出席者：頌虔 佩韋 訓方 天沛 偉山 汝芬 希三 玉衡 宗文 博文 建沛 沛韶 惠僑（偉代）志滂 韋輔 維嶽 亦菴 冰如

報告事項

（一）廣東省政府補助本校建築費壹萬元。

（二）伯伊先生夫人來函，要求領回公所所給之恤金一部分或全部，事關重要，應由善後委員詳加考慮，再行答覆。

討論事項

（一）懲處頑劣學生案。

（議決）根據各教師所報告者（見另表）分別予以適宜之處分——予以嚴重警告或飭令轉學。

（二）如何處置考試時作弊學生案。

（議決）從嚴處置。

2月6日

第268次校務會議

出席者：頌虔 偉山 志滂 維嶽 韋輔 亦菴 冰如 訓方 博文 天沛 沛韶 希三 佩韋 建沛（星白代）玉衡

芬 惠僑 彝弼(列席) 宗文(列席)

討論事項

(一)上學期末決定囑令轉學之學生,向學校繕具悔過書,要求繼續入學,能否允如所請案。

(議決)否決。

(二)總成績列入乙等之學生亦有三科不及格者,若依照升級留級之新標準執行,似有困難之處,應如何辦理始臻完善案。

(議決)應於新訂之標準內補充一條。

凡總平均分數已達七十分以上,雖有三科不及格,仍得參與補考。補考後,有兩科及格可正式升級。

| 3 | 月 | 3 | 日 |

第 270 次校務會議

出席者:頌虔 慕蘭 綺雲 瑞珍 瓊仙(列席) 冰如 玉瓊 金玉 希三 志滂 起予(列席) 天沛(起代) 博文 惠僑 彝弼 佩韋 白鵬 沛韶(列席) 玉衡 北泉 維嶽 亦菴 大同 訓方

報告事項①

(三)伯伊先生遺骸定於三月五日(星期日)下午一時,由嶺南山莊殯房遷到廣肇新山莊安葬。

(四)開始募集伯伊先生子女教養基金。

(五)本校二月份賬目明日送交經濟審查委員會稽核。

(六)中學各級自治聯合會,定於下星期一周會堂舉行成立典禮。

討論事項

(一)勸導全體學生加入航空協會案。

(議決)通過。勸導方法:(1)中學方面交由各級學生自治會辦理,各級級任、科任先生從旁贊助。(2)小學部及幼稚園則由學校召集小學各級級任及幼稚園先生商議勸導辦法,務求切實有效。

(二)訂定獎勵學業成績優良的學生辦法案。

(議決)先由中學暨第一第二附屬小學教務、訓育兩部主任暨體育部主任、童子軍部主任、圖書館主任組織一委員會,擬具關於獎勵本校優良學生辦法,交下次校務會議討論。召集者:中學部教務主任。

(三)舉行本校第六屆運動會案。

(議決)通過。會場問題,一時未能決定,先由體育部詳加考慮,擬具辦法,提交下次會議討論。

(四)酌定住宿校內者晚上回校時間案。

(議決)爲便於照料門戶起見,各位住校先生晚間回校以有定時爲好,惟規定時間,事實上亦有困難,當與住校先生商妥後再定。

(五)怎樣促進國語教學案。

(議決)暫用國音教讀,講解用國語粵語均可,另一方面予各位教師以適當之機會,由各教師自由參加研究。

(六)調教室上課時,請值課教師負責維持該室的秩序案。

(議決)通過。發覺困難時,由各部主任或各教師隨時互相設法處理。

(七)教師告假,以事前自託妥人代課爲原則案。

(議決)通過。

(八)檢查清潔時,禁止學生留長頭髮案。

(議決)通過。關於執行本案的步驟,下次會議時再詳細規定。

| 3 | 月 | 17 | 日 |

第 271 次校務會議

出席者:頌虔 偉山 訓方 博文(訓方代) 志滂 金玉 玉瓊 慕蘭(玉代) 瑞珍 瓊仙(列席) 綺雲(瓊代) 冰如 彝弼 佩韋 亦菴 韋輔(列席) 大同 天沛(文代) 玉衡 希三 北泉(希代) 維嶽 惠僑 白鵬(頌代)

報告事項

(一)由下星期一起,關於原校巡察團事務歸中學部各級學生自治聯合會負責主辦。

(二)各級學生加入航空協會之人數,截至今日下午二時止計:中學部 30 人,第一附小 280 人又幼稚園 10 人,第二附小 79 人(內特別會員二人),共計 399 人,收到會費共計 814 元。

(三)中學部教務主任報告每日放學後關鎖教室之起因及實行關鎖之經過。

(四)圖書館主任報告本學期本校圖書館選購書籍之標準。

(五)第一附小教務部主任報告:(1)請各位教師購備部頒小學課程標準。(2)關於小學部本學期進行各項事宜已着手起草計劃,擬於下星期召集小學部各級教師討論。

討論事項

(一)改選經濟審查委員會案。

(議決)照章由前任委員中用抽籤法抽出三人,

---

① 編者注:報告事項中的(一)(二)內容,原件空缺。

然後再選出三位補充,抽籤結果留任委員戴玉衡、吳佩韋,用投票法選出新委員三位,當選者:郭大同 18 票、張建沛 13 票、黃彝弼 7 票,候補者:王志滂 6 票、薛沛韶 5 票。

(二)兒童節紀念日(四月四日)依照教育部頒佈之辦法舉行紀念案。

(三)規定春假日期案。

(以上兩案合併討論)

(議決)(1)日期:四月四日舉行兒童紀念節,五日開始放春假,十一日春假終了,十二日照常上課。

(2)兒童節紀念會,第二附小暨幼稚園聯合舉行。

(3)假陳氏耕讀園為會場。

(4)組織委員會計劃辦理一切,除第一、二附小教務、訓育兩部主任暨兩幼稚園主任與童子軍部主任為當然委員外,另推舉黎維嶽、張亦菴、薛沛韶三位為委員,推定張亦菴為該委員會主席。

(四)設法防範學生失竊案。

(議決)對於廉潔方面,除積極加緊訓練外,並嚴密偵察學生偷竊行為,一經發現,即予以嚴厲懲罰。至於鎖門辦法仍然繼續執行,至下星期一倘發現對防止失竊案無實效時,則停止執行,而代以囑令學生於放午學及過堂時,務須將書包及用品隨身帶走,以免失竊。

(五)規定第六屆運動會日期及會場案。

(議決)第六屆運動會仍假青年會操場為會場,開會日期定於五月十二、十三兩日。

(六)規定執行"禁止學生留長頭髮"的步驟案。

(七)審核"獎勵學業成績優良的學生辦法"案。

(議決)以上兩案,留交下次會議討論。

(八)臨時動議。

1.自本星期六起至下星期六止,本校全體教職員須佩戴航空協會會員徽章,以資提倡而利宣傳案。

(議決)通過。

2.恢復學生性行分數案。

(議決)先由第一、二兩附小訓育委員擬具草案,提交下次校務會議討論。

3.每次校務會議紀錄可否改用油印分發案。

(議決)照辦。

4.中學部下午第四堂之上課時間可否改至上午案。

(議決)由中學教務部計劃,倘認為可行,可即執行,然後再交校務會議追認。

5.製定接領學生憑證,分發學生家屬案。

(議決)由第一附小訓育委員會計畫辦理。

3 月 31 日

第 272 次校務會議

出席者:頌虔 偉山 白鵬 大同 佩韋 希三 星白(列席) 維嶽 訓方 志滂 北泉 玉瓊(北代) 惠僑 博文 瑞珍 冰如 金玉 綺雲 玉衡 亦菴 天沛(訓方代) 彝弼

報告事項

(一)上海市教育會籌募"滬校第一號"軍用飛機計劃。

(二)本校各級學生加入航空協會,截至今日止,共計 639 人,收到會費共 1310 元。

(三)經濟審查委員會報告審查二月份賬目之經過。

(四)兒童節籌備委員會報告籌備情形。

(五)新校舍捐款報告(另印發)。

討論事項

(一)禁止學生留長頭髮執行之步驟案。

(議決)分下列兩個步驟執行:1.各位教師隨時注意學生頭髮之整潔並加以訓練。2.由負責檢查清潔之教師於檢查清潔時,發現有留長頭髮而又不整潔者,得令其於一定時期內將頭髮剪短。

(二)獎勵學業成績優良的學生辦法案。

(議決)在新辦法未通過以前,暫照舊辦法執行獎勵。

(三)於本校員生所捐出之愛國捐項下,撥款百元贈送災區兒童案(兒童節籌備委員會提)。

(議決)照辦。倘現在所收之款不足一百元之數,得由學校酌量墊出。

(四)利用春假期內率領學生參觀交大工業鐵道展覽會案。

(議決)由各位教師向中學部及小學高年組學生宣傳,勸其於春假期內前往參觀。學校方面可印就一種介紹信分給願往參觀之學生,以應需用。

(五)鼓勵中學部學生參加全市中學運動會案。

(議決)定於下星期一(四月三日)下午第三時開鼓勵會,以鼓勵之。推鄭惠僑、黃白鵬、周綺雲、郭星白四位先生到會演講,關於發給獎品辦法,由體育部計畫。

(六)臨時動議:

向公安局第五區一分所請求恢復福德里站崗警察案。

(議決)照辦。

4 月 21 日

第 273 次校務會議

出席者：頌虔 天沛（啓文代）亦菴 訓方 偉山 彝弼 博文（佩代）佩韋 玉瓊（白鵬代）白鵬 瓊仙 瑞珍（瓊仙代）慕蘭 雲 金玉 維嶽 北泉 希三（北代）玉衡 志湀 惠僑

主席：盧校長
紀錄：蔣宗文

報告事項

A. 主席報告：

（一）兒童節收到各生家屬捐贈災區兒童之衣物，共一千一百六十四件，衣服占八百六十三件，其餘爲鞋襪、玩具、食物及日用品等，經於本月十八日送交中華慈幼協會代爲分送。

（二）本校代徵求航空協會會員一事，經於本月十九日結束，計徵得普通會員 698 人，特別會員六人，贊助會員一人，共收得會費 1506 元，已連同入會書等送交航空協會收領。

（三）本屆中學聯合運動會，本校選手出參加者共計 34 人（甲組乙組各半），又參加大會操者 40 人。

（四）本校爲促進國語教學起見，繼續舉辦第五屆註音符號研究會，定於四月廿五日開始研究，請黎維嶽先生擔任指導，簡章另印發。

（五）本市衛生、教育兩局主辦之健康教育展覽會，定於六月一日至三日舉行，已立案之私立中小學校均應選送出品參加。

（六）本市中小學畢業會考定於六月十日左右舉行，教育部近復通令各省市教育廳局，須切實遵照會考規程，嚴格辦理，本校現正加緊準備參加。

B. 中學教務主任報告本校初中畢業及準備參加畢業會考之經過。

討論事項

（一）訂定參與第二屆中學聯合運動會辦法案。

（議決）（1）關於停課方面：第一日中學部各級一律停課一日，以便全部學生參加。第二、三兩日僅由選手出席參加，其餘學生則留校上課。如某級因出席選手過多，不便上課時，則由值課教師指導自修。

（2）因爲經濟關係又顧及學生求學時間起見，小學部各級決定照常上課，不率領到會參觀。

（3）關於組織方面：分體育與總務兩部，均由本校原有各該部主持辦理。

（二）籌備開辦暑期學校案。

（議決）本年決定舉辦規模較大之暑期學校，以

所收入之學費撥充本校償還歷年積欠之用。暑校教職員一律不另支薪金，僅於暑校收入項下，劃出一部分作爲暑校一切雜費、娛樂費等開支之用。至於應劃出若干，須視暑校收入多少而定。關於籌備暑校事宜，由總務部及中小學教務部共同負責辦理。

（三）獎勵優良學生辦法案。

（議決）照所擬草案修改通過（另印發）。

（四）準備參加健康教育展覽會案。

（議決）移交下次會議討論。

5 月 6 日

第 274 次校務會議

出席者：頌虔 博文 玉瓊 亦菴 志湀 北泉 彝弼 惠僑（瓊仙代）瓊仙 佩韋（博文代）希三 天沛 訓方（宗文代）綺雲（湀代）慕蘭（頌代）白鵬 維嶽 玉衡 金玉（玉代）

主席：盧校長
紀錄：蔣宗文

報告事項

（一）上海中等學校協進會爲提倡課外活動鼓勵童子軍訓練起見，定於五月二十日下午，借南市公共體育場場舉行童子軍檢閱及會操，本校已準備參加。

（二）西、北兩校幼稚園地方均嫌狹小，夏天作業，尤感困難，已計畫在操場搭蓋涼棚應用，以資補救。

（三）第二附小暑假後擬大加擴充，具體計畫容再商定。

討論事項

（一）關於舉行第六屆運動會各事項，除競技部份外，應如何規定案。

（議決）1. 會場佈置，由體育部負責。

2. 徵集獎品：（A）致函學生家長請捐贈。（B）教職員照舊例致送獎品。（在五月份薪金內各抽百分之一作爲購獎品用）

3.（A）北校中年組以上學生赴運動場開會，低年組各級及幼稚生第一日上午則在校中舉行小規模運動會（注重競爭遊戲）。（B）西校只准選手出席運動會，其餘學生於第一日上午在校舉行小規模運動會。

4. 停課問題，第一日（星期五）全體放假，第二日（星期六）北校低年組學生及幼稚生照常上課，西校除選手赴會外，其餘學生一律照常上課。

5. 會場秩序由童子軍與中學自治會紀律組維持。

6.會場出售食物,學生團體及校工均可販賣。

(二)各級學生繳交東北義勇軍捐款至不一致應如何處理案。

(議決)自下星期起,停止繳交,其未繳足者,則由各級任先生負責調查,其所欠數目,函知其家長補繳;如不照繳,得在書具費內彙算。

(三)教職員應出席之各種會議必須出席,如因事缺席須先行請假案。

(議決)通過。

(四)準備參加健康教育展覽案。

(議決)由中小學生理衛生教師、體育部教師暨中小學教務主任組織委員會,負責籌備,推定蔣宗文先生為委員會主席,擬具計劃,分別執行。

(五)臨時動議:

1.應如何取締沿街買食學生案。

(議決)自下星期一起,由各級級任教師負責,切實勸止各該級學生勿沿街買食,違者重罰。同時並由校長、訓育部主任一致協同執行。

2.學生制服加蓋號數以便查考案。

(議決)通過。交總務部辦理。

| 5 | 月 | 19 | 日 |

第 275 次校務會議

出席者:頌虔 瓊仙 玉瓊 博文 偉山 韋輔 綺雲 金玉 維嶽 白鵬 瑞珍 北泉 志滂 希三 玉衡 慕蘭 彝弼 天沛(文代) 亦菴 佩韋(訓方) 惠僑 訓方

主席:盧校長
紀錄:蔣宗文

報告事項

(一)公安局五區一所所長梁扶初先生(本校學生家長)頃來校報告,略謂:"本校前請五區一所轉請工部局巡捕房於本校學生上學放學時候,特派巡捕於福德里口馬路附近妥為照料,以策安全一事,業得巡捕房允許。由明日起,依照本校所開列之上學放學時刻,逐日由巡捕房及五區一所分別特派中外巡捕前來妥為照料。至請求巡捕房於福德里馬路口建立'前有學堂,車馬慢行'之警牌,亦准於日內辦妥"云云。

(二)頃接教育局訓令略謂畢業會考,已決定中學於六月十五、十六、十七三日,小學於六月十九、二十兩日分別舉行。各校務於五月底自行舉辦畢業考試,學生學業操行成績表至遲須於六月十日以前呈局云。

(三)本校運動會收到各生家長捐助獎品費:計西校廿二元二角,北校四十四元二角二分,兩共

六十六元四角二分。教職員第四月薪金捐抽百分之一,計得四十二元,統計共得一百零八元四角二分(西校已用十二元五角二分,現存九十五元九角)。

(四)戴玉衡先生報告關於第四區教育會選舉、會員登記及開辦民眾學校等事項。

討論事項

(一)訂定學期考試、秋季始業及暑期開學、結束等日期案。

(議決)訂定學期考試、秋季始業及暑校開學等日期如下:

六月十五至十七(星期四至星期六)中學畢業會考(教育局規定)。

六月十九、二十(星期一、二)小學畢業會考(教育局規定)。

六月廿一至廿六共五日(星期三至下星期一)各級學期考試。

七月二日(星期日)公佈本學期各級學業成績。(各科學業分數表限六月廿九收齊)

七月六日(星期四)暑校開學。

八月十七(星期四)暑校結束(上課共六星期)。

八月廿四(星期四)考試高小、初中新生(初小新生入學考試提前舉行,日期另定)。

九月一日(星期五)秋季始業。

(二)學期考試中學生三科不及格,小學生主要科二科或次要科三科或主要科一科次要科二科不及格者,照例不得升級,並不得請求補考(總成績列入乙等者除外),但入本校暑校補習後成績及格,准予升級案。

(議決)通過。

(三)本年暑假期內各教職員之工作如何始得勞逸均平案。

(議決)教職員方面,以人人加入暑校任務為原則;工作方面,以勞逸均平為原則。

(四)中二上下兩級學生擬於下星期二、三兩日全體旅行松江案。

(議決)學期考試期近,旅行有荒課業,所請一節,應無庸議。

(五)變更本校本屆運動會給獎辦法案。

(議決)凡得分之運動員,每人給以獎牌一塊,其等第以獎牌顏色作區別,分數以累計法計算:凡得兩個第三者,作第二計;得兩個第二者,作第一計;得兩個或三個第一者,除給以獎牌外,另給獎狀一紙,敘明所得成績,以表彰之。

| 6 | 月 | 2 | 日 |

第 276 次校務會議

出席者:偉山(惠僑代) 惠僑 訓方(弼代) 彝弼 博文

玉衡 維嶽 亦菴 佩韋 慕蘭 綺雲 金玉 玉瓊 瓊仙
頌虔 瑞珍 志滂 希三 北泉

主席：盧校長
紀錄：蔣宗文

報告事項

（一）第二附小擴充問題。
第二附小決定擴充，添租房屋兩座，每月租金爲
一百七十五兩，前後四座房屋可以聯絡一起，極
便應用，現正設法向工部局領取津貼，以資
補助。
（二）新校募捐及圈地問題。
新校舍圈地事，不日可以辦妥，本年內總可興工
建築。
（三）本校此次參加上海市健康教育展覽會之出
品雖爲數不多，但頗有系統，以故與他校相比，
並不十分遜色。其未送去展覽之成績，尚有若干
件，擬於健展閉會後，將本校所有出品連同未送
去之成績，在校內另開一展覽會，以資宣傳。又
據由展覽會歸來之本校教師云：此次展覽會各校
出品，均較前有大進步，頗有參觀之價值。希望
本校各位教師抽暇前往參觀，以資借鏡。

討論事項

（一）學生性行調查表意否加以修正及如何修
正案。
（議決）過去所用之性行調查表頗嫌籠統，應加
以修正。修正辦法，即編印一種《學生性行項目
舉例表》，發給各位教師作參考，項目舉例暫定
思想、服務、修學、言動、公德、儀表、其他七項。
（二）本校師生參觀健康教育展覽會案。
（議決）因路途遙遠，天氣炎熱，且會場異常擁
擠，率領學生前往參觀，此層可作罷論。惟教
師方面，應一律前往參觀，俾資研究參考。明
日下午全校停課半日，以便各教師分途出發
參觀。
（三）本月六日爲教師節，本校應否舉行紀念案。
（議決）教師節日學校放假一天，以資紀念，是日
除由學校設筵歡宴全體教職員外，並由教職員
各購備贈品一份，其爲教師而兼家長者，須多備
一份，於聚餐時，用抽籤法，互相贈送，以增
興趣。

6 月 26 日

第 278 次校務會議

出席者：頌虔 慕蘭 玉瓊 綺雲（玉瓊代）瑞珍 志滂
維嶽 偉山 彝弼 惠僑 博文 希三 北泉 訓方 韋輔

佩韋 冰如 亦菴 瓊仙 玉衡

主席：盧校長
紀錄：蔣宗文

報告事項

一、主席報告召集臨時校務會議之原因及須討
論之問題。
二、中學教務主任報告此次辦理混合考試之經
過，及對於處置考試作弊學生之意見。
三、鄭惠僑先生報告發覺考試作弊學生之經過。

討論事項

一、如何處置考試作弊學生案。
（議決）凡考試作弊之學生，除將其於考試時作
弊之某科考試成績（分數）取消外，須一律參加
補考一次，至於補考手續與時間，交由教務部決
定執行，其於考試時期內對於監考教師有不良
態度或舉動之學生，視爲另一事件，另案辦理。
二、廢止現有期考方法而代以無形中之考驗案。
（議決）部章既有期考之規定，各校須一致遵行，
此案應無庸議。

8 月 25 日

第 280 次校務會議（臨時）

出席者：頌虔 偉山 維嶽 玉瓊 金玉 冰如 瓊仙 慕
蘭 瑞珍 佩韋 彝弼 希三 北泉 博文 玉衡 志滂
訓方 韋輔 亦菴 惠僑

主席：盧校長
紀錄：李希三

討論事項

一、複議處置考試作弊學生案。
（議決）
辦法：
1. 各科及格，一科作弊者，不論暑校補習及格與
否，必須重考一次，重考不及格者，留級。
2. 一科不及格，一科作弊者，准予重考，須兩科
及格，方能升級。
3. 兩科作弊者，留級。
4. 兩科不及格，一科作弊者，留級。
凡考試作弊者，一律須據實紀錄，並報告教務
部，其屬重犯者，應予重罰。
二、小學部須補考及重考之學生可否准予先行
試升後再舉行考驗案。
（議決）中小學應補考或重考之學生，一律由九
月一日下午起舉行考驗，不必試升。

| 9 | 月 | 29 | 日 |

第 282 次校務會議

出席者:頌虔 北泉 韋輔 亦菴 博文 維嶽 建沛 志滂 天沛 彝弼 偉山 白鵬 慈照 尚民(照代) 汝芬 沛韶(列席) 兆熊 星白(列席) 孔懷 訓方 陳春(列席) 佩韋 希三 玉衡 慕蘭 冰如 瑞珍 惠僑

主席:盧校長
紀錄:梁冰如

報告事項
一、執行全體教職員會議議決案之經過。
二、中學部新校舍募捐委員會定於下星期二開第六次會議——附吳委員長通告。
三、中學訓委會議決案。
四、廣公一小訓委會議決案。
五、修改上次全體大會議決案第二項之記錄文字如下:
第(一)條及註(四)照原提案通過,並在升留標準內加"初小一、二、三年各級得酌量變通辦理"。

討論事項
一、審核廣公二小訓育部組織系統表、行政規程、會議規程及議事細則案。
(議決)照原文通過。
二、縮短小學部上課時間案(劉漢三提議)。
(議決)中學第一附小上課時間均改爲五十分鐘一堂,廿五分鐘半堂,交由中小學教務部會商辦理,改妥後公佈執行。
三、中學部秋季修學旅行往南京參觀全國運動會案。
(議決)通過。爲便利往南京參觀運動會,國慶本校中學部放假四天,十月九日至十二日,小學部放假二天,十月十日至十一日。如中小學教師有欲往南京者,由本人託人代課。關於領導中學生往南京參觀之一切應辦事項,推定五位先生擔任籌備。
當選者:譚天沛先生(召集人)、戴玉衡先生、韋輔先生、吳佩韋先生、黎維嶽先生。
四、審核中學教務部編訂學生請假條例、參觀優良學校團辦事條例及教室公約案。
(議決)原件交回中學教務部,俟各項規程完全編妥後再提交本會付審查。
五、規定校工制式樣案。
(議決)男校工用企領西裝式,女校工用常服式,外加白圍裙;均編定號數。

六、臨時動議。
第二小學校務會議議員請求每次開會備車接送案。
(議決)開會前由本校備車往接,散會後則自由乘車回去。

| 10 | 月 | 13 | 日 |

第 283 次校務會議

出席者:頌虔 孔懷 訓方 維嶽 尚民 冰如 慕蘭 北泉 兆熊 希三 汝芬 志滂 博文 建沛 彝弼 白鵬 亦菴 韋輔 沛韶 偉山 慈照(列席) 佩韋(偉山代)

議場:廣公第二小學
主席:盧校長
紀錄:梁冰如

報告事項
一、十月三日建築新校舍募捐委員會舉行第六次會議,結果甚佳(會議錄另公佈)。推舉陳炳謙、郭順兩先生爲副委員長,協助吳委員長主持會務,進行更爲順利,陳炳謙先生已恢復最初時之積極態度,前途頗爲樂觀。
二、補述國慶放假日期所以變更之理由。
三、二十二年全國運動大會籌備委員會來函——爲聘請譚天沛先生爲排球裁判員,請給予公假由。
四、懲戒中三上及中二上藉口旅行擅自缺課辦法。
五、韋輔先生報告南京旅行團之經過。

討論事項
一、訂定中學部特別生辦法案(劉漢三提議)。
(議決)照原提案辦法試行一學期。
二、審核第一、二小學研究會規程案。
(議決)教學研究會之辦法,原則上通過。關於條文上宜修改之處,交回兩小學教務部修正後,再提交下次會議討論。惟教學研究亟待開始工作,可由兩小學教務部先行酌辦。
三、審核第二小學教務部規程案。
(議決)照原文通過。
四、審核第二小學體育部暨體育會議規程案。
(議決)照原文通過。

| 10 | 月 | 27 | 日 |

第 284 次校務會議

出席者:頌虔 冰如 慕蘭 瑞珍 建沛(珍代) 尚民

星白(列席) 希三 志滂 汝芬 訓方 伯堯(列席) 彝弼
佩韋 孔懷 沛韶 天沛 亦菴 維嶽 博民(嶽代) 偉山
北泉 兆熊 白鵬 玉衡 惠僑

主席：盧校長
紀錄：梁冰如

報告事項

一、上海公共租界工部局爲本校第二小學請求
撥給補助費事,已於十月十八日派遣華人教育
處視察股(?)①陳主任會同市教育局謝督學到第
二小學視察。
二、十月廿一日教育部普通教育司司長顧樹森
偕同市教育局督學謝恩皋到本校暨第一小學視
察,對於本校中小學生之活潑精神甚爲贊許,並
謂此種精神爲江浙學生所不及云云。
三、中學部新校舍第一期應建築之圖樣,已着手
計劃。本月底或下月初即開始地面填泥。
四、公安局五區一所由下星期一起,每早六時至
七時借本校操場,每晚三時三刻至四時三刻借
第55號教室爲訓練警察之用。
五、市教育局令發本校小學教育研究會組織規
程,限期組織成立,呈報候核。
六、添聘國醫謝利恒爲校醫。
七、第一、二小學體育部報告參加市小運動會之
選手最近練習情形。
八、中學教務部報告中學自治聯合會情形。
九、童子軍部報告關於訓練童子軍之情形,及準
備參加全市童子軍檢閱及露營比賽等事項。
十、第一小學教務部高年級組主任報告教學研
究會開會情形及英語科最近已組織一補習班,
由郭星白、張訓方、董柳顏三位先生擔任教授。

討論事項

一、審核本校同人儲金會章程草案。
(議決)同人儲金會章程與大會議決組織同人互
助會之用意不合,應無庸議。惟本校同人如有
不幸身故者,一律仿照本學期全體大會所議決
協助黎伯伊先生子女教養金辦法,以實行互助。
二、審核第一、二小學高、中年級組各科教學研
究會規程草案。
(議決)照原文修正通過。
三、審核第一、二小學低年級組各科教學研究會
規程草案。
(議決)因時間迫促,留交下一次校務會議討論;
但該教學研究會得依照所訂規程先行試辦。
四、訂定本校小學部參加第五屆市小運動會辦
法案。
(議決)第一小學與第二小學分別參加,不混合,
祇用一校名義,以符該會定章。至辦理赴會各

事項,參照去年所訂辦法執行。

| 11 | 月 | 6 | 日 |

第285次校務會議

出席者：頌虔 維嶽 博文 惠僑(韋輔代) 韋輔 建沛
兆熊 彝弼 伯堯 星白 訓方 偉山 佩韋 汝芬 希三
瑞珍 志滂 亦菴 天沛 玉衡 慈照 北泉 白鵬 冰如
孔懷 沛韶

主席：盧校長
紀錄：梁冰如

報告事項

一、本次會議所以提前舉行之原因。
二、第二小學不另參加市小運動會之原因。
三、教育局通令舉行剿匪演說競賽,並令將當時
情形填具報告表。
四、建築中學新校舍最近進行情形。
五、一小教務部報告關於半堂鐘放學時維持秩
序的辦法。

討論事項

一、開會鼓勵參加市小運動會選手案。
(議決)十一月七日上午十時一刻開始在操場舉
行鼓勵會,推舉四位先生致鼓勵辭,當選者:鄭
惠僑先生 黎維嶽先生 劉勵珍先生 郭慕蘭先生。
學生代表致鼓勵辭者:初中學生六位,每級各
一;小學低年組學生兩位,第一、二小學各一;幼
稚生兩位,第一、二小學各一。
佈置鼓勵會會場:推定梁萬里、薛沛韶兩位先生
擔任,開會時特備座位給選手,鼓勵會散會時歡
呼,請薛沛韶先生擔任。如遇天雨,會場改在禮
堂,除各選手與致鼓勵辭之代表當然赴會外,只
限於高年組學生參加。
二、捐贈選手紀念品案。
(議決)仿照去年辦法,贈送選手每位背心一件,
女生與國術團不適用背心者,則照價另送其他
物品。
三、率領學生參觀市小運動會案。
(議決)全照去年辦法。
四、開運動會時本校上課問題案。
(議決)全照去年辦法。
五、訂定參與第五次市小運動會各部辦法案。
(議決)照去年所定辦法,惟每部加推副主任一
人,由西校教職員充當之。
總務部:王志滂、黃白鵬先生。

---

① 編者注:原文如此。

運動員部:譚天沛、孔懷先生。

童子軍部:張訓方、陳紹棠先生。

六、童子軍參加檢閱時之費用問題案。

(議決)參加者各人自備車資,學校酌量補助。

七、擬定第二小學校規草案請求通過案。

(議決)改爲第二小學學生公約,交第二小學自治指導股斟酌情形修正,再交由學生自治會通過執行。

| 11 | 月 | 25 | 日 |

第 286 次校務會議

出席者:頌虔 亦菴 汝芬 天沛(文代) 彝弼 訓方 韋輔 偉山 兆熊(偉代) 維嶽 惠僑(嶽代) 冰如 瑞珍(冰代) 建沛 星白(列席) 博文(星白代) 佩韋 玉衡 志滂 北泉(玉代) 慕蘭 孔懷 白鵬 尚民

主席:盧校長

紀錄:梁冰如

報告事項

一、籌建中學部新校舍最近情形。

A. 購置校地已達五十畝,圖樣決定後,即行興工建築。(校地現仍收買,至買足二百畝爲止。)

B. 由何人擔任繪圖尚在商決中。

C. 加緊催交捐款,以資應用。

D. 接洽開闢馬路,由水電路通至江灣路。

E. 改定酬贈捐款人免費學額辦法(擬改爲自捐一千元即贈送免費學額一名,另訂詳細辦法,以資限制。各方面甚重視此案,曾提出兩次大會,尚未決定具體辦法)。

F. 現已開始計畫籌集常年經費。

二、十一月十四工部局爲本校第二小學請求補助費事,委派衛生處副處長(西人)偕同該處中西職員到校視察衛生狀況及設備,結果表示滿意。

三、本學期之經濟狀況。

四、下星期全體員生攝影。

五、第二小學訓育部報告處分屢犯偷竊之學生之經過及學生公約業經定妥等情。

六、第一小學訓育委員會報告被竊廉潔學生交來之銀幣。

七、中學教務部報告本周率領學生參觀申報館及海京伯馬戲、獸苑等之經過。

討論事項

一、舉行立校廿一周年紀念會案。

(議決)地點——暫定融光大戲院,如商借不妥,則在中央大會堂舉行。

聚餐——決定用中餐,除全體教職員一律參加外,校友、學生均可加入,推定三位先生負責籌備。當選者:沛韶先生(召集人)、佩韋先生、韋輔先生。

放假——校慶日——(星期一)及星期二全校放假兩天,以資紀念。

壽禮——全體教職員合贈學校一紀念品,每人提取月薪百分之一,以應需用。推舉亦菴、維嶽、玉衡三位先生代辦。(召集人張亦菴先生)

職員——關於開會各事項,分四股職員辦理。各股人選如下:總務股主任戴玉衡先生,糾察股主任郭尚民先生,招待股主任郭慕蘭先生,游藝股主任張亦菴先生。

二、加工訓練學生運動技術案。

(議決)組織一體育委員會,委員由校長商請,關於體育上一切事項,由該會計劃進行。

三、協助童子軍部切實施行童子軍訓練案。

(議決)組織一童子軍訓練委員會,委員由校長商請。關於童子軍一切事項,由該會計劃進行。

四、協助體育部照料學生早操案。

(議決)每日第一時,各值課先生均請出操場協助排隊點名,各學生如有遲到者,應將書包帶到操場放在身邊,以便上課時之携帶,早操完畢,不論中學、小學均須排隊依次入課堂。

| 12 | 月 | 8 | 日 |

第 287 次校務會議

出席者:頌虔 韋輔 志滂 訓方 博文 偉山(博文代) 亦菴 建沛 瑞珍(建沛代) 維嶽 希三 沛韶 佩韋 彝弼 冰如 慕蘭 天沛 白鵬 慈照 尚民 北泉 孔懷 兆熊 惠僑(嶽代)

主席:盧校長

紀錄:梁冰如

報告事項(略)①

討論事項

一、規定期考及寒假等日期案。

(議決)廿三年一月十日(星期三)中學各級開始學期試驗。

十一日(星期四)小學各級開始學期試驗。

十八日(星期四)中小學寒假開始。

(附註)小學高、中、低三組同時開始試驗,放假日期則略分先後,休業式日期容再公佈。

卅一日(星期三)寒假終了。

_____

① 編者注:原文如此。

二月一日第二學期開始。

二日（星期五）考試新生，北校、西校同時舉行。

七日（星期四）北校行春季始業式。

八日（星期五）西校行春季始業式。

十二日（星期一）西校、北校均開始上課。

二、請確定辦事方針俾資遵守案。

提議者 北校 第一小學教務部／體育部／童子軍部／圖書館部

（議決）1. 如發現某一事件感覺困難，即彼此開誠相商或提出公開研究，以謀正當解決。

2. 各部依照各部職責，秉公辦理。如發覺困難，可即報告校長，由校長處理。

三、由下學期起擬收取新生入學試驗費一元案。

（附註）新生報名費，錄取後在學費內扣還。入學試驗費，錄取與否，概不發還。

（議決）通過。

四、立校紀念聚餐會原定須全體參加，不出席者應否納費案。

（議決）未參加者如因公、因病或在事假中者，可免納費，其餘須照納餐費一份。

五、公民科記分法應如何規定案。公民科研究會提案

（議決）小學高、中兩組公民科分數，可由公民科教師就知的方面記分，行的方面歸入性行考查辦理。

六、修訂考查學生性行辦法案。

（議決）照前分"稟性""思想""修學""言動""公德""儀表"六項考查。"其他"一項改爲"特點"。從前六項分別填寫評語，現改爲每項填寫分數；最高分數爲五分，最少爲一分。報告家長時，則將分數改爲甲、乙、丙、丁、戊等五級（五分爲甲等，四分爲乙等，三分爲丙等，二分爲丁等，一分爲戊等）。如有特別情形，須用評語報告者，即在特點一項填寫。

七、由下學期起擬增收學生體育費一元案。提議者體育部

（議決）通過。但不另立體育費名目，只在雜費內增收一元，並在雜費項下說明各種用途。

民國廿三年（1934 年）

3 月 1 日

第 290 次校務會議

出席者：頌虔 博文 韋輔 志滂 冰如 慕蘭 兆熊 北泉 汝芬 希三 沛韶 金玉 式孟 玉衡 彝弼 尚民（列席）孔懷 天沛 黎兢 佩韋 維嶽 亦菴 訓方 偉山 白鵬 惠僑

主席：盧校長

紀錄：梁冰如

報告事項

一、二月廿六日一小訓育委員會全體會議採納王志滂先生所擬訓育目標、訓育材料、實施辦法、訓練綱要、訓練細目五大項（詳見所擬之訓育意見書）。定爲一小本學期訓育具體方案，並公舉王先生爲一小訓委會主席。

二、上海市小第六屆運動會改在春季（四月內）舉行，本校附小已積極準備參加。

三、上學期決算表已製好，不敷之數達二千六百四十八元零四分（詳見另表），連前幾個學期所短少者，總數約在五千元以上，詳細數目，俟審核完竣後公佈。

四、第一、二小學體育部報告參加市小運動會之選手最近練習情形。

討論事項

一、審核中學部暨一小、二小各部本學期進行計畫大綱案（原文另詳）。

（議決）悉照原案通過。

二、本校歷年不敷之數應如何設法彌補案。

（議決）從節流開源兩方面設法彌補。

節流的：

1. 第二小學之校舍，在翻造期前之兩個月租金，試請房東通融免收。

2. 從電燈、自來水、添置修理、印刷品、雜支幾項盡量緊縮，其他各部之用費亦可與各部主任磋商節省。

開源的：

1. 續辦暑期學校。

2. 下學期酌量增加學費。

三、規定展覽會日期案。

（議決）規定在期考以前。

四、改用常態分配法記分案。

（議決）中學部因教育部頒佈用百分法記分，無庸更改，至小學部改用與否，留交小學教務部另召集會議決定之。

五、建議市教育局，凡參加市小運動會之學校如有作弊行爲，須予以嚴厲之處罰，並將該項辦法先行公佈，俾各校知所警惕案。

（議決）通過。但不直接用本校名義建議。另出個人名義或聯合其他機關建議，辦法另定。

3 月 15 日

第 291 次校務會議

出席者：頌虔 孔懷 韋輔 天沛 彝弼 兆熊 汝芬 白鵬 式孟 冰如 慕蘭 黎兢 志澬 沛韶 希三 維嶽 玉衡 佩韋 博文（佩代）北泉 伯堯（列席）金玉 訓方 偉山 惠僑

主席：盧校長
紀録：梁冰如

報告事項

一、依照教育局頒佈之學曆，本學期除春假外，所有各紀念日之應放假者，有下列各紀念日：

三月十二日（星期一）總理逝世紀念日（植樹節）。

三月廿一日（星期三）地方紀念日（民國十六年三月廿一日中國國民革命軍克復淞滬，本市市政府因定是日爲本市地方克復紀念日）。

三月廿九日（星期四）革命先烈紀念日。

四月一日（星期日）春假開始。

四日（星期三）兒童節。

五月五日（星期六）革命政府紀念日。

二、其他（從略）。

討論事項

一、審定本學期開支預算表案。

（議決）照預算表所列之數，希望各部酌量節省，以期收支足以相抵。預算表內"雜支"一項之數目應盡量減少，每次可按其用途，分別併入各部開支。（預算表另印發）

二、推定展覽會各部職員案。

（議決）展覽會組織分：總務部、設計委員會、審查委員會三部份。總務部設正副主任各一位，正主任由大會主席兼任，另選副主任一位。設計委員會設正副委員長各一位。審查委員會設正委員長一位，副委員長兩位。

當選者：總務部副主任王志澬先生；設計委員會正委員長張亦菴先生，副委員長黎維嶽先生；審查委員會正委員長戴玉衡先生，副委員長黎兢先生、蔡北泉先生。總務部各股股長及設計、審查兩委員會各科科長，由該部、該會當局會同商定分別聘任。

三、兒童節紀念會應如何舉行案。

（議決）爲兒童節本校師生便利舉行紀念會起見，本校特將春假期改爲四月五日開始，放假一星期，四月十一日春假終了，十二日上課。

兒童節紀念會，本校第一小學、第二小學分頭舉行，兩面各由教務部、訓育部、訓委會、童子軍部、幼稚園各主任負責主持。

四、第一小學訓委會爲整齊上課下課程序，特請校務會議規定辦法，交由各教師執行案。

（議決）該辦法照原文略加修正通過，並擴大其效用，中學及第二小學均須一致執行（另印發）。

4 月 2 日

第 292 次校務會議

出席者：頌虔 慕蘭 韋輔 兆熊 金玉（兆代）孔懷 志澬 亦菴 佩韋（亦代）式孟（亦代）冰如 沛韶（冰代）希三 維嶽（希代）黎兢 博文（兢代）北泉 白鵬（北代）玉衡 訓方 天沛 汝芬 偉山（芬代）彝弼 惠僑

主席：盧校長
紀録：梁冰如

報告事項

一、建築新校舍進行情形（見第八次募捐委員會議紀録）。

二、第一、二兩小學舉行兒童節紀念會辦法（由兩校籌備委員會報告）。

三、準備參加市小第六屆運動會。最近田徑賽練習成績（由兩校體育部報告）。

四、童子軍部報告在春假期內決定旅行杭州，學生加入者北校三十人，西校五人，連教師約四十人左右。

五、中學教務部報告，在春假期內中學有一部分學生旅行杭州。

討論事項

一、中學部員生參加兒童節紀念會案。

（議決）中學部員生全體參加第一小學兒童節紀念會。推定中學教務、訓育兩部主任及訓委會紀律組幾位指導先生，事前對中學生予以訓練，分配中學生之職務，幫同照顧小學生之安全。召集者：教務部主任。

本校兩小學學生爲聯絡雙方感情起見，特在兒童節紀念會，兩校各派兩位學生代表交換參加，第一小學學生代表由郭星白先生率領，並由郭先生代表第一小學教職員參加第二小學紀念會，第二小學學生代表由譚弘毅先生率領，並由譚先生代表第二小學教職員參加第一小學紀念會。

推舉黎維嶽先生代表中學部教職員參加第二小學紀念會並致辭。

其他一切關於兒童節紀念會事項，悉由第一、二兩小學籌備委員會計劃執行。

二、推行新生活運動案。
(議決)參照本市新生活運動會所定辦法,極力推行。
三、催請學生家長繳交建築捐款案。
(議決)由募捐委員會發函催交,並由本校全體教師協力向學生口頭宣傳。
四、對準備參加市小第六屆運動會選手之鼓勵會應提早舉行案。
(議決)由體育部先生酌定日期,預早舉行。

4 月 19 日

第 293 次校務會議

出席者:頌虔 慕蘭(尚民代) 訓方 佩韋 兆熊 亦菴 韋輔(芬代) 汝芬 孔懷 白鵬 博文 維嶽 冰如 金玉 式孟 天沛 黎兢 希三 沛韶 北泉 志滂 彝弼 玉衡 偉山 惠僑

主席:盧校長
紀錄:梁冰如

報告事項
一、四月十二日成績展覽委員會幹部職員第一次會議議決案:
A. 成績展覽會改在暑校結束後下學期開學前舉行,提交校務會議決定。
B. 出品審查,由四月十六日起執行,各科出品審查日期由審查委員會編定公佈。
C. 西校展覽會可提前舉行,結束後選送優越成績選交北校陳列。
D. 設計委員會隨時將所有設計分別交給各部會採納施行。
二、第一小學學期中學業成績報告已由各級級任負責辦妥(報告單由級任簽名送交學生家長查閱)。第二小學在辦理中。
三、第六屆市小運動會聞改在五月內舉行。本校建議嚴懲作弊之意見,已向該會會務主任馬崇淦督學陳述,據謂此事甚關重要,自當規定嚴懲辦法,俾參加學校知所警惕云。
四、戴玉衡先生報告:成績審查委員會進行調查各級各科成績狀況。
五、其他。
討論事項
一、展覽會改在暑校結束後秋季開學前舉行案。
(議決)通過。開全體大會時請大會追認。
二、注意學生作業勿使過勞案。
(議決)中學部及小學高、中年組各由教務部製定一種調查表,從教師及學生兩方面調查各學生

每日之自修情形。調查後,再由教務部將各學生每日之自修功課支配妥善,務使每人每日皆得勞逸平均,不至有過勞或過閒之弊。
三、參加本市中等學校教職員聯合會主辦之中學運動會案。
(議決)先由體育部訪查該會實在情形,然後再酌定參加與否。

5 月 3 日

第 294 次校務會議

出席者:頌虔 冰如 沛韶 佩韋 孔懷 白鵬 北泉(白鵬代) 黎兢 彝弼 惠僑(輔代) 韋輔 希三 訓方 博文 慕蘭(尚代) 維嶽 汝芬 亦菴 式孟(亦代) 瑞珍 天沛 兆熊 金玉(兆代) 志滂

主席:盧校長
紀錄:梁冰如

報告事項
一、教育局主辦第六屆小學運動會定於本月廿四日至廿六(星期四至星期六)三日在南市公共體育場舉行。
二、中等學校教職員聯合會主辦全市中等學校春季運動會,定於本月十七至十九(星期四至星期六)三日借法租界中華田徑場舉行。
三、中等學校協進會主辦英文背誦比賽,定於本月十日(星期四)下午二時借務本女中舉行。
四、本校呈請市府開築之通利路(由虹口公園游泳池斜對面起直達水電路新校址前門止),全部工程費計六千七百元,已由新校募捐委員會如數繳交工務局收訖,日間即可開工,約一個月內完成,路名擬呈請改爲廣中路,以資紀念。
五、新校舍定於六月一日開工建築,已在積極準備中。
六、北校體育部報告:參加第六屆市小運動會之本校選手成績平常,尚無打破上屆大會之紀錄者,現在加緊訓練,在此兩星期內希望較有進步。中學生參加全市中等學校春季運動會之選手,乙組成績較有把握。
七、西校體育部報告:西校之選手,田賽較有希望。寄宿生因練習時間較多,成績頗佳。然亦無打破上屆大會之紀錄者。
討論事項
一、參加第六屆市小運動會案。
(議決)關於參加第六屆市小運動會之一切事項,由委員會計劃執行。委員人數共七位。除西、北兩校體育部主任,西、北兩校教務部主任,

童子軍部主任共五位爲當然委員外,另推舉兩位擔任,當選者:王志滂先生、黃白鵬先生,召集人北校體育部主任。

二、參加全市中學春季運動會案。

(議決)關於參加全市中學運動會之一切事項,由委員會計劃執行,委員人數五位:校長、體育部主任、童子軍部主任、中學教務部主任四位爲當然委員,另推舉一位擔任,當選者:梁汝芬先生,召集人盧校長。

三、教職員捐贈運動選手獎品案。

(議決)每教職員抽一個月薪金百分之一,爲捐贈運動選手獎品之用,分配方法由中小學參加運動會兩委員會決定。

四、本校教職員應實行儲金救國案提議人黃彝弼。

(議決)原則通過。至於儲金數目及保管方法等,推定黃彝弼、張訓方、鄭惠僑三位先生起草辦法,由學校用書面徵求全體教職員意見,然後實行。

5 月 31 日

第 295 次校務會議

出席者:頌虔 玉衡 沛韶 彝弼 汝芬 亦菴 式孟(亦代) 瑞珍(列席) 冰如 訓方 博文 天沛 偉山 志滂 白鵬 黎兢 慕蘭(尚文代) 孔懷 北泉 兆熊 希三 惠僑 韋輔 維嶽 佩韋

主席:盧校長
紀録:梁冰如

報告事項

一、五月十七日校務常會日期因參加中學聯合運動會及爲其他公務所阻,致未舉行。

二、救國儲金辦法投票結果如後:

(附註)共收到五十二票,其中有一票未署名(該票未計)。又開票後始交到者二人,發表意見者三人。

1. 儲金數目:

第一議案　自由認捐。贊成者十四人,其中有對於兩個議案均贊成者三人。

第二議案　每人每月至少認捐二角。贊成者四十人。

2. 收款方法:由會計處扣除。贊成五十人,未表示可否者一人。

3. 保管辦法:贊成者五十人,未表示可否者一人。

4. 存款:存入銀行。贊成五十人,未表示可否者一人。

5. 其他辦法可由校務會議決定:贊成者四十九人,未表示可否者二人。

6. 另開全體教職員會議討論辦法:贊成者七人,不贊成者二十人,未表示可否者二十四人。

三、本校附小參加第六屆市小運動會成績低落之原因。

四、本校初中畢業考試由六月十一日開始,六月廿五、廿六、廿七三日參加畢業會考。

五、小學畢業考試及中小學各級學期考試,一律由六月廿五日(星期一)起,至六月三十日止。

六、新校舍正式圖樣及說明書準六月一日完全辦竣,隨即辦理估價投標及開工建等手續,現在已購得之地已及一百畝。

七、中學教務部主任報告前兩星期內中學生曾出外參加兩種比賽:一爲國文作法比賽,一爲英文背誦比賽,均爲中等學校協進會舉辦者,但兩種比賽本校學生均失敗。

又報告本校中學生準備參加市教育會舉辦之新生活演講比賽情形。

八、中學訓育部主任報告最近中小學訓委會開聯席會議及進行實施新生活之情形。

九、第一小學教務部主任報告最近第一小學各教師往參觀學校之狀況。

又報告本校小學生準備參加市教育會舉辦之新生活演講比賽,及參加市教育局舉辦之算術比賽狀況。

十、體育部主任報告中學生參加全市中學運動會,乙組田賽本校得亞軍,及參加全市小學運動會失敗之原因。

十一、團部主任報告最近學生在團內不守秩序及雜誌失竊之狀況。

十二、第一小學訓委會主席報告最近舉行全體訓育員會議之經過。

十三、北校舍務股報告第一小學六上(一)級學生江毓源入教職員宿舍偷竊衣物情形,及破案與開除該生之經過。

討論事項

一、救國儲金應由何時開始收集案。

(議決)發五月份薪金時即開始收集。(由會計處扣除)

二、救國儲金辦法第五項應如何決定案。

計開:

A. 銀行之選擇

(議決)國民銀行。

B. 存款時所用之名義。

(議決)廣公救國儲金。

C. 管理委員會之人數及任期。

(議決)委員三位,除校長爲當然委員外,再推舉黃彝弼、黎維嶽兩位先生擔任,任期定爲一

學期。

三、六月六日教師節應如何舉行紀念案。

（議決）是日，除由學校備筵公宴外，各教師各備禮物一份，互相贈送，但教師而兼爲本校學生家長者，有子女一位在校，須多備禮物一份，有子女兩位在校，即多備兩份，再多者照加。禮物之價值，最低限度每份半元。

又關於是日之一切事項，如禮物之收集、分配及聚餐、餘興等事，推定五位先生負責籌備。

當選者：薛沛韶先生（召集人）、王志滂先生、張亦菴先生、郭尚民先生、錢柏齡先生。

四、籌備開辦暑期學校案。

（議決）暑期學校所收入之學費，以半數給學校償還積欠，半數酬報教職員。又由劉偉山先生提議先撥出一部份存儲校內，以備教職員有急需時之借用。通過。

關於存儲及借用之一切辦法，推定三位先生負責計劃之。當選者：劉偉山先生（召集人）、吳佩韋先生、戴玉衡先生。

五、下學期酌量增加學費以資彌補案。

（議決）由下學期起，全校中小學幼稚園一律每生增加學費二元。

六、學生凡告病假後，須先將病情經過及醫生診斷書報告校醫，於必要時經校醫檢驗後始能上課案。（李銘慈校醫提議）

（議決）學生隨時往李校醫處檢驗，不知是否免收檢驗費，俟由校長與李校醫商議後再決。

七、審定教職員處罰犯規學生之權限草案。（中小學訓委會提議）

（議決）照原案修正通過，全文如後：

1. 學校有付教職員以執行校規處罰犯規學生之權。

2. 教職員均有執行校規處理學生行爲上發生糾紛之責任。

3. 教職員須協助或接受學校與訓委會委託調查或處罰犯規學生之責任。

4. 處罰學生應視其所犯過失之輕重即時懲戒之。

5. 如學生犯規案情過大，教職員不便執行處罰時，應即呈報學校辦理之。

6. 中小學教職員應不分畛域處罰犯規學生。

7. 教職員處罰犯規學生，學生應絕對服從；如有不服處罰者，學校應嚴懲之。

8. 處罰犯規學生辦法如下：

甲. 呈報學校開除學籍。

乙. 停學（須有期限，並請學校通知其家長）。

丙. 記過——大過、小過。

丁. 罰立。

戊. 書悔過書。

己. 道歉。

庚. 賠償損失。

辛. 停止課外自由活動。

壬. 留堂。

癸. 抄書或多做其他功課。

八、請校友陳寶球君（陳君此次出席遠東運動會榮獲鐵球亞軍）到校聚會案。

（議決）下星期一周會請陳君到校演講，並於教師節請其加入聚餐。

| 9 | 月 | 27 | 日 |

第 298 次校務會議

出席者：頌虔 佩韋 兆熊 孔懷（兆代） 訓方 偉山 伯堯 黎兢 汝芬 博文 沛韶 北泉 希三 志滂 冰如 金玉 玉衡 慕蘭 彝弼 星白（列席） 維嶽 天沛 啓文 惠僑

報告事項

1. 陳炳謙先生捐贈本校《古今圖書集成》一部，至足感謝！

附：本書用三開大本以原書九葉合一葉影印，分訂八百冊，分二年出齊，自本年秋季起，每三個月出一百冊。

本書定價八百元，預約價一次繳款者四百四十元，分八次繳款者四百八十元。

2. 西校經費異常困難，兩年來不敷甚鉅，本學期力謀搏節，教職員薪水暫以九成致送。

3. 其他。

討論事項

1. 審核第一、二小學教導處規程案。

（議決）先將該項規程送交本會議員詳細審閱，留交下一次會議討論通過。但在未通過之前，教導處得先依照該項規程草案執行，俟通過後再正式頒布之。

2. 成績展覽會應如何舉行案。

（議決）大規模成績展覽會，決留待新校舍落成後舉行，已預備好之成績，得由中學教務部、小學教導處分別定期作小規模的展覽。

3. 修訂中小學升級降級標準案。

（議決）修訂該項標準，中學由教務部主任負責，小學由教導處主任負責，修訂後再交由校務會議審核，在現行之升留標準，小學部可照中學部辦法增加特別生一項。

4. 設法繼續勸募新校捐款案。

（議決）暫定繼續勸募之辦法五種，切實進行。

（一）參考去年所用之各級學生捐款比賽報告

表,繼續舉行捐款比賽。

(二)已將捐款交到之學生,募捐成績優良者,學校設法表彰之,促其繼續努力,並藉以鼓勵來者。

(三)已繳回捐冊之學生,不論其曾否捐過,應鼓勵其再取新捐冊,繼續努力募捐。

(四)勸導中學自治聯合會設法令各級自治會自動努力爲學校募捐。

(五)全校舉行一次新校募捐宣傳周。

5. 實行組織童軍國務委員會案。

(議決)通過。由童軍部物色勝任該項委員之人才,列出名單,交由學校通函聘請擔任。

6. 學生用膳取用雙筷制以重衛生案。

(議決)先督促廚房校工一體注意食物及食具一切之清潔,第二步即準備採用分食制,飯菜每人一份。

7. 學校應設一種獎學金,以備輔助貧苦學生案。

(議決)以後如遇有貧苦學生堪以造就者,得隨時提出,斟酌情形輔助之。

| 10 | 月 | 3 | 日 |

第 299 次會議（臨時召集）

出席者：頌虔 伯堯 孔懷 兆熊(孔代) 偉山 亦菴 式孟 汝芬 黎兢 佩韋 志滂 博文 北泉 冰如 天沛 啓文(天代) 彝弼 訓方 沛韶 慕蘭 玉衡 惠僑 希三(冰代)

主席：盧校長
紀錄：梁冰如

報告事項

一、主席報告舉行臨時會議之理由。

(一)籌備慶祝雙十節。

(二)解決教職員儲金會基金各事項。

(三)其他急待解決之事項。

二、中學訓育部報告中學自治聯合會對於雙十節擬熱烈慶祝情形。

三、童子軍部報告童子軍準備慶祝雙十節之活動情形。

四、暑校教職員儲金保管委員會報告議決事項。

討論事項

一、本校應如何慶祝雙十節案。

(議決)

(一)放假——國慶日及翌日共放假二天。

(二)開會儀式——中學及一、二小學全體師生共同在北校操場舉行慶祝。

1. 行升旗禮及放高聲砲。

2. 童子軍樂隊奏樂。

3. 唱黨歌。

4. 對黨國旗及孫中山先生遺像行最敬禮。

5. 恭讀總理遺囑。

6. 主席報告。

7. 演講中華民國開國史——鄭惠僑先生。

8. 唱校歌。

9. 放爆竹。

10. 餘興：舞獅、拳術、各項游藝表演、歡呼。

11. 散會。

(如遇天雨則改爲分組在室內舉行慶祝)

(三)開會時間——準上午八時開會(八時以前全體學生務必齊集妥當,事前由體育部、教導處予以訓練)。

(四)費用——西、北兩校全體教職員每人納慶祝費四角,學生每人納二角,校工每人納五分,一律大洋。

(五)職員——分下列四股擔任籌備。

1. 購辦股——定負責人三位,當選者：
張建沛先生(召集人) 朱南英先生 梁勉儂先生

2. 餘興股——負責者：體育部、童軍部、中學休閒組及小學教導處。總主持者：體育部主任。

3. 佈置股——定負責人六位,當選者：
梁汝芬先生(召集人) 梁萬里先生 林易安先生 郭琴舫先生 翁元春先生 劉占五先生

4. 餐務股——定負責人三位,當選者：薛沛韶先生(召集人) 梁冰如先生 陳起予先生

聚餐以全體加入爲原則,不到者亦須照納餐費。每桌規定十二元,雜費在外。菜色決定用中菜,此次暫不用粵菜,以京菜或川菜等爲好。

二、審核暑校教職員儲金會保管委員會議決事項案。

(議決)關於借款利息,改爲月息一釐,其餘應辦事項由保管委員會負責執行。

三、張亦菴先生辭儲金會保管委員職案。

(議決)通過。公推張訓方先生繼任。

四、吳佩韋先生辭儲金會保管委員職案。

(議決)通過。公推張建沛先生繼任。

五、儲金會保管委員公推盧頌虔先生任主席案。

(議決)通過。

六、童軍科在學校課程上提高地位案(童軍部提議)。

(議決)留交下次討論。

七、改定小學生冬季制服案。

(議決)交由第一、第二小學教導處負責計劃,再交下次會議討論通過。

10 月 18 日

第 300 次校務會議

出席者:頌虔 冰如 金玉 希三 黎兢 天沛 訓方(天代) 兆熊 偉山 啓文 亦菴 式孟(亦代) 佩韋 博民(佩代) 彝弼 維嶽 志滂 沛韶 慕蘭 北泉 孔懷 伯堯 惠僑

主席:盧校長
紀錄:梁冰如

報告事項
1. 校長赴南京接洽買地及捐款經過。
2. 暑校教職員儲金會基金已借出四百元,尚餘八十六元。(截至是日下午二時三刻止)
3. 暑校教職員儲金保管委員會公推張建沛先生爲會計。欲借款者可先向張先生接洽。
4. 中學訓育部報告:
(一)募捐宣傳周進行情形。
(二)中學生紀律組服務認真,成績頗佳。
5. 一小教導處報告:
(一)一小學生成績展覽會定於十二月三日舉行。
(二)一小全體學生制服之規定。
(三)修訂小學升級降級標準之經過。
(四)舉行全體教導會議之經過。
6. 圖主任報告:
(一)本學期圖書增加的狀況。
(二)本學期圖書館費的用途。
(三)圖秩序應請全體師生一致注意。

討論事項
1. 積極進行爲新校舍募捐案。
(議決)擬定下列辦法,斟酌情形先後進行:
(一)關於鼓勵學生捐款各項辦法及設備,請由中學訓育部、教務部及小學教導處負責從速辦理。
(二)由學校製定調查表,交級任調查各該級關於募捐各種情形,並隨時公佈各生捐得成績。
(三)請各教師隨時利用機會訪問學生家長,請其贊助募捐進行。
(四)籌備邀請學生家長舉行募捐茶話會,事前須設法加以疏通,請其踴躍到會,關於學生家長狀況,尤宜先調查清楚,俾便辦理。
(五)請黎兢先生向華僑播音臺接洽用無綫電播音宣傳。
2. 審定小學教導處規程案。
(議決)交教導處全權執行,如執行後發覺有未妥善者,亦由教導處自行修訂,報告校長及本會

備查。
3. 審定小學教導處所修訂之小學升級降級標準案。
(議決)交由一小、二小教導處查照小學高、中、低三組情形,會同商定三種標準。
4. 小學男女生制服一律遵照教育局規定式樣製用案(該案業經小學教導處議決報告本會核奪)。
(議決)通過。

11 月 5 日

第 301 次校務會議

出席者:頌虔 慕蘭(頌代) 孔懷 彝弼 黎兢(弼代) 博文 伯堯(博代) 亦菴 式孟(亦代) 志滂 佩韋 偉山 天沛 北泉 啓文 沛韶 希三 冰如(韶代) 兆熊 維嶽 汝芬 訓方(芬代) 玉衡 惠僑(嶽代)

主席:盧校長
紀錄:李希三

報告事項(略)①
討論事項
一、鼓勵學生募捐案。
(議決)將中學各級及一小高年級每班學生分作若干隊,每隊人數自十五人起至二十人,由教師一人作領導,每人分發小款捐冊一本,勸募新校舍建築捐款。進行步驟,以二星期籌備,二星期實行,第一期結束定在本校校慶日(十二月四日)。公推黃彝弼(召集人)、薛沛韶、黎維嶽三位先生擔任籌畫一切。
二、獎勵參加市中運動會選手案。
(議決)甲、獎品:全體教職捐助薪水百分之一,交由體育部支配辦理。
乙、鼓勵會:招待各選手茶會,日期定本月六日下午放學時。通知中學各級選派代表參加,小學代表交由小學教導處選派,教職員方面推定中學廖俊清先生、一小梁汝芬先生、二小孔懷先生代表到會致鼓勵辭。
丙、停課:第一日中學全體參加,第二、三兩日停課。
丁、關於車輛照料及場內一切事項交由體育部計劃辦理,定電車請黃彝弼先生擔任。
戊、學生赴會費:每人收大洋一角。
三、中學部利用運動會停課期間及總理誕辰旅行案。

_____

① 編者注:原文如此。

（議決）通過。由中學教務部辦理。

四、全校學生舉行募捐演說比賽案。

（議決）通過。中學及小學高年組用國語，中低年組用粵語。

獎品：級際用錦標，個人用物品，其他一切辦法中學方面交由教務部與自治會休閒組合作，小學方面交由教導處計劃辦理。

五、臨時動議。

1. 因天氣漸冷，請將上課時間改遲案。（戴玉衡先生提）

（議決）改動如下：

中學方面：上午第一時遲一刻，以下遞延。

小學方面：上午第一時改遲五分鐘，以下遞延。

2. 通知工部局修理本校附近之"車馬慢行"警告牌案。（亦菴先生提）

（議決）通過。

11	月	23	日

第 302 次校務會議

出席者：頌虔 黎兢 博文 兆熊 金玉（兆代） 北泉 亦菴 式孟 孔懷 沛韶 慕蘭 希三 維嶽 佩韋 汝芬 伯堯 偉山 玉衡 啓文 天沛 星白 惠僑（弼代） 彝弼 訓方

主席：盧校長
紀錄：李希三

報告事項

一、新校舍工程現狀：下星期起打籬笆，籬笆長約四五千尺，價值約三千元，操場亦在整理中。俟籬笆築成後，則全部校舍面積可見。内部設備已着手辦理。建築方面，據工程師云，當能依時（陰曆年底）竣工。

二、教育局統一中小學教職員制服辦法（另錄）。

三、其他（略）①。

討論事項

一、審核分隊舉行募捐辦法案。

（議決）照原案修正通過（全文另錄）。

二、規定教職員制服案。

（議決）暫緩遵辦。

三、舉行立校二十二周年紀念會案。

（議決）（一）時間——在上午。

（二）地點——中央大會堂。

（三）敘餐——由學校備筵招待。

（四）放假——兩天（星期二、三兩日）。

（五）壽禮——全體教職員合贈一禮物。款項來源，照各人月薪抽百分之一辦法。委員：張亦菴

（召集）、黎維嶽、戴玉衡。

（六）籌備委員：梁汝芬、朱南英、曹彝環、黎兢（召集人）、梁萬里、劉兆熊、劉占五。

四、定期攝影全體員生照片。

（議決）一小定在立校紀念日（四日）下午。中學及二小臨時決定。

五、臨時動議。

常態分配記分法請延在下學期執行案。（偉山先生提）

（議決）交由教導處會議決定。

12	月	13	日

第 303 次校務會議

出席者：頌虔 佩韋 汝芬（偉代） 偉山 兆熊 孔懷（兆代） 希三 佩韶（希代） 北泉 亦菴 啓文 訓方 彝弼 天沛 黎兢 伯堯（兢代） 冰如 瑞珍 金玉 維嶽 志滂 慕蘭 博文 玉衡 惠僑 式孟（亦代）

主席：盧校長
紀錄：梁冰如

報告事項

一、校長報告。

1. 新校舍建築工程加緊工作情形。

2. 新校募捐委員會籌畫借款應付第一期建築等費辦法。

3. 二小校舍聞翻造在即，現正在物色相當房屋，以便遷移。

二、圖主任報告。

1. 本學期須將圖所有書籍整理，以備選出一部份移置新校圖；各教職員借閱各書，望從速檢出歸還，以便辦理。

2. 圖近來失書頗多，希望全校教職員共同注意，以謀補救。

三、一小教導處主任報告。

一小舉行成績展覽會情形。

討論事項

一、舉行新年同樂會案。

（議決）一小、二小六年級學生及全部中學生到新校舍舉行，由學校負責籌備。一小、二小五年級起至幼稚生分別在校内舉行，由教導處負責籌備。

二、擴充第一小學及幼稚園案。

（議決）下學期中學生遷往新校後，一小可酌量擴充，並特設成績室、禮儀訓練室等。幼稚園暫

---

① 編者注：原文如此。

仍其舊。(自本學期起,幼稚生升入小學時,給予幼稚園畢業證書)

三、籌畫學期結束事項案。

1. 學生各科學業成績表、性行調查表,及其他一切關於結束之表格,均須先行印妥,送交各教師早日着手填報。

2. 混合考試對於學生交卷時,應設法維持秩序使勿混亂。事前須製備夾子,註明學級學科,諄囑學生於交卷時,分別夾好,俾便整理,而免遺失。

3. 各科試題,請教師於考試前盡量提早交書記謄寫付印。能自寫鋼筆者自寫,學校於期考前多置鋼板幾套,以資應用。

四、注意假期日門禁案。

(議案)每逢假日,圖須鎖門不開放,報紙另放他處。並囑管門人特別留意,無使閒雜人等進內。

民國廿四年(1935 年)

`5` `月` `7` `日`

中學部本學期第四次校務會議

出席者:頌虔 安素 志遠 沛韶 起予 彝弼(起代) 梁勃 大同 南英(同代) 鼎詠 佩韋 玉衡(佩代) 星白 俊清(星代) 偉山 漢三 勉儂 劍民 君達 博文(偉代) 天沛 啓文(天沛代) 維嶽 惠僑 陽光 文甫 展雲(安素代) 琴舫 訓方(博代) 亦菴 汝芬

主席:盧校長

紀錄:鄭志遠

報告事項

(一)校長報告。

1. 五月四日本校寄宿舍失去學生衣物等件共約值百餘元,當即報警查緝,惟至今尚未破案。今後擬請警察常川駐校,以資保衛。

2. 廣東同鄉會擴大徵求會,本校全體粵籍同事務請一致加入,並擔任徵求義務。

3. 新校落成典禮日期逼近,請各教員加緊工作,以利進行。

4. 第一小學本星期五在本校運動場開運動會,中學各級照常上課。

(二)訓委會報告。

1. 學生自聯會第九屆職員繼續任職,本學期不再改選,業經自聯會全體會議通過。

2. 寄宿舍學生寢室失銀案業經破獲,以後須特別注意廉潔訓練。

3. 學生操行檢查表請各位先生隨時紀錄,星期一交劉漢三先生彙齊交訓常委會處理。小事請直接解決之。伯昭樓設有訓導室一間,如有須個別訓誡者,請用此室。

4. 禁止學生買雜食,訓常委會已通過,執行辦法由校務會議決定。

(三)圖部報告。

1. 關於圖概況擬於下期報告。

2. 購書問題。本期經費甚少,除購零星雜誌及各種小書外,現尚餘三四十元,本期因經費太少,故對於各種預約書不能購買,商務印書館現有《叢書集成》發售預約,該叢書內有廣東文獻,本校圖更宜置備,款項方面,希望各位先生設法籌集。

(四)事務部報告。

1. 本學期經濟異常緊支,若收回代募委會墊支各款經常費,可支持五月份。

2. 本校會計採用新式簿記,且有專人負責,賬目逐日逐月清結,最便檢查。

3. 張訓方先生前提議全校員生一律打防癆針,此事曾商之李銘慈醫生,經濟上或不易辦到;蓋每人藥費須大洋七角左右,如全由學校負擔,力有不及。且打針後,有無效果,尚成問題云。

(五)童軍部報告。

1. 本星期六第四區童軍在市中心區舉行大規模檢閱,上星期由團部決議中學派兩小隊,西、北兩校各派一小隊參加。

2. 中學於上兩星期曾舉行野外露營,因感借用陳氏耕讀園之麻煩,故擬從速佈置本團永久營地。

3. 關於參加新校落成典禮各事項,團部曾於上星期開會,舉定各股負責人員如下:

總務股:張訓方　露營股:何瑞雲
表演股:張汝洵　檢閱股:馬文甫
成績股:陳紹堂　概況編輯股:陳寶璋

討論事項

(一)學生常有之缺點,應如何切實矯正案。

(議決)由員生兩方負責:

1. 訓練自聯會紀律組負責督促。

2. 請各位先生切實執行訓練職務。

(二)禁止學生買雜食案。

(議決)通過。一面禁止校工代學生購買雜食,一面由各教員切實勸導。

(三)全體學生(一小、二小在內)致送新校落成典禮案。

(議決)全體學生合送禮堂帳幕全副,照價值平均分任。

| 6 | 月 | 1 | 日 |

中學部本學期第五次校務會議

出席者：頌虔 玉衡 維嶽 亦菴 汝芬 鼎詠 嶽威 展雲 志遠 南英 偉山(芬代) 起予 沛韶 彝弼 勉儂 星白(勉代) 陽光 鴻鼎 博文 劍民 佩韋 安素 天沛 啓文(天沛代) 梁勃 大同 文甫 琴舫 訓方 惠僑 詩富

主席：盧校長
紀錄：王安素

報告事項

(一)本校原定於六月十五日舉行落成典禮，嗣因其時氣候正值炎熱；且各種紀念碑、紀念亭工程未得及時完竣，典禮用費亦尚待籌措，故展期至秋季舉行。

(二)張建沛先生身後狀況——當張先生病故時，本校即致電其兄，旋接覆函，略謂因事不克來滬料理喪事，特託本校代爲辦理，所有費用，由彼攤還云云。
本校以張先生身後用費無多，擬由校及各同人分擔，可不必由其兄歸還。

(三)廣東同鄉會擴大徵求會近日催交會費甚急，務請本校粵籍同事加緊向各級學生家長徵求入會。

(四)辦理懲戒學生賭博及校工包庇賭博之經過。——學生余文寶、鄭國璧、吳卓鵬、陳卓聲因屢犯賭博行爲，各記大過二次。蔡銘忠因係初犯，記大過一次，並嚴密監察彼等以後行爲，促其改過自新。校工李金玉自六月一日起，停職三個月，以儆。

(五)事務部主任報告。
本校自本月起與厨房訂立合約，正式承辦本校膳食。

(六)訓委會張亦菴先生報告。
1. 每日小集會改爲每星期四舉行一次。
2. 修訂本學期訓育大綱。
3. 學生自聯會舉行歡迎一小參加第二區運動會選手凱旋。
4. 學生自聯會通過贈送本校新校舍紀念品。
5. 處置學生竊案之經過。
6. 處置寄宿生私出校門及毆打校工之經過。
7. 獎勵學生程錦榮拾金不昧。

(七)體育部主任報告。
1. 本學期運動器具之設備大致完全。
2. 級際籃球比賽業已開始。
3. 編製體育測驗表格。
4. 檢查學生體格，下星期可完畢。
5. 分配運動會獎品辦法。
6. 訂立緊急集合令號。

(八)圖書館主任報告。
商務印書館自動送到《叢書集成》定單一紙，售價作八五折計算，款項可以緩交云。

(九)教務部主任報告。
1. 每課休息時間，擬於下星期一起改爲一刻鐘。
2. 初中三下畢業預試擬於六月五、六、七、八、十等日舉行。
3. 三下預試結束後，各主要學科仍繼續上課。至會考前一、二日爲止。
4. 成績展覽會出品請各該科教師於期考前收集彙存教務部。

討論事項

(一)六月六日教師節舉行紀念會案。
(議決)1. 紀念節之前夕(即五日)由本校備筵款宴全體教職員。
2. 聚飡時增加餘興，公推張亦菴、張訓方兩先生爲中學方面籌備餘興委員。
3. 六日放假一日，俾便各教師自由娛樂，並舉行小組織旅行。

(二)致送張建沛先生奠儀案。
(議決)全體教職員各致奠儀一元。

(三)積極訓練學生愛護公物案。
(議決)1. 請各級任先生協同訓委會常委隨時加意訓練。
2. 凡學生如有損壞公物，重者須責令賠償，並設法增加勞作功課，俾知物力艱難。

(四)訂定取締學生不穿制服辦法案。
(議決)叮囑門警，凡遇學生有不穿制服者，一律不準入校上課，並隨即記名傳問。

(五)注意教室整潔案。
(議決)請各級級任各負全責，隨時檢查各該基本教室之整潔，並責成各該級自治會主席協同衛生組切實負責。

(六)開辦暑校案。
(議決)保留。改日召集會議，從長討論。

(七)參觀光華大學附屬中學案。
(議決)1. 準於六月二日上午九時在北校集合出發。
2. 有意前往參觀者，另紙簽名，由校備車接送。

(八)臨時動議。
教職員捐贈運動會獎品案。
(議決)全體教職員各抽月薪百分之一，交由體育部酌量置辦。

| 6 | 月 | 17 | 日 |

中學部本學期第六次校務會議

出席者：頌虔 佩韋 勉儂 南英（勉代）星白 詩富 君達 文甫 俞啓文（甫代）偉山 博文（偉代）汝芬 展雲（芬代）大同 梁勃（同代）亦菴 沛韶 劍民 志遠 鼎詠 訓方 漢三 起予 維嶽 嶽威 玉衡 安素 彝弼 惠僑（弼代）陽光 天沛 琴舫 鴻鼎

主席：盧校長
紀錄：王安素

報告事項

一、市教育局於本月十五日派員到校接洽，借用本校體育館爲本屆中學會考閘北區試場。（考期：本月廿四、廿五、廿六三日）
二、教務部報告。
1. 改訂期考日期之原因。
2. 成績展覽會出品，請各先生儘於暑假前收集彙存教務部。
三、訓育部報告。
1. 修訂學生性行調查表。
2. 各級自聯會工作情形。
四、事務部報告。
1. 本學期經常費收支情形。
2. 學期考試各科題目，請各科先生於試期前三日預交書記處寫印，以便應用。

討論事項

1. 訂定學期考試日期及辦法案。
（議決）定於六月廿七日起舉行期考四日，必要時延長一日，美術、音樂、體育等科提前考試，六月廿四、廿五、廿六因教育局借本校爲會考試場，放假三日，以便學生回家溫習。
2. 品行不良學生下學期應否淘汰案。
（議決）本學期各級性行頑劣無法施教之學生，下學期一律令其離校，由訓委會調查實情，報告學校執行。
3. 懲戒考試作弊學生辦法案。
（議決）學期考試時發現有作弊行爲，即飭令停止全部考試，下學期留級以儆。如以前曾犯此弊，則開除其學籍。所有以前考試作弊之學生，查案錄出，個別通知，予以嚴重警告。
4. 修訂升降級標準案。
（議決）參照中學畢業會考辦法，期考一科不及格者試升補考，兩科不及格者留級。所有高、初中各級全部之科目之編配如下：
（甲）初中部除國文、算學、理化、英文各爲一科外，其餘各科編配如左①：

（1）公民、黨義合爲公民科。
（2）歷史、地理合爲史地科。
（3）衛生、童軍、體育合爲健康科。
（4）寫字、音樂、美術合爲藝術科。
（乙）高中部除國文、算學、物理、化學、生物學、歷史、地理、英文各爲一科外，其餘各科編配如左：②
1. 公民、黨義合爲公民科。
2. 軍訓、衛生、體育合爲健康科。
3. 寫字、音樂、圖畫合爲藝術科。
5. 新生填繳保證書案。
（議決）新生保證書與納費憑單一併發出，須於入學前收齊並分別向保人行查，以昭鄭重。
6. 開辦暑校案。
（議決）（1）校址仍在本校，每日授課三小時。
（2）補習一科納費三元，兩科納費五元，三科納費六元。
（3）將暑校全部之收入，以四成爲教職員酬金，以四成爲彌補學校積欠。其餘二成充暑校教職員儲金會基金。
7. 下學期招考新生案。
（議決）兼在廣州登報招生，考期分兩次，屆時公佈。
8. 繼續繳納救國儲金案。
（議決）仍照舊例，全體教職員每學期繳納一元二角，統在第六月份薪金項下支取。
9. 臨時動議。
（1）酌撥本校救國儲金捐入中國航空協會案。
（議決）撥出五十元捐入該會。
（2）添闢算術科教室案。
（議決）通過。
（3）擬請小學部六年級算術教師與中學部算學教師合作，每至相當時期舉行測驗一次，以檢查其程度及其基本知識案。
（議決）通過。
（4）下學期各級擬減少學科而用輪換式教授案。
（議決）原則通過。再由教務部擬具辦法，交教務會議討論。

| 9 | 月 | 30 | 日 |

本學期第一次校務會議

出席者：頌虔 嶽威 博文 鴻鼎 志遠 君達 聖詩 詩富 彝弼 鼎詠（弼代）濯清 偉山 琴舫 勉儂 大同 維嶽 佩韋 亦菴 沛琳 玉衡 醒民 展雲 陽光 星白（光代）訓方 沛韶 興本 安素 天沛 孔懷 濬安 仁

---

①② 編者注：原稿爲竪排。

松 惠僑 劍民 文甫 南英

主席：盧校長
紀錄：王安素

報告事項

一、校務會議每月開會一次，全體教職員均須出席。

二、上學期經常費決算（明細表另印發）。

三、本學期經常費預算（明細表另印發）。

四、加入本市各團體歡迎南洋馬華僑胞選手參加全運會，今日下午開籌備會議共商歡迎辦法，本校委託朱南英先生代表出席。

五、本校印發禮貌訓練實施提要，務請全體教師一致督促學生實行。

六、今日收到廣東省參加第六屆全國運動大會委員會公函一件，報告全體選手一百八十餘人，準十月四日分乘郵船來滬，並希望旅滬粵僑團體學校屆時能歡敘一堂云。

七、關於籌備新校舍落成典禮各事項。

八、體育部報告緊急集合辦法及其信號。

九、教務部報告近日學生上課秩序情形。

十、參觀全運會事項交由體育部辦理。

討論事項

一、教職員捐資助賑案。

（議決）1. 全體教職員各捐月薪百分之二。

2. 捐款送交妥善之慈善機關轉賑災區。

二、歡迎全運會粵選手團案。

（議決）先由本校發起聯絡旅滬粵籍各校歡迎，然後推及旅滬廣東各團體擴大歡迎。推選籌備委員五人如下：張亦菴（召集人）、黎維嶽、譚天沛、戴玉衡、馬文甫。

三、慶祝國慶案。

（議決）先由教職員中推選五位會同學生自聯會籌備，人選如下：郭琴舫（召集人）、薛沛韶、賴陽光、孔懷、劉偉山。放假——十月十日至十二日共放三日。

四、定期全體員生拍照案。

（議決）日期：國慶節後（十月十四或十五日）拍照。

五、新校舍落成典禮，全體員生各撰頌詞一篇，刊入紀念冊，以資慶賀案。

（議決）（1）教職員方面頌詞，由教職員中推舉三位先生共同擔任撰擬。人選如下：林嶽威、鄭惠僑、張亦菴。

（2）學生方面頌詞，在各級作文堂即以頌賀新校落成典禮為題，先取各級代表作，再擇尤選用一篇或兩篇。

六、如何可使各同鄉暨各界熱烈參加新校舍落成典禮案。

（議決）由本校貢獻辦法交募捐委員會採納（辦法另擬）。

七、發售書畫展覽會抽取出品券案。

（議決）書畫出品先行標價，聽憑參觀人自由購買，不另售券。

八、臨時動議（戴玉衡先生提）。

改善在上課條約學生接洽辦法案。

（議決）交由本星期五訓委會商酌辦理，通知學生自聯會遵照。

11	月	1	日

本學期第二次校務會議

出席者：頌虔 星白 亦菴 嶽威 沛韶 偉山 文甫 醒民 彝弨 展雲 沛林 正詩 玉衡 志遠 起予 吳烈（予代）琴舫 坤儀 佩韋 濯清 君達 勉儂（君達代）訓方 安素 詩富（安素代）天沛 仁松 潚安 孔懷 鴻鼎 陽光 大同 興本 博文 南英 鼎詠 維嶽 惠僑

主席：盧校長
紀錄：王安素

報告事項

一、舉行兩大典禮結果甚為完滿。

二、兩大典禮用費約一千五百元（紀念冊印刷費不在內）。

三、新校舍落成紀念冊即可出版。

四、各方面對於本校之評論尚好。

五、團正式興工建築為期在即。

六、陳炳謙先生向簡照南夫人勸募第二座學生宿舍全部建築費。

七、籌募本校基金即須着手進行。

八、戴玉衡先生報告：

1. 所有此次陳列展覽之成績，請各教師將平時成績發還學生，季考、期考試卷仍交教務部保存。

2. 以後選取各級各科成績辦法，請各科教師在每週以內，選取優良作品若干，陸續交教務部保存以便陳列，而免屆時搜集作品及選閱之勞。

3. 在舉行典禮期內，各生擔任招待職務成績頗好。

九、張亦菴先生報告軍樂隊服務情形。

十、林教官報告檢閱軍訓學生事前準備情形。

十一、童軍部報告童軍服務經過。

十二、事務部報告辦理典禮事務經過。

十三、團部報告各界贈送書物。

十四、教務部報告季考日期，定十一月十四日起

至十六日止。

討論事項

準備應付嚴重之時局案。

(議決)先送寄宿生到西校暫住,以免晚上發生事故時,難於照料。日間仍照常上課,必要時再酌量停課。

(附註)謠言蠭起,人心不安,提早散會,未及討論之案,留交下次再議。

| 12 | 月 | 11 | 日 |

本學期第三次校務會議

出席者:頌虔 陽光 訓方 星白 鴻鼎 嶽威 展雲 醒民 佩韋 沛韶 君達 勉儂 孔懷 瀋安 劍民 沛琳(劍代) 維嶽 詩富 鼎詠 琴舫 文甫 亦菴 大同 博文 彝弼 起予 惠僑(弼代) 偉山 玉衡 濯清 坤儀(清代) 仁松 安素 興本 天沛 志遠 南英

主席:盧校長
紀錄:王安素

報告事項

一、校長報告。

1. 上海市教育局傳令嘉獎廣公第二小學辦理成績情形。

2. 本校最近經濟狀況。

3. 圖現已興工建築。

4. 教育局頒佈學校曆摘要。

廿五年一月一日(星期三)年假開始。

　　　三日(星期五)年假終了。

　　　六日(星期一)中等學校學生開始畢業會考至八日(星期三)止。

　　　九日(星期四)中等學校開始辦理第一學期結束事宜。

　　　十八日(星期六)中小學寒假開始。

　　　卅一日(星期五)中小學寒假終了。

　　　二月一日(星期六)第二學期開始。

　　　三日(星期一)中小學開始上課。

(附註)1. 本校擬於一月廿九日(星期三)考試新生。二月四日(星期二)開學。

2. 一月廿四日爲陰曆元旦,適在寒假期內。廿九日爲陰曆年初四,二月四日爲陰曆年初十。

二、教務部主任報告。

1. 修訂教室規則及考試規則。

2. 各級季考成績情形。

3. 參加科學演講競賽之準備。

4. 戴主任個人參加市教育局主辦中學教學進度表委員會經過情形。

5. 準備呈報初中畢業預試成績。

三、訓委會主席報告。

1. 巡查教室秩序。

2. 注意學生行爲不檢。

3. 發生失物,尚未破獲。

4. 獎勵服務盡職學生。

四、事務部主任報告。

兩學期收支概況及最近經費拮據情形。

五、體育部主任報告。

1. 參加鐵城杯、標準杯籃球、排球比賽情形。

2. 準備舉行校內級際籃球比賽。

3. 近兩週停頓早操原因,下星期即擬照常舉行。

4. 由下週起,各級學生所認定之課外運動項目,實行訓練。

六、童子軍部主任報告。

童軍活動因時間關係,未能常作大規模之野外訓練;只得從課內和課外方面加緊注意,力謀相當之效果。

七、圖書館部主任報告。

1. 圖建築完工後徵集圖書計畫。

2. 最近學生家長(鄭華枝先生)贈送英文百科全書卅五冊。

討論事項

一、加收學生學費案。

(議決)學費照舊。雜費改爲初中共收八元,高中共收拾元。惟雜費名稱取消,注明體育費、圖書費、實驗費、講義費等共收若干元。

二、豁免學生社會一切捐款案。

(議決)通過。

三、各科儘量用國音教授案。

(議決)各科教師上課時,應儘量用國音教授,如欲求國音純正,可與黎維嶽先生隨時研究。

四、遵令組織教育播音推行委員會案。

(議決)遵照令文頒佈辦法,由教務主任負責從速組織,並請各科首席教師指導學生聽講。

五、定期舉行科學演講競賽預賽案。

(議決)由理科首席教師薛沛韶先生負責辦理。

六、具體修訂升留標準及處置作弊學生案。

(議決)甲、由教務部會同各方面起草修訂升留級標準。

乙、處置作弊學生一案,依照上學期校務會議議決處置辦法,所有考試作弊之學生,下學期留入原級肄業,以示儆戒。

七、改製學生帽章案。

(議決)各級舊生之帽章,如有未換用新製帽章者一律通知掉換。

八、規定開煤爐標準溫度案。

(議決)規定華氏表溫度在室外四十六度時即開火爐取煖。

民國廿五年（1936年）

本學期第四次校務會議

出席者：頌虔 濬安 仁松 孔懷 嶽威 起予 吳烈 醒民 沛韶 展雲 志遠 琴舫 濯清 坤儀 彝弼 文甫 大同 劍民 詩富（劍代）君達 沛琳（君代）訓方 維嶽 玉衡 正詩 天沛 博民 鴻鼎 興本 佩韋 亦菴 偉山 琴舫 安素 勉儂（安代）南英 惠僑

主席：盧校長
紀錄：王安素

報告事項

（一）校長報告。

1. 本屆學期考試，仍照上學期辦法，借體育館爲試場，監考先生務請依時涖臨，嚴密監視，以杜絕學生作弊機會。

2. 一月十七日下午舉行第十六屆初中畢業禮暨各級休業禮。

3. 各科成績分數單至遲須於一月廿一日交至教務部，以便早日填報各生家長。

4. 一月廿九日招考新生。

5. 一月廿七日爲舊生報名截止期，逾期報名者，沒收其報名費。

（二）教務部報告。

1. 依照上次行政會議之議決：期考學生集中體育館考試。至初中畢業學級學生，因有教育局派員到校監考，仍在原教室受試。

2. 監考人數與時間之支配。

3. 各級受試學生，事前須經過嚴密檢查，除筆墨用品外，一概不准攜帶入場。

4. 本部爲顧及學生寒假進修起見，擬即發表先行調查各級學生程度，請各教師準時填交，以便訂定學生寒假作業標準，並請各教師於放假前訂就學生寒假自修功課。

5. 成績計算之支配。

（三）訓育部報告。

1. 學生性行調查表填寫方法並請各教師准期交還。

2. 最近發生學生破壞公物情形。

3. 設法訓勉學生考試切勿作僞。

4. 本學期訓委會指導學生概況。

（四）事務部報告。

廚房承辦本校膳食合同行將期滿，下學期應否繼續承辦，亟應徵求衆意，以定去留。

（五）圖部報告。

1. 學生方面本期所借之書大致收回。

2. 各教職員借閱各書，請於放寒假前統即繳還，俾便結束。

討論事項

1. 修訂升留級標準案。

（議決）照教務部擬具學業成績考查規程修正如下：

第十一條　缺席時數達該科全學期上課時數三分之一者，不得參與期考。

第十二條　學期成績不及格之學科滿三科者，或僅二科而其科目在初中爲國、英、算之任何兩科，在高中爲國、英、算、物理、化學之任何二科，均應留級（連續留級以二次爲限）。總成績在七十分以上者得重考一次。

第十三條　不及格之學科僅有一科或非上條所述各科之二科得予試升，俟重考及格或補習及格後，准予正式升級，但仍不及格者，即于次學期留級。

第十四條　畢業考試成績不及格之學科在三科以上，或爲前條所述各科之任兩科均應留級，留級過二次者應令退學。

2. 體育成績不及格不得升級或畢業案。

（議決）通過。但有生理上的缺憾而經醫生證明可讀書者例外。

3. 訂定獎勵優良學生減免學費辦法案。

（議決）凡學生中如有品學確實兼優或有值得獎勵之事實者，經行政會議決定後，酌予減收一部份或免收全部之學費。

4. 臨時動議。

（1）懲戒高一上、高一下學生擅自缺席辦法案。

（議決）1.先由教務、訓育主管人員會同設法調查真相，以便分別懲戒。2.另由林教官責令該兩級全班學生於上軍訓課時，罰立思過以儆。

（2）廚房膳食應否繼續由原承辦人承辦案。

（議決）下期仍由原承辦人承辦，惟事務部須關照該承辦人注意飯菜清潔衛生，時時改善。

本學期第一次校務會議

出席者：頌虔 袁松年 嶽威 陳起予 吳烈 訓方 志遠 鄭啓平 張汝礪 郭大同 鼎詠 展雲（鼎代）醒民 南英（醒代）琴舫 佩韋 濬安 孔懷 文甫 維嶽 亦菴 天沛 仁松 博文 偉山 沛韶 陽光 彝弼 星白 安素 惠僑

主席：盧校長
紀錄：王安素

報告事項

一、曹彝環先生因病休養,李坤儀先生因事回粵,本學期均辭去本校教務。

二、本學期新聘教職員共三位,台衡如下:鄭啓平先生、袁松年先生、張汝礪(石)先生。

三、本學期教務部職員如下:

主任:戴玉衡先生

總務股股長:郭大同先生

課務股股長:賴陽光先生

學籍股股長:陳醒民先生

書記:朱南英先生

四、本學期舍務股股長請孔懷先生擔任,股員由住校各位先生兼任。

五、本學期學生人數比上學期增加多少,現未得確數,容再報告。

六、一月廿七日行政會議關於學生入學手續未辦竣者,不得先行上課之議決案,經繕錄貼於教務室、事務室等處公佈週知,務請各位先生查照執行。

七、二月八日(星期六)開始上課。

教務部報告

一、上學期因事假、病假及一二科不及格之學生定於本月五日舉行補考、重考。

二、請各科先生先將本學期教科用書擬定,以便今日教務會議時從長討論。

討論事項

一、本校以前所訂一切規程、辦法,因缺乏彈性,致執行時常感覺困難。茲擬於每種規程、辦法之後,增訂"本規程(或辦法)執行時如發覺困難,得由校長斟酌實情變通辦理。"一條,以資補救案。

(議決)通過。

二、臨時動議。

1. 舉行三校(本校暨兩附設小學)教職員聯歡會案。

(議決)(1)聯歡會之舉行,以用費節省、規模簡單、注重精神上聯絡為原則。

(2)復刊《木棉》月刊。登載中學及兩附小行政事項,及教學研究各類文字,藉資互相明瞭三校情形。

(3)在《木棉》未復刊以前,三校會議錄互相交換送閱二份,以一份佈貼各該校教職員通告處,一份預備釘存。

2. 教職員學期末賞給校工酒資案。

(議決)仍照舊例:

(1)在校寄宿者每學期賞給叁元。

(2)不在校寄宿者每學期賞給壹元五角。

| 3 | 月 | 11 | 日 |

本學期第二次校務會議

出席者:頌虔 嶽威 沛韶 濯清 湛安 孔懷 吳烈 大同 星白(同代) 哲明 松年 醒民 展雲(醒代) 張石 偉山 起予(南代) 南英 志遠 仁松 劍民 詩富(劍代) 亦菴 君達 沛琳(達代) 維嶽 鼎詠(嶽代) 彝弼 琴舫 玉衡 訓方 啓平 文甫 天沛 佩韋 興本 陽光 安素 博文 勉儂(安代)

主席:盧校長

紀錄:王安素

報告事項

一、上學期(廿四年度第一學期)決算(另表印發)。

二、本學期收支預算(另表印發)。

三、二月廿八日上海市政府為實施軍事訓練事,召集高中以上學校校長會議關於"未施行軍事管理各校應從速實施"一案,決議如下:(一)業已實施各校,應照常進行,並盡量推及全校。(二)尚未實施各校在本學期內至少須令高中一、二年級,大學一年級學生受軍事管理,其他各級學生在本學期內盡量準備,由教育局、軍訓會、國民軍事教育協進會派員積極指導,在本學期內所能實施之事項,立即實施,並於學期終了前會同考查,務期準備就緒,下學期可以完全實施。

四、各部報告(略)①。

討論事項

一、審核本學期支出預算案。

(議決)通過。

二、植樹節全體員生植樹紀念案。

(議決)全體員生在本校第二苗圃各植樹一株,於舉行儀式時,推定黎維嶽先生演講植樹意義。是日如遇天雨,則改期下星期一週會堂補植。照苗圃行列號數列表填記植樹者姓名及樹名,以留紀念。

三、籌備慶祝兒童節案。

(議決)集合兩附小全體學生並邀請學生家長參加,在本校炳炎運動場舉行,組織籌備委員會負責辦理其事,公舉本校未結婚之教職員為籌備委員,並推定郭大同先生為召集人。

四、規定春假起訖日期案。

(議決)本校春假自四月六日(星期一)起至十二日(星期日)止,十三日(星期一)照常上課。

---

① 編者注:原文如此。

五、定期開會歡送高中二上、一下學生赴蘇州參加集中軍訓案。

（議決）1. 日期：四月四日（與慶祝兒童節同時舉行）

2. 推舉下列五位先生擔任籌備事項：戴玉衡先生（召集人）、黎維嶽先生、張亦菴先生、黃彝弼先生、吳烈先生。

六、推定校刊《木棉》主編人並定期出版案。

（議決）主編人由學校斟酌聘請，復刊號擬定春假前後出版。

七、應如何執行上學期第三次校務會議，各科儘量用國語教學之議決案。

（議決）1. 請黎維嶽先生爲國語研究會指導，並由學校購置國語留聲機片一套，以供各教職研習之用。

2. 各科教學須盡量用國語講解，倘有因用國語而不能暢所欲言時，可參用粵語。

3. 盡量用國語教學，定春假前試行，春假後實施。

4	月	15	日

本學期第三次校務會議

出席者：頌虔 志遠（士代）起予 星白 嶽威 君達 濯清 吳烈（清代）詩富 沛琳 琴舫（琳代）維嶽 博文 展雲 亦菴 大同 松年 張石 偉山 醒民 南英（醒代）勉儂 鼎詠（松年代）啓平 興本 天沛（儂代）澠安 佩韋 劍民 玉衡 福勝 安素 陽光 訓方 彝弼 惠僑 文甫 瑞雲（甫代）沛韶

主席：盧校長
紀錄：王安素

報告事項

（一）校長報告。

1. 校刊《木棉》復刊第二期定於四月二十日發稿排印，五月四日出版。

2. 本校高中部呈請立案表册經於四月九日送呈市教育局審核。

3. 中國防癆協會擬介紹專家來校演講防癆問題。

4. 中國華洋義賑會擬派員來校演講災情並勸募賑款。

（二）教務部報告。

1. 高二上、一下兩班學生赴蘇參加集中軍訓，特提前舉行季考，並擬定該生等回校後補修重要課程辦法。

2. 定於下星期四、五、六三日舉行高、初中各級季考。

3. 因高二上、一下兩班學生赴蘇參加集訓，原任各該級之教師重新分任其他各級課務，故須重編日課表。

（三）訓育部報告。

1. 學生自聯會休閒組擬展覽春假作業成績。

2. 檢查制服整潔。

3. 新生活運動會派員巡視各校整潔。

（四）事務部報告。

1. 會計股加緊工作情形。

2. 贈送參加集訓生紀念品費用。

3. 辦理本校員生參觀中國建築展覽會情形。

（五）事務部梁勉儂先生報告護送集訓生赴蘇經過情形。

（六）圖部報告圖流通圖書之意見及近日新到各種新書。

（七）童軍部報告最近訓練各小隊情形及春假童軍赴杭旅行經過。

討論事項

（一）充實校刊《木棉》內容案。

（議決）各同仁如有意見，可用書面或口頭向編輯部陳述。

（二）表彰優良學生案。

（議決）由各級教師就各該級品學俱優之學生擇尤報告學校，以便在校刊中表彰之。

（三）力謀全校地方整潔案。

（議決）由事務部衛生、庶務兩股切實督促校役工作，務使校舍內外各部清潔整齊。同時請各先生訓練學生協同操作，實施勞動訓練。此事請由訓常委會議定辦法，俾便執行。

（四）慰問集訓學生案。

（議決）1. 在該生等參加集訓期間，推選代表赴蘇慰問。（人選臨時再定）

2. 各教職員隨意捐贈物品。所有事前應行籌備各事，公推盧頌虔（召集人）、戴玉衡、劉偉山三位先生辦理之。

（五）鼓勵本校學生參加中體聯合運動會及廣公一小、二小學生參加市小聯合運動會案。

（議決）1. 全體教職員各捐月薪百分之一，爲贈送中小學選手獎品之用。

2. 開選手鼓勵會，推鄭惠僑先生致鼓勵辭。

5	月	14	日

本學期第四次校務會議

出席者：頌虔 佩韋 勉儂 玉衡 君達 沛琳 劍民 興

本 博文 福勝 維嶽 展雲 大同 起予（同代）訓方 醒民 張石（醒代）松年 彝弼 嶽威 志遠 文甫 瑞雲（甫代）安素 亦菴 詩富 濯清 吳烈（清代）偉山 星白 南英 天沛 兆安（天沛代）沛韶 鼎詠 惠僑 琴舫

主席：盧校長
紀錄：王安素

報告事項

（一）五月一日教育局督學謝恩皋先生到校視察之經過。
（二）五月二日本校教職員代表赴蘇州慰問集訓學生之經過。
（三）五月三日廣公一小參加市小聯合運動會閘北區預選會之成績。
（四）本校校董會曾於本月十日（星期日）午後三時在本校會議室舉行第一次會議，出席校董：溫欽甫、陳炳謙、楊梅南、郭順、郭樂、吳鐵城（李大超代）、李大超，議決案於下：
1. 通過董事會章程。
2. 本校以前不敷開支之數，設法向各方面募捐，以資填補。以後經常費除請求旅滬各同鄉團體予以津貼外，並呈請上海市政府教育局及廣東省政府發給補助費。同時酌量增加學生學費，俟本校經濟寬裕時，再行核減。
3. 本校墊支建築費壹萬六千九百餘元，在未歸還以前，由各位校董擔保，暫向銀行透支貳萬元，以應日下開支，俟秋季開學收得學費時撥還。
4. 本校圖書館全部建築費，前承陳炳謙先生認捐四分之一，茲復承陳先生加捐壹萬元，約計尚缺貳萬元，懇請吳市長設法募足所缺之數，俾得從速開工，早觀厥成。
5. 推舉陳炳謙、郭順、郭樂、楊梅南、李大超五位先生爲常務董事。
6. 聘任陳日平會計師爲本校查賬員。
（五）中學體育聯合會下星期五、六兩日（五月廿二、廿三）借本校運動場舉行運動會，本校已報名參加，屆時本校停課兩日（到時如因天雨不舉行，本校照常上課）。
（六）全國兒童圖書展覽會六月六日開幕，會場在市中心區大運場，本校選送初中及一小、二小學生作品百餘件參加，並選派學生到場表演繪畫。（表演屬比賽性質，另有辦法規定。）
（七）六月六日教師節放假一天。
（八）上海市教育局通告本市公私立中小學校認捐購機祝壽辦法：市立學校在發放經費時，由教育局會計股按各該學校薪給預算項下代扣。各私立中小學校教職員自由認捐，由各校呈由

教育局彙轉。
（九）上海市教育局通令本市公私立各中學組織青年服務團，以養成學生勞動服務精神，協助推行新生活運動。此事列入各該校辦學考績云。
（十）《木棉》復刊第三期定本月廿六日集稿，六月四日出版。
（十一）各部工作報告（略）①。

討論事項

（一）認捐購機祝壽案。
（議決）各教職員自由認捐若干，由校彙送教育局。
（二）組織青年服務團案。
（議決）交由訓委會會同各關係部份負責辦理。
（三）鼓勵本校選手參加中體聯運動會案。
（議決）定下星期一（五月十八日）上午第二、第三堂舉行，推定鄭惠僑、張亦菴兩先生代表致鼓勵辭，郭琴舫、薛沛韶、黎維嶽、程君達各先生表演柔軟操、拳術、京曲等，以助餘興。
（四）設法減少在上課時送通知單，以免妨礙教學案。
（議決）如非緊急事項，勿在上課時送通知單，所有通知單以在下課時送達爲原則。並請教務部、事務部會同計畫裝置教室出入要道通告牌，以應需用。
（五）各部執行事務時，請通知有關係各部份以資聯絡案。
（議決）通過。

| 6 | 月 | 17 | 日 |

本學期第五次校務會議

出席者：頌虔 潘安 星白 福勝 嶽威 志遠 瑞雲 博文 松年 彝弼 亦菴 大同 醒民 鼎詠（醒代）偉山 玉衡 起予 勉儂 沛琳 佩韋 吳烈 維嶽 文甫 劍民 君達 興本 詩富 安素 展雲（安代）南英 陽光 訓方 天沛 啓平 張石 琴舫 惠僑

主席：盧校長
紀錄：王安素

報告事項

（一）校長報告。
1. 六月廿二、廿三兩日舉行初中畢業會考。六月廿四（星期三）至廿七（星期六）舉行各級學期考試。
2. 本市第七次童子軍大會檢閱成績，本校童軍得九十二分，名列第一，露塋成績得九十分，名

---

① 編者注：原文如此。

列第二（查露瑩成績原爲九十一分，亦列第一，不知何故後改爲九十分，正向大會質問），其餘各科功課，因當日天雨，未克舉行比賽。

3. 全國兒童繪畫展覽會，本校初中學生及廣公一小學生參加表演，據聞成績甚優，頗有第一希望，大會全部成績即將發表云。

（二）各部報告（略）①。

討論事項

（一）定期舉行畢業及休業典禮案。

（議決）定於七月五日上午九時舉行，邀請校董、學生家長及各界參加。

（二）限期收集考試成績以便早日填發報告單案。

（議決）定於七月一日上午九時以前爲總收集期，不得逾限。

（三）開辦暑期學校案。

（議決）通過。（詳見暑校簡章）

（四）期考分數與季考分數應如何計算案。

（議決）本學期各科總分數，期考佔四成，季考、臨時考及積分共佔六成。（後者三項共佔六成，應如何分配，由教者酌量自定。）

（五）各科成績總平均計算法以各該科每週授課時數若干爲單位案。

（議決）保留。

（六）各級學生升降，應照升降標準嚴屬執行，如無重大困難發生不宜變通辦法案。

（議決）通過。

（七）訂定本校所用英文譯名，以免於需要時有不統一名稱之弊案。

（議決）粵東二字用國語羅馬字譯成國音“Yueh Dong”，中學二字照英文譯成“Middle School”，俟報告校董會後，再行正式公佈啓用。

（八）查各大中學校每級均有規定“班色”Class Colour，以應各級制旗及各種徽章或畢業紀念品採用，我校似宜做行案。

（議決）暫由各班自定，如有以“班色”爲代表該級者，須先申請學校登記，以免雷同。

（九）公份致送奠儀應否規定數目案。

（議決）公份人情暫以每人一元爲限，有特殊情形者另定。

| 11 | 月 | 19 | 日 |

本學期第一次校務會議

出席者：頌虔 維嶽 嶽威 展雲 興本 佩韋 冰然 訓方 安素 孔懷 鴻鼎 鼎詠 醒民（鼎代）志遠 福勝 星白 松年（星代）彝弼 振源 作梅 濯清 嶺達 霖生 兆鏗 起予 亦菴 南英 詩富 劍民 沛琳（劍代）玉衡 大同 馬文甫 天沛 誠生 勉儂 君達 琴舫

主席：盧校長
紀錄：王安素

報告事項

一、本學期經濟概況及上學期收支決算。

二、本學期校務進行概況。

三、教師如因不得已事而缺課，應與其他教師商酌對調，或於事後補授。告假在二日以上者，須商得校長或教務主任之同意，請人代理。

四、訓育部報告本學期最近訓育及軍事管理概況。

五、教務部報告最近課務、學生作業及高中選科概況。

六、事務部説明上學期中、小學三校收支決算及本學期中、小學收支總預算款目。

七、體育部報告本學期體育教學編制及初、高中參加上海市第四屆全市運動會成績。

八、圖部報告本學期圖最近概況。

討論事項

一、審議本學期預算案。

（議決）通過。

二、改訂校務會議開會辦法案。

（議決）本會議於學期始、學期中、學期末各開全體大會一次，平日得以常務會議代之。常務會議議員爲校長、各部主任、訓育、教務兩部各股股長及各科首席教師。常務會議每月開會一次，必要時得召集臨時會議。

三、慰勞綏遠將士案。

（議決）全體教職員各捐月薪百分之一，多捐者聽。學生方面隨意捐助。該款交本市妥實機關匯去。

四、全體教職員繼續儲蓄救國儲金案。

（議決）查照前訂辦法，全體教職員繼續月捐國幣二角，按月由事務部扣支。

五、季考改爲月考案。

（議決）月考暫不規定，惟各科功課須注重平時考查、常使學生多做練習題目；並設法引起讀書興趣，勤於自修，庶有進益。

六、立校紀念日應如何舉行慶祝案。

（議決）國難嚴重，停止舉行祝典，放假一日，以資紀念。

| 12 | 月 | 1 | 日 |

本學期第一次校務常務會議

出席者：頌虔 彝弼 張石 起予（弼代）醒民 亦菴 佩韋 孔懷 天沛（懷代）玉衡 琴舫 振源 大同 維嶽

主席：盧校長

———————
① 編者注：原文如此。

169

紀錄：王安素

報告事項

一、本校一覽業已出版，惟匆促付印，錯漏難免，全書亟待分別校閱一遍，俾便編印勘誤表。

二、本市學生軍事訓練第四互助區（所屬大學、中學七校）明日下午二時借本校運動場舉行檢閱。本校高一學生須出席受檢。（已受集訓者免）

討論事項

一、明日下午各級應否照常上課案。

（議決）明日下午第一堂各級照常上課，第二、三堂停課，以便各級學生就地參觀第四互助區軍訓生檢閱典禮。參觀辦法：各級學生仍照軍訓排隊辦法，由各隊長領導參觀。各生並須注意服裝整潔，如有不整潔者，不准入隊參觀。

二、檢查各級教室整潔（注意箱內物品）案。

（議決）明日午前由訓育、教務兩部會同視察各教室內有無不整潔情形，隨時飭校工清理。事前通知各生，須將各教室內各個書箱開放，聽候檢閱。所有平時考查教室整潔辦法及應用表格，交由孔懷先生擬訂。

三、應如何督促各級值日生克盡厥職案。

（議決）高中各級值日生服務，由軍事教官負責考查，初中各級則由各級級任分別督促，由教務部總務股負責考查，並於各級點名簿上逐日寫明各級值日生姓名，俾便督促。

四、募集援綏捐款案。

（議決）本校第一次援綏捐款，限明日（十二月二日）為總收集期，所有學生方面捐款，請各級任通知各生繳交事務部。教職員方面除按照議決案各捐月薪百分之一外，如欲加捐者，可通知事務部代支。

五、收聽教育播音案。

（議決）視講題性質酌定各級學生分批聽講。

六、援綏捐款結束後通告各生家長案。

（議決）請張亦菴先生將本校學生援綏捐款經過情形擬定通告，由學校寄發。

| 12 | 月 | 28 | 日 |

本學期第二次校務會議

出席者：頌虔 大同 君達 彝弼 嶽威 展雲 吳烈 霖生 詩富 安素 勉儂 沛琳 維嶽 偉山 玉衡 興本 佩韋 起予 訓方 南英 劍民 醒民 鄭兆鏗 作梅 亦菴 琴舫 濯清 嶺達 鼎詠 孔懷 志遠 天沛 誠生 振源 瑞雲 文甫 福勝 沛韶

主席：盧校長

紀錄：王安素

報告事項

一、年假由本月三十一日起，至廿六年一月二日止共放假三日，一月四日照常上課。

二、一月七、八兩日，初中畢業會考。

三、一月七日至九日各級學期考試。

四、一月十八日舉行初中第十八屆畢業禮，及高、初中休業禮。

五、一月廿八、廿九兩日考試新生。

六、二月三日春季始業。

七、財政部由明年一月起，開征中學教職員所得稅。（月薪三十元以下免征）

八、各部報告（略）①。

討論事項

一、調查各級學生操行案。

（議決）各級學生操行，請各教師按照各該生平時操行情形給以相當分數，並各附以操行評語。各級級任教師以普徧批評各該級學生為原則。如有未能觀察入微者，可於多方面調查之，倘認為性行頑劣不堪施教者，則請註明，以便學校酌辦，至填交該項調查表日期，展至本月三十日繳交訓育部。

二、操行成績暨學業成績實際不及格者，切勿給以及格分數案。

（議決）通過。

三、限期收集考試成績以便填發報告單案。

（議決）定於廿六年一月十四日上午十二時前為總收集期限。

四、貢獻一日所得案。

（議決）暫緩辦理。

五、臨時動議。

1. 本校教職員救國儲金應否停止繳納案（黃彝弼提）

（議決）茲因全體教職員已遵令由廿六年一月份起繳納所得稅，為免增各同人擔負起見，該救國儲金定於廿六年一月份起停止繳納。

2. 嚴防考試作弊案（訓育部提）。

（議決）交由訓育、教務兩部會同辦理。

民國廿六年（1937 年）

| 1 | 月 | 14 | 日 |

本學期第二次校務常務會議

出席者：頌虔 霖生 嶽威 維嶽 大同 孔懷 亦菴 偉山 佩韋 彝弼 醒民 琴舫 天沛 起予 沛韶 振源

---

① 編者注：原文如此。

玉衡 訓方 張石①

| 1 | 月 | 26 | 日 |

第三次校務常務會議

出席者:頌虔 玉衡 大同 佩韋 霖生 振源 亦菴 張石 嶽威 起予 沛韶 琴舫 訓方 天沛 孔懷 偉山 醒民

報告事項

盧校長報告:本學期各級學生學業或操行不及格者頗多,照章應予留級。惟迭據各學生或其家長紛紛請求對於留級辦法酌予變通(見來函一束),應如何辦理,尚待公決。

討論事項

(一)本學期各級學業成績不及格或操行成績列入丁等之學生,應予留級者爲數頗多,應否酌定補救辦法案。

(議決)1. 所有學業成績不及格而總平均分數滿六十分者,其學籍一律定爲特別生,暫准隨級試讀。俟下學期期考時,各該生須先重考上學期之不及格各科,及格後方得參加本學期期考,但以一學期爲限。如重考之科目仍不及格或下學期期考不及格者,得令其退學。

2. 所有操行列入丁等之學生亦暫准隨級試讀,由各教師隨時觀察。倘操行仍不改善,隨時得降入原級肄讀,以示警戒。

3. 下學期各級點名簿上,須將此次品、學不及格之學生姓名用紅筆書寫,加蓋"品"或"學"二字,以便各教師隨時督促。

(二)改訂下學期授課時間,以利下午强迫各級學生課外運動案。

(議決)上午授課時數仍照三堂授課,至十一時半止,下午改授兩堂課,自一時十分起至三時止。全日共授課五小時,所有各級圖畫、音樂、書藝各科,則移於三時後教授,以便與課外運動時間有所調劑。

| 3 | 月 | 15 | 日 |

本學期第一次校務會議

出席者:頌虔 博文 大同 亦菴 展雲 鼎詠(展代) 星白 起予 醒民 濯清(嶽代) 嶺達 作梅 志遠(作代) 霖生 嶽威 兆鏗 沛韶 福勝 孔懷 瑞雲 遠堂 張石 定昌 誠生 天沛 育羣 琴舫 振源 興本 勉儂 沛琳 劍民 詩富 安素 佩韋 文甫 玉衡 訓方 吳烈 維嶽

主席:盧校長

紀錄:王安素

報告事項

(一)本學期學生人數截至上星期止,實到四百六十一人。(高中 129 人,初中 332 人。)

(二)上學期學生數 444 人,本學期繼續來學者 385 人,佔原有人數百分之八十七。歷屆舊生續學人數,以本學期爲最多。

(三)本學期離校學生數 59 人,轉學外埠者 8 人,轉學本埠者 18 人,由本校飭令轉學者 6 人,未詳者 27 人。

(四)本校高中部呈請社會局立案,已於二月二日批准。現正呈請教育部備案。

(五)本校圖書館建築費及設備費,共需國幣六萬五千元,已蒙林炳炎先生慨捐半數(全部費用之一半),其餘半數,擬請陳炳謙先生擔任。陳先生病尚未愈,不便商請,一俟接洽妥當,即行開工建築。

(六)本校經濟狀況。(詳見上學期決算表及本學期預算表)

(七)級主任工作綱要及教室規則已經修訂,即日起公佈施行。

(八)四月五日起放春假一星期,四月十二日照常上課。

(九)高二上、高一下兩班學生,本學期須參加集中軍事訓練,集訓地點:函定本市郊外,開始日期大約在五月十日以後。

(十)各部報告(略)②。

討論事項

(一)審核上學期決算及本學期預算案。

(議決)通過。

(二)本學期開課後陸續發生竊案,應如何加緊偵緝,以絶盜風案。

(議決)推舉郭大同、孔懷、鄭兆鏗三位先生設法偵緝,並請全體教職員協力辦理,以期早日破案。

(三)高一下、高二上附讀生,擬於本月廿五日至廿七日三日內,舉行重考上學期不及格科目,請各位有關係教師出題,並請於本月三十一前將評閱結果交由教務部發表,俾便決定其參加季考資格案。

(議決)通過。

(四)本學期已經教過之課程,請任課教師隨時施行考查,以收溫故知新之效,而免舉行季考或期考臨時準備太過繁重案。

(議決)通過。

(五)請各科任課教師隨時將各級優良成績擇尤

---

① 編者注:原檔以下無內容。

② 編者注:原文如此。

交由教務部揭貼,以資鼓勵案。

(議決)通過。

(六)請級任教師從嚴督促值日生掛用值日帶,並督促其執行值日職務案。

(議決)通過,值課教師應共同負責督促。

(七)高二下本日(三月十五)值日生輕視職守,不遵令掛用值日帶,應如何處罰案。

(議決)應記大過一次以儆。

(附)此次未及討論各案,留交常務會議討論。

| 3 | 月 | 22 | 日 |

本學期第一次校務常務會議

出席者:頌虔 嶽威 作梅 亦菴 醒民 霖生 沛韶 大同 琴舫 訓方 博文 起予(博代) 佩韋 玉衡 天沛 維嶽 張石

主席:盧校長
紀錄:王安素

報告事項

一、刻接社會局電話通知,本校高中部已得教育部批准備案。

二、高三上、高二下兩班學生聯合呈請辭去軍事訓練隊隊長職務之經過。

三、廣公一、二小慶祝兒童節籌備委員會議決案。

四、其他。

討論事項

一、整飭校風案。

(議決)全體教師對於學生應守之規則一致嚴密加以注意,如發覺有違犯者,即由各教師直接予以相當處罰,如有特別情形者,通知有關係部主任或校長處理。

所有本校現行學【生】應守各校規,交由訓育部編印手冊,分發學生遵守。

二、推行新生活案。

(議決)委託劉偉山先生擬具辦法,交訓委會討論執行。

三、高二下乙組代數課本,上學期僅教六分之一,尚餘六分之五,預計本學期即加速度進行亦難完成,應如何設法補救案。

(議決)除本學期加速教學外,另於暑期內設法補習。

四、修訂值日生職權案。

(議決)修正通過。每生印發一份,由教務部交託各該級級任教師分派並予以訓練。

五、贊助一、二小舉行兒童節慶祝會案。

(議決)通過。推舉郭星白、鄧嶺達、鄭兆鏗、孔懷、朱南英五位先生籌備一切,推定孔先生爲召集人。

六、訂定借用本校運動場辦法案。

(議決)校外借用,須撽券入場,每券祇用一次,其券式由體育部計畫訂定。

七、規定勞動服務辦法案。

(議決)參照舊案辦理。

八、利用下列十二德目爲週會輪值演講及各級作文題目案。

(1)忠勇爲愛國之本

(2)孝順爲齊家之本

(3)仁愛爲接物之本

(4)信義爲立業之本

(5)和平爲處世之本

(6)禮節爲治世之本

(7)服從爲負責之本

(8)勤儉爲服務之本

(9)整齊爲強身之本

(10)助人爲快樂之本

(11)學問爲濟世之本

(12)有恒爲成功之本

(議決)通過。

| 4 | 月 | 26 | 日 |

本學期第二次校務常務會議

出席者:頌虔 博文 大同 作梅 維嶽 玉衡 嶽威 佩韋 訓方 醒民 琴舫(醒代) 起予 霖生 沛韶 亦菴 偉山 兆鏗(嶽代) 振源 天沛

主席:盧校長
紀錄:王安素

報告事項

一、社會局奉教育部令,轉飭本校遵照後開各點,分別辦理:

(一)校董名額超過規定,所設名譽董事亦與部章不符,應一併改正。

(二)校長應依照規定兼任教學,各教員教學應加調整,務使其所任教科爲其專習之學科。

(三)該校組織過於龐雜,應參照《修正中學規程》第十二章之規定,酌加裁併,以重實際。

(四)所訂初高中課程,均與去年二月間修正之《初高中教學科目及各學期每週各科教學時數表》不符,應分別查照改正。其選修科目辦法,

亦應取消；但得依照上項時數表說明之規定,於初高中最後學年設置簡易職業科目,如商業會計、簿記打字等科,使準備就業學生得受相當職業訓練。

(五)初中入學試驗,應免試英語一科。季考一項毋庸舉行。升級留級標準內,應將操行及體育成績兩項列入,並應明白規定"不及格者不得升級或畢業"。報名費應改爲國幣五角。

(六)所送各項規程,應分別改稱規則或章程,又該校名稱末之"校"字應删。

二、四月廿三日教育部特約編輯兼體育組副主任章輯五先生到校考察體育、衛生、軍訓、童軍教育。

三、四月廿四日教育部督學顧兆麐(石君)與何艾齡女士(倫敦大學哲學博士,教育部特約編輯)到校視察,表示滿意。顧督學並擬送其公子來校肄業。

四、本星期五、六兩日本校開運動會。天雨改期,照常上課。

五、圖建築費因尚未籌足,暫緩開工。

六、本校教職員黎維嶽、鄭兆鏗諸先生赴杭州參觀教育之經過。

七、各部報告。(略)①

討論事項

一、本學期各級附讀生一律准予參加學期考試,俾附讀成績獲一結束,並便於填發轉學證書案。

(議決)通過。

二、本學期季考成績不及格者,應如何飭令補習案。

(議決)請各科教師注意各該科不及格者之成績,隨時督促各生勤於自修。

三、本星期五、六本校開運動會,下兩星期五、六又須參加江灣區中學聯及本市中體聯運動會,對於該兩日原有功課極受影響。應如何設法補救案。

(議決)由教務部將該三個星期五、六之重要學科酌量調動,提前教授,分別通知各該科教師辦理。

四、參加江灣區中學聯合運動會大會操案。

(議決)由訓育部、體育部會同向各級學生徵求報名,並通知各自備白運動背心一件、黑短褲一條。

五、參加江灣區中學聯合會擴大紀念週案。

(議決)高中部全體學生由教職員率領步行前往參加。地點:江灣同濟高職禮堂,上午八時三刻出發,十二時回校。

六、開會歡送高二上、高一下學生出發受訓案。

(議決)定五月十七日(星期一)紀念週時舉行勉勵會,由教職員、學生自聯會代表致勉詞。

七、捐助運動會獎品案。

(議決)全體教職員各捐月薪百分之一,置辦獎品。

八、推行新生活運動案。

(議決)組織方面,查照市黨部所頒佈者辦理。再由校召集有關係部份商議執行。

九、舉行時事測驗及公民演講案。

(議決)由訓育部與公民教師定期分別舉行。成績優良者予以獎勵。至其他學科演講比賽,由教務部儘量利用週會時間舉行。

十、督促值日生執行職權案。

(議決)請教務部通知各級任教師負責注意各值日生是否執行職權,並製表考查服務成績。

| 5 | 月 | 25 | 日 |

本學期第三次校務常務會議

出席者:頌虔 大同 起予(同代) 亦菴 作梅 霖生 醒民 博文 偉山 沛韶 嶽威 琴舫 維嶽 佩韋 玉衡 訓方 張石

主席:盧校長
紀錄:王安素

報告事項

一、社會局奉令舉辦中學教員暑期講習班,訓令本校選派學員如期報名。(辦法另詳)

二、新新公司委託本校介紹學員學生入該公司學習生意。(見來函及章程)

三、廣公二小現有校舍不適於用,已在西摩路舊校舍後覓得新址,定下月初遷移。

四、各部報告(略)②。

討論事項

一、修訂課程時間案。

(議決)自下學期起各級英、算、理、化等科每週酌加教學時數,力求適合部頒課程標準,並逐漸提高其程度。其他各科斟酌歸併或利用課外時間教學。至各科時數之支配,再行商定。

二、慶祝教師節(六月六日)案。

(議決)是日(星期日)上午十一時半,由校歡宴本校暨廣公一、二小全體教職員,藉申慶祝(地點:本校膳堂)。七日(星期一)補假一日。

三、選派學員參加中學教員暑期講習班案。

(議決)查照各科應派人數,分別向各教師接洽。

―――――――

①② 編者注:原文如此。

四、開辦暑期補習班案。

(議決)交教務部辦理。凡英語或算學成績太差之班級,須全體加入補習,學費全部免收或減收一部份再行決定。

五、慰問集訓生案。

(議決)慰問日期由訓育部向本校譚教官商定後,再邀約教職員及學生代表前往慰問。全體教職員各捐月薪百分之〇‧五爲備辦贈品之用。學生方面贈品由訓育部徵集。

六、初中學生夏季制服一律改爲童軍裝案。

(議決)通過。自明年起施行。

| 6 | 月 | 23 | 日 |

本學期第四次校務常務會議

出席者:頌虔 佩韋 博文 訓方 維嶽 亦菴 偉山 沛韶 起予 大同 琴舫 醒民 天沛 玉衡 嶽威 霖生 作梅 張石

報告事項

一、本市赴廬山受訓學員定於本月廿八日由滬乘火車出發。

二、本校校長在廬山受訓期間及未回校以前,組織臨時校務委員會負責辦理校務,聘定吳佩韋、張亦菴、黎維嶽、王志澋、蔡北泉五位先生爲臨時校務委員會委員,吳、王、蔡三位先生爲常委,吳先生爲召集人。

三、教職員六月份薪金准本月內支發。

四、最近數日(即學期考試前後)各生在校尚能遵守校規,情狀較上學期爲好。

五、廣東旅滬同鄉會送來《教與學》升學就業指導專號一千二百五十本,囑贈與全體員生,該書爲林炳炎先生獨資捐贈者。

討論事項

一、操行成績不及格者應如何分別處分案。

(議決)見另表。

二、訂定圖暑期內學生借書規則案。

(議決)修正通過。

上海粤東中學圖書館暑期內學生借書規則(民國廿六年夏)

一、凡本校舊學生已報名入學者,均有向本館借閱圖書之權利。

二、借書時間,每星期一、四上午八時半至十一時半。

三、借書者須憑借書證,依照所列各項,詳細填寫,交館員依號檢取。

四、圖書借出後,借書證即存留本館;俟還書時仍將借書證發還原人,以便重借。

五、每人借出圖書,中文以六冊爲限,西文以三冊爲限,不得代借。

六、借出圖書以兩星期爲限,但本館有需要時,得隨時通知歸還。

七、借閱圖書須加意愛護,如有遺失或汙損等情,須照價賠償。倘係整部圖書,無論遺失或汙損多寡,概以全部論。如係非賣品或現已無從購覓者,賠償價值由校中估定之。

八、凡重要參考書及報章雜誌,祇限在本館閱覽,概不借出。

九、借出圖書最遲在秋季開學三日內一律歸還。

十、有不遵上列規則者,本館得停止其借書權。

| 8 | 月 | 9 | 日 |

粤東中學臨時校務常務會議

出席者:頌虔 沛韶 嶽威 琴舫 維嶽 天沛 佩韋 偉山 訓方(偉代) 亦菴 玉衡 博文 作梅 振源

主席:盧校長

紀錄:吳博文

報告事項

一、社會局通令組織上海市學生戰時服務團(組織規程另詳)。

二、社會局奉教育部令,通知本市各學校於戰事發生前從事各項準備(辦法另詳)。

三、本校目前經濟狀況。

四、截至今日上午止,新舊生報名人數:新生十九人,舊生一百二十六人,共一百四十五人。(一小新生二十人,舊生二百零四人,共二百二十四人,二小新生十五人,舊生六十八人,共八十三人。)

五、截至今日上午止,各級舊生請發轉學證書者合計二十七人(初中畢業生擬升學他校者約十餘人)。

六、各部報告(略)①。

七、事務部主任吳佩韋先生報告學校最近經濟狀況。

討論事項

一、組織學生戰時服務團案。

(議決)依社會局規定辦法辦理。先由各級負責學生通知各學生來校登記。

二、時局日趨嚴重,本校應如何準備應付案。

(議決)登報說明本校繼續招生,將報名地址移至西校,並申明報名截止日期,其他斟酌情形

---

① 編者注:原文如此。

辦理。

三、籌畫本校經費案。

(議決)隨時設法籌畫。

四、暑校教職員儲金應否暫停出借案。

(議決)照案通過。

五、外間紛傳本校停辦,應否設法闢謠案。

(議決)與第二案併案辦理。

9 月 8 日

粵東中學校務常務會議

出席者:頌虔 亦菴 作梅 霖生 醒民 沛韶 偉山 琴舫 維嶽 佩韋 張石 嶽威 玉衡

主席:盧校長

紀錄:張亦菴

報告事項

主席報告今日小學上課情形。

討論事項

一、決定臨時校址案。

(註)原定借用新寰職業學校一部份房屋為本校臨時校舍,茲擬另覓更適宜之地為校址。

(議決)校址暫在二小,不另向外租用。

二、酌定開學日期案。

(註)原定九月廿日開學,茲奉社會局令知展緩開學日期。

(議決)開學日期暫定九月廿四日。

三、另定招生簡章案。

(註)原有招生簡章一部份已不適用,亟應重新訂定。

(議決)招生簡章即席修正。

四、臨時動議。

本學期學生有因上學期學業不及格留級,而經家長證明其已補習及格,申請升級者,准其與新生入學考試時參加補考一次,及格者准予試升。學生有因上學期操行不及格留級,而經家長證明其已改過申請升級者,准於入學觀察一星期後確無過犯,經任課教師證明其已經改過者,得予試升,但若於學期中有犯過情形得仍令降級。

9 月 23 日

粵東中學校務常務會議

出席者:頌虔 嶽威 琴舫 偉山 佩韋 亦菴 沛韶 醒

民 霖生(醒代) 作梅 玉衡 維嶽 張石

列席者:志滂

主席:盧校長

紀錄:張亦菴

報告事項

一、校舍分配情形。

二、小學開學以來學生數目。

三、事務部主任報告中學生報名及登記人數。

討論事項

一、訂定教學科目及教學分量案。

(議決)參照社會局所頒戰時教學科目及教學分量表,按照本校目下情形酌量訂定。

A. 高中部分英、算兩科均增加為六時,三下增加為七時,二年上下及三年上下史地科不採複式教學,一年級音樂取消,發樂譜歌詞令學生自習,防空救護、戰時服務等合稱為戰時常識,改為三時。

B. 初中部分二、三年級童軍改為一時,一年及二年上英語增為五時,二年下及三年增為六時,算學時數同英語,二、三年級物理增為三時,一年級戰時常識改為二時,二、三年級改為三時,一年及二年上各增圖畫一時。

二、訂定教科用書及上課時間案。

(議決)A. 本校上期所用教科書目由教務部陳醒民先生調查,再由各科首席教師召集各科任課教師討論決定。

B. 上課時間每節六十分鐘,上午第三節五十分鐘。每日上午上課三節、下午上課三節為度,每日上午第一節上課自八時三十分鐘起。

三、擬定本學期開支預算案(未有具體議決)。

收入未有確數,暫難確定預算,惟校舍房租在可能時暫行緩付,以應其他急需。

四、擬定本學期管理大綱案(未有具體議決)。

由中學訓委會與小學教導處密切聯絡。

11 月 9 日

校務常務會議

出席者:頌虔 佩韋 嶽威 維嶽 沛韶 亦菴 偉山 霖生 訓方(列席) 醒民(列席) 志滂(列席) 玉衡

主席:盧頌虔

紀錄:戴玉衡

報告事項

1. 中學事務部職員及小學部教職員擔任本學期

上期工作者至本星期六爲止,擔任下期工作者由下星期一(十一月十五)開始。

2. 由下星期一起,聘定張訓方先生爲全校(中小學)專任監護員,負管理全校學生秩序之責,全日在校服務。

3. 各方面催促本校勸募救國公債情形。

12 月 11 日

校務常務會議

出席者:頌虔 霖生 偉山 嶽威 佩韋 醒民(列席) 亦菴 維嶽 訓方 玉衡 沛韶

主席:盧校長
紀錄:張亦菴

報告事項

(一) 本學期學生原有二百卅四人,中途退學者卅一人(内有欠繳下半期學費者廿人),目下實到人數二百另三人。

(二) 小學部學生原有一百八十一人,中途退學者十三人(内有欠繳下半期學費者十人),目下實到人數一百六十八人。

(三) 廿七年元旦(星期六)放假一天,一月三日照常上課。

(四) 一月十七日(星期一)起至十九日(星期三)止,舉行高初中畢業考試。

(五) 一月廿日(星期四)起至廿二日(星期六)止,舉行高初中學期考試。

(六) 一月廿三日寒假開始。

(七) 本學期上課共四個月(九月廿四日開學,一月廿三日散學)。

(八) 本校最近經濟狀況。

(九) 各部報告(略)①。

討論事項

(一) 局面轉變,情形特殊,本校爲適應目前環境,應如何辦理案。

(議決)A. 將校牌改用小型木質(二小校牌同此辦法)。

B. 注意學生寫作文字,避免誤會。

(二) 規定寒假終了日期案。

(議決)寒假終了日期定於二月六日,七日開學。

(三) 計劃下學期進行方針案。

(議決)下學期章程待修正後再行會商決定。

(四) 規定高初中畢業考試科目案。

(議決)高中畢業考試科目爲國、英、算(包括三角、大代數、解析幾何)、物理、化學、生物、歷史、

地理,初中畢業考試科目爲國、英、算(包括算術、代數、幾何)、物理、化學、歷史、地理。

民國廿七年(1938 年)

2 月 7 日

校務常務會議(臨時緊急召集)

出席者:頌虔 玉衡 偉山 嶽威 佩韋 霖生 訓方 維嶽 亦菴 沛韶 慕蘭(列席)

校長報告

本學期小學部學生人數驟增,原有教室不敷應用,最好中學部另覓校舍,於管理方面亦甚便利。現有西摩路愛文義路奧文小學校舍出頂,本校承頂爲中學部校舍,最爲適宜。惟因經濟關係,一時未易辦到,用特召集臨時會議,從長討論,是否可行,聽候公決。

(議決)照本校目前經濟狀況,實無力另覓校舍,惟奧文小學校舍頂費相宜,頂入之後,又可出租一部份,不致驟增巨額之租金,或可辦到。推定吳佩韋、郭慕蘭兩先生再向該校接洽承頂辦法,如本校認爲可行,即與之承頂。

5 月 4 日

校務常務會議

出席者:頌虔 霖生 醒民 嶽威 維嶽 沛韶 訓方 偉山 玉衡 佩韋

主席:盧校長
紀錄:戴主任

報告事項(略)②
討論事項

1. 訂定考試日期案。

(議決)五月十六(星期一)起至廿一(星期六)止,舉行第二次小考。六月廿一、廿二(星期二、三)舉行高初中畢業考試。六月廿三、廿四、廿五(星期四、五、六)舉行各級學期考試。

2. 修訂秋季招生簡章案。

(議決)照修訂通過。

3. 籌備暑期學校案。

(議決)(1) 推定黎維嶽、戴玉衡、吳佩韋三位先

---

① ② 編者注:原文如此。

生爲籌備委員,並推定戴先生爲召集人。

(2)準備擴大範圍。

(3)徵求各教師擔任科目。

4.甄別旁聽生案。

(議決)(1)各級旁聽生第一、二次小考及期考,各科須完全及格始准作正式生。

(2)第二次小考到教務室受試,由教務部負責監考。

5.補授畢業班功課案。

(議決)各科功課如有須補授者,由各科首席教師召集各該科教師商定辦法。各科負責人如下:

高初中算學科:戴玉衡先生

高中理化科:何霖生先生

初中理化科:薛沛韶先生

高初中英語科:吳佩韋先生

高初中史地科:陳醒民先生

高中國文科:林嶽威先生

初中國文科:張亦菴先生

6.臨時動議。

改短每堂授課時間及提早上課時間案。

(議決)由校長約定有關係部份人員商定公佈。

| 6 | 月 | 1 | 日 |

校務常務會議

出席者:頌虔 嶽威 沛韶 訓方 亦菴 維嶽 佩韋 霖生 偉山 玉衡

列席:兆熊 北泉 醒民

主席兼紀録:**盧頌虔**

報告事項(略)①

討論事項

天氣炎熱,本校地狹人稠,應如何變更授課時間案。

(議決)中學部上午提早上課,八時起至十一時五十分止,共上四堂。每堂五十分,休息十分。下午共上二堂,每堂上課及休息時間與上午同。小學部上午八時廿五分起上課,每節改爲廿五分,休息及上下課時間與中學部同。

| 10 | 月 | 4 | 日 |

校務常務會議

出席者:頌虔 維嶽 亦菴 醒民 偉山 佩韋 玉衡

主席:盧校長

紀録:張亦菴

報告事項(略)②

討論事項

1.本市徵募寒衣委員會函囑徵募寒衣,應如何辦理案。

(議決)除盡量徵募外,並將以前所存之救國儲金二百另九元八角中,提出五十元作爲寒衣代金。凡有應募寒衣兩件者(每件一元),由劉偉山先生贈以法書一幅,以資紀念(多募多贈,以此類推)。

2.選定本校校訓案。

(議決)暫行假定以"刻苦自强"爲校訓,各同人若有更佳者提出,得再行更改。俟確定後另行公佈。

3.訂定簡要規則第二輯案。

(議決)將原提出十五條删併爲十條,公佈施行。

4.由下學期起,高中部增設商業科及英語專修科案。

(議決)通過。

| 10 | 月 | 22 | 日 |

校務常務會議

出席者:頌虔 玉衡 維嶽 偉山 亦菴 醒民 佩韋

報告事項

接洽租用沈地爲操場之經過。

討論事項

沈地面積約有一畝三分,每月須付租金二百元,應否承租案。

(議決)本校需用操場既極殷切,每月如因增加二百元之開支,祇好酌加收學費以資彌補。應再與地主方面繼續接洽,俾得早日簽訂租約。

附註:該地租借不成,因地主決定建築房屋。27.11.10

| 11 | 月 | 28 | 日 |

校務常務會議

出席者:頌虔 亦菴 維嶽 醒民 玉衡 偉山 沛韶 佩韋

―――――――

①② 編者注:原文如此。

報告事項(略)①

討論事項

編印本校概況及招生簡章案。

(議決)照草案修正通過,並即付印分發。

民國廿八年(1939 年)

| 4 | 月 | 11 | 日 |

校務常務會議

出席者:頌虔 大同 亦菴 維嶽 醒民 玉衡 偉山 佩韋 育羣 張石

主席:盧校長

紀錄:王安素

報告事項

(一)出席國民俱樂部理事會議之經過。

(二)破獲初二上高程煇偷竊初三下周德根腳踏車,並開除高生學籍之經過。

(三)懲戒高二下梁樹律違犯考場規則及開罪監考員之經過。

(三)檢舉不良學生以杜引誘案。②

(議決)由訓育部製定表格,交託各級任教師詳查填報,以憑辦理。

(四)第一次小考商科全班學生化學科一致交白卷,應如何懲戒案。

(議決)由學校查明該班主動或附和交白卷之學生,分別處以相當之懲戒,並將經過情形通知各該生家長。

(五)督促怠惰學生使之注意學業案。

(議決)交教務部辦理。俟此次小考各科成績揭曉後,對於怠於爲學、成績低劣之學生,予以嚴重之警惕,並特別注意其功課;同時並顧及各生體質情形與學習能力的關係。

(六)補授畢業生功課案。

(議決)關於數學科課程,由該科首席教師定期召集該科會議,訂定補授辦法。其他各科課程由教務部調查各該科教學進度情形,再行辦理。

(七)學生建議設置"意見箱",俾便向學校貢獻意見,應否照辦案。

(議決)不必設置意見箱。學生對於學校如有意見貢獻,得用書面正式具名呈遞學校,以資參考。

(八)臨時動議。

各種定期考試酌量延長考期,俾各生從容應試案。

(議決)每次考試日期得延長至三日或四日。

| 4 | 月 | 15 | 日 |

臨時校務常務會議

出席者:頌虔 維嶽 大同 醒民 亦菴 偉山 玉衡 張石 育羣 佩韋

主席:盧校長

紀錄:王安素

報告事項

(一)審訊商科學生陳文桂是否主動全班於考試化學科時一致交白卷,及查問該科全班學生參與其事之經過。

(二)化學科教師何霖生先生對於學校懲戒該班學生之辦法,諸多誤會,全因公私界限分辨未清所致。

(三)各試場監考員何霖生、劉偉山、黎維嶽先生等報告,目擊陳文桂於自己繳交白卷後,親到其他試場門口,向該班同學招手示意情形。

討論事項

(一)組織審訊委員會審訊學生陳文桂案。

(議決)通過,公推盧校長會同訓育主任戴玉衡、商科教務副主任郭大同三位爲審訊委員。

(二)訂定判決原則以便執行懲戒案。

(議決)1. 學生陳文桂業經自認向未交卷之本班同學有招手示意之行爲,該生如不能供出由別人主動,則認該生爲主動其事者,應即開除其學籍,以肅校風;其餘附和學生各記大過兩次。

2. 審訊該生時倘有新事實發生,再行召集會議。

| 5 | 月 | 23 | 日 |

校務會議

出席者:頌虔 亦菴 佩韋 維嶽 醒民 偉山 大同 育羣 玉衡 張石

主席:盧校長

記錄:王安素

---

① 編者注:原文如此。

② 編者注:此處原件不完整,疑似缺失"討論事項,(一)、(二)"內容。

報告事項

一、本校增設商科,據報載業得教育部核准備案。

"廿八年五月十七日《中美日報》重慶專電:教部茲正式發表……①原有高中普通科准予增設商科者,計粵東中學一校……②"。

(附註)六月二日接教育部駐滬專員辦事處通知:"案查前據該校呈請增設商科,經派員查報檢同附件簽具意見轉呈核示在案,茲奉教育部廿八年四月十三日第八一三零號指令略開:'……③暫准添辦商科……④'等因合亟通知"。

二、四月廿三日,本校高初中學生冼春霖、容國鎏代表本校參加上海中等學校協進會作文比賽。頃據該會來函報告:比賽成績業已評定,并發表前五名姓名。凡參加比賽之學生,皆由該會發給紀念品。

(附註)五月廿六日接該會函知:本校高中代表冼春霖名列第廿三,初中代表容國鎏名列第十一。

三、餘略。

討論事項

一、應付目前環境案。

(議決)隨時注意,慎重應付。

二、編印秋季招生簡章及本校概況案。

(議決)中小學招生簡章合刊一册,學校概況酌量刊入。

三、籌備暑期學校案。

(議決)參照去年所訂章程辦理。

四、慶祝教師節案。

(議決)照舊放假一日,以資紀念。

| 6 | 月 | 9 | 日 |

校務會議

出席者:頌虔 大同 偉山 亦菴 佩韋 醒民 育羣 維嶽 玉衡 張石

主席:盧校長
紀錄:王安素

議決案如下

一、本學期辦理結束程序照原案修正如左⑤:

六月十七(星期六)高初中畢業班停課溫習

十九(星期一)上午高初中畢業班考試國文

二十(星期二)同右⑥考試史地

廿一(星期三)同右⑦考試算學

廿二(星期四)同右⑧考試英文

廿三(星期五)同右⑨考試理化

(備註)畢業班考試期内,各級上午在家自修,下午到校上課。授課時間表另行編訂。

六月廿四(星期六)收集各級學生操行成績調查表。

同右(同右)⑩上午各級考試國文(作文提前考)、公民。

廿六(星期一)同右⑪考試史地

廿七(星期二)同右⑫考試算學

廿八(星期三)同右⑬考試英文

廿九(星期四)同右⑭考試自然

六月三十(星期五)收集高、初中畢業班考試成績。分數表及考卷

七月三日(星期一)收集各級學期考試成績。分數表及考卷

七月六日(星期四)舉行高、初中畢業式及各級休業式。

(附註)高中畢業式改於七月十日(星期一)舉行。

附錄:

七月十日(星期一)暑期學校開學

七月十二日(星期三)暑期學校上課

八月廿二日(星期二)暑期學校結束

八月廿五日(星期五)第一次考試新生

九月一日(星期五)秋季始業

九月四日(星期一)開始上課

| 8 | 月 | 5 | 日 |

校務會議

出席者:頌虔 佩韋 亦菴 偉山 醒民 維嶽 張石 大同 育羣

主席:盧校長
紀錄:王安素

報告事項

黄培銖會計師因本人業務繁忙,無暇兼任本校商科教務主任,介紹關可貴先生承乏,業得關先生及本校同意。按關先生爲美國加利福尼亞大學商科碩士,曾任國立中山大學、暨南大學商學系教授。現任滬江大學商學院教授,上海市保險業同業公會秘書長。

---

①②③④　編者注:原文如此。

⑤　編者注:原文竪排,"如左"即"如下"之意。

⑥⑦⑧⑨　編者注:原文竪排,"同右"即"上午高初中畢業班"。

⑩　編者注:原文竪排,"同右(同右)"即"六月廿四(星期六)"。

⑪⑫⑬⑭　編者注:原文竪排,"同右"即"上午各級"。

討論事項

訂定招考半費生暫行辦法案。

(議決)照草案修正通過。

| 10 | 月 | 9 | 日 |

校務會議

出席者:頌虔 大同 醒民 兆鏗 維嶽 偉山 心海 亦菴 建強 作梅(偉山代) 張石 佩韋 玉衡

主席:盧校長

紀録:王安素

報告事項

一、此次會議提案,有一部份與級務有關,特邀請各級級任出席,共同討論。

二、本校請求廣肇公所恢復"八一三"前補助費數額一事,最近接洽情形頗爲良好,或可如願以償。

三、十月六日工部局衛生處派員來校視察,對於廁所方面,認爲不敷應用,囑添裝小便池二個。

四、本校第三屆高中畢業生馮根基不幸於本月四日病故,殊堪悼惜。查該生於民國十三年九月入本校附屬幼稚園肄業,繼續讀至民國廿八年一月高中畢業,在校歷程共計十四年半。

討論事項

一、在校內聞唱國歌聲時,應一律肅立案。

(議決)凡在校內舉行紀念週或其他集會唱國歌時,除在場人員應一律肅立外,會場以外人員聞國歌聲不必起立。

二、取締在弄口購買雜食案。

(議決)除嚴禁各生在弄口等處購買雜食外,並設法與附近巡捕接洽,請其不准小販在本校弄口附近兜售雜食。

三、恢復訓導常務委員會案。

(議決)通過。常委會設常委五人,除訓育部主任爲當然常委外,再推舉常委四位。當選者:張亦菴、黎維嶽、吳佩韋、郭大同。

(註)以上三案曾由譚冠翰先生、小學教導處、中學訓育部分別提出上次全體教職員會議而未及討論者,特再提出討論。

四、徵募寒衣案。

(議決)本校全體教職員每日一分之儲金提撥五十元,捐作寒衣代金;並徵求小學部同事予以同意。

五、舉行各科學業競賽案。

(議決)本學期暫定舉行國語演説兩次,速算、書

藝、圖畫各一次,交由教務部負責辦理。

六、編定學生座位表案。

(議決)初中部各級座位本學期暫定調換三次,調換時由教務部通知。高中部各教室因人少位多,由各級任隨時指定各生就坐。

七、週會分爲三組舉行案(臨時動議)。

(議決)仍照兩組舉行,惟因禮堂地狹人稠,集會時間酌量縮短。

| 12 | 月 | 23 | 日 |

校務會議

出席者:頌虔 大同 亦菴 偉山 醒民(偉代) 佩韋 玉衡 沛韶 維嶽 張石

主席:盧校長

紀録:王安素

議決案如下

一、本學期辦理結束程序照原案修正如左①:

廿九年一月五日(星期五)上午高初中畢業班考試國文

一月六日(星期六)同右②考試史地

一月八日(星期一)同右③考試算學

一月九日(星期二)同右④考試英文

一月十日(星期三)同右⑤考試理化

備註:畢業班考試期內,其他各級上午在家自修,下午到校上課,授課時間表另行編訂。

一月十一日(星期四)收集各級學生操行成績調查表

同右(同右)⑥上午各級考試國文(作文提前考)、公民

一月十二日(星期五)同右⑦考試史、地、商史、珠算

一月十三日(星期六)同右⑧考試算學,初二音樂,高一商算、概論,高二商化、概論

一月十五日(星期一)同右⑨考試英文,初一上音樂、商英

一月十六日(星期二)同右⑩考試自然,初一下音樂、商簿記

———————

① 編者注:原文竪排,"如左"即"如下"。

②③④⑤ 編者注:原文竪排,"同右"即"上午高初中畢業班"。

⑥ 編者注:原文竪排,"同右(同右)",即"一月十一日(星期四)"。

⑦⑧⑨⑩ 編者注:原文竪排,"同右",即"上午各級"。

同右①(星期二)收集高初中畢業班考試成績(分數表及考卷)

一月十八日(星期四)收集各級學期考試成績(分數表及考卷)

一月廿二日(星期一)舉行高初中畢業式及各級休業式

附錄:二月五日(星期一)第一次考試新生

註:二月八日(星期四)舊曆元旦

二月十日(星期六)春季始業

二月十四日(星期三)開始上課

民國廿九年(1940年)

1月5日

校務會議

出席者:頌虔 玉衡 沛韶 大同 亦菴 佩韋 維嶽 醒民 張石 偉山 作梅

主席:盧校長
紀錄:王安素

報告事項(略)②
討論事項
(一)訂定獎學金規程案。
(議決)照草案修正通過(見另紙)。
(二)修訂招考半費生暫行辦法案。
(議決)照原辦法修訂通過。

3月22日

校務會議

出席者:頌虔 大同 醒民 佩韋 偉山 維嶽 作梅 亦菴 玉衡

主席:盧校長
紀錄:王安素

報告事項(略)③
討論事項
一、變更春假起止日期案。
(議決)春假起訖日期原定四月一日至四日,茲因四月五日爲"清明",春假改由四月三日(星期三)起至六日(星期六)止,第一次小考日期亦順延至四月十一日(星期四)至十三日(星期六)舉行。
二、提撥教職員每日一分捐賑濟難胞案。

(議決)通過。酌撥該款爲賑濟中山境內難胞之用。中學部方面暫定撥出三十元至四十元,俟小學部方面議定後,湊足撥助五十元之數。
(附註)教職員每日一分捐,截至廿九年一月卅一日止,中學部積存四十四元三角,小學部積存廿七元四角,共計七十一元七角。
三、各種定期試驗應請監考先生一致切實執行試場規則案。
(議決)各監考先生於監考時間內,務請一致嚴密監考,對于違犯試場規則之學生,須立即令其退出試場,並於事後報告教務部。未到繳卷時間,勿催促學生交卷,既到時間,不能聽其延遲繳交。
四、教師請假,應請正式通知校長或教務部,以便應付案。
(議決)通過。
五、教師請假,所缺之課應如何補授案。
(議決)所缺授之課,有影響該科教學進度者,由教務部與請假者商定適當時間補授;或逕由本人自行設法補授,通知教務部備查。
六、本期學業比賽:擬暫定國語演講比賽、英語測驗、書法比賽、算學測驗四項,分期分組舉行,以資鼓勵而增興趣案。
(議決)除上列各項比賽外,再增加粵語辯論會一次,參加者以高中生爲限。所有上列各項比賽事宜,交由教務部負責與有關係各教師商定辦理。

4月15日

校務會議

出席者:頌虔 亦菴 玉衡 醒民 偉山 大同 維嶽 佩韋 作梅

主席:盧校長
紀錄:王安素

報告事項(略)④
討論事項
一、高中一下劉文志考試數學時强奪他人試卷,圖謀作弊,應如何懲戒案。
(議決)除取消該科分數外,並記大過二次以儆。嗣後無論何人,考試時如再有作弊之事發生,一經查出,即須開除學籍。應將議決辦法函知劉文志家長,並令全體學生週知,使各有所警惕。
(註:本校定章記大過三次者斥退)

---

① 編者注:原文豎排,"同右"即"一月十六日"。
②③④ 編者注:原文如此。

二、離校學生關玉熹侮辱本校教員，及調戲小學部女生，應如何對付案。

（議決）函約該生家長來校，告以該生之種種不法行爲，請其注意約束，並施以懲戒。

三、各科一學期之總成績，各教師計算頗不一致，原則上應使其劃一案。

（議決）由教務部擬具艸案，交下次會議討論。

四、訂定風紀團團員服務期限案。

（議決）學期開始時所選出之團員，以服務半學期爲限。第一次小考成績結算完竣時，提出成績較優者爲新團員候選人，由各級分別推定之，服務至本學期終了時爲止。服務成績優良者，另訂獎勵辦法。

6 月 2 日

中、小學校務代表聯席會議

出席者：頌虔 北泉 佩韋 亦菴 汝芬 葆英 醒民 大同 偉山 維嶽 寶璋 作梅 玉衡 慈照(璋代)

主席：盧校長
紀錄：王安素

報告事項

一、胡國樑先生捐贈粵東中學"胡公耀廷獎學紀念金"國幣柒千元，由本年秋季起，以該紀念金之息金（每學期三百五十元）獎助家境清寒、品學兼優之投考學生或在學學生。（辦法另詳）

二、又捐贈廣肇公學上項紀念金國幣壹千元，以每學期所得息金五十元獎勵在學學生參加各種學藝比賽之獲得優勝者。（辦法另詳）

三、潘談淨福老太太捐助廣肇公學清寒助學基金壹千元，每學期動用息金五十元。

四、上海工部局本年度補助廣公二小款額增加壹千元，共計貳千元正。

五、本校中小學今後之治本辦法由"廣東旅滬同鄉教育改進會"通盤籌劃。

討論事項

一、推行日光節約運動案。

（議決）通過。本校定於六月三日下午放學後撥快時鐘一小時，四日（星期二）起依照新鐘上課，並通告全體員生及家長知照。

二、下學期增加學費案。

（議決）下學期各級應納學雜費，自應酌加。兹假定幼稚園 30 元、初小 35 元、高小 40 元、初中 45 元、高中 50 元，俟調查其他著名中小學校收費數目，並徵訊廣肇公所及廣東同鄉會意見後，再由校決定。

備考：

納費＼階段		高中	初中	高小	初小	幼稚
民廿六春季	學費	卅二元	廿八元	北24元、西28元	北22元、西26元	北20元、西24元
	雜費	十元	八元	北4元、西5元	北4元、西5元	北3元、西5元
民廿六秋至民廿八秋季	學費	三十元	廿五元	廿二元	二十元	十八元
	雜費	五元	五元	四元	四元	二元
民廿九春季	學費	卅三元	廿八元	廿五元	廿三元	二十元
	雜費	七元	七元	五元	五元	四元

三、開辦暑校案。

（議決）通過。交由中學教務部、小學教導處分頭負責籌劃進行。收費辦法另行酌定。

四、計劃改進案。

（議決）目前急須改進者，厥爲整齊及提高各級程度。秋季開學時須嚴格執行升留級標準。本學期各級品學俱劣不堪造就之學生，下學期概須淘汰。關於養成學生良好習慣及公民道德，全體教職員均應共負其責。

6 月 11 日

校務會議

出席者：頌虔 維嶽 醒民 亦菴 玉衡 偉山 作梅 大同 佩韋

主席：盧校長
紀錄：王安素

報告事項（略）①
討論事項

一、訂定本學期辦理結束程序案。

（議決）照艸案修正通過。（見後）

二、修訂學期成績計算辦法案。

（議決）學期成績包括期考成績、小考成績及積分。有積分之學科，期考成績占百分之四十，平時考驗及練習次數較多者，積分占百分之三十，兩次小考共占百分之三十；平時考驗及練習次

---

① 編者注：原文如此。

數較少者,積分占百分之二十,兩次小考共占百分之四十。無積分之學科,期考成績占百分之五十,兩次小考成績共占百分之五十。

"附"本學期辦理結束程序:

六月十七日(星期一)<u>上午高初中畢業班</u>考試國文

十八日(星期二)同右①考試史地

十九日(星期三)同右②考試英文

二十日(星期四)同右③考試算學

廿一日(星期五)同右④考試理化

備註:畢業班考試期內,其他各級上午在家自修,下午到校上課。授課時間表另行編定。

六月二十二日(星期六)收集各級學生操行成績調查表

同右(同右)⑤上午各級考試國文(作文提前考)、公民

廿四日(星期一)同右⑥考試史地

廿五日(星期二)同右⑦考試算學

廿六日(星期三)同右⑧考試英文

廿七日(星期四)同右⑨考試自然(衛生提前考)

同　日(星期四)收集高初中畢業班考試成績(分數表及考卷)

廿九日(星期六)收集各級學期考試成績(分數表及考卷)

七月四日(星期四)舉行高初中畢業式及各級休業式

附録:

七月八日(星期一)暑校開學

七月十日(星期三)暑校上課

八月廿一日(星期三)暑校結束

十二日(星期一)第一次考試新生

廿六日(星期一)第二次考試新生

九月二日(星期一)秋季始業

五日(星期四)開始上課

| 7 | 月 | 2 | 日 |

校務會議

出席者:頌虔 玉衡 亦菴 大同 偉山 佩韋 作梅 維嶽

主席:盧校長
紀録:王安素

報告事項

一、七月四日上午九時舉行高初中畢業及其他各級休業儀式,晴天在涼棚下開會,不分組。雨天在禮堂,分兩組舉行。

二、上海醫學自然科學會商請本校添設德文班,由該會延聘師資協助進行(詳見來函)。

討論事項

一、審定本屆獎學金學額案。

(議決)查照本學期規定各項獎學金名額之百分比,計選出甲項三名,乙項七名,丙項九名,逐名議決通過。其有學業成績本可得乙項獎學金者三名,因乙項名額已滿,按照該生等性行成績順次歸入丙項辦理;又有合於丙項獎學金資格而因額滿見遺者十名,各給獎金二元,以資獎勵。

二、實行淘汰劣等生案。

(議決)參照各生學、行兩項等第及其平日操行紀録、評語,凡學、行列丁等者,通知各該生家長,令其下學期轉學。

三、開設德文班案。

(議決)暫於暑期中先行開班試辦,以高中部學生加入學習爲限,如辦有成效,下學期或將該科改爲選修科目。

四、鼓勵各級學生入暑校進修案。

(議決)除各級學生期考不及格之科目應入暑校補習各該科外,本學期高三上物理科未教完之課本,由校另請專人爲該級學生免費補習。並爲充實及提高英文程度起見,特於暑期內開設英語訓練班,注重口語練習,初中三年至高中各級學生均可加入免費學習,並通告各級學生踴躍參加。

| 8 | 月 | 7 | 日 |

校務會議

出席者:頌虔 亦菴 佩韋 偉山 大同 維嶽 玉衡 作梅

主席:盧校長
紀録:王安素

報告事項(略)⑩
討論事項

(一)應如何飭令各級舊生依期報名入學案。

(議決)本期舊生報名,已定八月十二日截止。茲爲便於取録新生及編定班級起見,各級舊生如在限期內報名,所交報名費可在學費內扣還。如逾限(即八月十二日以後)報名,則概不發還,以示區別,並將議決辦法通函各生家長知照。

---

① ② ③ ④　編者注:原文竪排,"同右"即"上午高初中畢業班"。

⑤　編者注:原文竪排,"同右(同右)"即"六月二十二日(星期六)"。

⑥ ⑦ ⑧ ⑨　編者注:原文竪排,"同右",即"上午各級"。

⑩　編者注:原文如此。

| 10 | 月 | 7 | 日 |

校務會議

出席者：頌虔 汝芬 大同 佩韋 亦菴 維嶽 禮達 玉衡

主席：盧校長
紀錄：王安素

報告事項
（一）本校日光節約辦法定於今日午夜取消，屆時本校所有時計一律撥回一小時。
（二）本校於上次全體教職員會議之後，忽接有具名亦爲"余正"之鉛印通告一件，略謂此後各校募集之寒衣代金，應悉交"本市上海難民救濟會""或上海難民救濟協會"，毋庸解送銀行云云。本市教育關係方面，已否認有此文告之發出，本校自當仍照原議決案執行。
（三）其他（略）①。

討論事項
（一）徵求學生家長意見案。
（議決）通過。該書內容分兩部份：一報告校中近況，一徵求學生家長意見，推請張亦菴先生主稿。俟意見書寄還後，再酌邀各生家長到校面談，以資聯絡。
（二）編印"優良教師座右銘"案。
（議決）原案"優良教師座右銘"改爲"本校教師信條"，先由學校分函全體教師，請就各人所具之信念，對於個人修養及施教方針，分條臚舉，彙送校長整理後，交下次校務會議討論。通過後，再行印發全體教師，以資信仰。
（三）臨時動議。
近因馬路積水交通不便，對於因此而缺課之學生應如何辦理案（教務部提議）。
（議決）所有在十月二日（星期三）至十月五日（星期六）因馬路積水不能來校上課之學生，一律作請假論。如優良學生因此而與"獎學金"發生問題時，另定獎勵辦法。

| 10 | 月 | 29 | 日 |

校務會議

出席者：頌虔 郭大同 偉山 禮達 佩韋 汝芬 玉衡 作梅 兆鏗 維嶽 亦菴

主席：盧校長
紀錄：王安素

報告事項（略）②
討論事項
（一）編印《本校最近四年概況》案。
（議決）通過。按照所擬該項內容大綱逐項摘要編述，遇必要時，得酌予增減，並請由有關係各部份分任起草，彙交校長主編。
（二）訂定本校級任導師任務案。
（議決）照原訂辦法通過，交由各級任導師負責執行。

| 11 | 月 | 22 | 日 |

中、小學校務代表聯席會議

出席者：頌虔 大同 汝芬 寶璋 冠翰 兆熊 佩韋 玉衡 禮達 北泉 維嶽 訓方 啓文 慈照 偉山

主席：盧校長
紀錄：王安素

報告事項
主席報告舉行聯席會議之緣由，並以後如有關中小學全體之事項，由本聯席會議議決之。
討論事項
（一）如何慶祝本校第二十八週年立校紀念案。
（議決）茲值國難期內，本校對於立校紀念暫不舉行慶祝儀式。（聚餐慶祝得由各教職員自由組織徵求各位加入）期前，中小學利用週會時間演述本校"立校紀念"意義及校史；屆期放假一日，以資紀念。至中小學本學期第二次小考日期均原定十二月五日舉行（立校紀念後一日），爲便於準備小考事務起見，中小學考期改定如下：
中學——十二月九、十、十一三日（星期一至星期三）
小學——十二月六、七兩日（星期五、六）
（二）禁止中小學生玩弄陀螺案。
（議決）通過。由中小學訓育主管人員分別飭令中學風紀團及小學糾察團各團員一律執行禁令。

| 12 | 月 | 20 | 日 |

中、小學校務代表聯席會議

出席者：頌虔 大同 汝芬 佩韋 維嶽 禮達 冠翰 寶璋 兆熊 慈照 北泉 啓文 訓方 偉山 玉衡 亦菴

主席：盧校長
紀錄：王安素

————————

①② 編者注：原文如此。

報告事項

一、本校最近經濟情形。

二、編印本校最近四年概況情形。

三、"八一三"前一學期及本學期本校所收各級學、雜、膳宿等費，見下表。

收費數目 時期 階段		廿六年春季	廿九年秋季	膳宿費
高中	學	32	37	
	雜	10	8	
	合計	42	45	
初中	學	28	32	
	雜	8	8	
	合計	36	40	
高小	學	(一)24 (二)28	30	廿六·春中學60元，一小65元，二小70元。
	雜	(一)4 (二)5	5	廿九·秋中學原定110元，後加20元，共130元；小學原定115元，後加20元，共一三五元。
	合計	(一)28 (二)33	35	
初小	學	(一)22 (二)26	26	
	雜	(一)4 (二)5	5	
	合計	(一)26 (二)31	31	
幼稚園	學	(一)20 (二)24	24	
	雜	(一)3 (二)5	6	
	合計	(一)23 (二)29	30	

四、其他。

討論事項

一、酌加下學期各級學、雜、膳宿等費案。

(議決)查照本校最近四年(廿六年春季至廿九年秋季)所收各級學、雜、膳宿等費數目，參酌目下生活指數，下學期除中學部新生保證金五元另行加收及小學部書具費於一學期內分兩次收取外，所有各級應納學、雜兩費數目暫定如左：①幼稚園40元、初小45元、高小50元、初中55元、高中60元。至中小學應納之膳宿費，另行按照物價情形酌定。

二、學期考試出題給分應斟酌實情辦理案。

(議決)期考各科試題：(1)質的方面，理解與記憶並重，難易相間。(2)量的方面，就各科完卷之題數，多出數題，以便學生選答。至期考給分，應就各生所考之成績，衡以平日學習之勤惰，給以相當分數，以符實情，而便辦理。

三、訂定本學期畢業、休業式日期案。

(註)期考完畢日期小學一月十四(星二)、中學一月十五(星三)。

(議決)小學休、畢業式日期定於明年一月二十(星一)舉行，中學休、畢業式日期定於明年一月廿一(星二)舉行。

(註)中小學期考完畢日期原定小學一月十五日，中學一月十六日，現改提早一日結束。

四、規定各級舊生續學報名截止日期案。

(議決)中小學舊生報名截止日期以各在舉行休業式後三日內爲限。(即中學於明年一月廿四日，小學於一月廿三日爲報名限期)

五、訂定下學期考試新生及開學日期案。

擬定：考試新生日期小學二月一日(即舊曆正月初六日)、中學二月三日(即舊曆正月初八日)。

開學日期小學二月六日(即舊曆正月十一日)、中學二月十日(即舊曆正月十五日)。

(議決)照原案所訂日期通過。

六、本市教育關係方面設定獎勵中小學教職員辦法，凡連續在一校服務滿十年以上者，均可由校長詳開履歷，彙呈請獎，經審查合格後，即轉呈教育部核辦。本校對於此項獎勵辦法，應否照行？請公決案。

(議決)通過。照案辦理。

七、全國寒衣徵募委員會上海市分會寄來徵募寒衣代金調查表囑爲填報。本校應否照辦？請公決案。

(議決)通過。照案辦理。

民國卅年(1941年)

| 1 | 月 | 20 | 日 |

校務會議

出席者：頌虔 維嶽 禮達 汝芬 佩韋 偉山 大同 玉衡

主席：盧校長

紀錄：王安素

---

① 編者注：原稿豎排，"如左"即"如下"之意。

報告事項（略）①
討論事項
（一）審查本學期領受胡公獎學金之學生品學成績案。
（議決）本學期領受該獎學金之學生中，查有高中部薛秉坤、黃昌成兩名尚合該項辦法第十條之規定。下學期該生等准予繼續享受該項獎學金之待遇。
（二）審定發給特種獎學金學額案。
（議決）查照本獎學金規程，應得甲項者有羅能安、曹潤德、吳德權、鄧蕙姑、林炳權等五名；應得乙項者，有林植康、英景昭、馮劍林、張燕芳、馮淑英等五名；應得丙項者，有楊達光、黃國偉、孔繁鈞、李覯銚、盧植芳、儀禄根、袁士中等七名。其有品學俱列甲等，因缺課已滿三小時而落選者，計有趙士顯等十一名，各獎現金一元至三元，以資鼓勵。
（三）核定學藝比賽及寄宿校內優良學生獎金案。
（議決）由校長分別酌量給以獎金，以資鼓勵。

1 月 24 日

中、小學校務聯席會議

出席者：頌虔 佩韋 偉山 禮達 寶璋 北泉 大同 冠翰 兆熊 維嶽 訓方 慈照 亦菴 汝芬 玉衡

主席：盧校長
紀録：王安素

報告事項（略）②
討論事項
一、修訂中學部特種獎學金規程案。
（議決）照原規程第二、三兩條文字略加修正通過外，餘均仍舊。其修訂文字如左：③
1. 第二條（甲）（乙）（丙）原有"操行優良，體格健全"兩句改為"操行甲等，身體康健"。所有甲、乙項平均分數、贈獎金額及一學期內規定未缺一課等均照舊。
2. 第二條（丙）……④"一學期缺課未滿三小時"改為"一學期缺課未過七小時"；平均分數，改為八十五分以上。
3. 原規程第三條所列"項"字均改為"種"字。
二、修訂小學部特種獎學金規程案。
（議決）本獎學金金額原分甲、乙兩項，今改為三種：即甲種獎金二十元，乙種十五元，丙種十元。至優良學生體格、品學之規定，其辦法與中學部所訂者相同；惟得丙種獎金之學金，其缺課改定未過六小時。

三、集團訂購洋米案。
（議決）請戴玉衡先生先向本市民食調節會詢問實情如何，俟下學期開學後由學校徵詢各教職員認購數量再向該會訂購。米款暫由學校代墊，購米者於一學期內分月攤還。

4 月 18 日

中、小學校務聯席會議

出席者：頌虔 亦菴（佩代） 佩韋 北泉 寶璋 冠翰（列席）玉瓊 葆英 心海 禮達 維嶽 旦周（文代）啓文 大同 訓方 汝芬

主席：盧校長
紀録：王安素

報告事項
一、本校最近經濟情形。
二、廣東旅滬同鄉教育改進委員會近況。
三、其他。
討論事項
一、變更上課時刻案。
（議決）自四月二十日起，本校採用日光節約時間。原定上課下課及其他作息之時刻，一律按照原鐘點提早半小時，並通告全體員生及家長知照。
二、懲戒嬾惰學生案。
（議決）中小學除各照原有懲戒是項學生辦法辦理外，並隨時由主管部份嚴加督促，必要時通知其家長協力訓戒。
三、取締學生過量嬉戲案。
（議決）本校因場地狹小關係，南北兩操場均禁止踢球，中膳及晚膳後之休息時間較長，對於各生過量之嬉戲如奔跑追逐、高聲叫囂概行禁止。此層由學校特約教師數位，與風紀團及監護部人員協同監察，以策安全。
四、取締學生購買雜食案。
（議決）中小學生均絕對不准在校門口及本弄內外購食雜物，以重衛生及免失觀瞻。所有早午及午後充饑之食品，暫准校工在校內適當地點設攤發售，所有發售時間及食物種類等均由本校規定飭遵。
五、注意夏令衛生案。
（議決）關於夏令衛生事宜，如搭蓋涼棚、注射防

---

① ② ④ 編者注：原文如此。
③ 編者注：原稿豎排，"如左"即"如下"之意。

疫針、禁飲生冷水及清潔地方與課桌等項,交由主管部份分別辦理。

六、節省水電及紙張等用品案。

(議決)水電方面,由主管部份通知各生尤其是寄宿生注意。節省紙張方面,由各教職員檢視所存講義及其他油印文件,如有不必存留者,統請交回事務室,以資利用。

| 4 | 月 | 25 | 日 |

校務會議

出席者:頌虔 大同 玉衡 佩韋 維嶽 汝芬 禮達

主席:盧校長
紀錄:王安素

報告事項
盧校長報告下學期高中春始學級暫停開班之原由。

討論事項
一、本校為適應現實環境及提高學習程度起見,下學期擬將高中部春始各級暫停開班案。

(議決)暫行試辦。(一)下學期高中一下、二下兩班學生到時通知其借讀或轉學他校。如有變通可行辦法,再行商定。(二)查本屆初中三上(即三年級春始班)一班優秀學生居多,原定本年寒假畢業,茲為該班學生預籌升入本校高中一年級秋始班,并求合於實際程度起見,所有本學期成績及格者,下學期概編入高一秋始合班學習。(其肄業之班級仍舊列入初中三下,將來依次遞升,所有該班初、高中畢業證書,分別俟至應屆畢業時期發給之。)初中三下之重要課程,則於本年暑假內儘量教學,其餘部份於下學期課外時間及每年暑假教完之。務使高初中階段學業均不受影響,並力求充實與提高。此項辦法之動機及詳細情形,由學校用書面詳為闡述,徵詢該班學生家長意見後,再作最後之決定。

| 5 | 月 | 3 | 日 |

校務會議

出席者:頌虔 佩韋 大同 禮達 維嶽 汝芬 亦菴 玉衡

主席:盧校長

討論事項
複議下學期初中三下與高中一上合班使臻妥善案。

(議決)上次議決各點尚有窒礙難行之處,該議案暫為保留,俟商定妥善之計畫,再行決定試辦。

| 8 | 月 | 14 | 日 |

校務會議

出席者:頌虔 佩韋 玉衡 維嶽 大同 亦菴 汝芬

主席:盧校長
紀錄:王安素

報告事項
一、上學期校務結束情形。
二、上屆及本屆高中畢業生出路情形。
三、本屆暑校辦理概況。
四、擬定下學期高、初中各級編制計畫。

討論事項
一、下學期高一下級因人數過少暫停開班案。

(議決)該級成績優秀學生擇尤提升高二上試讀,原可試升或入暑校補習學業仍不及格者,一律留在高一上肄業。

二、函知申報獎學金委員會選送免費學生四名,送入本校肄業,以獎勵優秀清寒學生案(戴玉衡先生提)。

(議決)本校已登報招考胡、陳二公獎學紀念金免費學額,上項提案暫從緩議。

| 10 | 月 | 7 | 日 |

中、小學校務代表聯席會議

出席者:頌虔 大同 維嶽 汝芬 兆熊 玉衡 偉山 兆鏗 佩韋 北泉 慈照 玉瓊 葆英 心海 寶璋 訓方 冰然 啓文

主席:盧校長
紀錄:王安素

報告事項(略)①
討論事項
(一)推行良心獻金案。

(議決)(A)學生方面:於本星期三及下星期一中小學舉行週會時,説明良心獻金之意義,使各

———————
① 編者注:原文如此。

生自由貢獻,數目不拘多少,定期一次繳足。中學部由各級級長代收,小學部由級任先生代收,彙交本校事務室收轉。

(B) 教職員方面:提撥每日一分儲金壹百元(中、小學各五十元),以作此項獻金之用。

(二) 國慶日舉行慶祝案。

(議決)(A) 放假——放假兩日(十月十日、十一日)以資紀念。

(B) 聚餐——席設校內,全體教職員一致參加。每席餐費預算五十元,每位納費三元,不足之數,由校補助。離校教職員及校友均可參加。

(三) 禁止打玻子遊戲案。

(議決)爲維護學生清潔衛生起見,由明日(十月八日)起中小學生一律禁止打玻子,另由體育部倡導其他有益之遊戲以資替代。

(四) 風紀團與監護股應如何通力合作案。

(議決)由中學部風紀團定期邀約小學部監護股會商進行。

(五) 保存中學部乒乓枱捐款案。

(議決)由訓育部向經募人潘國英詢明經收捐款,囑其如數移交事務室保存。

| 10 | 月 | 29 | 日 |

中、小學校務代表聯席會議

出席者:頌虔 偉山 亦菴 大同 薛韶 維嶽 冰然 兆鏗 寶璋 慈照 玉衡 兆熊 玉瓊 葆英 啓文 汝芬 心海 訓方 佩韋 北泉

主席:盧校長
紀錄:王安素

報告事項

一、盧校長報告近日物價愈見狂漲,漫無止境,本學期本校開支方面勢必又超過預算,自宜另行設法彌補。今爲安定同人生活計,擬另籌專款,俾再酌加各同人津貼。惟應如何着手籌畫,尚請在座各位發抒意見,以便擇善而從。

二、本校推動捐助良心獻金已作結束,計收中學部學生貳百叁拾壹元一角一分,小學部學生四百廿八元,中、小全體教職員合捐壹百元,共計七百五十九元一角一分,已於十月廿九日送交中美日報館經收。

討論事項

如何籌集專款,增加教職員生活津貼費案。

(決議)由本校具名向學生家長募集教職員生活補助費,目標暫定一萬五千元,函稿推請歐濟川先生起草,擬就後,再行酌奪。

| 11 | 月 | 8 | 日 |

中、小學校務代表聯席會議

出席者:頌虔 大同 汝芬 葆英 薛韶 維嶽 冰然 偉山 兆鏗 佩韋 心海 寶璋 慈照 北泉 玉瓊 訓方 兆熊 啓文 玉衡

主席:盧校長
紀錄:王安素

報告事項

一、盧校長報告上次會議推請歐濟川先生起草向學生家長募集本校教職員生活補助費之函稿已經擬就,惟因事屬創舉,措辭甚難,爲慎重將事計,各方面情形均宜顧及,應否即將該函發出,尚須從長計議。

二、郭大同先生報告代表本校向立基洋行接洽定購平米之經過。

討論事項

一、向學生家長募集教職員生活補助費函件應否照發案。

(決議)茲事體大,各方面情形均須兼顧。處此物價暴漲、薪水階級皆難于度日之際,本校募款補助教職員生活一事,縱可得一部份賢明的學生家長諒解,樂予相助,然收效如何,殊難逆料。本校倘能另行設法,則此函暫止發出,如至必要時,乃籲請學生家長援助。

二、定購平米案。

(決議)俟本校向工部局出售平米行家(立基洋行)購得平米之後,再酌量轉售與本校廚房及教職員(約各占半數)

三、慶祝立校廿九週年紀念案。

(決議)全體教職員在校內舉行聚飱。費用臨時酌定,如有偕同眷屬參加者,尤所歡迎。

| 11 | 月 | 26 | 日 |

中、小學校務代表聯席會議

出席者:頌虔 玉衡 大同 偉山 北泉 心海 慈照 寶璋 兆熊 訓方 亦菴 佩韋 冰然 維嶽 啓文 葆英 玉瓊 汝芬 兆鏗

主席:盧校長
紀錄:王安素

報告事項

盧校長報告本校最近經濟情形,并決定由十一月份起各教職員每月薪金及津貼各再加二成,本學期支出方面,因此須增加三千五百餘元,該

款由校另行設法籌措。

討論事項

一、改訂全校上下課時間案。

(決議)上下午每課休息改爲十分鐘。上午第一時上課時間照舊,依次遞減五分鐘,至十一時二十分放學;下午一時十分起上課,四時放學。

二、小學部每星期三、六下午無課,如何設法減少留校學生活動之聲浪,以免妨礙中學部上課案。

(決議)由小學教導處通告各級走讀生,禁止該兩日下午返校活動;至在校寄宿及該兩日下午來校補習學生,則由舍務、監護兩部會同管理。

三、本年立校紀念日停止舉行聚餐案。

(決議)前定聚餐慶祝之舉,茲因校內膳廳狹小,未能團聚一堂;且爲節省物力計,本屆聚餐停止舉行。

民國卅一年(1942 年)

4 月 29 日

中、小學校務代表聯席會議

出席者:頌虔 玉衡 兆鏗 啓文 維嶽 葆英 玉瓊 佩韋 亦菴 訓方 汝芬 大同 慈照 冠翰 北泉 兆熊 心海 偉山 冰然 沛韶

主席:盧校長

紀錄:高心海

報告事項

(一)兩月來籌款之經過情形。

(二)本學期由四月份起,再酌加教職員津貼若干,其數目視各人之家庭負擔輕重而定。下月份當再設法增加多少,以資補助。

討論事項

(一)一分捐應否暫停徵收案。

(決議)應視單鈔流通情形如何而定徵收與否。

(二)懶惰及低能學生應如【何】督促及指導案。

(決議)交由中學教務、訓育兩部及小學教導處調查其原因後,組織委員會加以研究而善爲處置之。

6 月 10 日

中、小學校務代表聯席會議

出席者:頌虔 沛韶 佩韋 心海 北泉 亦菴 葆英 大同 玉瓊 兆熊 兆鏗 玉衡 訓方 維嶽 啓文 偉山 冠翰 汝芬 慈照 冰然

主席:盧校長

紀錄:譚冠翰

報告事項(略)①

討論事項

(一)各級學期考試原定日期應否改變案。

(決議)可以提前考試之科目提前舉行,其他各科仍以原定日期(六月廿二日起)開始考試。

(二)各級學期考試辦法,應如何決定案。

(決議)1. 中學暨高小各級仍採用同時混合考試辦法。題目由學校印發,考試紙張由學生自備。

2. 考試方式,可能時一律用問答法。

3. 試題請各科先生及書記詳細校對,學生試卷上如要抄寫題目,須加註明。

(三)請學校印發身份證以利出入案。

(議決)由學校印備身份證,本校師生及校工如有需要者,即照發給。

11 月 20 日

校務會議

出席者:頌虔 維嶽 建強 佩韋 亦菴 玉衡 廣瀚 偉山 汝芬

主席:盧校長

紀錄:歐廣瀚

報告事項(略)②

討論事項

(一)關於本校立校紀念日應如何重加釐定案。

(決議)分別規定如下:

1. 二月十九日 定爲粵東中學、廣肇公學立校紀念日。

註:是日爲培德學校(本校創立時之校名)于民國二年舉行首次開學式之日。

2. 十二月四日 定爲廣肇公學易名紀念日。

註:是日爲民國十年十二月四日,上海廣肇公所董事會議通過本校改歸廣肇公所設立,并將校名改稱廣肇公學之日。

3. 一月十日 定爲粵東中學易名紀念日。

註:是日爲民國廿四年一月十日廣肇中學建築校舍募捐委員會全體會議議決將校名改稱粵東中學之日。

粵東中學到本年廣肇公學易名紀念日仍照舊放假一天同申慶祝。

(二)本學期考試辦法應如何規定案。

———————

① ② 編者注:原文如此。

（決議）（A）考試日期如下：

1. 第二次小考——十二月七日（星期一）起至十二日（星期六）止。

2. 期考 ⎫ 卅二年一月八日（星期五）起至

3. 畢業考 ⎭ 十二日（星期二）止。

（B）畢業考對於數理化各科，應就各該科整個階段出題，不以本學期之課業爲限。

（C）考試時學生概須將書本及該科有關之作業簿等收藏妥當，以防流弊。

| 12 | 月 | 29 | 日 |

校務會議

出席者：頌虔 佩韋 建强 偉山 大同 亦菴 汝芬 維嶽 廣瀚 玉衡

主席：盧校長

紀錄：歐廣瀚

討論事項

（一）確定本期結束及下期始業各項日期案。

（決議）1. 年假——一月一日至四日

2. 舊生繳留額金——卅二年一月九日以前不交留額金者作新生論（註：復改爲一月十四日）。

3. 考試——一月十一日至十四日

4. 教師交學生成績單——一月十七日以前

5. 行放假禮——一月二十日（舊曆十二月十五）

6. 考新生——二月一日（舊曆十二月廿七）

7. 春季開學——二月十一日（舊曆正月初七）

8. 正式上課——二月十五日（舊曆正月十一）

（二）確定下學期徵收學生學雜費數目案。

（決議）暫定如下：

1. 初中二百元（註：後改二百二十元）

2. 高中二百四十元（註：後改爲二百六十元）

民國卅二年（1943年）

| 1 | 月 | 8 | 日 |

校務會議

出席者：頌虔 亦菴 維嶽 玉衡 偉山 建强 廣瀚 佩韋 大同 汝芬

主席：盧校長

紀錄：歐廣瀚

討論事項

（一）擬定繳交留額金及酌改收費數目通告案。

（決議）推舉歐先生起草，即席共同商定如下：

繳交留額金通告

本校爲便於招收新生及編配學級起見，凡本學期各級舊生下學期仍繼續來學者，須於一月十四日以前交留額金叁拾元（此項留額金於繳納學費時扣還）。倘不依期交留額金者，一律作新生論。

再者：本校因受物價影響，下學期（本年二月一日至七月卅一日）所收學雜費酌改爲高中貳百六十元，初中貳百貳十元，藉資彌補。本校因得校董會撥款補助，故此項收費數目，仍較一般同等學校爲少。區區苦衷，尚希亮察。此致

貴家長台鑒

上海粤東中學啓（私立上海粤东中学章）

卅二年一月九日

| 3 | 月 | 11 | 日 |

校務會議

出席者：頌虔 維嶽 大同 汝芬 志滂 亦菴 偉山 佩韋 玉衡 廣瀚

主席：盧校長

紀錄：歐廣瀚

報告事項

一、本學期出席校務會議代表，仍照上學期辦法由各級導師充任。

二、本校校董會第四次常務董事會，對於本校教職員請求按照上學期薪津數目多發一個月，作爲生活救濟費一案，經決議通過。

三、又對於酌定本學期教職員薪津數額一案，決議在經費收支預算未定之前，暫照上學期數額致送，俟由本校擬具本學期收支預算表，提出下月四日全體董事會議再行決定。

四、本校與上海保健會訂立舉辦學校衛生合同之經過。

五、服務團服務須知已發出，希望各導師對於該項服務工作切實指導及考查。

六、各級組織自治會情形。

討論事項

一、規定考試日期案。

（決議）第一次小考——四月八日（星期四）至十四日（星期三）（距開始上課七週又四日）。

第二次小考——五月二十日(星期四)至廿六日(星期三)(距第一次小考五週)。

期考——六月廿四日(星期四)至六月廿六日(星期六)(距第二次小考四週)。

二、決定春假日期案。

(決議)由四月五日起至七日止共放三天。

三、擬由下學期起將春始各班設法併入秋始各班案。

(決議)通過。

四、本學期爲添設體育設備,利便學生練習體育起見,應否向學生徵募體育費每人十元案。

(決議)該款應作爲自治會體育費,由各生捐助(自願捐助十元以上者聽)。請各級導師通知各該級自治會查照辦理。

五、設法防範失竊案。

(決議)由各導師督促各生一體隨時注意,并指導各級自治會設法防範。

| 4 | 月 | 20 | 日 |

校務會議

出席者:頌虔 汝芬 偉山 志滂 佩韋 亦菴 歐濟 維嶽 玉衡 大同

主席:盧校長
紀錄:歐廣瀚

報告事項

(一)主席報告全校學生自治會業經組織成立。

(二)又報告發覺儀器室失去跑表事件。

(三)各導師報告各級自治會最近工作情形。

(四)主席報告,服務報告表業經印備,經訓育部通告各隊長依式填報。

(五)又報告,因決將小考成績報告各生家長,請各導師於兩日內核定學生操行等第,列交訓育部或教務員。

(六)又報告各生繳交捐助自治會體育費之數目,及本校對於此事之擬定辦法。

(七)又報告下學期裁併春始班級之預定辦法。

討論事項

(一)對於初一上、下兩級如何特別注意管理案。

(決議)1. 改以一號室爲初一下基本教室,廿四號室爲初一上基本教室(初二上改以二號室爲基本教室)。

2. 將常不守規則之各生姓名通知各有關教師特予注意。

3. 再向各該級學生嚴加訓誡,遇其再不守校規時從嚴處罰。

(二)如何籌設春始補習班案。

(決議)交由教務部計劃辦法,提交下次校務會議討論。

(三)本學期擬多舉行臨時試驗以替代第二次小考,並提早舉行期考案。

(決議)通過,並改定關於辦理學期結束事項之日期如下:

六月十四日(星期一)——十六日(星期三)共三天舉行期考。

六月二十日以前,各教員將所任科目學生學期成績填送教務部。

六月廿三日,行散學禮。

六月廿八日,補習班開課。

| 5 | 月 | 31 | 日 |

校務會議

出席者:頌虔 汝芬 大同 維嶽 志滂 偉山 佩韋 玉衡 廣瀚

主席:盧校長

報告事項(略)①
討論事項

(一)訂定暑期學校簡章案。

(決議)照草案修正通過。

(二)前向各級學生徵募之體育費,原爲添設體育用具之用,嗣因照繳者寥寥,該項用具迄未添設,可否將已收之款照數發還案。

(決議)通知已繳款各生憑收據向事務室領回。

| 10 | 月 | 1 | 日 |

校務會議

出席者:頌虔 大同 汝芬 維嶽 亦菴 玉衡 佩韋 志滂 偉山 歐濟

主席:盧校長
紀錄:歐濟(頌代)

報告事項

一、本學期經濟狀況。

二、胡章劍校友經募母校教職員補助金最近情形。

三、本學期學生高中 78 人,初中 184 人,共計 262 人(舊生 180,新生 56,廣公二小升入 26)。

―――――――

① 編者注:原文如此。

四、本學期學生數較上學期增加 32 人,舊生除高中畢業班外,退學者 43 人,占百分之二十。

五、各部報告。

討論事項

一、本學期不敷之款應如何籌措案。

(決議)向家〔學〕生家長舉行募捐,儘速於本月內發動。

二、訂定學期中及學期末考試日期案。

(決議)十一月四日至六日舉行學期中考試,卅三年一月六日至八日舉行學期末考試。

三、規定考查操行項目案。

(決議)訓育部所擬之草案原則上通過,俟將原稿整理後,再印發各教師爲考查學生操行之用。

四、防止失竊案。

(決議)由各級導師叮囑各該級自治會,於上體育堂時,將各該級教室門鎖好(鎖由級會自備),放學時盡將書物帶歸,另設暗查若干司偵查失竊之責,破案者由學校予以獎勵。

| 11 | 月 | 5 | 日 |

校務會議

出席者:頌虔 維嶽 汝芬 玉衡 偉山 亦菴 佩韋 大同 志滂 歐濟

主席:盧校長

紀錄:歐濟

報告事項(略)①

討論事項

(一)捐募校款結束日期案。

(決議)定十一月十五日結束,即函知各生家長,請其加緊進行並依期結束將款交來。

(二)改定小考日期案。

(決議)改定十一月十八日至二十三天舉行,試卷由校派給,監察從嚴。

(三)教師請假所缺之課應如何補授案。

(決議)教師請假對於缺授之功課,應請於每日第七、第八時酌予補授,以重學生學業。

(四)學生於每日第一、三、五各時下課後,能否出室休息案。

(決議)學生於每日第一、三、五各時下課後,應依照規定在室內休息,靜候繼續上課,有必要出室時,須經值課教師之允許。

(五)十二月四日爲本校易名紀念日,應否放假案。

(決議)不放假。

(六)規定校友會名稱案。

(決議)校友會應儘速重組,其名稱暫定爲"培德廣肇粤東校友聯合會"。

| 11 | 月 | 28 | 日 |

校務會議

出席者:頌虔 維嶽 汝芬 大同 偉山 佩韋 亦菴 歐濟 志滂 玉衡

主席:盧校長

紀錄:歐濟

報告事項

一、本校此次捐募經費截至現在,共捐得國幣拾壹萬元。

二、請定葉常務校董雪松於十二月六日週會時間蒞校向學生訓話。

三、關於處理高一生陸文厚兇毆初三乙生趙士柱事件之經過。

四、關於校工李橋元因病逝世之情形。

討論事項

(議決)

一、聘請鄺錫良先生爲本校顧問,定期約請到校茶叙。

二、加意整飭校風,採取下列措施:

1. 請各教師準時到堂授課;2. 改善學生風紀服務辦法;3. 特別注意頑劣學生;4. 特別注意一、二號教室兩班學生;5. 由各級任導師分別注意各級訓練;6. 由訓育部多多設法。

三、學生風紀服務照下列辦法改善:

1. 精選服務人員不必普遍輪值;2. 崗位得酌減且不必固定;3. 對服務人員加意訓練;4. 由各導師輪值巡察指導。

四、每日上下課時間自十一月三十日(星期二)起改定如下:

上午九時起上課,下午二時起上課(每堂時間定爲四十五分鐘)。

民國卅三年(1944 年)

| 3 | 月 | 27 | 日 |

校務會議

出席者:頌虔 佩韋 亦菴 大同 汝芬 建强 玉衡 偉山 維嶽

議決案如下

(一)春假由四月三日(星期一)開始,共放四日,_____

---

① 編者注:原文如此。

四月七日(星期五)照常上課。

(二)四月十日(星期一)舉行學期中考試,考場座位混合編排,題目油印分發,卷紙學生自備(紙張大小由各科教師吩咐各生照備)。

註:春假旋改為三月三十至四月五日,共一星期,四月六日(星期四)照常上課(三、廿九日頌批)。

4 月 24 日

校務會議

出席者:頌虔 汝芬 維嶽 偉山 同 玉衡 佩韋 亦菴

議決案如下

(一)各科平均分數列丁等或列丙等,而有兩科以上不及格者,性行不得列入甲等。

(二)此次考試平均分數在八十分以上或性行列入甲等者,明日上午派赴美琪大戲院觀"神鷹"影片(詳情見教育局來函)。

(三)本年暑校學費補習全科者,不得少過本學期所收數額。

(四)學生服務成績由訓育部嚴密考查,以便予以獎勵。

5 月 22 日

校務會議

出席者:頌虔 汝芬 大同 亦菴 玉衡 佩韋 偉山 維嶽

報告

校董會對於本學期下半期(五、六、七月)教職員薪津再增加百分之五十之提案,業經通過。

議決案如下

向學生家長徵收教職員生活補助費一事(見市教育局來文),本校未便照行,因上學期曾向學生家長舉行募捐,祇好另行設法以資補助。

11 月 6 日

校務會議

出席者:頌虔 大同 嶽生 佩韋 偉山 汝芬 亦菴 維嶽

主席:盧校長

報告事項

(一)上學期收支賬目經於十月十六日由黃培鈺

會計師查核完竣,並出具證書正副本各一冊送校,當即交此次出席會議者傳觀。

(二)昨日圖書館被竊去各項辭典若干部(詳數待查)在查究中。

(三)張雅恩同學代本校同人採辦蕪湖米一事,現尚無確期可運抵上海。

(四)本校奉教育局令,指派羅能安君於十一月九日至十一日上午八時半至十一時半到育才中學參加國民簡易體操訓練。

討論事項

(一)舉行課間操案。

(決議)由十一月十四日起每星期二、四、六上午第二課下課後舉行國民簡易體操,請羅能安君擔任教練。

(二)增加本校火險保額案。

(決議)保險數額增至貳佰萬元,仍交永安保險公司承保(本年十一月七日起,卅四年十一月七日止,保費約四千四百八十元)。

民國卅四年①(1945 年)

3 月 19 日

全體教職員會議

出席者:頌虔 嶽生 佩韋 亦菴 君達 維嶽 大同 志滂 汝芬 偉山 達明 占五(君達代)

主席:盧校長

報告事項

1. 本學期學生人數截至今日止,實到 235 人,較上學期減少 54 人。(上學期中途退學者 24 人,現有人數較上學期末減少 30 人。)本學期新生高中 5 人,初中 19 人,共 24 人,舊生退學者 79 人。

2. 本學期學什費約共收入叁佰五十五萬九千元,平均每生繳納壹萬五千貳佰元,支出教職員工薪津暫定約叁佰萬元,約佔學什費收入 84%(百分之八十四)。

3. 木棉同學會本學期撥助母校中、小各級助學金叁拾萬元,現經申請獲准者,中學生卅二名,計助金貳拾伍萬另貳佰五十元,小學生六名,計助金四萬元,合計貳拾九萬另貳佰五十元(尚有九千七百五十元可供申請)。

4. 高一學生擬於春假借同鄉會禮堂舉辦同樂會,券資每位貳佰元。應否准予舉辦,容再討論。

---

① 編者注:全年僅三次會議,未發現有校務會議記錄之檔案。現錄入兩次全體教職員會議記錄。

5. 本月十五日教育局于經武督學到校視察。

6. 昨晚訪問戴玉衡先生,查詢教育局補助費及特配米情形。

7. 其他。

討論事項

1. 規定本年春假日期案。

(決議)由三月廿九日(星四)起,自〔至〕四月五日(星四)止,共放春假七日,四月六日照常上課。

2. 規定學期中考試日期案。

(決議)由四月十一日(星三)起,至十四日(星四)止,共考四個上午。

3. 高一學生舉辦春假同樂會應否照准案。

(決議)准予舉辦。由訓育主任張亦菴先生暨該級導師黎維嶽先生負責指導,妥爲辦理。

| 10 | 月 | 14 | 日 |

全體教職員會議

出席者:頌虔 大同 汝芬 建强 滌塵 維嶽 占五 佩韋 偉山 嶽生 廣瀚 梁路 亦菴 可貴

主席:盧校長
紀錄:歐廣瀚

報告事項

1. 主席報告本學期各級用書情形。

2. 主席報告本校本學期經費情形及教育局頒定學費標準。

3. 主席報告本校慶祝勝利大會原定假座廣肇公學橫浜橋校舍舉行,嗣因該校舍未克如期收回未能實現。

4. 主席報告本校本學期與廣東旅滬同鄉會合作情形及該會對於本校之希望。

5. 吳教務主任報告本學期學生人數及關於教務各方面情形。

6. 張訓育主任報告本學期訓育情形。

7. 黎圖主任報告圖情形。

討論事項

1. 本學期收費案。

(決議)初中收法幣二千元,高中收法幣三千元,分兩期徵收。惟家境清寒學生得依照本校規定手續申請減費。

2. 本學期小考日期案。

(決議)定於十一月十五日至十七日三天舉行。

3. 本校慶祝勝利大會日期案。

(決議)定於十月二十日(星期六)下午或廿一日(星期日)上午假座廣公操場舉行。

4. 制裁懶學生案。

(決議)嚴加督促,必要時酌予懲罰。

民國卅五年①(1946年)

| 1 | 月 | 14 | 日 |

校務會議

出席者:頌虔 張亦菴 郭大同 汝芬 佩韋 偉山(芬代) 維嶽(亦菴代) 歐廣瀚

主席:盧校長
紀錄:歐廣瀚

報告事項

1. 主席報告本日參加本市私立中學校長聯席會議之經過。

2. 又報告關於交涉收回水電路校舍之進行經過。

討論事項

1. 本校下學期擬遷至橫浜橋廣肇公學校舍辦理案。

(決議)通過。

2. 下學期學費數額應如何決定案。

(決議)參照同等學校辦理。

民國卅六年②(1947年)

| 1 | 月 | 7 | 日 |

校務會議

出席者:頌虔 佩韋 卓然 慈照 華耀 冠翰 曉城 寔之 廣瀚 訓方 冠曼 維嶽 占五(曼代) 乾泰

主席:盧校長
紀錄:歐廣瀚

報告事項

校長報告

1. 校務會議出席人選,係依照以前議決案辦理。

2. 本月六日偕李校董大超前往水電路視察校舍原址之經過。

3. 下期收費將參照一般私校收費數額而定。

4. 下期擬兼利用禮堂一部份闢作課室及另闢音樂室。

---

① 編者注:當年僅一次校務會議。
② 編者注:全年僅兩次校務會議。

5. 下期擬將樓下及二樓之厠所遷移,俾將地方關作童軍辦事室等。

6. 因校車問題難以解決,下期擬仍收寄宿生並將所收費額酌增。

討論事項

議決如下

一、學生留額期限定於本月九日起至十六日止。

二、下列各生應飭令轉學。

(高二)胡章堅,(初三)程建中、崔接文、陳永祥、謝振宇,(初二甲)薛耀權,(初一甲)江宇桐,(初一乙)邢良。

三、下列各生應注意考察其操行或注意予以警告及訓練。

(初三)張耀銘、何士讚、盛華和,(初二甲)李錦昌,(初一甲)勞富,(初一乙)唐玉麟、趙侶儔、徐孝偉、韓福榮。

四、關於應否更換廚司一節,由原有負責改善膳食問題各位與校方共同積極考慮決定之。

| 5 | 月 | 20 | 日 |

校務會議

出席者:頌虔 訓方 廣瀚 維嶽 實之 華耀 卓然 冠曼 佩韋 慈照(佩代) 占五(曼代) 曉城 乾泰(城代) 冠瀚

主席:盧校長
紀錄:歐廣瀚

報告事項(略)①
議決事項

一、關於運動員課業問題。

1. 由體育部將各級運動員姓名列送教務部。

2. 由教務部酌定兼顧辦法,通知各教師查照。

二、關於應否指導學生於下星期週會時對運動員舉行預祝會一節,由訓育部於明日(五月廿一日)上午第三時召集各級級會總幹事及健康股幹事齊集三〇四號室討論進行。

三、關於參加市運會一切料理事宜應如何組織及需要教職員擔任職務之處,由體育部全盤計劃送請校長聘請。

四、市運會開會各天(即五月廿九、卅、卅一日)全部停課,以便參加(後因事改期十一月十二日)。

五、在運動場上之運動員、服務員午膳採用"會飯式",由校供應,其開膳地點由體育部試向同濟附中商借地方。

六、寄宿運動員之晚膳,其因出外練習運動不能依時趕回者,保留至七時半止。

民國卅七年②(1948 年)

| 1 | 月 | 6 | 日 |

全體教職員會議

出席者:頌虔 佩韋 梁路 吳華 清顏 劉惠瓊 龔于一 展雲 游慈照 訓方 蜀良 陽光 玉麟 冠瀚 譚冠曼 紹祖 心海 慕德 曉城 華耀 柏齡 張璧石 維嶽 乾泰 卓然

主席:盧校長
紀錄:盧展雲

報告事項(略)③
討論事項

(一)如何向學生宣傳推銷重建校舍書畫展覽會參觀券案。

(決議)由各級導師負責向學生宣傳,盡量推銷,如有餘券,再向小學推銷之。

(二)如何節制用電,以免超過限度案。

(決議)日間關閉總制,每晚規定時間開關,電表接近限度時,立即關閉總制,由事務部預先週知,以便設法改用洋燭或火油燈代之。

| 6 | 月 | 9 | 日 |

全體教職員會議

出席者:盧頌虔 吳佩韋 董滌塵 徐碧波 丁卓然 盧蜀良 游慈照 顧秉彝 郭星白 梁乾泰 譚曉城 黎維嶽 譚冠瀚 吳華 盧展雲 龔于一 賴陽光 梁路 紹祖

主席:盧校長
紀錄:盧展雲

報告事項

(一)本校最近經濟狀況。

(二)本校重建校舍最近進行情形。

(三)報載本市私立中小學聯合會理事會本月八日議決學期考試及畢業考試日期如下:

(甲)中學畢業班六月中旬舉行學期考試,下旬舉行畢業考試。

(乙)中學普通班六月廿八日(星期一)至七月三日(星期六)舉行學期考試。

---

①③ 編者注:原文如此。

② 編者注:全年無校務會議,以全體教職員會議三次代替。

（丙）小學畢業班六月廿八日至七月三日舉行畢業考試。

（丁）小學普通班七月上旬舉行學期考試。

又議決：

（1）暑期補習班開課日期，中學七月十二日（星期一），小學七月十九日（星期一）。

（2）關於中小學補助費及貸金事項，繼續向吳市長及李代局長商請，須於六月中旬內辦竣（餘略）。

（四）教導處主任報告本學期教導進行情形。

（五）體育部主任報告本學期體育進行情形。

（六）圖書館主任報告本學期圖進行情形。

討論事項

（一）訂定畢業考試及學期考試日期案。

（決議）畢業考試日期，由六月廿三日（星期三）起至廿六日（星期六）止。

普通班考試日期，由六月三十日（星期三）起至七月三日（星期六）止。

（二）各級各科課程應設法使能達到進度案。

（決議）由各該科教師儘速設法講授，如尚不能授完，可提綱絜〔挈〕領授之，以期達到進度。

（三）初二乙學生及其他各級各科程度較差之學生應設法勸導，務令參加暑校補習班以期整齊程度案。

（決議）先調查初二乙下期繼續來學者，由該級導師設法勸導參加補習班，並訪問該生等家長以收合作之效，其他各級程度較差之學生亦應同樣辦理。

（四）各級德、智、體均特別優良之學生應如何予以獎勵案。

（決議）凡各級特別優良之學生，除由校方授以獎品獎狀外，並為該生拍照留念。

（五）各級特別頑劣懶惰之學生，應請各位導師及值課教師詳細調查，將事實報告教導處，俾便懲戒或淘汰案。

（決議）通過。

（二至五各案教導處提議）

（六）體育部提議：凡體育成績特優而學業較差之學生應如何設法補救案。

（決議）由各級導師負責勸導彼等努力讀書，並由校方為彼等開設補習班。

9	月	25	日

全體教職員會議

出席者：盧頌虔 梁友文 譚冠曼 董滌塵 張家駒 譚冠翰 湯悅 盧蜀良 黎維嶽 張叔 譚曉城 游慈照 梁乾泰 梁剛泰 吳佩韋 郭星白 賴陽光 吳華 簡玉麟 龔于一 劉惠瓊 趙純祥 梁路 劉錫鈞

主席：盧頌虔

紀錄：劉錫鈞

報告事項

1. 本校重建校舍最近進行情形。

2. 本校上學期收支決算表早已送交經濟稽核委員會審查，副本請傳閱。

3. 本期收支預算表請傳閱。

4. 本期截至最近止，實到學生 540 人（內初中 404 人，高中 136 人）。學什費初中 50 元，高中 60 元，若全數收足可得貳萬八仟三百陸拾元，除減免費外，約可收貳萬三仟八百貳拾玖元。

5. 減免費共約四仟五百叁拾元，佔全部學什費 15％。

6. 教職員薪津共支出壹萬八仟四百陸拾貳元，佔全部收入 76％。

7. 專任教職員（每週任課 15 小時至 20 小時，且兼任職務者），每月薪津最低 105 元，最高 220 元，平均壹百叁拾玖元。

8. 本學期新聘教職員有下列五位：

溫徵德先生，擔任高中一及初中三英文教師（履歷略）①。

湯悅先生，擔任初中二、三英文教師。

張家駒先生，擔任高中一國文、高中各級歷史教師。

梁剛泰先生，擔任初中算學教師。

劉錫鈞先生，書記員。

9. 薛沛韶先生本學期復任本校教職，除教各級書法外兼任圖書館主任。

10. 本學期辭職者有下列四位：

丁卓然先生、老慕德先生、張紹祖先生、麥滬先生。

11. 本學期學生 540 人（舊生 328 人），較上學期增加 75 人，共開十班，每班平均 54 人。

12. 本學期男生 365，佔全體人數 68％，女生 175 人，佔全體人數 32％。粵籍學生 404 人，佔全體人數 75％，非粵籍學生 136 人，佔全體人數 25％。

13. 本學期投考本校學生 210 人，取錄 103 人，佔投考人數 49％。

14. 初中一學生共計 189 人（本校附小畢業升入者 105，他校考入者 69 人，留級者 15 人）。

15. 高中一學生共計 61 人（本校初中畢業升入或試升者 51 人，他校考入者 10 人）。

16. 各級插班生：高中三 3 人，高中二 4 人，初中三 9 人，初中二 19 人。

17. 本校為注重學生健康起見，特聘黃渭耕醫

---

① 編者注：原文如此。

師,規定每日駐校時間爲全體員生保健服務,並置備一般常用藥品以應需用,每生收保健費壹元(詳見致學生家長通告)。

18. 教導處報告。

要點:本校教導學生學課固然注重,而對於品性尤爲重視,現已由導師會議擬定一種學生操行紀錄表,此表由級任先生紀錄,迨至學期終了,以備教導處判評學生操行之參考。

19. 體育部報告。

要點:近來教育局對於本市各學校學生之體格非常注意,本校對於運動自應積極推進,擬每隔兩月對於學生之體格實行總檢查,以覘體格有無進步,並加緊訓練準備參加各運動會。

20. 其他報告。

黎維嶽先生報告圖書館情形(略)①。

譚冠曼先生報告事務情形(略)②。

討論事項

1. 修訂本校學生升級、留級及畢業標準案。

(決議)通過。

2. 全體教師共同負責訓導學生案。

(決議)通過。

3. 修訂優待現任及離校教職員子女入學辦法案。

(決議)通過。

4. 推定本學期經濟稽核委員案。

(決議)推選吳佩韋先生、郭星伯先生、吳華先生三人爲稽核委員。

5. 推定慶祝雙十節籌備委員案。

(決議)推舉郭星伯先生、譚冠翰先生、賴陽光先生、梁乾泰先生爲籌備委員。

6. 臨時動議。

吳華先生提:爲整肅校容計,可否限令女生一律禁止熨髮,請公決由。

(決議)查此事迫於環境,難期澈底施行,祇得仍依照去年之成案,以勸導方式行之。

民國卅八年(1949 年)

| 6 | 月 | 29 | 日 |

校務會議

出席者:盧頌虔 黎維嶽 高心海 梁乾泰 游慈照 譚曉城(乾泰代) 郭星白 冠翰 譚冠曼

列席者,各級學生代表:盧傑持 梁源祺 余衍涵 張耀銘(黎梅代) 啓文 黃帝强 鄭志强 郭汝菜(蔡瑞雯代) 區國志(黃寶泰代)

主席:盧頌虔

報告事項(略)③

討論議決事項

(一)中小學各級學生留額期限均定於七月十日爲止,過期不留額,作退學論,招收新生充補。

(二)留額金每生繳交人民幣貳千元,於下學期開學繳清學什費時,折合七月十日之上白粳米價發還。

(三)有兄弟姊妹數人同在本校中小學肄業而家境困難一時不便照數交足者,可來校接洽通融辦法。

主席
紀錄   盧頌虔

| 8 | 月 | 26 | 日 |

粵東中學臨時校務委員會第一次會議

出席者:盧頌虔 游慈照 高心海 盧蜀良 譚曉城 梁乾泰 簡玉麟

主席:盧校長

報告事項

(一)賴陽光先生昨從新教育研究會回校,報告市政教育處對於本校此次所組織之臨時校務委員會欠健全,須注意設法補救云云,尚有許多誤會事項從賴先生口中說出,尚待加以證實。

(二)聘定譚冠翰先生兼任事務部主任。

(三)本學期高中數學及化學教員,補聘謝海昌先生擔任。

討論事項

(一)校務委員會爲便於辦理及推動整個校務起見,擬將教導、事務兩部主任列入爲校務委員會當然委員案。

(決議)在校務委員會方面表示同意,惟須提交全體教職員會議通過後實行。

(二)定期召集學生自治會代表商討收費標準案。

(決議)學費座談會定八月廿九日下午三時舉行,除通知學生代表出席外,全體校務委員均須參加。

主席
紀錄   盧頌虔

———————

①②③　編者注:原文如此。

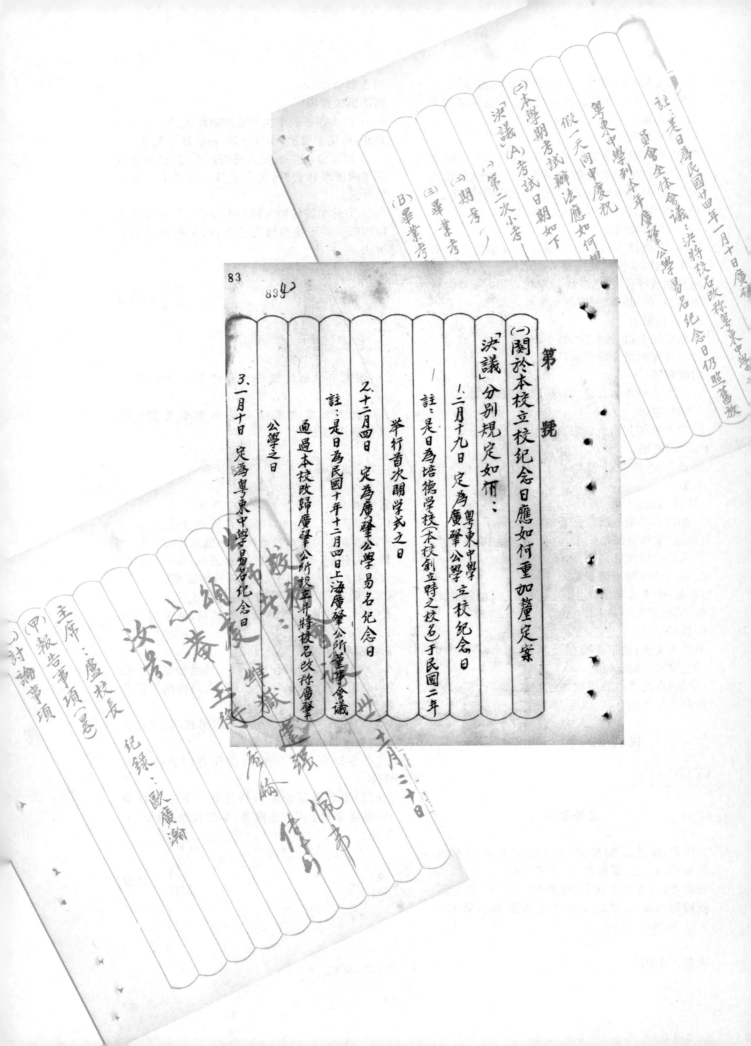

83　834

第捌

（一）關於本校立校紀念日應如何重加釐定案

「決議」分別規定如佈：

1. 二月十九日　定為粵東中學立校紀念日
　註：是日為培德學校（本校創立時之校名）于民國二年
　　　舉行首次開學弍之日

2. 十二月四日　定為廣肇公學易名紀念日
　註：是日為民國十年十二月四日上海廣肇公所董事會議
　　　通過本校改歸廣肇公所設立并將校名改稱廣肇
　　　公學之日

3. 一月十日　定為粵東中學易名紀念日

（上方一頁）

註：是日為民國廿四年一月十日廣播
員會全體屬議之決將校名改稱粵東中學
粵東中學列本年慶祝必學易名紀念日仍照舊放
假一天同申慶祝

（二）本學期考試辦法應如何規
「決議」（A）考試日期如下：
（一）第二次小考
（二）期考
（三）畢業考
（B）畢業考

（左下方一頁）

學易名紀念日

主席：盧校長　　紀錄：歐慶瀚

（甲）報告事項（畧）
（一）討論事項

校 董 會 議 錄

（1936—1952 年）

上海私立
粵東中學
檔案彙編

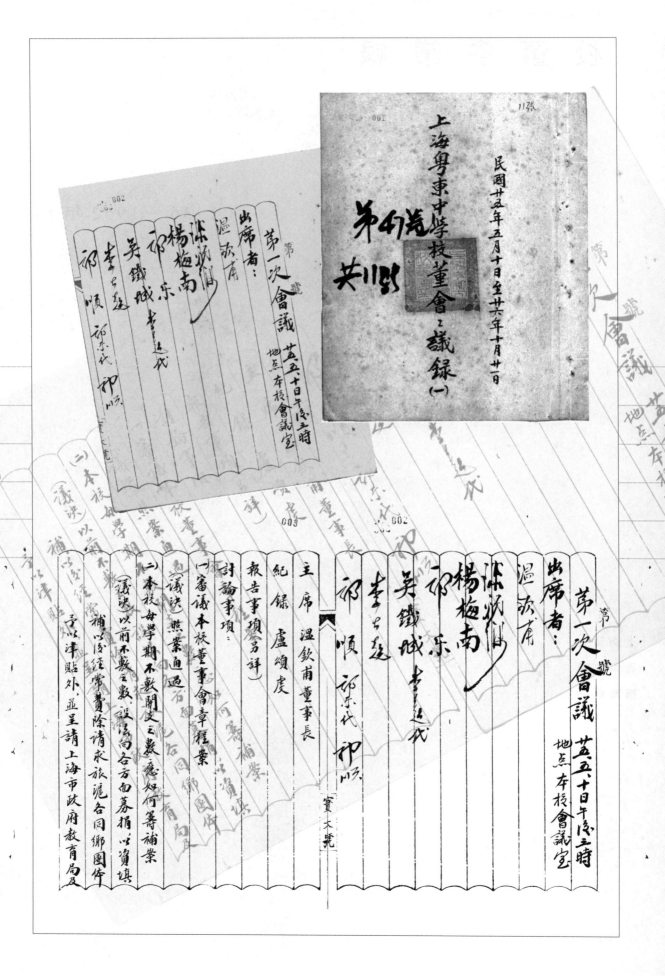

上海粵東中學校董會之議錄（一）

民國廿五年五月十日至廿六年十月廿日

第四七號　共二册

第一次會議　廿五、十日午後三時　地點　本校會議室

出席者：
溫欽甫
陳炳佃
楊梅南
祁　樂
吳鐵城　書記込代
李士彪
祁順　祁東代　印順

主席　溫欽甫董事長
紀錄　盧頌虞

報告事項（另詳）

討論事項：
一、審議本校董事會章程案
　議決　照案通過
二、本校每學期不敷開支之數應如何籌補案
　（議決）以前不敷之數設法向各方面募捐以資填補以後經常費除請求旅滬各同鄉團體量予津貼外並呈請上海市政府教育局及

民國廿五年（1936年）

5 月 10 日

第一次會議

日期：廿五、五、十日午後三時
地點：本校會議室

出席者：温欽甫 陳炳謙 楊梅南 郭樂 吳鐵城（李大超代）李大超 郭順（郭樂代）郭順①

主席：温欽甫董事長
紀錄：盧頌虔

報告事項
（另詳）②
討論事項
（一）審議本校董事會章程案③。
（議決）照案通過。
（二）本校每學期不敷開支之數應如何籌補案。
（議決）以前不敷之數，設法向各方面募捐，以資填補，以後經常費除請求旅滬各同鄉團體予以津貼外，並呈請上海市政府教育局及廣東省政府發給補助費，同時酌量增加學生學費，俟本校經濟寬裕時，再行核減。
（三）本校墊支建築費壹萬六千九百餘元，在未歸還以前，應如何籌措，以應目下開支案。
（議決）由各位校董擔保，暫向銀行透支貳萬元，俟秋季開學收得學費時撥還。
（四）本校圖書館全部建築費，前承陳炳謙先生認捐四分之一，茲復承陳先生加捐壹萬元，約計尚缺貳萬元，應如何設法籌集，俾得從速開工，早觀厥成案。
（議決）懇請吳市長設法籌募二萬元，俟該二萬元籌足時，即行開工建築。
（五）推舉本校校董會常務董事案。
（議決）推舉陳炳謙、郭順、郭樂、楊梅南、李大超五位先生為常務董事。
（六）聘任陳日平會計師為本校查賬員案。
（議決）通過。

上海市私立粵東中學校董會章程
廿五、五、十日訂

第一條　本會定名為上海市私立粵東中學校董會。
第二條　本會依據上海市私立學校校董會條例為本校設立者之代表，並負經營本校之全責。
第三條　本會以發展教育，鞏固校基為目的。

第四條　本會由董事十五人組織之，設董事長一人，常務董事五人，由董事公推之。必要時得聘請名譽董事若干人贊助會務。
第五條　本會董事長主持本會會務，常務董事辦理本會日常事務。
第六條　本會之職權如左④：
甲、籌畫本校經常費及基金、基產。
乙、審核本校預算決算。
丙、保管本校財產。
丁、選任校長。
戊、議決本校重大興革事項。
第七條　本會每學期開會一次，由董事長召集之，遇必要時得召集臨時會議。
第八條　本會董事任期暫以三年為一期。
第九條　本會事務所設在水電路本校。
第十條　本會章程如有未盡事宜，得隨時修訂，並呈報教育局備案。

10 月 9 日

第二次會議

日期：廿五、十月九日
地點：廣肇公所

出席者：吳鐵城（李大超代）李大超 楊梅南 陳炳謙 温欽甫 馮少山 黃少巖

主席：温欽甫董事長
紀錄：盧頌虔

報告事項
（一）本校本學期學生人數：中學部四百四十五人，小學部八百七十八人（橫濱橋第一小學六百八十二人，西摩路第二小學一百八十八人），合計一千三百十五人。
（二）本校經濟狀況：
甲、民國廿四年全年收入：十萬四千七百十一元九角二分（廣肇公所津貼八千元在內），付出：十一萬〇五百一十三元六角一分。
收付兩較：不敷五千八百〇一元六角九分。
乙、民國廿五年上半年收入：五萬二千四百五十三元八角五分（廣肇公所津貼四千元在內），付出：五萬五千八百一十七元七角九分。

---

① 編者注：此處郭順為重複。
② 編者注：原文如此。
③ 編者注：校董會章程原文附後。
④ 編者注：原文豎排，"如左"，即"如下"。

收付兩較：不敷三千三百六十三元九角四分。

丙、民國廿五年下半年收入：約六萬一千一百七十八元四角（廣肇公所四千元在內），付出：約六萬四千五百六十六元。

收付兩較：不敷約三千三百八十七元六角。

以上三項不敷共約壹萬二千五百五十三元二角三分。

（三）本校在收入學費項下，代建築校舍募捐委員會墊支一萬六千七百六十二元八角四分。

（四）唐少川先生允任本校校董會名譽董事長，對於本校籌募基本金及建築費等均蒙允爲盡力贊助，盛意至可感佩。

（五）時局自緊張以來，本校每日仍照常上課，學生均能鎮定自持，故缺席者爲數甚少。

討論事項

（一）本校高中部呈請上海市社會局轉呈教育部立案，須遵照部章呈驗基金。本校基金現未籌得，而呈請立案又急不容緩，應如何辦理案。

（議決）本校基金應儘速設法募集，在未籌得以前，可將本校土地執業證向銀行抵押六萬元，即將該款存入銀行作爲本校基金，以便呈驗。

（二）本校兩年來不敷之數共約一萬二千五百餘元，又墊支建築等費一萬六千七百餘元，合計二萬九千二百餘元，應如何設法償還，以應本學期開支之用案。

（議決）仍從募捐着手，請由全體校董隨時設法勸募。並懇託名譽董事長唐少川先生向華僑黃仲輝先生勸捐，由溫董事長負責與唐先生接洽辦理。

（三）請求本埠潮州會館補助本校常年經費案。

（議決）由本會備函向該會館申請，該函託黃校董少嚴送達。

（四）本校地處閘北，際此時局緊張，應否投保兵險案。

（議決）此際投保兵險價格甚高，不甚合算，時局現已漸趨和緩，俟保費回復原價時，再行投保。

民國廿六年（1937 年）

5 月 4 日

第三次會議

日期：廿六年五月四日
地點：廣肇公所

出席者：溫宗堯 林炳炎 楊梅南 馮少山 郭順 梅哲之 蔡昌

主席：溫宗堯
紀錄：盧頌虔

報告事項

（一）本校高中部業經教育部及上海市社會局批准立案。

（二）本校每學期學生數均有增加，本學期高中學生一百二十九人，初中學生三百三十二人，合計四百六十一人。

（三）本校經濟狀況：

（甲）民國二十四年本校及廣肇公學第一、第二兩小學全年收入：十萬四千七百十一元九角二分（廣肇公所津貼八千元在內），付出：十一萬〇五百一十三元六角一分。

收付兩較：不敷五千八百〇一元六角九分。

（乙）民國廿五年本校及廣肇公學第一、第二兩小學全年收入：十一萬五千四百九十六元二角七分（廣肇公所津貼八千元在內），付出：十二萬〇六百七十九元八角五分。

收付兩較：不敷五千一百八十三元五角八分。

（丙）民國廿六年上半年本校及廣肇公學第一、第二兩小學收入：約五萬六千八百八十七元（廣肇公所津貼四千元在內），付出：約六萬〇七百〇六元九角。

收付兩較：不敷約三千八百一十九元九角。

以上三項不敷共約一萬四千八百〇五元一角七分。

（四）本校在收入學費項下，代建築校舍募捐委員會墊支一萬六千八百九十九元九角六分。

（五）其他。

討論事項

（一）本校由民國二十四年上學期起至本學期末止，共計五個學期（即兩年半）不敷之數共約一萬四千八百餘元，又墊支建築等費一萬六千八百九十九元九角六分，合計虧欠三萬一千六百餘元，應如何設法償還，以應本學期需用案。

（二）本校圖書館全部建築費及設備費共約六萬餘元，林炳炎先生願與陳炳謙先生合作，各捐助全部費用之一半，俾得從速開工，早觀厥成。經將林先生盛意轉達陳先生，茲據陳先生聲稱，略謂本人近來經濟困難，有心無力，最多祇能捐助一萬元云云。此事應如何進行敬請公決案。

（三）本校高中學生每學期納學費四十二元（雜費在內），初中學生每學期納學費三十五元（雜費在內），下學期應否酌量加收學費，以資彌補案。

（四）臨時動議。

議決案：

（一）由林炳炎先生負責，向廣東省政府吳主席

商請撥給本校基金或每年經常費。並由溫欽甫、林炳炎兩先生設法向周崧先生勸捐,以資補助。目前需款,由各位校董擔保向農商銀行透支,俟秋季開學收得學費時歸還。

(二)由溫欽甫先生向陳炳謙先生接洽請求加捐,並由楊梅南先生設法疏通。

(三)暫緩加收學費。

| 10 | 月 | 21 | 日 |

第四次會議

日期:廿六年十月廿一日午後五時
地點:廣肇公所

出席者:郭順 楊梅南 溫欽甫 林炳炎

報告事項

(一)本校水電路校址,現爲我軍陣地,屢受敵軍猛烈轟擊,十月十七日本埠《大公報》發表社會局調查統計,據謂本校校舍已全部被炸,確否尚待證實。

(二)本校本學期在西摩路六二九弄設立臨時校舍,已於九月廿四日開學,學生現到二百廿九人,將及上學期學生人數之一半。其未繼續來學者,十之八九已離滬他往。

(三)本校過去五個學期之經費,合計不敷一萬四千餘元,加以□□□校舍募捐委員會墊支一萬六千餘元。共虧欠三萬餘元(詳數見廿六年五月四日本會第三次會議報告)。
本校所有收支賬目,俱由陳日平會計師逐款審查,其單據及數目認爲均屬正確,並給有證明書。

(四)本年五月六日,由溫欽甫先生擔保向農商銀行借支一萬元。六月一日由馮少山先生擔保續向該行借支一萬二千元,均以本校土地執業證爲抵押品。六月底復由溫欽甫先生介紹向生大信託公司借支一萬元。三項借款共計三萬二千元,均約定本年秋季開學收得學費時歸還,茲因戰事影響一時無法踐約。

(五)本學期學生人數減少,收入學費較前大減,且均係分期繳納者,支出方面增加屋租一項(每月屋租三百六十元),負擔更重。現雖極力撙節,教職員薪金暫照原數發放四成,預計本學期一切開支,至少尚差四千元。

討論事項

(一)本校所欠農商銀行及生大信託公司之款應如何設法籌還案。

(二)本學期經常費預計不敷之數應如何設法籌畫案。

(三)臨時動議。

議決案

決議:

(一)本校所欠農商銀行及生大信託公司之款,暫酌付利息,俟局面平定後,再行設法還本。

(二)目下各方面均注重認購救國公債及籌款救濟難民,無力他顧,校中經濟,祇好量入爲出,應如何維持現狀,可由校長自行設法。

民國卅一年(1942年)[1]

| 10 | 月 | 18 | 日 |

上海粵東中學校董會全體董事會議

日期:卅一年十月十八日午後四時
地點:戈登路336號本會[2]

出席者:溫宗堯 李勵文 李勵莊 梁海籌 張仲明 黃鴻鈞 葉雪松 黃榮慶 梅嵩南 伍朝柱 陳興華 王秩忠
列席者:盧頌虔

主席:溫董事長
紀錄:歐濟

開會如儀。

報告事項

(一)主席致詞:略謂本人素注重教育事業,主持廣肇公所多年,對於所用職員之人選,不甚過問,惟廣肇義學之師資,則必須慎重考選,此即因本人重視教育事業之故。本人提挈本校亦已十有餘年,深知本校盧校長辦理妥善。盧校長爲本校服務數十年,不啻與本校結了婚一樣,深信其必將全部心力貢獻於本校。現在本會更得各位熱心同鄉加入,負維持本校之責,本校前途,自必日形發展,此則最堪感慰者。

(二)葉董事雪松報告協助本校計劃籌款及介紹校董人選之經過。

(三)伍董事朝柱報告設法收回本校水電路地產之進行情形。

(四)梅董事嵩南報告本市教委會籌款補助市內私立學校之進行情形。

(五)盧校長頌虔報告本校經濟狀況及各項校務

---

[1] 編者注:1937年10月21日之後,1942年10月18日之前,無檔案記錄。

[2] 編者注:戈登路,今爲江寧路。

近況。

討論事項

（一）修訂本會章程案。

伍董事朝柱發言：略謂章程草案第四條"常務董事九人"似應改爲常務董事七人，因七人正相當於董事總數三十五人之五分一，似較爲適合。

（決議）依照伍董事之意見將草案修正通過。

（二）審核本校本學期預算案。

1. 關於校舍租金問題

主席發言：略謂同鄉會於其自置大廈留起自用地方之外，將其餘部份租給本校，作爲校舍，俾便發展校務，本會甚爲欣感。惟租額定爲每月國幣壹千元，而所留起之地方又似太多，本人認爲應請同鄉會本扶助同鄉教育之素懷，多將優良地方租與本校，一面將租金酌減，以輕本校負擔。因學校乃學生整日藏修息遊之所，爲同鄉子弟得益計，對於所有課室及其他場所，均須力求適合也。

葉董事雪松發言：略謂同鄉會體察本大廈之情形，爲便於將會用地方與校用地方劃分起見，故將全廈由東至西，略爲劃分，留起相當地方，備同鄉會爲發展會務之用，將其餘租與本校。至屋租方面，則因今非昔比，故酌擬每月收校方租金一千元。倘本會對於此兩點向同鄉會有所請求，同鄉會當由常務理事會議決定答復。

董事陳李勵莊夫人發言：略謂本校蒙同鄉會允將大廈許多地方租與本校，俾便發展同鄉教育，本會實深感謝。本席適與董事長及各位董事參觀校舍，覺有不少課室過於狹促，且多屬靠西靠北者，於學生之健康殊有不良影響，應再商請同鄉會盡量將優良地方租與本校應用，以期嘉惠同鄉子弟。

李董事勵文發言：略謂同鄉會所留起之地方，既非待求善價，而同鄉會又係以推進同鄉福利事業爲主旨，則盡量予本校以種種便利，正是扶助同鄉福利事業之舉。

伍董事朝柱發言：略謂李董事之言甚是。本校是現成之同鄉福利事業，同鄉會自當首先加以扶助。況本校所培成之人才，不特有益於國家社會，亦正是將來辦理同鄉會及同鄉事業之台柱人物，故同鄉會之優待本校，不可作爲房主優待房客，應認定係屬扶助同鄉教育。查本會董事不少是同鄉會之理事，將來將本會意見向同鄉會說明後，想同鄉會方面亦必能予以同意。

陳董事興華發言：略謂本案原則上既屬詢謀僉同，本校與同鄉會又屬彼此一家，將來向同鄉會提出上述請求，亦不一定要用公函之類來轉達。惟吾人站在本會立場，希望同鄉會將何處地方租與本校，及每月共減租多少等，均應切實提出

具體意見，俾同鄉會易於決定答復。此項具體意見，委託本校校長或本會常務董事會擬具便可。

（決議）照陳董事之意見辦理。

2. 關於教職員薪津問題

主席發言：略謂查預算表所列本校專任教職員每人每月薪津數目（平均四百四十元），較之廣肇義學教員月薪三百元之數，已有超過，是否過高？請各位發表意見。

葉董事雪松發言：略謂此項薪津數目，已頗相當於政府高級人員之薪額，但此項教職員薪津數額，現時亦不宜減少。

董事陳李勵莊夫人發言：略謂葉董事之説誠然，但吾人亦不必將此項薪津數目與政府人員薪額相比。本校之教職員既係多數在校服務甚久者，其酬勞費自應較多。現在本會對於此項薪津預算，只宜增加，不宜減少，縱經費不敷，亦應從開源着想，另行設法籌足，此點應爲討論本案之原則。料想主席提出廣肇義學教員之薪額，亦不過是提供一種參考資料，並非欲將本校預算之教職員薪津數額減少也。

伍董事朝柱發言：略謂若教職員薪津微薄，不特不能使教職員安心服務，足以減低教育之效率，且事實上亦必不能聘得優良師資，其影響於學生受益方面，實非淺鮮，此點殊值得吾人特別注意。

（決議）照預算表所列教職員薪津數目辦理。

3. 關於其他各項預算數目

李董事勵文提議本校其他各項支出，如有可能，應照預算數目盡量緊縮，不可超過，以期撙節。

（決議）通過。

（三）黃董事鴻鈞提議：因時間關係，可否先推選常務董事，將議程所列其餘各案（籌措本校本學期不敷之經費案、籌募本校基金案、聘定會計師審查本校賬目案）概交常務董事會辦理？請公決案。

（決議）通過。隨即依章推選常務董事七人，當選人之台銜如下：

1. 陳李勵莊夫人　2. 葉雪松先生　3. 伍朝柱先生
4. 李勵文先生　　5. 陳興華先生　6. 郭順先生
7. 梅嵩南先生

溫董事長聲明：如遇常務董事會開會，本人不在滬時，應請陳李勵莊夫人代爲主席。又如陳李勵莊夫人不在滬時，應請葉雪松先生或伍朝柱先生代爲主席。

附註：本紀錄業經主席核閱並簽字蓋章。（另存）①

---

① 編者注：原文如此。

上海特別市私立粵東中學校董會章程
中華民國卅一年十月十八日修訂

第一條　本會定名爲上海特別市私立粵東中學校董會。

第二條　本會依據修正私立學校規程第十一條之規定爲本校設立者之代表，並負經營本校之全責。

第三條　本會以發展教育，鞏固校基爲目的。

第四條　本會由董事三十五人組織之，設董事長一人，常務董事七人，由董事公推之，並得聘請名譽董事長一人，名譽董事若干人贊助會務。

第五條　本會董事長主持本會會務，常務董事辦理本會日常事務。

第六條　本會之職權如左①：

甲、籌畫本校經常費及基金、基產。

乙、審核本校預算、決算。

丙、保管本校財產。

丁、選任校長。

戊、議決本校重大興革事項。

第七條　本會每學期開會一次，由董事長召集之，遇必要時得召集臨時會議。

第八條　本會董事任期暫以二年爲一期。

第九條　本會事務所設在戈登路本校。

第十條　本會章程如有未盡事宜，得隨時修訂，並呈報上海特別市教育委員會備案。

☐11☐月☐7☐日

第一次常務董事會議

日期：卅一年十一月七日午後五時
地點：戈登路336號本會

出席者：伍朝柱　葉雪松　李勵莊　梅嵩南　陳中　李勵文
列席者：盧頌虔

主席：常董陳李勵莊夫人（由陳夫人臨時請葉常董雪松代）
紀錄：歐濟

開會如儀。

報告事項

（一）盧校長頌虔報告：略謂去月十八日校董會議所議決，希望同鄉會酌減本校租金及多將優良地方租給本校一案，曾由本人向同鄉會接洽，經同鄉會負責人表示，現在酌收校方月租壹千元已屬按照時值減收，倘將來校方經費困難，同

鄉會可體察情形酌予補助，如此便與減租無異。至於希望多給地方一層亦可，俟校方將來確有需要時再行酌議云。

（二）又報告去月廿七日收到葉常董雪松捐助本校經費中儲鈔壹千元整。

（三）又報告上海特別市教育委員會派定之本校日語日籍教師原田惠球先生已於本月二日到校授課。

（四）又報告本校現任全體教職員表。（另錄）

討論事項

（一）籌措本校本學期不敷之經費案。

盧校長說明本案，略謂本校本期不敷之經費約爲貳萬八千餘元，其詳細數目已具見於去月十八日提請校董會審核之預算表中等語。隨由各常董分別發表意見，其要點概括如下：

1. 籌措二、三萬元現尚不難，惟由本會籌得之款，關於保管方法及提支手續等均應從新規定，以昭鄭重。

2. 以本會名義籌得之款，應全數用於粵東中學，且應着眼於維持現狀及發展將來。本學期預算特別支出欄所列撥還暫借廣肇公學壹萬八千元一項，應從緩辦。

3. 本會所籌得之款，如事實上業經本校撥支者，亦應經過本會審查追認，俾符手續。

4. 籌募捐款次數多則收效微，故須統籌進行。

（決議）本案應俟審查上述預算表中所列撥還各賬是否可以緩還，看不敷確數多少，然後與第二案“籌措本校基金案”併案統籌。至於籌措基金部份，交盧校長擬具計畫，提送下次常務董事會議討論。

（二）籌措本校基金案。

（決議）（見前條）。

（三）聘定會計師審查本校賬目案。

（決議）對於本校賬目由會聘請黃培鈺會計師審查之（每年酌送車馬費若干），並推定伍常董朝柱、李常董勵文共同審查。

（四）爲本校計畫實施添聘及保障優良師資案。

（決議）請盧校長先擬具計畫送會，然後討論。

（五）添聘校董案。

（決議）添聘陳其芬先生爲本校校董。

（六）葉常董雪松臨時動議，關於常董會議之主席，現在常董陳李勵莊夫人一再謙辭，嗣後可否由各常董輪任，請公決案。

（決議）按照常董名表之順序編定輪任主席表如下：陳李勵莊夫人、葉雪松先生、伍朝柱先生、李勵文先生、陳興華先生、郭順先生、梅嵩南先生。

（七）陳常董興華臨時動議，本會應否聘請秘書

───────────
① 編者注：原稿豎排，如左，即如下。

一名,請公決案。

(決議)聘歐濟先生爲本會秘書。

附註:本紀錄業經代理主席核閱並簽字。（另存）①

| 11 | 月 | 20 | 日 |

第二次常務董事會議

日期:卅一年十一月二十日午後五時

地點:戈登路336號本會

出席者:郭順 伍朝柱 葉雪松 梅嵩南 陳中

列席者:盧頌虔

主席:葉雪松

紀錄:歐濟

報告事項

(一)宣讀上次會議紀錄。

(二)報告執行上次會議議決案之經過。

1. 關於由會聘請黃培銖會計師爲本校查賬員事,已於本月十四日將聘函繕就,託由李常董勵文轉交。

2. 關於請伍常董朝柱、李常董勵文審查本校賬目事,已於本月十五日將賬目送兩常董審查。

3. 關於添聘陳其芬先生爲董事事,已於本月十六日將聘函發出。

4. 關於聘請歐濟先生爲本會秘書事,已於本月十六日將聘函發出。

(三)伍常董朝柱報告:略謂本人與李常董勵文被推擔任審查本校賬目。本月十五日由盧校長將賬目送來時,本人已作一度簡單之審核。因適值李常董抱恙,致未能會同詳查,嗣得李常董來函,言彼對於該項賬目,亦經一度審閱,俟愈後,當約同赴校再作詳細審核等語,容俟再度審查後,再作詳細報告。（隨將李常董函宣讀）

(四)盧校長頌虔報告:關於上次會議爲本校計畫實施添聘及保障優良師資一案,議決交由本人先擬具計畫送會,然後討論事。查本校對於此事,平日已有相當計畫（如實行"年功加俸"辦法,規定優恤辦法,及實施"學校教職員養老金條例"等）,惟因絀於經費,莫由實現,茲擬俟經費有着後,再擬具實施計畫草案,送請核議。

討論事項

(一)關於本會籌得之款,其保管方法及提取撥支等項手續,應如何規定案。

伍常董朝柱發言:略謂本會籌得之款,應於下次會議時推定董事若干人,負責保管。俟保管人選確定後,再以次議及提取撥支等項手續。

葉常董雪松發言:略謂本會籌得之款,應由本會保管。縱其中已有由本校從權提支,藉應急用者,亦應由會補行賬目上之審查追認。以後則按照本會核定之本校預算,由會將款按期撥給本校領用,以符手續。

梅常董嵩南發言:略謂只推定董事數人負責保管該款便可,不必組織保管委員會,以免會內有會,轉滋麻煩。

郭常董順發言:略謂保管人數大約以三人爲適合,至提取該款則以經過三人中任何二人之簽名蓋章爲有效便可。

(決議)推定保管人選及確定提取撥支手續各節,統於下次會議時行之。爲集思廣益起見,下次會議,並請各董事參加。

(二)盧校長頌虔擬具送會之本校基金籌募委員會章程草案,及本校基金保管委員會章程草案,是否可行? 請公決案。

(決議)先推定伍常董朝柱、梅常董嵩南審查該項草案,於下次會議時,將意見提會報告,然後討論。

附註:本紀錄業經主席核閱及簽字。（另存）②

| 12 | 月 | 12 | 日 |

第三次常務董事會議

日期:卅一、十二月十二日午後五時

地點:戈登路336號本會

出席者:李勵莊 張仲明(列席) 張恩麟(代表張閬中列席) 黃榮慶(列席) 王秩忠(列席) 陳中 梅嵩南 伍朝柱 余穉敬(列席) 李勵文(伍朝柱代) 陳其芬(列席) 葉雪松

列席者:盧頌虔

主席:伍朝柱

紀錄:歐濟

開會如儀。

報告事項

一、宣讀上次會議紀錄（因業經將其印送與各董事,從略）。

二、伍常董朝柱報告:略謂本席與李常董勵文被推擔任審查本校賬目,業於本月九日會同到校從事審查,除細賬留待會計師審核外,其屬於本學期預算表所列特別支出之部份,均經將各項有關單據審閱。今天李常董因事未暇出席,特

―――――

① ② 編者注:原文如此。

託本席一併代將審查意見提出報告。本席與李常董僉認為該特別支出欄所列各賬，其第一項至第六項均應追認，惟第七項撥還暫借廣肇公學壹萬八千餘元一款，債據具在，理所當還。且廣肇公學亦屬同鄉學校，與粵東中學原屬一家，現值彼入不敷支，揆之通有無，濟緩急，擴大救濟諸義，亦應將該債清償。但因粵東校款現尚不敷，若於此時還付該款，不特類於"舍己耘人"，且亦有失捐款者維持粵東中學本身之原意，故本會應於"愛無差等"之中，仍本"施由親始"之義，待粵東校款足以自給，然後償付該債，以期雙方兼顧等語。

三、伍常董朝柱、梅常董嵩南報告，業將本校基金籌募委員會章程草案及本校基金保管委員會章程草案分別審查，酌予修正，隨請歐秘書將修正草案宣讀。

四、盧校長報告本日收到陳常董中、張董事仲明各捐助本校經費中儲鈔壹千元正。

討論事項

一、本校本學期預算特別支出欄所列撥支各賬，應如何辦理案。

（決議）照審查意見通過。

二、確定本會籌得款項之保管方法及提取撥支手續案。

（決議）辦法如下：

1. 用本會名義向本會指定之銀行開立往來戶，將款存入（即席指定南洋商業銀行上海分行為本會存款之銀行）。

2. 推定董事三人負責保管該款（即席推定陳董事中、陳董事其芬、張董事仲明為本會籌得款項之負責保管人）。

3. 提取該款以經過保管董事三人中任何二人之簽章為有效。

4. 依照本會核定之本校經費預算數目，按月將款撥給本校領用。

三、本校基金籌募委員會章程草案及本校基金保管委員會章程草案是否可行案。

（決議）將業經審查修正之草案移交全體董事會討論。

四、籌募本校經費案。

盧校長報告：略謂本校本學期不敷之經費，依照收支預算表原為貳萬八千餘元，若將其中撥還暫借廣肇公學壹萬八千餘元一款暫時緩還，不敷仍約壹萬元。但因刻下物價較之學期之初開列該表時已增加甚巨，故實際開支不免超過預算。且本校本學期負擔房捐費壹千叁佰六十五元，亦未在該表預算之內，故本學期不敷之校費，實在不止壹萬元。且各教職員因所入遠不敷所出，寅吃卯糧，為狀殊苦，本校為謀救濟起

見，不得不另籌款項，以應各同人預支薪水之用。（預支之款，逐漸扣還。）

主席發言：略謂本會有董事三十餘人，倘每人代募校款，截長補短，平均能達五千元，則總數可有十餘萬元，當足敷維持校費一、二年之用。如此便可從容選擇適當時機進行籌募基金，謀治本之解決。

陳常董中發言：略謂將來既須籌募基金，為免頻頻勸捐起見，關於補助費部份，可否只由各董事先自盡其應負之責，盡力認捐籌足之，暫不向外勸募，如每人認捐之數平均能達一千元，則總數可得三萬元以上矣。

李常董勵莊發言：略謂倘基金之籌募係在一年後進行，則現在對於補助費之籌措，除由各董事先自認捐外，亦不妨同時向外勸募，俾可籌集較多之款，足敷維持相當時期之用。

（決議）辦法如下：

1. 以籌募基金為治本辦法，籌募補助費為治標辦法，分別緩急進行。

2. 關於補助費之籌募辦法如下：

甲、先籌集若干萬元，為彌補本學期不敷及在未籌得基金前補助校款之用。

乙、董事中如本會有未發送捐冊者，概各補送捐冊一本，俾便一體盡力認捐及勸募（董事中如已曾勸募者，仍望發抒偉力，繼續進行）。

丙、為應本學期之急需起見，先以本會名義向存款銀行商請透支，其透支額以三萬元為度，由保管會款各董事代表本會簽立透支契約。（並推定陳常董中、葉常董雪松代向存款銀行接洽。）

丁、委託上述銀行代理收集捐款，俾該行得將代收之款隨時記入本會賬內，抵償其所透支之數。

3. 關於基金之籌募辦法如下：

甲、依照本會通過之基金籌募委員會章程及基金保管委員會章程辦理。

乙、於籌募補助費一年後進行之。

五、本會董事尚未足額（原定卅五人，現有三十人），應否即席補推，以利進行案。

（決議）即席補推何焯賢、唐季珊、董幹文、梁冠榴、胡國樑五先生為本會董事。

六、為集思廣益起見，應否規定嗣後凡遇本會常務董事會議，均得邀請各董事到會參加案。

（決議）嗣後凡遇本會常務董事會議，均得邀請各董事到會參加。

附註：本紀錄業經主席核閱及簽字。（另存）①

————————

① 編者注：原文如此。

民國卅二年（1943 年）

3 月 10 日

第四次常務董事會議

日期：卅二年三月十日下午五時
地點：戈登路 336 號本會

出席者：余穉敬（列席）王秩忠（列席）葉雪松 胡國樑（列席）黃榮慶（列席）李勵莊 梅嵩南 李勵文（莊代）陳中 郭順
列席者：盧頌虔

主席：梅嵩南
紀錄：歐濟

開會如儀。
報告事項
一、宣讀上次會議紀錄（因業經將其印送與各董事，從略）。
二、報告執行上次會議議決案之經過（各議決案均經照案執行）。
三、本會帳目業經獨立登記，由民國卅一年五月開始籌募校款起，截至卅二年三月八日止，計結存中儲鈔叁萬零七百零五元三角四分。
四、本會於民國卅一年十二月廿四日透支與粵東中學應急之貳萬元，業由該校於卅二年二月廿四日如數歸還。
五、由卅一年十二月十五日起至卅二年三月八日止南洋商業銀行上海分行代本會經收粵東中學捐款，計共叁萬壹千壹百元，茲將經募者台銜及經募數目開列於下：
1. 陳孚木先生經募捌仟玖佰元正。
2. 鄭惠彪先生經募伍仟捌佰元正。
3. 黃榮慶先生經募伍仟肆佰元正。
4. 梁冠榴先生經募叁仟元正。
5. 陳中先生經募貳仟元正。
6. 王秩忠先生經募貳仟元正（即席再交到自捐貳仟元，見第九項報告）。
7. 梅嵩南先生經募貳仟元正。
8. 勞敬修先生經募貳仟元正。
六、黃培銖會計師受本會委託查核粵東中學自民國卅一年二月一日起至同年七月卅一日止全學期之收支帳目，業於去月十二日出具查帳證明書、報告書暨附表多種，在各項帳目說明部份，經分別注明軋算無誤，核對相符等字樣（先將該項書表傳觀，容再照錄副本分送各董事察閱）。
七、粵東中學由民國卅一年八月一日起至卅二年一月卅一日止全學期之收支決算表，業經送

來本會審核。
八、盧校長報告粵東中學本學期學雜費收入總數爲中儲鈔四萬七千六百四十四元，至整個收支預算表，將於本日常務董事會議酌定本學期教職員薪津數額之後趕速編造，於下次全體校董會議時提請審核。
九、盧校長報告即席再收到王校董秩忠交來自捐校款中儲鈔貳千元，當於明晨將其移送南洋商業銀行上海分行彙收歸帳。

討論事項
一、撥抵粵東中學上學期（卅一年八月一日至本年一月卅一日）決算不敷之數計壹萬零四百七十四元二角九分案。
（決議）俟將該項校帳交黃會計師審核後，提下次全體董事會議決定之。
二、按照粵東中學上學期教職員薪津數目多發一個月，作爲上學期教職員生活救濟費案。
（說明）查粵東中學上學期之教職員薪津數目（該項薪津專任教職員每月最高五六〇元，最低三〇〇元，平均四四〇元，校長每月七〇〇元，全體教職員每月共計柒仟陸佰玖拾元），係定於民國卅一年八月編列預算之時，後因物價不斷奇漲，致教職員入不敷支甚巨，非寅吃卯糧莫能維持生活。校方爲謀救濟起見，曾在可能範圍內酌准預支薪津相當數額，滿擬將其逐漸扣還，惟各教職員因邇來物價更漲，生活更苦，一旦將借支數扣還，則無以維持生活如故，僉請略照各業歲底發給雙薪成例，於上學期多發薪津一個月，俾可略輕負債數目，藉資救濟。
（決議）通過。
三、酌定粵東中學本學期教職員薪津數額案。
（決議）粵東中學本學期之教職員薪津，在經費收支預算未定之前，暫照上學期數額致送。至本學期之收支預算，交盧校長擬具，提送下次全體董事會議決定之。
四、設法推進粵東中學捐款事宜案。
（決議）最近業經函請各董事加緊進行勸募，俟經過相當時日後再定辦法。
五、審核粵東中學上學期收支決算帳目案。
（決議）交黃會計師審核後，提下次全體董事會議決定。
六、酌定致送黃會計師查帳酬金數目案。
（決議）審查每學期帳目酌送車馬費五百元。
七、酌定致送本會秘書酬金數目案。
（決議）每學期酌送車馬費五百元。
八、定期召開全體董事會議案。
（決議）定於本年四月四日（星期日）下午四時舉行。
附註：本紀錄業經主席核閱及簽字。（另存）①

---

① 編者注：原文如此。

| 4 | 月 | 4 | 日 |

第二次全體董事會議

時間：卅二年四月四日下午四時
地點：戈登路 336 號本會

出席者：胡國樑 黃榮慶 陳其芬 梅嵩南 王秩忠
陳中
（因出席人數不足，改定四月八日舉行）

| 4 | 月 | 8 | 日 |

第二次全體董事會議

時間：卅二年四月八日下午五時
地點：戈登路 336 號本會

出席者：梅嵩南 王秩忠 胡國樑 黃榮慶 張仲明
（偉國代）伍朝柱 余穉敬 關奕林（穉敬代）梁海籌
（其芬代）陳其芬 李勵文（梅嵩南代）黃鴻鈞（黃榮慶代）
列席者：盧頌虔

主席：伍朝柱（臨時公推）
紀録：歐濟

開會如儀。
報告事項
一、宣讀第一次全體董事會議紀録（因早經將其
印送與各董事，從略）。
二、報告執行第一次會議議決案之經過（各議決
案均經照案執行）。
三、常務董事報告半年來辦理本會常務之經過
（常務董事曾開過會議四次，所有議決各案及執
行經過，均經詳見於各次會議録中，並經將該項
會議録印送與各董事察閱，茲不贅）。
四、本會第四次常務董事會議議決補發之粵東
中學上學期教職員生活救濟費暨致送會計師及
本會秘書之車馬費等，業經於去月廿七日照案
撥付（該款連同校方過去代墊之本會文具費五
百八十五元二角，合計玖仟貳佰柒拾五元
貳角）。
五、本會帳目由民國卅一年五月開始籌募校款
時起截至卅二年四月八日止，計結存中儲鈔叁
萬壹仟四百三十元一角四分。
六、南洋商業銀行上海分行代本會經收各方捐
助粵東中學之款，其在本年三月八日以前者，業
經列入第四次常務董事會議紀録報告事項中，

藉便各董事察閱。至由本年三月九日起至四月
八日止，該行續代收到之捐款，計共壹萬元，其
經募台銜及數目如下：
1. 陳董事孚木經募叁仟元正（連前共經募壹萬
壹千九百元正）。
2. 王董事秩忠經募四仟元正（連前共經募六千
五百元正）。
3. 梁董事海籌經募貳仟叁百元正（連前共經募
叁仟叁百元正）。
4. 馮董事節經募柒百元正。
盧校長報告即席另收到胡董事國樑交來經募校
款四千二百元，當於明晨移送南洋商業銀行上
海分行彙收歸帳，計校董會結存總數應共爲叁
萬伍仟六百三十元一角四分。
七、黃培鈇會計師查核粵東中學上學期（自民國
卅一年八月一日起至本年一月卅一日止）之收
支帳目，業於三月廿九日出具查帳證明書、報告
書暨附表多種，該項書表計正副本各一份，經於
本月四日分送與到會之會款保管人陳董事中、
陳董事其芬審閱，茲將證明書照録如下：
　　　　查核上海粵東中學收支帳目證明書
　　　　茲已查核上海粵東中學自中華民國卅一年
八月一日起至卅二年一月卅一日止期間內之收
支帳目，所有帳簿表冊以及原始單據均經詳細核
對無誤。特爲編製中華民國卅二年一月卅一日
之資產負債表、財産目録及卅一年八月一日至卅
二年一月卅一日之收支計算書附列於後，除將查
核經過情形另附報告書聲述外，依本會計師之意
見，後附各項書表內列各項，足以表示該校在上
開日期之財政狀況及收支實際情形，此證。
　　　　　　　　　　　　　會計師黃培鈇（簽章）
八、盧校長報告對於粵東中學下學期財政上之
開源節流計畫，略謂：本校因鑒於近年受物價高
漲之影響，致校費收入遠不敷支，爲謀以後不敷
數目之盡量減少起見，擬於下學期起，實施下列
開源節流辦法：
1. 開源方面：除對於學雜各費，到時體察情形，
仍在比較低廉之原則下酌定所收費額外，另請
熱心校友協力籌助母校常年經費。查國內外各
私立學校，多有藉校友之捐助以資維持者，本校
創立逾三十年，校友衆多，久在各界服務，且甚
關懷母校者爲數不少，以前亦嘗有自動捐助母
校教職員生活費之舉，茲擬積極向各校友聯絡，
俾校友會早日恢復，得以發動群力，用代募或認
捐方法協助校董會籌措本校經費。
2. 節流方面：除對於各項支出仍依照近年緊縮
之方針極力撙節外，另準備將原有春季始業之
班級設法裁併。查本校前以利便學生來學之
故，向設有春始、秋始兩種班級，茲爲撙節經費

起見,擬由下學期起,專辦秋季始業班級,將現有之春始各班與秋始各班合併。其所缺之課程,則利用各種假期補習,及其他各種可行之方法予以補足,務使併畢之後,原有春始各生仍能功課無缺,程度銜接。預料此項辦法實施後,總可將現有之高初中共十一班併成七班或八班,對於經費開支當可節省不少。

討論事項

一、審閱黃會計師出具之查核粵東中學上學期帳目報告書,並決定撥抵該校上學期不敷之壹萬零四百七十四元二角九分一款案。

陳董事其芬報告審閱黃會計師查核校帳報告書之意見,略謂:本席經將該項查帳報告書表審閱,依本席之意見,認爲黃會計師之報告甚爲詳核,各項校帳亦無不合之處等語。

(決議)該項查帳報告書,既經本會審閱,認爲適合。該項校方上學期不敷之款,計壹萬零四百七十四元二角九分,亦經會計師核算無訛,應即由會照數撥給,俾應急需。

二、審核粵東中學本學期(由本年二月一日起至七月卅一日止)之經費收支預算表,並決定本會對於該校不敷經費之按月撥給日期案。

主席發言,略謂:查預算表所列各數,以教職員薪津一項爲較大,但照此數計算,專任教職員之每月薪津平均數仍不過五百餘元,就教育事業之重要,及各教職員服務本校歷史之悠久與其生活之清苦各點而言,其待遇實有提高之必要。該項教職員薪津數目較之上學期僅約增加二成有奇,已屬未能隨物價以俱進,只是慰情聊勝於無而已。至其他校工工食、屋租等以下各項,爲數更微,俱覺有事實上之需要,更屬不成問題等語。

(決議)照預算原案通過。至按照預算全學期不敷之叁萬九千三百一十六元,應按月撥給,於四、五、六各月月初各撥壹萬元,七月初撥給九千三百一十六元。

三、依照本會章程第四條之規定,聘請名譽董事若干人,贊助會務案。

(決議)名譽董事不定名額,應隨時體察情形酌量聘請,以適合需要爲原則。至其人選,除由董事介紹外,請盧校長就學生家長、校友及其他關懷本校之人士廣爲介紹。

四、應否仿照其他公團辦法,酌定每董事及名譽董事每學期負擔籌助校款(代募或自捐均可)最低限度數目,以期衆擎易舉案。

(決議)關於本會董事及名譽董事每學期(即半年)擔任代募或自捐粵東中學校款希望能達到下列之數目:董事,一千元以上;名譽董事,五百元以上。

五、應否酌增本會常務董事名額,將會章第四條"常務董事七人"之規定修改爲"常務董事 人"案。

(決議)暫不增加常務董事名額。惟爲適應事實

起見,其辦法可分兩點:1. 關於政府規定校董名額不得超過十五人一節,本會呈報校董名表時,可將常務董事七人連同對於本會特具熱心之董事八人共十五人之姓名填報。2. 常務董事如遇常務董事會議因事故障不能出席時,得委託其他董事代表到會執行職務。

六、梅董事嵩南臨時動議:爲群策群力切實推進會務,協謀粵東中學之發展起見,對於向日只負擔名義之董事,應如何請其切實負責案。

(決議)託相當人員向其代達本會之希望。

附註:本紀錄業經主席核閱及簽字。(另存)①

上海粵東中學本學期
(卅二年二月至七月)收支預算表

卅二年三月卅一日製

收　　項		支　　項	
	元		元
學生學費	40 014	教職員薪津	65 622
學生雜費	7 390	(專任教職員	
雜收入	500	每月薪津最高	
不敷	39 316	者827元,最低	
		者350元,平均	
		567元)	
		校工工食	6 348
		(校工五名,每	
		月工食	
		每名平均210	
		元)	
		屋租	6 000
		捐稅	1 400
		修理費	500
		設備費	1 000
		印刷費	1 500
		廣告費	600
		自來水費	400
		電力費	250
		電話費	350
		報費	250
		教授用品	500
		圖書費	600
		體育費	700
		特種獎學金	500
		獎品費	300
		雜支出	400
合計	87 220	合計	87 220

備註:

上學期全體教職員薪津共計53 625元(連多發一個月薪津在內)。本學期全體教職員薪津共計65 622元,較上學期增加11 997元(一個學期計六個月,每月較上學期平均增加不足貳千元)。

———————

① 編者注:原文如此。

民國卅三年(1944 年)

| 1 | 月 | 11 | 日 |

第三次全體董事會議

時間：卅三年一月十一日下午五時
地點：戈登路三三六號本會

出席者：張恩麟(許鴻華代表) 黃榮慶 梅嵩南 張仲明 胡國樑(盧頌虔代) 王秩忠 葉雪松(賴鐵澤代) 李勵文(梅嵩南代) 黃鴻鈞(黃榮慶代) 陳其芬(張仲明代) 葉雪松 陳其芬 盧頌虔

主席：梅嵩南(臨時公推)
紀錄：歐濟

開會如儀。

報告事項

一、宣讀第二次全體董事會議紀錄(因早經將其印送與各董事，從略。惟該項會議錄對於第二次全體董事會議時，梅常董嵩南提議應依一般私立學校成例，請校長兼任本會董事，業經一致同意一節未及敘明，應提出報告，藉符事實)。

二、本會帳目截至卅二年十二月卅一日止，計結存中儲鈔壹萬零四百八十三元三角五分。

三、南洋商業銀行上海分行代本會經收捐款，其在卅二年四月八日以前者，業經列入第二次全體董事會議紀錄中，藉便察閱，至由此以後至十二月卅一日止，該行續代收到之捐款計共壹萬八千二百元。其明細如下：

1. 胡董事國樑經募四千二百元正。

2. 王董事秩忠經募貳千元正(連前共經募八千五百元正)。

3. 潘董事達經募壹千元正。

4. 何董事焯賢經募壹千元正。

5. 李董事勵莊經募伍百元正(前後共經募五萬元正)。

6. 新新公司捐助壹千元正、陳董事其芬捐助貳千元正(該款於二月十二日交到)。

7. 董董事幹文經募六千五百元正。

8. 關董事玉庭經募貳千元正(連前共經募五千二百元正)。

四、盧校長報告：黃會計師培鈺審查本校由卅二年二月一日至七月卅一日(即上學期)收支帳目所出具之證明書、報告書暨附表等早經分送葉常務校董雪松、梅常務校董嵩南暨會款保管人陳校董其芬、張校董仲明等審閱，茲再將其送會藉便傳觀。

五、盧校長報告：本校於卅二年十月十三日曾造具校務近況報告書分送各校董察閱，茲再將該項報告書一份送會。查該報告書所曾述及向學生家長募捐校款一事，係於卅二年十月二十日發出捐冊，至卅三年一月九日結束，計共募得中儲券拾壹萬七千五百三十三元七角正。

六、盧校長報告本校於卅二年十二月十三日曾敦請葉常務校董雪松涖校向學生訓話，各生備聆教益，極感興奮，以後仍希望各位校董隨時涖校多多賜教。

討論事項

一、審核粵東中學本學期(由卅二年八月一日起至卅三年一月卅一日止)經費收支預算表案。

(決議)推定黃董事榮慶、王董事秩忠審查，並於下次會議時將審查結果提出報告。

二、准粵東中學校長函請核示該校教職員籲請按照現支薪津數額增發三個月作為生活補助費一案前來，應如何辦理，請公決案。

(決議)該校最近向學生家長募得款項，除彌補本學期預算不敷外，所有餘款統撥作教職員及校工生活補助費，交由校長斟酌配發。

三、粵東中學下學期收費數額事關經費預算，請予決定案。

(決議)學雜費總額，初中暫定一千元，高中一千二百元。

附註：本紀錄業經主席核閱及簽字。①

上海粵東中學本學期
(卅二年八月至卅三年一月)收支預算表

32 年 11 月 30 日製

收 項		支 項	
	元		元
學生學費	95 500	教職員薪津	124 170
學生雜費	9 400	校工工食	8 280
各界捐款	114 600	屋租	9 000
雜收入	2 300	捐稅	1 500
		修理費	1 000
		設備費	2 000
		印刷費	5 000
		水電費	1 000
		電話費	400
		報費	600
		教授用品	1 000
		圖書費	1 500
		體育費	2 500
		特種獎學金	1 000
		獎品費	600
		雜支出	1 000
		結餘	61 250
合計	221 800	合計	221 800

備註：

本學期教職員每月薪津，最高者 1 900 元，最低者 850 元；平均 1 240 元(俱指專任者而言)。全體教職員每月薪津合計 20 695 元(詳見教職員一覽表)。②

---

① ② 編者注：原文如此。

| 5 | 月 | 12 | 日 |

第四次全體董事會議

時間：卅三年五月十二日下午五時
地點：江寧路三三六號本會

出席者：陳其芬 張恩麟（許鴻華代）葉雪松 胡國樑（盧頌虔代）王秩忠 余穉敬 張仲明 黃榮慶 盧頌虔

主席：余穉敬（臨時公推）
紀錄：歐濟

開會如儀。
報告事項
一、宣讀第三次全體董事會議紀錄（因早經將其印送與各董事，從略）。
二、王董事秩忠報告粵東中學由民國卅二年八月一日至卅三年一月卅一日（即上學期）經費收支預算表，經黃董事榮慶與本人予以審查認為適合。
三、本會帳目截至卅三年二月十三日止，計結存中儲鈔壹萬貳千四百八十三元三角五分。
四、黃培鈺會計師受本會委託，審查粵東中學由民國卅二年八月一日至卅三年一月卅一日（即上學期）之收支帳目，業於四月廿六日出具證明書暨附表等，經分別註明"核對無誤""軋算符合"等字樣，計上學期各項收入共貳拾伍萬另九百六十八元另九分，除各項支出外，尚餘壹萬九千一百六十九元四角七分，該項書表正副本各一冊，當即分送各董事審閱。
五、盧校長報告：本校於卅三年二月廿六日曾造具校務近況報告書分送各校董察閱，查該報告書曾述及本學期所收學雜費，仍較一般同等學校為廉，因此對於教職員薪津數目，未能追隨物價作適度之調整，茲為謀維持教職員最低限度之生活起見，擬自五月份起，酌再增加津貼，以資彌補，送上本學期收支預算表，敬請校董會即席核定。
討論事項
一、審核粵東中學本學期（由卅三年二月一日起至同年七月卅一日止）經費收支預算表案。
（決議）通過。
二、粵東中學本學期經費不敷之數應如何籌撥以資維持案。
（決議）除將上學期結餘校款壹萬九千一百六十九元四角七分及本會現在結存款壹萬二千四百

八十三元三角五分撥作本學期校費外，不敷之數，舉行遊藝會籌集之（如有多餘，移充彌補下學期校費不敷之用）。一面先向銀行洽商透支中儲券五萬元，藉應急需，該項借款，由本日出席董事簽名保證。
三、粵東中學下學期收費數額事關經費預算請予決定案。
（決議）下學期收費仍依照"較一般同等學校為廉"之原則辦理，至數目多少，於印發招生章程前，再由本會酌量決定之。
附註：本紀錄業經主席核閱並簽字蓋章。

上海粵東中學本學期（卅三年二月至同年七月）
收支預算表

33 年 5 月 11 日製

收　項		支　項	
	元		元
學生學費	247 400	教職員薪津	300 375
學生雜費	27 600	校工工食	21 975
雜收入	3 000	屋租	9 000
不敷	88 750	捐稅	1 500
		修理費	3 000
		設備費	4 000
		印刷費	5 000
		水電費	1 600
		電話費	800
		報費	1 500
		教授用品	3 000
		圖書費	4 000
		體育費	4 500
		特種獎學金	2 000
		獎品費	1 500
		雜支出	3 000
合計	366 750	合計	366 750

備註：
（1）本學期教職員薪津，上半期（二、三、四月）最高者4 000元，最低者1 300元，平均2 400元，下半期（五、六、七月）最高者6 000元，最低者1 950元，平均3 600元（俱指本校專任教職員而言）。
（2）上學期結餘19 169.47元撥充本學期支用，預算不敷之數實為69 580.53元。
（3）校董會帳目截至最近止，結存12 483.35元，若將該款撥助本校本學期經費，則預算不敷之數祇有57 097.18元。

民國卅四年（1945 年）

| 12 | 月 | 11 | 日 |

上海粵東中學校董會會議

地點：新新公司四樓會議室

時間:卅四年十二月十一日下午四時

出席者:李澤 梁維四 余穉敬 梁海籌 關奕林 董幹文 蔡昌(頌虔代) 盧頌虔 崔聘西(澤代) 歐偉國(幹代) 胡國樑(梁維四代)

主席:李副董事長澤
紀録:歐濟

開會如儀。
報告事項
一、校長報告本校本學期校務狀況:本學期承廣東旅滬同鄉會特約合作,校務依照學期開始時所訂校務計畫大綱辦理。本學期學生人數高中八十六,初中一百九十三,共二百七十九,比上學期僅少一人。當此生活極度艱困,各校學生普遍鋭減之時,本校學生能達此項數目,自係得力於同鄉會之撥款補助,經費收支預算(見另表)。
二、校長報告進行收回水電路校舍之經過:本校水電路校舍於八一三滬戰後,被日軍拆平改建。此次河山光復,本校當於十月八日具呈市教育局請轉呈市府咨請軍方發還。當經教局派員到校會同前往查明,認爲應予發還,並函上海區敵偽產業處理局協助辦理,復經校長遵照教局通知到處理局陳明一切,一面於十月廿七日另函報告吳名譽董事長鐵城,請予匡導。嗣得吳名譽董事長介見第三方面軍湯司令長官函,當由校長於十一月廿八日持函往謁湯司令,蒙於函上批署"准予查明發還"字樣,囑主任秘書轉交主管人員辦理。復經本校向第三方面軍具函陳請,當蒙湯司令核准於現駐該校舍之新六軍移防時發還。本月七日由第三方面軍日軍軍品接收處以代電分別通知本校及新六軍查照,惟當本月十日校長將代電送往新六軍時,據謂該校舍業有中美合作社主任戴笠將軍派員前來表示要用,本軍移防在即,如欲收回,應逕向合作社洽談云云。本校兹擬再向合作社接洽,一面先在該校舍門口掛上校牌,並交涉先收回一部份房室,俾便派員進駐,以利接管。
討論事項
一、決定本校本學期經費收支預算案。
(決議)照案通過。其不敷之廿八萬八千元由本會負責籌足撥助。
二、籌措本校復校經費案。
(決議)請盧校長擬具復校計畫及經費概算,然後討論。

三、審議本會章程案。
(決議)暫照原案通過,如各董事再有修正意見,俟下次會議提出討論。

民國卅五年(1946年)

10 月 23 日

上海粵東中學校董會勝利後第二次會議

地點:横浜橋粵東中學
時間:卅五年十月廿三日下午四時

出席者:王秩忠 梁維四 歐偉國 林炳炎 郭順(偉代) 崔聘西 關奕林 余穉敬(關代) 梁海籌(維四代) 黎照寰(頌代) 盧頌虔 蔡昌(頌代)

主席:公推林董事炳炎爲臨時主席
紀録:歐廣瀚

開會如儀。
報告事項
校長報告:
1. 本學期來學人數激增,以限於地方,致額滿見遺者,數頗不少,現計有高中生 114 人,初中生 366 人,共 480 人,比上學期多 160 人。
2. 本學期學生籍貫屬粵省者 360 人,占全體人數四分之三,屬其他省份者 120 人,占全體人數四分之一(内有男生 355 人,女生 125 人),各科講授全用國語。
3. 本校上學期自遷至横浜橋今址,暫照以前辦法,與廣肇公學合用同一校舍後,因無需付出校舍租金,且各項開支多與廣肇公學分配擔負,故經費節省不少;然全期決算尚不敷國幣壹百零伍萬陸仟餘元,至本學期學生增多,收入已勉可自給。兹將經費預算草案提請審核。
4. 本學期聘用教職員概況(見另表)。
5. 本校水電路校舍,自前蒙第三方面軍准予於駐軍新六軍移防後交回,及蒙上海區敵偽產業處理局准本校於該處駐軍移防時先行接管,俾便復學後,至本年一月,該項校舍忽又被軍事委員會調查統計局先向駐軍接收,謂係奉上峯批准交中警校特警班用。當經本校函報吳名譽董事長鐵城,由吳名譽董事長函請鄭局長介民辦理,嗣准鄭局長函覆,知該處房舍經移交中央訓練團上海分團,復函介頌虔往見宣主任鐵吾,由宣主任派代表接見,仍以"該處現有建築物係屬

敵產"及"經中央指撥使用"爲言,並無考慮發還之意。經本校再函報告吳名譽董事長,並以同鄉鄭彥棻先生與本校有舊,素甚關懷此事,且現適與吳名譽董事長在國民黨中央黨部分任正副秘書長,特另函鄭先生請予協助,當蒙鄭先生函覆:"業經函請宣主任協助發還"等語。茲將吳、鄭兩先生函附錄於後:

吳名譽董事長鐵城來函卅五年八月二十日

(上略)①關於接管水電路校舍事,前接惠書,當即函商鄭局長介民辦理,據復稱該房屋已移交中央訓練團上海分團使用,囑逕向宣主任鐵吾洽商等語,除另函宣主任外,尚希就近逕往洽商爲禱。(下略)②

吳名譽董事長鐵城致宣主任鐵吾函卅五年九月十日

(上略)③上海粵東中學校址,據報經由鄭介民局長移交中央訓練團上海分團應用。查該校係由粵省旅滬同鄉籌建,現以開學在即,該項校址急需收回自用,特爲函介該校長盧頌虔晉謁面陳一切,尚祈惠予延洽並賜協助,無任同荷。(下略)④

鄭彥棻先生來函卅五年十月四日

(上略)⑤接奉九月二十四日手教,領悉一是。關於請求發還水電路校舍事,棻日前曾函請宣主任惕我兄予以協助,俟有復函當即奉告。(下略)⑥

討論事項

1. 審核本校上學期經費決算案。
(決議)通過。

2. 審核本校本學期經費預算案。
(決議)通過。

3. 應否推定代理董事長案。
(決議)無需推定代理董事長,惟爲便於主持會務起見,應推定常務董事五人並將會章修正。

4. 推定常務董事案。
(決議)請主席介紹人選。當由主席提議,推選歐校董偉國、崔校董聘西、梁校董維四、關校董奕林、王校董秩忠五人爲常務董事,業經一致通過。

5. 本校水電路校舍應如何加緊進行交涉收回案。
(決議)公推歐校董偉國先與宣主任鐵吾接洽,必要時由本會函請各有力同鄉協助,並請廣東旅滬同鄉會同時協力。

6. 歐校董偉國臨時動議,教育方法日新月異,故優良之學校多有酌派教員分往國內外各著名學校從事考察或進修,期能迎頭趕上,本校應否仿行,請公決案。
(決議)由本會籌集款項,於可能時舉辦。

7. 盧校董頌虔臨時動議,同鄉梅觀濤先生於教

育及華僑方面素有聲譽,對於本校尤具熱誠,屢曾自動表示願向美洲華僑爲本校募捐經費,本校應如何與之聯繫,請公決案。
(決議)函聘梅觀濤先生爲本會名譽董事。

民國卅六年(1947 年)

| 3 | 月 | 31 | 日 |

粵東中學校董會勝利後
第一次常務董事會議

時間:中華民國三十六年三月三十一日(星期一)正午十二時半
地點:假座粵商俱樂部

出席者:梁維四 王開 崔聘西(衍明代) 關奕林(頌虔代) 歐偉國

主席:歐偉國
紀錄:歐廣瀚

開會如儀。

報告事項
校長報告(略)⑦

議決事項
定四月三日(星期四)下午四時,假座粵商俱樂部舉行本會勝利後第三次會議,各項議案待到時提出討論。

| 4 | 月 | 3 | 日 |

粵東中學校董會勝利後第三次會議

時間:民國三十六年四月三日(星期四)下午四時
地點:假座粵商俱樂部

出席者:王開 梁維四 歐偉國(維代) 崔聘西(衍明代) 董幹文 梁海籌 蔡昌(海代) 李大超(頌代) 盧頌虔

主席:公推梁常務董事維四爲主席
紀錄:歐廣瀚

―――――――――
①②③④⑤⑥⑦　編者注:原文如此。

開會如儀。

報告事項

一、主席報告:略謂三月卅一日本會常務董事曾舉行會議,當以各項議案應提請董事會議決定,故有今日會議之召集等語。

二、校長報告:

1. 本學期本校對於學生之甄録更加嚴格,除汰除舊生之頑劣不堪造就者外,新生之取録亦更將標準提高,現計有高中生 104 人,初中生 345 人,共 449 人,分八班,每班平均 56 人,總人數比上學期少 31 人,但舊生之繼續在校肄業者,約占百分之九十三强,又寄宿生現共有 43 人。

2. 上學期收支決算計結存國幣五百卅五萬餘元(該項決算表現正在本校經費稽核委員會審核中),業經撥入本學期收方計算。

3. 本學期因免費減費之學生增多,故收入預算不敷國幣約一千六百一十二萬餘元(詳見預算表)。

4. 關於本校水電路校舍未蒙中央訓練團上海分團發還一節,前經本校託同鄉鄭彥棻先生代向該團宣主任交涉,幾經函札往返,最近接鄭先生三月十五日復函,言宣主任二月廿八日函復"略謂該項敵軍建築係於勝利後由海軍部接收,至上年六月,再由國防部撥交本團辦理復員軍官轉業訓練之用,應請校方按諸事實逕呈國防部核辦"等語。至是本校始知此事又須向國防部籲請發還。當以此事情形複雜,非群策群力不爲功,爲使有較詳之報告,便於進行起見,爰有呼籲發還水電路校舍特輯之編印,現該特輯樣本業已印就,特提請校董會審查,俟決定後正式付印。

5. 又最近中央信託局蘇浙皖區敵偽產業清理處以本校水電路校址現在界址未明,囑先向上海市地政局請求清丈。業經本校於三月廿一日去呈該局請迅予派員清丈立界,發給圖證,並經該局派員於本月二日會同頌虔前往察勘,據謂須俟估定測丈費用通知繳納後,方能正式清丈。

6. 三月卅一日李校董大超自京來滬,在電話中承告以吳名譽董事長鐵城對於本校水電路校舍事異常關切,認爲非收回不可,經一度與國防部白部長談及,以白部長未知此事情形,故未有確切表示。

討論事項

一、審核本校本學期經費預算案。

(決議)照案通過。其不敷部份由校長於學期將結束時查明實數,再報告本會核辦。

二、審查本校呼籲發還水電路校舍特輯案。

(決議)通過照辦。

三、擬加聘劉季生、鄭彥棻、余愷湛、蕭宗俊四位先生爲本校董事案。

(決議)通過。

四、本校水電路校舍應如何繼續進行交涉收回案。

(決議)先依照手續呈請國防部發還,一面準備第二步派人到京請願。

| 10 | 月 | 30 | 日 |

上海粤東中學校董會勝利後第四次會議

時間:卅六年十月三十日下午四時
地點:粤商倶樂部

出席者:王開 董幹文 崔聘西(衍明代) 胡國樑 梁維四 歐偉國 郭順(偉代) 蔡昌(維四代) 李大超(頌代) 盧頌虔

主席:公推董幹文董事爲臨時主席

報告事項

(一)梁常董維四報告:本會備文呈請軍事當局發還本校校舍,近兩月來已達五次之多,每次均由郭董事長具名,由本人代爲蓋章,因郭董事長公事上所用之私章委託本人代爲保管。

(二)歐常董偉國報告:本年教師節,政府爲獎勵服務教育界年久之優良教師授以獎狀及紀念章。盧校長服務本校卅餘年,榮膺此項獎勵。本會對於盧校長爲表示敬仰起見,曾於本年秋季開學前一日致贈鏡屏一方,題"樂育爲懷"四字,並加跋語,託梁常董維四於參加開學禮時代表本會向盧校長致意。

(三)盧校長報告:承校董會厚愛予以鼓勵,至爲感奮。茲將校務近況摘要奉告:

1. 本屆高中畢業生共二十九人,升學者二十人,考入國立大學者三人,考入教會立大學者(聖約翰、滬江、東吳、金陵等)七人,考入私立大學者(光華、大夏等)十人,就業或準備升學者九人。

2. 本學期高中學生 109 人,初中學生 375 人,共計 484 人,較上學期增加 35 人,共分九班,每班平均 54 人,男生 326 人,女生 158 人,粤籍者 349 人,外省者 135 人。

3. 本校經濟量入爲出,每學期不敷之數尚屬有限,本學期專任教職員月薪最高者三百卅八萬

元,最低者壹百八十三萬元,平均二百二十萬元。開學後物價狂漲不已,員工生活至為艱苦,擬依照一般私立學校辦法,呈准教育局增收學費,以資彌補(第一次高中學什費收壹百萬元,現擬增收貳拾萬元,初中第一次收捌拾萬元,現擬增收拾萬元)。

4. 本校水電路校舍之籲請發還,隨勝利來臨而開始不斷進行,幾經波折。為求早得一種合理解決起見,特於本年七月九日晉京面懇孫副主席哲生、吳副院長鐵城暨鄭副秘書長彥棻等予以援助。當蒙孫、吳兩公聯名函請國防部陳總長飭令中央訓練團依照上海市地政局勘丈本校校址圖,將所在校址內之房屋及校址內之空地全部發還。復請國府吳文官長轉陳主席飭令發還。旋接覆函,俱允為查照辦理,至為欣慰。惟靜候兩月餘,主管機關尚未見有照辦之訊。至十月十八日獲知,聯合勤務總司令部以中訓團上海分團駐用之房產現因軍用,未便轉飭遷讓,擬將該分團團址之西北較空基地以相等數量交換(本校原有基地壹百另捌畞一分六厘六毫,上海市地政局勘丈祗有壹百另四畞強,確數待查)。頌虔為欲知其中詳情起見,即於十月廿一日第二次晉京,先向聯勤總部工程署黃副署長接洽,隨即晉謁郭總司令請示一切,據謂中訓團上海分團房屋現因國防部需用正殷,確屬無法遷讓,今擬以相等數量之基地交換,並貼補國幣拾億元為建築費,至希予以諒解,接受此項辦法云云。查換給本校之基地內有二層樓房屋三座,可為教室、宿舍等之用,又有零星單層小屋四間,亦可酌派用場。本校對於聯勤總部提出此種解決辦法,尚覺合理,似可接受。茲將聯合勤務總司令部於十月二十日致校董會快郵代電一件(此件於頌虔晉京後二日即十月廿三日收到)照錄於下:

上海粵東中學校董會公鑒:中訓團上海分團駐用之房產,現因軍用未便轉飭遷讓,茲為維護教育培植青年計,擬將該分團團址之西北較空基地以相等數量交換(如附圖藍線內之土地),相應檢附圖一份,電請查照,如何,即希惠予見復,以憑轉飭遵辦為荷。聯合勤務總司令部酉哿(卅六)工調印。附略圖一份①。

討論事項

(一)聯勤總部提出與本校交換基地之辦法請公決案。

(決議)原則接受。惟本校本來靠近水電路之空地最好盡量撥還,授權盧校長與聯勤總部接洽辦理。

(二)聯勤總部貼補本校建築費拾億元應如何保管案。

(決議)該款收到時,即送交董幹文、崔聘西兩董事共同保管。

(三)應如何發動復校捐款案。

(決議)俟新校舍圖樣繪好之後,估計所需建築等費多少再行發動募捐。

(四)迅速計議修建新址之房屋,俾便明年春季開學遷入辦理案。

(決議)即由盧校長會同建築師計議修建,俟本會核定後施行。

(五)聘定建築師計畫本校校舍圖樣案。

(決議)仍請李錦沛、范文照、朱彬三位建築師擔任設計,惟李錦沛建築師早已出國,改聘林壽南建築師代理,另聘阮達祖先生為本校新校舍建築顧問。

| 11 | 月 | 26 | 日 |

上海粵東中學校董會勝利後第五次會議

日期:卅六年十一月廿六日下午四時
地點:粵商俱樂部

出席者:蔡昌(維四代) 王開 劉維熾(余愷湛代) 董幹文 余愷湛 關奕林(幹代) 梁維四 胡國樑(頌代) 盧頌虔 歐偉國 郭順(偉代)

主席:公推梁常務董事維四主席
紀錄:盧頌虔

報告事項

一、主席報告:

1. 本月廿五日,本會接國防部參謀總長本月廿一日快郵代電一件,照錄於下:

(事由)為電復呈請撥還校舍及基地一案,已派員洽妥解決由

上海市私立粵東中學校董會郭董事長:本月十八日呈悉。貴校請求撥還校舍及基地一案,已派聯勤總部工程署黃副署長與吳副院長洽妥,特復。陳誠(卅六)餘懼立戌馬。

2. 聯勤總部換給本校之房屋現仍為海軍部補給總站第一倉庫佔用,本會經於本月十七日備文呈請桂永清總司令飭令該總站將所儲物資遷移,交還該處房屋,俾便本校從速修理,以應明

---

① 編者注:無附圖。

年春季開學之用。

3. 本月十八日本會邀請范文照、基泰、林壽南三位建築師會商,繪製本校新校舍總地盤圖,本人曾於十一月廿二日約同盧校長視察本校新校址。

二、校長報告:

1. 本月十一日領到聯勤總部發給本校之建築補助費壹拾億元,經即送交董校董幹文、崔校董聘西(衍明君代)分別保管運用。

2. 本月十六日接上海港口司令部本月十五日快郵代電一件,照錄如下:

(事由)爲電知粵東中學校長於本(十一)月十八日辦理該校校產交換手續由

上海粵東中學盧校長:聯勤總部(卅六)工調字第 5550 號代電及附圖,諒同奉悉。除函約地政局營務處於本(十一)月十八日上午八時派員來本部工程處,會同前往辦理交換手續及分電海軍補給總站外,特電查照,希屆時參加爲荷。上海港口司令部(卅六)戌工營芳。

附註 十一月十八日,上海港口司令部會同本校及有關方面到場辦理交換基地手續,當立界之際,被佔用該處房屋之海軍倉庫主管人員干涉阻止,以致無法進行,即由上海港口司令部及本校分別呈報聯勤總部請爲處理。

3. 本月廿三日接鄭校董彥棻復函,略謂關於函請桂總司令飭令駐滬海軍補給總站將物資遷移,以便修建校舍事,經商請吳鐵老於廿日照所坿函稿發出矣,俟得復,當再奉告云云。

討論事項

一、聯勤總部發給本校之建築補助費,修理校舍時即須支用,其支用手續應如何規定案。

(決議)由董事長會同校長蓋章並加蓋校董會圖章方得支用。爲維持幣值計,應迅速採購建築材料備用。

二、本校募款重建校舍應否組織募捐委員會各項職務案。

(決議)仍聘請孫哲生先生擔任名譽委員【長】,吳鐵城先生擔任委員長,並聘請鄒海濱、王雲五、俞鴻鈞、劉維熾諸先生爲副名譽委員長,郭順、林炳炎、鄭彥棻、董仲偉諸先生爲副委員長,馮炳南先生等爲顧問。歐偉國先生等委員全體名單另紙開列。

三、酌定本校第一期捐款目標,俾便募集案。

(決議)暫定壹百五十億元。

四、臨時動議。

歐常董偉國提議:本會董事長暨董事現計有六位在香港,最好請盧校長回港一行商量捐款,並設法向廣東省政府請求補助建築費,是否可行,請爲公決。

董董事幹文附議,全體贊成通過,行期由盧校長酌定。

民國卅七年(1948 年)

2 月 15 日

上海粵東中學校董會勝利後第六次會議

時間:卅七年二月十五日下午七時
地點:粵商俱樂部

出席者:歐偉國 王開 郭順(偉代) 梁維四 關奕林 蕭宗俊(梁代) 董幹文(奕林代) 崔聘西(衍明代) 盧頌虔 蔡昌(慧民代)

主席:公推歐常董偉國爲臨時主席
紀錄:盧頌虔

報告事項

一、主席報告:盧校長受本會委託,定於二月十八日赴港穗募捐,本會同人特於今晚設筵餞別以壯行色,並乘便舉行會議。

二、梁常董維四報告:蕭董事宗俊、董董事幹文、胡董事國樑、余董事愷湛今晚均因事不克參加公宴並出席會議,託本人代向盧校長致意,祝其成功。

三、盧校長報告:1. 今晚承各位校董盛意餞行,至深感謝。2. 此次承大新公司蔡總理慧民先生爲本校舉辦書畫展覽會,籌款補助建校經費,辦理有方,成績斐然,舊曆年底已將收入一部份之款購入洋松壹萬五千尺備用,計價值五億貳千餘萬元。3. 本校本學期增聘高中教師兩位,一爲英籍 Mr. H. P. Merny,教高中三年級英文,一爲鄭逸梅先生,教高中二、三年級國文,兩君品端學邃,堪稱優良教師。4. 本校本學期學什費,高中四百八十萬元,初中四百萬元,貧苦學生得酌減免。別校收費有高至五百五十萬元者,亦有低至四百萬元以下者,各校情形不同,收費數目各自酌定。

討論事項

一、添聘蔡慧民先生爲本校校董案。

(決議)通過。

二、本校在香港募得之款應否推定保管人員案。

(決議)推定林炳炎、董仲偉、崔聘西三位先生負

責保管。

5 月 6 日

上海粵東中學校董會勝利後第七次會議

時間：卅七年五月六日下午七時
地點：粵商俱樂部

出席者：郭順(偉代) 王開 歐偉國 崔聘西 黎照寰
梁維四 董幹文(梁代) 陸丹林(列席) 盧頌虔 李大
超(頌代)

主席：公推崔常務董事聘西爲主席
紀錄：戴玉衡

報告事項
一、主席報告：在港時協助盧校長邀請有關各位
先生，如郭董事長順、林校董炳炎、香港華商總
會董主席仲偉等商談募捐經過及與高福申先生
等接洽情形。
二、校長報告：
1. 奉命南旋募捐經過(另詳見書面報告)。
2. 與鄭公俠先生洽商重建伯昭樓之經過。
3. 與霍寶材、胡好、張汝焯、高福申諸先生接洽
捐款經過。
4. 新校舍之草圖昨經范文照、基泰、林壽南三位
建築師再度會商，修改計劃。
5. 海軍倉庫使用聯勤總部撥歸本校之房屋，國
防部已令催遷讓，不久即可交還本校接管使用。
6. 昨接聯勤總部上海供應局通知，訂於本月十
日上午九時會同本市地政局暨上海軍事教育區
營務處，前往中訓團現址辦理交換基地劃界
手續。
討論事項
一、應如何發動本市捐款案。
(決議)1. 暫緩在本市公開募捐，但與本校有密
切關係及關心本校者，得個別商請捐助。
2. 請盧校長於校務稍事佈置及建舍計劃辦理就
緒後，再赴港募捐，屆時請由崔常務校董聘西設
計並指導。
3. 由本會致函在港各有力人士請求贊助一切，
此項函件請由募捐委員會名譽委員長及委員長
親筆署名。
4. 請歐常務校董偉國致函蘇勉臣先生，請其協
助盧校長募捐。
二、請託熟人與胡文虎、榮鴻元諸先生接洽捐

款案。
(決議)所有胡文虎、榮鴻元兩先生處請由崔常
務董事聘西商洽，其餘各位相機託人進言勸募。

6 月 26 日

上海粵東中學校董會暨建築委員會聯席會議

日期：卅七年六月廿六日下午二時
地點：泰和興銀行

出席者：郭順(偉代) 歐偉國 凌文禮(聘西代) 崔聘
西 郭琳爽(維四代) 梁維四 李大超(頌虔代) 王開
盧頌虔 蔡昌 蔡慧民(梁秉堅代) 陸丹林
列席者：林壽南建築師

主席：公推歐常務校董偉國爲主席
紀錄：戴玉衡

報告事項
一、本校重建校舍募捐委員會推定凌文禮、陸丹
林、唐季珊、郭琳爽、蕭宗俊五位先生爲建築委
員會委員，業由校董會加送聘函，請爲俯就。
二、此次爲便於商議關於建築事項起見，特舉行
校董會暨建築委員會聯席會議。
三、本校新校舍總地盤圖，業由范文照、朱斌(基
泰工程司)、林壽南(建明工程司)等建築師共同
商定。第一期建築物計有教室、宿舍、飯堂各一
座，門房、傳達室各一間，其圖樣已由范、林兩建
築師分別繪就。基泰工程司自願繪畫第二期建
築物圖樣。
四、本校於交換基地立界一節，已於五月十三日
由聯勤總部上海供應局會同上海軍事教育區營
務處等辦理完竣，本校即依據界線製成地形圖，
經送呈供應局覆核，該局允於下星期三核訖交
還，本校即可按圖辦理打籬笆等事項。
五、聯勤總部換給本校之基地有二層房屋三座，
單層小屋三間(見地形圖)，向爲海軍總部用作
倉庫，本年四月三日海軍總部已將"A""B"兩棟
房屋遷出，聯勤總部不通知本校接收且已將該
房屋撥借上海營務處使用，據謂須俟本年十月
始能交還。校長爲此事曾於五月廿四日第四次
晉京請求孫院長、吳鐵老備函介見聯勤總部郭
總司令，催促早日撥還，復介見海軍總部桂總司
令，請將未遷出之倉庫早日遷出，俾本校剋日完
成修建校舍工程，以應秋季開學之用。郭總司
令已令飭所屬設法提前歸還，據謂本年八月可

撥還本校使用。海軍總司令部函復本校略謂："現在使用之倉庫(即'C'房屋及附近小屋等,見地形圖)委實再難遷讓,爲顧及本校需用迫切起見,已飭上海總站將鐵絲網圍圈之空地儘量後縮遷讓"云云。此事當繼續加緊交涉,以期達到收回目的。

六、六月廿四日,上海廣肇公所接立法院孫院長辦公室來函,內開:"頃准聯勤總部郭總司令六月十七日函復本院孫院長,內稱'本年五月廿七日大示敬悉,關於前中訓團上海分團團址"宇""收"兩棟房屋,已飭上海營務處提前歸還粵東中學矣'等由,相應函請轉知該校爲荷"。

七、大新公司爲本校舉辦之書畫義展早經圓滿結束,二月九日(即舊曆除夕前一日)將已收得之款五億貳千另貳拾萬元代買入洋松大料壹萬五千尺(由林壽南建築師介紹梓大木行承辦),每尺原價三萬四千元,現值八十餘萬元,大新公司復於六月十一日及廿一日先後將餘款本息三億八千六百餘萬元連同清單交還本校接收。

八、去年十一月聯勤總部給與本校建築補助費拾億元,用以購入泰山牌水泥四千包,每包原價廿二萬八千元,現值四百萬元。

討論事項

一、審核本校總地盤圖及第一期建築物圖樣案。
(決議)照所擬圖樣通過,如臨時有須修改之處,再交建築委員會審核。

二、推定建築委員會召集人以利會務進行案。
(決議)除原推定委員五人外,加推鍾標、蘇佩珩兩先生共七人爲新校舍建築委員會委員,推定凌委員文禮爲召集人。

三、關於建築投標事項委託專人辦理案。
(決議)推林壽南建築師會商范文照建築師,擬定有關投標之各項章則,送請建築委員會審核後,交由林建築師辦理投標事務。

四、本校在新址建築房屋情形特殊,應否推定專人與工務局接洽發給執照案。
(決議)推請陸丹林先生與工務局接洽。

1949 年

11	月	16	日

上海粤東中學校董會第四屆第一次會議

日期:一九四九年十一月十六日下午四時
地點:四川北路福德里本校

出席者:梁日盛 李悦康 程漢星 陸丹林 梁維四 郭琳爽(維四代) 黎維嶽 鄧瑞人 郭順(偉代) 歐偉國 鄭家駒(程代) 盧頌虔

主席:公推歐董事偉國爲主席
紀錄:陸丹林

報告事項

一、主席報告:略謂本校自盧校長籀辦以來,卅餘年,辛勤幹練,校務蒸蒸日上;尤以抗戰前籌建水電路校舍,成績最大。茲因本屆有幾位新校董,故特略爲報告。至本校的籀立,以培植人才爲主;尤其是爲粵僑中等教育之唯一學校,與旅滬粵僑關係最爲密切。以前有若干校董因事離滬,特重新組織,以期符合教育當局定章;並爲今後本校之一切設施,予以領導,使校務日加進展,適合新時代需求。希望諸位校董熱忱贊助,共策進行,不勝厚幸!

二、校長報告:

1. 關於校務革新者:本學期爲上海解放後嶄新的開始。本校一切措施,爲配合新時代之需要,經遵照人民政府教育局之指示,有所改革,課程方面:增加政治課、廢除不適用的公民課程。各科教本俱照上級所指定者採用。講授全用國語。行政方面成立校務委員會(校長爲當然委員,並爲該會主席。由全體師生員工普選教職員代表六人,學生代表二人,共同組織之),爲全校最高行政機構。決議事項,由校長負責執行。本校爲寬行民主作風,不僅在感情上團結全體人員,並處處以大公無私之精神執行校務。凡有關全體利益與重大事件,必須經過會議而後施行。教導方面:根據下列原則辦理:(一)融會貫通教學指引與生活輔導,以獲致教育效果。(二)培植自覺自動的研究風氣,充實學生的基本科學知能與提高學生文化水平。(三)注重思想教育,培養學生爲人民服務的意識與民族的民主的國際主義的思想。(四)提倡課外活動及社會活動,造就學生的唯物觀點、群衆觀點和勞動觀點。(五)展開批評與自我批評,建立新的學習態度和新的工作作風。(六)通過自學互教方法,提高教師的政治認識,獲致正確觀點及思想方法。

2. 關於畢業生出路者:本校本屆高中畢業生共二十一人。升學方面,考入國立大學者七人(大連大學二人,清華大學一人,交通大學二人,復旦大學二人),考入私立大學或專科學校者九人(燕京大學一人,聖約翰大學二人,東吳大學一

人,金陵大學一人,江南大學一人,立信等專科學校三人),合計十六人。就業或在家自修者五人。

3. 關於在校學生人數者:本學期高中學生 150 人,初中學生 320 人,共計 470 人,共分十班,每班平均 47 人。學生籍貫屬粵省者 307 人,占全校人數百分之六十五強,屬其他省份者 163 人,占全體人數百分之卅五弱(内有男生 300 人,女生 170 人)。

4. 關於經濟者:本學期徵收學什費:高中每人110 折實單位(以下簡稱單位),初中每人 95 單位,如照全數收足,可得四萬六仟九百單位。今除去百分之二十四計壹萬壹仟二百十三單位減免費,僅得三萬五千二百五十七單位,其中分期繳費,已到期經屢催而尚未繳交者,計有壹仟五百四十三單位,如仍拖欠不交,則收入更少,不敷出支。

專任教職員月薪最高者 276 單位,最低者 140 單位,平均 185 單位。員工薪金於開學之始,已發五個月,尚有一個月在準備分發中。本學期支出百分比,教職員工薪金占百分之八十三,其他各項占百分之十七。本校經濟絕對公開,收支預算,經全校教職員及學生代表審核通過後執行,並由全體教職員推定經濟稽核委員負稽核之責。

5. 關於教職員履歷及任務者:詳見另表。

6. 關於籲請發還水電路校產者:本校爲維護產權企圖復校起見,自抗戰勝利以來,不斷努力呼籲發還,幾經波折,直至卅六年十月三十日僞聯勤總部始與本校商定交換房地辦法,飭令上海部屬執行交換。惟佔用該處房地之各單位,仍藉口現值軍用不肯遷讓。又以換給本校之基地壹百〇六市畝,原爲日寇佔用之民地,政府須依法徵購,方得換給本校使用,而該僞聯勤總部辦事迂緩,對於徵購民地久未辦妥,致使本校修建校舍無法進行。滬市解放後,本校重新呈請上海市人民政府,將所接管該處之全部房地,其中屬於本校校產部份予以發還。經與主管部門——上海市房地產管理處屢次面洽,據該處負責人於本月十一日口頭答覆,略謂:"此案因過於複雜,調查研究頗費時日。現已覓得解決途徑,不日即可邀集本校與各有關單位,如目下使用該處房屋之裝甲兵團,及本市地政局、教育局等會商合理解決辦法。希望本年内能將該案辦竣,以資結束。"

討論事項

一、檢討本校校務案。

(決議)梁校董維四提議接納盧校長報告,衆贊

成通過。

二、本校應否設副董事長一人案。

(決議)推舉歐校董偉國爲副董事長。

三、推定常務董事案。

(決議)正副董事長爲當然常董,並推定梁校董維四、梁校董日盛、鄭校董家駒爲常務董事。

四、籌集本校清寒學生助學金案。

(決議)原則通過。至詳細辦法,再行協商辦理。

五、關於收回水電路校產事,應否推定專人辦理案。

(決議)公推梁校董維四、盧校長頌虔協同辦理。

六、主席宣讀唐校董歐洲辭職函。

(決議)挽留。

1950 年

6 月 15 日

粵東中學校董會第四屆第二次會議

日期:一九五〇年六月十五日下午四時
地點:橫浜橋本校

出席者:梁維四 郭琳爽(梁代) 鄭家駒 梁日盛 陸丹林 黎照寰(丹代) 黎維嶽 盧頌虔
列席者:賴陽光 游慈照

主席:公推梁常董維四爲臨時主席
紀錄:陸丹林

報告事項

1. 主席報告:本學期本會雖未舉行常會,但時得盧校長報告,得知本校辦理情況適合新時代的要求,一切前有改進,此爲盧校長辛勤領導與在校的黎、陸兩位校董的幫忙,希望自今而後大家團結一致,本着新民主主義把學校辦好。

2. 盧校長報告:本學期辦理情形,與最近教育局特派余視察到校實地視察十餘天,對於本校實況異常了解,並以本校爲有希望之學校,因之師生員工均極感奮,刻下一致做總結,以爲本校改進之基礎。至本學期經費,雖力事減縮,而尚不敷二千八百單位,其中以教職員工的第六個月薪金欠發尾數佔大部份,因此最近教職員提供意見,希望校方設法解除困難,如積存建校之洋松可以變賣部份,以資補助。是否可行,請爲公決。

3. 教職員代表賴陽光報告:教職員提供意見,希望在此困難中,新校舍一時未能建築,可變賣備就之木料,以爲添置儀器、圖書,以充實本校之

設備,並撥出一部份款項補助本學期經費,尤以教職員第六個月薪金尾數亟待支付,八月份薪金青黃不接,亦擬借支若干,以資週轉而濟眉急。

議決事項

一、建設校舍所存洋松出售一部份,彌補本學期不敷赤字及挪借教職員工八月份薪金一部份案。

(議決)出售所存洋松一部份折合九千個折實單位,其分配如下:(一)以二千八百個單位撥助本學期不敷之數。(二)三千二百個單位撥助廣公一、二小學之用,其數一半為補助費,一半為借款。(三)以三千個單位於八月份借與教職員工應用,於下學期開學歸還。

關於補助廣公一、二小學之原因是根據盧校長報告,當一九四八年舉行書畫展覽會籌募款項時,三校教職員生共同推銷畫券,三校一家,休戚相關,本學期廣公二小積欠屋租數月,教職員工薪金只發四個月,廣公一小教職員薪金只發五個月,廣肇公所本學期無力補助,財政異常拮据,雖極力張羅,亦無法渡過難關。此次出售洋松,本三校一家之旨,應該互助互濟,給予廣公一、二小經濟上之援助等語。各董事均一致贊同,故有以上的決議案與分配情形。

二、洋松出售後所收款項如何保管案。

(議決)推定鄭家駒、梁維四、梁日盛三常董負責保管與支付。

三、出售洋松推定專人辦理案。

(議決)推定盧頌虔、黎維嶽、陸丹林三董事負責辦理。

散會。

主席　梁維四
紀錄　陸丹林

| 7 | 月 | 4 | 日 |

查本校前為建築校舍而購存之洋松,經遵照六月十五日校董會決議出售一部份,以充本校經費,其餘部份原欲保留備用,惟該項木材以堆置地上日久,一部份業已發現腐爛,倘任其堆置下去,必日益變壞,殊非所宜。茲擬將全部出售以避免損失,所得款項仍由三位常務校董負責保管,以重校產。謹用書面徵求各位校董同意,如荷贊同,請簽署台銜於下:

上海粵東中學校董會啓
一九五○年七月四日

梁維四　鄭家駒　梁日盛　陸丹林　盧頌虔　黎維嶽

| 7 | 月 | 21 | 日 |

頃接廣肇公學全體教職員工來函,商請暫借貳千陸百折實單位(其中一小借一千六百單位,二小借一千單位),為暑假期內生活費用,準於本年秋季開學收得學費時全數歸還(附呈原函)。謹用書面徵求各位董事同意,如荷贊同,請簽署台銜於後:

上海粵東中學校董會啓
一九五○年七月廿一日

梁日盛　鄭家駒　盧頌虔　梁維四　陸丹林　黎維嶽

1952 年

| 7 | 月 | 12 | 日 |

本校於一九四七年十月卅一日接受偽聯勤總部補償本校建築費偽法幣拾億元,經於同年十二月十二日以該項補償費購入中國水泥公司50公斤紙袋四千袋,存於該公司棧房,取得第19525、19526、19527、19528號棧單共四張。曾於一九四八年十二月一日提出叁百袋應用,現尚存叁千七百袋。茲因添建教室,擴增班級,擬將所存水泥棧單四張退還該公司,而取回現款(照規定價格計算),以充建築費用。該款存入中國信託公司,仍由三位常務校董負責保管與支付,以昭鄭重。謹用書面徵求各位校董同意,贊成者請署台銜於後:

上海粵東中學校董會啓
一九五二年七月十二日

鄭家駒　梁維四　梁日盛　黎維嶽　盧頌虔　陸丹林

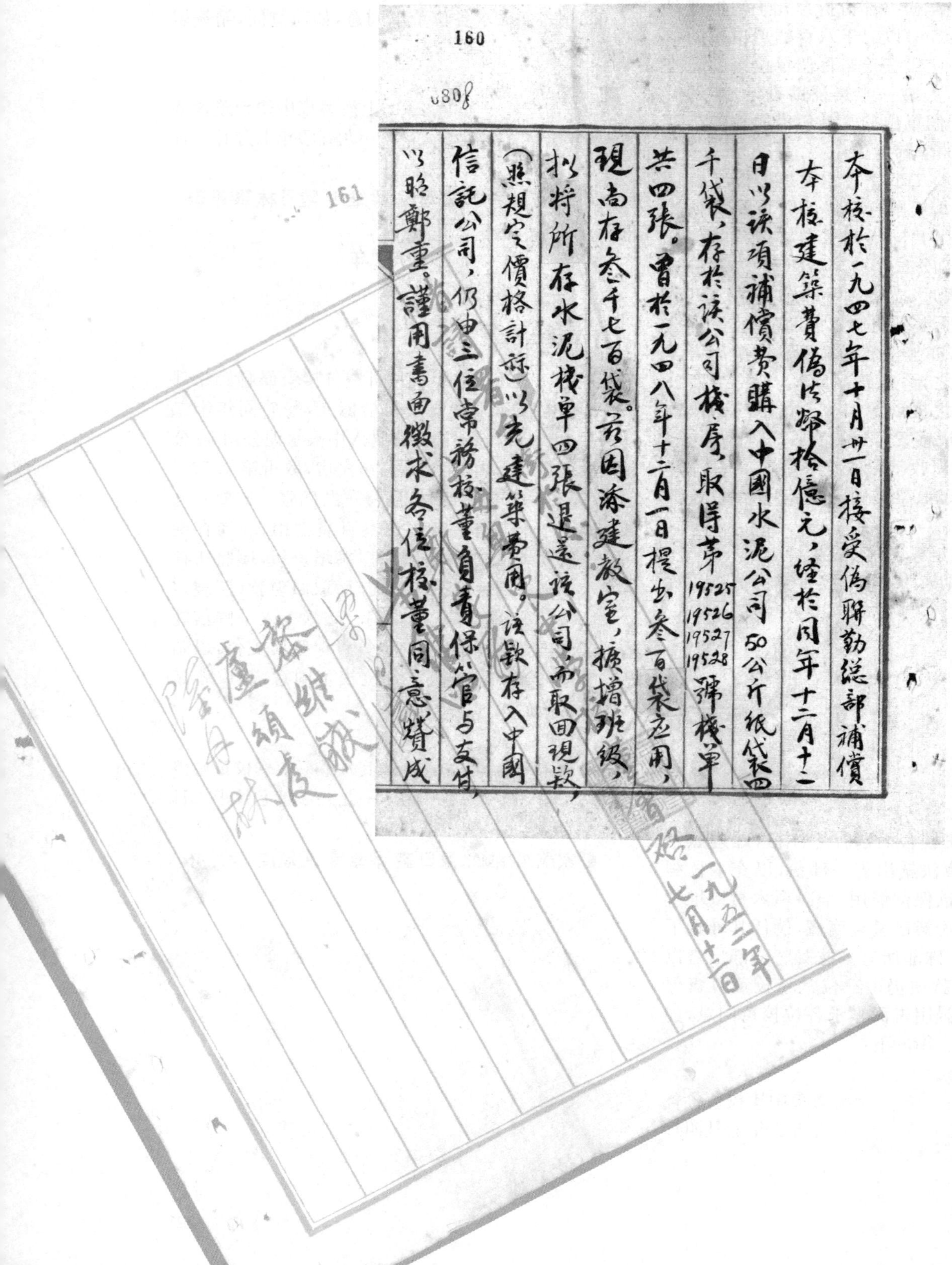

本核於一九四七年十月廿一日接受偽聯勤總部補償

本核建築費偽比幣拾億元，經於同年十二月十二

日以該項補償費偽購入中國水泥公司 50公斤紙代表四

千袋，存於該公司�堆房，取得苒 19525
19526
19527
19528 彈機單

共四張。曾於一九四八年十二月一日提出叁百袋先用，

現尚有叁千七百袋。前因添建教室，擴增班級，

擬將所在水泥棧單四張退還該公司，而取回現款，

（照規定價格計算）以先建築費用。該款存入中國

信託公司，仍由三位常務校董負責保管與支付，

以昭鄭重。謹用書面徵求各位校董同意贊成，

口　述

上海私立
粤東中學
檔案彙編

我的求學、教學經歷

郭慕蘭（口述）　　盧杰持（撰寫）

郭慕蘭，1897 年 7 月出生，籍貫廣東佛山。上海市私立粵東中學創辦人盧頌虔夫人。1914 年在廣東省立師範學校求學至 1919 年畢業。1920 年創辦季華女子學校。1925 年開始在廣肇公學第二小學、廣肇公學任教師。1965 年退休。1987 年 12 月 29 日去世。

1982 年 3 月 13 日，子女盧粹持、盧杰持於家中采録。

一、去學校讀書

我出生的家庭是一個破落的舊商人家庭，頑固保守得很。當時女孩子没有讀書的機會，確實是"女子無才便是德"。我請求父親讓我讀書，怎樣去請求呢？我很專心地照顧父親。我在他的書房裏支了一張床，陪伴服侍他一年多，每天早晚都求他，我説："爸爸，你讓我上學去吧！"求得他没有辦法，感動得流出眼泪對我説："女兒，可惜你是女孩子，如果是兒子的話，整個天都亮了，哪有十幾歲的孩子有這種志向，你是從哪裏學來的？"經過幾百個日夜的苦苦要求，父親終於答應給我讀書機會，讓我進入學校。我和我的兩個侄女鑒冰和淑真、三姑侄一起決定到廣州的省立女子師範讀書。我家住在佛山，要坐火車纔能到廣州，可是火車是怎樣的從來没有見過。我們事前找人打聽情况，瞭解如何坐火車才能到學校，並托一個朋友在廣州省立女子師範爲我們報好名。臨去考試的那天，父親還提出很多難題來考我們。到學校後看到學校這麽大，第一次看到學校的老師，心中很害怕。當時語文考試的題目是寫一篇文章，題爲"勸募賑灾小引"，當時佛山西水發大水，我就把作文寫成一封勸募捐錢救灾的信。考歷史和地理，地理有一道題目，是問揚子江發源何地，流經幾省。算術考普通加减乘除和小數等。

考試後不到半個月就揭榜，我們三姑侄都考取了，大家歡喜若狂。父親知道後急得跺着脚説："真是出大事了，那種不知是什麽樣的學校，竟然被你們考取了，真不得了。入學校就是去做自由女，這怎麽得了？如果讓你們去了，我怎麽有面目去見三伯？"我們千方百計和父親講道理，我們還説："你不讓我們去可不行，因爲這是官立學校，既然你讓我們去考試，考取了榜上有名，如果不去可是犯法的。"我父親是商人，最怕官府，我們就用這樣的話去嚇唬他，最後還是讓我們上學了。讀了一個學期，第二學期快要開學了，父親又不想讓我們去了，説學校老師水平不高，還不如我們家中請的老師好，又不要我們去學校了。就這樣每學期都不斷地論理和鬥爭，才能繼續學下去。讀到三年級我已有十八九歲了，當時一般的看法認爲在學校讀書的女孩子是没有人要的，父親準備給我找對象結婚。我知道後就把這情况告訴老師，説家裏要給我擇婚。我自己擬了一封信，説在學校讀書期間不能結婚，道理講得明白透徹，寫好後交給國文老師看。老師説信寫得好，如果你父親怕官府，還可以寫得重一些，並由學校蓋章，用官府壓父親。父親無法，

祇好不逼我結婚了，但還是説不能做自由女。就是這樣終於堅持完成了在師範的五年學習。

二、創辦季華學校

我們 1914 年入學，在省立師範讀了五年，1919 年畢業，畢業後還分配了工作，此時父親十分歡喜。我們感到非常幸運，因爲自己不再是無知的婦女，不用去當男人的附屬品了。今後我們要用我們學到的本領，盡我們的力量去做一番事業。我們以“開導佛山”爲己任，要“己欲立而立人，己欲達而達人”，決定在佛山辦一所學校。我們姑侄三人約定爲了我們的事業，今後無論如何不結婚。

學校如何辦？我們不懂，一定要請老前輩指導，幸好畢業後母校留我教小學，鑒冰也留校任教，淑真在廣州一間私立學校找到一個老師的位置。我們工作了一個學期，利用這個機會儘量學習如何辦學，從教學計劃到一切有關辦學的事情，都無所不至地請教老教師。我和鑒冰在省立女子師範附屬小學教書，公立學校薪水很高，每月 80 元（毫洋），淑真在私立學校，每月 30 元。我們工作了一學期，第二學期學校還要續聘，我們推辭了，説我們要自己辦學校。周圍的人説：“你們就這麼能幹？幾個女子要辦學校？每個月 80 元的薪水不要，自己去辦學，以後恐怕連 8 角錢也掙不到，學生並不是那樣容易招來的。”我們立志辦學校，但辦學要有錢，沒有錢是不行的。我們三姑侄自己積蓄了一點錢，但遠遠不够。我們家雖説是有點破落，但還總有些錢。我對父親説：“我不結婚了，你將我結婚的錢給我吧。”我結婚公家（太公的大家庭）要給我 1 000 元辦嫁妝，鑒冰她們比我晚一輩，給的錢沒有這麼多。父親很支持我們辦學，也相信我們，他説：“你 80 元薪水都不要，決心這麼大，你們辦學是賺不到錢的，但其志可嘉。”父親拿出 1 000 元給我們使用。

辦學伊始，就定下“季華”這個校名，三個人一起來辦。開始時學生寥寥無幾，房子是租來的民房，租金是每月 48 元，當時已感到很貴了。開了四個班，連同祇有 3 個學生的一個高小班共五個班，祇有三間教室。第一學期下來，學生人數多了，教室容納不下，租來的房子也不合適當教室，我們就決定募捐籌款辦學。在廣州女子師範的五年我們學到很多東西，又有老師同學的幫助，經過各方努力，通過募捐竟然得到三四千元。我們在佛山找到一處有錢人家的好房子“雅園”，價值萬元以上，由於這人家破落了，我們就千方百計，作了最大努力，終於把這處房子買了下來。學校的其他開辦費用就是我們的嫁妝。當時佛山很閉塞，我們做一切事情都十分小心謹慎，步步爲營，生怕做錯了事，闖出禍來。我們希望鄉裏的父老和鄉長看得起我們，實際上那些鄉裏的頭頭還是很尊敬我們的。學校開幕那天，南海縣、佛山景區、教育局的頭頭們都來參加，我們季華就像佛山的一盞明燈，人人都很看得起季華。

三、與官府打官司

有一件事我是永世難忘的，就是與官府打官司的事情。

爲了把雅園改建得合乎學校使用要求，需要對房子進行改建，我們請來專人做了設計。雅園改建工作正在進行，泥瓦工人已工作了 2—3 個星期，南海縣佛山景區下達一紙公文，説現時

季華學校的改建計劃與佛山的建房規定不符,要讓出地方給公家修築馬路。文中說:"大陣墻不動,前門退入五尺,應無庸議。"面對上級命令,我們不得不修改改建計劃。但事情並未終結,接着他們又變本加厲,命令我們把大墻也全部拆掉,夷爲平地,如不執行,罰款 500 元。不久,他們就直接采取行動,拿了手銬鐵鏈扣壓工人,强行制止施工,工人不服,在學校内大吵大鬧,工程停頓下來,一片混亂。我們建校的錢是募捐籌集起來的,有的捐款是三角、五角、一元、二元這樣凑起來的,現在一下子罰掉 500 元,我們絕對不能接受,一定要去爭個道理。

我們一面要上課,一面還要去奔走投訴。我們找佛山的上級南海縣,他們沆瀣一氣,官官相護。又去找省教育局局長汪精衛,汪雖然同情我們,但没有具體行動。此時停工僵持已達月餘,我們無法,祇好直接到省長公署找省長廖仲愷,廖不在,由廳長古應芬接見。我們向他詳細訴説事情經過原委,古耐心聽完後,猛擊桌子大聲説:"現在政治昌明,不能容許有這樣的腐敗官僚,你們一定要和他對策,如果因這事被拉去坐監牢,你郭慕蘭也是光榮的。"我們聽後心中很激動,心裏有底了。當時已是下午五點鐘,我們怕有人通風報信,一定不能讓他們取回公文,現在要打草打蛇,一定要他們認錯,所以要儘快趕回佛山把公文收好。但這時到火車站的輪渡已經開了,爲了搶時間我們冒險乘坐小艇,終於趕上最後一班火車,當天回到佛山。

兩三日後,省長公署發了教育訓令,其中有一項就是飭令佛山景區和南海縣,説如此做法就是摧殘教育,三個月後佛山的李寶長縣長被撤職,换了張國華爲縣長。因校園改建與官府打官司的事,使季華學校因禍得福,不僅按照原來計劃進行學校修建,而且佛山縣還從慈善捐款的基金中,每月撥出 50 元補助給季華這所私立學校,我們真是喜出望外,從此季華學校蒸蒸日上。

四、喜結良緣

十年前父親認爲女子無才便是德,强烈反對我到師範讀書,現在我創辦了季華,父親的思想來了一個大轉變。他說:"慕蘭,你既然有志於開導佛山,現在祇辦小學是不行的,以後還要辦中學,你應當去念大學。"當時我已在季華工作三年,離開了上學的環境,再繼續去唸書有些困難。我設法取得廖仲愷的幫助,由省教育廳推薦到南京東南大學教育系學習。但由於到校時間已晚,祇能作爲特别生先學習一段時間,在考試達到標準後纔可正式入學。其後由於英文程度太差,未能通過考試。

在此期間我曾到上海政法學院參加爲期三天的入學考試,在當時,單身女子是不宜於住在旅館的,廣肇公學有不少教師是我在廣東參加學生會活動結識的朋友,他們對我熱情幫助,介紹我住到廣肇公學,和幼稚園的女教師住在一起。在政法學院考試的幾天中,我有時間和學校的教師接觸交談。有一天晚上他們到幼稚園看我,交談中對我們辦季華學校很有興趣,對我們的志向和工作很敬重,在談到與南海縣打官司之事時,他們大爲振奮,當時有人就高喊:"郭慕蘭猛也!"説來了一個能幹的女將郭慕蘭,當時把我嚇了一跳。那天晚上我們一直談到深夜,十分投機。第二天清早,他們又找上門來,要請我去作演講。他們在黑板上寫出横幅"敦請歡迎郭慕蘭先生演講大會",並且派了童子軍舉行了隆重的邀請儀式,我開始時雖然極力推辭,但最後祇好大膽去講。參加的聽衆是全校的師生員工,還有一些校外的人,整個演講過程情緒熱烈活躍,你爸(盧頌虔)也是臺下的一名聽衆。我們的緣分就是這樣開始的。會後那些熱心的教師鼓動當

圖　郭慕蘭小照（盧杰持提供）

時尚處於單身的盧校長同我結識，你爸果然采取十分主動的態度。面對這個情況，我原先宣佈爲了事業不結婚的決心也動搖了，從此天南地北兩個志同道合者走到了一起。這一年是1923年，我時年27歲，你爸33歲。

　　當時婚姻大事是要有介紹人的，要由介紹人向雙方父母提親。這些熱心的教師就以學校全體教師的名義寫信給我大哥，通過他向我父母提出婚事的請求，接着又專門寫信介紹盧校長的詳細情況。父親知道些情況後，大吃一驚，不得不開始動心考慮了。他寫信給我家在上海所開設的商行的經理，請他調查廣肇公學盧某人的情況。那位經理一提到盧某人就給予極高的評價，他說可以用這樣的話來比喻，就是"廣東孫中山，上海盧頌虔"，接着又詳細講了此人的許多優點。對於這件事，母親開始是不同意的，她自己身體不好，家中又有十幾個子女，她認爲我是有本事的人，以後這個家就由我來管，而且我自己說過是不結婚的，現在改變主意對不起佛山的人士。父親則不同意這種看法，認爲把女兒留在家中太自私了，是不對的，最後說服了母親。二老寫信給我，說這是一件很好的事，問我意見如何。信中有兩句話我記得很清楚，一是"千萬不可失之交臂"，二是說這段姻緣如能成功，則是"三生石上，俱有前因"。對待我的婚姻，父母的看法有些差異，父親說自己一生經商，沒有才能，不可能結識有這樣高的學問和道德的女婿，連想都不敢想，因此這件事實在是天作之合。母親則說我是不會給你配這樣一個布衣的，你自己樂意作這樣的選擇，甘居澹薄，荆釵布裙，清茶淡飯，你們就好好過日子吧。

　　我和你爸經過兩年相處，於1925年結婚，這是我生平的一個大轉彎，結婚後我一面堅守教師崗位，一面做賢妻良母，相夫教子，全力支持你爸的事業，養育你們兄弟姐妹長大成人。

我做校长 51 年

盧頌虔(口述)　盧杰持(整理)

　　盧頌虔,1891 年出生,籍貫廣東中山。1913 年起在上海創辦培德小學,歷任廣肇公學、粵東中學校長。新中國成立後,任虹口區第二次各界人民代表大會代表,虹口區第二屆至第四屆政協委員。1983 年 6 月 11 日,盧校長病逝於上海,享年 92 歲。
　　以下是盧校長於 1983 年 4 月下旬,在四川中學三樓禮堂内 70 週年校慶上的發言。

　　今天,在慶祝校慶七十週年的大會上,我想同各位教師、各位校友一起回顧我們學校的歷史。

　　四川中學的前身是粵東中學和培青中學。粵東中學的前身是廣肇公學和培德小學。培德小學創辦於 1913 年,到現在已有 70 年的歷史了。我在這個學校服務了 51 年,其中的一切經歷,因時間所限,無法從頭詳細地説起,衹能簡要地、概括地談談。

　　我 21 歲時應某茶商之聘,從廣東到湖南山區擔任家庭教師,教他的幾個孩子讀書,那年是 1911 年,是辛亥革命推翻清政府,中華民國成立之年,我感到極其興奮。在那裏擔任了一年半家庭教師後,1912 年秋到了上海。

　　因爲我立志從事教育工作,就決定留在上海辦學。得到幾位熱心教育人士的贊助後,經過幾個月的籌備,就把一所小學——培德小學辦起來了,當時租用了崇明路清雲里的兩間民房爲校舍。1913 年春季開學,學生二十餘人,都是廣東孩子。開兩個教室,由兩個教師分任各科課程。經過一年的努力工作,教學上有了一些成績,第二年學生就增加到六十餘人了。以後學生逐年增多,跟着添聘教師,增辟教室,以應需要。

　　爲着辦好學校,必須群策群力。一方面要很好地團結全體教師,讓他們發揮積極性,爲教好學生,盡最大的力量;另一方面要很好地聯絡學生家長,請他們爲發展學校給一臂之助。有一位學生家長鑒於學校局促在弄堂裏,難於發展,介紹我去印度尼西亞找他的好朋友某華僑,請他大力幫助籌款建築校舍。我對此沒有詳細考慮和充分準備,衹携帶了些反映學生成績的實物,偕同一位教師貿然出發。到了印尼,持介紹信探訪某華僑,申述來意,托他大力幫助籌募建築費,他却説:沒有政府正式的證明文件,在這裏是不能進行募捐的。我碰壁而歸,未免大失所望,但從中汲取了輕率從事的深刻教訓,也不是一無所得。

　　籌款自建校舍,不是一件輕而易舉的事。首先要把學校辦好,有了顯著的成績,各方面才會給以有力的支持和援助。爲使學生家長和社會上的人士瞭解我校的教學質量,我校定期舉辦學生成績展覽會,邀請他們來校參觀。黎伯伊老師對書法很有研究,能引導學生愛好寫字,臨摹法帖這一套基本功,學生們做得很不錯。有一次舉行書法展覽會,學校把學生們寫的對聯、條幅、中堂等,裝裱好陳列出來,琳琅滿目,獲得來校參觀者一致的好評。這些對學校的發展,是有一定的作用的。

　　上海廣肇公所(以下簡稱公所)是廣東旅滬同鄉的一個團體,頗有財產。開辦廣肇義學八所,廣肇女學一所,免費教育同鄉子弟,造就了不少人才,但却沒有爲付得起學費的子弟辦所學校。我向公所建議,把培德小學改爲公所設立,更名廣肇公學。我的建議經董事會通過。

　　經濟上得到同鄉團體支持,學校就好辦了。公所在四川北路福德里內有一塊空地,約七畝左右,曾募集一筆捐款,擬在那裏建築一所學校,却始終未實現。經我建議並得公所同意,將那塊空地和捐款撥爲建築廣肇公學之用,並向學生家長及各界添募捐款,於是積極規劃,興工建築。1923 年秋,新校舍落成了,添辦初級中學,改校名爲廣肇中學附設小學部。新校舍爲新式三層樓房,內部設備相當完美,有普通教室,有專用教室,如理化室、書藝室、美術室、音樂室等。從此教師上課一律用普通話講授,各地學生均可入學,並收寄宿生。《申報》《時報》及英文《大陸報》均爲本校出增刊,登載學生成績和圖片。

　　全體師生在新校舍的一種新氣象鼓舞下,工作與學習的積極性不斷提高,取得不少可喜的收穫。如,1925 年元旦,一連三天舉行活動成績展覽會,除陳列一般的課藝展覽外,特加入活動成績展覽。學生將平日學習之所得與活動情況,對來賓作忠實之表演,並就來賓對國文、英文、數學之考問,作出解答。在書藝室揮毫、美術室繪畫、理化室實驗、音樂室唱歌、運動場比賽籃球等,以求參觀者批評指正,前來參觀者達數千人,給以好評。又如,編輯《上海廣肇公學概況》一書,於 1926 年 1 月出版,內容分 20 章,約十餘萬字,分別敘述本校一切設施,以供關心本校者閱覽和指正;其中一條是各科教學概況,由各科教師把研究心得和教學方法撰寫出來,爲提高教學質量作參考。再如,小學部參加上海市小學聯合運動會,田徑賽總分連續三年名列第一。年年奪得錦標歸,應歸功於體育教師俞啓文同志,他爲運動員做了大量培訓工作,每晨帶學生去虹口公園練習賽跑,不辭勞苦的精神,難能可貴。再如,有一年,本校應屆初中畢業班學生參加教育局舉行的全市畢業班學生會考,成績列入甲等,教育局給以"教育有方"匾額。再如,比利時舉行建國 100 年博覽會,徵集世界各國展品,本校應徵送去學生書法成績展出,獲得獎狀一張、紀念章一枚。

　　1932 年 1 月 28 日夜間,日本駐滬軍隊攻打閘北,本校校舍突遭襲擊,住校教師黎伯伊先生受傷致命,至爲痛惜!學校校舍因地處戰區不能使用,乃在陝西北路設立臨時校舍給學生上課。戰事平息後,原校復課,臨時校舍作爲本校第二附屬小學,後改稱廣公第二小學。原在四川北路的小學部,改稱廣公第一小學。

　　中小學生同在一處上課,教學管理諸多不便,且學生日多,不敷容納,另建中學校舍,添辦高級中學,是有必要的,於是多方設法努力使另建中學校舍之意圖付諸實現。首先由本校編印《廣肇中學成績一斑》一書,分贈學生家長及各界人士,作爲建築中學校舍宣傳之用以博得各界贊助。再由公所邀集同鄉中之巨商及知名人士開會商討,並組織募捐委員會分頭募集建築費用。新校舍地址在閘北水電路,由陳炳謙先生首先在該處捐贈土地十餘畝,再接連購入一百餘畝。由於各界人士踴躍捐款,共募得捐款 40 餘萬元,於是即按照所訂計劃開工興建。第一期工程爲大禮堂、教室大樓、體育館、學生宿舍、膳堂厨房等各一座及田徑運動場。由東體育會路通往水電路之廣中路(即廣肇中學路)是由本校出資開築的。1935 年春季,新校舍落成,添辦高級中學,並改校名爲粤東中學(廣肇是廣東省所屬的廣州、肇慶兩府,不是代表全省,接受捐款人之建議,改稱此名)。

　　1937 年 8 月 13 日,日軍侵滬,駐紮在校內之國軍被敵機轟炸,本校全部建築物均被炸毀,費

圖　盧頌虔小照（盧杰持提供）

了大量人力物力，建成占地百餘畝之新校舍，僅僅使用了兩年半，即遭炸毀，十分痛惜！日軍就在本校地基上建築兵營，日本投降後，此地由國民黨軍隊接收。上海解放後，由我人民解放軍接管使用，現在水電路上之駐滬部隊所在地，就是粵東中學當年之校址。

　　在抗戰期間，四川北路校舍也爲敵軍佔用，因而我中小學三校祗能合併在陝西北路廣公第二小學上課，擁擠之狀，不言可喻。中學部後借用江寧路廣東旅滬同鄉會的房屋爲臨時校舍。我校在抗戰期間，經濟極其困難，掙扎了八年，備嘗艱苦。抗戰勝利後，收回北四川路校舍，中學和廣公第一小學再次合校上課。

　　1945年抗戰勝利，舉國歡騰，人民對國家復興寄予極大的期望。我們教育工作者自應加倍努力，爲國家多培養人才，作出應有的貢獻。因此，重建水電路校舍，就提到議事日程上來了。首先籲請國民黨政府軍方把從日軍接收過來的本校水電路原有地基發還本校。我爲此曾幾次奔走南京磋商聯繫，但是國民黨反動派，一心在於發動內戰，哪裏有誠意交還校地來發展教育事業呢，他們用種種藉口不肯發還本校基地，此事就不了了之。

　　上海解放後，在中國共產黨領導下，學校呈現嶄新的局面。我們學習黨的政策，學習馬列主義和毛澤東思想，提高認識，工作有了正確的方向。全體教職員工在黨支部領導下，努力工作，校務比解放前大有進展。虹口區舉行第一次人民代表大會，我被選舉爲教育界代表，出席大會並發了言。之後又任虹口區政協委員多年。

　　1952年春，學校將以前大新公司爲本校舉行書畫義賣會所得之款，用以在對河租用之土地上添建教室三間及籃球場一個，並構造木橋以利交通。

　　1956年，全市私立學校改爲公立，粵東中學被改名爲上海市第六十六中學。同年9月1日，陳毅市長任命我爲六十六中學校長。隨後六十六中學與培青中學合併，又改名爲四川中學。廣

公第一小學與廣肇女子小學合併,改稱橫浜橋小學,遷入培青中學原有的校舍上課。廣肇女子小學校舍歸併四川中學使用,各得其所。

1958年,我以年老體弱,患高血壓症,申請退休,承虹口區委批准我離休。我從是年8月起,在家休養,不到校工作,工資照發。黨和政府對我關懷備至,使我感謝不盡!我於1965年1月被正式批准退休。我自1913年至1964年從事教育工作共達51年。限於能力,貢獻不大,內疚不已!

今天,四川中學全體教職員工在國家一片大好形勢的鼓舞下,在學校黨支部的領導下努力工作,爲國家培養建設四化人才作出了應有的貢獻。最後,我祝同志們爲教育事業開創新局面取得圓滿成功!

發還水電路校舍特輯

上海粵東中學呼籲

盧頌虔

圖1 印在學校特輯上盧頌虔校長手迹

圖2 民國十四年(1925年)上海廣肇公學職教員全體合影

影 攝 時 辦 創 校 本 春 年 二 國 民

圖 3　民國二年(1913年)春,培德小學師生合影

我 的 回 憶

高維彝（口述） 陳祖恩（撰寫）

高維彝，女，1935 年 6 月出生，籍貫廣東中山。資深翻譯家，上海市第七屆至第十屆人大代表。1941 年至 1946 年，在廣肇公學讀書。1946 年至 1952 年在上海粵東中學求學。1952 年進入上海華東師範大學。1965 年赴蘇聯伊爾庫茨克大學進修。曾獲"上海市教育戰線先進工作者""上海市三八紅旗手"稱號，1995 年退休。

2019 年 12 月 9 日，虹口區檔案館工作人員於凱旋北路 1555 弄高維彝家中采錄。

一、我們家從廣東來到上海

我的祖籍是廣東省中山縣。1935 年，我出生在中山縣的一個教師家庭。當時，我父親在中山的一所學校教英語。由於校長換人，整個教師班子也全部被換。我父親失業了。一位在上海工作的友人聞訊，就介紹我父親到廣肇公學任教。於是，我們全家搬遷到上海。那時我來到人世間才兩個月。

初來上海，暫住在伯父家。為了不影響伯父的生活，父母決定在外面租房。有一次，父親看中了一間房，房東問父親是做什麼工作的，父親回答是教師，那房東臉上立即現出不屑的神情說："你租不起我們的房子的。"這就是舊社會裏教師的社會地位！這件事對我父親來說是很大的打擊，他深感人格受到侮辱。後來，在新閘路戈登路（今江寧路）附近的一條弄堂裏租到廚房後面的一個小房間。光綫很暗，條件很差。那時候，白天，我祇能搬個凳子坐在房門前的公用天井裏做功課；晚上，點着油燈學習。我就在這房子裏度過了我的童年。

抗戰勝利後，我們遷居到四川北路永安里，開啓了在虹口生活的日子。

虹口是廣東人相對集中的地方。許多廣東人的家庭都保留一些廣東人的生活習慣。比如：群衆電影院，那是個影劇院，人們可以在這裏欣賞來自廣東的著名粵劇團的精彩演出；三角地小菜場附近有個"章記"茶餐廳，那是一個非常有廣東特色的茶餐廳，人們可以到那裏"飲茶"，品嚐價廉物美的廣東點心。我記得，那裏有一道點心叫"豬腸粉"，那是用稀的米粉蒸成薄薄的軟餅，卷成長條，形狀就像豬腸，然後把這豬腸粉剪成小段，用醬油和麻油拌一拌，可好吃啦！這是我和妹妹特別喜歡的點心。

每年的傳統節日，我們都會按廣東人的習慣過節。端午節，我們家家戶戶都自己裹廣式粽子。廣式粽子有自己的特點，裹粽子的米都不放醬油的。有兩個品種現在上海的市場上是看不

到的,一個是鹼水粽,蘸糖吃;另一個叫裹蒸粽,裏面的内容很豐富,除了糯米以外,還有咸蛋黄、肉、蝦米、香菇等,這種粽子很大,一個人吃不下的,要把它切成段,幾個人一起分享。至於春節,那可熱鬧了。在春節前一個星期,或者更早一些,人們就開始蒸糕迎新年:大籠糕、蘿蔔糕、芋頭糕、馬蹄糕、赤豆糕……各家按照自己的口味喜好選擇,但是大籠糕是必定要蒸的,因爲這相當於我們説的廣東年糕。到了大年夜,更熱鬧了! 一家人圍坐在桌旁,一起製作各種點心,炸煎堆(即上海的麻球)、油角,有的人和面,有的人擀皮,有的人包餡兒,大家有説有笑,屋子裏一派温馨幸福、和美團圓的節日氣氛。第二天,就拿出自己最拿手的點心招待來拜年的親朋好友。現在回想起來,心裏還是暖洋洋的。

隨着時間的推移,很多習俗在改變。許多年輕人用另一種方式歡度節日。我們老年人愛懷舊。昔日的美好回憶仍然温暖人心。

二、難忘母校——粤東中學

虹口區曾經有一所學校,在上海的廣東同鄉中享有很高的聲譽。起初,它祇是一所小學,名叫廣肇公學,還有附屬的幼稚園,後來又進一步建了中學——粤東中學。

我們全家對粤東中學都懷有深厚感情。我父親從 1935 年開始先後在廣肇公學、粤東中學任教,直到 1970 年退休(其中 1943—1946 年曾在業安地產公司任謄寫和記賬)。可以説,他的教師生涯是在粤東中學度過的。我和妹妹都曾在廣肇公學和粤東中學接受基礎教育。我從幼稚園念到高中畢業,我妹妹念到初中畢業,我愛人也是粤東中學的畢業生。至今,我們對母校仍懷着無限深情。其實,懷有這樣的深情的豈止我們一家? 我們這一代的老粤東人都熱愛我們的母校。有個事實足以證明這一點。粉碎"四人幫"以後,一批熱心的老校友籌劃並恢復木棉校友會。海内外校友聞訊,紛紛報名參加。一下子人數達到上千人。校友會開年會,許多老校友不遠千里從各地,甚至海外趕來赴會,爲了看望自己的恩師、會見老同學,那盛况非常感人,連市僑聯的領導都很贊賞木棉校友會的凝聚力。

老粤東人熱愛自己的母校,因爲我們在那裏不僅學到了文化知識,還得到了全面發展的教育,爲我們的成長和踏上社會打下扎實的基礎。

廣肇公學和粤東中學確實是一所很好的學校。最初,它是爲在上海的廣東同鄉的子女開辦,學校裏除了語文課,通用廣州話。由於它的教育質量高,在上海的廣東同鄉中享有很高的聲譽。有些非廣東人也把子女送到我們學校唸書。我記得我念小學的時候,我們班上有一對寧波籍的姐妹,她們的名字叫周雙仙、周蓮仙。在學校的環境和小朋友的影響下,她們很快就學會了廣東話,流利且標準。後來,爲適應教育事業的需要,也爲了推廣普通話,學校也全用普通話教學了。

廣肇公學和粤東中學之所以具有較高的教育質量,與學校的辦學群體是分不開的。校長盧頌虔先生是一位熱心的教育家,他一生都爲辦好學校而奮鬥。他具有先進的教育理念,主張培養學生德、智、體、美、群全面發展。爲達到這個目的,他非常注重教師隊伍的建設。我父親曾告訴我,校長每次録用新教員都親自面試,因此,録用的老師都是德才兼備的知識分子。爲了留住優秀的老師,校長規定,教師在學校每滿三年教齡,就可以有一個孩子在學校免費求學。因此,

老師們和校長一起同心同德為辦好學校而努力，他們不僅教學認真，而且以自己的人格魅力影響學生。

我父親也是這個教師隊伍中的一員。他既是我的慈父，又是我尊敬的嚴師。他工作認真、對人誠懇、事業心强，我從他的身上學到了很多好的品質。有兩件事我印象特別深。一件事是在抗戰期間，學校的經濟狀況很困難，為了維持學校，學校采取了一些措施，凡是夫妻兩人都在學校任教的，一人回家。校長帶頭，他的夫人也離開了教學崗位回家。但是教師子女免費唸書的政策不變。我們家一家五口全靠父親一人的工資養活。父母就想了一個辦法來減輕學校負擔，他要我好好學習，以優異的成績考社會上慈善機構的助學金，有好幾個學期我就是用考來的助學金繳納學費。另一件事：我妹妹在粤東初中畢業，想繼續在粤東念高中，但是升學考試沒有達到分數綫。有人建議父親去跟校領導溝通，請求通融一下，但是父親沒有這樣做，後來我妹妹考上了技校。這就是我的父親。粤東中學的教師群體中，許多老師都和他一樣，熱愛教育事業、耿直、敬業、為人師表。

教師的真才實學、敬業精神是學校教學質量的重要保证。早期的廣公和粤東雖然以廣東話教學為主，但是語文課絕對是要講普通話的。當時普通話稱為國語。我記得念小學的時候，語文老師不僅教我們識字、閱讀和作文，還教我們註音符號和拼音；音樂老師不僅教我們唱歌，還教給我們五綫譜的基本知識。這些知識、技能曾讓我後來的許多同齡朋友感到驚訝。還有一個實例可以證明我們學校的教學質量。20世紀80年代，我國撥亂反正，許多單位恢復職稱制，要獲得職稱或晉升職稱，需通過外語水平考試。十年"文革"期間，很多人的外語都生疏了，可是我們粤東畢業的校友很輕鬆地就通過了外語考試。我愛人是學工的，他和另一位粤東畢業的同事也一次就通過了。他們單位的同事很驚訝：你們粤東的外語水平怎麼這麼强？

我們的母校不僅注重主課的教學質量，對副課也很重視。老師的業務水平也是很高的。先說說體育。體育教師中有在市運動會上得過獎牌的運動員，有在體育界享有很高聲譽的前輩。體育課上，老師不僅教我們基礎技能，還講授體育知識、比賽規則。特別值得一提的是鄭志芳老師，他是著名的國家籃球裁判和國際裁判。他在粤東任教期間，培養了不少籃球運動員。我們學校的男、女籃球隊曾多次獲得虹口區校際籃球比賽冠軍，並代表虹口區參加上海市中學生籃球賽。這些籃球隊員中有不少人在離開粤東後仍然在籃球運動中發揮作用。有好幾位同學在參加軍幹校後，成了部隊的籃球隊骨幹，如錢志坤、楊效成、茹兆祺等。我也曾在粤東的女子籃球隊打過4年球，進了大學後，雖然我個子矮小，又是近視眼，但是由於基本功比較好，也當過兩年華東師大女子籃球隊的成員。最值得我們驕傲的是我們班上的馬申妹同學，她籃球打得特別好，可以像男孩子一樣跳起來，人在半空中投籃。在高三的時候，她以高超的球藝入選中國女子籃球隊。她平時功課不怎麼好，但是學校從來沒有放棄對她的文化教育，要我們班上的一些學習能力强的同學幫助她。我們班高中畢業的時候，沒有畢不了業的。

我們的音樂老師也是高水平的。早期的音樂老師張亦庵先生不僅教合唱，還是廣肇公學和粤東中學校歌的作者。在20世紀四五十年代，我們的音樂老師梁友文老師是上海交響樂團的小提琴手，李基德老師是音樂學院畢業生，他們都有很高的音樂素養。我們的音樂課內容豐富多彩，我們不僅學唱歌，老師還給我們講授音樂知識，引導我們欣賞經典音樂作品，培養我們對音樂的濃厚興趣。

圖　高維彝（前排左一）與同學們合影（高維彝提供）

　　除了課堂教育，學校還十分注重課外活動，每年都開展各種生動的活動，如歌咏比賽，教室佈置比賽（看哪個班級的教室佈置得最美觀、整潔），體育運動會。學校場地小，就借虹口公園的體育場開運動會。這些活動同學們都是積極參加的。我還記得，念小學的時候，班主任譚冠翰老師和張訓方老師曾帶領我們班級的同學到公園春遊，跟我們一起玩老鷹捉小鷄的遊戲，張老師做老鷹，譚老師做母鷄，我們做小鷄。老師還拿出畫筆和紙張，和我們一起坐在草地上畫畫。那天，我第一次懂得了"寫生"這個詞。那天的歡樂笑聲記憶猶新。這樣的課外活動既豐富了我們的童年生活，又擴大了我們的視野，培養了我們對大自然美的鑒賞力。

　　學校十分支持我們學生自己組織的社團活動。我在校期間，學生會組織了歌咏團，由我和王允恭同學負責。爲培養我們的工作能力，李基德老師指導我們，除了演出時她親自指揮以外，平時的排練都由我和王允恭輪流擔任教唱和鋼琴伴奏。我家比較窮，家裏沒有鋼琴，校長允許我每天中午在學校禮堂練琴一小時。後來，學校又推薦我們幾個愛好唱歌的同學參加北區音樂工作團，利用課餘時間到工廠開展工人歌咏活動。在這些活動中，我的工作能力得到了鍛煉。雖然音樂沒有成爲我的終身職業，但是歌聲始終伴隨着我成長。

　　粤東中學的軍樂隊在虹口區也是赫赫有名的。每年的五一、十一等重大節日，走在粤東中學遊行隊伍最前面的就是軍樂隊。那響亮的大鼓、小鼓的節奏，伴隨着響亮的笛子吹奏的雄壯的進行曲，總是吸引着人行道兩旁的觀衆的目光。

　　還有一件值得提到的事。我們念高中的時候，爲幫助家庭經濟貧困的同學繳納學費，我們班級擬舉辦一次話劇義演，演出蘇聯的話劇《小雪花》。學校大力支持，同意我們用學校禮堂排練和演出；譚冠翰老師擔任我們的導演，還指導我們如何搞劇務、票務工作。我們的演出得到家長們的大力支持，並獲得成功，一共演了三場。我們班級的同學幾乎全部都參加這次義演，有的當演員，有的做劇務和票務工作，大家都得到了鍛煉。

　　我是1952屆的畢業生。畢業後，我們班級的同學分散在全國各地，活躍在各行各業，爲祖國的建設事業各自做了力所能及的貢獻，有的同學還取得優異成績，享受國務院的專家津貼，有的當了先進工作者、勞動模範、三八紅旗手、人大代表。67年過去了，廣公和粤東都已不復存在，但是，對母校、對培育過我們的老師，我們永遠不會忘記。

劉家的粵東情緣

劉家仲(口述)　陳祖恩(撰寫)

劉家仲,男,1934年2月出生,籍貫廣東中山。上海市南市區政協常委,民革南市區委副主委。1939年入廣肇公學第二小學求學。1945年起於上海粵東中學求學。1952年考取同濟大學建築系,1956年畢業。1984年後歷任高級建築師、總工程師、總建築師等職務。
　　2019年12月10日,虹口區檔案館工作人員於古宜路99弄劉家仲家中采錄。

　　1938年,我進粵東中學幼兒園,一直讀到1952年高中畢業,前前後後有14年的時間。我家四個兄弟姐妹,一個哥哥,兩個妹妹,從小到大也都是在粵東中學成長的。父親劉偉山在廣肇公學和粵東中學教了二十幾年書,母親盧蘊愚也在那裏教了十幾年書,這就是我們劉家與粵東中學的情緣。

　　我的祖父一家原來在日本橫濱定居,1923年9月,日本發生關東大地震,橫濱也是重災區,祖母在地震中去世了。當時很多華僑回國避難,祖父就將父親、叔叔、姑姑等一幫孩子都帶回了上海。

　　父親原來在日本的大學讀化工專業,沒有畢業就回來了,進了廣肇公學(1935年改名粵東中學)當老師,教語文、歷史、書法等,母親是上海教會學校高中畢業生,與父親結婚以後,也到那裏教小學。當時我們住在北四川路173弄。後來日本侵佔虹口,學校遷到公共租界的西摩路(今陝西北路),我們就搬到北京路、泰興路那裏,借了人家的房子居住。抗戰勝利後,隨着學校搬回橫浜橋,我們也重新回到虹口,在長春路住進了一棟石庫門房子。

　　父親雖然是學工科的,但他喜歡書法,有造詣,後來成爲上海有名的書法家。20世紀30年代,徐悲鴻組織的力社在上海發起書畫展覽會,父親是委員之一。1936年8月,力社在大新公司四樓舉行秋季展覽,從全國2200多件作品中,選得精粹之作六百餘件展出,其中有徐悲鴻、何香凝、陳樹人、汪亞塵、王一亭等名家的作品,父親的狂草被稱爲是"不可多得之佳作"。1941年5月,父親在上海與袁松年聯合舉行書畫展,"參觀人數之多,爲歷年畫展所罕見"。《申報》評論説:"劉君書法,各體皆備,尤以草書爲佳。"父親辦展覽會的時候,我還在讀小學,就幫他拉對聯。辦畫展的目的之一,就是賣書法作品,這是當時生活的來源之一。

　　廣肇公學與粵東中學有一個特點,學生都是一家一家進來的。我們劉家的四個兄弟姐妹,從幼兒園到高中畢業,都是在同一個學校,因爲是教工子弟,校長免了我們全部的學雜費,盧校長是很給我父親面子的。永安公司總經理郭琳爽也是中山人,他的女兒郭志媛上過《永安月刊》創刊號的封面,也是我們粵東的同學。當時,虹口有永安公司兩個住宅區,即北四川路1953弄的永安里與1774弄的永樂坊,永安里的前期房屋是1925年建造的一般里弄住宅,居住的是永安公司部長及職員,部分粵東的老師也住在那裏,而永樂坊是1932年永安公司自身投資建造的新式里弄住宅,郭家的嫡系大多居住在那裏,這兩個弄堂裏的孩子大部分都在粵東讀書。我們

經常在一起打壘球、彈琴、拉小提琴。比如永安里 8 號同學的父親是永安公司的部長,他們家三個男孩喜歡打球,一個女孩彈鋼琴。住在三十幾號的也是一個部長的孩子,經常和我們一起玩。高中時,我們的生活豐富多彩,同學們一起到教堂做禮拜,聖誕節有時就跳舞。我家裏没有鋼琴,我彈了好幾年的鋼琴都是在鄭姓同學家裏彈的,每天在學校吃好中飯,騎自行車過去彈三刻鐘左右,再回學校上課。他們家將鑰匙都給我,可以自由進出。

我們學校的音樂梁友文老師是上海音專小提琴專業畢業的,他的母親是永安公司郭家的,父親梁扶初是"中國棒球之父",橫濱的中華棒球隊是他創設的。梁老從日本回上海後,任教的"熊貓"棒球隊稱雄滬上,其四個孩子友聲、友德、友文、友義又同爲"熊貓"四虎將。後來梁老當永安電影院總經理,他看到我們粵東喜歡打棒壘球的學生很高興,隨便看什麽電影都是不要錢的。梁老師教唱歌,教的都是世界名曲,他還彈鋼琴給我們聽,又義務教我們拉小提琴,共有十幾個學生參加,我和哥哥劉家麒也參加。其中拉得最好的是鄭震邦同學,他後來成爲上海歌劇舞劇團樂隊的首席小提琴手、澳門室内樂團團長。後來梁老師調到上海交響樂團,任第二小提琴首席,樂團星期天演出,星期六彩排,他給我們提供方便,我們常常從後門進去聽彩排。

永安電影院隔壁的弄堂底有一個富吉堂,這是廣東籍信徒自己辦的基督教教堂,教堂附屬一座名叫郇光的小學,校長是一位牧師,其孩子也在那裏讀書。我們經常到那裏唱詩、做禮拜。

粵東的老師都很厲害,每個老師都有自己的專長。例如陸丹林是早期同盟會會員,上海灘有名的報刊名編、美術史家和書畫鑒藏家,但是在粵東,他是我們的語文老師。有一位教英語的張訓方老師,是馬來西亞教會學校畢業的,原在匯豐銀行工作,曾編過很好的英語教材。上課時,他手執一根教鞭,還規定學生冬天不允許穿長褲,必須穿短褲。什麽道理? 對於不專心聽課的學生,教鞭打得痛。

解放後,粵東中學有好多位老師,如黎維嶽、張家駒、楊淑英等六七位老師調去大學任教,可見老師們實力的雄厚和學術水平的高超。粵東中學培養出不少教授、專家、學者,例如核工程專家李維音、大飛機設計專家黄希聖、大學教授高維彝、照明專家梁少强等。

這些老師給我們印象最深的是什麽呢? 就是學識豐富,而且都一表人才。上課時,大多數老師西裝領帶,打扮得清清爽爽。有幾位穿中式長衫,蓄胡子。我們從小就覺得這就是老師的形象。

盧校長教給我們什麽呢? 兩樣! 一個是愛國主義,每個禮拜一早上,全校同學集中在大操場上升國旗,唱國歌,背孫中山先生遺囑,進行愛國教育。上地理課的時候,老師先畫一個公雞狀的中國地圖,教我們愛國就要愛自己的國土。另一個就是德群體智,四育兼攻。學校十分重視體育教育,運動成績突出,出了一個國家女子籃球運動員馬申妹;一個國家男子足球運動員,後來當了國家隊教練的任彬。梁友文老師入教粵東後,便將棒壘球技術帶入粵東中學,在正課之餘,組織多支棒壘球隊。友文先生對諸學子授以棒壘球基本知識、基本理論、基本規則、技術戰術;讓學生組隊參賽、饋贈設備器材;中間還請梁扶初老先生親臨指導。除在粵東中學操場上做基本技術練習外,友文先生還經常將球隊拉到虹口公園練戰術配合及分隊比賽。星期天則以參加聯賽爲主,無聯賽期則星期天訓練照常,常借用四川北路新滬中學、戲劇學院操場練習,也偶有約其他學校棒壘球隊作友誼賽。

我雖然在學校裏很頑皮,但對體育有興趣和愛好,老師認爲我聰明,都對我很好。下課後,

我是不背書包的,用一根打棒球的棒子,將書包袋一扣,騎上自行車就去玩了。學校讓我積極參加體育活動,發揮我的特長。

粵東中學的童子軍樂隊是上海有名的。童子軍總教練是張訓方老師,軍樂隊教練和領隊是鄭伯康老師,黎鳴皋老師是副領隊。軍樂隊從學校出發,行走在北四川路上,直至虹口公園爲止。整個行程中,最前端的是軍樂隊隊旗,往後依次爲軍樂隊指揮、小鼓、中鼓、大鼓、軍笛、軍號排列,號聲嘹亮,鼓聲清脆,吸引很多行人觀看。我們都身穿白襯衫、短褲,領上戴一條繡有木棉花圖案的領結,整齊又美觀。

我們兄弟姐妹一直很懷念我們的母校,懷念粵東中學嚴謹的校風,懷念我們的老師對同學諄諄善誘。學校和老師培養我們四個人都成才了。我高中畢業後考取同濟大學建築系,從事建築設計工作,我哥哥在北京工作,是獲得國務院特殊津貼的專家,大妹妹在上海光明中學教書,小妹妹在福建日報當記者。我們都很感謝母校的培育,粵東情緣,終生難忘。

圖 1　劉家仲幼時,與哥哥、父親、母親合影
(劉家仲提供)

圖 2　1951 年,劉家仲(後排右一)參加上海市壘球聯賽 2 組,奪冠後合影(劉家仲提供)

難忘粤東中學的校訓

梁少强（口述）　陸其國（撰寫）

梁少强，男，1939 年 8 月出生。籍貫廣東南海。1945 年至 1954 年在上海廣肇公學第一小學、上海粤東中學求學。1954 年起，就讀於上海市同濟中學。1957 年考入上海市同濟大學。1962 年畢業後，任職於上海市建築設計研究院直至退休。

2019 年 12 月 12 日，虹口區檔案館工作人員於銀都路 759 號梁少强家中采録。

1945 年 9 月日本投降，恰遇粤東學校新學期開學，我們很多學生錯過了這一期。所以學校就在 1946 年初，專門爲我們這些學生開了一期春季班，春天入學。

我是 1946 年 1 月讀的春季班，小學讀了五年半。進小學時沒有考，但是從小學升中學就要考了。1951 年夏，我父親所在公司將要關門歇業，所以我父親有可能失業，這樣我就繳不上學費了。我父親已經給我找了一家開在塘沽路上的雜貨店，也是廣東人開的，讓我去當學徒。班主任劉和梅老師得知我的情況後，向盧校長匯報。盧校長對劉老師説，這個學生我要的，他的學習成績很好，讓他回來繼續讀書，我給他減免學費。這樣我纔有機會參加第二輪考試，並被録取了。所以我一直記着盧校長和劉老師的大恩大德，沒有他們的幫助，我的學歷有可能停止在"小學"。

我們校訓講四育：德群體智，盧校長把德放在第一位。我舉幾個小例子，也是最早改變了我的例子。我六歲纔讀一年級（那時候一年級六歲是很大的孩子了）。我在抗戰中讀了兩年私塾，四書五經早就滾瓜爛熟。一年級上學後，語文課第一課我到現在也沒有忘記："來來來，來上學。去去去，去遊戲。"這幾句話要學一個禮拜，老師一講我就記住了。因此我上課就不好好聽，在下面做小動作，所以經常被老師"罰站"。後來盧校長也知道了，盧校長沒有直接批評我，而是講了這樣一件事：他説一個孩子要吃三碗飯，你祇給他吃一碗，他吃不飽當然要餓嘛。

後來我一個很要好的同學叫李任光（音），他是廣東臺山人，他家是中藥店"保和堂"的，從家裏帶來一本"米南宫十七帖"，那時候俞啓文老師佈置作業，每天放學回去寫一張大楷，寫一張小楷，寫完才能玩。我對照着"米南宫十七帖"，草草了事，交上去後老師一看發火了，把我們的本子、硯臺從窗口扔出去。這堂課我們肯定上不成了，就在走廊裏罰站。

放學之後，黎維嶽老師拿了幾本碑帖讓我看。他語重心長地説要寫好毛筆字，先要寫楷書，楷書學好了纔能寫行書，行書完了纔能寫草書。他説："你没有學會走路就先學跑，能不摔跤嗎？"

後來我們才知道，黎維嶽先生書法很好，上海有家潮州人開的食品店"源誠"，招牌上漂亮的漢隸，就是他的墨寶。但是他沒有在我們面前講他自己怎麼樣，祇是教育我們，怎樣寫好漢字，一步一步才會有進步。這件事表面看是關於學習書法，其實是一個道德教育的事情。你要學會以後怎麼做學問，怎麼學東西，怎麼對待他人，怎麼處理事情，這些含義都在裏面了。所以我們

對盧校長和黎維嶽先生都非常崇敬,一輩子都忘不了先生的教誨!

後來據說盧校長嚴屬處分了那位任課老師,説學生不懂事你可以教育他、處罰他,但不能把硯臺從窗口朝外扔,高空拋物太危險了。我覺得盧校長是把學生當自己的孩子教育,孩子成長過程中有各種各樣的表現,有不乖的時候,你怎麼教育,怎麼懲罰都可以,但是一定要理性。這件事發生後,我學習更加努力了。

下面我再講講我們的數學老師薛沛韶。他交大畢業,與時任中宣部部長陸定一是交大同學。我上課時常常在課本下面放別的書偷看,有一天就被他發現了,他没有當場批評我,衹是對我笑笑,説:“這本書很好啊,我也蠻喜歡看的,先借給我看看。”當即把書“没收了”。下課後,他把我叫到辦公室,説:“你喜歡看書是不是?”我説是。他説:“你叫上幾個同學,放了學到我家來看吧。”原來,薛沛韶老師家裏有很多書,開了一個“樹英圖書館”,他很樂意借給我們看。我覺得現在開放式教育應該就是這樣,上課老師講一點,學生課後自己找資料,自己去閱讀。我的閱讀習慣就是在薛老師那裏養成的。

另外還有一對夫妻老師,給我們影響也很大。男的叫張家駒,女的叫楊淑英,他們是燕京大學歷史系畢業的。張家駒先生研究歷史地理,1949年以後出版的很多地圖,張先生大都參與,他後來調到上海師範學院。他們的兒子叫張行健,跟我同歲,中學畢業以後考上南京大學(不幸在“文革”中被迫害致死了,他們倆失去了唯一的兒子),他們把我們都當自己孩子一樣。張家駒和楊淑英教的歷史和地理,真的是一流。他給你講過的地理你一輩子不會忘記,他給我們講亞洲的地形,就這麼多的國家,中學老師都没有講得那麼多、那麼細緻。從初中到高中,没有一個老師能給我講得那麼透。這就是張家駒先生講課的水平。楊淑英先生給我們上語文,我很早就讀老舍的著作了,話劇《龍須溝》的臺詞我都會背的,我們那時候愛閱讀,求上進,這對老師夫妻對我幫助也很大。

現在我再來講講劉和梅老師。劉老師的兒子是我校友,比我高幾班。有一次他們全家到青島度假。小孩子總歸貪玩不聽話,劉老師就告訴我們,他是怎麼教育孩子的:我坐在沙灘橙子上,要漲潮了,人家都往後逃了,小孩子知道要漲潮了,就催媽媽,快走吧。媽媽對他説,我不走了,我今天就在這裏不走了。小孩子知道不走的後果,就問:爲什麼?因爲你不聽話。所以後來小孩子就改變了,變得能聽進大人的話,我們從來没有打他罵他。

我當粵東校友會會長後,劉老師已經去世。他兒子從東北長春回來參加我們校友會,我們在一起交流得很愉快。我們學校有個很大的特點,就是老師跟學生的關係非常融洽,畢竟我們都是廣東人,我們上課很自由,可以講普通話,也可以講廣東話,老師從來不會强迫你做什麼。比如我們的歷史老師梁乾泰,他弟弟叫梁剛泰,解放以後參與過重新規劃天安門廣場,和我國老一輩建築師林樂義、張博都是同事。當年,天安門廣場原來比較封閉的三座門拆了以後,長安街拓寬,天安門廣場擴大了許多。後來到1958年建十大建築等,梁剛泰都參加了,我很敬重這些同行前輩,他也是粵東中學畢業的。我們在學校時都很自覺,現在我還是養成這個習慣,我不抽煙,不喝酒,不打麻將,不會跳舞,有空就看看書,晚上看看新聞。我退休後主要就是帶一些學生,辦了很多培訓班,全國各地都有。

粵東的校訓是德群體智,前面我講了德,再講群。粵東學校有童子軍(我進校時已不再吸收新成員,解放以後就没有了)。童子軍教你很多實用的內容,生活方面,比如説打繩結、搭帳篷、

圖 1　學校童子軍活動

支行軍竈……這些都是群體活動,大家之間很團結,很協助。跟我一起學毛筆字的同學李任光,他畢業後去了蘭州甘肅水電設計院,就是後來的西北水電設計院,他們測量隊七個人,幾頭毛驢,幾頭駱駝,從蘭州沿黃河,一直測到黃河源。他跟我一直通信,這是解放以後我們國家組織的第一次測量,那時候條件多艱苦啊,50 年代,就幾頭毛驢,幾頭駱駝,一直測到黃河源。他説粵東校訓中的群給了他很大影響。他給我講了一路上看到的一些東西,我很有興趣,比如他看到的鄂陵湖、札陵湖,現在都是很著名的景觀了。他把這些景物描繪給我,畫草圖寄信告訴我。後來等到我有機會去青海了,也特地去看了一下,這也是我們同學在學校學下來的基礎。他的工作後來都與建劉家峽、青銅峽水電站有關,基礎就是他們測量,水文地質測量。

　　北京還有一個同學李維英,從事核研究。這也是我們學校出來的很優秀的同學。我們在粵東時也參加過遊行活動,印象深的就是反對美國武裝日本。我們學校還有軍樂隊,我在軍樂隊中是童子軍的末代。我們軍樂隊前面最神氣的是鼓隊,大鼓、小鼓,後面是吹笛子,我就是最後面的,腰裏面放一根笛子,走一段路拿出來吹吹再放回去。這就是那個時候的集體性活動,也可以説是群體性活動,是德群體智中的群。

　　體也是,我們學校雖然是個弄堂學校,操場不大,但我們學校却出了很多體育人才。八一足球隊的任斌也是我們學校的,我們的體育老師譚清,是剛解放時的全國一百米、二百米冠軍。他每天一早天還沒亮,就騎着黃魚車去運貨,要運到吳淞,然後再來上課。他腿上的肌肉非常發達。還有我們籃球裁判鄭志芳,後來到上海外語學院去了。上海那時有兩個最有名的籃球裁判,是一級裁判,這兩個人一個叫劉荷生,一個就是我們的鄭志芳。我們學校在體育上出了那麽多人才,跟學校的體育教育很有關係。

　　我們學校的校歌是張亦菴先生寫的,都是落實到實處的。他把學校的歷史和辦學宗旨相結合,非常精煉。孔夫子講天將降大任於斯人也,必先苦其心志,勞其筋骨,餓其體膚。他就講,將降大任,磨折其功。就是天將降大任,先要折磨你。這就是他從孔夫子話裏濃縮出來的,放進我們校歌。我們老師講的東西不是機械的,不是叫我們死讀書,去死記硬背。

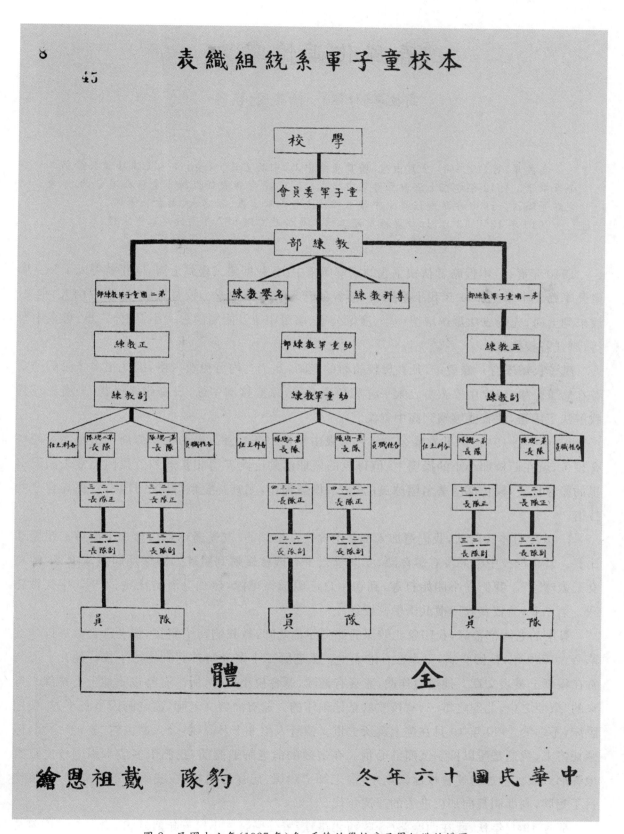

图2　民国十六年(1927年)冬,手绘的学校童子军组织结构图

春風化雨憶粵東

高彼岸（口述）　陸其國（撰寫）

　　高彼岸，男，1926 年 12 月出生，籍貫廣東中山，中共黨員。1940 年入上海廣肇公學第二小學求學。1942 年起在上海私立粵東中學求學。1948 年後歷任上海市電話公司會計，工會主席等職務。1989 年後歷任粵東中學木棉校友會副秘書長、秘書長、副會長等職。
　　2019 年 12 月 13 日，虹口區檔案館工作人員於政立路 687 弄高彼岸家中采錄。

　　1940 年春，日本侵略者佔領了我的家鄉廣東中山，我即隨父親到上海，同年秋考入了私立廣肇公學第二小學。1941 年我小學畢業，接着就升入了粵東中學。校長姓盧，廣東中山人，他 21 歲來到上海，先後成功籌辦培德小學、廣肇公學、廣肇中學及附屬廣公一小、廣公二小、粵東中學等，歷任各校校長。

　　盧校長辦學有一條規定，凡在母校執教的老師，其子女均可免費入學，因此很多老師的子女都在廣肇公學、粵東中學讀書。太平洋戰爭爆發後，家庭接濟中斷，沒有錢繳學費，是盧校長爲我解決了困難，使我能夠讀到高中畢業。

　　1940 年至 1944 年，我在廣公二小和粵東中學初中部唸書。最初中學部尚未遷至廣東同鄉會校舍，就在西校那小小的操場上，但母校的籃球活動已開展得相當熱烈。我們經常去觀看市里的籃球比賽，模仿那些著名籃球員的過人、投籃動作，尤其是整個球隊的打法，以提高自己的技術。

　　1945 年日本投降前，我們還加入都是木棉校友組織的"友愛籃球隊"，參加上海市乙組籃球比賽。當時母校中學部沒有體育課，女同學很少有機會接觸到籃球。訓練期間還成立了"南燕女子籃球隊"。我們從小開始打球，到初中自己組織籃球隊，參加上海的比賽。1945 年抗戰勝利。第二年，盧校長收回橫浜橋學校校址。

　　粵東的老師都很好，我印象比較深的如張亦菴老師，教我們初中語文，張老師曾參加過辛亥革命。1950 年，他因肺病，不幸在香港去世。張老師二十多歲時被聘到培德學校。他在上海經常在報紙上發表文章。他還會作曲，家裏有鋼琴，還會拉小提琴，所以有時也讓他上音樂課。粵東的"東亞之東，北國之雄……"校歌就是他創作的。還有俞啓文老師，俞老師因半身不遂，長期臥床，不幸於 1990 年 10 月在滬上寓所去世。儘管人生九十乃高壽，今天逝去有"喜喪"之稱，但噩耗傳來，我還是難以抑制沉痛的心情。在敬愛的俞老師遺體前，我們十多位木棉老校友默默地鞠躬致哀。參加追悼會後返家途中，俞老師那黝黑、慈祥的面容，在我眼前不斷晃動，回憶像長了翅膀，剎那間飛向那已逝去的遙遠年代。

　　那是 1940 年秋，我在西摩路（今陝西北路）廣肇公學第二小學五年級唸書，俞老師是廣肇公學二小的體育老師。那時學校祇有一塊比標準籃球場還要小的操場，其他可供給學生活動的空地就沒有了。俞老師就是在這一小塊場地上勤勤懇懇地、年復一年地耕耘了幾十個春秋。他教

我們立正、稍息、向左轉等體操的基本步法,他教得很認真,學生有不符合規範的動作,他不輕易放過,及時地給予糾正;對一些上課調皮的、做操不認真的學生,俞老師毫不姑息,但是面帶笑容地進行批評,有時還輕輕拉拉他們耳朵,提醒他們注意。在老師"一二一"的口令下,我們或四人或六人一排,整齊劃一地邁着步子行進,比起正規訓練的士兵出操也毫不遜色。每節體育課,俞老師還安排一些時間給我們開展打籃球和跳繩等活動,我以後成爲粵東中學籃球校隊的一員,俞老師就是我的啓蒙老師。俞老師當時已 41 歲,在二小老師當中,年齡是較大的,但他的身體非常健壯,面孔黝黑,神采奕奕。寒冬臘月,身上衹穿一件白色圓領運動衣,在凛冽的寒風中,喊着響亮的口令,帶領我們學生做操。俞老師還愛好書法,我經常見他在課餘之暇臨摹碑帖,全神貫注,一絲不苟,他一手漂亮的書法,給我留下深刻的印象。我的紀念册裏還留存着俞老師 77 年前用毛筆寫給我的贈言,他勉勵我,心術要光明篤實,言語要簡要親切,要做一個正派人。1990 年春節,在校友會組織的尊師敬老活動中,我曾隨鄭國基、陳啓輝、黎連等學長去探望過病中的俞老師。當時他躺在床上,含笑向我們點頭打招呼,他還記得我們這些少年時期的學生。不料這次會晤,竟成爲我們的訣别。如今俞老師雖然去世近 30 年了,但他的音容笑貌仍留在我的記憶中,我會永遠懷念他。

　　吳華老師也曾經先後擔任過我們籃球隊的教練和體育部主任,張錦旋校友也回母校擔任籃球指導,母校成立了籃球校隊,我們一群在西校和廣東同鄉會操場上錘煉了好幾年的籃球積極分子,成了籃球校隊的骨幹。1947 年春,粵東中學籃球隊參加上海市中學體育聯合會主辦的中學籃球聯賽,經過激烈的比賽,我們先後淘汰了實力强勁的光華附中和同濟附中籃球隊,進入與復旦中學籃球隊爭奪冠軍的決賽。決賽那天,母校好幾十位同學組成啦啦隊,奔赴上海市體育館(即後來在陝西南路的盧灣體育館)呐喊助威。我們終於奪得冠軍,爲母校爭了光。當我們捧着銀光閃閃的獎杯,興高采烈凱旋歸來時,在學校大門口受到老師和同學們的熱烈歡迎。當年的粵東中學籃球隊成員,如今已都是耄耋老人了,酈健靈現定居香港,在香港的張乃浩、梁焕樵,上海的唐培基和在南京體育學院醫院工作的謝志良均已先後駕鶴西去,而謹威級的"高佬"王維才,强恒級的馬國球、陳崑嵞,却是"人面不知何處去"了。我書桌抽屉裏還珍藏着母校籃球隊在奪得中學籃球冠軍時,盧校長、吳華老師、張錦旋老師與全體籃球隊員在母校操場合影的照片。這張珍貴的照片記録着母校在 20 世紀 40 年代開展籃球活動成績的總結,這是多麽值得懷念啊!

　　因爲家裏經濟條件差,没法供我讀大學。那年冬天正好遇到美商電話公司招人,我和二十多人去考,結果我幸運入選。我能考取,在粵東打的基礎很重要。

　　在校時我們也曾多次舉辦聯歡會、遊藝會等活動。1945 年 4 月 3 日和 4 日,粵東中學在戈登路(今江寧路)336 號廣東旅滬同鄉會禮堂,曾連續兩天舉行遊藝會,我們粵東學生印象都很深。我們最初的計劃是以在校同學爲對象的,後來計劃改變了,凡是在校同學,甚至校友,以及同學家屬,一概歡迎。本來我們不打算賣票,而且賣入場券要繳納相當大的娱樂捐。不過如果我們没有經費,那浩大的開支從哪裏來呢? 票價起初定每張 100 元,後來把開支算了一下,才知道相差太遠,衹得加至 200 元。

　　大致就緒,就開始準備節目。節目主要就是兩項。一項是獨幕話劇,劇名《都會的一角》,作者夏衍。主題思想是説明社會上被壓迫、被歧視的舞女並不是下賤的。雖説是集體導演,其實

謹賀畢業級的我們

趙士柱　陸九華　盧冕持　王維才　何晴　唐培基　歐志民　溫卓華　章其雙

吳觀玄　馮紹熙　馮根駒　萬秩生　胡學潛　王印生　蔣德保　鄭祿　李永達

吳兆基　高敬華　朱文烈　李兆順　辭律　梅慎孚　何錫東　崔紹珠　孫梁德

　　　郭贊賓　何希綱　黃渭英　吳雪枝　駱松濤　吳覺蕾

圖 1　高彼岸畢業時,與同學們合影

是張乃浩出力最多,因爲他對這方面比全級任何人都更有經驗。我們同時還邀請了一位鄰校高三學生黃韻波小姐客串女主角,因爲我們級中實在找不出能演這一角色的人才。第二項是《走單幫》。這是叙述跑單幫和顧客之間的買賣故事,通過對話,把當時上海一般人的心態再現出來。後來許多同學評論説,這個節目最好,最有意義。原來這是張亦菴先生的杰作。他不願我們將編導者及兩位演員(都是張先生的公子)的名字公佈在節目單上,所以大家都"知其好而不知其所以好"。

　　從 3 月 31 日起,我們就開始佈置舞臺。舞臺是用桌子拼成的,這些桌子都是從其他教室搬來的。桌子的脚都用繩子紮住,上面鋪上地毯,於是就成了一個很牢固的舞臺了。

　　開幕的時間終於到了。表演節目正式開始後,首先登場的是張乃浩和馮紹熙的口琴合奏,接着是胡章堅和阿熙哥的口琴獨奏。第三個節目是鋼琴獨奏,表演者是廣公二小年僅 10 歲的小學生陳婉貞。別看她小小年紀,彈奏起來,如珠走玉盤,深得大家讚揚。歌唱節目開始,安排 4 位同學登場。第一位是梁雪枝,歌喉甜潤,繞樑三匝。第二位是日本歸僑温世華,演唱日本名曲

《荒城之月》,這首歌深沉哀怨,世華唱得恰到好處。第三位原來安排廣公二小畢業的校友馮少韻(馮真),但其當天因身體不適而缺席,最後由張乃浩獨唱《春來了》,伴奏是張亦菴先生的小提琴和洪式孟先生的鋼琴,世界名曲,不同凡響,演唱伴奏珠聯璧合。在陳緬志、陳勵志兄弟倆的小提琴鋼琴合奏之後,就是張先生編導,張則良、張乃浩兄弟合演的雙簧《走單幫》,對白精彩,極盡諷刺,而且又幽默滑稽,博得滿場掌聲。接下來盧校長主持摸彩。在摸彩過程中,舞臺上也跟着搭布景、搬道具。摸彩延續了半個小時,獨幕話劇《都會的一角》上場了。演員有盧冕持、黃韻波、張乃浩、梁雪枝、張群晃和胡學潛。梁雪枝演的二房東太太,張乃浩演的鄰居,都相當精彩,獲得好評。最後在大合唱《杜鵑》和校歌聲中降下帷幕,此時已是傍晚6時。

歲月流逝,當年我們都是十六七歲的大孩子,却能克服各種困難和挫折,終於獲得圓滿成功。這是母校師長長期春風化雨教育我們的結果。

圖2　校刊封面

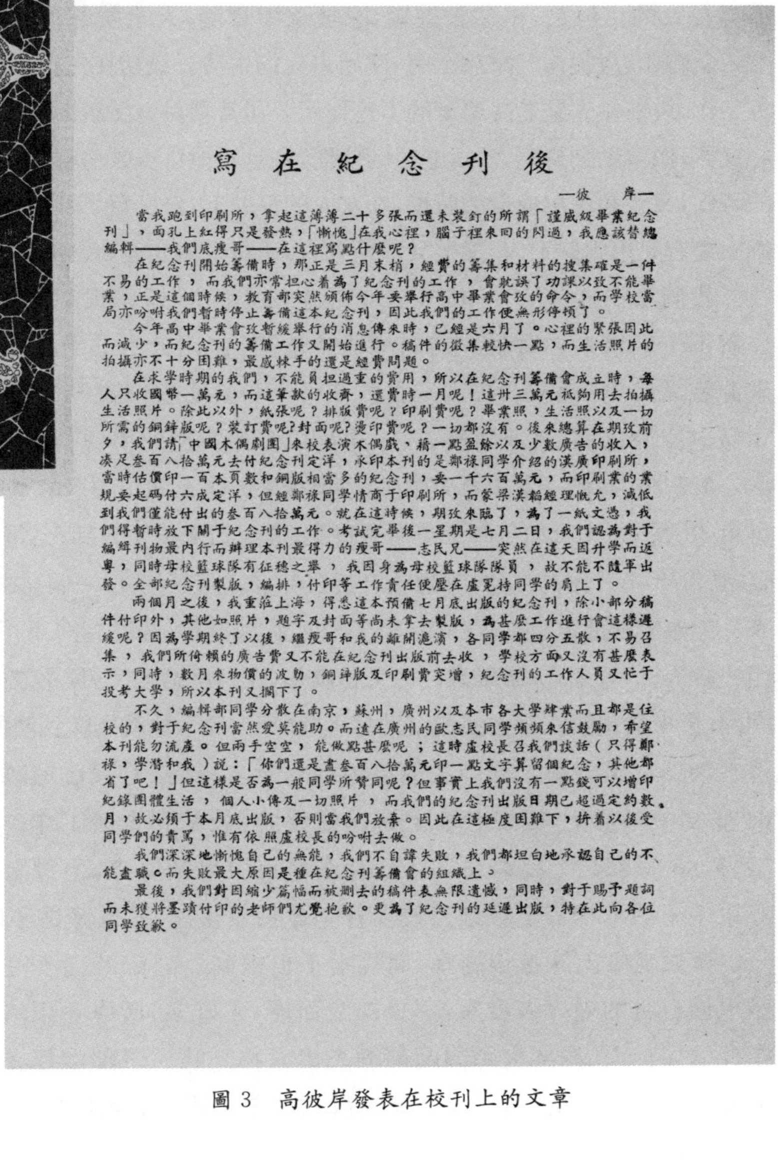

圖3　高彼岸發表在校刊上的文章

從粤東到四川中學

鄭震中（口述） 陳祖恩（撰寫）

鄭震中，男，1941 年 7 月出生，籍貫廣東中山，中共黨員。1960 年華東師大一附中畢業後，任新滬中學團委書記。1979 年至 1985 年歷任四川中學黨支部副書記、副校長、校長。1985 年，任虹口區教育工業公司經理。1986 年，任上海水產大學基礎部辦公室主任。1991 年起，在閘北區教育局工作直至退休。2020 年 10 月去世，享年 79 歲。

2019 年 12 月 16 日，虹口區檔案館工作人員於中州路 68 弄鄭震中家中采録。

　　我的父親出身於澳門有名望的鄭家。大家都知道澳門有一個"鄭家大屋"，是中國近代思想家鄭觀應的祖屋，1869 年由鄭文端籌建。鄭觀應是鄭家的老二，我的祖父是老三，父親就是在那裏長大的。但是，祖父去世後，家境逐漸衰落，大家就各奔前程了。

　　父親 15 歲從澳門來到上海，開始自立的生活。最初在先施公司當學徒，做過清潔工、櫃檯營業員等工作，後來在先施老闆開辦的申達地產公司當職員。父親因爲失去了家庭背景，在上海謀生格外小心翼翼，做事勤勤懇懇，深得老闆的信任，先是叫他負責收房租，後來借他一套房子居住。到了剛解放的時候，父親利用房價低的時機，在友人的幫助下，自己買了一套，這樣我們也算有了自己的房子。我們家裏有兄弟姐妹七人，加上父母共九人，確實也需要有自己的房子。

　　我們家在虹口的中州路，當時周邊房屋很少，還是很荒涼的，但是離粤東中學不遠。虹口居住着不少廣東人。廣東人的同鄉情結很濃，會把自己的子女送到那裏讀書。當時，家裏的經濟來源就靠父親一個人的工資，我們在粤東和其他學校讀書，都是需要付學費的，但由於父親在公司做老闆的秘書，又兼財務，收入還可以負擔我們的學費。

　　說起來，我們一家與粤東中學，以及後來改名爲四川中學的粤東，有着不解的緣分。大哥鄭震孫，粤東 48 屆畢業，52 屆華師大英語系畢業，分配到常州做教師；二哥鄭震强，是粤東中學的校籃球隊隊員，1951 年 7 月讀高二時，響應政府號召參軍，部隊有這樣一個高中生，馬上就讓他做了文化教員。後來又考取哈爾濱軍事工程學院，讀了六年航海專業，分配到海軍司令部當參謀，1970 年轉業到地方。姐夫盧天祝，粤東 51 屆畢業。三哥鄭震邦，在粤東讀書時，拜梁友文爲師學小提琴，1957 年考進上海樂團，後來父親讓三哥去澳門幫助打理"鄭家大屋"，他就辭職到澳門去了，一邊幫助打理祖屋的事，一邊在澳門從事音樂工作。我的弟弟鄭震華上學時，粤東已經改名爲四川中學了，他是四川中學 61 屆初中畢業生，後來考取上海機械學院，分配到重慶工作。我的女兒鄭皓，也是在四川中學讀書，88 屆畢業。我本人雖然沒有在粤東中學讀過書，但後來也到四川中學任教，退休後又被粤東中學的木棉校友會選爲校友會副會長兼秘書長，也算是粤東人了。

　　粤東老師上課都很認真，而且水平也很高。課餘時間不是要求學生一定要怎麼多讀書，而是根據自身的愛好來發展，主張知識面廣，愛好多，所以粤東培育了許多人才，其中有人民音樂指揮家司徒漢、攝影大師簡慶福等杰出人物。我三哥鄭震邦在學校期間開始學小提琴，學校裏面是沒有這門課的，但是梁友文老師就教他。梁老師離開學校以後還爲他介紹音樂學院的趙子

圖1　二哥鄭震強(鄭震中提供)　　　　　圖2　三哥鄭震邦(鄭震中提供)

華、寶立勳等老師。三哥沒有上過正規的音樂學院,就是通過粵東和課外老師的指導,加上自學而成長起來的,最後考取上海樂團,後在歌劇舞劇院任首席小提琴。1981年,三哥定居澳門後,在聖庇護十世音樂學院教小提琴,1982年,組織澳門室內樂團,任團長兼指揮。

我記得粵東同學的關係非常好,他們下課後常常來我家玩。那時,我家前面的庭園裏放一個乒乓臺,同學們下課後來打乒乓球。後邊有一塊空地,做了一個籃球架,也是同學們下課後玩的地方。二哥是學校籃球隊的,投籃很準,有一次我站在籃球架下面,哥哥說你要當心,結果一個球投過來,準準地進籃後落在我頭上。這個印象是蠻深的。

我的讀書成績比較好,考取了市重點中學,就是華師大一附中。高中畢業時,學校讓我留校做老師,當時黨的需要就是我的第一志願。記得是7月3日,我還在復習迎考中,領導就找我談了:你是不是不要考大學,留校可以嗎? 他也不是讓我當場回答,說你回去聽聽父母的意見。回來和父親一說,爸爸馬上說組織需要,你就聽黨的安排吧。第二天,我向領導答復"父親沒有意見",5日就叫我去領工資了,當時工資是24元,我買了很多黨章送給正在復習的同學們。那時當老師,並不強調文憑,高中畢業就行,報社有一批記者也是直接從高中畢業生裏面招的。後來強調文憑,我再去上海教育學院讀本科專業,一面工作一面補文憑。

粵東中學是在1956年改名為四川中學的,雖然名稱變了,但是還是粵東的延續。"文革"後期,四川中學需要教師,當時校長應雲龍,寧波人;書記黃痕,廣東人。他們主動要我過去,而我因為三個哥哥都是在粵東讀書的,也非常樂意去那裏工作。在四川中學,我先是當副手,協助黃痕書記和應雲龍校長工作,後來接任校長職務後,更是全力與教職工一起辦好學校。四川中學廣東籍教師比較多,比較容易溝通,他們既歡迎我,也支持我的工作。我在四川中學工作期間,將校舍進行大修和加層,增加了大禮堂,重修了粵東橋,翻建了室內體育館,大大地改善了辦學條件。

四川中學的不少老教師,具有粵東的老傳統,我理應把工作做得更好。學校要求學生全面發展,不要祇讓同學一門心思讀書,對老師也儘量關心。經過努力,我們畢業生的成績排在普通初級中學的前四名,學校的語數外及化學、物理、生物組在虹口初級中學裏都是很強的,都有骨幹老師把關。同時,學校的體育、音樂活動也十分活躍,每年都舉行運動會,開展文藝會演。在德育上,恢復學生會,發

揮共青團的作用,輸送學校團委書記王劍華到團區委當書記,推薦學生肖蓉芳進團校學習,肖蓉芳後任教育局黨委副書記、區人大常委兼教科文衛組組長。我本人當年還被聘爲區教育局德育論文五人評委之一。由於工作有成,得到了廣大教工的信任與肯定,我被大家選爲虹口區第七屆人民代表。

我在四川中學工作期間,雖然沒有直接和盧頌虔校長接觸過,但是從粵東老師、粵東畢業的校友身上,覺得他是一位真正的教育家。爲什麼現在我們出不來教育家?因爲升學率這條綫一攔,祇能拼搏抓成績了。但在盧校長那時候,一直是把好教師入門關,每個教師進來前,他親自查驗。但是一旦進來,就給每位老師很寬鬆的工作環境,像梁友文老師,給學生教小提琴,帶棒球隊,都是很寬鬆的,學校不加干涉,反而很支持。對老師而言,按照學生的特點因材施教,這點我覺得很好。盧校長作爲民間辦學人,依靠廣東同鄉會的募捐,招進來的老師的水平比較高,給老師的待遇比較好,大家工作也安心。粵東中學,教師待遇不錯,工作比較寬鬆,雖然沒有要求教師要出多少成績,但是教師自然而然會有所努力,有所發展。老師對困難學生補課從來不要錢,而且從生活上資助這些學生。後來我做校友會工作,和這些校友有不少的接觸。爲什麼有1000多個畢業生參加校友會?爲什麼對自己的學校有這麼深的感情?盧校長和粵東的教師,因材施教培養學生,讓學生按照自己的特長發展,學生和教師都得益,這是教育的重要途徑。

沒想到在我盡心盡力想把學校辦好時,區教育局卻把我調到區教育工業公司當總經理去搞創收,就此離開了四川中學,未能完成恢復粵東中學校名的願望。

在我離開四川中學後,我女兒在四川中學學習,班主任唐宗荏老師、語文秦慧珍、英語屠英英等老師對她產生了深刻的影響。畢業後她也選擇了當老師的道路,考取了行知師範。工作後她曾獲得市、區三八紅旗手,市、區優秀園丁,區教育系統優秀黨員等光榮稱號,後來又獲得區教學先進及市優秀班主任稱號,暑假中還接受市里委派,代表上海向山東勝利油田學校的班主任作交流報告。她能有這一切進步,都得益於在四川中學受到的教育。這也是我們一家與粵東、與四川中學的緣分吧。

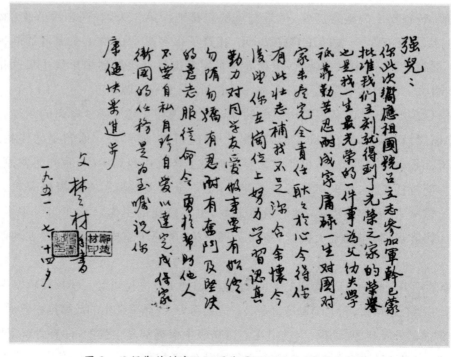

圖3　父親鄭楚材寫給二哥鄭震強的信件(鄭震中提供)

木棉花開：從同學會到校友會

熊遠遠（口述）　陳祖恩（撰寫）

　　熊遠遠，男，1951年6月出生，籍貫重慶開縣，中學高級教師、經濟師，中共黨員。1996年至2000年，任上海市粵東中學、粵東學校黨支部書記。2001年後在虹口區教育局黨校、虹口區教育人才服務中心工作，直至退休。2010年至2020年，歷任上海木棉校友會副會長、會長等職務。

　　2019年12月17日，虹口區檔案館工作人員於四川北路1702弄4樓木棉校友會采錄。

　　我是1996年到粵東中學來工作的，擔任黨支部書記。此時的粵東中學已在1989年由四川中學重新恢復了校名，但是校舍已經很陳舊，辦學條件非常艱難。由於附近沒大規模動遷，生源還是比較多，多數是老教師，都比較低調，對於職稱那樣的事沒有過多的要求。我在這裏工作了四年，其中的一年是創辦粵東學校。粵東學校的歷史很短，當時是與粵東中學同時存在的，所以我是兩個學校的支部書記。

　　1999年是延續粵東命脈重要的一年。當年6月16日，虹口區教育局決定將廣粵路328號的一所新學校冠名爲粵東學校，但是離9月正式開學，校舍衹是一個空殼，配套工作尚未開始，時任學校黨支部書記的我，帶領一班人馬，日夜奮戰，負重奮進創新業，終於在8月16日全體教工開始上班，8月19日學校掛牌、操場水泥地完工。9月1日粵東學校舉行開學典禮暨升旗儀式。學校開學規模爲8個班級，近30名教職員，辦學體制爲九年一貫制，學校以"規範加特色"爲理念，倡導"愛校如家，愛生如子""博學爲師，身正爲範"的師德風範。遺憾的是，粵東學校最終在2004年被停止辦學，而粵東中學也在兩年前，即2002年被撤銷了建制。

　　2000年，我離開粵東中學，先後在區教育局多個職能部門工作，如黨校、教育人才中心等，還寫過區志、校史，經歷也算很豐富了，但是對粵東的情感是最深的，因爲在粵東工作過，寫過粵東中學的歷史，瞭解這個學校深厚的文化底蘊和獨特的校園文化。其以"刻苦耐勞，自强不息"爲校訓，一代又一代的粵東人在校訓激勵下，勵精圖治，創造成績。木棉花是粵東的象徵，樹木高數丈，在植林中超然特立，春夏之交木棉花開，堅厚碩大，色深赤如火，照耀林表，數里外望之，有挺然獨出者。粵東中學有自己的校歌，它誕生於1935年，多少年來，這首校歌一直鼓舞學子們奮發進取。粵東中學以四川北路福德里校舍舉行奠基典禮的日子，即5月6日爲校慶日。粵東中學歷屆都有一個級名，級名不是隨便起的，是有幾十個字組成的幾句詞，每屆順序用一個詞，一屆一屆傳下去。粵東中學以强項的體育爲傳統，"德群體智，四育兼攻"，曾有白熊壘球隊在滬上大顯身手。粵東中學曾有一支英姿勃勃的軍樂隊，鼓聲、笛聲、軍號聲與踏步的節拍聲，搆成粵東人的交響曲，至今還在學子們的記憶中回盪。縱觀粵東中學走過的道路，實乃是一部奮鬥進取的史詩。歷盡坎坷的粵東中學幾經艱難，在戰火紛飛的年代，日軍的炮火沒有嚇倒粵東人的意志，學校遷地授課，戰後更是重建校園，再圖發展。二十世紀九十年代，學校爲支持虹

口經濟的發展,付出了巨大犧牲,校舍、設備嚴重受損,學校在困境中求生存,這就是粵東人堅韌不拔的精神。

粵東人的精神是不會被泯滅的,粵東的校徽裏有三朵紅色的木棉花,同帶分生,成三角形,襯有綠環。木棉花,即英雄花,爲廣東特產。粵東以此爲校徽,具有造就人才、貢獻社會之意。三花者,以表德智體三育,連綴則表群,紅色表示熱誠,綠環者,其形表示完全人格,其色則表示和平與博愛。粵東的畢業生,無論是在上海的還是在海外的,對母校有很深的感情,甚至他們看到木棉花,就會想起校徽,想起母校。

木棉校友會,前身是 1944 年成立的木棉同學會,參加者爲同以木棉爲校徽的培德、廣肇、粵東的同學,以研究學藝、發揚互助精神爲宗旨,開展敬師助學、星期雅集和各種聯歡會、體育比賽等活動,1951 年以後逐漸停止活動。改革開放以後,海內外部分同學恢復聯繫,互通信息,決定重新組建校友會。1989 年 11 月,木棉校友會正式成立,並成爲上海僑聯的團體會員。章程規定凡在上海培德學校、廣肇公學(包括廣肇中小學、廣肇初級中學、廣公第一小學、廣公第二小學)、上海粵東中學(包括六十六中學、四川中學、粵東學校)學習、工作過的校友承認本會章程均可入會。同時,虹口區教育給予特別的支持,在粵東舊址提供校友會的辦公室,水電網絡都免費,爲校友提供了一個基本的聯絡和活動場所。

粵東中學已消失了,但校友都把木棉校友會當作自己的母校,傾注對母校的愛和熱情。爲了不辜負大家的期望,三十多年來,校友會致力於聯絡海內外校友,組織校友返校聯誼會,開展尊師敬老活動,參與恢復粵東中學校名和母校校慶活動,還編輯《木棉校友通訊》的會刊,至今已經出版了 36 期。

校友會的歷任會長有羅冠宗、楊桂森、高維彝、梁少強,本人非常榮幸,擔任現任的會長。校友對粵東中學的感情,體現了粵東中學的魅力,作爲會長,理應把校友會的工作做得更好。

我當會長以後,有政協委員提出要恢復粵東中學的校名,教育局肯定也是考慮過的,可能是實施起來有困難。後來,根據這個提案,我們在教育局的支持下,在原來的校園裏,在牆上做了"上海市粵東中學舊址"的文字銘牌,還將銘文刻在石塊上。這個銘文是我起草的,寫的時候感到分量很重,要寫出粵東的歷史與現在、粵東的英雄與魅力,讓粵東的校名流芳百世,名垂千秋。既是緬懷,也是對未來的展望。銘文的文字不多,但我是充滿激情寫的,也飽含着我對粵東的情懷。

校友裏有許多名人,例如劉家仲是建築專家、高維彝是俄語教授、梁少強是照明專家,他們都是粵東培養出來的。現在也是校友會的骨幹人物。恢復高考以後,本校也出了一些比較有名的人才,活躍在我們祖國的各條戰綫上。校友有很多捐款,支持校友會工作。當粵東中學還在的時候,校友會拿出部分捐款作爲粵東獎學金,獎勵學生和教師,支持母校的教育工作。後來,我們將部分捐款支援內蒙古地區的植樹造林、改造沙土的事業。汶川大地震的時候,我們也以校友會的名義捐款。

校友會,其實也是黨統一戰綫的一個基層組織。五湖四海、統一戰綫,就是愛國、愛鄉、愛校,在這一統一戰綫上,統一海內外所有的校友,包括海外華人。我在校友會任職以來,根據市民政局有關社團組織的精神,建立黨組織。校友會的黨組織每年開展有主題的活動。2015 年,我們結合抗戰勝利 70 週年,組織參觀淞滬抗戰紀念館、金山衛抗戰紀念館。2016 年,結合建黨

95 週年,我們到嘉興參觀南湖革命紀念館,瞻仰紅船。2017 年,建軍 90 週年,我們組織參觀志願軍紀念館、紅軍長征紀念館、抗戰紀念館。2018 年,我們結合改革開放 40 週年,以黨課形式進行兩次宣講,分別題爲"時代的偉大革命"和"歷史的偉大轉折",聽衆深受感動。2019 年,我們結合新中國成立 70 週年,上午組織到寶山烈士陵園,參觀上海解放紀念館,下午參觀荆州路 151 號國歌展示館。我們每年都有一個黨日的主題活動,是以校友會的名義組織的。

我們組織這些活動,不是走馬觀花,還要進行講解。比如在參觀寶山烈士陵園時,在大巴車上,我就向大家講上海戰役。在參觀志願軍紀念館時,給大家講抗美援朝戰爭的歷史,然後帶領大家一起唱《我的祖國》。我們在組織參觀烈士陵園等活動時,都會舉行一個儀式,先唱國歌,再唱國際歌。現在我發現,不光是我們校友會,外面一些黨的活動,很多黨員不會唱《國際歌》。國際歌,是國際無産階級戰士的戰歌,列寧說過,當你唱起《國際歌》,走遍全世界,就能找到自己的同志和朋友。

我們在進行校友會活動時,還向校友宣傳習近平新時代中國特色社會主義思想,貫徹落實各項具體的工作,包括我們的財務。校友會的資金全部納入法定的銀行賬户,絕不能搞什麼小金庫及其他的一些名堂,也不能從事經營活動。

木棉校友會,在學校建制被撤銷的情況下,依然像紅棉之花,吐艷熊熊,在上海的學校裏是十分罕見的。這是粤東校歌的回響,亦是校友們傳承弘揚粤東精神的堅強決心。

圖 1　上海粤東中學校歌

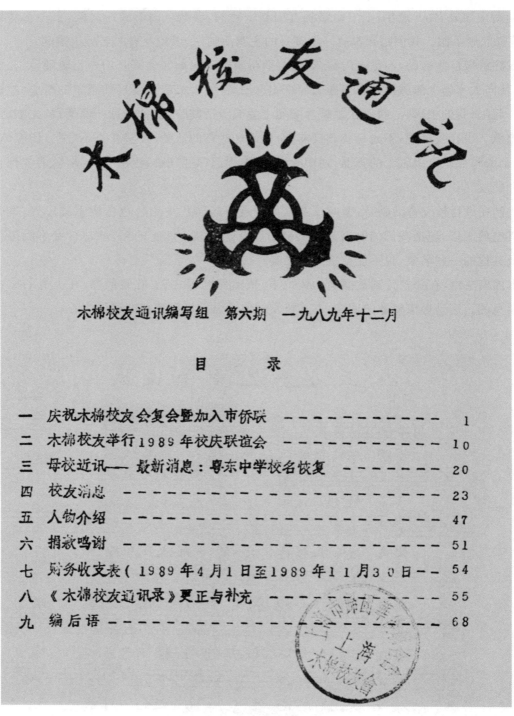

木棉校友通讯编写组　第六期　一九八九年十二月

目　录

圖2　1989年《木棉校友通訊》封面

我在粵東中學前後的教育工作

黃圭彬（口述）　陸其國（撰寫）

　　黃圭彬，女，1921 年 12 月出生，籍貫上海市南匯縣陳橋鄉，中共黨員，離休幹部。1939 年，入華東女中就讀，同年 8 月，參加"學生屆抗日救亡協會"，1940 年加入中國共產黨。1950 年到上海粵東中學工作，曾擔任培青中學、粵東中學、新力中學聯合支部書記。先後在復興中學、粵東中學、存瑞中學等校任教並擔任黨務工作近 30 餘年，直至 1983 年離休。

　　2019 年 12 月 18 日，虹口區檔案館工作人員於山陰路 275 弄黃圭彬家中采錄。

　　我已是近百歲的老人，我盡可能把我想得起來的事情回憶一下。

　　我家庭原先成分是地主，但是我父親在 1927 年就過世了，家道從此中落。

　　1930 年在上海浦東南匯我家附近有所陳橋小學，我上了三、四年級，後來我寄居家就進了城南女校讀五、六年級，五、六年級畢業了就考到了南匯縣立女子初級中學就讀。抗日戰爭開始，我們逃難到了安徽歙縣，一年後回來我就考插班，進入華東女中，畢業後考入光華中學教育系就讀。解放初在復興中學教書，半年後我就被調到粵東中學了。1956 年粵東中學改爲四川中學，私改公。當時培青中學、粵東中學、新力中學是聯合支部，組織上讓我擔任聯合支部的支部書記。粵東那時候是私立的，我進去的時候也有許多障礙，幸虧校長比較開明，他是一個老教育者，名叫盧頌虔。我説的主要障礙，是粵東那個時候工資發不出，教職員工對外來的人員排擠，他們覺得工資已經發不出，爲什麼還要吸收人進來，尤其我是一個政治教師，那時地下黨還沒有公開活動，所以粵東也有它的排外性，裏面大多數都是廣東人。但是盧頌虔校長是位信奉教育救國的知識分子，比較開明。他有三十多年的教齡，他關心政治時事，他擁護黨的教育方針，他經常教育學生要"身體好、學習好、工作好"，他能够全面關心學生的成長，對困難學生給他們補助金。1952 年，粵東中學的教職員們也經過了思想改造，區委請到了陳毅市長到虹口區來做動員報告，陳毅市長講的主題是：知識分子要站到人民立場上來適應新社會的需要，大家聽了都很感動。

　　20 世紀 50 年代粵東盧校長在放開人事大權方面，有兩次大動作值得追憶和贊賞。第一次大約在 1955 年末到 1956 年初這個時期。當時黨中央大力宣傳貫徹知識分子政策，強調發揮知識分子的專長，上海的高等學校需要在中等學校中挑選一批教師到高校任教。市教育人事處下達這一訊息後，即通過區教育局下基層，點名要人。粵東中學被點到名的是：黎維嶽老師（語言學家）和張家駒老師（著名宋史學者）。黎、張二位老師是上海師院領導早已物色好的對象，並要求他們迅速離開原崗位去報到。當時鄰近的第三師範（中專）領導也物色好了梁乾泰老師，要求他爲師範生授課並作示範，因爲梁乾泰老師歷史知識豐富，普通話標準，口才流利。上述三位老師均被要求立即調動到位。調動教師應首先取得盧校長的贊同支持，然後通過他做好被調動教師的工作。當時私校人事權屬校長掌握，教師隊伍比較穩定，不易調動。由於盧校長有全局觀

點,這就冲破了"私校人事權專有"的框框。他毅然服從大局,并親自出面做被調動對象的思想工作。盧校長對他們説,粵東工作很需要你們,但是新的崗位可以更好地發揮你們的專長。這樣就順利落實了人才流動的任務。黎、張、梁三位老師,他們日後在新的崗位上,也作出了可貴的貢獻,一直堅持到退休。但從 80 年代開始,他們三位不幸先後離開了人世,我們至今仍然很緬懷他們,追憶他們敬業樂群的師德風範。

再回過來説,因爲有了他們的例子,後來的人事調動就很順利了。學校的體育教師鄭志芳,在 1953 年以後,已評上國家一級籃球裁判,學生很尊敬他。1956 年夏,外語學院想請鄭志芳老師去任教,鄭老師本人也積極爭取。盧校長等校幹部經過研究,同意讓鄭老師轉到新的崗位。鄭老師也不負衆望,在新的崗位上,爲培養高校人才作出貢獻,他自己也被評上教授職稱。20世紀末,鄭老師已不幸辭世。

第二次大動作是 1958 年,四川中學高中部響應教育革命號召,遷校到寶山縣農村辦學。這次人員大調動與第一次不同,這次是學校已由私改公,而且是上級決定高中部遷到農村。按照高中部教育教學工作的需要決定人事安排,似乎是順理成章的。當時盧校長非常重視這一工作,把它當作一件大事來辦,更可貴的是他的思想傾向"農村優先"。於是他與黨支部密切合作,讓工會配合。經過幾天的醞釀商討,上級決定由黃圭彬、任作君(民革成員)分別擔任遷校下鄉和建校的黨政領導,並將其他下鄉人員名單,報請上級領導審批,然後再張榜公佈。結果配備了以謝海昌(學校中唯一的二級教師)、賴陽光、簡玉麟、王文婉等一批語數理化的骨幹老師下鄉;還有以譚冠翰老師爲首的總務後勤幹部隊伍,以及一支活躍的政工教師隊伍,有鄧述珍、肖雪珏、邵鏡寰等老師。這三支隊伍總共 36 人左右,他們擔負着 400 名高中學生的教育教學工作、寄宿生的伙食及生活管理等全面工作。經過師生員工的艱苦奮鬥,一所寄宿制高中巍然挺立在寶山區的土地上,爲廣大農村人民矚目。此外,當時寶山縣領導經常下達師生支農任務以及參加掃盲、宣傳等社會活動,因而師生每天的工作時間經常超過 10 小時。大家付出了辛勤的勞動,使學校各項工作有序地開展。廣大師生逐步適應農村的艱苦環境,遷校下鄉後的第一年,取得了全面的豐收。主要在遷校下鄉及建校勞動中,廣大師生受到了艱苦奮鬥的教育,在下鄉學農中,學到了農業知識和技能。第一屆高中畢業生成績很好,升學率 90% 以上……這樣的全面豐收來之不易,當年受到寶山縣領導的表揚。

1959 年新校舍落成後,這所下鄉一年來不掛校牌的"臨時學校",正式定名爲"存瑞中學",校址在大場以北五華里的葑溪鄉,因而從原來的臨時校址(大場以南五華里的場南鄉)再次北遷,全校師生當時幾乎都參加了搬遷。當時沒用大卡車,而是向生產隊借了幾十輛黃魚車,有的師生往返十里路程兩三次。不到兩天功夫,終於完成了搬遷任務。2019 年寶山區的存瑞中學將屆不惑之年,今天她仍矗立在祁連鎮(原葑溪鄉)這塊生機勃勃的土地上。當年遷校下鄉的教師,絕大多數幾十年如一日地堅持在寶山工作,現在他們都完成了歷史任務,先後退休了。每當大家回眸下鄉辦學的艱苦歷程時,都感到無比自豪與光榮,我們也永遠銘記着盧頌虔校長對教育事業的一片赤誠和對下鄉辦學的大力支持。

因爲克服了雇傭觀念,增强了主人翁的觀念,學校的發展有了新的作爲,教師隊伍也逐步改變。我在粵東中學,很尊重老教師。一方面是對教師隊伍加强聯繫,另外在學生方面,共青團、班主任、少先隊各方面,我作爲校務委員會成員,協助盧校長召集黨、政、工、團聯合開會。所以

圖 1　存瑞中學學生下鄉勞動（黃圭彬提供）

總的來講，我和盧頌虔校長相處融洽。有重大的活動，都相互溝通。所以這個學校的發展比較好。後來我的學生都比我好多了，比如梁雅雯就是僑聯積極分子先驅，她管理一個一千多人的群衆團體，團結了廣泛的國內外的青少年。

當時我是支部活動中年齡最大的參與者，我到木棉校友會參加年會活動年齡也是最大。到郊區工作也有一點好處，一個對我自己也是鍛煉。我還到過江灣中學，這是"文化大革命"以後最後一個"復課鬧革命"的學校。那個時候有一個講法叫做"寶山形勢要看江灣，江灣形勢要看江中"，我到這個學校參加"撥亂反正"的工作。我把一些"問題學生"組織成一個班，大約 40 個人，他們不離開學校，家長接受，學生也接受，班級名稱叫做"技藝班"，由當時的教導主任胡嶽楓具體領導，辦了一年，學生大多數都有進步。這一舉動也挽救了這一批學生。

粵東建團比較早，虹口區團委對粵東中學很重視。在抗美援朝的時候，我挑選了 17 個學生作爲黨的宣傳員，每周組織學習一次，大家都很樂意投入這項宣傳工作，以後在他們當中，我發展了 5 個學生黨員。我們主要學習抗美援朝的形勢，學生應該做什麼，當初盧頌虔校長在捐獻飛機大砲當中，起了很好的表率作用，他捐了款。我們班學生百分之百考上大學，這讓我很自豪。我 80 歲開始寫回憶錄，寫回憶錄以前，我在區裏爲關心下一代，從校內到校外，做了好幾十場報告，並選擇了幾篇較完整的稿件編進我的回憶錄。

1978 年初組織上決定我到"文革"重災校江灣中學，進行撥亂反正的工作，一直到 1983 年 6 月離崗。1983—1987 年又繼續在寶山縣參與創建教育學會工作，直至 2001 年才離開寶山區，轉到虹口區江灣中學，這是我的最後一班崗位。

圖 2　存瑞中學師生在校舍前合影（黃圭彬提供）

圖 3　存瑞中學師生製磚勞動間隙（黃圭彬提供）

我在粵東校友會的工作

楊安泰(口述)　陸其國(撰寫)

　　楊安泰,男,1942 年 2 月出生,籍貫廣東中山。1953 年至 1956 年在上海市培青中學求學。1964 年,從上海第二醫學院畢業後,先後在上海市府大廈門診部、上海市紅光醫院工作。1989 年起,先後到日本、加拿大等國做訪問學者。2016 年,榮獲全國最美家庭及第一屆全國文明家庭稱號。

　　2019 年 12 月 19 日,虹口區檔案館工作人員於四川北路 1702 弄 4 樓木棉校友會采錄。

　　關於粵東中學,我想從校友會談起。校友會"大本營"就是一間房子,地方不大,容納不了許多人。我和粵東中學沒有什麼直接的交集,我主要還是在校友會做的工作多一些,所以我主要講我們這個延續了粵東淵源的校友會。我們校友會每天都有人值班,工作日是 9 點到 11 點。活動經費主要靠會員會費,還有老校友的捐款。除了小範圍的常規定期活動,我們每年還會舉行一次年會,那個規模就比較大了。所以每次舉行年會,我們都有預算,這是自費的,所有參與者自己出錢,會員多的時候有 600 多個人,這是參加者最多的一次,也是爲紀念粵東學校成立 100 週年,許多在海外的老校友都來了,不少人就是從美國趕來參加校友會的。在國內的校友,也是從全國各地趕來的。

　　校友會理事會也時常召開,商量處理或應對各種事情。比如要舉辦新年茶話會迎新年了,要打印點文字內容的東西發給人家;還會做一些賀卡,寄給在海外的老校友,因此會有許多信封要輸入文字,然後打印出來,這些操作少不了要用電腦,這些基本上是我一個人在操作。我利用電腦的頻率還是蠻高的,比如我們每年要自費出版一期《木棉校友通訊》會刊,這本會刊從校友會成立 1989 年以來,每年一期,每年會出兩到三期《木棉簡訊》(這是內部出版,不對外發行的)。以前都是送到印刷公司排版,從 2011 年起,我開始接手排版工作,從文字輸入到電腦排版,都是我操作,做這些工作都是義務的。

　　現在來說說我自己吧。1942 年我出生在上海,但我是廣東人。初中在培青中學讀書。1956 年,國家將上海的培青中學和粵東中學合併,地址就是現在粵東的地方,後來改成四川中學。我是考進去的,當時考學校是先考公立學校,然後再考私立學校,因爲學費相差很大,大概有幾十塊吧。私立是民辦的,學校離家較近。我報考培青中學時,考慮的就是離家近,上下學比較方便。粵東中學是私立學校,盧校長創辦的。

　　我讀書不偏科,各門課都喜歡,喜歡數理化,也喜歡文學,體育方面也喜歡踢踢足球,打羽毛球和乒乓球。我高中在五十二中學,那時候中學周圍有很多農田,操場很大,有足球場。學校教室黑板是玻璃黑板,臺面是斜的,那時候的中學很少有這樣好的設備,因爲是新的學校,設施都是新的,有籃球場、排球場、足球場,大家很興奮,喜歡運動的就到那邊去,我們從市中心跑到那邊,來回都是走的,走的去走的來。後來我在日本待了一段時間。我跟校友會的關係是 2005 年

建立的,那時候我從日本回來了。我家就住在校友會附近。2005年,我知道了這裏有個木棉校友會,以粵東中學爲主,包括培青中學、四川中學等,我就前來和他們聯繫,最後就進了校友會。我想盡自己所能,爲校友會做點事情。進來以後,我發現校友會許多會員都上了年紀,而且都不會用電腦,我就說,現在是信息化時代了,我剛好懂一些這方面知識,這些事情就讓我來做吧。校友們一聽,連連說,歡迎歡迎。現在我們這裏所有填過的表格等本來手寫的内容,已全部被我輸入並保存到電腦中了。當時電腦是粵東中學退管委交給洪湖中學管的,現在是實驗中學,後來資金好一些就自己買了臺電腦,打印機也配備了。我前面說過,我們校友會每年要出一本會刊,作爲校友交流感情、回憶往事的平臺。爲什麽每年要做,因爲每年情況都有變化,最明顯的,就是人年紀大了,或因器官衰竭,或因患病,總要走的,通訊錄就要更新。不過這個工作現在停止了,因爲怕個人隱私信息傳出去,被不法之徒利用。現在最主要的活動就是一年一次年會,我參與做這項工作已經15年了。我印象中,所有校友談起教過他們的老師,都非常欽佩,非常尊重,說起如今自己立足於社會,並能作出一定的貢獻,都是和當年這些老師對他們的教育培養分不開的。當年粵東中學師資力量是相當強的,很多老師都很有名氣。我聽有些校友講,有位數學老師,可以同時用雙手在黑板上寫字,而且教得很好。還有教音樂的梁老師,教拉小提琴,使有的學生後來成爲第一小提琴手或指揮。我還知道有位體育老師,是國家棒球隊的裁判,後來到大學裏面去了。我在編寫材料的時候,也注意到,有位張老師,體育方面行,音樂方面行,文學方面更行,粵東的校歌作詞作曲都出自他手。但是他出身很窮苦,他還參加過武昌起義。知道這位老師很不一般,我就到網上去搜,搜到有位山東大學的教授寫過研究他的文章,原來這位張老師還發表過很多作品,但是知道他的人不多,他爲人很低調。研究文章說他在20世紀30年代,是個有影響的作者。張老師後去了香港,可惜50多歲就去世了,所以我沒有機會見到張老師。聽校友們介紹,張老師早年讀書很刻苦,後來文章不寫了,到粵東教書,培養學生。還有一位校友企業家,也在香港,經常給我們校友會捐款,這兩個人我印象很深。給我印象最深的盧校長我雖然也沒有見到過,但我非常欽佩他,他能夠將一個一開始才二十幾個人的弄堂學校,發展到後來水電路占地100多畝的大學校,而且得到各界知名人士的支持,這很不簡單。而且儘管盧校長本人對學校貢獻很大,權力也很大,但是他對自己很嚴格,很自律,生活上很儉樸。

另外我還想一說的是,我們校友會的地方搬遷過好幾次,我來的時候最早是在這個下面,不是這個房子,是旁邊房子頂樓一個很小的十幾平(方)米的房間,後來要裝修,又搬到四平路那邊幾年。再後來等這裏造好再搬過來,有些東西在搬來搬去的過程中,也有丟失。不過重要的檔案資料我都保存着,這些年也有些老校友不斷地送來他們保存在手中的資料,最近還有老校友送過來。其中有照片,也有文字方面的檔案資料,都是關於他們在粵東的内容。所以實際上我也是在做檔案收集和整理保管的工作。因爲利用電腦,所以我們還有個網站,也是我管理的。這個網站窗口很多,條目很細,有些工作我能在家裏做。

除此之外,我們校友會還要出會刊,至今已經出了9期,也是我們自己編輯,會員投稿。我自己下載了一個排版的軟件,我自學排版。會刊最遠寄到美國、加拿大,也寄往馬來西亞、新西蘭、澳大利亞,寄往歐洲的少一點,所以寄費也是很貴的,我們不敢寄掛號,都是平信,這樣寄費可以節省一點。海外會員收到會刊以後,會有反饋。他們看得很認真,因爲喜歡這本會刊。如果沒收到,還會寫信或打電話給我們,要求補寄,這也表示他們對校友會的關心和愛護。

圖　上海市培青中學學生在校門口合影（楊安泰提供）

　　海外校友會會員有他們各自的經歷和故事，在國內的校友會會員也都有自己的故事。我認識一個住在敬老院裏面的老校友會會員叫盧天齊，他曾在蘭州當過編輯，英文也很好，他知道我和我太太每年花大量時間在內蒙古公益植樹，就捐了一萬塊，讓我們用以公益植樹，那時他已經90歲了。我後來把這件事寫成文章，還配了他的照片，發表在我們會刊上。盧天齊是1947年從粵東畢業的。當然其他人也有捐款，但是沒有他捐得多。

　　當然，平時在校友會事務上，也會出現一些小插曲。比如下面大門進來的地方有一塊牌子，粵東中學校友會牌子，由教育局統一掛在牆上。做這塊牌子前，曾有人提出來交給某單位去做，不料某單位獅子大開口，做一塊要一萬七千元！這太出乎我們預想，遭到我們拒絕，結果我們另外想辦法解決，省下一大筆費用。這事我們也是經過集體討論的，開始有意見，後來大家統一了。我們不是盈利單位，我們的錢都是大家捐的款。

　　我們理事會現在有5個人，值班都是理事。有事情就開會，比如全體理事會議，或是常委會議。有緊急需要，比如明年改選，我們是第七屆，明年第八屆，肯定要開會，怎樣做，要定一個規矩。像我們第六屆比第七屆的時候年齡不能超過多少。我們一年大概兩期選舉，有候選人名單。

　　有一個現象也是很現實的，那就是我們的校友會成員越來越少了，或老去，或故世，這是自然規律，誰也沒法改變。我現在也越來越力不從心了，眼睛看東西花了。我現在有精力就整理一些原始資料，包括文字的、圖像的，好爲歷史留下一些有用的檔案。

在粵東，我們祇想着好好讀書

曹炳炎（口述）　陸其國（撰寫）

曹炳炎，男，1938 年 9 月出生，籍貫廣東江門，中共黨員，高級工程師。1951 年，廣肇公學第二小學畢業後考入上海粵東中學，至 1957 年畢業。1958 年在新滬鋼鐵廠工作直至退休。工作期間，就讀於上海交通大學機械製造專業。

2019 年 12 月 19 日，虹口區檔案館工作人員於四川北路 1702 弄 4 樓木棉校友會采錄。

我家是廣東人，但是我父親到上海比較早，所以後來我就生在了上海，那是 1938 年。我小學讀書在廣公二小，那所學校在陝西北路。我在那裏一直讀到 1951 年小學畢業，然後就上了粵東中學。我們小學班級裏面，有 8 個人上了粵東中學，我在粵東中學讀到 1957 年畢業。盧校長倡導的德智體群美的教育方針，我們都是很認真加以貫徹的，這也是粵東老師比較好，我們同學也比較自覺。我覺得我們有收穫，也源於盧校長的引導，畢業後我們班級考取全國知名大學的學生不少：郭彩文考進復旦大學，黃品臻和我進入上海交通大學，梁少強考進同濟大學，吳煥華考進華東化工學院，程彰華考進上海第一醫學院，魏克惠、錢月娥等 5 位同學考取了上海財經學院，還有鄭國興和黃立強考進了南開大學，郭焯林考進天津大學等，我們班這麼多同學能夠考取這些重點大學，和盧校長和老師們在我們身上花的心血分不開，當然還有我們自身的付出，應該是這三者共同努力的結果。

許多年過去了，現在我們粵東老同學每年都借粵東校友會這個平臺聚會，暢叙友情。我當年在粵東中學高中是班長，和同學們相處得都很好。我是 1951 年進入粵東中學的，1952 年加入少先隊，一轉眼，我們如今都進入老齡了。好在有校友會，又把我們聯繫在了一起，這主要是我們校友會的領導比較好，每年 10 月搞一次聚會，大多數同學都參加，我這裏有照片，那是很好的紀念。我記得我們這個班級那時候大概是 46 個人。先前班主任老師姓簡，後來又來了一位姓鄧的老師，兩個班主任，加強政治領導。整個班級中，大家相處都很和睦，很團結，談戀愛這種事更加沒有，那時候都很正宗，都是爲了讀書，以後爲了找工作，根本沒有早戀現象，那時候我們祇想好好讀書。由於學校老師比較好，盧校長領導得好，師生一起努力，所以畢業後大多學生考取了國內名牌大學，後來獲得高級職稱的也不少。再如楊苑璋，他擔任了中國科學院土壤研究所的所長兼黨委書記。還有一個同學吳煥華，他是華東化工學院畢業的，後來分配中國核工業總公司，任 713 副礦長，我們國家第一顆原子彈研製成功，他們的貢獻非常大，我們這位同學也獲得了核工業部的榮譽證書。還有梁少強同學，一位總工程師，外灘以及城市燈光打造，都跟他的參與有關係，他也做過我們校友會的會長。還有一位女同學錢月娥，原來在上海一家機修總廠，後來調到馬鞍山鋼鐵公司，擔任了財務處長兼總會計師，爲馬鞍山鋼鐵公司轉虧爲贏作出較大的貢獻。獲得高級職稱的還有程彰華教授、鄭國興教授、黃寶輝高級工程師、楊苑璋高級工程師。還有一個同學叫楊國昌，後來到加拿大，是加中經濟協會的委員，1987 年前後，上海市市長

曾接見過他,他爲加中經濟往來,做了不少工作。

　　盧校長當年還從其他渠道聘請一些比較有名望的老師來教我們,比如有位薛沛韶數學老師,他交大畢業,數學教得很好,還有賴陽光老師、簡玉麟老師、謝海昌老師,教我們數學、物理、化學,這三位老師都非常好,其他的老師都是名牌大學的老師。還有一位黎維嶽老師,後來被調到上海師範學院。還有一位歷史、地理專家張家駒,歷史、地理教得很好,後來也調到上海師範學院做高級老師;教歷史的梁乾泰,也很出色,後來到上海第三師範學校做老師。還有一位體育老師鄭志芳,是國家級籃球裁判,後到上海外國語學院做體育教授。所以總的來看,我們粵東中學的教師隊伍是非常敬業有責任感的,我們很多同學就是名師出高徒,我們同學都是朝又紅又專的方向發展。畢竟粵東學校有 100 年的歷史,我們盧校長的校訓是刻苦、耐勞、自強不息,爲社會培養了大量人才,桃李滿天下。知名人士輩出,比如全國政協常委、中國基督教愛國委員會書記羅冠忠,就是我們的老會長;香港的李東海先生,在香港也發展得不錯。

　　我們粵東中學還有軍樂隊、籃球隊,經常表演,非常出色。20 世紀 50 年代,國慶節舉行遊行活動,市長陳毅在人民廣場向市民講話,講完話後遊行,我們軍樂隊都參加。我在軍樂隊中吹笛子,後來楊國昌擔任隊長,另外還有

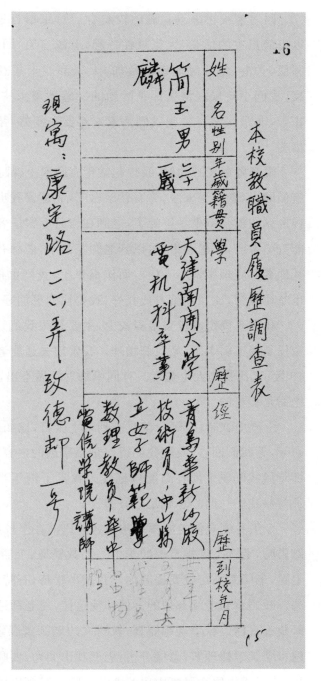

圖　粵東中學教師履歷調查表

同學打鼓等。我們的軍樂隊確實不錯,有很多工廠企業搞活動,也請我們去演出。回來的時候從南京路四川路一直走到橫浜橋,一路敲鑼打鼓,路兩旁觀看的人非常多。那時候我們粵東中學是非常有名氣的,我們班級在高二時還演過一個話劇,劇本是蘇聯人寫的,寫一個拖拉機站的故事,我們老師是編導,學生做演員。總之,我們那時讀書是蠻開心的,不像現在的學生,書包那麼重。我們那時候書包很簡單,一個書包可以用到高三。我們那時候讀書開心,這跟盧校長倡導德智體美群的教育理念有關係。我們還有一個籃球隊,也很出名,經常參加市裏面的聯賽。我也喜歡打籃球,雖然我個子不高,但我跳得高,我打邊鋒,我跑得也快,我們粵東中學搞聯賽,我班曾經得過一次冠軍。我們粵東中學張錦旋老師是打籃球的,在上海很有知名度。

　　回過來我再來講我們的校友會。每年舉行返校活動，都有幾百人參加。大會之後，就是以班級爲主的活動，大家聚在一起，有說有笑，回憶過去。有些同學都是從美國、加拿大、澳大利亞、香港、澳門等地趕來參加，大家都能聚集在一起很不容易。上次我們還到虹口公園相聚，我們小時候經常去那裏活動的。感謝粵東中學同學會這個平臺，讓我們有生之年在這裏相聚，非常快樂。希望我們國家一年比一年好，早一點進入小康社會，感謝粵東中學對我們的培養。

　　說起粵東老師的好，我想起當年有同學上課時間看閒書，被老師發現了，老師沒有直接批評這個同學，老師過來說，你看什麼書啊，說這書我也喜歡看的，你先借給我看好嗎？然後說，下課後你到我辦公室來。下課了，老師在辦公室對這名學生說，你家長出錢讓你來上課不容易，你不能荒廢自己，你想看書，可以到老師家裏來，老師有許多書，你儘管借。你看，粵東的老師就是跟其他老師處理事情不一樣。而作爲學生，我們也很自覺，都將精力放在學習上，如果有人要比，也是比成績，比如你讀書比我好，我要比你更加好。

　　我在學校跟盧校長接觸較少，主要是跟我們班主任老師接觸比較多。前面我講過，我們班主任是簡玉麟老師，教我們物理。我曾經去過簡老師家，當時他住在石門二路，他那時候大概快40歲了，比我們大十幾歲。有同學物理題做不出，簡老師很耐心地給他講解，相當於開小竈，但絕對是義務的。

　　上歷史課時，老師會讓我們到臺上發言，比如說哪個國家那時候發生了什麼事，出了什麼問題等，讓我們回答，既讓我們得以重溫學過的內容，又以此鍛煉我們的演講能力、語言表達能力。那時候我們學生都有高度自覺性。我當了兩年半班長，之後當學習委員，總的情況就是這樣。那時候我們一門心思就是好好讀書。

　　今天我們幾個老同學經常聚會。以前在學校裏沒有時間交往，因爲上課要聽老師講。我們讀書時，老師上課經常提問學生。上數學課、上語文課後，放學回家後要認真復習，因爲第二天上課，老師說不定就要提問你。我讀小學時，有時候犯錯老師會用戒尺打手的。當然，我沒有挨過。我們看到老師都怕的。但即使這樣，對老師還是喜歡的。數理化、音樂、體育、美術，這些老師我都喜歡。數學老師認真；教語文的老師講課講得很好，學生回答錯了，他也會耐心地講，這題目應該怎樣理解，怎樣分析，怎麼找出問題，要動腦筋，不能聽老師講過就算了，一定要自己消化，所以我很感謝粵東中學的老師。當年我們班級絕大多數考進了大學，我第一年沒有考取，第二年考上了。那時候錄取率祇有20％左右，特別是1957年，那年本來是招18 000多人，後來祇招了10 000多人。

　　我和我的同學能考上復旦、交大、同濟、化工學院，還有天津大學、南開大學、浙江大學，老師有很大功勞。我們同學聚在一起，會聊得很開心。

粤東母校的啓蒙教育伴我成長

程鈞培（口述）　陳祖恩（撰寫）

　　程鈞培，男，1937 年 5 月出生，籍貫廣東中山，高級工程師。1955 年，粤東中學高中畢業。1960 年，西北工業大學飛機設計專業畢業。1960 年始，先後在航空工業部研究所、708設計院從事飛機設計研製工作，直至 1997 年退休。曾獲航空工業部科技成果獎。

　　2019 年 12 月 24 日，虹口區檔案館工作人員於虹口區檔案館會議室采録。

　　1955 年高中畢業，結束了在校六年的學習生活。我家兄妹四人都在粤東求學，兄弟姐妹一家人進粤東的很多，這好像已成爲虹口地區廣東人的一種傳統。當時我家僅父親一人工作，負擔兄妹四人的學習費用比較困難，校方很關心學生的家境情況，照顧我們可以部分減免與分期交付，使我們能堅持到畢業。

　　我畢業至今已有六十四年，往事很多已記不清了，回顧幾十年的學習與工作經歷，深切感到得益於粤東母校的培養和老師的細心教導。

　　粤東有優良的辦學傳統，"刻苦耐勞、自強不息"和"團結、求實、進取"的校訓、校風，伴隨着我成長，母校的啓蒙教育鑄造了我成長的階梯，是我日後逐步養成的勤奮好學、嚴謹認真、踏實處事性格的起點，並在我心中留下了難忘的回憶。

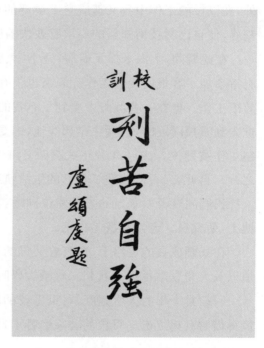

圖 1　盧頌虔校長書寫的粤東中學校訓

　　粤東有較强的師資力量，他們大多出自名校，我們班的任課老師有簡玉麟（物理）、賴陽光（數學）、謝海昌（化學、幾何）、張家駒（地理）、楊淑英（歷史）、馮秀秀（英語）……，他們資深、敬業、條理清晰，講課時還會注意到臺下同學的表情（是否聽懂了）。老師的辛勤付出給我們的數理化知識打下了良好的基礎，也對日後培養自己嚴謹的思維方法起了重要的作用。

　　我們畢業班有 60 位同學，約有 70% 考取了大學，其中考取醫學院的較多，此外還有考取浙大、復旦、南工、航空學院等學校的，取得了不錯的成績（我大哥是 48 届的，後考取了財經學院；二哥是 52 届的，後考取師範學院），由此也體現了粤東的教學質量。

　　高中畢業時，爲了國防工業建設的需要，校黨支部書記黄圭彬老師推薦了我班四位同學（江兆榮、黎浩棣、浦以康和我）報考航空學院（原先我個人打算報考復旦物理專業，在當時服從組織安排是組織對我們的信任，也是我們的"第一志願"），結果我們四人均被華東航空學院録取（一

年後華航從南京西遷,更名爲西安航空學院,後擴建爲綜合性國防工業大學,改名西北工業大學)。中學時學到的數理化知識爲升入大學深造和日後的工作奠定了較扎實的基礎,也取得了優良的學習成績。

1960年,我從西北工業大學飛機設計專業畢業,被分配到航空工業部工廠的研究所工作。那時正值"三年困難時期",每周工作六天,有兩三個晚上還要政治學習。餘下的幾個晚上和周日大家都在辦公室裏學習技術,有較強的求知慾去充實自己,取得了較快適應工作要求的效果。

70年代初,爲"備戰"需要,部分航空産品轉移到地方工廠生産,我自己也借調到上海,除了負責處理有關擴散産品的設計工作外,還要根據上海工廠的生産條件解決大量的生産工藝問題以及産品的質量問題。爲了適應工作需要努力自學了很多有關機加工、熱處理、表面處理等的工藝知識。這些,在我原單位都有嚴格分工,分屬各部門專人負責。而在此,自己從一個設計人員轉變爲設計兼工藝的技術人員。後來我主管的産品被評爲上海市國防工辦的優質産品。此外,在以後的工作中我又獲航空工業部的科技成果獎。飲水思源,這一切受益於在母校打下的基礎,使自己對技術知識的要求有較快的適應能力。

在此期間,上海承擔了研製"運十"大客機的任務,並從航空工業部借來了一批技術人員,我有幸參加了客機的設計工作。説來也很有意思,老同學江兆榮從空軍學院轉業來上海也參加了該項工作。他在一些圖紙中看到了有我的簽名,至此我們才知道彼此都回到了上海。客機研製進入到試飛階段時,曾飛往拉薩等地,經受了高原機場條件的考驗。後來據聞因非技術原因,研製工作被擱置。1974年我正式調回上海(當時要進上海太難了,據説是經國務院特批的幾百人之一),自此,又一次改變了自己的生活軌迹。

我們同事考取華航的另外兩位同學:黎浩棣現退休在西安,是教授;浦以康在北京中科院,博士,研究員。老江和我是高工。

在我們成長的道路上,也有着父母的言傳身教,他們身上體現的勤勞、正直、善良的爲人之道以及大哥默默承擔了我和二哥讀大學時的各種費用都深深印在我腦海中。

回顧幾十年的人生經歷,粤東母校的教書育人的治學理念,即使在數十年後的今天同樣有值得借鑒發揚之處。母校的啓蒙影響了自己的一生,我感恩母校。

圖2 2019年12月24日,陳祖恩(左)與程鈞培(右)口述現場交流(樓定和拍攝)

粵東中學有好口碑

黃焕周（口述）　陸其國（撰寫）

　　黃焕周，男，1933 年 6 月出生，籍貫廣東珠海。1946 年起，在廣肇公學小學部求學。1949 年，進入上海粵東中學求學。1951 年讀書期間參軍，入軍事干校學習。1974 年轉業後，在上海童車廠工作直至退休。

　　2019 年 12 月 25 日，虹口區檔案館工作人員於運光路 83 號黃焕周家中采錄。

　　我今天來講述一下我與粵東學校的故事。我進入粵東中學小學部是在 1946 年，離開粵東是 1951 年春節前，前後共 4 年多。我進入粵東時是在小學部讀四年級，因爲之前三年我在北京路一個弄堂學校讀書，那學校也是不錯的。1951 年 1 月 9 日（抗美援朝的時候），我參軍了，進了後勤干校。從軍事干校畢業後，在待分配期間，先是到華東軍區三野後勤部及軍區後勤政治部，幫助做些抄抄寫寫的工作。相對而言，我更喜歡下部隊。領導也很尊重我的意願，分配我去了部隊。參軍後先是從鎮江到南京；以後隨部隊又到山東。山東待了幾年以後，又到沈陽軍區，那時候叫東北軍區，部隊駐紮在地處吉林跟内蒙古交界地方的雙瞭縣的鄭家屯。1957 年部隊又來到南京軍區。直到 1974 年，我脱下軍裝，復員回到上海（1980 年改爲轉業），進入二輕局下面一家上海童車廠工作，恢復廠長制度後當了廠長（以前稱生産負責人）。

　　20 世紀 80 年代改革開放剛開始時，輕工業部在深圳辦了兩家公司，那裏需要上海的幹部，我知道後主動去深圳，待了三四年，之後借調期滿回到廠裏，直到 1993 年退休。

　　應該説，我和粵東中學的交集並不是很密切，對粵東中學瞭解的情況不多，因爲我不是職工家屬子弟，許多粵東學生從幼兒園一直讀到高中畢業。他們的父母大多在校工作，瞭解這所學校，包括一些老師的情況，他們都清楚。我在粵東經歷短少，事情知道得也少，但這所學校對我的成長却很重要，因爲它教會了我如何做一個合格的學生，在轟轟烈烈的抗美援朝運動中，學校大力開展愛國主義教育，動員學生積極報名參加軍事干校，我就在這種氣氛中，中學沒有畢業就去了部隊。

　　我在粵東中學的讀書成績一般，不冒尖也不靠後。我們從四年級讀到小學畢業，這個年齡能懂得多少？再在中學讀到初二，對粵東中學的印象，好像也談不上有多深。但我讀書認真是肯定的，畢竟粵東中學學費（含小學）不低，儘管減免部分，家長給孩子付學費也不容易。關鍵是粵東中學口碑很好，許多人就想進這所學校，尤其是廣東人，畢竟它是廣東同鄉會的學校，在上海的廣東學子，尤其是住在虹口區的廣東人，都喜歡進粵東中學讀書。還有粵東中學校長好，老師也好，教出來的學生也很不錯。

　　如今時過境遷，粵東中學早已不存在了，但是我們一直沒有忘記這所母校，1988 年恢復校友會至今已有 30 餘年，每年開校友會年會就看得出來，多少年了，每年開校友會年會前，大家都在打電話詢問什麽時候開會。尤其是一些在國外的、外地的校友，早早打聽什麽時候開會，明確日

圖　黃煥周參軍喜報（黃煥周提供）

期之後，他們就會趕緊預訂飛機票、火車票。大家在校友會上相聚，粵東中學的往事儘管大家已談論了幾十年，但還是年年會談，大家也都有興趣聽。最熱鬧的時候就是校慶100週年紀念的時候，參加者不下600人，可以説是盛況空前。我們開校友會多年都是一桌一桌的圓桌形式，一個班級十人一桌，這樣便利大家暢敘交流。年會最早是假座政協會場（當時我們會長是原政協副秘書長羅冠宗，現已去世），那時候在政協裏面開會，地方很好，又有小舞臺，同學一桌一桌。以茶招待，會長總結，然後跳舞，間隔抽獎，獎品主要靠一些校友所在工廠贊助或校友捐款，搞得挺熱鬧挺有氣氛的。後因校友增加，禮堂容納不下，而改爲酒店的大圓桌形式。

粵東中學後來成了四川中學。四川中學學生對粵東中學的感情，不像此前從粵東中學畢業的學生那麼深也屬正常，畢竟沒有"血統"，他們談論不出多少粵東往事。所以他們的聚會就是一般的聚會，不像我們這批粵東學生。據知曾有人提出想修改校歌，他們不知道這校歌就是粵東的歷史，歷史是可以隨便改的嗎？當然，我們知道，校友會總有一天會散的，畢竟我們這些人年紀大了，老去了。校友會目前實有1200多人，這個數字今後祇有減少不會增加。校友會有一本校友通訊錄，每五年更換一本，到現在十年了，2000年我進入校友會工作的時候，發現沒有建立個人的檔案資料，校友會的統計資料一直是以當期出版的通訊錄實有人數爲準，不包括已經去世、失聯退會的校友，凡出版一本新的通訊錄，曾經的校友就反映不出來。爲了這個，我整理和翻閱1988年復會以來的入會申請表，以及所有文字資料，把已經去世、失聯退會的校友尋找出來，做成了一本分級屆的花名冊，並建立了臺賬，校友會的人員情況一目了然。從尋找資料，書寫草稿到最後定稿花了好幾個月的時間。我不懂電腦，校友楊安泰懂，他精通電腦，教會我用電腦編輯通訊錄，通訊錄內容很多，有電話、地址，還有職稱、職務、工作單位等私人信息，有的人不願意填寫職務職稱，因爲不是高級工程師、教授、副教授、研究員，而是營業員、工人，或者一般工作職位，所以不想寫上去，後經研究就取消了這些內容。現在通訊錄裏主要有電話號碼、住址、郵政編碼。後來我們發現社會上一些不法分子利用通訊錄牟利不安全，所以通訊錄也停辦了。校友會下面原有兩個自發組織的小組，其中一個叫夕陽紅小組。夕陽紅小組人多，你有什麼困難都可以幫你。這個小組搞得蠻有聲有色的，大概是2014年左右，搞不下去了，因爲成員年紀實在太大，工作不動了，後來就結束了。另外一個是虹口茶聚組，也是這種情況，停止活動了。

我的母親關紫蘭

梁雅雯（口述）　陳祖恩（撰寫）

梁雅雯，女，1937年9月出生，籍貫廣東中山。虹口區僑聯委員。1945年至1954年在廣肇公學、粵東中學求學。1955年始，先後在中州路小學、繼光中學、魯迅中學、海南中學擔任老師，1993年退休。1984年開始參加木棉校友會工作，任常務委員、常務副會長，直至2017年。

2020年1月2日，虹口區檔案館工作人員於四川北路1702弄4樓木棉校友會采錄。

我出生於上海，祖籍是廣東中山。父親是中山人，母親是南海人。

母親關紫蘭，1902年出生，因爲外公是經營紡織印染的，會設計棉布圖案等，經濟上也比較富裕。外公開明，母親又是獨生女，所以樣樣遷就她。十多歲時，她就考入上海神州女校圖畫專修科學習，後來又進入中華藝術大學西洋畫科深造。1927年6月，中華藝術大學舉行美術展覽，剛剛畢業的母親的作品就受到關注，她的照片與作品，都刊登在廣東人創辦的《良友》畫報上。

母親畢業以後，想到法國去留學，但是油畫家陳抱一先生勸她到日本去，說東京、巴黎的油畫水平處於同一地位。陳抱一也是廣東人，曾先後在日本有名的洋畫研究所“白馬會”和東洋美術學校留學，除了在大學任教外，還在江灣構築自己的畫室。他的太太是日本人，當時家里人都反對。

母親經陳抱一先生的介紹，在日本東京文化學院留學，沒有多久，她的作品就入選東京的洋畫展覽會，這是最早享有該榮譽的中國女畫家。母親在日本得到著名油畫家有島生馬和中川紀元的指導，形成自己的風格。有一幅《水仙花》的油畫還被印成明信片在日本發行。

母親在日本留學其實是兩次，但最終還是回到了上海。1930年6月，她在上海華安大廈（今金門大酒店）8樓舉行的畫展引起轟動，五十多幅作品，佔滿兩大室，被譽爲是後印象派繪畫流派的中國第一女畫家。《申報》刊文稱：“運用其跌宕天才，以簡約之絢爛色彩而抽出對象刹那之情緒，筆觸有力，無女性柔靡嬌娜之表現，女作家第一人也。”“然其特殊個性盡表現於果斷爽快之中，亦祇關女士一人已耳。”1941年6月，在大新公司的四樓也舉行過畫展，評論家説：“關紫蘭女士爲世人所愛好之名家，其色彩之鮮艷，有如其人，不論人像、風景、花果，均極明快，富有一種迷人的魔力。”永安公司的文化刊物《永安月刊》也刊登過溫肇桐的文章：“女畫家關紫蘭”，指出“因爲她的秉性是特異於一般的女流畫家，所以當她的作品入選‘二科’以及1927年在神户和1930年在上海的兩次畫展，真是轟動了國內外的藝壇，從此便尊爲現代中國第一流的女畫家了”。“二科”是日本的著名美術展，畢加索、羅丹、莫奈等大師都曾參展。

母親結婚比較晚，1936年結婚，1937年就生我了，那是9月5日。1941年6月母親在大新公司辦畫展時，我也去了。我穿的衣服是她親自設計的。

結婚以後，母親住在巨鹿路的静安新村，父親是西醫醫師，家裏經濟情況比較好。母親很注重生活品位，喝咖啡要到德大、東海，有時興趣來了，便到銅仁路上的上海咖啡館品嚐一杯濃咖啡。

圖1　王開照相館拍攝的關紫蘭小照（葉奇提供）

衣服有指定的服裝師，做頭髮有專門理髮師，拍照也到專門的照相館。當然皮鞋是定做的，香水是法國品牌的，有時上海的法國油畫顏料斷貨，她就設法從香港買了再寄到上海來，解放以後也是如此，從來不肯將就的。晚年，她頭髮漸灰白，但打扮整齊，保持麗質。她每月到長春路拐角處的斯維美理髮店理髮，時常灑進口香水，保持飄逸、清麗、積極的生活態度。

說到照相，想起"王開"的一件事，蠻有趣的。有一年好像是冬天，南京路"王開"照相館的一根水管凍裂，地下室的一個紙箱也有點浸濕，那裏都是20世紀二三十年代陳列在櫥窗裏的老照片。結果他們發現一張美女的舊照片，非常驚艷，以爲是電影明星阮玲玉，《新民晚報》的記者信以爲真，就在報上刊登發現"阮玲玉舊照"的記事，還配了照片。我得知消息後，一看，哈哈，這是我媽媽哪裏是阮玲玉呀！原想算了，讓他們去誤傳吧，後來想想還是去糾正的比較好。第二天，我拿了母親的照片，找到他們的經理，說"這是我媽媽，不是阮玲玉"，經過對比，他們也認識到錯了。

我出生的年代，正是抗日戰爭時期。母親回到上海以後，除了幾次畫展以外，基本不出去，日本人要她參加所謂親善活動，都被她拒絕。她有很多衣服，漂亮的西裝、和服都有，但在公開場合，堅持穿中式的旗袍。她說："越是這個時候，我越要表現出一個中國女人的端莊與優雅，我不怕，因爲我是一個中國人。"

我們在虹口的溧陽路也有房子，因爲開發商與父親有交情而買的。母親說，虹口留日的文化人多，郭沫若也曾住在那裏，支持父親在溧陽路買房。買好虹口的房子後，我們借給一位日本紡織工程師居住，戰爭結束前，他就回日本了。他特地打電話到靜安新村，說趁日本沒有戰敗，你們趕緊過來將房子收回去吧。我們是抗戰勝利以後才從巨鹿路搬到虹口的。溧陽路的房子建於20世紀20年代，內部結構是日式的，移門、移窗、榻榻米，母親因在日本留過學，適應那樣的住房條件。

我的叔叔曾在法國留學，是粵東中學盧校長的遠房親戚，也是學校的校董之一。我在粵東讀書，父親就當學校的編外校醫，平時不來學校，一旦師生有病情發生，就來義務就診，從來不收錢的。父親曾在仁濟醫院工作十多年，後來自己開診所，他有許多朋友，也認識梅蘭芳。我的很多學長九十多歲了，父親都曾給他們看過病，有人對我說，我們全家的病都是你父親看好的。張家駒老師的太太楊淑芳，是歷史老師，她的病也是我父親看好的，她一直說父親是救命恩人。

我最初在靜安寺附近的中西附小讀書，搬到虹口以後，就在粵東讀書，我個人的情況有點特殊，轎車送學生上學的祇有我一個，每天有保姆來學校送飯，每天換一套衣服，我本人倒沒注意，是同學告訴我的。有一次學校大禮堂演話劇，用被單做裙子，我扮演公主，一個同學演王子，還有兩位學長演父母，他們現在經常開玩笑，說我是他們的女兒。演出後，我們的親戚送來花籃。父母從小注重對我培養，三四歲就學鋼琴，父親送我一輛女式自行車，常常從巨鹿路騎到徐家

圖2　關紫蘭在自己的畫展上（葉奇提供）

匯。外甥女身高一米七三，有次她坐在車後，我騎得像飛一樣，嚇了她一跳。我在學校裏參加田徑隊，打籃球，游泳。曾經有星探想讓我去拍電影，是什麼關於球場風波的，但我沒有走演員的路子，那是因爲父母反對。

　　表面上看起來，我養尊處優，嬌生慣養，其實母親對我的要求是老式的，很嚴的，例如晚上從來不出去玩，一舉一動都要講規矩，喫飯時夾菜是不能夾到對面去的。她要我穿着打扮時髦，要求我完美。雖然年代不同，但基本要求是一樣的。她還要我踏踏實實做人，答應做的事就要認真做好，并且不求回報。在這方面，母親真是我的榜樣。她樣樣不計較，能幫助人家就儘量幫助，老鄰居、新鄰居對母親的印象都非常好。陳抱一老師很有骨氣，雖然在日本非常有名氣，但在日本侵略中國的時候，他寧願窮困潦倒，寧肯與家裏斷絕關係，也不與日本人合作開畫展，與母親的愛國立場是一致的。有一段時間他陷入經濟困難，母親就一直進行資助，有時他們一家三口人也常來我家喫飯的。還有一位洪野先生，是神州女校的美術老師，英年早逝，母親不忘師恩，一直資助他的孩子上大學。

　　母親後來是上海文史館館員，中國美術家協會會員。她的多幅油畫作品被中國美術館收藏。

　　父親病逝於1958年，1986年，母親病逝。她非常開明，遺言是不開追悼會，不戴黑紗，花圈不進門。她的一些作品、照片和資料，共五十多件，都捐獻給上海市歷史博物館。她說，你們都不要哭，將骨灰撒到杭州西湖，你們每年還可以來旅遊一次。

　　受母親的影響，我的信念就是與人爲善，爲社會作貢獻。1990年退休的時候，就參加粵東校友會的工作，後來擔任副會長。我們有1600多人的校友，分佈在世界各地，都是我負責聯繫的。二十多年來，我一直管校友會經濟，賬目清清楚楚，一分一厘也不差，我沒有報銷過一分電話費、交通費。同時，也經常換位思考，比如在捐款方面，有人捐款數額很大，但是經濟困難的校友捐十元也很了不起。會長、副會長都是老校友，沒有奉獻精神是做不好的。我深深地感謝母親多年的教育培養，感謝粵東的校友。

圖 3　關紫蘭（左二）在畫展上，右一站立者為陳抱一（葉奇提供）

圖 4　民國廿六年（1937 年），關紫蘭在自己的畫展上（葉奇提供）

廣東人的上海生活

唐成東（口述）　陳祖恩（撰寫）

唐成東，男，1946 年 12 月出生，籍貫廣東中山，民建會員。1968 年上海應用技術學院有機化學係畢業後，在上海亞泰橡膠廠工作直至退休。

2020 年 7 月 13 日，虹口區檔案館工作人員於汶水東路 690 弄唐成東家中采錄。

　　我的祖籍，就是說父母的出生地，是廣東香山，後改名中山。中山這個地方後來一劃二，一分三，中山縣、珠海縣跟斗門縣，現在是中山市、珠海市、斗門市，分成三個城市。2019 年 4 月份，我跟我的弟弟、妹妹回到鄉下，去尋根問祖，看了一看。

　　我父母是 20 世紀 30 年代靠同鄉關係的介紹到上海來的，爸爸在大新公司，就是現在的市百一店食堂工作。聽我母親說，1949 年 5 月解放上海的時候，外面在打仗，老闆叫附近的職工家屬全部住到公司裏來，公司的五樓、七樓至九樓，原來大新遊樂場的地方，給大家打地鋪居住，喫飯就由食堂送上罐頭食品。我爸是在食堂裏做的，非常清楚這件事。大新公司有食品部，一罐一罐的腐乳、肉類等都拿出來，供應給職工家屬。

　　從我懂事開始，我就在大新子弟小學讀書，學校的正式名稱是上海商業職工子弟學校。一個班有四十多人，同學的父母都是大新公司職工。當時，大家的關係都很融洽，文化層次高一點的，做幹部，就是現在做科長，以前稱部長。一般營業員稱爲職員，工人算檔次最低的。但是在我印象當中，無論是幹部、職員、工人，都很平等，不大有歧視的。同鄉的人出來一起在上海工作，喊叔叔、阿姨、伯伯的，都很客氣，像家庭式的稱呼。

　　我們的小學在牛莊路，靠近六合路。學生除了大新公司職工的子弟外，還有永安、新新、先施等原來四大百貨公司的職工子弟，大家都會説廣東話。那時，下午放學早，我們就會一起到大新遊樂場玩耍。買票子的話，兩毛錢一張，但我們五六個孩子一起上去，管理員都認識的，不要票。那裏也有排擋什麽的，都是親戚在工作，我們經常是吃碗面、玩一玩，晚上再回去。我在讀書的時候，爸爸還帶我去永安公司看過永安業餘粵劇團的演出，老闆郭林爽也一起參加演出的，像現在的正規劇團一樣，有化妝，非常好。

　　我們小學有一位女老師，結婚沒多少時間，因冤案被抓，馬上離婚了，後來留在勞改農場工作。她一直照顧那裏的一個女教徒，也是冤案，後來教徒的女兒從美國回上海來打官司，替她平反。打官司的時候說我的老師也是冤案，最後她倆一起釋放了。我的老師回到上海，沒有家，那個教徒就說，你跟我情同手足，就跟我住在一起吧。她倆一起住在蘇州河邊上的河濱大樓，相依爲命。後來這個教徒過世了，她的女兒對我老師說："阿姨，這麽多年來，你一直照顧我媽，這房子就給你。"我老師説：房子我不要，但是請給我住下去，等我走了以後，還是你的房子。我的老師姿態非常高，那個時代受過苦的人，守護着自己的良知。

　　那時我家住在牯嶺路，靠近西藏路那一段，屬於 72 家房客的那種房子，樓梯很暗，老師來家訪的時候，從來不會説你們房子那麽差、那麽小，以前的人不會有這種感覺。小學畢業後，爸爸

的單位分配房子，在虹口廣中路的廣中三村。那時候，走路上班的人很多。廣中三村裏很多人在四大百貨公司工作。每天早上六點鐘不到，他們就一起步行到山陰路，再乘 3 分錢的電車，到四川路橋下車後，再步行到公司上班。有人到永安公司，有人到市百一店，這個局面一直延續到"文化大革命"結束。我爸也是一早跟大家結伴走的，他們嘰里呱啦講廣東話一起走到山陰路。

以前，廣東人在上海死了以後，要麽帶到廣東鄉下去，要麽葬在上海廣肇山莊，山莊在彭浦新村平順路一帶，我的伯父 1955 年逝世後，就葬在那裏。一到清明節，那裏人山人海，全是廣東人。還有一個是聯義山莊，即現在的靈石公園這裏，也葬了一些有點文化層次、有點錢的廣東人。一般普通人就葬在廣肇山莊，廣肇山莊後來在"文化大革命"的"破四舊"運動中，全部被毀掉。後來廣肇山莊的原址上辦了個精神病療養院。

一般是乘車子到虹口體育場，走兩三個小時到那裏。途中看到有幾個條件比較好的，騎自行車過來。一到清明節，父親就帶着我和妹妹，說有個伯父葬在那裏，去踏青。家裏燒很多菜，一方面去祭祖，一方面在那邊野餐。在那裏，經常會碰到老同事、老朋友，大家一起喝點酒玩玩。這也是一種風氣，每年如此。俗語說，清明時節雨紛紛。有一年我們是撐着傘，穿着雨鞋去的，泥巴路嘛，雨鞋回來干得都發白了。

廣東人以前在上海還有同鄉會。我父母說同鄉會做了蠻多好事，比如說你在上海要飯，你在上海沒有生活能力，然後你去做壞事了，廣東同鄉會就會出面，給你車費，叫你回到鄉下去，現在說起來就是遣返。廣東同鄉會下面有一個私人中醫診所，看病不要錢的。中醫開方子，自己到四川路九和堂藥店去買藥。你去買藥，要講廣東話，營業員不一定是廣東人，但是她聽得懂廣東話。以前底層的廣東人，不相信西醫，相信中醫。他自己買點草藥燒燒，買點五花茶，買點金銀花露吃吃。我印象中，以前不大上醫院的。我媽說，就生孩子到醫院裏去生，叫人來家裏接生，到底不大保險，還是送醫院。平時小毛病又不是硬傷，要不就刮刮痧，一般都是自己家里弄弄，不去醫院的。

四川北路的群眾劇場，是粵劇的主要演出地。廣東的粵劇團一來上海，盛況空前，他們說不是來上海賺錢的，是來播送鄉音的。上海的廣東老頭、老太，聞訊後都會趕去觀看。我媽平時沒什麼文藝愛好，但粵劇團來了，我們作爲小輩都會陪她去看。跑到那邊一看：阿婆你來了，阿公你也來了。大家相聚在劇場，非常熱鬧，也非常開心。

圖　2020 年 7 月 13 日，唐成東口述中（樓定和拍攝）

廣肇義學的"體罰"

任德潤(口述)　陳祖恩(撰寫)

任德潤,男,1940年1月出生,籍貫廣東鶴山。曾就讀於上海廣肇義務小學。1962年,上海機電工專畢業,先後在上海柴油機廠、上海工程技術大學、廣東省鶴山交通委工作,直至退休。

2020年7月22日,虹口區檔案館工作人員於涼城路539弄任德潤家中采錄。

我的祖籍是廣東鶴山縣古勞鎮旺宅村,當時村里人往外謀生,主要是去日本、安南(今稱越南)和上海。20世紀20年代,我的父母經同鄉關係的介紹,就來上海謀生了。父親在虹口天潼路聯安里旁邊的華發紙行當經理,那是一家經營歐美紙張、文房四寶的商店。當然,店不大,但股東不少。後來,八一三事變發生了,父母就從虹口跑到蘇州河南邊的黃浦區去了,當時,那裏是公共租界,日本人的勢力還沒有進入。

我是1940年出生在黃浦的,是家裏最小的孩子。小學三年級的時候,父親就讓我走過北四川路橋,到虹口的廣肇義務小學讀書。學校在天潼路與塘沽路之間的北四川路街面上。聽說當時廣肇公學名義上有兩個小學,我們這所廣肇義務小學就是其中之一。北四川路校門進去是個長方形的水泥地廣場,剛好容納全校學生集中升旗,也是教導主任訓話的地方。廣場末尾留了一小塊地方,搞幾根竹竿子,給我們爬竿健身,往返爬上滑下。所謂的體育設備,也就這麼一個,是非常簡陋的。當時上海很多小學都是弄堂小學,是沒有操場的。我的小學就是典型例子。廣場北向才是教學區,也是個方形地塊,中間空地,兩邊排列着一個個不同年級的教室,頂頭橫向一排是教室辦公室,都是整齊劃一的磚瓦平房,很像大型的四合院。

父親爲什麼要讓我上那兒去讀書呢?倒也不完全是經濟問題。廣東同鄉之間常常有交流,知道那個學校很嚴格。他說你在家裏受寵,我就是要你去學校接受嚴格教育,否則哪會成才。那是1949年,上海剛解放不久,那個學校在校規範圍內是允許體罰的。體罰的方法很簡單,很普遍使用的是什麼呢,你寫的大楷本放在課桌上,然後老師就給你批分,或者將已經批過分數的大楷作業本放在桌上,老師一個一個地看下來,然後問你前一天幾分啊,你告訴他70分,那麼昨天呢?65分,70減65是多少啊,5!學生乖乖地將手伸出來,"啪啪啪啪啪"地被老師輕輕地打五下,這就是最簡單的一種。記憶中這個體罰我衹有一次。

有一次是上課的預備鈴響了,大家都坐好了。但是離正式上課鈴還有三分鐘還是五分鐘的時間。這一堂課是英語,教書本的"書"是怎麼拼的呢? BOOK。後座同學耐不住,喃喃自語,BOOK,一個字母一個字母往外蹦,念到K字,就往我後腦勺敲打過來,我當即回頭說你幹嗎?正巧,我回頭說話的刹那間,被教室外的教導主任看見了。她就進來,一臉嚴肅地說任德潤起來,出來。我就跑到教室的最前面,在一張任課老師的椅子上趴下,"啪啪啪",被打了三下屁股。教導主任說,你犯規,應該知道吧,預備鈴打過後怎麼還有小動作呢?我當然不服氣了,說後座

同學打了我一下頭，我才回應的。教導主任聽説後，又將那個同學叫出列，"啪啪啪"，也打了三下。這下我總算心理平衡了，反正大家都挨了板子。那種體罰是在校規之內的，也是他們所運用的一種教育手段。家長都是廣東老鄉，不僅不反對，倒成了送孩子進該校的一個"理由"。

當然，個別教師的嚴苛是不敢恭維的。有一位姓錢的同學，住在靠近七浦路菜場那裏，年齡比我們大很多，是小時候没有讀過書的窮人家出身，後來有機會才上義學的，一只手還有些殘疾。有一次他遲到了，站在教室門口。穿長袍的班主任是教語文的，很兇，見了他鬼都怕。當時上課都用粤語，班主任問他住哪兒？同學説七浦路，他就訓道："你七浦路都遲到，人家十六鋪都没遲到，你七步路（七浦路的諧音），比十六步還遠嗎？"後來就用尺桿子打這位同學，竟然將很寬很厚的尺桿子打斷了。

在家裏，我的父母都没怎麽打我，但是這個學校的體罰教育給我帶來了影響，我對孩子有時也會動粗，多多少少也給子孫帶來一些負面的影響。同是手足，我姐没有在廣肇義務小學讀過書，她與我的感受完全不一樣。她教育孩子連一句重的口氣都没有的。她的孩子培養得挺不錯，一個在國企當老總，一個在政府機關當領導。

但回頭看，廣肇義務小學呈現了新舊制度交替的過度教育方式。除個別情緒化外，一般體罰更多是約束、批評孩子的符號。條件差，主課依然嚴格，音體美教育也不缺。小朋友依然天真調皮，團結友愛。像我們學自行車就是在廣肇義務小學附近的崑山路學的，那個地方當時很幽静，晚上就和同學到那邊去學自行車，下了課也不想離開學校，就在學校裏邊玩。

有一次發現一位愛穿西裝的年輕老師，其他老師都回家了，他還在辦公室裏面，而且把門給關上了。於是，我們一個肩膀搭一個肩膀爬高去觀察，看他在裏面干什麽。結果讓我們嚇了一跳，他抱着一把辦公椅子，獨個兒在跳交誼舞。

這些窮孩子都是好伙伴。我爸後來無業，做劃綫筆尖手工謀生，用日式放假。同學到我家，就幫着用鋼絲刷清潔做筆尖的原材料銅片上的污漬，很費勁的活兒。這些同鄉子弟干得起勁，讓爸爸高興，每每留他們喫飯。

在這個學校，我們没有因爲體罰而變得膽小怕事、性情木訥，還是比較健康地度過快樂的童年。家長没有經濟負擔當然更感謝同鄉會。學校老師還帶着我到當時的"麗都花園"同鄉辦的電臺廣播發言，代表廣肇義務小學全體同鄉子弟答謝父老鄉親的厚愛。

圖　2020年7月22日，任德潤口述中（樓定和拍攝）

"三和里"趣事

李鈞衍(口述)　陳祖恩(撰寫)

李鈞衍,男,1936年4月出生,籍貫廣東鶴山。1942年起,先後在啓智小學、青中義小、粵東中學就讀。1950年報名參軍。1969年起,先後在上海大衆制藥廠、上海化工局職業病防治研究所擔任主管藥師、副所長。1996年退休。

2020年7月22日,虹口區檔案館工作人員於凉城路539弄任德潤家中采錄。

我的祖籍是廣東。父母那個時候在日本跟祖父、外祖父一起生活,祖父是外祖父店裏的伙計。他們回國後到廣東鄉下結婚,後來因外祖父來上海開店了,他們也一起來到上海。

父親在上海一家名爲斯登達的洋行工作,經濟收入還是不錯的。最初住在新昌路,就在上海歷史博物館的對面,後來洋行倒閉了。外祖父在上海經營紙張和文房四寶,店就開在三和里29號。父親一家後來也搬到這裏,生活的很大部分是靠外祖父幫助的。

三和里西臨江西中路,南靠北京東路,是一個很大的弄堂。1937年八一三淞滬抗戰以後,虹口的廣東人不約而同地聚集到那裏了,形成公共租界裏少有的粵人部落。從1號的"何裕倫"開始,"華彰祥""保合和""廣集成""廣德榮""華發紙行""大昌行""新邦行""錦倫行""德信雲紗""元安祥""中華貿易"等,幾乎都是廣東人開設的洋行或商店,生活在弄内的都是廣東人。

遷入三和里的廣東人以順德人居多,大都做香雲紗生意。在夏天,每當夜幕降臨,那些操着順德口音廣東話的人就會來到弄堂比較"中心"的外公店堂前一起"嘆世界"(上海人叫嘎三胡),從生活細節到人情世故,無所不談。這時老媽媽、老奶奶就搖着蒲扇扇風,給小孩講童話,或廣東流行的童謠:"月光光,照地堂,年卅晚,摘檳榔……讓孩子們漸漸入夢鄉……"

然而這個"嘆世界"的内容隨着天氣漸涼和世事的變遷也有所變化,外公的人緣好,加之店面比較寬暢,弄堂的鄉親,都喜歡下午休閒時來坐坐,看到外公,叫一聲"老闆",就隨便找個位置坐下,也不需要倒茶、遞煙招待,就天南海北、生意往來等談起來。話題轉到時事政治方面,特別是當前的形勢成了重要的話題。當有客人提到共產黨(那時還不會叫解放軍)到了濟南、徐州……很快就會打到上海時,就你一言我一語很熱鬧地講起來了。這些商人,多是有文化之士,但也聽到各種傳說,心有糾結。有人認爲,如果說共產黨不好,北平和談了,還能佔領那麽多地方,聽說還很太平,而現在國民黨搞得社會動蕩,物價飛漲,民不聊生……但畢竟是商人,他們最關心的還是生意和個人的財產,大家内心矛盾至極,也衹好走一步看一步了。

最早進三和里的外省人是一個揚州皮匠,叫什麽名字誰也不知道,反正一年四季就在那個地方。日本佔領的時候,弄内有一個崗亭,因爲北京路弄口内有一個變電所,所以設一個崗亭。抗戰勝利以後崗亭没有了,那個地方就給皮匠設攤。上海人叫他老皮匠,廣東人叫他"補鞋佬"。他有一個兒子給他學徒,學得不好就經常挨打,拿那個大皮帶"啪啪啪"地打屁股。解放後他兒子參加工作,當了幹部,對他那個當皮匠的父親特別好。"補鞋佬"對這個弄堂的人都很熟悉。

有些老太太去補鞋，或是上鞋底什麼的，會用廣東話講"哎呦咁貴啊"，他就學南腔北調的廣東話，說"都是熟人熟氏啊，無所謂啦，不要講價錢啦"（注：熟人熟氏是廣東人之間比較親近的口頭語，而最後那個氏字要提高音，補鞋佬學廣東話的腔調）。

皮鞋攤旁邊就是一個剃頭的，他住在南市，每天提一個很大的柳條包來設攤。外祖父人很好，就說："你這個柳條包就擺在我們店裏好了，不要每天拎來拎去，省得麻煩。"他對我們也很好的，每回剃頭都不收錢。外公當然不肯，反而多給他錢，弄堂裏的人都找他剃頭，我們男孩子喜歡留髮，都怕剃成光頭。有時候，他到外公的店裏面來給我們剃頭，說是剃剃平，但不知不覺就把那個頭剃光了，我們一照鏡子，就"哇"地哭起來了。小孩子怕剃光頭，主要是愛美，更怕同齡孩子叫他光頭和尚。但大人認爲頭髮多洗起來麻煩，光頭的話就很方便。

有個姓蘇的廣東人，在弄堂裏搭棚開小喫店，但是棚裏沒有電燈，黑乎乎的，幾天都沒有客人來光顧。結果他就在棚裏拉了一盞汽油燈，高高地掛在上面，不斷説："燈光遠射，燈光遠射。"燈光遠射，很亮。他當時大概四十多歲，有點禿頂。由於他姓蘇，人家剛開始叫他蘇老闆，後來連名字也不叫了，因爲他總説燈光遠射，就叫他"大光燈"。後來弄堂裏開了很多飲食店，占了很多地方。沿四川路的弄口兩側都是小喫鋪，還有一家青年食堂。

我們家窗底下，有一個固定的攤位，有老闆，也有伙計，專營寧波的三北鹽炒豆，這在當時的上海是很普遍的。那位伙計給我留下不一般的印象。干活時，就一條藍色圍兜，一直拖到下面，汗流浹背。但是，一下班，他就一副行頭出去，這雙皮鞋天天擦，鋥鋥亮，很帥氣的。上海廣東人出門都比較喜歡打扮，外省人介入了三和里這個廣東人的弄堂，潛移默化，也學會了廣東人的打扮。

説起廣東人，在社會上説上海話，在家庭裏以廣東話爲主，但是，我們在那條弄堂裏都講廣東話。我從小講廣東話，在廣東人的小學裏講廣東話的，後來到粵東中學也講廣東話，所以我講上海話的機會很少。有時候講上海話嘴都別不過來，經常鬧笑話。上中學的時候，老師用普通話提問，我用上海話回答，但是坑坑巴巴地説不清楚，老師説："那不要緊，你就講廣東話好了，我能聽懂。"

外祖父的店裏，除了賬房先生那家人比較頑固外，很多人都是傾向革命的。我的一位堂舅父經常在我們家教唱進步歌曲，有一首是《你是燈塔》，鼓勵勇敢的學生走向進步。所以我們的大家族，有地下黨，也有南下犧牲的烈士，類似小説《三家巷》的一家，很多人參加革命工作，參軍方面，海軍、陸軍、空軍的都有，我們戲稱是"海陸空"齊全。

1948年，我小學畢業，考上粵東中學。粵東中學中，廣東富家子弟比較多，老師大部分也是廣東人。説得不好聽一點，廣東人的一個缺點是排外情緒比較重，當然，鄉土觀念也比較重。一位語文老師，鄉土觀念特別重。有天正好下大雨，他一進教室就説："你看看，那麼大的雨，上海是不大有的，大多是毛毛雨。我們廣東人就像下大雨那樣，很豪爽，不像你們江浙那些人，像黃梅天毛毛雨一樣陰陽怪氣的。"他的一席話，把江浙學生氣得不得了。

還有一位體育老師，特別嚴，教我們三級跳，我們都是在弄堂小學裏出來的，沒有體育課基礎，當然不會跳，他馬上就罵起來，你給粵東丟臉，你給我丟臉，都給我跪下。大家都跪下了，我也跪下了。三和里很多人都是在粵東中學讀書的，説起這位體育老師，都説他是很"牛精"的。

粵東與粵曲社團

卓汝平（口述）　陳祖恩（撰寫）

　　卓汝平，女，1939 年 11 月出生，籍貫廣東中山。上海市寶山區第四屆人大代表，虹口區華南粵劇隊負責人。1945 年起，在廣肇公學第一小學求學。1957 年上海粵東中學畢業。1957 年，考入上海師範學院中文系。1961 年進入上海四川中學任教。1963 年起在上海紅旗中學任教，至 1995 年退休。

　　2020 年 7 月 24 日，虹口區檔案館工作人員於逸仙路 1321 弄卓汝平家中采錄。

　　我是廣東中山人，但是出生在上海。爸媽十幾歲就來上海打工，媽媽在南洋襪衫廠做工，後在“廣生街”化妝品工廠（即現在的家化廠）做工。爸爸在一家德國倉庫開電梯。我們原來住在虹口橫浜橋那邊的福德里，1937 年八一三事變爆發後逃難，在江西北路租了一間庫房，我就出生在那裏。

　　1945 年日本投降以後，爸媽搬回福德里。福德里的大房東好像是廣東村裏的同鄉，很有錢，他廉價賣給了我媽媽一套房子，我們就住在那裏。新新廣播電臺一位很有名的播音員胡章釗與我們住在一條弄堂裏，他住 75 號，我們住 87 號。

　　那時候，廣肇公學第一小學和粵東中學都在福德里。我從小學一年級一直讀到高三畢業。當時，廣肇公學第二小學在西摩路（今陝西北路），我們這個班級是廣肇公學一小與二小合併起來升入初中的。我們班級還有幾個同學是從幼稚園開始讀到高中畢業的，整整十五年時間。

　　談起粵東中學，我們都很有親切感，覺得我們在粵東中學的生活是最愉快的。盧校長很注重德智體三面發展，粵東中學體育是很好的，有一個女同學叫馬申妹，是國家籃球隊的。文娛活動也搞得很好，有歌咏、舞蹈比賽。高二的時候，我和班級三個同學創作了一個舞蹈，在上海市中學生文藝會演中獲得優秀創作獎和優秀演出獎。最不能忘懷的是粵東軍樂隊，我在初一時就參加了，打小鼓。軍樂隊在虹口，在上海都是很有名的。上海解放後，國慶或者五一勞動節，經常組織遊行，我們軍樂隊都是排頭兵。粵東中學的設施很不錯，有很好的大禮堂，畢業演出或者開什麼會都在那裏舉行，有很標準的舞臺，也有供演員化妝的後臺等。

　　在粵東中學，快到高三的時候，一個校友在上海電影譯制片廠工作，那時珠江電影製片廠還沒有正式建立，他們有許多演員在上海配音，負責將《青春的園地》《女籃五號》等國產電影製成粵語版發行到東南亞。這個校友到學校找盧校長和教導主任，要一些學生爲電影配音，當時我被選上了。高三兩個學期，我都去配了音。

　　我爲什麼會喜歡粵曲呢？那個時候因爲媽媽喜歡聽。粵曲在上海是有傳承的，很多有名的廣東音樂家都是在上海發展的，永安公司總經理郭琳爽很喜歡粵劇，我們華南粵曲隊的歐大姐就是他培養出來的，當時她在永安公司工作，但根本不用上班，專門調出來排戲，做義演。媽媽大概跟他們有關係，經常把我帶到那裏看演出，我本身喜歡文藝，聽得多了也就喜歡了。再加上

我在爲國產電影配粵語時，珠江廠的配音演員都會唱粵曲。中午休息的時候，他們就會在那裏哼唱，我們在一旁聽，覺得蠻好聽的，更是喜歡上了。大約是1956年的時候，虹口經常有粵曲票友的演出，因爲我會跳舞，票友就對我媽媽説，你女兒會跳舞蹈，可以參加我們的演出，我也很樂意，於是走起臺步，舞衣袖，就進去了。從那時到現在，一直參加粵曲的演出，祇有"四清運動"和"文化大革命"時期中斷了一段時間。

1957年，高考招生人數很少，我記得是10：1，我們班級47個同學考取了11個。當時調幹生特多，我考到上海師範學院（今上海師範大學）的時候，我們班級應屆畢業生祇有幾個，大多數是復員軍人。那個時候我們是小妹妹，但同學中不少人已經當爸爸媽媽了。

我在大學裏面也學舞蹈，有很多同學喜歡電影、戲曲。你們可能没看過電影《枯木逢春》，演主角的尤佳就是我們師院的。我在大學裏創作了一個舞蹈，演毛主席詩詞《蝶戀花》，由於要參加上海大學生文藝會演，專門請李淑一來給我們講解。

大學畢業的時候，學校問我：你要不要去舞蹈學校教書，我説去那裏教語文没勁，他們練功都來不及，不會好好學語文的。我説我喜歡舞蹈，是業餘玩玩。結果又回到虹口教書，從四川中學到紅旗中學，四川中學的前身是粵東中學，而紅旗中學後來變成行知藝術學院，並入上海師大，我又回到自己的母校退休。人生不可思議中，都是緣分。

從1955年開始，虹口業餘粵曲社團主要有三個，即聯誼、百花和工餘，由於虹口的廣東人多，演出場所主要是虹口第二工人俱樂部和虹口大戲院，還有群衆劇場和郵電俱樂部。晚上演出的時候，兩毛錢一張票，很多廣東人排隊購票，大家説真是餓死渴死了，聽説有粵曲演出，趕緊來看了。"文革"時期中斷，到80年代才逐步恢復，但是能供我們演出的場所不多了。

現在活躍在四川北路街道活動中心的華南粵曲隊，是1995年成立的，就是聯誼的班底，樂隊好多人都是聯誼出來的，樂器也比較多。街道提供場地，所以我們每個星期都在這裏舉行活動，大家聚在一起唱粵曲，也有專場演出。我們曾兩次應香港的邀請，去那裏進行交流演出。2005年，我們搞了一次十週年的活動，準備去香港演出，臨行前，隊長不幸因車禍身亡，但香港劇場已出票完畢，因爲我的文化程度最高，祇得臨危受命，挑大樑，辦好各種手續，如期赴港演出。接上手就甩不掉了，一直負責到現在。第二次是在2015年，兩地樂手和演員在香港著名的新光劇場聯袂演出，臺下座無虛席。我們隊裏的區大姐當年已經八十五歲，那天又是痛風，是專業演員扶她出場的，她滿頭白髮，一曲《惆悵杜鵑紅》，滿堂彩！演出從晚上七點半到十一點一刻，没有一個人退場的。演出結束後，香港觀衆連聲稱贊："上海的廣東人唱得這麼好，上海的廣東樂隊玩得真不錯，'不是猛龍不過江'。"

第二次赴港演出的時候，上海有兩位粵曲粉絲，都是八十多歲的老人了，她們自己買票，跟我們坐同一列火車去，到香港後，住在我們下榻的旅館附近。演出結束後，她們特意上臺獻了很多花，非常令人感動。

我今年八十二歲了，在隊裏算是中年。我們有位九十二歲的隊員，參加上海市戲曲大賽，進入復賽。她的聲音真美，大家都覺得好聽。我們的隊員穿着都很漂亮，打扮很時髦，大家爲傳承粵曲而努力，開心每一天。

感恩盧頌虔校長

程康（口述）　陳祖恩（撰寫）

　　程康，男，1938 年 8 月出生，籍貫廣東中山。全國首批電力總監理師。1942 年起，先後在廣肇公學第二小學幼兒園、小學、粵東中學求學。上海財經學院會計係畢業後，在電力工業部華東電業管理局、華東電力集團擔任高級會計師、總監理師、財務公司監事等職。1998 年退休。

　　2020 年 7 月 29 日，虹口區檔案館工作人員於延吉四村 68 號程康家中采錄。

　　我是懷着感恩的心情在新冠疫情期間破例接受訪問的，因爲老伴有病怕傳染，兒女已經三個月未進房門。我感恩我的父母，感恩國家、老師對我的教育。

　　我是從幼兒園開始就進入廣肇公學（包括粵東中學、廣公二小、廣公一小）求學的。廣公二小幼兒園三年，廣公二小六年，粵東中學初中三年，高中三年，整整十五年的時間。你看粵東的校徽，紅色木棉花（廣東特有）三朵，罩以綠環。三花者，以表德智體三育，連綴則表群育，花爲美好之表示，美育之意亦即寓意其中，紅花木棉花所以表熱忱。綠環者，其形表完全人格，其色則表和平博愛。花外之三角形，象徵本校之中小三校一體（即廣公一小、廣公二小及粵東中學），其色白，表光明坦白；底色蘭，表發奮努力。

　　我的家鄉是廣東中山南朗，與孫中山是隔壁鄰居。孫中山的家鄉現在叫翠亨，是一個很好聽的名字，但比我的家鄉還窮。那個年代，廣東人買得起一張船票就朝南漂洋過海走了，就是去拾金，現在叫淘金。我爺爺連買船票的錢也沒有，就流落到武漢，再到上海，在江南造船廠打鐵。我父親叫程君達，讀過高中，算有點文化。他開始在水電路的粵東中學做庶務，後來到廣公二小教書。我爸爸也辦了好幾個義務小學，其中一個在國際電影院邊上現在是小花園的地方，裏面原有一個廟堂（叫“新勝和義務小學”）。説是校長，其實也是掛名的，祇不過是每星期上幾節課，教那些比我們還要窮的小孩。

　　我家在常德路、新閘路的原海關總署後面，粵東中學在橫浜橋福德里。有錢人可買一張交通月票，四元八角，但我拿不出那些錢，祇能走路去學校。從家裏到學校是 5.8 公里。我從新閘路開始走，穿過烏鎮路橋，過老北站，再穿過虹江路到學校。以前的老師、校長每天都是站在校門口迎接學生的，有一天我遲到了，盧頌虔校長向我招招手。我想這下倒霉了，校長招手，一定是要訓斥我遲到了。沒想到，校長給我五分錢，招手叫我快進教室，這比 1 路有軌電車最低票價四分車費多了一分錢。校長儘管沒有説一句話，但是我對盧校長感激之心記了一輩子。

　　盧校長是非常愛國的。我在廣公二小讀書的時候，那裏的操場很小，祇有半個籃球場那麼大，但是，盧校長每天早上都要升國旗，唱國歌（《義勇軍進行曲》）。怎麼升法呢？沒地方，也沒有旗杆，祇能在二樓的廊柱外綁上一根大毛竹，在毛竹頂上掛葫蘆升國旗。升國旗要唱國歌，體育老師拿着用硬紙板卷成的話筒，高喊“唱國歌”，於是歌聲響起。由於場地小，祇有半個籃球

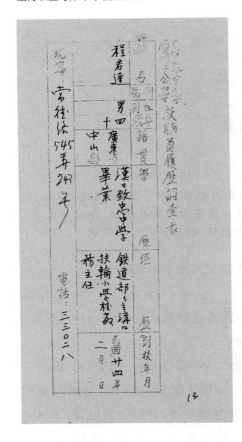

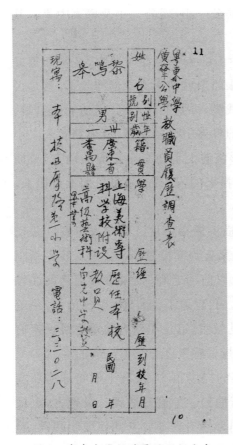

圖 1　粵東中學教職員履歷調查表

場,有的班級就在教室裏全體肅立,面向升國旗的方向唱國歌。

一天,盧校長給我一項任務,每天指揮唱國歌。我個子小,選我不佔什麼地方,就搬個凳子讓我站在上面指揮。指揮唱國歌,先要自己學,音樂老師專門教我唱,唱得準,但是音樂老師祇會教唱,不能教指揮。地方小,父親就帶我到南京東路的音樂書店,買了一本《簡易指揮法》,自己學,就這樣,我一度當上了學校唱國歌的小指揮。同班的同學有時會笑話我,"你長得矮,所以輪到你"。我感到這是盧校長的良苦用心,這是他給我的人生信心,也是對我愛國主義的教育。

我們學校有一位黎伯伊老師,在護校的時候被日本兵開槍打死了。盧校長對黎老師的兒子黎鳴皋老師像親生的一樣對待,生活上照顧(黎老師到校長家坐下就喫飯,臨走還拿錢),事業上支持。黎老師的兒子喜歡美術,畫一些人體。有人不理解,説為什麼要弄個女的來脱衣服,説他有毛病。由此他受刺激,患上精神病,不幸孤身流浪早逝。但是,盧校長對員工子弟的好,大家都記得的。

馬鞍山鋼鐵廠有位很有名的"馬列主義老太太",叫錢月娥。她父親是學校的電工,孩子很多,生活困難。她有一次跟盧校長的女兒説,爸爸認為家裏子女多,我是女孩子,不讓我再讀下去了,讓我找工作。盧校長得知此事後,親自找她談話,要她繼續讀書,還把她的父親批評了一頓,説你女兒不要學雜費,你再有困難要跟我説,不要欺負一個小孩。後來錢月娥一直讀到高中畢業,並考上了上海財經學院,學習商業會計。畢業後分在上海機修總廠,後來自願去了馬鞍山,是一個很負責任的領導人,聽老同學聚會時説,她是出名的"馬列主義老太太"。她的人生裏,盧校長能夠給她關愛是蠻關鍵的。

我們粵東中學的軍樂隊是童子軍留下來的,盧校長的兒子也是軍樂隊的。解放後,國家發展空軍事業,大概是首批招空軍,盧校長就將兒子經過嚴格體檢,中斷學業送到空軍部隊。那次,我的印象最深了,他兒子在參軍的前夜,與我們一起進行最後一次的活動。我們軍樂隊在馬路上演奏,一路向前,直到他的家門口。到了家,他把軍樂隊的帽子脱下來,向大家告別,説他去參軍了,真是愛國啊!

　　1957年，國家困難，全國大學招生少，我記得全國祇招十萬八千名。盧校長大女兒是大同大學的地下工作者，很優秀，但是他的小女兒沒有考上，他動員小女兒帶頭下鄉插隊落户，到湖北農村去。一些落榜的學生，相信盧校長，認爲校長的女兒去了，我們幹嘛不去？去啊，跟着跑，有人現在還扎根在湖北。當時以盧校長的人脈關係，安排一下女兒讀書是沒有問題的，但是他響應國家的號召，支持小女兒做最早一批到農村去插隊落户的知識青年，這是很了不起的愛國精神。

　　我個子小，長得矮，如果不讀書的話，是很難找到工作的。托粵東的福，托盧校長的福，我特別感恩。我工作以後，在單位裏面從來不爭位子。感恩國家對我的教育，感恩學校給我的教育。退休的時候，幹部處長就講了這麼一句話："你是我們局裏經濟學歷最高的，技術職稱也最高的，但是你是沒有職位的。"對此，我問心無愧，無愧於粵東的教育，無愧於盧校長的期望。

　　盧校長辦教育很重視教師聘用，我在二小的老師蔡北泉、郭慕蘭、郭星白都是大學畢業的。粵東中學陸丹林老師是上海博物館的文物專家，黎維嶽老師後調上海師範大學任中文系教授，薛沛韶老師家裏就是一個小博物館，簡玉麟老師爲了教育我們連婚期都推遲了，馮秀秀老師是英語口譯專家，談青老師是全國100米跑第一名，鄭志芳老師是全國籃球二級裁判，學生馬申妹是全國女籃國手。

　　盧校長很重視學生的體質，我在二小時，半個籃球場的操場，課間操輪流做（不能用喇叭，老師喊口令）。粵東中學運動會借虹口足球場（現虹口體育場），我還得過110米欄銅牌。

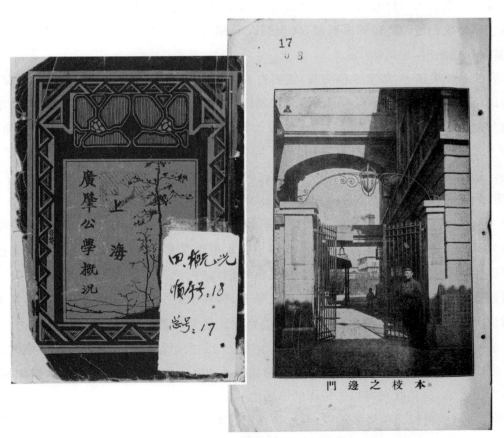

圖2　民國十五年（1926年），學校編印的《上海廣肇公學概況》

我是真正的粤東人

黃慶森(口述)　陳祖恩(撰寫)

黃慶森,男,1933年12月出生,籍貫廣東東莞。1942年起,先後在上海私立惠民小學、維興中小學、廣肇公學第一小學、廣肇公學第二小學、上海私立粤東中學就讀。1955年高中畢業後留校任教,親歷上海私立粤東中學的更名。1994年退休。

2020年8月7日,虹口區檔案館工作人員於呼瑪一村147弄黃慶森家中采錄。

我是廣東東莞人,父親在上海出生,在上海英商的電話公司工作。母親生我們兄弟11個,這麼多兄弟姐妹,全靠父親一個人的工資生活,也是蠻困難的。由於家裏經濟困難,營養不良,母親在39歲時就去世了。大殮那天,我整個人趴在棺材上面,非常傷心。

最初我在廣肇公學二小讀書。學校在陝西路,家在黃河路、牯嶺路,我是雙胞胎,兄弟兩人就這樣走到陝西路讀書。大哥18歲左右開始工作,在經濟上幫助家裏,後來突然失蹤了,上海解放後不久,他戴着解放軍的軍帽回來了,還教我們跳秧歌舞,原來他早就參加了革命工作。

1945年,日本投降後,英商電話公司恢復了營業,父親的收入增加,家裏的生活條件也改善了。母親去世後不久,兩個姐姐、一個妹妹也病故了,原來的11個兄弟姐妹,剩下的8個,全部是男孩。那時我們搬到虹口的橫浜橋,父親經人介紹,爲我們娶了一個後娘,但是,她在分娩孩子後,當場死在産房,也是39歲。

家裏的8個男孩子,加上1個男孩,需要有人來照顧,於是父親再娶了一個。當時父親第二次結婚的時候,我們是反對的,非但沒有參加婚禮,還常常與他鬧。但這一次,我們都懂事了,很高興地參加了他們的婚禮。這位母親蠻會做人的,對我們讀書,以及衣、吃、住、行等,全部照顧得很好。父親發工資後,她給我們零用錢,平均分配,一視同仁。對我們小孩子來說,給錢就是好媽媽。這個母親也是39歲,蠻有本事,把我們的家管理得井井有條。後來她也生了兩個孩子,一男一女。她在93歲時,無病去世。

第三位母親當家後,我們家除了大哥,適齡孩子共七人,全部到廣肇小學、粤東中學讀書。家裏的兄弟姐妹中,有十位是黨員,我的立場也是永遠跟着黨走,從來沒改變過。抗美援朝時,我們雙胞胎搶着去報名,校長説不能全去,要留一個,結果把我留下來,弟弟參軍去了。弟弟在抗美援朝戰爭結束後進入上海軍政幹部學校學習,後在上鋼一廠工作。老四讀書時是班長,畢業後考取上海水産學院,在北京任單位的黨委書記。老七也當過班長,考取電力公司。老八在粤東入黨,是我的班主任黃圭彬老師介紹的,後來在南開大學當教授。老九是學中藥的,在醫院工作。老十在粤東畢業後參加海軍,後來在煉油廠當領導。我們家那麼多的兄弟姐妹都是粤東中學培養出來的,這是我對粤東感情深的原因之一。

除此以外,我可以毫不夸張地説,我才是真正的粤東人。因爲我從粤東畢業,又在粤東任教幾十年,直到1993年在粤東退休。粤東中學這麼大的學校,每一個教室我都上過課,這樣的人,

就粵東中學而言，是挑不出幾個的。以後並入、改名的幾個所謂與粵東有關係的學校，其實都不能算是粵東的。所以我對粵東的感情特別深。

我當學生的時候，當過粵東的學生會主席、校務委員。學校雖然是私立的，但是很民主，校務委員會開會，學生代表參加，聽取我們的意見。有一次討論兩位教師的工資發放問題，我說他們的工作很辛苦，生活也很困難，無論從哪個角度來看，都應該給他們發工資，學校最終尊重我們學生代表的意見。

1955 年，高中畢業後，我要考大學，學校留我做教師。盧校長說，你從做大隊輔導員的工作開始，也要教書。我的數學老師賴陽光教幾何，他徒手一畫一個圓，沒有三角尺，"啪啪"兩條平行綫就出來了，我教幾何就是跟他學出來的。後來，盧校長又讓我去虹口教師進修學院、華東師範大學讀書，進一步培養我。

說起賴陽光老師，他左手寫字，懂六七國文字，上課也好，但就是不批作業，學生交作業，他收了以後就放在桌上，從來就不交還給學生的。盧校長也很生氣，常常大聲地批評他："賴陽光，你教的是什麼啊？"但是，盧校長很愛才，罵歸罵，也沒有對他怎麼樣。

我讀書的時候，班主任對我們非常嚴格，毛筆字寫得不好，就要挨打。那時是打手心，痛啊！但是，肉體痛了以後，就長記性了。我當老師以後，教了幾十年的書，對學習表現不好、頑皮透頂的學生，無論是男同學、女同學，一視同仁。我上課就帶把三角尺，體罰就是打屁股，其他部位不能打。後來校長知道我體罰學生，說不能打。我是頂撞校長的，我說："你不敢打，我敢打。"

雖然我的教育方式是比較粗暴一點，但是我是愛學生的。一年 365 天，我幾乎天天到學生家裏去訪問，學校與家長保持聯繫，是教育事業的重要一環。我跟家長講清楚爲什麼打他的孩子，要他知道應該不應該。家長看到我很客氣，感謝我在學校裏教育他的孩子。我和家長的關係一直保持得很好。這些學生畢業後，工作都很好，有的當上單位的領導。他們經常來我家探望，把我當父親，每年都請我到店裏喫飯。你們看，這些都是學生與我在一起的照片，他們擁抱我，多親熱。

我的七十歲和八十歲生日，都是學生來祝壽的。他們希望在我九十歲生日的時候也能來祝壽，我當然高興，同時也很期待。學生沒有忘記老師，是我們生命中最快樂的事情。我退休將近 30 年，現在 50 年代、60 年代、70 年代到 80 年代的學生都沒有忘記我這位老師，每年節日都來看我，和我保持聯繫，我晚年很幸福，很驕傲，這就是收穫啊！

圖　2020 年 8 月 7 日，黃慶森（右）口述中（樓定和拍攝）

上海粵東中學廣肇公學最近四年概況

中華民國三十年戌廣元月

郭順題 〔印〕

上海廣東公中學

附　錄

上海市粵東中學概況

　　1913 年 1 月，曾在湖南山區擔任過家庭教師的廣東中山籍青年盧頌虔，租借崇明路清雲里兩間民房，開辦培德小學校。2 月 19 日，學校開學，學生僅 27 人，皆爲初等小學程度。至年底，決定次年增設高等小學科。

　　1917 年，學校全體人員參觀精武體育會。1918 年 5 月 26 日，學校派出拳術選手第一次赴精武體育會會操；6 月、9 月、10 月，學生分赴精武體育會會操；12 月，拳術選手赴精武體育會大會操，獲獎銀盾一座，書有"勇猛精進"題詞。1919 年 2 月，學校添租樓屋兩幢，加辦中學一年級及幼稚園。春季開學時，學生已達 250 多人。9 月，高級學生創設義務學校。

　　1920 年 2 月，學校改稱培德公學。是年 10 月、11 月，拳術選手分赴精武體育會十週年紀念會表演拳術。同年 12 月，清雲里房屋加租，屋主沙遜洋行應允每月減收租金四元。

　　1921 年 12 月，廣肇公所董事會通過學校改爲上海廣肇公所設立議案。學校改稱上海廣肇公學，校長仍由培德創辦人盧頌虔擔任，廣肇公所負責維持及監理。1923 年 1 月，學校添租清雲里 136 號樓底爲教室；是月，決定下一學期采用新學制並添辦初級中學；2 月，廣肇公所董事會通過學校建築校舍案；5 月，在北四川路（今四川北路）横浜橋福德里舉行新校舍奠基儀式，建築工程由發記營造公司承辦；9 月，住校教職員、學生遷入新校舍；10 月 19 日，惲代英到學校演講，題爲《中國之希望》；11 月 24 日，中華書局編輯田漢到校演講《近代劇運動概説》；12 月 7 日，歐陽予倩到校參觀並演講《學生看小説之研究》；12 月 16 日，廣東省長廖仲愷一行到校參觀。

　　1925 年 5 月 9 日，商務印書館編譯所所長王雲五到校演講，主題是"不忘國恥"。是年 9 月，學生已逾 460 人。1926 年 3 月 12 日，上海市民開會追悼孫中山先生大會，學校童子軍前往服務；6 月，南京東南大學教授陳鶴琴到校參觀，稱讚學校：教法優良，成績斐然，爲滬上不可多得者；10 月 20 日，學校上書廣肇公所董事會，希望准予自行籌款添建校舍，四日後（24 日），董事會同意通過方案。

　　1929 年 8 月 1 日，奉上海特别市教育局令，學校校名改爲私立上海廣肇中小學（簡稱仍用廣肇公學）。是年 10 月，校務會議決定創辦校刊——《木棉》，至年底，《木棉》第三期出版。1930 年 3 月，奉上海市教育局令，學校校名改爲私立上海廣肇初級中學暨附屬小學（簡稱廣肇公學）。

　　1931 年元月，上海廣肇公所董事們商議學校擴充計劃，擴充計劃漸次刊登於《民國日報》《申報》等。

　　1932 年 1 月 28 日晚，日人便衣隊十數人持械衝入學校，四處搜查，負責看管學校的黎伯伊先生不幸中彈，後因傷重辭世。時局未平之時，福德里原有校舍尚不能用，學校遂租用西摩路（今陝西北路）175—177 號三層西式樓房兩座爲臨時校舍。3 月 18 日，中小學開學，到校學生 300 餘人。6 月 1 日，學校在福德里開設補習班，以便因暫時失學之學生到校補習。6 月 14 日，學校遷回四川北路校舍。至此，陝西北路臨時校舍作爲學校第二附屬小學，後稱廣公第二小學，

原四川北路的小學部,改稱廣公第一小學。7月27日,學校爲建新校舍,成立建築校舍募捐委員會,召開第一次大會,上海市長吳鐵城擔任募捐委員會委員長。8月3日,募捐委員會召開第二次大會,推舉唐紹儀、孫科爲募捐委員會名譽委員長,孫科應允。新校址擬設在閘北水電路(今屬虹口區)。

1933年12月,得粵人同鄉諸多捐助,在水電路購地,準備建校。1934年5月,學校申請從虹口公園游泳池(今魯迅公園)斜對面開築馬路(通利路)直達水電路新校址,承擔工程費6 700元。7月,學校申請通利路路名改爲廣中路(廣肇中學路);7月26日,上海市工務局核准學校新校舍圖樣,簽發營造執照。9月9日,舉行新校舍奠基典禮。年底,學校添辦高級中學。

1935年1月,學校接受捐款人建議,將校名改爲上海粵東中學。10月26日,舉行新校舍落成典禮,市長吳鐵城等政要相繼致辭,各界來賓、學生家長2 000餘人出席。占地二百畝的水電路新校舍,建有大小建築十座,包括教學大樓、大禮堂、餐廳、學生宿舍樓和教工辦公大樓、圖書館、試驗館、體育館、大小運動場等,校內道路多達十一條。1936年9月,唐紹儀允任學校董事會名譽董事長。

1937年,八一三淞滬抗戰爆發,駐紮在水電路粵東中學內的國民黨軍隊被日軍轟炸,僅僅使用兩年多的校舍全部毀於砲火,日軍侵佔校址;此時,四川北路廣公第一小學校舍也爲日軍侵佔;中小學三校只能合併在陝西北路廣公第二小學校區上課,擁擠不堪。1939年6月,學校曾添設商科,1940年2月停辦。1942年10月,學校租用戈登路(今江寧路)336號廣東旅滬同鄉會大廈上課。

1945年8月抗戰勝利後,學校收回被日人佔領的四川北路廣公第一小學校舍,粵東中學和廣公第一小學再次合校上課,直至解放後;水電路粵東中學校址上的日軍兵營,由國民黨軍隊接收,至解放後由中國人民解放軍接管。

1956年1月,學校由私立改爲公辦,私立粵東中學改名爲第六十六中學;是年,六十六中學與七十中學合併,校名爲四川中學,盧頌虔爲校長。

1958年,爲支援上海郊縣教育事業發展,四川中學高中部移至寶山縣,校名爲寶山縣存瑞中學,四川中學成爲初級中學(20世紀80年代曾一度恢復高中部)。

1989年,經上海市教育局和虹口區人民政府批准,四川中學恢復"粵東中學"校名,學校根據實際情況開設粵語課。1999年6月,九年一貫制的上海市粵東學校成立,校址在廣粵路328號,占地8 178平方米,校舍建築面積5 932平方米。9月1日開學。

2001年,上海市粵東學校小學部劃入涼城一小,民辦虹口新時代實驗學校進入校內辦學。

2002年9月30日,撤銷上海市粵東中學,學校教師併入上海市粵東學校。2004年,上海市粵東學校停止辦學。2010年8月,上海市粵東學校被撤銷建制。

(馮谷蘭　黃萍撰稿)

索　引

人名索引

B

白崇禧（白部長）　215

鮑士偉　17b

鮑特　17b

畢安石　18b

畢承鰲　77a，78a

貝登堡　103a

白鵬　143a，144a，144b，145b，146a，146b，147a，149a，149b，150a，150b，151a，151b，152b，153a，153b，154a，154b，155a

冰然　169a，187b，188a，188b，189a

伯堯　43b，132b，150a，150b，153a，156b，157a，158a，188b，159a，159b

葆英　38a，49b，182a，186b，187b，188a，188b，189a

C

陳炳謙（炳謙）　43a，43b，52a，53a，53b，54a，58b，59a，59b，60a，60b，61a，62a，63a，63b，64a，65a，65b，66b，67a，68b，69a，70a，70b，73a，74a，75b，76b，83a，83b，149b，156b，163b，168a，171b，201a，201b，202b，203a，230

蔡昌（蔡校董昌）　53a，53b，54a，56a，59a，63b，64a，65a，66b，67a，69b，70b，87b，96b，100a，103a，104a，105b，202a，213a，213b，214b，215b，216b，

217b，218b

陳日平　59b，60a，61a，65a，74a，77a，80b，168a，201a，203a

陳興華（興華）　203a，204b，205b

陳中（陳常董中）　92a，205a，206a，206b，208a，209a

陳其芬（其芬）　93b，205b，206a，206b，209a，211a，212a

陳孚木（孚木）　92a，　92b，208a

崔聘西（聘西）　53a，54a，55a，59a，59b，63b，65a，65b，66b，67a，70b，71a，96b，98b，99b，100a，103a，104a，104b，105a，105b，107b，213a，213b，214b，215b，216b，217b，218a，218b

蔡慧民（慧民）　103b，　104b，107b，217b，218b

崔藻芬　16a

陳鐵生　16a

陳鴻璧（鴻璧）　16a，53b，54a

陳志慶　13b

陳濟　13b

陳六旺　13b

陳奉亞　7a

陳應琛　8b，9a，11a，13b

陳公哲　8b，10b

陳納遜　9a

陳承輝　9a，11a，52a

陳宗敏　10b

陳謨　12a，139b

陳翊周　4a，4b

陳孝存　4a

陳榮樞　4a，4b，8a

陳維淞　4a，5b

陳兆熊　4b

陳少平　5a

陳兆廷　5a

承鑫培　5b

陳棟臣　6a

崔通約　3b，4b

陳瑩姝（瑩姝）　3b

曹粵環　49b，50a，61b，62b，64a，135a，135b，159b，166a

陳千鈞　61b

程聯　55a

曹元春（元春）　17a，27b，48a，138a

陳瑪琍　17a

陳瑩珠　17b

陳蟄山　20b

曹治文　20b

陳駿基　20b

陳鶴琴　20b

陳彝德　21a

蔡公時　21b

陳杜卿　21b

蔡文法　26b，128a

陳寶球　26b，38b，75a，82b

陳道根　32a

蔡紹牧　47b

陳瑀奉　48b

陳紹棠　49a，151a

陳日平　59b，60a，61a，65a，74a，77a，80b，168a，201a，203a

陳啓耀　66a

蔡北泉　66b，74a，153a，174a，285

陳啓輝　66b，247

陳柱尊　67a

（黄　萍　金一超编制）

後　記

　　2018年9月，上海市虹口區檔案館向上海市檔案局、國家檔案局申報國家重點檔案保護與開發項目“上海文化創新活力的源泉——上海市私立粵東中學檔案彙編”，2019年9月項目獲批。同年底，完成項目中檔案修復、全文數字化掃描、相關檔案資料徵集及口述歷史工作。2020年，開展檔案彙編工作，至2022年完成。

　　歷史上，旅滬粵人對近現代上海的教育、經濟、社會發展等方面的貢獻可圈可點，上海市私立粵東中學是粵人在上海辦學的標誌性事件，通過其較爲完整的學校檔案可以溯源。鑒於粵東中學辦學起源於虹口、發展於虹口，該項目對虹口區“海派文化發祥地、先進文化策源地、文化名人聚集地”有着極具價值的研究意義。

　　在國家檔案局、上海市檔案局的指導下，在衆多檔案專家與上海史學者的關心幫助下，項目得以順利完成。感謝邢建榕、李天綱、陳祖恩、馬軍、彭曉亮、陸其國、完顏紹元、陸健、葛建平、王啓元等專家的學術指導，感謝木棉校友會樑雅雯女士和參與粵東中學口述歷史的老校友，感謝提供盧頌虔校長夫婦珍貴家庭檔案的盧杰持老師。特別感謝陳祖恩、陸其國先生的序言，美文般的歷史叙事給枯燥的檔案匯編增添閱讀興趣，堪比文獻導讀；兩位先生對口述歷史的呈現，使得鮮活的史料進入了研究者的視野。特約審校彭曉亮先生，學養深厚，校勘句讀，化腐朽爲神奇。姜明先生極具質感的裝幀設計，使得翻開這段歷史不再是難事。感謝學林出版社樓嵐嵐、胡雅君女士傾力編輯。對精益求精的編校人員和關心《彙編》工作的各方人士，我們在此一並感謝。

　　本《彙編》僅僅是上海市私立粵東中學歷史檔案研究的開端，我們誠懇希望海內外粵東校友提出批評指正，抑或是提供更多的歷史資料，以便我們更好地研究“海派文化發祥地、先進文化策源地、文化名人聚集地”虹口“三地”文化，也能更好地詮釋“海納百川、追求卓越、開明睿智、大氣謙和”上海城市精神。

2022年9月

圖書在版編目(CIP)數據

上海私立粤東中學檔案彙編/上海市虹口區檔案館,
上海市虹口區地方志辦公室編.—上海:學林出版社,
2022
ISBN 978 - 7 - 5486 - 1764 - 8

Ⅰ.①上… Ⅱ.①上… ②上… Ⅲ.①私立學校-中
學-史料-彙編-上海 Ⅳ.①G639.285.1

中國版本圖書館 CIP 數據核字(2022)第 143398 號

責任編輯 胡雅君

封面設計 姜　明

上海私立粤東中學檔案彙編

上 海 市 虹 口 區 檔 案 館
　　　　　　　　　　　　　　　編
上海市虹口區地方志辦公室

出　　版　學林出版社
　　　　　(201101　上海市閔行區號景路 159 弄 C 座)
發　　行　上海人民出版社發行中心
　　　　　(201101　上海市閔行區號景路 159 弄 C 座)
印　　刷　上海顥輝印刷廠有限公司
開　　本　889×1194　1/16
印　　張　22.5
字　　數　76 萬
版　　次　2022 年 10 月第 1 版
印　　次　2022 年 10 月第 1 次印刷
ISBN 978 - 7 - 5486 - 1764 - 8/K·215
定　　價　600.00 元